Baedekers

Allianz Reiseführer

Städte in aller Welt

Amsterdam
Athen
Bangkok
Barcelona
Berlin
Brüssel
Budapest
Dresden
Düsseldorf
Florenz
Frankfurt am Main
Hamburg
Hongkong
Istanbul
Jerusalem
Köln
Kopenhagen
Leningrad (St. Petersburg)
Lissabon
London
Madrid
Moskau
München
New York
Paris
Prag
Rom
San Francisco
Singapur
Stuttgart
Tokio
Venedig
Wien

Reiseländer · Großräume

Ägypten
Asien
Belgien
Dänemark
Deutschland
Deutschland · Ost
Deutschland · West
Frankreich
Griechenland
Großbritannien
Irland
Israel
Italien
Japan
Jugoslawien
Kanada
Karibik
Luxemburg
Marokko
Mexiko
Mittelmeer
Niederlande
Österreich
Portugal
Schweiz
Skandinavien
Spanien
Tschechoslowakei
Tunesien
USA

Regionen · Inseln · Flüsse

Andalusien
Bodensee
Costa Brava
Elbe
Gran Canaria
Griechische Inseln
Hawaii
Ibiza
Kalifornien
Loire
Mallorca
Malta
Provence · Côte d'Azur
Rhein
Ruhrgebiet
Schwäbische Alb
Seychellen
Sizilien
Südtirol
Teneriffa
Tessin
Toskana
Türkische Küsten
Zypern

Städte in Deutschland und der Schweiz

Augsburg
Bamberg
Basel
Berlin (gr. + kl.)
Bonn
Bremen
Darmstadt
Freiburg
Hannover
Heidelberg
Kiel
Konstanz
Leipzig
Lübeck
Mainz
Mannheim
Nürnberg
Passau
Regensburg
Trier
Wiesbaden

Freie und Hansestadt

Hamburg

VERLAG KARL BAEDEKER

Hinweise zur Benutzung dieses Reiseführers

Sternchen (Asterisken) als typographisches Mittel zur Hervorhebung bedeutender Bau- und Kunstwerke, Naturschönheiten und Aussichten, aber auch guter Unterkunfts- und Gaststätten hat Karl Baedeker im Jahre 1844 eingeführt; sie werden auch in diesem Reiseführer verwendet: Besonders Beachtenswertes ist durch * einen vorangestellten 'Baedeker-Stern', einzigartige Sehenswürdigkeiten sind durch ** zwei Sternchen gekennzeichnet.

Zur raschen Lokalisierung der Sehenswürdigkeiten auf dem beigegebenen Stadtplan sind die entsprechenden Koordinaten der Plannetzmaschen jeweils neben der Überschrift in Rot- und Blaudruck hervorgehoben: *Rathausmarkt **25** 24 .

Wenn aus der Fülle von Unterkunfts-, Gast- und Einkaufsstätten nur eine wohlüberlegte Auswahl getroffen ist, so sei damit gegen andere Häuser kein Vorurteil erweckt.

Da die Angaben eines solchen Reiseführers in der heute so schnellebigen Zeit fast ständig Veränderungen unterworfen sind, kann für die Richtigkeit keine absolute Gewähr übernommen werden. Auch lehrt die Erfahrung, daß sich Irrtümer nie gänzlich vermeiden lassen. Für Berichtigungen und Verbesserungsvorschläge ist die Baedeker-Redaktion – Zeppelinstraße 44/1 · D(W)-7302 Ostfildern 4 – stets dankbar.

Impressum

Ausstattung:
187 Abbildungen (Bildnachweis am Ende des Buches)
32 graphische Darstellungen, 17 Grundrisse, 13 Sonderpläne, 4 Stadtpläne, 4 Schnitte, 1 Orientierungskärtchen, 1 Verkehrsplan, 1 großer Stadtplan (Kartenverzeichnis am Ende des Buches)

Basistext (anteilig): Dr. habil. Gerhard Eckert
Fortführung und Ergänzung: Dipl. Ing. Otto U. Brandt
Bearbeitung: Baedeker-Redaktion

Kartographie: Gert Oberländer, München; Mairs Geographischer Verlag, Ostfildern-Kemnat (großer Stadtplan)

Gesamtleitung: Dr. Peter H. Baumgarten, Baedeker Stuttgart

4. Auflage 1992
Gänzlich überarbeitete, erweiterte und neugestaltete Ausgabe

Urheberschaft:
Verlag Karl Baedeker GmbH, Ostfildern-Kemnat bei Stuttgart
Nutzungsrecht:
Mairs Geographischer Verlag GmbH & Co., Ostfildern-Kemnat bei Stuttgart

Satz (Typotext): Gerda Kaul, Wendlingen; Baedeker-Redaktion
Textfilme: Gerda Kaul, Wendlingen
Reproduktionen: Repro-Studio Lang, Ostfildern-Ruit
Druck: Mairs Graphische Betriebe GmbH & Co., Ostfildern-Kemnat
Buchbinderische Verarbeitung: H. Wennberg GmbH, Leonberg-Eltingen

Printed in Germany
ISBN 3-87504-152-6

Inhalt

Liebe Leserin, lieber Leser,

Baedeker ist ständig bemüht, die Qualität seiner Reiseführer noch zu steigern und ihren Inhalt weiter zu vervollkommnen. Hierbei können ganz besonders die Erfahrungen und Urteile aus dem Benutzerkreis als wertvolle Hilfe gar nicht hoch genug eingeschätzt werden. Vor allem **Ihre Kritik, Berichtigungen und Verbesserungsvorschläge sind uns stets willkommen.** Sie helfen damit, die nächste Auflage noch aktueller zu gestalten.
Bitte schreiben Sie in jedem Falle an die

Baedeker-Redaktion
Karl Baedeker GmbH
Marco-Polo-Zentrum
Zeppelinstraße 44/1
Postfach 31 62
D(W)-7302 Ostfildern 4 (Kemnat).

Der Verlag dankt Ihnen im voraus bestens für Ihre Mitteilungen. Jede Einsenderin und jeder Einsender nimmt an einer jeweils zum Jahresende unter Ausschluß des Rechtsweges stattfindenden Verlosung von drei JRO-LEUCHTGLOBEN teil. Falls Sie gewonnen haben, werden Sie benachrichtigt. Ihre Zuschrift sollte also neben der Angabe des Buchtitels und der Auflage, auf welche Sie sich beziehen, auch Ihren Namen und Ihre Anschrift enthalten. Die Informationen werden selbstredend vertraulich behandelt und die persönlichen Daten nicht gespeichert.

Vorwort

Dieser Reiseführer gehört zur neuen Baedeker-Generation.

In Zusammenarbeit mit der Allianz Versicherungs-AG erscheinen bei Baedeker durchgehend farbig illustrierte Reiseführer im handlichen Format. Die Gestaltung entspricht den Gewohnheiten modernen Reisens: Nützliche Hinweise werden in der Randspalte neben den Beschreibungen herausgestellt. Diese Anordnung gestattet eine einfache und rasche Handhabung.

Der vorliegende Band hat das gesamte Gebiet der Freien und Hansestadt Hamburg zum Thema, beschreibt jedoch darüber hinaus auch etliche besuchenswerte Reiseziele in den der norddeutschen Metropole benachbarten Bundesländern Schleswig-Holstein und Niedersachsen.

Der Reiseführer ist in drei Hauptteile gegliedert: Im ersten Teil wird über Hamburg im allgemeinen, Bevölkerung, Kultur, Wirtschaft und Verkehr, berühmte Persönlichkeiten und Stadtgeschichte berichtet. Eine Sammlung von Literaturzitaten leitet über zum zweiten Teil, in dem die Sehenswürdigkeiten in und um Hamburg beschrieben werden. Daran schließt ein dritter Teil mit reichhaltigen praktischen Informationen, die dem Besucher das Zurechtfinden vor Ort erleichtern. Sowohl die Sehenswürdigkeiten als auch die Informationen sind in sich alphabetisch geordnet.

Baedekers Allianz-Reiseführer zeichnen sich durch Konzentration auf das Wesentliche sowie Benutzerfreundlichkeit aus. Sie enthalten eine Vielzahl eigens entwickelter Pläne und zahlreiche farbige Abbildungen. Zu diesem Reiseführer gehört als integrierender Bestandteil ein ausführlicher Stadtplan, auf dem die im Text behandelten Sehenswürdigkeiten anhand der jeweils angegebenen Plankoordinaten zu lokalisieren sind.

Wir wünschen Ihnen mit Baedekers Allianz-Reiseführer viel Freude und einen lohnenden Aufenthalt in Hamburg und Umgebung!

Verlag Karl Baedeker

Zahlen und Fakten

Wappen
der Freien und
Hansestadt Hamburg

Allgemeines

Deutscher Stadtstaat

Die Freie und Hansestadt Hamburg ist als Stadtstaat ein deutsches Bundesland, umgeben von seinen Nachbarländern Schleswig-Holstein (nördlich der Elbe) und Niedersachsen (südlich der Elbe).

Geographische Lage

Hamburg liegt in der Norddeutschen Tiefebene auf 10° östlicher Länge sowie zwischen 53° und 54° nördlicher Breite. Die nebenstehende Kartenskizze Zentraleuropas rückt Hamburg in den Mittelpunkt, verdeutlicht seine Situation im Nordwesten Deutschlands und zeigt die relative Nähe zu Skandinavien sowie die Brückenlage zwischen Nordsee- und Osteeraum.

Das Stadtgebiet erstreckt sich zu beiden Seiten der Elbe, der hier von Norden Alster und Bille zufließen, rund 100 km vor der Mündung des Stromes in die Deutsche Bucht der Nordsee bei Cuxhaven.

Städtepartnerschaften

Lange Zeit pflegte Hamburg nur mit der südfranzösischen Mittelmeerhafenstadt Marseille eine Städtepartnerschaft. Erst im Jahre 1987 wurde eine zweite mit dem 'Elbflorenz' Dresden vereinbart. Es folgten weitere Partnerschaften mit St. Petersburg (Rußland), Shanghai (China), Osaka (Japan), León (Nicaragua) und Prag (Tschechoslowakei).

Klima

Unbeständiges Wetter

Kennzeichnendes Merkmal des Hamburger Wetters ist die Veränderlichkeit. Die Nähe zur Nordsee und zur Ostsee bestimmt das Klima im Hamburger Raum. Es ist milder als jenes im östlichen Hinterland, da das Wasser die Temperaturgegensätze dämpft.

Temperaturen

Die mittlere Jahrestemperatur liegt bei 8,4 °C, die mittlere Temperatur im Frühjahr bei 7,4 °C, im Sommer bei 16,1 °C, im Herbst bei 9,3 °C und im Winter bei +1,5 °C. Der durchschnittlich wärmste Monat ist der Juli mit 16,6 °C, der kälteste ist der Januar mit +0,4 °C.

Niederschläge

Die Niederschläge verteilen sich praktisch über das ganze Jahr; im Durchschnitt fallen an 203 Tagen insgesamt 741 mm. Als trockenster Monat gilt der Februar, am niederschlagsreichsten sind Juli und August.

Sonnenschein

Der sonnenreichste Monat ist mit 235 Stunden der Juni.

Nebel und Wind

An etwa 52 Tagen im Jahr herrscht Nebel, im Winterhalbjahr überwiegend windiges bis stürmisches Wetter.

Schmuddelwetter

Bei dem in Hamburg nicht seltenen 'Schmuddelwetter' geht ein penetranter Nieselregen nieder.

◀ *Hafengeburtstag (im Vordergrund das Museumsschiff "Rickmer Rickmers")*

Umweltprobleme

Situation

Wenngleich die Hansestadt über rund 6800 ha öffentliche Grünflächen sowie 23 Naturschutzgebiete (zus. ca. 2800 ha) verfügt und damit im Vergleich zu den übrigen deutschen Bundesländern eine Spitzenstellung einnimmt, so stellen die Verschmutzung von Luft, Wasser und Boden wie auch die Lärmbelästigung den Stadtstaat vor ernste Probleme. Um diese in den Griff zu bekommen, wurde Ende der siebziger Jahre mit der Behörde (Ministerium) für Bezirksangelegenheiten, Naturschutz und Umweltgestaltung eine Verwaltungsinstanz geschaffen, die sich mit den ökologischen Problemen befaßt; zwischenzeitlich ist eigens eine Umweltbehörde eingerichtet worden.

Abwasserlast der Elbe

Die meisten Sorgen bereitet den Hamburgern der Elbstrom, welcher einerseits eine wichtige Lebensader der Hansestadt ist, andererseits aber auch eines ihrer größten Umweltprobleme schafft. Noch in ihrem Ursprungsland, der Tschechoslowakei (Riesengebirge/Krkonoše), muß die Elbe (Labe) mit der Moldau (Vltava) die Abwässer der Großstadt Prag (Praha) aufnehmen und wird dann zunehmend belastet durch die weitgehend ungeklärten Immissionen aus den Industrierevieren in Nordwestböhmen (über die Eger/Ohře), um Dresden, Dessau (über die Mulde), Halle–Leipzig (über die Saale) und Magdeburg sowie aus den Großräumen Berlin (über die Havel) und Hamburg selbst. Über 90% der gesamten Abwasserfracht, welche die Elbe befördern muß, stammt aus dem Gebiet der einstigen Deutschen Demokratischen Republik bzw. aus der Tschechoslowakei.

Die am 8.10.1990 zwischen Deutschland, der Tschechoslowakei und der EG vertraglich vereinbarte 'Internationale Kommission zum Schutz der Elbe' (Sitz in Magdeburg) wird sich für die systematische Sanierung des Stromes einsetzen.

Was elbabwärts fließt, kommt zum ersten Mal im Hamburger Hafen zur Ruhe. Begünstigt durch die Tide wirken die Hafenbecken wie die Absetzbecken einer Kläranlage. Hier setzen sich die Schwebstoffe ab, und der schadstoffhaltige Schlick muß zur Sicherstellung einer ausreichenden Fahrwassertiefe regelmäßig ausgebaggert werden. Auf diese Weise werden in Hamburg zwar große Mengen an Schadstoffen aus der Elbe entfernt, doch die Deponierung dieses belasteten Materials birgt ihrerseits Risiken für die Umwelt.

Abwasserreinigung in Hamburg

Auf dem Gebiet der Abwassereinigung hat Hamburg in den letzten Jahren beträchtliche Anstrengungen unternommen: Für annähernd 2 Mrd. DM wurden Abwassersammler und Großkläranlagen gebaut. Dadurch sind heute die Auswirkungen Hamburger Einleitungen auf den Sauerstoffgehalt der Elbe kaum noch nachweisbar.

Regeneration des Fischbestandes

Auch der Fischbestand konnte sich inzwischen regenerieren: So sind in der Alster nun schon wieder über zwanzig Fischarten heimisch. Auch die Elbe weist einen steigenden Fischbestand auf; allerdings dürfen die Fische wegen ihrer hohen Schadstoffbelastung nicht vermarktet werden.

Unterelbe

Im weiteren Verlauf der Unterelbe zwischen Hamburg und der Elbmündung bei Cuxhaven werden allerdings von diversen Chemie- und Metallwerken wieder Industrieabwässer in den Fluß geleitet; hinzu kommt eine starke Wärmebelastung durch die Wiedereinleitung erhitzten Kühlwassers aus den Kernkraftwerken Stade, Brokdorf und Brunsbüttel.

Luftbelastung

In Teilbereichen Hamburgs ist der Grad der Luftverschmutzung nach wie vor zu hoch. Vor allem gilt dies für den Nahbereich verkehrsreicher Straßen und für die Umgebung einzelner Emittenten, während generell die Sanierungen industrieller Anlagen bereits zur Verbesserung der Luftqualität geführt haben. Sorge bereitet vor allem die Belastung der Atemluft mit Stickoxiden, mit einzelnen Schwermetallen und mit dem krebserzeugenden Benzol, während die Schwefeldioxid- und Staubbelastungen zurückgegangen sind.
Seit September 1989 veröffentlicht die Umweltbehörde die aktuellen Luftmeßdaten Hamburgs und übermittelt sie an die Medien zur Weitergabe an die Bevölkerung. Dabei stehen in den Wintermonaten die klassischen

Stadtkernpanorama mit Alsterbecken und Freihafen

Luftverschmutzungen wie Schwefeldioxid, Schwebstaub und Stickoxide im Vordergrund der Berichterstattung; in den Sommermonaten werden auch die Ozonwerte täglich veröffentlicht.

Umweltprobleme, Luftbelastung (Fortsetzung)

Annähernd 18 % der Gesamtbevölkerung ist vom Lärm des Luftverkehrs im Bereich des citynahen Flughafens betroffen. Die Verlegung auf einen neu zu schaffenden Großflughafen bei Kaltenkirchen nördlich von Hamburg ist zwar zurückgestellt, wird aber im Hinblick auf das voraussehbare starke Anwachsen des Flugverkehrs letztlich kaum zu umgehen sein; neuerdings wird auch ein Standort im westlichen Mecklenburg diskutiert.

Fluglärm

Strukturdaten

Die Gesamtfläche des Stadtstaates Hamburg, einschließlich der in der Deutschen Bucht nordwestlich vor Cuxhaven gelegenen Inseln Neuwerk und Scharhörn, erstreckt sich über 755 km² (davon ca. 60 km² Wasserfläche).

Fläche

Die größte Ausdehnung des Stadtgebietes beträgt gut 40 km, die Länge der Landesgrenze mißt mehr als 200 km.

Ausdehnung

Die Gesamteinwohnerzahl Hamburgs belief sich im Herbst 1990 auf rund 1,647 Mio. (Detailangaben ⟶ Bevölkerung); das entspricht einer Bevölkerungsdichte von etwa 2370 Einwohnern pro Quadratkilometer Landfläche im Durchschnitt (im besonders dicht besiedelten Stadtbezirk Eimsbüttel ca. 4630 Einw./km²).
Im Großraum Hamburg, d.h. in der Hansestadt selbst sowie in allen Gemeinden der benachbarten Bundesländer Schleswig-Holstein und Niedersachsen bis zu einer Entfernung von 40 km ab Landesgrenze, leben auf einer Fläche von insgesamt 5123 km² rund 2,6 Mio. Menschen.

Einwohnerzahl

Kultur s. S. 14
Wirtschaft s. S. 22
Verkehr s. S. 24

BEZIRKE · Kern- und Ortsamtsbereiche · Stadt- bzw. Ortsteile

HAMBURG-MITTE
Hamburg-Mitte: Hamburg-Altstadt, Hamburg-Neustadt, St. Pauli, St. Georg, Klostertor, Hammerbrook, Borgfelde, Hamm-Nord, Hamm-Mitte, Hamm-Süd, Insel Neuwerk
Billstedt: Billstedt, Billbrook, Horn
Veddel-Rothenburgsort: Veddel, Rothenburgsort, Kleiner Grasbrook, Steinwerder
Finkenwerder: Finkenwerder, Waltershof

ALTONA
Altona: Altona-Altstadt, Altona-Nord, Ottensen, Othmarschen, Groß Flottbek, Bahrenfeld
Blankenese: Blankenese, Nienstedten, Osdorf, Lurup, Iserbrook, Sülldorf, Rissen

EIMSBÜTTEL
Eimsbüttel: Eimsbüttel, Rotherbaum, Harvestehude, Hoheluft-West
Stellingen: Stellingen, Eidelstedt
Lokstedt: Lokstedt, Niendorf, Schnelsen

HAMBURG-NORD
Hamburg-Nord: Winterhude, Hoheluft-Ost, Eppendorf, Groß Borstel, Alsterdorf
Barmbek-Uhlenhorst: Barmbek-Nord, Barmbek-Süd, Uhlenhorst, Hohenfelde, Dulsberg
Fuhlsbüttel: Fuhlsbüttel, Ohlsdorf, Langenhorn

WANDSBEK
Wandsbek: Wandsbek, Eilbek, Marienthal, Jenfeld, Tonndorf, Farmsen-Berne
Bramfeld: Bramfeld, Steilshoop
Rahlstedt: Rahlstedt
Alstertal: Wellingsbüttel, Sasel, Hummelsbüttel, Poppenbüttel
Walddörfer: Volksdorf, Bergstedt, Lehmsahl/Mellingstedt, Duvenstedt, Wohldorf/Ohlstedt

BERGEDORF
Bergedorf: Bergedorf, Lohbrügge
Vier- und Marschlande: Curslack, Altengamme, Neuengamme, Kirchwerder, Ochsenwerder, Reitbrook, Allermöhe, Billwerder, Moorfleet, Tatenberg, Spadenland

HARBURG
Harburg: Harburg, Heimfeld, Eißendorf, Marmstorf, Wilstorf, Rönneburg, Langenbek, Sinstorf, Gut Moor, Neuland
Wilhelmsburg: Wilhelmsburg
Süderelbe: Moorburg, Altenwerder, Neuenfelde, Francop, Cranz, Neugraben-Fischbek, Hausbruch

Verwaltung

Bürgerschaft und Senat

Nach der hamburgischen Verfassung von 1952 wählt die aus 120 für vier Jahre gewählten Abgeordneten bestehende Hamburger Bürgerschaft (Landesparlament) den sich aus zehn bis fünfzehn Senatoren (Ministern) zusammensetzenden Senat (Landesregierung), der aus seiner Mitte wiederum einen Präsidenten – den Ersten Bürgermeister (als 'primus inter pares') und dessen Stellvertreter – den Zweiten Bürgermeister – jeweils für ein Kalenderjahr wählt.
Die Ressortministerien tragen die Bezeichnung 'Behörde'.
Ein Bürgerausschuß wacht über die Einhaltung der Verfassungsbestimmungen.

Bezirke (Übersichtskarte s. nebenstehend)

Das Stadtgebiet ist in sieben Bezirke als übergeordnete Verwaltungseinheiten eingeteilt; es sind dies die Bezirke 'Hamburg-Mitte', 'Altona', 'Eimsbüttel', 'Hamburg-Nord', 'Wandsbek', 'Bergedorf' und 'Harburg'. An der Spitze eines jeden Bezirkes steht ein von der jeweiligen Bezirksversammlung gewählter Bezirksamtsleiter (Bürgermeister).

Kern- und Ortsamtsbezirke

Die Bezirke sind ihrerseits in Kern- und Ortsamtsbezirke unterteilt, wobei erstere den Bezirken direkt, letztere besonderen Ortsämtern zugeordnet sind.

Geplante Verwaltungsreform

Im Zuge einer geplanten Verwaltungsreform soll es zukünftig zu tiefgreifenden Strukturveränderungen kommen: Es ist vorgesehen, die bisherigen sieben Bezirksämter und die Ortsämter durch 14 bis 16 neuzuschaffende sog. Bürgerämter zu ersetzen.

Bevölkerung

Entwicklung

Das Heranwachsen Hamburgs zu einer bedeutenden Großstadt ist zu einem beträchtlichen Teil durch Zuwanderung bewirkt worden, so im 16. Jahrhundert aus den Niederlanden, Spanien und Portugal (u.a. zahlreiche Juden), im 19. Jahrhundert aus Holstein, Mecklenburg und Niedersachsen.

Fluktuierende Einwohnerzahlen

Gegenüber dem Höchststand der Einwohnerzahl um die Mitte der sechziger Jahre dieses Jahrhunderts, der sich der Zwei-Millionen-Grenze näherte, erreichte sie im Jahre 1986 mit 1 571 000 einen Tiefpunkt, ist aber seitdem in deutlichem Anstieg begriffen. Im September 1990 betrug sie schon wieder 1 646 840 Einwohner. Davon entfielen auf die sieben Hamburger Bezirke:

Hamburg-Mitte	235 477
Altona	233 246
Eimsbüttel	231 132
Hamburg-Nord	278 276
Wandsbek	385 271
Bergedorf	98 255
Harburg	185 183 Einwohner.

Die Bevölkerungsabnahme bis 1986 erklärte sich nicht zuletzt aus dem Umstand, daß viele Hamburger in nahegelegene Randgemeinden der Nachbarländer Schleswig-Holstein oder Niedersachsen abwanderten; die neuerliche Zunahme seit 1987 ist dagegen im wesentlichen auf den sprunghaften Anstieg der Zahlen von Aus- und Umsiedlern aus östlichen Ländern zurückzuführen.
Der Anteil der weiblichen Bevölkerung liegt bei etwa 53%; 11,3% sind Ausländer.

In Hamburg sollen knapp 10% der rund 400 wohlhabendsten Deutschen leben.

Bevölkerung (Fortsetzung), Wesensart

Der Hamburger ist in seinem Wesen eher zurückhaltend, zuweilen etwas steif. Die bürgerliche Oberschicht verhält sich meist konservativ und bewahrt dem Neubürger ('Quiddje') gegenüber zunächst abwartende Distanz. Lange Ansässigkeit in Hamburg bildet eine wesentliche Voraussetzung für gesellschaftliche Anerkennung. Andererseits ist in der Hamburger Geschäftswelt nach wie vor eine hanseatisch weltoffene Gesinnung lebendig.

Religion

Hamburg ist eine überwiegend protestantische Stadt; aber die Zahl der deutschen Einwohner, die der Nordelbischen Evangelisch-Lutherischen Kirche angehören, ist in stetem Rückgang begriffen: Waren es im Jahre 1970 noch 73,6 %, so sind es 1990 nur noch knapp 50 %.
Lediglich 8,6 % der Bevölkerung bekennen sich zur römisch-katholischen Kirche (Bistum Osnabrück), 0,1 % sind israelitischen Glaubens.
Von den in Hamburg lebenden Ausländern sind 3,9 % Moslems.

Kultur

Allgemeines

Für das kulturelle Leben stellt Hamburg im norddeutschen Raum den unbestrittenen Mittelpunkt dar und nimmt auch deutschlandweit eine führende Stelle ein.
Das breite kulturelle Angebot ist gestützt auf drei Universitäten (darunter eine der Bundeswehr) und mehrere Hochschulen, eine Vielzahl von Forschungsstätten, annähernd 100 Verlage, rund 30 Theater, etliche Museen sowie zahlreiche Bibliotheken und Archive.
Herausragende Bedeutung haben die publizistischen Medien.

Sprache

Die Sprache der eingesessenen Hamburger ist ein Hochdeutsch mit ausgeprägten Eigenheiten: leicht näselnde Aussprache, etwas gedehnte Sprechweise und das bekannte 'S-tolpern über'n s-pitzen S-tein'. Unverkennbar – besonders im Wortschatz – ist der Einfluß des Plattdeutschen (niederelbischer Dialekt), das zumal im Bereich des Hafens immer Umgangssprache geblieben war, dessen Anwendung jedoch nach dem Zweiten Weltkrieg, nicht zuletzt aufgrund der Bevölkerungsumschichtung (Fremdarbeiter, Vertriebene, Aus- und Umsiedler), stark zurückgegangen ist, sich inzwischen aber einer gewissen Wiederbelebung erfreut (Volksstücke im Ohnsorg-Theater; Fernsehfassungen an das Hochdeutsche angenähert).
Eine besondere, typisch hamburgische Sprachform ist das 'Missingsch', eine Mischung aus Hoch- und Niederdeutsch (z. B. Geschichten von "Klein Erna"). Dem Hamburger Kabarettisten und Schriftsteller Dirks Paulun (1903–1976) gebührt das Verdienst, eine 'missingsche' Schriftsprache erfunden zu haben, in der er auch etliche Bücher verfaßte.

Universität Hamburg

Die erst 1919 gegründete Universität Hamburg wurde nach dem Zweiten Weltkrieg erheblich ausgebaut. Inzwischen ist nordwestlich vom Dammtor rings um den Von-Melle-Park ein ausgedehntes Universitätsviertel entstanden.
Der Lehrbetrieb (für rund 43 000 Studierende, davon etwa 2100 Ausländer) geschieht im Rahmen von 19 Fachbereichen, ergänzt durch Sonderforschungsbereiche (Meeresforschung, Schiffbau, Weltwirtschaft, Umweltschutz, Psychosomatik, Endokrinologie u. a.), verschiedene 'senatsunmittelbare' Einrichtungen (Rechenzentrum, Interdisziplinäres Zentrum für Hochschuldidaktik, Institut für Schiffbau u. a.) sowie einige 'integrierte' (mit anderen Hochschulen gemeinsam geführte) Studiengänge. Eine traditionelle Spezialität der Hamburger Universität ist die Pflege des Studiums des Auslandes (Fremdsprachen, Geographie, Ethnologie, Internationales Recht, Seerecht, Weltwirtschaft u. v. a.). Von den zahlreichen medizinischen Einrichtungen sei das Universitätskrankenhaus in Eppendorf hervorgehoben, das 1989 sein einhundertjähriges Bestehen beging.

Altes Vorlesungsgebäude der Universität Hamburg

Universität Hamburg (Fortsetzung)

Universitätsinstitute sind u. a. die Hamburger Sternwarte in Bergedorf, die Erdbebenstation in der Haake bei Harburg und das Institut für Allgemeine Botanik mit dem Neuen Botanischen Garten in Klein Flottbek.

Staats- und Universitätsbibliothek Carl von Ossietzky

Mit der Universität verbunden ist die bedeutende Staats- und Universitätsbibliothek Carl von Ossietzky (über 2 Mio. Titel), die aus der bereits 1479 gegründeten Stadtbibliothek, der ältesten Kulturinstitution der Hansestadt, hervorgegangen ist und 1982 ein neues eigenes Gebäude mit modernsten technischen Einrichtungen erhielt.

Technische Universität Hamburg-Harburg

Seit Anfang 1979 befindet sich im südelbischen Stadtteil Harburg mit der Technischen Universität Hamburg-Harburg (TUHH) die jüngste deutsche Universität im Aufbau. Im Jahre 1982 wurde der Studienbetrieb aufgenommen; im Wintersemester 1990/1991 waren rund 1800 Studierende eingeschrieben, eine steigende Tendenz wird erwartet.

Hochschulen

Neben den Universitäten bestehen in Hamburg eine Hochschule für bildende Künste, eine Hochschule für Musik und darstellende Kunst, eine Hochschule für Wirtschaft und Politik, eine evangelische Fachhochschule, eine Fachhochschule mit dreizehn vorwiegend technischen Bereichen, eine Fachhochschule für Öffentliche Verwaltung sowie Deutschlands größte Volkshochschule.

Forschungsstätten

Aus der großen Zahl der in Hamburg und Umgebung ansässigen wissenschaftlichen Forschungsinstitute seien folgende namentlich genannt: Bundesamt für Seeschiffahrt und Hydrographie (BSH) mit ozeanographischem Datenzentrum und diversen Forschungsschiffen; Deutscher Wetterdienst (Seewetteramt) mit meteorologischem Observatorium; Max-Planck-Institut für Meteorologie; Instrumentenamt und Flugwetterwarte; Planetarium; Bernhard-Nocht-Institut für Schiffs- und Tropenkrankheiten; Heinrich-Pette-Institut für experimentelle Virologie und Immunologie;

Forschungsstätten (Fortsetzung)

Bundesanstalt für Wasserbau, Abteilung Küste; Hamburgische Schiffbau-Versuchsanstalt (HSVA); Bundesforschungsanstalt für Fischerei; Bundesforschungsanstalt für Forst- und Holzwirtschaft; Deutsches Elektronen-Synchrotron (DESY); GKSS-Forschungszentrum Geesthacht (Nutzung von Kernenergie und Meeresresourcen) mit der Tieftauch-Simulationsanlage GUSI; HWWA – Institut für Wirtschaftsforschung; Deutsches Übersee-Institut (DÜI); Max-Planck-Institut für ausländisches und internationales Privatrecht; Joachim-Jungius-Gesellschaft für Wissenschaft; Institut für die Geschichte der deutschen Juden; UNESCO-Institut für Pädagogik; Hans-Bredow-Institut für Rundfunk und Fernsehen; Institut für Friedensforschung und Sicherheitspolitik.

Theater

Hamburgs Theaterleben hat eine lange Tradition. Das zwei Jahre nach seiner Gründung im Jahre 1767 zum Deutschen Nationaltheater ernannte 'Comödienhaus' gab Lessing den Anstoß zur Niederschrift seiner bis heute aktuell gebliebenen "Hamburgischen Dramaturgie"; Lessings "Minna von Barnhelm" wurde hier uraufgeführt.

Als Kulturmetropole besitzt Hamburg heute rund 30 Theater, darunter so renommierte Bühnen wie die Hamburgische Staatsoper (mit internationalem Spitzenballett), das Deutsche Schauspielhaus, das Thalia-Theater, die Hamburger Kammerspiele, das Ernst-Deutsch-Theater und das Altonaer Theater. Großer Publikumsgunst erfreuen sich das Ohnsorg-Theater mit Volksstücken in plattdeutscher Sprache und das St.-Pauli-Theater mit solchen oft in Hamburger Mundart ('Missingsch'). Eine Vielzahl von Zimmer- und Kellertheatern sowie Boulevard-, Kabarett- und Brettlbühnen (u.a. auf Europas einzigem seetüchtigen Theaterschiff) haben sich der Pflege der Kleinkunst verschrieben. Das Hansa-Theater ist eines der wenigen echten Varieté-Theater im deutschsprachigen Raum; das Piccolo-Theater gilt als das kleinste Theater überhaupt. Erwähnt seien zudem die fremdsprachigen Bühnen sowie die Jugend-, Kinder- und Puppentheater.

Deutsches Schauspielhaus an der Kirchenallee

Hamburger Musikhalle am Karl-Muck-Platz

Theater (Fortsetzung)

Allsommerlich findet auf dem Kampnagelgelände ein dreiwöchiges internationales Sommertheater-Festival statt, und beim 'Alstervergnügen' produzieren sich Künstler aus dem In- und Ausland mit Theater-, Musik- und Tanzgruppen.

Musiktradition

Auch Hamburgs Musikleben kann auf eine traditionsreiche Vergangenheit zurückblicken. Georg Philipp Telemann und Carl Philipp Emanuel Bach wirkten in Hamburg als Kirchenmusikdirektoren, Gustav Mahler als Operndirigent; die Komponisten Johannes Brahms und Felix Mendelssohn-Bartholdy waren gebürtige Hamburger.

E-Musik

Hamburgs große Musikbühne, die als erste deutsche Oper 1678 gegründete Hamburgische Staatsoper, zählt zu den führenden Opernhäusern auf der Erde; ihr Ballett genießt Weltruhm.
Drei bedeutende Orchester sind in Hamburg beheimatet: das Philharmonische Staatsorchester, das Sinfonieorchester des Norddeutschen Rundfunks und die Hamburger Symphoniker.
Mittelpunkt des Konzertlebens ist die 1904–1908 erbaute Hamburger Musikhalle, wo der namhafte Dirigent Karl Muck zwischen 1922 und 1933 seine Philharmonischen Konzerte veranstaltete.
Seit etlichen Jahren veranstaltet die Hansestadt Musikfestwochen mit Beteiligung bedeutender internationaler Orchester; zudem finden sommerliche Serenaden im Rathaushof (bei Schlechtwetter im Rathaus) sowie im überdachten Innenhof des Museums für Hamburgische Geschichte statt. Erwähnung verdienen die in Hamburg besonders gepflegten Kirchenkonzerte mit hervorragenden Leistungen auf dem Gebiet der Chor- und Orgelmusik.

Kirchenmusik

Musical

Mit dem traditionsreichen Operettenhaus und dem 1990 eröffneten Theater Neue Flora verfügt Hamburg über zwei Musiktheater, auf deren Bühnen ausschließlich Musicals zur Aufführung kommen.

Kultur

U-Musik
Szene Hamburg

Die 'Hamburger Szene' gilt als Synonym für Jazz-, Rock-, Folk- und Popmusik. Viele international berühmt gewordene Gruppen und Solisten haben ihre Karriere in Hamburg begonnen, allen voran die legendären 'Beatles'. Die Kommunikationszentren 'Fabrik' und 'Markthalle' oder Lokale wie der 'Cotton Club' (Hamburgs ältester Jazzclub), 'Logo', 'Dock's' oder 'Schmidt' sind weit über die Grenzen Hamburgs hinaus bekannt.
Treffpunkte der 'Szene Hamburg' findet man am Großneumarkt in St. Pauli, im Universitätsviertel Rotherbaum, in Pöseldorf und in Eppendorf. Hier und auch in vielen anderen Stadtteilen treten in Clubs, Kellerlokalen und Musikkneipen Künstler aus Hamburg und aller Welt auf. Im Sommer wird auch vielfach in Parks und auf Plätzen musiziert.

Musikverlage,
Tonträgerhersteller

Mehrere Musikverlage, etliche Musik- und Tonstudios sowie eine Reihe von Tonträgerherstellern beschäftigen über 1700 Mitarbeiter in Hamburg. Bei der Schallplatten- und Tonbandkassettenherstellung, die sich neben der ernsten Musik vor allem mit der Unterhaltungsmusik befaßt, erreichen die Hamburger Unternehmen einen beträchtlichen Marktanteil am deutschen Gesamtaufkommen.
Der Bundesverband der phonographischen Wirtschaft und die Deutsche Landesgruppe der Internationalen Föderation der Hersteller von Tonträgern haben ihren Sitz in Hamburg. Die Deutsche Phonoakademie (Hamburg/Berlin) fördert den Musikernachwuchs.

Bildende Kunst

Eine bis heute nachwirkende Persönlichkeit der Hamburger bildenden Kunst war Alfred Lichtwark (1852–1914), der die Kunsthalle maßgebend bereicherte und eine Tradition der Stadtmalerei begründete. Seit einem guten Jahrhundert spiegelt sich die Hansestadt in der Kunst mit Werken von Max Liebermann, Max Slevogt, Lovis Corinth, Pierre Bonnard und Oskar Kokoschka. Ernst Barlach wirkte zwischen 1888 und 1899 in Hamburg. Heute prägen moderne Gestalter wie Horst Janssen und Paul Wunderlich die künstlerische Atmosphäre.
Die unweit vom Hauptbahnhof gelegene Kunsthalle, das Kunsthaus, der Kunstverein und das Museum für Kunst und Gewerbe sind Hamburgs wichtigste Stätten der Kunstvermittlung. Daneben zeigen rund hundert Kunstgalerien Werke verschiedenster Epochen und Stilrichtungen.

Bildhauerei

Auf Plätzen, in Park- und Grünanlagen, öffentlichen Gebäuden und Kirchen findet man eine Vielzahl von Skulpturen, so Werke von Joannis Avramidis, Gerhard Brandes, Thomas Darboven, Fritz Fleer, Barbara Haeger, Alfred Hrdlicka, Claus Hoffmann, Martin Irwahn, Max Klinger, Richard Kuöhl, Hugo Lederer, Bernhard Luginbühl, Waldemar Otto, Jörn Pfab, Maria Pirwitz, Ursula Querner, Werner Reichhold, Ulrich Rückriem, Hans Ruwoldt, Friedrich Schaper, Edwin Scharff, Johannes Schilling, Victor Oskar Tilgner, Annemarie Vogler, Hansjörg Wagner, Georg Wrba sowie zahlreichen anderen namhaften Künstlern.

Bauwerke

Dem Großen Brand des Jahres 1842 und den Bomben des Zweiten Weltkrieges sind die meisten alten Baudenkmäler der Hansestadt zum Opfer gefallen.
Die drei Hauptkirchen St. Petri, St. Jacobi und St. Katharinen bewahren die Erinnerung an das Mittelalter; die Hauptkirche St. Michaelis ist eine eindrucksvolle Leistung des Hamburger Barock. Alle Kirchen mußten jedoch im Laufe der Zeit nach Zerstörungen oder Beschädigungen wiederhergestellt werden.
In ihrer heutigen Gestalt ist die Hamburger Innenstadt weitgehend eine Schöpfung des 19. Jahrhunderts (Anlage von Binnenalster und Kleiner Alster, letzter Rathausbau). Der 1977–1982 neu gestaltete Rathausmarkt kommt einer späten Verwirklichung der Vorstellungen der großen Baumeister Gottfried Semper und Alexis de Chateauneuf nahe, in Hamburg einen 'hanseatischen Markusplatz' zu schaffen. Von den Kriegszerstörungen weitgehend verschont geblieben ist die 'Speicherstadt' im Freihafen.

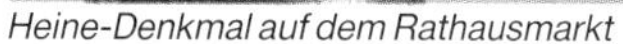

Heine-Denkmal auf dem Rathausmarkt

Lessing-Denkmal auf dem Gänsemarkt

Hygieia-Brunnenfigur im Rathaushof

Hamburg-Baum am Millerntor

Bauwerke (Fortsetzung)

Zu Beginn des 20. Jahrhunderts erlebte der norddeutsche Backsteinbau in Hamburg unter dem Oberbaudirektor Fritz Schumacher (ab 1909) eine wahre Renaissance. Herausragende Zeugnisse sind Schumachers Bauten am Holstenwall (Handwerkskammer, Museum für Hamburgische Geschichte) sowie Fritz Högers berühmtes Chilehaus (1922–1924), ferner die Kontorhausensembles Meßberghof (1923–1925; urspr. 'Ballinhaus'), Mohlenhof (1928) und Sprinkenhof (1927–1931).
Im Zuge des Wiederaufbaues nach dem Zweiten Weltkrieg entstanden im Viertel Rotherbaum ein neues Universitätsviertel und nördlich jenseits des Stadtparkes eine 'City Nord' genannte Bürohauslandschaft mit modernen Zweckbauten. Die jüngere Vergangenheit hat mit der Kennedybrücke (parallel zur Lombardsbrücke über die Alster), dem Heinrich-Hertz-Fernmeldeturm ('Tele-Michel'), der weit gespannten Köhlbrandbrücke im Hafen, dem Neuen Elbtunnel für die Bundesautobahn A 7 und dem unterirdisch raumgreifenden Schnellbahnknotenpunkt 'Jungfernstieg' eindrucksvolle Verkehrsbauten hervorgebracht.

Markante neuere Bauwerke im Innenstadtbereich sind das Haus des Axel-Springer-Verlages, das dreiflügelig-sternförmige Verwaltungshochhaus des Unilever-Konzerns, das Gebäude der Versicherungsgruppe 'Deutscher Ring', das Congress Centrum Hamburg mit dem Scheibenhochhaus des Hotels 'Hamburg Plaza', die Gebäude der Landeszentralbank, der Bank für Gemeinwirtschaft und der Hamburger Hypobank. Jüngsten Datums sind der mächtige Komplex des Gruner+Jahr-Pressezentrums am Baumwall sowie – am Nordrand der Ost-West-Straße – die Kontorbauten Neuer Dovenhof (Domstraße) und Zürichhof (Brandstwiete).
Der Aus- und Neubau von zahlreichen Einkaufspassagen, Galerie- und Arkadenstraßen hat im Innenstadtbereich zwischen Gänsemarkt/Colonnaden und Rathausmarkt/Mönckebergstraße neue Akzente gesetzt; weitere Passagenketten sind in der östlichen Altstadt zwischen Kontorhausviertel und Binnenalster geplant.
Ein Schwerpunkt aktueller Bautätigkeit ist der Bereich der 'Fleetinsel' zwischen Alsterfleet und Herrengrabenfleet; hier wird eine ansprechende Verbindung zwischen dem Passagenviertel und dem Hafenrand an der Norderelbe geschaffen.

Alt-Hamburg

Viele hundert kulturhistorisch wertvolle Einzelobjekte sind in Hamburg unter Denkmalschutz gestellt worden. Darüber hinaus ist man in den letzten Jahrzehnten darangegangen, ganze Plätze und Straßenzüge in ihren ursprünglichen Zustand zurückzuversetzen.
Als Beispiele für Althamburger Bauensemble seien genannt die Krameramtswohnungen bei der St.-Michaelis-Kirche, die Bürgerhäuser an der Deichstraße (mit den Rückseiten am Nikolaifleet), die im historischen Stil neu errichteten Häuser an der Neander- und Peterstraße, das Beylingstift mit seinen charakteristischen Innenhöfen an der Peterstraße, ferner Fachwerkhäuser am Bäckerbreitergang (nahe der Musikhalle) und an der Reimerstwiete sowie an der Lämmertwiete im südelbischen Stadtteil Harburg.

Literatur

Bedeutende Namen in Hamburgs literarischem Leben des 17. und 18. Jahrhunderts sind die Dichter Johann Rist, Paul Fleming, Friedrich von Hagedorn und Barthold Hinrich Brockes. In den Jahren 1770–1803 wirkte Friedrich Gottlieb Klopstock in Hamburg und vollendete hier seinen "Messias". Heinrich Heine, Friedrich Hebbel, Detlev von Liliencron, Gustav Falke und Richard Dehmel lebten zeitweilig in der Hansestadt. Aus Finkenwerder stammen die beiden niederdeutschen Schriftsteller Johann Kinau (= Gorch Fock) und sein Bruder Rudolf Kinau. Wolfgang Borchert, Hans Henny Jahnn, Siegfried Lenz und Peter Rühmkorf errangen mit ihren Werken auch im Ausland Anerkennung. Weitere Namen aus der Hamburger literarischen Szene der Gegenwart sind Hermann Peter Piwitt, Hubert Fichte und Margot Schröder.
Alljährlich werden diverse literarische Veranstaltungen mit z.T. volksfestartigem Charakter abgehalten.

'Medienstadt' des Pressekonzerns Gruner + Jahr (im Vordergrund links)

Verlage

Groß ist die Zahl der in Hamburg beheimateten Verlage; 1990 waren es über 440, davon rund 80 reine Buchverlage. Die größten Verlagshäuser sind Axel Springer, Heinrich Bauer, Gruner + Jahr, der Jahreszeiten-Verlag und der Spiegel-Verlag. Von den zahlreichen anderen seien genannt die Buchverlage Hoffmann und Campe (gegr. 1781; u. a. Reisekulturmagazin "Merian"), Paul Parey (Naturwissenschaften), Felix Meiner (Geisteswissenschaften, bes. Philosophie), Rowohlt (in Reinbek; Belletristik und Sachbücher), Friedrich Oetinger und Carlsen (Kinder- und Jugendbücher, Comics) und als Verleger von Hamburg-Büchern vor allem Hans Christians, Rasch und Röhring sowie Ellert und Richter; ferner die Fachverlage Falk (Stadtpläne und Landkarten), HB (Bildatlanten), Eckardt & Messtorff (nautische Karten und Literatur) und Hans Sikorski (mehrere Musikverlage) sowie der Hamburger Adressbuch-Verlag Dumrath & Fassnacht.

Zeitschriften

Hamburg gilt als der führende Medien- und Kommunikationsplatz in Deutschland. Ein Großteil der deutschen Publikumszeitschriften und Magazine stammen aus Hamburger Verlagshäusern. Als wichtigste seien genannt der Spiegel-Verlag ("Der Spiegel"), der Axel-Springer-Verlag ("Hör Zu", "Funkuhr", "Auto-Bild", "Sport-Bild"), der Verlag Gruner + Jahr ("Art", "Brigitte", "Essen und Trinken", "Geo", "Frau im Spiegel", "Schöner Essen", "Schöner Wohnen", "Sports", "Stern"), der Verlag Heinrich Bauer ("Auf einen Blick", "Bella", "Das Neue Blatt", "Fernsehwoche", "Maxi", "Neue Mode", "Neue Post", "Neue Revue", "Praline", "Tina", "TV Hören und Sehen"), der Jahreszeiten-Verlag ("Für Sie", "Petra", "Zuhause") und der Verlag Paul Parey ("Wild und Hund", "Fisch und Fang").

Zeitungen

Bei den in Deutschland (West) erscheinenden Tageszeitungen hat Hamburg einen Anteil von etwa einem Viertel ("Bild-Zeitung", "Hamburger Abendblatt", "Hamburger Morgenpost" u. a.); in der Gruppe der Wochen- und Sonntagszeitungen werden hier sogar 85 % verlegt ("Bild am Sonntag", "Bild der Frau", "Die Zeit", "Welt am Sonntag", "Deutsches Allgemeines Sonntagsblatt").

Kultur (Fortsetzung) Rundfunk und Fernsehen

Der Norddeutsche Rundfunk (NDR; Hauptsitz in Hamburg) ist die zweitgrößte Rundfunkanstalt in Deutschland (West), Mitglied der Arbeitsgemeinschaft der öffentlich-rechtlichen Rundfunkanstalten der Bundesrepublik Deutschland (ARD; vier Hörfunkprogramme) und am Gemeinschaftsprogramm des Ersten Deutschen Fernsehens maßgeblich beteiligt ("Tagesschau" und "Tagesthemen" aus Hamburg).
Das Zweite Deutsche Fernsehen (ZDF) unterhält in Hamburg ein Landesstudio. Mehrere private Radiosender haben ihren Sitz in der Hansestadt.

Studio Hamburg

Von herausragender Bedeutung für Fernsehen und Filmwirtschaft ist das privatwirtschaftlich geführte 'Studio Hamburg' (Kinofilme, TV-Produktionen, Werbefilme, Videoprogramme, Synchronisation u. v. a.).

Film

Der Norddeutsche Filmhersteller-Verband ist in Hamburg ansässig. Der Verein 'Hamburger Filmbüro' im Filmhaus in Ottensen und der 'Film Fonds Hamburg' unterstützen im Rahmen eines Förderungsprogramms viele Spiel-, Dokumentar-, Experimental- und Videofilmvorhaben. Die Zahl der Firmen, die sich in Hamburg in der Filmherstellung engagieren, beträgt über 70.

Wirtschaft

Allgemeines

Lag ursprünglich das Schwergewicht der Hamburger Wirtschaft auf dem Überseehandel, so hat sich die Hansestadt zu einer führenden Dienstleistungs- und Industriemetropole entwickelt. Heute spielen das Börsengeschäft, das Versicherungswesen, die Geldinstitute (Banken und Sparkassen), die Reederei, der Groß- und der Einzelhandel, das Baugewerbe und das Handwerk sowie die Energieversorgung, aber auch die Datenverarbeitung (Geräte und Software) und die Medien eine wesentliche Rolle.

Perspektiven

Nach den umwälzenden politischen Ereignissen der jüngsten Zeit auf dem Gebiet der einstigen Deutschen Demokratischen Republik und in den osteuropäischen Ländern wird auch der Wirtschaftsplatz Hamburg von der Öffnung nach Osten profitieren und auf diese Weise wieder in jenes Hinterland hineinwirken können, von dem es infolge der Spaltung Deutschlands und durch den von den ehemals sozialistischen Ostblockstaaten errichteten Eisernen Vorhang (einst nur ca. 20 km südöstlich der Stadtgrenze) jahrzehntelang abgeschnitten war.
Von der internationalen Ausstrahlung des Hamburger Wirtschaftslebens zeugt der Umstand, daß Hamburg nach New York City die Stadt mit den meisten konsularischen Vertretungen ist.

Handel

Hamburg – mit seinem modernen Universalhafen (Jahresgesamtumschlag über 58 Mio. t) auch heute noch ein deutsches 'Tor zur Welt' – ist Deutschlands größter Außenhandels- und Transitplatz. Die Hafenstadt stellt nicht nur für den Handel mit Ländern der westlichen Welt, sondern auch für jenen mit den Staaten des einstigen Ostblocks einen angesehenen Partner dar. Für den Hamburger Außenhandel ist nach wie vor der Überseehandel mit Abstand wichtigster Bereich; aber auch der Europahandel sowohl im Rahmen der Europäischen Gemeinschaft (EG) als auch mit Ländern des 1991 aufgelösten Rates für Gegenseitige Wirtschaftshilfe (RGW/COMECON) – und dies bereits lange vor der politischen 'Wende' im Osten Europas – konnte intensiviert werden.

Handelskammer

Die schon 1665 gegründete Hamburger Handelskammer vertritt heute annähernd 80 000 Gewerbebetriebe.

Banken

Bereits im Jahre 1619 war in Hamburg die erste deutsche Girobank entstanden. Das Aufblühen des Überseehandels im 19. Jahrhundert führte zur Gründung von Handelsbanken und zur Niederlassung zahlreicher ausländischer Geldinstitute. So hat derzeit etwa jede fünfte in Deutschland vertretene Auslandsbank ihren Hauptsitz in Hamburg.
Die Hamburger Sparkasse ist die größte ihrer Art in Deutschland.

Hafen Hamburg: Güterumschlag ...

... und Werftdock

Messegelände und Kongreßzentrum mitten in der Stadt

Wirtschaft (Fortsetzung), Börsen, Versicherungen

Hamburg zählt zu den ältesten Börsenplätzen der Erde (seit 1558) und ist der größte Markt für Schiffs- und Warenversicherungen in Deutschland (um 1590 erste Gebäude- und Seeversicherungskontrakte).

Großmärkte

Vier Großmärkte – Vieh- und Fleischzentrum (nach Paris größter Fleischmarkt in Europa), Obst- und Gemüsemarkt (Europas größte Markthalle), Blumengroßmarkt (der größte in Norddeutschland) und Fischmarkt (in Altona; einer der größten Umschlagplätze für Fisch, Fischerzeugnisse und v.a. Frostfischimporte, der größte für Hummer, Langusten, Krebse, Austern, Muscheln, Aal und Lachs in Europa) – versorgen den Großraum Hamburg und ein weites Einzugsgebiet zwischen der dänischen und der niederländischen Grenze. Erwähnung verdient zudem der Anbau (v.a. in den Vierlanden) von Obst, Gemüse, Blumen und Zierpflanzen.

Industrie

Drei große Industriegruppen sind in Hamburg vertreten: die Importgüterverarbeitung, seeverkehrsbezogene Industrien und die Konsumgüterbranche.
Zu den umsatzintensivsten Industriezweigen zählen die Mineralölverarbeitung (Raffinerien; erster Petroleumhafen bereits 1876 in Betrieb genommen), die Elektrotechnik, die chemische Industrie (vorwiegend Produktion für den Endverbraucher), Metallhütten (eine der größten Kupferhütten der westlichen Welt), der Maschinenbau, Ölmühlen (v.a. für die Margarineherstellung), der Schiffbau (Blohm + Voss u.a.), die Verarbeitung von Kaffee und Tee, die Herstellung von Pharmazeutika, Tabakwaren, Zeichengeräten und Klavieren, die Luft- und Raumfahrtindustrie (die Deutsche Airbus GmbH baut in Finkenwerder am Großraumflugzeug 'Airbus' mit; Technische Basis der Deutschen Lufthansa in Fuhlsbüttel), das Brauereiwesen und das Bauhauptgewerbe. Die Datenverarbeitung sowie die Nahrungs- und Genußmittelindustrie stellen ebenfalls bedeutende Wirtschaftsfaktoren dar.

Werbebranche, Agenturen

Auf dem Gebiet der Öffentlichkeitsarbeit zählt Hamburg zu den Spitzenplätzen der deutschen Werbewirtschaft; 1990 waren weit über eintausend Betriebe dieser Branche registriert, davon allein über 270 Werbeagenturen. Hinzu kommen Markt- und Meinungsforschungsinstitute sowie Bild- und Textredaktionen. Die mit Abstand größte deutsche Nachrichtenagentur, die Deutsche Presse-Agentur (dpa), hat ihren Sitz in Hamburg.

Messen, Ausstellungen, Kongresse

Mit seinem zentral gelegenen Messegelände und dem modernen Congress Centrum Hamburg (CCH) am Dammtor gehört die Hansestadt zu den bevorzugten deutschen Kongreß-, Ausstellungs- und Messeplätzen.

Tourismus

In den letzten Jahren hat sich die Zahl der Hamburg-Besucher kontinuierlich erhöht. Derzeit kommen pro Jahr mehr als 3 Mio. Gäste in die Hansestadt; davon sind rund 1 Mio. Ausländer. An ihrer Spitze stehen die Besucher aus Schweden, gefolgt von Briten, US-Amerikanern, Dänen, Norwegern und Japanern. Zur Unterbringung der Gäste stehen etwa 22000 Betten in rund 300 Hotels und Pensionen zur Verfügung.
Die Tourismus-Zentrale Hamburg bietet diverse Kurzbesuchsprogramme zu interessanten Pauschalpreisen an.

Verkehr

Straßenfernverkehr

Fernstraßen, Autobahnen

Im Fernstraßennetz treffen sich in Hamburg die Europastraßen E 22 und E 45. Unweit südlich der Hansestadt konvergieren die Bundesautobahnen A 1 ('Hansalinie': Köln – Osnabrück – Bremen – Hamburg – Lübeck – Oldenburg in Holstein; E 22/E 45) und A 7 (Würzburg – Kassel – Hannover – Hamburg – Flensburg; E 45/E 22). Die A 1 überquert die Norderelbe und

Straßenfernverkehr Fernstraßen, Autobahnen (Fortsetzung)

umgeht den Hamburger Stadtkern im Südosten, die A 7 benutzt den Neuen Elbtunnel und durchquert den Nordwesten des Stadtgebietes.
Die 1982 fertiggestellte A 24 (E 26) verbindet Hamburg mit Berlin.

Von regionaler Bedeutung sind die nordwestwärts führende A 23 (über Pinneberg, Elmshorn und Itzehoe [im Stadtbereich unterbrochen] nach Heide/Holstein) sowie, südostwärts verlaufend, die A 25 (nördlich der Elbe über Bergedorf bis kurz vor Geesthacht) und die A 250 (südlich der Elbe vom Maschener Kreuz bis Winsen/Luhe; später nach Lüneburg).

Bundesstraßen

Folgende wichtige Bundesstraßen führen durch Hamburg bzw. nehmen hier oder unweit außerhalb ihren Anfang:

B 3: Ovelgönne (an der B 73 zwischen Hamburg-Harburg und Buxtehude) – Celle – Hannover – Kassel – Frankfurt am Main – Basel
B 4: Kiel – Neumünster – Hamburg – Braunschweig – Harz – Erfurt – Nürnberg
B 5: Berlin – Lauenburg (Elbe) – Geesthacht – Hamburg – Elmshorn – Itzehoe – Brunsbüttel – Heide in Holstein – Husum – deutsch-dänische Grenze (Tønder)
B 73: Hamburg-Harburg – Buxtehude – Stade – Cuxhaven
B 75: Lübeck-Travemünde – Lübeck – Hamburg – Bremen – Leer in Ostfriesland
B 207: Hamburg-Bergedorf – Mölln – Lübeck – Puttgarden auf Fehmarn
B 431: Hamburg – Wedel in Holstein – Elmshorn – Glückstadt – Meldorf
B 432: Hamburg – Bad Segeberg – Ostseebad Scharbeutz

Eisenbahnverkehr

Bedeutung

Im Schienenverkehr nimmt Hamburg eine überaus bedeutende Stellung ein. Dies gilt insbesondere für den europäischen Nord-Süd-Verkehr ('Vogelfluglinie' von und nach Skandinavien; ca. 22 km langer, submariner Tunnel unter dem Fehmarn-Belt zwischen Fehmarn und der dänischen Insel Lolland geplant). Aber auch mit Berlin und etlichen mitteldeutschen Städten bestehen wichtige Zugverbindungen.

Elbbrücken

Seit Vollendung der Eisenbahnbrücken über die Norderelbe und die Süderelbe (1872) läuft der gesamte Eisenbahnfernverkehr gebündelt zwischen den Bahnhöfen Hamburg-Altona – via Dammtorbahnhof und Hauptbahnhof – und Hamburg-Harburg durch das Stadtgebiet.

Autoreisezüge

Für den Autoreisezugverkehr ist Hamburg Ausgangspunkt im Norden Deutschlands (Verladung an den Bahnhöfen Hamburg-Altona und Hamburg-Sternschanze).

Rangierbahnhof Maschen

Der rund 20 km südlich von Hamburg auf niedersächsischem Gebiet gelegene Rangierbahnhof Maschen der Deutschen Bundesbahn ist der größte seiner Art in Europa. Er wurde im Jahre 1980 vollendet und verfügt auf einer Fläche von rund 5 km² (7 km lang, 700 m breit) über ca. 300 km Geleise und über 800 Weichen.
Hier werden computergesteuert durchschnittlich pro Tag etwa 240 Güterzüge mit insgesamt bis zu 11 000 Waggons für annähernd 100 Zielbahnhöfe im In- und Ausland zusammengestellt.

Bahnbetriebswerk Eidelstedt

Anfang 1991 wurde im Nordwesten Hamburgs auf dem Gelände des früheren Rangierbahnhofes Eidelstedt das modernste Betriebswerk der Deutschen Bundesbahn in Betrieb genommen. Es dient der Wartung der neuen Hochgeschwindigkeitszüge (ICE) und ist hinsichtlich seiner Infrastruktur so eingerichtet, daß der Aufenthalt der Triebzüge auf eine Stunde begrenzt werden kann. Während dieser Zeit erfolgt neben der technischen Behandlung auch die Reinigung sowie die gesamte Ent- und Versorgung.

Eisenbahnverkehr, Bahnbetriebswerk Eidelstedt (Fortsetzung)

Die Wendezeiten für die Züge in Hamburg-Altona können somit knapp gehalten werden, wodurch eine bessere Ausnutzung der vorhandenen Zugeinheiten möglich ist. Außer der 430 m langen Triebzughalle mit acht Hallengleisen gibt es ein 250 m langes Versorgungsgebäude, eine 212 m lange Waschhalle sowie 16 km Gleisanlagen mit 60 Weichen und einem elektronisch gesteuerten Stellwerk.

Luftverkehr

Flughafen Hamburg

Hamburgs Flughafen im nördlichen Stadtteil Fuhlsbüttel gehört zu den ältesten Europas; seine Anfänge gehen in das Jahr 1911 zurück. Im Vergleich zu anderen Weltstädten ist der Flughafen Hamburg recht citynah gelegen (Entfernung von der Stadtmitte nur ca. 10 km), was allerdings eine unangenehme Lärmbelästigung für die nahen Wohngebiete bedeutet.
Gemessen am Flugpassagieraufkommen nimmt Hamburg nach Frankfurt am Main, Düsseldorf und München den vierten Rang unter den deutschen Flughäfen ein. Für den Flugverkehr von und nach Skandinavien stellt der Hamburger Flughafen einen wichtigen Drehpunkt dar.
Es bestehen seit langem Pläne zum Bau eines neuen Großflughafens weiter nördlich in Schleswig-Holstein zwischen Bad Bramstedt und Kaltenkirchen; neuerdings ist auch ein Standort im westlichen Mecklenburg in der Diskussion.

Lufthansa-Werft

Auf dem Flughafengelände befindet sich auch die Flugzeugwerft mit der Technischen Basis der Deutschen Lufthansa. Hier werden die Lufthansa-Maschinen samt ihren Triebwerken gewartet, repariert und überholt.

Hafen Hamburg

Seehafen im Binnenland

Wenn man von Hamburg spricht, denkt man sogleich an den Hafen, den größten deutschen Seehafen, wenngleich dieser rund 100 km landeinwärts im Elbstrom liegt. In der Kette der europäischen Nordseehäfen bildet er das östlichste Glied. Durch den Nord-Ostsee-Kanal (zwischen Unterelbe und Kieler Förde) hat er direkte Verbindung mit der Ostsee.

Offener Tidehafen

Der Hamburger Hafen ist ein offener Tidehafen ohne hemmende Schleusen zwischen Elbstrom und Hafenbecken. Auf einer Fläche von annähernd 100 km^2 gruppieren sich um zahlreiche Hafenbecken modernste Terminals für den Güterumschlag, Lagerhäuser, Speicher, Lager- bzw. Stapelfreiflächen und Güterbahnhöfe sowie eine Vielzahl von Industriebetrieben (Werften, Raffinerien, Metallwerke u. v. a.), denen Seeschiffe die Rohstoffe direkt anliefern.

Schneller Universalhafen

Hamburg gilt als 'schneller' Universalhafen mit relativ kurzen Liegezeiten, der für praktisch alle Güter des Welthandels Umschlag- oder Lagerkapazitäten bereithält. Hervorgehoben seien die weiträumigen Anlagen für den bedeutenden Containerverkehr, die Stückgutterminals, die Einrichtungen für den Roll-on/Roll-off-Betrieb sowie die Spezialterminals für Fisch, Südfrüchte, Forstprodukte, Sammel- und Massengüter, ferner die zahlreichen Kühlhäuser für rasch verderbliche Waren.

Freihafen

Das Kerngebiet des Hamburger Hafens bildet seit 1888 der rings umzäunte Freihafen (zwei durch den Köhlbrand getrennte Bereiche), eine der ältesten und größten Einrichtungen ihrer Art. Innerhalb dieses Zollausschlußgebietes können alle Waren frei von Zollformalitäten beliebig lange gelagert, gehandelt oder auch verarbeitet werden.

Speicherstadt

Eine Besonderheit im Freihafengebiet ist die gegen Ende des 19. Jahrhunderts erbaute mächtige 'Speicherstadt' mit ihren hohen Backsteinfassaden, Giebeln, Simsen und Türmen. Auf den 'Böden' der Speicher lagern hochwertige Importgüter und werden dort auch z. T. weiterverarbeitet.

Der Containerverkehr hat heute bedeutenden Anteil am Hafenumschlag

Hafen Hamburg (Fortsetzung) Hafenschiffahrt

Den Gütertransport zu Wasser innerhalb des Hafens besorgt die Hafenschiffahrt mit einer beachtlichen Flotte von Barkassen, Schleppern und 'Schuten' genannten Lastkähnen.

Landungsbrücken

Dem Passagierverkehr dienen die St.-Pauli-Landungsbrücken beim Alten Elbtunnel: Hafenfähren, Hafenrundfahrten, Elbschiffahrt; am Ostende (Fiete-Schmidt-Anleger) befindet sich der Liegeplatz des Museumsschiffes "Rickmer Rickmers".
An der unweit stromaufwärts im Bereich des Niederhafens gelegenen Überseebrücke machen Schulschiffe und Windjammer sowie Einheiten bei Flottenbesuchen fest. Hier liegt bis auf weiteres das Museumsschiff "Cap San Diego" (Verlegung des Liegeplatzes an das in Neugestaltung befindliche Altonaer Hafenufer vorgesehen).

Hafenrand

Der gesamte nördliche Hafenrand ('Hafenmeile') zwischen Deichtorplatz im Osten und Neumühlen im Westen (ca. 7 km) ist Gegenstand städtebaulicher Maßnahmen und Vorhaben zur Belebung und Erneuerung bestehender Bereiche sowie zur Schaffung von neuen attraktiven Anlagen.
Bisher schon deutlich aufgewertet ist die östliche Hälfte des Hafenrandes: Vom Meßberg, unweit der Deichtorhallen, führt ein sauber geklinkerter Promenadenweg auf den Kaimauern von Zollkanal, Binnenhafen (unmittelbar südlich die imposante Speicherstadt) und Niederhafen mit der Überseebrücke bis zu den St.-Pauli-Landungsbrücken an der Norderelbe sowie weiter vom Eingangsgebäude des Alten Elbtunnels (anschließend neues Markt- und Veranstaltungszentrum nebst Hotel geplant) entlang der durch die Hausbesetzerszene berüchtigte Hafenstraße bis zur ehemaligen Fischauktionshalle am Fischmarkt.
In Ausbau bzw. Planung befindet sich die westliche Fortsetzung des Hafenrandes im Stadtteil Altona mit dem neuen Terminal für die England-Fähre, dem zukünftigen Terminal für Kreuzfahrtschiffe sowie einem Kleinschiff- und Sportboothafen.

Hafen Hamburg
Hafenrand
(Fortsetzung)

Den westlichen Endpunkt des urbanistischen Entwicklungsprogramms für das nördliche Elbufer bildet der Museumshafen Oevelgönne in Neumühlen. In diesem Bereich, unter dem der Neue Elbtunnel verläuft, sollen ein Seniorenwohnheim, ein Hotel und verschiedene gastronomische Einrichtungen entstehen.

Elbuferweg

Beim Museumshafen beginnt der Elbuferweg, dessen erster Abschnitt – Övelgönne – mit seinen malerischen Lotsen- und Kapitänshäuschen besonders reizvoll ist.

Verkehrsader Elbe

Unterelbe

Ein lebenswichtiger Verkehrsweg für den Hamburger Hafen ist der über 100 km lange Lauf der Unterelbe zwischen Hamburg und der Mündung der Elbe in die Deutsche Bucht der Nordsee bei Cuxhaven. Mehrfache Vertiefungen und Verbreiterungen des Fahrwassers gestatten heute Schiffen bis über 100 000 t Tragfähigkeit, den Hafen direkt anzulaufen; eine Kette von Radarstationen überwacht die Navigation.

Oberelbe

Die Elbe diente schon früh als Wasserstraßenverbindung zwischen dem zentraleuropäischen Hinterland und der Nordsee. Im Binnenschiffsverkehr mit der Tschechoslowakei, den neuen östlichen deutschen Bundesländern (samt Berlin, über die Havel) erfüllt die Oberelbe nach wie vor diese Funktion.

Elbe-Seitenkanal

Der 1976 vollendete Elbe-Seitenkanal zwischen Artlenburg nördlich von Lüneburg (in der Nähe das moderne Schiffshebewerk Scharnebeck) und dem Mittellandkanal bei Wolfsburg (115 km) schafft die direkte Verbindung zum Netz der übrigen deutschen Binnenwasserstraßen.

Zwei Elbtunnel
in Hamburg

Der bereits in den Jahren 1907–1911 erbaute, zweiröhrige Alte Elbtunnel unterquert die Norderelbe zwischen St. Pauli und der Hafeninsel Steinwerder. Der dreiröhrige Neue Elbtunnel für die Bundesautobahn A 7 (E 45) entstand 1968 bis 1975; der Bau einer vierten Röhre ist projektiert.

Brückenstadt Hamburg

1000 Brücken
über Gewässer

Mit insgesamt über 2400 Brücken, von denen rund 1000 über Gewässer hinwegführen, gilt Hamburg als eine der brückenreichsten Städte in Europa.

Köhlbrandbrücke

Die größte und längste der Hamburger Brücken ist die 1974 fertiggestellte Köhlbrandbrücke, welche die östlichen mit den westlichen Hafenteilen verbindet.

Jüngste
Brückenbauten

Die jüngsten Brückenbauten entstanden auf Hamburger Gebiet für die neue S-Bahn-Trasse zwischen dem Hauptbahnhof und dem südelbischen Stadtteil Harburg (über Norder- und Süderelbe) sowie für die Harburger Ostumgehung (B 4/75; Süderelbe).

Öffentlicher Nahverkehr

Verkehrsmittel

Das eigentliche Stadtgebiet von Hamburg wie auch seine Vor- und Randorte sind verkehrstechnisch gut erschlossen. Dem öffentlichen Nahverkehr dienen S-Bahnen, U-Bahnen (seit 1912), Omnibusse (bis 1978 auch Straßenbahnen) und Hafenfähren.
An die Stelle des 1984 eingestellten Linienschiffsverkehrs auf der Alster ist die sog. Alsterkreuzfahrt getreten, welche – wenn auch zu einem Sondertarif – alle Anleger der früheren Schiffslinien anläuft.

Tarifverbund

Alle öffentlichen Nahverkehrsmittel sind im Hamburger Verkehrsverbund (HVV) zusammengeschlossen, so daß sie im Rahmen von verschiedenen Tarifzonen wechselweise mit demselben Fahrausweis benutzt werden können.

Berühmte Persönlichkeiten

Hinweis

Die nachstehende, namensalphabetisch geordnete Liste vereinigt historische Persönlichkeiten, die durch Geburt, Aufenthalt, Wirken oder Tod mit Hamburg verbunden sind und überregionale Bedeutung erlangt haben.

Hans Albers
Schauspieler
(22.9.1891 bis 24.7.1960)

Der Hamburger Volksschauspieler Hans Albers wurde als Fleischerssohn an der Langen Reihe im Stadtteil St. Georg geboren. Zwar schickte ihn der Vater in die Lehre, in Frankfurt am Main siegte jedoch seine schon lange gehegte Liebe zum Theater; seine erste Rolle spielte er in Kleists "Der zerbrochene Krug". Über mehrere Bühnen, darunter Altonas Schiller-Theater (1913) und danach Hamburgs Thalia-Theater, kam er nach Berlin, wo ihn Max Reinhardt für die Hauptrolle in Bruckners "Verbrecher" entdeckte. Mit dem Tonfilm begann 1929 Albers' Filmkarriere. Hier verkörperte er häufig die Deftigkeit eines Jungen von der Waterkant, so besonders typisch in dem Film "Große Freiheit Nr. 7" und in seinem letzten großen Streifen "Das Herz von St. Pauli" mit dem Lied "In Hamburg, da bin ich zu Hause", wenngleich er zuletzt am Starnberger See lebte. – Im Stadtteil St. Pauli wurde ein Platz nach Albers benannt; dort steht seit 1986 auch ein eigenwilliges Hans-Albers-Denkmal. Hamburg feierte den 100. Geburtstag des Schauspielers mit Veranstaltungen in St. Georg und auf St. Pauli.

Hl. Ansgar
Missionar und Erzbischof
(um 801 – 3.2.865)

Der später heiliggesprochene und 'Apostel des Nordens' genannte Benediktinermönch Ansgar (Anschar), missionierte ab 826 im Gebiet des heutigen Landes Schleswig-Holstein und wurde 832 Erzbischof des im Jahr zuvor eingerichteten Bistums Hamburg. Nachdem die Wikinger 845 die Hammaburg samt der ersten Domkirche zerstört hatten, wich Ansgar nach Bremen aus und etablierte dort 848 das Erzbistum Hamburg-Bremen.

Carl Philipp Emanuel Bach
Komponist
(8.3.1714 bis 14.12.1788)

Johann Sebastian Bachs in Weimar geborener Sohn Carl Philipp Emanuel war zunächst Schüler seines Vaters und wurde 1740 als Kammercembalist an den Hof Friedrichs des Großen nach Potsdam berufen. Als Georg Philipp ⟶ Telemann verstorben war, berief man Carl Philipp Emanuel Bach 1767 zu dessen Nachfolger nach Hamburg, wo er zwei Jahrzehnte lang wirkte. Schon vorher hatte er das Lehrwerk "Versuch über die wahre Art, das Clavier zu spielen" herausgegeben. Carl Philipp Emanuel Bach, der großen Einfluß auf Haydn ausgeübt hat, vollzog den Übergang von der kontrapunktischen zu einer aufgelockerten Kompositionsweise.

Albert Ballin
Reeder
(15.8.1857 bis 9.11.1918)

Der Hamburger Reeder Albert Ballin trat 1886 in die Leitung der Hamburg-Amerikanischen Packetfahrt-Actien-Gesellschaft (HAPAG) ein und war ab 1899 ihr Generaldirektor. Er gehörte zu den Vertrauten des deutschen Kaisers Wilhelm II., erkannte allerdings zeitig die Gefahr der Flottenpolitik des Admirals von Tirpitz und bemühte sich um eine gleichrangige Stellung der deutschen Flotte gegenüber Großbritannien. Während des Ersten Weltkrieges setzte sich Ballin vergeblich für einen Verständigungsfrieden ein. Vermutlich war die Enttäuschung über das Scheitern die Ursache für seinen Freitod, obwohl es über sein Ende nach einer erregten Besprechung mit den Hamburger Reedern am Revolutionstag auch andere Versionen gibt. – Zu Ehren des aus kleinsten Verhältnissen stammenden dreizehnten Kindes eines Auswandereragenten trägt seit 1947 der frühere Alsterdamm den Namen Ballindamm.

Ernst Barlach
Bildhauer, Graphiker und Dichter
(2.1.1870 bis 24.10.1938)

Der aus Wedel in Holstein stammende Ernst Barlach, Schüler der Dresdener Kunstakademie und nach einem für seine künstlerische Entwicklung entscheidenden Rußlandaufenthalt (1906) führender Plastiker des Expressionismus, versuchte Figuren zu gestalten als "sehnsüchtige Mittelstücke zwischen einem Woher und einem Wohin". Zur Zeit des Nationalsozia-

Ernst Barlach
(Fortsetzung)

lismus war Barlachs Kunst als 'entartet' verfemt. Der Künstler lebte seit 1910 zurückgezogen im mecklenburgischen Güstrow, ohne sich um Anerkennung oder Ablehnung seiner Arbeiten zu kümmern. Seine streng geformten Bildwerke in Holz und Bronze zeigen den Menschen im Spannungsfeld zwischen Irdischem und Geistigem. Als Graphiker schuf Barlach Holzschnitte und Lithographien, teilweise zu seinen eigenen Dichtungen. Etliche seiner Werke befinden sich im Hamburger Ernst-Barlach-Haus, darunter "Berserker", "Russische Bettlerin", "Moses" und der "Fries der Lauschenden".

Peter Behrens
Kunsthandwerker, Designer und Architekt
(14.4.1868 bis 27.2.1940)

Der aus Hamburg gebürtige Peter Behrens begann seine künstlerische Laufbahn zunächst als Maler, wandte sich aber nach 1890 dem Kunsthandwerk zu, entwarf u.a. neue Druckschriften und gehörte zu den Mitgründern der 'Vereinigten Werkstätten' in München, für die er neben vielem anderen Tafelgläser gestaltete. Zur Jahrhundertwende rief ihn der hessische Großherzog Ernst Ludwig nach Darmstadt (Behrens war Gründungsmitglied der dortigen Künstlerkolonie), wo er 1900/1901 als seine erste Architekturleistung das bekannte 'Haus Behrens' auf der Mathildenhöhe baute.
Im Jahre 1907 wurde Behrens künstlerischer Berater und Architekt der Allgemeinen Elektricitäts-Gesellschaft (AEG) in Berlin, für die er moderne zweckorientierte Fabrikgebäude entwarf, darunter die AEG-Turbinenhalle (1909) als sein vielleicht bekanntestes Bauwerk. Weitere bedeutende Werke Behrens' sind der AEG-Pavillon auf der Deutschen Schiffbau-Ausstellung in Berlin (1908), das Landhaus 'Cuno' in Hagen (Westfalen; 1910), das Gebäude der Deutschen Botschaft in St. Petersburg (1911/1912), das Mannesmann-Verwaltungsgebäude in Düsseldorf (1912), der Kunsthof und der Musiksaal für die Werkbundausstellung in Köln (1914), ferner nach dem Ersten Weltkrieg – 1922 wurde Behrens Professor an der Akademie der bildenden Künste in Wien – das expressionistische Züge aufweisende Verwaltungsgebäude der I.G. Farbenindustrie AG in Höchst (heute Farbwerke Hoechst; 1920–1925, in Klinkerbauweise), Bauten für die Gutehoffnungshütte in Oberhausen (1925), zwei Wohnhäuser in der Stuttgarter Weißenhofsiedlung (1927; nach Zerstörung im Zweiten Weltkrieg verändert wiedererrichtet) sowie das im Internationalen Stil aufgeführte Lagerhaus der Staatlichen Österreichischen Tabak-Regie in Linz.
Peter Behrens (ab 1936 Leiter der Architekturabteilung der Preußischen Akademie der Künste in Berlin), der mit seinen sachlich-konstruktiven Entwürfen bahnbrechend sowohl für die moderne Industrieformgestaltung (Design) als auch für eine neue Architektur wirkte (in seinem Büro arbeiteten zeitweise u.a. Le Corbusier, Walter Gropius und Ludwig Mies van der Rohe), verstarb Ende Februar 1940 in Berlin.

J.W. Bentz

→ Hummel

Meister Bertram
Maler
(um 1340 bis 1414/1415)

Der gemeinhin als 'Meister Bertram' bezeichnete Maler Bertram von Minden gilt als ein Hauptvertreter der norddeutschen Kunst des spätgotischen Weichen Stils. Nachweislich lebte er von 1367 bis 1410 in Hamburg, wo er 1379 die Bilder mit Szenen aus dem Alten und Neuen Testament auf den Flügeln des Hauptaltars der Petrikirche malte. Dieser Altar – er zählt zu den kostbarsten Schätzen der Hamburger Kunsthalle – wird als 'Grabower Altar' bezeichnet, weil die Hamburger St.-Petri-Gemeinde den Mittelschrein und zwei Flügel des Altars im Jahre 1734 der Stadtkirche von Grabow in Mecklenburg zum Geschenk gemacht hatte.

Wolfgang Borchert
Schriftsteller
(20.5.1921 bis 20.11.1947)

Der als Sohn eines Eppendorfer Volksschullehrers geborene Wolfgang Borchert wurde nach Absolvierung einer Buchhändlerlehre Schauspieler. Als er neunzehnjährig in Lüneburg im ersten Engagement war, zog man ihn zum Militärdienst ein. In Rußland wurde er schwer verwundet, kam 1942 und 1944 wegen unbedachter Äußerungen über das herrschende Regime

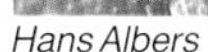

Hans Albers — *Albert Ballin* — *Peter Behrens*

Wolfgang Borchert (Fortsetzung)

ins Gefängnis; das gegen ihn verhängte Todesurteil setzte man zur Bewährung an der Ostfront aus. Nachdem Gelbsucht und Fleckfieber seine Gesundheit ruiniert hatten, wurde er 1943 in seine Heimatstadt entlassen, später wegen Wehrkraftzersetzung abermals verhaftet und verurteilt. Gleich nach dem Ende des Zweiten Weltkrieges arbeitete Borchert als Regieassistent am Hamburger Schauspielhaus, war Kabarettleiter und wirkte als Regisseur in Westerland auf Sylt.
Die Werke des schwermütigen Lyrikers und dynamischen Erzählers widerspiegeln die Bindungslosigkeit der um alles beraubten Kriegsgeneration, die in die verwüstete Heimat zurückkehrt. Im Jahre 1947 schrieb Borchert in nur einer Woche sein berühmtes Heimkehrerdrama "Draußen vor der Tür". Am 21. November 1947 – dem Tage nach dem Tode Borcherts in einem Baseler Krankenhaus – brachte Ida ⟶ Ehre dieses ergreifende Theaterstück auf der Privatbühne ihrer 'Hamburger Kammerspiele' zur Uraufführung.

Johannes Brahms
Komponist
(7.5.1833 bis 3.4.1897)

Hamburg betrachtet den in seinen Mauern als Sohn eines Kontrabassisten geborenen Komponisten Johannes Brahms als seinen Bürger, obwohl er selbst die Stadt Wien als künstlerische Heimat wählte. Schon mit zehn Jahren erregte Brahms als Wunderkind am Klavier Aufsehen und trat auf Konzertreisen auf. Nach kurzer Tätigkeit als Hofpianist und Chordirigent in Detmold (1857–1859) übersiedelte er 1862 nach Wien, wo ihm die Gesellschaft der Musikfreunde die Leitung ihrer Konzerte übertrug; seine Vaterstadt hatte ihm die Dirigentenstelle bei der Philharmonischen Gesellschaft verweigert.
Norddeutsche Zurückhaltung und Wiener Charme verbinden sich in Brahms' großem Musikschaffen, das zahlreiche Orchesterwerke (vier Sinfonien, zwei Serenaden, Haydn-Variationen, Akademische Festouvertüre) und etliche Konzerte für Klavier und Violine umfaßt. Schwerpunkte seiner instrumentalen Kompositionen bilden jedoch die Kammermusik sowie die Klaviermusik (drei Sonaten, diverse Variationen, Balladen, Rhapsodien, Intermezzi, Walzer und Ungarische Tänze). Darüber hinaus hat Brahms ein höchst bedeutendes vokalmusikalisches Œuvre hinterlassen: Gesänge und Lieder ohne und mit Begleitung (u.a. "Ein Deutsches Requiem").
Johannes Brahms verstarb nach einjähriger schwerer Krankheit in seiner Wahlheimat Wien; dort hat er in einem Ehrengrab auf dem Zentralfriedhof die letzte Ruhe gefunden.

Max Brauer
Kommunalpolitiker
(3.9.1887 bis 2.2.1973)

Max Brauer wurde im Jahre 1919 Bürgermeister und 1924 Oberbürgermeister von Altona, das damals noch eine eigenständige Stadt vor den Toren Hamburgs war. Nach seiner Absetzung durch die nationalsozialistischen Machthaber im Jahre 1933 und einem abenteuerlichen Exilanten-

Max Brauer
(Fortsetzung)

leben, das ihn über die Schweiz nach China und in die Vereinigten Staaten von Amerika führte, kehrte er 1946 in das zerschlagene Deutschland zurück, schloß sich der Sozialdemokratischen Partei Deutschlands (SPD) an und wirkte von 1946 bis 1953 sowie abermals von 1957 bis 1960 als Erster Bürgermeister der Freien und Hansestadt Hamburg. Während seiner Amtsperioden trug er ganz wesentlich zum Wiederaufbau der im Zweiten Weltkrieg großenteils zerstörten Stadt bei.

Barthold Hinrich Brockes
Dichter
(22.9.1680 bis 16.1.1747)

Der einer reichen Hamburger Kaufmannsfamilie entstammende Barthold Hinrich Brockes zählt nicht nur zu den in ihrer Epoche beachteten Barockdichtern, sondern vertrat seine Heimatstadt zwischen 1735 und 1741 als Amtmann in Ritzebüttel (dem heutigen Cuxhaven), das damals zu Hamburg gehörte; am Stadtrand von Cuxhaven erinnert noch heute der Brokkeswald an ihn. Kaum ein Dichter aus der Zeit an der Wende vom Barock zur Aufklärung hat so aufmerksam die Natur beobachtet und gleichermaßen ihren Nutzen wie ihre Schönheit gepriesen wie Brockes. Er übertraf darin sogar Friedrich Gottlieb ⟶ Klopstock, für den er zunächst eine Art Vorläufer war. Nach heutigen Vorstellungen könnte man Brockes als Vorfahren der umweltbewußten 'Grünen' bezeichnen.
Brockes' neunbändigem Werk "Irdisches Vergnügen in Gott" entnahm Johann Sebastian Bach sieben Stücke für die "Johannespassion".

Johannes Bugenhagen
Reformator
(24.6.1485 bis 19.4.1558)

Johannes Bugenhagen, Mitarbeiter und Beichtvater von Martin Luther, verfaßte für Hamburg nach dem Sieg der Reformation 1529 eine Kirchenordnung. Daß Hamburg die Reformation ohne schwere innere Erschütterungen durchführen konnte – die konservativen Kreise der Kaufmannschaft wehrten sich gegen die revolutionäre Bewegung – ist im wesentlichen seinem mäßigenden Einfluß zu verdanken.

Julius Campe
Verleger
(18.2.1772 bis 14.11.1867)

Julius Campe übernahm 1823 den im Jahre 1810 aus den Buchhandlungen von G. B. Hoffmann und A. Campe hervorgegangenen Verlag. Während des "streitbaren Lebens des Verlegers Julius Campe" (so der Titel einer Campe-Biographie) wurde der bis heute florierende Verlag Hoffmann und Campe Sprachrohr vor allem für die Vertreter des 'Jungen Deutschland'.

Matthias Claudius
Dichter
(15.8.1740 bis 21.1.1815)

Der im holsteinischen Reinfeld als Pastorensohn geborene Matthias Claudius kam über Kopenhagen, wo er 1764/1765 Sekretär des Grafen Holstein war, im Jahre 1768 als Journalist in das damals holsteinische Wandsbek und gab dort von 1770 bis 1775 den berühmt gewordenen "Wandsbecker Bothen" (in volktümlicher Prosa zur christlich-sittlichen Bildung) heraus. Danach lebte er als freier Schriftsteller. Mit seinem wohl bekanntesten Gedicht, "Der Mond ist aufgegangen", hat er ein unvergängliches Werk geschaffen. Im Jahre 1814 siedelte Claudius von den Franzosen vertrieben, zu seinem Schwiegersohn, dem Verleger Friedrich Christoph ⟶ Perthes, nach Hamburg in ein Eckhaus der Großen Bleichen über, wo er im folgenden Jahr verstarb.
Matthias Claudius, aus dessen lyrischen und Prosaschriften tiefe Innigkeit und volksnahe Schlichtheit sprechen, stand in enger Verbindung mit den maßgebenden Dichtern seiner Zeit wie Friedrich Gottlieb ⟶ Klopstock, Johann Heinrich Voß und Friedrich Leopold Graf zu Stolberg-Stolberg.

Ida Ehre
Schauspielerin, Regisseurin und Theaterleiterin
(9.7.1900 bis 16.2.1989)

Als Tochter eines jüdischen Oberkantors im mährischen Prerau (heute tschechisch Přerov) geboren, kam Ida Ehre mit ihren Eltern im Jahre 1901 nach Wien, wo sie die höhere Schule bis zum Abitur besuchte und an der Akademie für Musik und Darstellende Kunst ein Stipendium erhielt. Nachdem sie bereits seit ihrem vierzehnten Lebensjahr Schauspielunterricht genommen hatte, führte sie ein erstes Theaterengagement ins schlesische Bielitz (heute polnisch Bielsko); die nächsten Stationen waren Budapest, Cottbus, Bonn und Königsberg (heute russisch Kaliningrad), später Stuttgart und Mannheim. Im Jahre 1930 kam sie an das Lessing-Theater in Berlin, wurde jedoch 1933 nach der nationalsozialistischen Machtergreifung

Johannes Brahms

Matthias Claudius

Ida Ehre

Ida Ehre
(Fortsetzung)

als Jüdin mit Berufsverbot belegt. Das Schicksal ihrer Mutter und ihrer Schwester, die der Nazigewaltherrschaft zum Opfer fielen, blieb Ida Ehre erspart, da sie mit dem Arzt und Maler Bernhard Heyde in einer 'privilegierten Mischehe' lebte (1933–1938 in Böblingen), welche dieser aufzulösen sich weigerte. Auch als sie 1943 in der KZ-Abteilung des Zuchthauses Hamburg-Fuhlsbüttel inhaftiert wurde, konnte Heyde ihre Entlassung erwirken. – Nach dem Ende des Zweiten Weltkrieges kehrte Ida Ehre in ihr Metier zurück, gründete schon gegen Ende 1945 die 'Hamburger Kammerspiele' und brachte dort Stücke der zeitgenössischen Weltliteratur zur Aufführung, darunter die Uraufführung des Heimkehrerdramas "Draußen vor der Tür" des Hamburgers Wolfgang ⟶ Borchert. An ihrem Privattheater wirkte Ida Ehre mit großem Einsatz bis zum Lebensende als Intendantin, Regisseurin und Schauspielerin; hinzu kamen Verpflichtungen an verschiedenen anderen deutschen Bühnen. Auch in zahlreichen Spielfilm- und Fernsehrollen, als Synchronsprecherin sowie in Rundfunkhörspielen war die vielseitige Grande Dame des deutschen Theaters tätig, der neben zahlreichen hohen Auszeichnungen im Jahre 1985 die selten verliehene Ehrenbürgerschaft der Freien und Hansestadt Hamburg zuteil wurde.

Otto Ernst
(eigentl. Otto Ernst Schmidt)
Schriftsteller
(7.10.1862 bis 5.3.1926)

Sicher gehört der im damals holsteinischen Ottensen geborene Otto Ernst Schmidt, der sich als Schriftsteller nur Otto Ernst nannte, nicht zu den 'großen' Dichtern Hamburgs; doch hat der Dramatiker, Erzähler, Lyriker und Essayist im ersten Viertel des 20. Jahrhunderts mit seinen Schilderungen aus der Welt des kleinen Bürgertums ein großes Publikum gehabt; sein im Jahre 1901 uraufgeführtes Drama "Flachsmann als Erzieher" wurde viel gespielt. Ein Bestseller vor dem Ersten Weltkrieg war sein Buch "Appelschnut" (1907), dem er nach mehreren anderen 1923 die Erzählung "Heidede!" folgen ließ. Auch sein autobiographischer Roman "Asmus Sempers Jugendland" (1905) gehört in die wilhelminische Zeit.

Gorch Fock
(eigentl. Johann Kinau)
Buchhalter und Schriftsteller
(22.8.1880 bis 31.5.1916)

Gorch Fock hieß eigentlich Johann Kinau; aber unter seinem Künstlernamen ist er an der Waterkant zum Begriff geworden. Der auf der Hamburger Elbinsel Finkenwerder als Sohn eines Hochseefischers geborene Schriftsteller, von Beruf Buchhalter (zunächst in Meiningen, Bremen und Halle/Saale, ab 1906 bei der Hamburg-Amerika-Linie), fand ein zu seinem Werk passendes Ende: als kriegsfreiwilliger Matrose in der Seeschlacht vor dem Skagerrak auf dem Kreuzer "Wiesbaden".
Der humorvolle und geistreiche Autor von platt- und hochdeutschen Erzählungen aus der harten Welt der Seefahrt erzielte im Jahre 1913 mit dem Werk "Seefahrt ist not" einen besonderen Erfolg. Auch die Bücher "Schullengrieper un Tungenknieper" (1910) und "Hein Godenwind" (1912) halten sein Andenken lebendig. Gorch Focks Biographie schrieb sein Bruder, der Heimaterzähler Jakob Kinau (1888–1965).

Berühmte Persönlichkeiten

Gustaf Gründgens
Schauspieler
und Regisseur
(22.12.1899 bis
7.10.1963)

Der aus Düsseldorf gebürtige Gustaf Gründgens kam 1923 an die Hamburger Kammerspiele, wechselte jedoch bereits 1928 nach Berlin, wo er ab 1934 bis zum Ende des Zweiten Weltkrieges die Generalintendantur des Preußischen Staatstheaters innehatte. Von 1947 bis 1955 war Gründgens Intendant der Städtischen Bühnen Düsseldorf. Dann kehrte er wieder an den Ausgangspunkt seiner Karriere zurück, nach Hamburg, wo er bis 1963 († in Manila) Generalintendant des Deutschen Schauspielhauses war. Klaus Mann hat in dem Roman "Mephisto" seinem Schwager Gründgens, dessen Glanzrolle der Mephisto in Goethes "Faust" war, ein literarisches Denkmal gesetzt, in dem die Karriere von Höfgen-Gründgens von der Mitte der zwanziger Jahre bis zum Beginn der NS-Zeit nachgezeichnet ist.

Friedrich
von Hagedorn
Dichter
(23.4.1708 bis
20.10.1754)

Friedrich von Hagedorn, der Sohn eines dänischen Staatsrates, blieb zeitlebens seiner Geburtsstadt Hamburg verbunden. Nach einem Jurastudium in Jena und kurzem Aufenthalt in London (1729–1731 Privatsekretär des dortigen dänischen Gesandten) kehrte er endgültig nach Hamburg zurück und konnte sich eines sorgenfreien Lebens erfreuen. Der als Vorläufer der deutschen Anakreontik geltende Dichter schrieb Oden, Lieder und Fabeln in einer Sprache voll Anmut und spielerischer Eleganz.

Carl Hagenbeck
Tierhändler
(10.6.1844 bis
14.4.1913)

Carl Hagenbeck verkörpert ein Stück Hamburg. Schon der Vater, der Fischhändler Gottfried Clas Carl Hagenbeck, besaß eine Tierhandlung, aber erst Hagenbecks ältester Sohn Carl baute sie entscheidend aus, eröffnete 1874 am Neuen Pferdemarkt eine erste Tierschau und gründete schließlich 1907 jenen bahnbrechend neuartigen Tierpark in Stellingen, der zum Vorbild für viele zoologische Gärten in aller Welt werden sollte. Hagenbeck war bemüht, die Tiere nicht mehr hinter Gittern, sondern in Freigehegen zu zeigen; er ließ Tierfangexpeditionen, insbesondere in Afrika, durchführen und verband mit dem Zoo völkerkundliche Schaustellungen; auch ein Zirkus trug seinen Namen.
Im Hauptteil 'Sehenswürdigkeiten von A bis Z' dieses Buches wird ausführlich über die bewegte Geschichte von → Hagenbecks Tierpark berichtet.

Christian Frederik
Hansen
Baumeister
(29.2.1756 bis
10.7.1845)

Der in der dänischen Hauptstadt Kopenhagen geborene Architekt Christian Frederik Hansen lebte von 1784 an in Altona und schuf zwischen Altona und Blankenese eine Reihe bedeutender klassizistischer Landhäuser. Zusammen mit seinem Neffen Matthias Hansen gestaltete er die Altonaer Palmaille zu einer klassizistischen Prachtallee aus. Die Elbchaussee erhielt durch Hansens Bauten ihr bis heute überwiegend bewahrtes Gepräge. Im Jahre 1804 kehrte Hansen nach Kopenhagen zurück, wo er Akademiedirektor wurde.

Heinrich Heine
(urspr. Harry H.)
Dichter und
Publizist
(13.12.1797 bis
17.2.1856)

Nachdem Heinrich Heine, der in Düsseldorf als Harry Heine geborene Sohn des jüdischen Schnittwarenhändlers Samson Heine, 1814 vom Lyzeum ohne Reifezeugnis abgegangen war, absolvierte er eine kaufmännische Lehre zunächst in Frankfurt am Main und ab 1816 im Hamburger Bankhaus seines Onkels Salomon Heine, von dem er zeit seines Lebens finanziell abhängig blieb. Im Jahre 1817 erschienen erste Gedichte Heines unter dem Pseudonym 'Freudholf Riesenharf'. Mit einem von seinem Onkel eingerichteten Manufakturwarengeschäft ging Heine 1819 bankrott, übersiedelte nach Bonn und begann dort ein Jurastudium, das er u.a. in Berlin fortsetzte und 1825 – kurz nach Übertritt zum protestantischen Christentum (seither Heinrich Heine) – in Göttingen mit der Promotion abschloß. Eindrücke seiner Aufenthalte in Hamburg und andernorts in Norddeutschland hielt er in seinem Werk "Reisebilder" fest. Schließlich begab sich Heine 1831 als Korrespondent der Augsburger "Allgemeinen Zeitung" nach Paris, wo er sich für eine Vermittlung zwischen Deutschland und Frankreich einsetzte, und kehrte lediglich 1843 und 1844 nach Deutschland zurück. An eine dieser Reisen (von Paris nach Hamburg) knüpft das die Schwächen der Deutschen schonungslos bloßstellende Epos "Deutschland · Ein Wintermärchen" (1840) an.

Gorch Fock | Heinrich Heine | Heinrich Hertz

Heinrich Heine (Fortsetzung)

Infolge eines Rückenmarkleidens war Heinrich Heine von 1848 bis zu seinem Tode im Februar 1856 ans Bett gefesselt. Sein Grab befindet sich auf dem Pariser Montmartre-Friedhof.

Heinrich Rudolf Hertz
Physiker
(22.2.1857 bis 1.1.1894)

Der gebürtige Hamburger Heinrich Rudolf Hertz hat an den Universitäten von Karlsruhe (ab 1885) und Bonn (ab 1889) als Professor für Physik gewirkt. Dabei bestätigte er die Maxwellsche Lichttheorie und trug durch die Entdeckung der elektromagnetischen Wellen (seither Meßeinheit 'Hertz' abgekürzt 'Hz') wesentlich zur Entwicklung des Funkwesens bei. Darüber hinaus hat Hertz weitere bedeutende Forschungsergebnisse auf dem Gebiet der Physik erzielt.
Hamburgs Fernsehturm heißt dem bedeutenden Sohn der Stadt zu Ehren offiziell 'Heinrich-Hertz-Turm'.

Fritz Höger
Architekt
(12.6.1877 bis 21.6.1949)

Der in Bekenreihe bei Elmshorn als Sohn eines Landzimmermeisters geborene Fritz Höger kam über die Zimmermannslehre nach Hamburg und war dort ab 1905 als selbständiger Architekt tätig. Er entwarf kraftvoll gegliederte, durch farbig abgesetzte Klinkerpartien sowie Keramikschmuck verzierte Backsteinbauten, insbesondere Kontorhausensemble wie das imposante Chilehaus (1922–1924), das mit seiner Schiffsbugform im wahrsten Sinne des Wortes herausragende Beispiel der neueren norddeutschen Klinkerarchitektur, sowie den großen, dreiteiligen Sprinkenhof (1927 bis 1930), ferner Geschäftshäuser an der Mönckebergstraße und das HAPAG-Gebäude (Kalksteinneubau 1922–1923) am Ballindamm (seinerzeit Alsterdamm).

Hummel
(eigentl. Johann Wilhelm Bentz)
Wasserträger und Hamburger Original
(?.1.1787 bis 15.3.1854)

Johann Wilhelm Bentz, der am 21. Januar 1787 zu St. Michaelis getaufte uneheliche Sohn der Anna Maria Taspern und des Georg Wilhelm Bentz, war Arbeitsmann und Wasserträger in der Hamburger Neustadt, wohnhaft Große Drehbahn Nr. 36. Nach Einrichtung der neuen Stadtwasserkunst in Rothenburgsort wurde er 1848 arbeitslos, verstarb am 15. März 1854 und wurde auf Armenanstaltskosten auf dem Dammtorfriedhof begraben.
'Griephummer' oder kurz 'Hummer' war der Spottname für die beim Volke verhaßten Gerichtsdiener oder 'Griepenkerle', die in alten Akten teilweise latinisiert als 'Griephomines' auftauchen. Wie häufig in der Hamburger Mundart wurde aus dem Schluß-r ein -l (vgl. in dem Ortsnamen Hummelsbüttel). Die so entstandene Bezeichnung 'Hummel' rief die Straßenjugend der Neustadt dem dürren, etwas griesgrämigen, aber volkstümlichen Wasserträger Bentz nach, der sie seinerseits zu 'griepen' (greifen) versuchte, den spöttelnden Ruf "Hummel, Hummel!" im übrigen aber mit dem plattdeutschen "Moors, Moors!" (= Hinterteil) quittierte. Auf diese Weise wurde Bentz zu 'Hummel', und es soll so der bekannte Hamburger Schlachtruf "Hummel, Hummel! – Moors, Moors!" entstanden sein.

Hans Henny Jahnn
Schriftsteller und Orgelbauer
(17.12.1894 bis 29.11.1959)

Der im damals holsteinischen Stellingen (heute ein Stadtteil von Hamburg) geborene Schriftsteller und Orgelbauer Hans Henny Jahnn entstammte einer Hamburger Schiff- und Instrumentenbauerfamilie und lebte als überzeugter Pazifist von 1915 bis 1918 im norwegischen Exil. Nach seiner Rückkehr in die Heimat gelang ihm 1919 der künstlerische Durchbruch mit dem Drama "Pastor Ephraim Magnus".
Gleichzeitig war Jahnn führender Vertreter der 'Orgelbewegung', einer nach dem Ersten Weltkrieg von der Schweiz auf Deutschland übergreifenden Reformbewegung, welche die Orgelbaukunst nach Vorbildern aus der Zeit vor 1750 erneuern wollte; insgesamt hat Jahnn mehr als einhundert Orgeln gebaut.
Im Jahre 1920 stiftete Jahnn aus Protest gegen Zivilisation und Konvention die 'Glaubensgemeinschaft Ugrino', die ein neuheidnisches Reich propagierte. Nach der Machtergreifung Hitlers ging Jahnn wiederum ins Exil und widmete sich auf der dänischen Insel Bornholm der Landwirtschaft und Pferdezucht sowie der Hormonforschung. Nach dem Ende des Zweiten Weltkrieges kehrte er nach Deutschland zurück und wurde 1950 Präsident der Freien Akademie der Künste in Hamburg; hier verstarb er Ende November 1959.

Joachim Jungius
Mediziner und Naturforscher
(22.10.1587 bis 23.9.1657)

Der Lübecker Joachim Jungius, Professor für Mathematik in Gießen (1609) und Rostock (1624) sowie für Medizin in Helmstedt (1625), übersiedelte im Jahre 1628 nach Hamburg, wo er zeitweise Rektor der Lateinschule 'Johanneum' und Logik- bzw. Physiklehrer am Akademischen Gymnasium war. Er lieferte wichtige Beiträge zur Erneuerung der Logik (u. a. "Logica Hamburgensis") und bemühte sich um die Systematisierung der naturwissenschaftlichen Erkenntnisse auf den Gebieten der Chemie, Botanik, Zoologie und Astronomie.

Johann Kinau

→ Gorch Fock

Friedrich Gottlieb Klopstock
Dichter
(2.7.1724 bis 14.3.1803)

Der in Quedlinburg am Harz geborene Friedrich Gottlieb Klopstock erlebte auf dem Gymnasium von Schulpforta die antike Dichtung so stark, daß er selbst beschloß, ein großes Epos zu schaffen. Schon während des folgenden Theologiestudiums in Jena begann er sein episches Lebenswerk "Der Messias", dessen Teilveröffentlichung ihm 1748 ersten Ruhm eintrug. Über eine Hauslehrertätigkeit und Aufenthalte in Zürich und Kopenhagen kam er erstmals 1754 nach Hamburg, verließ es jedoch 1758 nach dem Tod seiner ersten Frau Meta (Margarethe Moller), um erst 1770 endgültig in die Hansestadt zurückzukehren. Dort vollendete er schließlich 1773 das insgesamt zwanzig Gesänge umfassende biblische Epos "Der Messias". Mit Klopstocks 'Poesie des Herzens und der Empfindung' begann eine neue Epoche deutscher Dichtkunst. Klopstock wirkte jedoch auch als Volkserzieher ("Die deutsche Gelehrtenrepublik", 1774), Sprachforscher und Orthographiereformer ("Über die deutsche Rechtschreibung", 1778).
Der hoch geehrte Friedrich Gottlieb Klopstock verstarb im März 1803; sein Begräbnis (auf dem Friedhof der Christianskirche im Altonaer Ortsteil Ottensen) glich einer nationalen Huldigungsfeier.

Ferdinand Laeisz
Reeder
(1.1.1801 bis 7.2.1887)

Die im Jahre 1824 von Ferdinand Laeisz gegründete Hamburger Reederei Laeisz wurde v. a. bekannt durch die sogenannten P-Schiffe, deren Namen alle mit dem Buchstaben P begannen, etwa "Pamir", "Passat", "Preußen" und andere. Die Flying-P-Schiffe benötigten für die Strecke zwischen Hamburg und Valparaiso knapp 80 Tage und wurden vor allem zur Beförderung von Salpeter aus Chile auf Fahrten um das Kap Hoorn eingesetzt.

Hans Leip
Schriftsteller, Graphiker und Maler
(22.9.1893 bis 6.6.1983)

Als Sohn eines Hafenarbeiters und Seemanns kam Hans Leip in Hamburg zur Welt, wurde zunächst Lehrer und arbeitete dann als Journalist und Graphiker. Im Ersten Weltkrieg erlitt er eine schwere Verwundung. Das Spektrum seiner schriftstellerischen Arbeit umfaßt Erzählungen, Romane, Gedichte, geistliche Spiele, Theaterstücke, Hör- und Fernsehspiele, Filmdrehbücher sowie Erinnerungsbücher und Autobiographisches.

F. G. Klopstock *G. E. Lessing* *D. von Liliencron*

Hans Leip
(Fortsetzung)

Als Graphiker war Hans Leip zeitweilig Mitarbeiter der satirischen Zeitschrift "Simplicissimus"; etliche seiner Dichtungen hat er selbst illustriert. Leip bevorzugte Themen über das Meer, die Seefahrt und den Hafen sowie über das Leben der Küstenbewohner und der Seeleute.
Als Autor wurde Hans Leip durch sein von Thomas Mann preisgekröntes Buch "Godekes Knecht" (1925) bekannt, das vom Leben der Seeräuber um Klaus Störtebeker berichtet. Weitere Hauptwerke sind der heitere Roman "Jan Himp und die kleine Brise" (1933) und die mittelalterliche Geschlechterchronik "Das Muschelhorn" (1940). Außer Romanen und Erzählungen verfaßte Leip eine Vielzahl von Gedichten, deren Spannweite von derb Humorigem über Sentimentales bis zu höchst anspruchsvoller Kunstlyrik reicht. Sein bekanntestes Gedicht jedoch ist "Lili Marleen", das er bereits 1915 als Soldat geschrieben hat. In der Vertonung von Norbert Schulze und gesungen von Lale Andersen wurden Leips Verse zu dem wohl berühmtesten Soldatenlied auf beiden Seiten der Kriegsfronten, nachdem es ab August 1941 der deutsche Soldatensender im besetzten Belgrad ausstrahlte.

Gotthold Ephraim Lessing
Kritiker, Dichter und Philosoph
(22.1.1729 bis 15.2.1781)

Auch wenn Gotthold Ephraim Lessing, der Lehrmeister der deutschen Klassik, lediglich drei Jahre in Hamburg verbrachte, so hat er doch mit seinem als wöchentliche Theaterschrift geplanten Werk "Hamburgische Dramaturgie" (1767–1769) den literarischen Rang der Hansestadt verewigt. Der aus Kamenz in der Lausitz gebürtige Pfarrerssohn wurde in der Meißener Fürstenschule ausgebildet, studierte in Leipzig und kam bereits hier in Kontakt mit dem Theater, für das er 1747 als erstes Werk das Lustspiel "Der junge Gelehrte" schrieb. Über Berlin und nach einigen Reisen kam Lessing nach Breslau, wo er mit dem "Laokoon" (1766) und "Minna von Barnhelm" (1767; Uraufführung in Hamburg) zwei seiner bedeutendsten Werke begann. Nach Hamburg kam Lessing im Frühjahr 1767, um dort aktiv an der Gründung einer Nationalbühne mitzuwirken, die er mit seinen grundsätzlichen Kritiken begleitete. Allerdings kam das Theater nicht zu dem erhofften Erfolg, so daß Lessing schließlich 1770 die Stelle eines Bibliothekars in Wolfenbüttel annahm, wo er seine literarische Fehde mit dem Hamburger Hauptpastor J. M. Goeze ("Anti-Goeze", 1778) austrug. Nachdem 1779 Lessings weltanschauliches Ideendrama "Nathan der Weise" erschienen war, verstarb der Dichter verarmt im Februar 1781 bei einem Besuch in Braunschweig.

Alfred Lichtwark
Kunsthistoriker
(14.11.1852 bis 13.1.1914)

Der in Reitbrook geborene Alfred Lichtwark entstammte einer Vierländer Müllerfamilie. Von seinem Lehrer gefördert, schlug er selbst die pädagogische Laufbahn ein und wurde Kunsterzieher. Im Jahre 1886 übernahm er die Leitung der Hamburger Kunsthalle, um deren Reorganisation er sich trotz anfänglich nur bescheidener Mittel verdient machte. So ge-

Alfred Lichtwark
(Fortsetzung)

lang es ihm, die wertvollen Altarbilder der Hamburger Meister Bertram und Francke sowie das Werk des Romantikers Philipp Otto Runge in die Kunsthalle zu bringen und später auch bedeutende Werke von Caspar David Friedrich und Max Liebermann zu erwerben.
Alfred Lichtwark war einer der Begründer der deutschen Kunsterziehungsbewegung, die in Hamburg ihren Ausdruck mit der Gründung der Gesellschaft der Kunstfreunde fand. Er wurde für seine Heimatstadt zum gefeierten Mahner in Sachen Kunst und Kultur.

Detlev
von Liliencron
Dichter
(3.6.1844 bis
22.7.1909)

Der in Kiel als Sohn eines Zollverwalters geborene Detlev von Liliencron (eigentl. Friedrich Adolf Axel Freiherr von Liliencron) nahm als Offizier an den Feldzügen von 1864, 1866 und 1870/1871 (1870 bei St-Rémy verwundet) teil, mußte 1875 den Militärdienst wegen Verschuldung quittieren und ging nach Amerika, wo er sich in verschiedenen Berufen (u. a. als Sprachlehrer und als Pianist) erfolglos versuchte. Nach seiner Rückkehr in die Heimat war er vorübergehend Gesangslehrer in Hamburg, übernahm dann aber 1882 die Stelle eines Hardesvogtes auf der nordfriesischen Insel Pellworm, 1884 jene eines Kirchspielvogtes im holsteinischen Kellinghusen. Nach kürzeren Aufenthalten als freier Schriftsteller in München und Berlin kam er 1889 nach Altona (Freundschaft mit Richard Dehmel) und lebte von 1901 bis zu seinem Tode in Alt-Rahlstedt, wo er auch begraben liegt. Erst ein ihm zum 60. Geburtstag von Kaiser Wilhelm II. ausgesetztes Jahresgehalt half Liliencron aus seiner notorischen Geldnot.
Detlev von Liliencron zählt zu den bedeutendsten Lyrikern des deutschen Impressionismus und hat ein umfangreiches Œuvre hinterlassen, mit dem er starken Einfluß auf die moderne Lyrik der Jahrhundertwende ausübte. Die Urfassung seines Versepos "Poggfred" (1896) entstand im Hause Nr. 100 an der Altonaer Palmaille.

Jakob Ludwig
Felix
Mendelssohn
Bartholdy
Komponist
(3.2.1809 bis
4.11.1847)

Der gebürtige Hamburger Jakob Ludwig Felix Mendelssohn Bartholdy war der Enkel des Philosophen Moses Mendelssohn (1729–1786); sein Vater, der Bankier Abraham Mendelssohn (1776–1835), war zum Protestantismus übergetreten und hatte den Namen seines Schwagers, Bartholdy, angenommen. Felix erhielt eine sorgfältige musische Erziehung und trat bereits mit neun Jahren als Pianist auf, begann im Alter von elf Jahren mit eigenen Kompositionen und traf als gefeiertes Wunderkind mit Goethe, Weber und Cherubini zusammen. Als Siebzehnjähriger schuf er die Ouvertüre zu Shakespeares "Sommernachtstraum".
Felix Mendelssohn Bartholdy war als Pianist und Dirigent eine der glänzendsten Erscheinungen seiner Zeit. Sein romantisch-klassizistisches Musikschaffen hat auf viele spätere Komponisten nachgewirkt. Seit 1835 war er Leiter des Gewandhauses in Leipzig, wo er im jungen Alter von nur 38 Jahren verstarb.

Richard Ohnsorg
Bibliothekar,
Schauspieler und
Theaterleiter
(3.5.1876 bis
10.5.1947)

Der Hamburger Richard Ohnsorg war zunächst Bibliothekar, später Schauspieler. Zum Begriff wurde er erst, als er im Jahre 1920 aus einer bereits 1902 von ihm begründeten Liebhaberbühne die Hamburger Niederdeutsche Bühne machte.
Dieses Volkstheater ist zum Vorbild für alle plattdeutschen Laienbühnen geworden. Es lebt als Ohnsorg-Theater bis heute fort, erfreut sich in Hamburg nach wie vor größter Beliebtheit und hat in jüngerer Zeit durch das Medium Fernsehen im gesamten deutschsprachigen Raum sogar Berühmtheit erlangt. Allerdings sind die beliebten, extra hergestellten Fernsehfassungen der auf der Ohnsorg-Bühne ausnahmslos in niederdeutscher Sprache gespielten Volksstücke mit Rücksicht auf das große, des norddeutschen Platt überwiegend nicht mächtigen Publikums hochdeutsch bearbeitet.

Carl von Ossietzky
Publizist
(3.10.1889 bis
4.5.1938)

Der gebürtige Hamburger Carl von Ossietzky war ein überzeugter Pazifist und arbeitete ab 1919 für die Deutsche Friedensgesellschaft. Nach journalistischer Tätigkeit für die "Berliner Volks-Zeitung" (1920–1922) und die Zeitschrift "Das Tagebuch" (1924–1926) leitete er von 1927 bis 1933 die

F. Mendelssohn Bartholdi

Carl von Ossietzky

Dirks Paulun

Carl von Ossietzky (Fortsetzung)

angesehene kulturpolitische Wochenschrift "Die Weltbühne".
Wegen angeblichen Landes- und Geheimnisverrates wurde er 1931 im sog. Weltbühnen-Prozeß zu einer achtzehnmonatigen Gefängnisstrafe verurteilt, Ende 1932 jedoch amnestiert. Nach dem Reichstagsbrand des Jahres 1933 inhaftierten ihn die nationalsozialistischen Machthaber und verschleppten ihn 1934 in das emsländische NS-Konzentrationslager Esterwegen.
Carl von Ossietzky wurde 1935 der Friedensnobelpreis verliehen, dessen Entgegennahme die Nationalsozialisten zu verhindern trachteten. Nach Verlegung in ein Berliner Krankenhaus (1936) starb er Anfang Mai 1938 an den Folgen seiner unmenschlichen Lagerhaft.

Dirks Paulun Journalist, Kabarettist und Schriftsteller (10.12.1903 bis 28.7.1976)

Der im chinesischen Shanghai geborene Dirks Paulun – sein Vater, Erich Paulun, anfänglich Schiffsarzt, gründete dort die deutsch-chinesische Medizinschule, das Paulun-Hospital und die Tung-Chi-Universität – verbrachte seine Jugendzeit (ab 1909, dem Todesjahr des Vaters) im Hamburger Stadtteil Klein Flottbek, in Donaueschingen, Freiburg im Breisgau und Bad Ems. Für die vom Vater für ihn bestimmte Laufbahn eines Kaufmanns im Ostasiengeschäft konnte sich Paulun nicht erwärmen; er erlernte zwar den Beruf des Exportkaufmanns, betätigte sich jedoch bald als Übersetzer und Buchhändler (sein Jugendtraum) sowie als Pressefotograf für Hinrich Springer (den Vater des späteren Zeitungszaren Axel Cäsar Springer), der in seinem Verlag die "Altonaer Nachrichten" herausgab; in dieser Zeitung wurden auch Pauluns erste Gedichte veröffentlicht. Seine journalistische Laufbahn begann Paulun 1931 als Redaktionsvolontär beim Segeberger Kreis- und Tageblatt, kehrte dann nach Hamburg zurück und wirkte ab Mitte der dreißiger Jahre im Dichterkabarett "Bronzekeller", wo er nicht selten die braune Obrigkeit zu verspotten verstand.
Pauluns Sprache war das 'Missingsch', eine die in Hamburg gesprochene Mundart persiflierende, skurril anmutende Ausdrucksweise, in der er Prosa und Verse phonetisch zu Papier brachte: "Hömmazuh!" (= "Hör mal zu"!) und "Wommasehn!" (= "Woll'n mal sehen!") sind zwei seiner bekanntesten Gedichtbändchen betitelt. Nach dem Zweiten Weltkrieg konnte man den hageren 'Eulenspiegel der Waterkant' lange Jahre in seinem Montagskabarett "Die Wendeltreppe" als hintergründigen Humoristen erleben oder seine beliebten, raffiniert-naiven 'Missingsch'-Kolumnen im "Hamburger Abendblatt" lesen, für das er seit 1948 regelmäßig schrieb. Er verfaßte zahlreiche Bücher mit phantasievollen Geschichten und Gedichten (auch auf Hochdeutsch, z.B. "Hamburger Skizzenbuch" gemeinsam mit dem Neoimpressionisten Fritz Busse) sowie viele Beiträge für Zeitschriften, Rundfunk und Fernsehen.
Dirks Paulun verstarb 1976 in einem Hamburger Krankenhaus und wurde auf dem Ohlsdorfer Friedhof beigesetzt.

Berühmte Persönlichkeiten

Friedrich Christoph Perthes
Buchhändler und Verleger
(21.4.1772 bis 18.5.1843)

Der Rudolstädter Friedrich Christoph Perthes war der Neffe von J. G. Justus Perthes (1749–1816), des Gründers der bekannten Gothaer geographischen Verlagsanstalt. Die 1796 von Friedrich Christoph Perthes und J. H. Besser in Hamburg gegründete Sortimentsbuchhandlung gilt als die erste ihrer Art in Deutschland. Nach den Wirren der Befreiungskriege gegen Napoleon I. – Exil in Dänemark und Großbritannien – gab Perthes 1821 sein Hamburger Geschäft auf und übersiedelte nach Gotha.

Philipp Otto Runge
Maler und Schriftsteller
(23.7.1777 bis 2.12.1810)

Der aus dem pommerschen Wolgast gebürtige Philipp Otto Runge kam 1795 in die Lehre nach Hamburg, wo er so bedeutende Zeitgenossen wie den Dichter Matthias ⟶ Claudius und den Buchhändler Friedrich Christoph ⟶ Perthes kennenlernte, Zugang zur bildenden Kunst fand und ersten Zeichenunterricht nahm. Er studierte dann an den Kunstakademien in Kopenhagen (1799/1801) und Dresden (1801–1803). Gegen Ende des Jahres 1803 ließ sich Runge endgültig in Hamburg nieder und malte hier v. a. Bildnisse von herbem Realismus.
Philipp Otto Runge gilt als Schöpfer der romantischen Malerei; exemplarische Bilder hierfür sind seine "Lehrstunde der Nachtigall" (1804/1805) oder "Der Kleine Morgen" (1808), die neben vielen anderen Werken Runges in der Hamburger Kunsthalle zu sehen sind.

Arp Schnitger
Orgelbauer
(2.7.1648 bis Juli 1719)

Der im oldenburgischen Schmalenfleth geborene Arp Schnitger gilt als der bedeutendste norddeutsche Orgelbauer seiner Zeit. Er lebte ab 1682 in Hamburg und arbeitete auch für das Ausland (Holland, England, Spanien, Portugal, Rußland). Von den rund 160 von ihm geschaffenen Orgelwerken, ist das größte nicht erhalten: die Orgel (einst mit vier Manualen und 67 Stimmen) der St.-Nikolai-Kirche in Hamburg. Erhalten hingegen ist die Arp-Schnitger-Orgel in der Hamburger St.-Jacobi-Kirche, die Hans Henny ⟶ Jahnn 1919 gemeinsam mit Emanuel Kemper restauriert hat.
Arp Schnitger, dessen genaues Todesdatum nicht belegt ist, wurde am 28. Juli 1719 in der St.-Pankratius-Kirche zu Neuenfelde (im hamburgischen Teil des Alten Landes) beigesetzt.

Fritz Schumacher
Architekt
(4.11.1869 bis 5.11.1947)

Der aus Bremen gebürtige Fritz Schumacher hat mit bedeutenden Bauten das Hamburger Stadtbild geprägt. Er war 1899–1908 Professor an der Technischen Hochschule in Dresden und leitete in den Jahren von 1909 bis 1934 das Bauwesen in Hamburg (1920–1923 beurlaubt zur Umgestaltung des Kölner Festungsgürtels), ab 1924 als Oberbaudirektor. Unter seiner städteplanerisch hervorragenden Ägide entstanden neben zahlreichen Schulen, Brücken und Badeanstalten mehrere bemerkenswerte Backsteinbauten: Gebäude des Museums für Hamburgische Geschichte (1913–1922), Finanzgebäude am Gänsemarkt (1918–1926), Krematorium und Kapelle 13 auf dem Ohlsdorfer Friedhof (1932).
Schumachers Traum war die 'Stadt im Grünen', und so begann er mit der Anlage des Hamburger Stadtparkes (1912–1914), den bis 1923 der Gartenbaudirektor Otto Linné vollendete. Die grüne Insel in der Großstadt blieb Schumachers Hamburger Vermächtnis. Seine Hoffnung, der Hansestadt nach den Verheerungen des Zweiten Weltkrieges ein neues Gesicht geben zu können, erfüllte sich nicht: Der verdiente Architekt, der auch etliche Fachbücher über Baukunst, Wohn- und Städtebau hinterlassen hat, verstarb Anfang November 1947 im niedersächsischen Lüneburg.

Gottfried Semper
Baumeister und Kunsttheoretiker
(29.11.1803 bis 15.5.1879)

Der in Hamburg geborene Gottfried Semper wurde nach Studien der Juristerei, Mathematik und Architektur in Göttingen, München und Paris mit anschließenden Reisen nach Italien und Griechenland im Jahre 1834 Professor für Baukunst und Vorsteher der Bauschule an der Kunstakademie in Dresden. Nach aktiver Beteiligung am Maiaufstand 1849 flüchtete er über Paris nach London. Im Jahre 1855 wurde er an das Polytechnikum in Zürich, 1870 als kaiserlicher Architekt nach Wien berufen.
Semper löste den romantischen Klassizismus Schinkels durch eine nüchterne, zweckorientierte Bauweise ab, wobei eine Neigung zum Stil der italienischen Renaissance unverkennbar ist. Zu seinen bekanntesten Werken

gehören das Opernhaus in Dresden, das Gebäude des Polytechnikums in Zürich und die Neubauten (gemeinsam mit seinem Schüler Karl Hasenauer) der Hofburg und des Burgtheaters in Wien.
Gottfried Semper, der für Hamburg nach dem Stadtbrand von 1842 einen Wiederaufbauplan entworfen hatte, verstarb Mitte Mai 1879 in Rom.

Gottfried Semper (Fortsetzung)

Der im mecklenburgischen Qitzow bei Perleberg geborene Pfarrerssohn Ernst Georg Sonnin studierte zunächst Theologie, Philosophie und Mathematik. Ab 1737 lebte er ständig in Hamburg, wo er sich dem Baufach zuwandte. Berühmt wurde er vor allem durch den Neuaufbau des 1750 durch Blitz zerstörten 'Michels', des Turmes der St.-Michaelis-Kirche. Im Jahre 1762 war der Kirchenneubau beendet; aber für den Turm bedurfte es neuer Gelder, so daß Sonnin ihn erst zwischen 1776 und 1786 vollenden konnte. Mit der Michaeliskirche hat Sonnin nicht nur den bedeutendsten protestantischen Kirchenbau in Norddeutschland gestaltet, sondern auch das alte Wahrzeichen Hamburgs geschaffen. Darüber hinaus wurde Sonnin auch durch die Geradrichtung von Hamburger Kirchtürmen bekannt, so des Mariendomes, der Katharinenkirche und der Nikolaikirche.
Ernst Georg Sonnin verstarb Anfang Juli 1794 in Hamburg und wurde im Gruftgewölbe 'seiner' Michaeliskirche begraben.

Ernst Georg Sonnin Baumeister (10.6.1713 bis 8.7.1794)

Der gebürtige Magdeburger Georg Philipp Telemann kam nach Tätigkeit in Leipzig, Sorau, Eisenach und Frankfurt am Main im Jahre 1721 als Musikdirektor für die fünf Hauptkirchen nach Hamburg und wurde zugleich Kantor am Johanneum. Ein Jahr später übertrug man ihm auch die Leitung der Oper. Telemann war im 18. Jahrhundert einer der führenden Komponisten Europas und gilt als Wegbereiter der musikalischen Klassik. Sein sehr umfangreiches Œuvre umfaßt viele Opern, Oratorien, Passionen, Messen, Psalmen, kirchliche und weltliche Kantaten, Lieder, Oden und Kanons, zudem zahlreiche Orchestersuiten und Solokonzerte (für diverse Instrumente) sowie Kammer-, Klavier- und Orgelwerke.
Georg Philipp Telemann verstarb Ende Juni 1767 in Hamburg.

Georg Philipp Telemann Komponist (14.3.1681 bis 25.6.1767)

Der in Hamburg geborene Transport- und Hafenarbeiter Ernst Thälmann trat 1903 der Sozialdemokratischen Partei Deutschlands (SPD) bei und wechselte 1917 in die Unabhängige Sozialdemokratische Partei Deutschlands (USPD) über. Von 1919 bis 1933 war er Abgeordneter der Hamburger Bürgerschaft, seit 1924 auch Mitglied des Reichstages. Er trat 1920 mit dem linken Flügel der USPD in die Kommunistische Partei Deutschlands (KPD) ein, übernahm 1924 die Leitung des Roten Frontkämpferbundes und avancierte 1925 als Vertrauensmann Stalins zum Vorsitzenden der KPD. In den Jahren 1925 und 1932 kandidierte Thälmann vergeblich für das Amt des Reichspräsidenten (1925: 1,9 Mio. Stimmen; 1932: 3,7 Mio. Stimmen im zweiten Wahlgang). Mit seinem kommunistischen Politikverständnis stalinistischer Prägung, das er in volkstümlichen Reden propagierte, stand er im Gegensatz zu den Vorstellungen der deutschen Sozialdemokratie in der Weimarer Republik.
Am 3. März 1933 wurde Thälmann von den nationalsozialistischen Machthabern verhaftet, in verschiedenen Zuchthäusern gefangengehalten und schließlich im Konzentrationslager Buchenwald bei Weimar umgebracht.

Ernst Thälmann Politiker (16.4.1886 bis 28.8.1944)

Der gebürtige Hamburger und evangelische Theologe Johann Hinrich Wichern, der Gründer des weit über Deutschlands Grenzen hinaus bekannten 'Rauhen Hauses' (s. S. 42), fühlte sich angesichts der sozialen Probleme (besonders der Kinder und Jugendlichen) einer wachsenden Industriegesellschaft aufgerufen, die kirchliche Arbeit vor allem sozial auszurichten und der tätigen Nächstenliebe zu widmen. Seit 1842 vertrat er den Gedanken der Inneren Mission und gab auf dem ersten deutschen evangelischen Kirchentag (23.9.1848) in der Lutherstadt Wittenberg den Anstoß zur Gründung des 'Centralausschusses für die innere Mission der deutschen evangelischen Kirche'. Seine Vorstellungen wirken in der christlich-sozialen Bewegung und im Diakonischen Werk fort.

Johann Hinrich Wichern Theologe (21.4.1808 bis 7.4.1881)

J. H. Wichern
(Fortsetzung)

Mit Unterstützung vieler angesehener Hamburger Bürger, darunter Karl Sieveking (1787–1747), konnte Johann Hinrich Wichern im Jahre 1833 im östlichen Hamburger Stadtteil Horn das nach wie vor bestehende 'Rauhe Haus' gründen, ein Fürsorgeheim zur Aufnahme verwahrloster und gefährdeter Kinder und Jugendlichen. In einer alten, nach dem Besitzer ursprünglich 'Ruge's Haus' genannten Bauernkate verschaffte er ihnen ein Zuhause und vermittelte ihnen Unterricht und Ausbildung. Seine Initiative und Erziehungsmethode in familienähnlichen Gruppen, die in besonders benannten Häusern zusammenwohnen, wurde beispielhaft für viele ähnliche Anstalten im In- und Ausland, das 'Rauhe Haus' zu einem Modell für die Diakonie der Evangelischen Kirche und zur 'Brunnenstube' der Inneren Mission. Die Erziehung erfolgte neben der schulischen Ausbildung ('Wichern-Schule') durch praktische Vorbereitung auf ein Handwerk oder die Landwirtschaft. Aus den Werkstätten ist u. a. der Verlag 'Agentur des Rauhen Hauses Hamburg' (jetzt in Norderstedt) hervorgegangen.

Bei den verheerenden Luftangriffen im Juli 1943 wurden 25 von insgesamt 29 Häusern zerstört; nach dem Ende des Zweiten Weltkrieges haben Freunde, Förderer und Spender trotz eigener wirtschaftlicher Nöte geholfen, das 'Rauhe Haus' wiederaufzubauen.

Heute werden hier im Rahmen diakonischer Arbeit Kinder und Jugendliche, die noch nicht, sowie alte Menschen, die nicht mehr allein mit dem Leben zurechtkommen oder psychisch behindert sind, betreut. Zu der 'Gründungsstätte der Inneren Mission' gehört u. a. eine evangelische Fachhochschule für Sozialpädagogik und eine Ausbildungstätte für Diakone.

Rauhes Haus

Stadtgeschichte

Altsteinzeit

Nach dem Rückfluß der Schmelzwässer der letzten Eiszeit vor etwa 17 000 Jahren dringen vermutlich nomadisierende Jäger und Sammler in das untere Urstromtal der Elbe ein.

Frühe Siedlungsspuren

Erst für das vierte vorchristliche Jahrhundert lassen sich Spuren fester Besiedlung nachweisen.

Zeit der Völkerwanderung

Vom vierten bis zum sechsten nachchristlichen Jahrhundert ist der nordelbische Raum weitgehend von Sachsen bevölkert.
Belege für eine Besiedlung durch nordalbingische Sachsen auf dem Geestrücken oberhalb der Mündung der Alster in die Elbe Hamburg gehen bis ins 4. Jh. n. Chr. zurück; die ältesten bisher gefundenen Baureste werden ins 5. bis 6. Jh. datiert.

9. Jahrhundert

Zu Beginn des 9. Jh.s unterwerfen die Franken unter Karl dem Großen (mit Einsatz der slawischen Obotriten) die Sachsen und dringen nordwärts bis zur Elbe vor. Sie legen vermutlich zwischen 808 und 834 bei dem bereits befestigten altsächsischen Dorf Hamm (vielleicht von 'ham' = Hemmnis im Gelände, Uferzone, Marschland; vgl. Stadtteil Hamm am Übergang von Geest und Marsch) nahe der damaligen Alstermündung (heute 'Domplatz') eine wallumzogene Burganlage als Stützpunkt für die Missionierung des heidnischen Nordens (Schleswig-Holstein, Dänemark, Skandinavien) an, deren Name erstmals 832 als 'Hammaburg' dokumentiert ist.

Hammaburg

Bistum Hamburg

Im Jahre 831 stiftet Kaiser Ludwig der Fromme ein Bistum Hamburg, das Papst Gregor IV. schon 832 zum Erzbistum erhebt. Erster Erzbischof wird der später heiliggesprochene Benediktinermönch und Missionar Ansgar (Anschar; 'Apostel des Nordens'), dessen Amtszeit in Hamburg jedoch nur von kurzer Dauer ist; denn schon 845 dringen dänische Wikinger auf der Elbe in den Hamburger Raum vor und zerstören die Wallfestung Hammaburg mit der ersten Domkirche, so daß Ansgar nach Bremen ausweichen muß. Das dort 848 errichtete Erzbistum heißt nun Hamburg-Bremen.

10. Jahrhundert

Die vom Wikingereinfall weniger betroffene Siedlung entwickelt sich fort, wenngleich sie 915 einen Überfall der slawischen Obotriten über sich ergehen lassen muß. Erzbischof Adaldag (937–988) kann das Erzbistum Hamburg wiederherstellen, baut Burg und Siedlung, wo Handwerker und Händler ansässig geworden sind, weiter aus und verleiht das Marktrecht. Sogar einen Papst sieht Hamburg Mitte des 10. Jh.s in seinen Mauern: Der abgesetzte Benedikt V. findet bis zu seinem Tod (966) hier Zuflucht und wird im Chor des Mariendoms begraben, bis seine Gebeine 999 nach Rom übergeführt werden.
Um 950 zählt Hamburg etwa 500 Einwohner. Im Jahre 966 überträgt der deutsche König und sächsische Herzog Otto I. dem Sachsen Hermann Billung die weltliche Herrschaft, der jedoch nicht verhindern kann, daß die Obotriten 983 die sich allmählich entfaltende Handelssiedlung (samt Kirche und Schule) abermals zerstören.

11. Jahrhundert

Bischofsturm

Aus der sich bildenden Rivalität zwischen geistlicher und weltlicher Macht läßt sich Erzbischof Bezelin Alebrand um 1035 einen Wohnturm bauen, der als Steinernes Haus (Fundamente nahe der heutigen Petrikirche konserviert) überliefert ist und den ältesten bekannten Profanbau aus Stein nördlich der Elbe darstellt. Um 1045 zieht der Billunger Bernhard II. mit einer Turmburg nach, die außerhalb der Burgumwallung in der Alstermarsch (an der Südspitze des heutigen Rathausmarktes) errichtet und später Alsterburg genannt wird. Die 1061 entstandene Neue Burg (im Bereich des heutigen Hopfenmarktes) geht auf Bernhards Sohn Ordulf zurück.

Alsterburg
Neue Burg

Hamburgs Siedlungskern im frühen Mittelalter

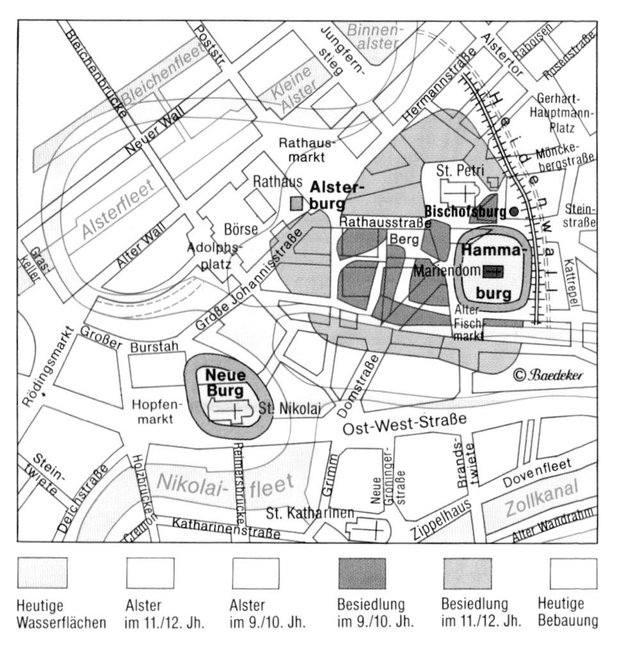

11. Jahrhundert (Fortsetzung)

Um die Mitte des 11. Jahrhunderts – Hamburg zählt jetzt etwa 800–900 Einwohner (etwa zur einen Hälfte Geistliche, zur anderen Bürger) – beginnt ein städtisches Gemeinwesen unter einem erzbischöflichen Vogt zu entstehen. Zu Zeiten des Erzbischofs Adalbert (1043–1072) wird Hamburg noch einmal zum Zentrum der christlichen Mission und nimmt zugleich Handelsbeziehungen nach Norden und Osten bis nach Island, Grönland und Finnland auf. Nach den erneuten Zerstörungen und Besetzungen durch die slawischen Obotriten in den Jahren 1066 und 1072 war es dann mit der kirchlichen Vormachtstellung Hamburgs endgültig vorbei; die Erzbischöfe müssen Hamburg verlassen und residieren fortan nur noch in Bremen.

12. Jahrhundert

Nach dem Aussterben der sächsischen Billunger (1106) wird Graf Adolf I. von Schauenburg (bei Rinteln an der Weser) im Jahre 1111 von dem sächsischen Herzog Lothar, dem nachmaligen Kaiser Lothar III., mit den Grafschaften Holstein, Wagrien und Stormarn, zu der auch Hamburg gehört, belehnt.

Hamburg unter den Grafen von Schauenburg

Unter der segensreichen Herrschaft der Schauenburger Grafen (Adolf I.: 1111–1130; Adolf II.: 1130–1164; Adolf III.: 1164–1203) nimmt Hamburg neuen, beträchtlichen Aufschwung:

Die Elbmarschen und die südwestlich vorgelagerten Elbinseln werden eingedeicht und besiedelt. Neben der erzbischöflichen 'Altstadt' entsteht westlich vom Nikolaifleet (1124 erster Alsterstau für eine Kornmühle am Großen Burstah) im Bereich der Neuen Burg die von Adolf III. für Schiffer und Kaufleute gegründete gräfliche 'Neustadt', der Kaiser Friedrich Barbarossa am 7. Mai 1189 neben anderen Privilegien Zollfreiheit für Handel und Schifffahrt auf der Niederelbe gewährt haben soll:

Barbarossa-Freibrief

In Ermangelung einer authentischen Urkunde wurde um 1265 der noch heute vorhandene und vermutlich auch inhaltlich verfälschte 'Barbarossa-Freibrief' ausgefertigt.

12. Jahrhundert (Fortsetzung)

Die Abwesenheit des Grafen Adolf III., der am Dritten Kreuzzug teilnimmt, nutzen die Hamburger Bürger, um sich von gräflicher Bevormundung zu befreien. Die beiden Stadtteile – die bischöfliche Altstadt und die gräfliche Neustadt (zusammen 1000–1500 Einwohner) – wählen 1190 einen aristokratischen Rat, und um 1200 werden zwei Rathäuser errichtet.

13. Jahrhundert

Hamburg unter dänischer Herrschaft

Im Jahre 1201 überfällt der dänische Herzog Waldemar II. Hamburg und nimmt den Schauenburger Grafen Adolf III. gefangen. Die Dänen besetzen die Stadt und das Umland; 1214 tritt der Stauferkönig Friedrich II. das deutsche Gebiet nördlich der Elbe an das mit ihm gegen die Welfen verbündete Königreich Dänemark ab; Hamburg wird einem dänischen Statthalter unterstellt.
Während der bis 1227 bestehenden Dänenherrschaft schließen sich die beiden bisher bestehenden Hamburger Stadtteile eng zusammen: Ab 1216 hat die vereinte Stadt nurmehr einen Rat, ein Rathaus und ein Gericht mit eigener Rechtsprechung.
Ein Koalitionsheer deutscher Fürsten, darunter auch der Schauenburger Graf Adolf IV. und Hamburger Bürger, besiegt die Dänen in der Schlacht von Bornhöved (östlich von Neumünster) am 22. Juli 1227 vernichtend; dieser Sieg beendet das dänische Interregnum in Hamburg.

Neuer Aufschwung unter dem Schauenburger Grafen Adolf IV.

In der Ära des gottesfürchtigen Grafen Adolf IV. – er stiftet noch 1227 Hamburgs erstes Kloster, das St.-Maria-Magdalenen-Franziskanerkloster (an der Stelle der heutigen Börse; 1837 abgebrochen) und zieht sich schließlich 1239 selbst als Mönch in dieses zurück – erhält die Stadt weitgehende Selbstverwaltung und wird beträchtlich vergrößert. Handel und Gewerbe (u.a. die Bierbrauerei) beginnen nun, vor allem aufgrund von Barbarossas Freibrief, aufzublühen; die ersten Kaufmannsgilden und auswärtigen Handelshäuser werden gegründet. Ab 1240 legt man eine neue Befestigungslinie an mit Mauern, Gräben und Toren, wie sie heute noch in manchen Straßennamen fortleben (Lange Mühren, Kurze Mühren, Steintor, Alstertor u.a.); um 1250 umgibt die neue Stadtmauer fast das gesamte Gebiet der heutigen Altstadt; es entstehen mehrere Klöster und Spitäler. Im Jahre 1270 treten die zivil-, straf- und prozeßrechtlichen Bestimmungen des durch Jordan von Boizenburg geschaffenen 'Ordeelbook' (Urteilbuch) in Kraft. Am 5. August 1284 sucht eine verheerende Brandkatastrophe die Stadt und ihre damals etwa 5000 Einwohner heim. Ab 1292 hat der Rat gesetzgebende Gewalt.

14. Jahrhundert

Hansestadt Hamburg

Mit dem Beitritt zum Kaufmanns- und späteren Handelsstädtebund der Hanse (von althochdeutsch 'hansa' = Schar, Gemeinschaft) erreicht die Entwicklung Hamburgs einen Höhepunkt: Als Nordseehafen für das damals mächtige Lübeck (Endpunkt der wichtigen alten Salzstraße von Lüneburg) wird Hamburg zum wichtigsten Umschlagplatz im Verkehr zu den Ländern im Westen und für das Binnenland an der Elbe.

Vergrößerung des Stadtgebietes

Im letzten Viertel des 14. Jahrhunderts erwirbt die Hansestadt (jetzt mit ca. 7500 Einwohnern) nacheinander die Ortschaften Moorburg, Hammerbrook, Horn, Billhorn, Boizenwerder, Hamm, Ochsenwerder, Moorwerder, Billwerder, Finkenwerder, Altenwerder, Kattwyk und Griesenwerder, ferner Eimsbüttel, Langenhorn, Klein-Borstel, Fuhlsbüttel, Eilbek und Borgfelde. Im Jahre 1394 wird das Elbmündungsgebiet mit dem Schloß und Amt Ritzebüttel (heute ein Teil von Cuxhaven) gewaltsam einverleibt, nachdem die dort residierende Familie von Lappe dem zunehmenden Seeräuberunwesen nicht entgegenwirkte.

15. Jahrhundert

Seit dem Ende des 14. Jahrhunderts werden die Raubzüge der zunächst im Ostseeraum aktiven 'Vitalienbrüder' (oder 'Viktualienbrüder', später 'Likedeeler' = Gleichverteiler) mit ihren Anführern Klaus (Clas) Störtebeker und Godeke Michels (Gödeke Michaels) auch für den Hamburger Handel existenzbedrohend. Die Hansestadt entschließt sich daher, eine eigene Kriegsflotte auszurüsten, um gegen die Seeräuber in der Deutschen Bucht der Nordsee vorzugehen. Im Jahre 1400 kann sie Störtebeker vor der Felseninsel Helgoland gefangennehmen; er wird noch im Oktober des-

Kampf gegen die Seeräuberei

15. Jahrhundert, Kampf gegen die Seeräuberei (Fortsetzung)

selben Jahres auf dem Hamburger Grasbrook enthauptet (an der Hinrichtungsstätte heute ein Denkmal); 1401 kann auch Godeke Michels gestellt werden und erleidet mit über 70 seiner Piraten ebenfalls auf dem Grasbrook den gewaltsamen Tod durch Enthaupten.
Nach langjährigen Auseinandersetzungen mit dem Herzog Erich von Sachsen-Lauenburg-Ratzeburg nehmen die beiden freundschaftlich verbundenen Hansestädte Lübeck und Hamburg im Jahre 1420 (Frieden von Perleberg) Bergedorf, die Vierlande, Geesthacht und Zollenspieker ein und verwalten sie fortan gemeinsam ('beiderstädtische Verwaltung' bis 1867). Damit erreicht das Hamburger Stadtgebiet jetzt bereits jene Ausdehnung, die es vor dem Inkrafttreten des Groß-Hamburg-Gesetzes von 1937 hat.

Hamburg formal wieder dänisch

Mit dem Tode des kinderlos verstorbenen Adolf VIII. erlischt im Jahre 1459 die Hauptlinie des Schauenburger Grafengeschlechtes, und Hamburg (damals mit ca. 15000 Einwohnern) kommt erneut unter dänische Oberhoheit (formal bis 1768). Es gelingt jedoch dem hamburgischen Bürgermeister Detlev Bremer, den Huldigungseid zu vermeiden und die bisher erworbenene Privilegien zu sichern. So ist Hamburg als Teil des Landes Stormarn zwar eine Stadt in Holstein, kann jedoch innen und außen beinahe unabhängig handeln.

16. Jahrhundert

Reichsstadt Hamburg

Auf dem Augsburger Reichstag von 1510 erhebt Kaiser Maximilian I. Hamburg in den Rang einer Reichsstadt; damit untersteht es unmittelbar dem Kaiser, was für das nach wie vor gespannte Verhältnis zu Dänemark wichtig wird.
Mit der Gefangennahme und Hinrichtung (in Hamburg) des Piraten und dänischen Admiral Klaus Kniphof im Jahre 1525 kann die Gefahr der Seeräuberei im Nordseeraum endgültig gebannt werden.

Reformation

Zunächst gegen den erklärten Willen des Hamburger Rates verbreiten Prediger die durch Luthers Thesen von 1517 bekannt gewordenen neuen Lehren der Reformation. In einer öffentlichen Disputation im Rathaus zwischen evangelischen und katholischen Geistlichen setzt sich der neue Glaube durch. Durch Luthers Freund, den von der pommerschen Ostseeinsel Wollin stammenden Theologen und 'Reformator des Nordens' Johann Bugenhagen (1485–1558), den der Rat aus Wittenberg herbittet, erhält Hamburg im Jahre 1529 seine erste evangelische Kirchenordnung (mit einem Superintendenten an der Spitze); im gleichen Zuge erneuert man das Schulwesen. In dem 1546 ausbrechenden Schmalkaldischen Krieg erweist sich die Hansestadt als Vorkämpferin des Protestantismus im Norden, bis der Augsburger Frieden von 1555 ein Nebeneinanderleben beider Bekenntnisse ermöglicht.

Zustrom von Glaubensflüchtlingen

Als Folge der Religionskriege in den spanischen Niederlanden flüchten viele lutherische und kalvinistische Holländer nach Hamburg, so daß sich die Einwohnerzahl von 1550 bis 1600 auf 40000 verdoppelt. Durch die Aufnahme der Glaubensflüchtlinge sowie von zahlreichen Juden aus Spanien, Portugal und Teilen Deutschlands, aber auch durch die Niederlassung englischer Kaufleute in der zweiten Hälfte des 16. Jahrhunderts erfährt Hamburg auf kulturellem und wirtschaftlichem Gebiet eine intensive Belebung.
Mit den großen Entdeckungen gegen Ende des 15. Jahrhunderts haben sich auch die Handelsinteressen Hamburgs von Ostsee und Mittelmeer in Richtung Atlantischer Ozean verlagert. Durch die Regulierung der Norderelbe wird aus der Alsterstadt eine Elbstadt mit leichtem Zugang zur Nordsee und damit zum Atlantik. Nach dem Verfall der Hanse sucht Hamburg nun dort seine Chancen: Seine Schiffe bringen die Schätze der Neuen Welt in viele Länder Europas; Ende des 16. Jahrhunderts ist Hamburg aber auch der wichtigste Hafen für die Getreideausfuhr nach West- und Nordeuropa sowie nach Italien. Der Elbstrom wird Hamburgs Lebensader; ab 1607 leiten Lotsen die Schiffe.

Elbstadt Hamburg

17. Jahrhundert

Ausdruck des Aufstieges Hamburgs zu einem bedeutenden europäischen Handelsplatz, dem im Jahre 1618 vom Reichskammergericht die Reichsunmittelbarkeit bestätigt wird, ist die gänzliche Neubefestigung der Stadt

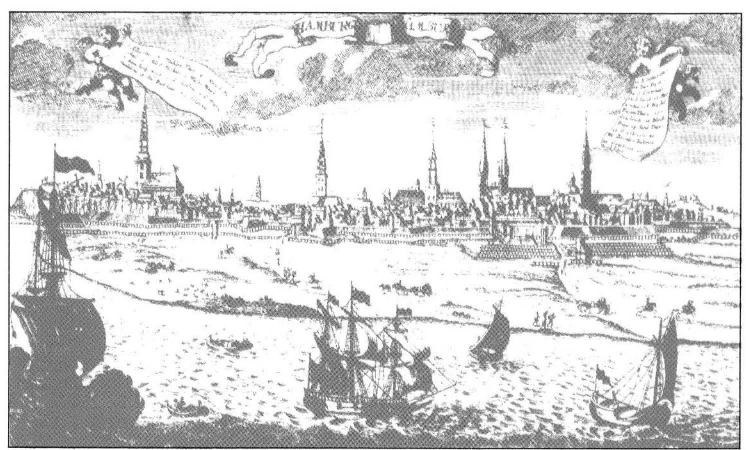

Historische Ansicht von Hamburg im Jahre 1712

17. Jahrhundert (Fortsetzung)

Dreißigjähriger Krieg und dänische Machtgelüste

in den Jahren 1616–1625, die im Zuge der heutigen Wallanlagen Binnenalster und Neustadt einbeziehen und die Schrecken des Dreißigjährigen Krieges (1816–1848) abzuwehren vermögen (erfolglose Belagerung).
Hamburg und Dänemark geraten immer wieder in Gegensätze. Versucht der Dänenkönig Christian IV. mit der Gründung von Glückstadt (1616) die Elbschiffahrt zu kontrollieren (was nicht gelingt), so geht sein Nachfolger Friedrich III. daran, das erstmals 1535 als Fischerdorf erwähnte Altona als Konkurrenz zu Hamburg zu fördern: Im Jahre 1664 macht es der Dänenkönig zur Stadt und zum ersten Freihafen Nordeuropas.
Die Hamburger befestigen daraufhin ihre Vorstädte St. Georg und das spätere St. Pauli mit dem Neuen Werk von der Alster bis zur Bille. Christian V. benutzt 1686 eine Uneinigkeit in Hamburg, um drohend mit seinem Heer vor den Toren der Stadt zu erscheinen. Die Belagerung kann jedoch mit Hilfe welfischer und brandenburgischer Truppen letztlich abgewiesen werden.

18. Jahrhundert

Die das ganze 17. Jahrhundert erfüllenden inneren Streitigkeiten zwischen Rat und Bürgerschaft enden erst 1712 durch kaiserliche Vermittlung mit einer neuen Verfassung, durch die beide gleichberechtigt werden.

Gottorper Vergleich

Nachdem die Auseinandersetzungen mit den Dänen nicht aufhören, wird schließlich 1768 zwischen Hamburg und dem Haus Holstein der sogenannte Gottorper Vergleich geschlossen: Hamburg verzichtet auf die Rückzahlung von dänischen Anleihen und wird endgültig auch von den Dänen als von Holstein unabhängige 'Kaiserlich Freye Reichsstadt' anerkannt. Außerdem erhält Hamburg die für seinen Hafenausbau wichtigen Elbinseln zwischen Billwerder und Finkenwerder.

Hamburg beginnt Überseehandel

Um diese Zeit beginnt Hamburg, auch selbst Handel und Schiffahrt nach Übersee aufzunehmen, was bisher allein den Kolonialmächten vorbehalten war. Infolge der Französischen Revolution kommt seit 1792 ein großer Teil des französischen und des niederländischen Handels nach Hamburg, wo zahlreiche in ihrer Heimat verfolgte Franzosen der nun etwa 130000 Einwohner zählenden Stadt eine neue Note verleihen.

19. Jahrhundert

Im Rahmen der Säkularisierungmaßnahmen gemäß dem Reichsdeputationshauptschluß des Jahres 1803 wird der Stadt der Kirchenbesitz zugesprochen; 1804–1807 wird der baufällige Mariendom abgebrochen.

Freie Hansestadt Hamburg

Mit dem Ende des alten Deutschen Reiches erlangt Hamburg im Jahre 1806 seine volle Souveränität und nennt sich nunmehr 'Freie Hansestadt'.

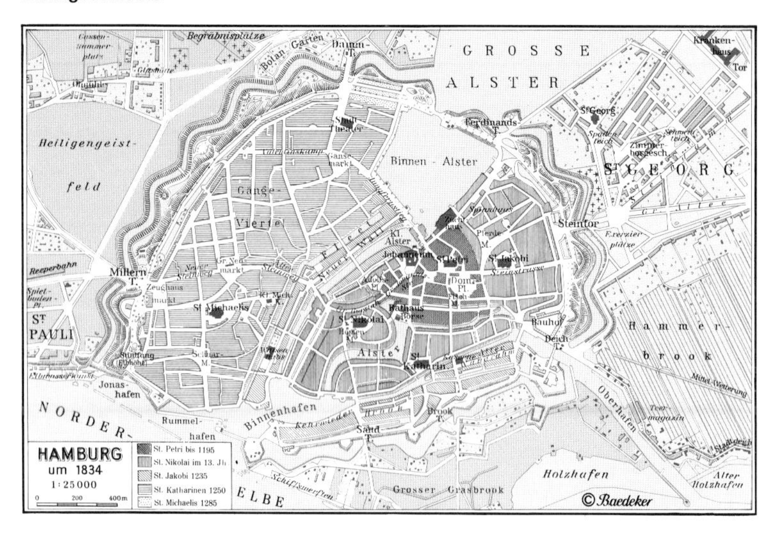

19. Jahrhundert (Fortsetzung)

Hamburg unter französischer Besatzung

Wenige Monate später rücken jedoch französische Truppen nach ihren Siegen bei Jena und Auerstedt in Hamburg ein. Die durch Napoleon verhängte Kontinentalsperre, die jeglichen Verkehr mit Großbritannien unterbindet, trifft die Handelsstadt hart. Im Jahre 1810 wird die Freie Hansestadt dem französischen Kaiserreich einverleibt und erleidet während der Besatzungszeit (bis 1814) einen verheerenden Niedergang.

Nach einem Bürgeraufstand im Februar 1813 – besonders verhaßt waren die französischen Zöllner – und kurzem, von der Bevölkerung bejubelten Entsatz durch russische Truppen unter dem Kosakenoberst Friedrich Karl von Tettenborn (einem gebürtigen Badener) im März 1813 läßt der französische Marschall Louis Nicolas Davout die Festung ausbauen und die Vorstädte in Trümmer legen, um freies Schußfeld zu haben; mit Ausnahme der Michaeliskirche werden alle großen Gotteshäuser der Stadt als Magazinlager oder Pferdeställe profaniert. In der Christnacht 1813 werden mehrere Tausend Einwohner, die keine für sechs Monate genügende Bevorratung nachweisen können, vertrieben und von der (dänischen!) Nachbarstadt Altona aufgenommen. Der Sturz Napoleons zwingt die Franzosen schließlich zum Abzug; die letzten französischen Besatzungstruppen verlassen Hamburg am 30. Mai 1814. Gemeinwesen und Handel der Hansestadt sind gründlich ruiniert, die Einwohnerzahl ist von rund 130000 im Jahre 1800 auf etwa 100000 zurückgegangen.

Wiener Kongreß

Freie und Hansestadt Hamburg

Der Wiener Kongreß (1815) garantiert die Souveränität Hamburgs, das nun dem Deutschen Bund beitritt; ab 1819 nennt sich Hamburg 'Freie und Hansestadt'. In den folgenden Jahrzehnten sind die Hamburger tatkräftig mit dem Wiederaufbau ihrer Stadt beschäftigt. Die Befestigungen werden abgetragen und zu öffentlichen Parkanlagen umgestaltet; 1841 erfolgt die Eröffnung der neuen Börse und die Inbetriebnahme der ersten Omnibuslinie zwischen Hamburg und Altona.

Großer Brand von 1842

Der Große Brand vom 5. bis 8. Mai 1842, der etwa ein Drittel der Innenstadt verwüstet (ca. 20000 Obdachlose, 4200 Wohnungen zerstört), unterbricht die fortschreitende Entwicklung nur kurzfristig: Der Wiederaufbau wird systematisch vorangetrieben; den wirtschaftlichen Aufstieg begünstigen der Bau der ersten Eisenbahnlinien (1842 nach Bergedorf; 1844 'Ostseebahn' [von Altona] nach Kiel, 1846 nach Berlin) sowie das Aufkommen der Dampfschiffahrt (schon 1816 ist das erste Dampfschiff [aus England] nach Hamburg gekommen; 1847 Gründung der Hamburg-Amerikanischen

19. Jahrhundert (Fortsetzung)

Packetfahrt-Actien-Gesellschaft HAPAG). Hamburg wird nun auch zu einem Schwerpunkt der deutschen Industrie, seine Dampfschiffe befahren die Weltmeere. Seit 1859 verkehren Dampfboote auf der Alster, seit 1866 Pferdebahnen auf Hamburgs Straßen.

Die 1848 entbrannten Verfassungskämpfe führen zu der neuen hamburgischen Verfassung von 1860, im Rahmen derer u. a. das Obergericht von dem nun offiziell als Senat bezeichneten Rat getrennt wird. Nach dem Ende des deutsch-dänischen Krieges (1866) tritt Hamburg 1867 in den Norddeutschen Bund ein, in dem Preußen eine führende Rolle spielt; im gleichen Jahr kann es den Lübecker Anteil an Bergedorf, den Vierlanden, Geesthacht und Zollenspieker käuflich erwerben.

Hamburg im Norddeutschen Bund

Mit dem Beitritt zum Norddeutschen Bund verzichtet die Freie und Hansestadt zwar auf eine selbständige Außenpolitik und gewisse Privilegien (z. B. das Führen der hamburgischen Flagge in der Schiffahrt), erhält aber für seinen Welthandel endlich den so oft entbehrten Rückhalt und Schutz. Nachdem Hamburg dem Deutschen Zollverein von 1834 nicht beigetreten ist, bleibt es mit seinen neu gebauten Hafenanlagen zunächst noch Zollausschlußgebiet, bis im Jahre 1888 der Zollanschluß an das 1871 geschaffene neue Deutsche Reich und die gleichzeitige Einrichtung des den internationalen Handel in höchstem Maße fördernden Freihafens erfolgt (Bau der 'Speicherstadt').

Zollanschluß an das Deutsche Reich (Freihafen)

Die wider alle Erwartungen günstigen Folgen dieses Anschlusses führen zu immer neuen Erweiterungen des Hafens und lassen Hamburg zum größten Hafen des Deutschen Reiches ('Deutschlands Tor zur Welt') aufsteigen. Der Schwung der Gründerjahre erfaßt auch die Hansestadt, in der neben Handel und Schiffahrt (Albert Ballin: "Mein Feld ist die Welt.") nicht zuletzt Schiffbau und Industrie wachsen. Einen schmerzlichen Rückschlag verursacht eine Cholera-Epidemie, die im Sommer 1892 über 8600 Menschenleben fordert. Doch schon 1897 wird das neue Rathaus als stolzes Zeugnis hanseatischen Selbstbewußtseins feierlich eingeweiht.

Gründerjahre: Hamburg wird 'Deutschlands Tor zur Welt'

20. Jahrhundert

Am 15. September 1900 wird das an der Kirchenallee neu erbaute Deutsche Schauspielhaus mit der Aufführung von Goethes Drama "Iphigenie auf Tauris" eröffnet.

Im Jahre 1912 steht Hamburg mit seinem seewärtigen Güterumschlag nach London und New York an dritter Stelle in der Rangordnung der größten Welthäfen; im gleichen Jahr werden erstmals auf der Erde in Hamburg Taxirufsäulen aufgestellt. Anfang 1913 zählt die Hansestadt rund eine Million Einwohner.

Millionenstadt Hamburg

Im Ersten Weltkrieg (1914–1918) verliert Hamburg 40000 ihrer Söhne, die Handelsblockade schneidet sie vom Weltverkehr ab. Einen schweren Schlag vesetzt ihr dann die im Versailler Vertrag geforderte Ablieferung fast der gesamten Handelsflotte.

Erster Weltkrieg

Doch rasch und unverzagt wird auch jetzt wieder mit der Wiederbelebung der Wirtschaft sowie der Neuschaffung einer Handelsflotte begonnen; der Anschluß an die einstige freihändlerische Tradition kann jedoch nicht wiedergewonnen werden.

Demokratischer Neubeginn

Am 24. März 1919 eröffnet die prominente Frauenrechtlerin Helene Lange das erste demokratisch gewählte Parlament Hamburgs ('Bürgerschaft' mit absoluter Mehrheit der SPD). Nach langem Widerstand seitens der Bürgerschaft wird im gleichen Jahr die Universität Hamburg gegründet.

Am 9. Januar 1921 wird eine neue parlamentarisch-demokratische Verfassung verkündet. Ende Oktober 1923 gelingt es der Polizei, einen von dem Hamburger Kommunistenführer Ernst Thälmann organisierten Putschversuch niederzuschlagen.

In den zwanziger Jahren entstehen die monumentalen Klinkerbauten des Kontorhausviertels; 1924 nimmt die Norddeutsche Rundfunk AG (NORAG) ihren Programmsendebetrieb auf.

Als 1933 die Nationalsozialisten an die Macht kommen, werden die deutschen Länder dem Reich gleichgeschaltet. Hamburg erhält die offizielle Bezeichnung 'Hansestadt Hamburg'; der seit 1819 im Namen geführte Zusatz 'Freie und ...' wird gestrichen.

Nationalsozialistisches Drittes Reich: Hansestadt Hamburg

20. Jahrhundert, National-sozialistisches Drittes Reich (Fortsetzung)

Die neuen Machthaber lösen die Hamburger Bürgerschaft auf und setzen einen Reichsstatthalter (Gauleiter Karl Kaufmann) ein, der 1936 auch die Führung der Hamburger Landesregierung übernimmt.
Immerhin kann Hamburg während der Zeit der nationalsozialistischen Gewaltherrschaft seine gewachsene Eigenart besser bewahren als andere deutsche Länder. Zur Niederdeutschen Gartenschau 'Planten un Blomen' (= 'Pflanzen und Blumen') wird ein Teil der einstmaligen Befestigungsanlagen des Wallringes zu einem großen Gartenpark ausgestaltet.

Groß-Hamburg

Das Groß-Hamburg-Gesetz vom 1. April 1937 gliedert der Hansestadt die längst mit ihr zusammengewachsenen preußischen Nachbarstädte Altona, Wandsbek und Harburg-Wilhelmsburg (über ihre Geschichte wird in den betreffenden Beschreibungen des Hauptteiles 'Sehenswürdigkeiten von A bis Z' ausführlich berichtet) sowie 28 Randgemeinden ein, während die Städte Cuxhaven (das alte Amt Ritzebüttel; die Hafenverwaltung bleibt bis 1991 in Hamburger Hand), Geesthacht und etliche kleinere Orte abgetrennt werden.

Judenpogrom

Am Abend des 9. November 1938 tobt wie allenthalben im nationalsozialistischen Deutschen Reich auch in Hamburg das Judenpogrom der 'Reichskristallnacht', wobei die Synagogen zwar nicht niedergebrannt, aber innen demoliert werden; die größte, 1906 eingeweihte am Bornplatz (heute Joseph-Carlebach-Platz, im Univiertel) wird 1939 abgerissen.
Im Mai 1939 hat Groß-Hamburg knapp 1,7 Mio. Einwohner.

Zweiter Weltkrieg

Im verheerenden Zweiten Weltkrieg (1939–1945) wird Hamburg ab 1940 von unzähligen britischen und US-amerikanischen Luftangriffen – der wohl folgenschwerste Ende Juli 1943 löste einen wahren Feuersturm aus – schwer getroffen und zu großen Teilen zerstört: annähernd 50 % der Wohnungen, 80 % der Hafenanlagen sind vernichtet, ebenso die Handelsflotte und 40 % der Industrie. Schätzungsweise 45 000 Menschen finden bei den Bombenangriffen den Tod; etwa 70 000 Hamburger fallen als Soldaten an der Front. Im Konzentrationslager Neuengamme und den zugehörigen KZ-Außenlagern werden zwischen 60 000 und 70 000 Häftlinge zu Tode gebracht.
Am 3. Mai 1945 kapituliert Hamburg; die 7. britische Panzerdivision besetzt die weithin in Schutt und Asche liegende Stadt, deren Elbbrücken jedoch intakt geblieben sind. Die Einwohnerzahl beläuft sich auf nur noch 1,1 Millionen.

Frühe Nachkriegszeit

Die ersten Jahre der Nachkriegszeit sind geprägt vom Wiederaufbau der verwüsteten Stadt (man schätzt die Menge des im Stadtgebiet liegenden Trümmerschutts auf 43 Mio. m^3), die zudem durch die Teilung Deutschlands ihres mittel- und ostdeutschen Hinterlandes beraubt ist.
Die britische Militärverwaltung setzt zunächst eine neue Bürgerschaft ein. Am 13. Oktober 1946 finden in Hamburg die ersten freien Parlamentswahlen seit 1932 statt: Aus ihnen, die nach dem von der britischen Besatzungsmacht vorgeschriebenen Mehrheitswahlrecht durchgeführt werden, geht die Sozialdemokratische Partei Deutschlands (SPD) mit überwältigender Mehrheit als Sieger hervor; neuer Erster Bürgermeister wird Max Brauer.

Freie und Hansestadt Hamburg: Land der Bundesrepublik Deutschland

Die zweite, 1949 nach Änderung des Wahlmodus gewählte Bürgerschaft beschließt am 6. Juni 1952 die bis heute gültige Verfassung der Freien und Hansestadt Hamburg, die seit Gründung der Bundesrepublik Deutschland (1949) ein selbständiges deutsches Bundesland ist.

Flutkatastrophe 1962

In der Nacht vom 16. zum 17. Februar 1962 werden die deutsche Nordseeküste und Hamburg von einer Sturmflut heimgesucht, wie man sie seit Jahrhunderten nicht mehr erlebt hat. Die Flutwelle erreicht im Hamburger Raum eine Höhe von 5,73 m über NN (mittleres Tidehochwasser MTh = 1,70 über NN) und übertrifft damit noch jene des Jahres 1825 um 0,49 m. Zuvor hat ein Nordwestorkan mit Windstärke 12 und mehr während zwei Tagen und Nächten die Wassermassen der Nordsee in die Deutsche Bucht und Unterelbe getrieben, was in der Katastrophennacht zur Überflutung der Deiche führt, die allein in Hamburg an etwa 60 Stellen brechen.

20. Jahrhundert, Flutkatastrophe 1962 (Fortsetzung)

Am schwersten betroffen und z.T. meterhoch unter Wasser gesetzt wird das gesamte Gebiet zwischen Norderelbe und Süderelbe mit den Stadtteilen Wilhelmsburg und Finkenwerder, ferner die hamburgischen Teile des Alten Landes zwischen Cranz und Moorburg sowie Neuland und Billwerder-Moorfleet, während die übrigen Vier- und Marschlande im wesentlichen verschont bleiben. Nahezu 150000 Menschen sind tagelang vom Wasser eingeschlossen, 17000 müssen unter Einsatz von Sturmbooten und Hubschraubern evakuiert werden. An den Rettungsaktionen sind die Bundeswehr und verbündete Truppen (ca. 8000 Soldaten; u.v.a. 80 Helikopter), Polizei, Feuerwehr, Rotes Kreuz und Technischer Notdienst sowie weitere Hilfsorganisationen und viele Freiwillige beteiligt.
Straßen, Autobahn und Eisenbahn zwischen Norderelbe und Harburg stehen tagelang unter Wasser, so daß der gesamte Nord-Süd-Durchgangsverkehr in Hamburg unterbrochen ist und behelfsmäßig über die Lauenburger Elbbrücke umgeleitet werden muß. Die Flutkatastophe fordert das Leben von 315 Menschen und etwa 2000 Stück Großvieh; annähernd 1700 Wohnungen sind zerstört. Der Gesamtsachschaden wird auf über 1 Mrd. DM geschätzt.

1964 — Hamburg erreicht mit 1,9 Mio. Einwohnern seine bisher höchste Bevölkerungszahl.

1973 — Wie schon in den Jahren 1953 und 1963 wird in Hamburg 1973 die Internationale Gartenbau-Ausstellung (IGA) veranstaltet, und im Park 'Planten un Blomen' nimmt das Congress Centrum Hamburg seinen Betrieb auf.

1974, 1975 — Im Jahre 1974 wird die die beiden Freihafenteile verbindende Köhlbrandhochbrücke dem Verkehr übergeben; 1975 erfolgt die Inbetriebnahme des Neuen Elbtunnels für die Autobahn A 7.

1980–1986 — Der den Hafenbetrieb zunehmend bestimmende Containerverkehr erreicht 1980 über 30% und macht 1986 bereits 55% des gesamten Stückgutumschlages aus.

1987 — Nach dem Einzug der Grün-Alternativen Liste (GAL) in die Bürgerschaft erlahmt die politische Handlungsfähigkeit zunehmend ('Hamburger Verhältnisse'). Erst die Neuwahlen des Jahres 1987, aus denen die Sozialdemokratische Partei Deutschlands (SPD) gestärkt hervorgeht, bringen wieder klarere Mehrheitsverhältnisse (Koalition mit der F.D.P.).

1989 — Hamburg begeht 1989 mit einer großen Anzahl von über das ganze Jahr verteilten Feierlichkeiten und Veranstaltungen seinen 800. Hafengeburtstag ('Freibrief' Barbarossas vom 7. Mai 1189).
Infolge der umwälzenden Ereignisse in den bislang sozialistisch regierten Staaten Osteuropas, besonders aber nach der friedlichen Revolution in der DDR (ab Herbst 1989) und der Öffnung der innerdeutschen Grenzen (9.11.1989) kann sich auch die traditionell handelsfreudige Freie und Hansestadt Hamburg nun wieder ungehindert nach Osten orientieren.

1990 — Hamburg im geeinten Deutschland

Die Vereinigung der bisherigen Deutschen Demokratischen Republik mit der Bundesrepublik Deutschland am 3. Oktober 1990 eröffnet auch dem Land Hamburg neue Perspektiven: Ihm erschließt sich erneut sein Hinterland in Ost- und Mitteldeutschland, von dem es durch den Eisernen Vorhang mehr als vier Jahrzehnte lang abgeschnitten war.

1991 — Bei den Bürgerschaftswahlen am 2. Juni erreicht die SPD knapp die absolute Mehrheit der Abgeordnetensitze (61 von insgesamt 121); bei einer Beteiligung von nur 66,1% der insgesamt 1256123 Wahlberechtigten entfallen 48% der abgegebenen Stimmen auf die SPD, 35,1% auf die CDU (44 Sitze), 7,2% auf die Grünen/GAL (9 Sitze) und 5,4% auf die F.D.P. (7 Sitze).

Hamburg in Zitaten

Barthold Hinrich Brockes
Dichter
(1680–1747)

Gott kröne mein Hamburg mit frohem Gedeihen,
mit Palmen die Bürger, mit Lorbeer den Rat!
Es wachse der Eintracht ersprießliche Saat,
daß alle der güldenen Zeiten sich freuen!
Gott kröne mein Hamburg mit frohem Gedeihen,
mit Palmen die Bürger, mit Lorbeer den Rat.

Friedrich von Hagedorn
Dichter
(1708–1754)

Nichts ist so schön wie Harvestehude ...
Hier gehet in gewölbten Lüften
die Sonne recht gefällig auf
und lachet den geblümten Triften
und sieht mit Lust der Alster Lauf.

Gotthold Ephraim Lessing
Kritiker, Dichter und Philosoph
(1729–1781)

Ich ziehe meine Hand von diesem Pfluge eben so gern wieder ab, als ich sie anlegte ... Der süße Traum, ein Nationaltheater hier in Hamburg zu gründen, ist schon wieder verschwunden; und soviel ich diesen Ort nun habe kennenlernen, dürfte er auch wohl gerade der sein, wo ein solcher Traum am spätesten in Erfüllung gehen wird.

Heinrich Heine
Dichter und Publizist
(1797–1856)

Über den 'Schweizer Pavillon' [gegenüber dem Neuen Wall]:
Da läßt sich gut sitzen, und da saß ich gut gar manchen Sommernachmittag und dachte, was ein junger Mensch zu denken pflegt, nämlich gar nichts, und betrachtete, was ein junger Mensch zu betrachten pflegt, nämlich die jungen Mädchen, die vorübergingen – und da flatterten sie vorüber, jene holden Wesen mit ihren geflügelten Häubchen und ihren verdeckten Körbchen, worin nichts enthalten ist ... da stolzierten die schönen Kaufmannstöchter, mit deren Liebe man so viel Geld bekömmt ... da wandeln die Priesterinnen der schaumentstiegenen Göttin, hanseatische Vestalen, Dianen gehe, Najaden, Dryaden, Hamadryaden und sonstige Predigertöchter – ach!

Hamburger Hymne
(1828)

Stadt Hamburg an der Elbe Auen,
wie bist du stattlich anzuschauen
mit deiner Türme Hochgestalt
und deiner Schiffe Mastenwald!
(mit deinen Türmen hoch und hehr
hebst du dich schön und lieblich sehr!") (Urfassung der dritten und vierten Zeile)
Heil über dir! Heil über dir,
Hammonia, Hammonia [= Hamburgs Schutzgöttin]
O wie so herrlich stehst du da!

Reich blühet dir auf allen Wegen
des Fleißes Lohn, des Wohlstands Segen;
so weit die deutsche Flagge weht,
in Ehren Hamburgs Name steht.
Heil über dir! Heil über dir,
Hammonia, Hammonia!
O wie so herrlich stehst du da!

Der Becher kreis' in froher Runde
und es erschall' aus Herz und Munde:
"Gott wolle ferneres Gedeihn
der teuren Vaterstadt verleihn!"
Heil über dir! Heil über dir,
Hammonia, Hammonia!
O wie so herrlich stehst du da!

Text:
Georg Nicolaus Bärmann
Musik:
Albert Gottlieb

Die Aussicht [vom Stintfang] ist sehr belebt. Rückwärts hat man die schönsten Gartenanlagen und vor sich den Hafen mit seinem Walde von Masten und die von Inseln durchbrochene 1 M. breite Elbe. Rechts überblickt man die Vorstadt St. Pauli, bekannter unter dem Namen **Hamburger Berg*, mit seinen Volkstheatern, Thierbuden, Kunstreitern, Seiltänzern, Ringelspielen u. dgl. Es ist der Schauplatz jeglicher Art von Belustigung für die niedere Klasse Hamburgs, besonders von Matrosen besucht, und gehört zu den Eigenthümlichkeiten der Seestadt. In die öffentlichen *Ballsäle* in und ausser der Stadt, obgleich nicht von der anständigsten Gesellschaft besucht, mag der Fremde ebenfalls einen Blick werfen.
Diese Andeutungen des materiellen und Handels-Lebens umfassen mit geringen Ausnahmen das Merkwürdige von Hamburg. Seine geschichtlichen Denkmäler, seine Sammlungen für Kunst und Wissenschaft sind, die *Bibliothek* (...) ausgenommen, für eine so alte und reiche Stadt wenig erheblich, obgleich Hamburg bis zu Anfang dieses [19.] Jahrhunderts einen nicht unbedeutenden Antheil an Deutschlands litterarischen Ruhm hatte, besonders durch Lessing, der sich 1767 längere Zeit dort aufhielt, durch Klopstock, der 30 Jahre lang, von 1774–1803 hier in dem durch eine Marmortafel bezeichneten Hause in der Königsstrasse Nr. 27 wohnte, durch Reimarus († 1768), Büsch († 1800), Schröder († 1816) u. A.

Karl Baedeker
Verfasser und Verleger seiner weltberühmten Reisehandbücher
(1801–1859)

Was Hamburg aber so bedeutsam macht, das sind gerade seine Handelsbeziehungen. Es ist die lebhafteste und ansehnlichste Handelsstadt Deutschlands (145,000 Einw. darunter 2000 Kath. und 10,000 Juden), die wichtigste der freien Städte des Deutschen Bundes. Die Elbe, welche unter seinen Mauern fliesst und sich 15 Meilen weiter nordwestlich in die Nordsee ergiesst, ist so tief, dass zur Zeit der Fluth schwer beladene Seeschiffe bis in den Hafen gelangen können; Hamburg kann deshalb auch die wichtigste Seestadt des Festlandes genannt werden. Im **Hafen* entfaltet sich stets das regste und bunteste Handels- und Seeleben. Hunderte von Schiffen, darunter immer eine Anzahl aus fernen Ländern, liegen hier vor Anker. In den letzten vier Jahren liefen jährlich an 4000 Schiffe (300 überseeische) in den Hamburger Hafen ein. Für den Binnenländer ist darum der Aufenthalt in Hamburg so lehrreich, wenn er jede müssige Stende [Stunde; Druckfehler im Original] dem Hafen zuwendet ...

Aus *Baedekers* "Handbuch für Reisende in Deutschland und dem Oesterreichischen Kaiserstaate" (Dritte umgearbeitete Auflage, Coblenz 1846)

In Hamburgs Wappen stehn drei feste Türme,
die mit den Zinnen zu den Sternen ragen.
In Hamburgs Hafen liegen tausend Schiffe,
die mit den Masten all dasselbe wagen.
Auf Hamburgs Mauern sitzen tausend Schlote,
die jedem Sturmwind trotzen mit Behagen.
Durch Hamburgs Landschaft fahren tausend Züge,
die mit den Wolken um die Wette jagen.
An Hamburgs Ufern schwimmen tausend Schwäne,
die hälsereckend mit den Flügeln schlagen.

In Hamburgs Straßen schreiten tausend Menschen,
die auch im Unwetter den Kopf hoch tragen,
und hohe Bäume stehn in Hamburgs Gärten,
die über tausend Flaggen ragen, ragen.

Richard Dehmel
Dichter
(1863–1920)

Deiner Kräne Riesenarme betreun dir zu Füßen das Meer.
Dein Atem geht vollgeruhig, sicher und arbeitsschwer.
Dein Wort und Wille wandert unaufhaltsam wie Ebbe und Flut,
nordischkarg ist dein Lachen und langsam dein Blut, Hamburg!

Ewig kämpfst du den währenden gärenden Kampf zwischen Herrn und Knecht.
Kämpf du ihn seegeweihteten Blickes heilig und recht.
Tausend Lichter in deinem nächtlichen Hafen schwanken und glühn.
Abertausend schwielige Arbeiterhände sich mühn, Hamburg!

Hermann Claudius
Schriftsteller
(1878–1980)

Hermann Claudius
(Fortsetzung)

Sie heben der Tropen Frachten an deinen beherrlichen Strand:
Jokohama, Peking, Rio, Frisko und Samarkand.
Abertausend Leben vergehn für dich in tagtäglicher Fron.
Vaterstadt, wisse um jedes als um deinen eigenen Sohn, Hamburg!

In deinen Lagerhallen über deinen Kisten und Ballen bricht sich neues Licht.
Deine altstolzen Türme Sankt Peter, Sankt Niklas, Sankt Michel kennen es nicht.
Neig' deine hansische Seele tief in den werdenden Schein!
Und du sollst im Kranze der ragenden Städte die Krone sein, Hamburg!

Klaus Mann
Schriftsteller
(1906–1949)

Im Hamburger Künstlertheater mußte Kroge, außer den Dingen, die ihm am Herzen lagen, immer noch den “Raub der Sabinerinnen” und “Pension Schöller” zeigen. Darunter litt er. Jeden Freitag, wenn der Spielplan für die kommende Woche festgesetzt wurde, gab es einen kleinen Kampf mit Herrn Schmitz, dem geschäftlichen Leiter des Hauses. Schmitz wollte die Possen und Reißer angesetzt haben, weil sie Zugstücke waren; Kroge aber bestand auf dem literarischen Repertoire. Meistens mußte Schmitz, der übrigens eine herzliche Freundschaft und Bewunderung für Kroge hatte, nachgeben. Das Künstlertheater blieb literarisch – was seinen Einnahmen schädlich war.
Kroge klagte über die Indifferenz der Hamburger Jugend im besonderen und über die Ungeistigkeit einer Öffentlichkeit im allgemeinen, die sich allem Höheren entfremdet habe. “Wie schnell es gegangen ist!” stellte er mit Bitterkeit fest. “Im Jahre 1919 lief man noch zu Strindberg und Wedekind; 1926 will man nurmehr Operetten.” Oskar H. Kroge war anspruchsvoll und übrigens ohne prophetischen Geist. Hätte er sich beschwert über das Jahr 1926, wenn er sich hätte vorstellen können, wie das Jahr 1936 aussehen würde? – “Nichts Besseres zieht mehr”, grollte er noch. “Sogar bei den Webern gestern ist das Haus halb leer gewesen.” ... “Aber wie kommen wir denn auf unsere Rechnung! Berühmte Gäste aus Berlin müssen wir uns einladen – so wie heute abend –, damit die Hamburger ins Theater gehen.”

Aus Klaus Manns
Roman “Mephisto”
(1936)

Wolfgang Borchert
Schriftsteller
(1921–1947)

Hamburg! Das ist mehr als ein Haufen Steine, Dächer, Fenster, Tapeten, Betten, Straßen, Brücken und Laternen, das ist mehr als Fabrikschornsteine und Autohupen – mehr als Mövengelächter, Straßenbahnschrei und das Donnern der Eisenbahnen – das ist mehr als Schiffssirenen, kreischende Kräne, Flüche und Tanzmusik – oh, das ist unendlich viel mehr.
Das ist unser Wille, zu sein. Nicht irgendwo und irgendwie zu sein, sondern hier und nur hier zwischen Alsterbach und Elbestrom zu sein – und nur so zu sein, wie wir sind, wir in Hamburg.
Das geben wir zu, ohne uns zu schämen: daß uns die Seewinde und die Stromnebel betört und behext haben, zu bleiben, hierzubleiben, hier zu bleiben! Daß uns der Alsterteich verführt hat, unserer Sehnsucht nach den Meeren nachzusegeln, auszufahren, wegzuwandern, fortzuwehen – zu segeln, um wiederzukehren, wiederzukehren, krank und klein vor Heimweh nach unserm kleinen blauen Teich inmitten der grünhelmigen Türme und grauroten Dächer, Hamburg!
... Das ist doch unheimlich viel mehr als nur ein Haufen Steine! Das ist Tod und Leben, Arbeit, Schlaf, Wind und Liebe, Tränen und Nebel!
Das ist unser Wille, zu sein: Hamburg!

Hans Leip
Schriftsteller,
Graphiker und
Maler
(1893–1983)

Über das Haus Jungfernstieg 10:
Anfangs besaß ich nichts als einen Teekessel, einen kleinen Gaskocher und eine Wolldecke, und auf der Holzwolle, in der der Gaskocher verpackt gewesen, schlief ich und schlief betört, betrunken von meiner neu gewonnenen Einsamkeit in dieser Himmelsecke, nicht ohne auch nachts ab und zu aufzuspringen und ans Fenster zu stürzen, den unerhörten Blick zu trinken über die Binnenalster und die Lombardsbrücke und die Außenalster bis zum Uhlenhorster Fährhaus, dessen Lichter erst spät zu verlöschen

pflegten und so weit her bis zu mir, bis auf meine Wand herüber schienen in der Nacht.

Hans Leip (Fortsetzung)

Über dasselbe Haus im Juli 1943:
Nun liegt die treffliche Ecke in Schutt. Schutt bedeckt die unsichtbaren Spuren der vielen Füße, die dort, berühmt, berüchtigt und harmlos treppauf und -abgestiegen sind. Welch großartige tiefe Gespräche sind dort geführt worden, welch heitere Feste gefeiert, welch Unmaß an lebensberauschtem Jubel hatte Platz dort in den bunten Wänden und wieviel verliebte und bedrückte Seufzer hingen dort in den Winkeln.

Otto Flake
Schriftsteller
(1880–1963)

"Krüder wäre am liebsten, wenn das Geschäft es zugelassen hätte, in Hamburg ansässig geworden, unter Leuten, die wußten, daß die Welt größer als der Horizont eines Kasernenhofes ist."
"Dein Vater sagte, daß ein Kaufmann am nächsten Morgen frisch sein muß. Ich bewunderte sein Pflichtgefühl."
"Oh, das ist der Abschiedssatz, mit dem in Hamburg jeder der Sache ein Ende macht", erklärte eine junge Frau. "Ich habe ihn fünfmal angehört."
"Ja, Hamburg ist die Stadt der Prinzipien", sagte Grete Geest. "Genug von denen, die nicht mehr da sind. Warum bist du nicht in Uniform gekommen, Melchior?"
"Weil auch das zu den Hamburger Prinzipien gehört."

Aus Flakes
"Villa USA"
(1963)

Siegfried Lenz
Schriftsteller
(geb. 1926)

Sie will über die Kennedy-Brücke, das gelingt nicht, scheitert einfach daran, daß die Auffahrt anscheinend über Nacht verlegt wurde, doch man fährt bereits in gewünschter Richtung zur Lombardsbrücke hinab, an der Kunsthalle vorbei, die an diesem Morgen – der Schnee oder Regen, vermutlich aber den ortsüblichen Schneeregen bereithält – Trübsinn angelegt hat, und zwar den termingerechten Trübsinn, dem der Backstein jedesmal im November verfällt.
Ob er, Valentin Pundt, nicht die Ausstellung sehen möchte, die gerade eröffnet worden ist, eine sehenswerte Ausstellung: Kinderbildnisse europäischer Maler? Wenn er Zeit finde, werde er sich die Ausstellung ansehen. Überhaupt – sie läßt das Steuer los, um einen Batzen herabgefallener Asche in den dunkelblauen Wollrock zu reiben –, Hamburg habe eine Menge zu bieten, gerade in diesen Novembertagen, und man müsse sich schon gewaltsam Zeit nehmen, um das Wichtigste mitzubekommen. Zum Beispiel habe der Hafen Jubiläum. In Planten un Blomen finde zum Beispiel die traditionelle Skandinavische Lebensmittel-Ausstellung statt. Unterhaltsame Veranstaltungen biete auch die Werbewoche Freundschaft mit der Polizei. Und die Bach-Woche. Und der Internationale Puppenspieler-Kongreß ...

Rita Süßfeldt biegt hinter der Lombardsbrücke rechts ab, es gelingt ohne Folgen, sie fährt an der Alster entlang, die nun unbevölkert ist, stumpf und schieferfarben; da formieren sich keine Segel zum Ballett, gläserne Versicherungsbauten, in denen einheimisches Unglück lautlos verwaltet wird, suchen erfolglos ihr zitterndes Spiegelbild, die hölzernen Landungsstege werden nicht mehr von hängeärschigen Schwänen besetzt und fauchend verteidigt. Jetzt, Ende November, gehört die Alster allein den wilden Enten, die in regungslosen Schnüren weit draußen auf dem Wasser treiben, rundlich, wie dunkle Glaskugeln eines verankerten Netzes.

Aus Lenzens
Roman
"Das Vorbild"
(1973)

Hein Timm
Volkssänger und
Schriftsteller
(1908–1985)

Hamburg ist eine amphibische Stadt. Nirgendwo in Europa gibt es so viele Brücken. Es sind genau 2123 – mehr als in Venedig oder Amsterdam. Hätten Sie das gedacht? Schließlich haben wir hier drei Flüsse, die Elbe, die Alster und die Bille. Und dann noch die vielen Fleete und Kanäle. Hamburgs Wasserstraßennetz ist 62 Kilometer lang – ohne den Hafen.
Neulich habe ich einen alten Bekannten, einen waschechten Hamburger gefragt, welches das älteste noch völlig erhaltene Bauwerk Hamburgs ist. Da hat er sich ziemlich lange am Hinterkopf gekratzt und dann so einiges aufgezählt. "St. Jakobi? St. Petri? St. Katharinen?" Alles falsch. Wissen

Hein Timm
(Fortsetzung)

Sie's?
Na, ich will Sie nicht zu lange auf die Folter spannen. Es ist der Wehrturm auf der Insel Neuwerk in der Elbmündung. Also fast 120 Kilometer von Hamburg entfernt. Aber es ist eindeutig Hamburger Gebiet. Den Turm haben die Hamburger um 1310 gebaut, zum Schutz ihrer Schiffe gegen die Seeräuber.
Zwischen Lübecker Tor und der Kirchenallee ist auch einiges los. Warum singt man also merkwürdigerweise immer nur von St. Pauli? Wenn ich St. Georger wäre, ich würde mir das nicht gefallen lassen. "Rund um den Hansaplatz", ist das denn kein Titel?
Der Steindamm beispielsweise, der könnte auch mal besungen werden. Denn auch dort amüsiert man sich nachts um halb eins. Genauso wie am Millerntor. Warum wohl unsere Matrosen dort nicht auch ab und zu vor Anker gehen?

Aus Timms
"Gar nicht
so ssteif!"
(1980)

Ralph Giordano
Publizist
(geb. 1923)

... Am 15. Februar 1938 wurde Studienrat Dr. Ernst Freund aus seiner Wohnung in der Winterhuder Dorotheenstraße heraus verhaftet und ins Untersuchungsgefängnis Hamburg-Fuhlsbüttel gebracht. Die Nachricht verbreitete sich noch am selben Morgen wie ein Lauffeuer auf dem Johanneum.
... "Es wandern so viele jüdische Familien aus", sagte Siegfried Kanten, "als ob sie fürchteten, hier abgemurkst zu werden. Vielleicht sollten wir auch auswandern?" ... Da sagte Chaim Kanten: "Die kriegen uns überall – hier oder anderswo. Überall."

... Roman Bertini blieb volle vierundzwanzig Stunden an den Stuhl gefesselt, von oben bis unten beschmutzt, eine lebende Leiche aus Kot, Urin, Auswurf und Blut, als er schließlich abgebunden wurde und auf der Stelle auf den Boden schlug.
Als er erwachte, sah er vor sich das gewölbte Gesicht mit den buschigen Brauen und dem aufgeworfenen Mund – die Melone. Gleichzeitig spürte er, wie ihm etwas in den Schlund geflößt wurde. Der Gestapomann war dabei, ihn von einem tiefen Teller zu füttern. Erst jetzt erinnerte Roman sich, daß er während des dreitägigen Verhörs weder etwas gegessen noch getrunken hatte.
... Am Abend, nach Einbruch der Dunkelheit, führte der Gestapomann Roman durch das Stadthaus in einen Hof, wo er ein Tor öffnete und es sofort wieder hinter ihm schloß.
Da stand Roman Bertini nun, äußerlich hergerichtet, auf dem Neuen Wall, und die Passanten hätten schon sehr genau hinsehen müssen, um zu erkennen, was die letzten fünf Tage in ihm angerichtet hatten.

... Schauplatz der Begegnung war das *Café Kaiser* gegenüber dem Barmbeker Bahnhof, ein Etablissement von delikatem Ruf. Waren seine Gäste doch meist junge Männer mit langen Haaren, Frisuren, die in offenem Gegensatz standen zum militärischen Streichholzschnitt, der Forderung der Zeit. Die äußere Erscheinung war eine Art Demonstration, daß man sich nicht für gleichgeschaltet hielt, mit den herrschenden Zuständen und Auffassungen nicht übereinstimmte, obwohl schon wieder zuviel dahinein gelegt sein würde, wollte man dies politischen Widerstand nennen – die jungen Männer und der weibliche Anhang, der zu ihnen paßte, waren vielmehr verrückt nach anglo-amerikanischem Jazz! Ihre Götter hießen Nat Gonella, Jack Hilton, Louis Armstrong, Count Basie oder Duke Ellington, ihre favorisierten Schlager trugen Titel wie *Some of these days, Jeepers creepers, I can't give you anything but love, Begin the beguine, Flatfoot floogie* oder *O Joseph, Joseph* und *Two sleepy people*. Vor allem aber, der Höhepunkt, das entscheidende Ereignis all dieser Abende mittwochs, samstags oder sonntags – der *Tiger rag*! Die Kapelle war jung und bekannt dafür, daß sie im Gegensatz zu anderen Berufsmusikern für die Pausen arbeitete:
"Where's the tiger, where's the tiger ..."
Schon der erste Akkord entfesselte die Gäste ...

Ralph Giordano
(Fortsetzung)

... Wie könnte er leben – ohne Hamburg? Ohne die Lindenallee wieder aufzusuchen und die ehemalige Sandkiste, den Keller in der Düsternstraße, den Panther aus Stein im Stadtpark, den Hafen? Wie könnte er leben ohne den Seeduft der Unterelbe und den Septemberhimmel über der Heimatstadt?
... Dann setzte Roman Bertini sich auf eine Bank, schloß die Augen und erwartete den Zug nach Braunschweig.
Wenn er dort den Anschluß bekommen würde, könnte er noch am Abend in Hamburg sein.

Aus Giordanos biographischem Roman "Die Bertinis" (S. Fischer Verlag, Frankfurt am Main, 1982), in dem er im wesentlichen die Leidenszeit seiner rassisch verfolgten Familie in der Heimatstadt Hamburg unter der nationalsozialisten Gewaltherrschaft beschreibt.

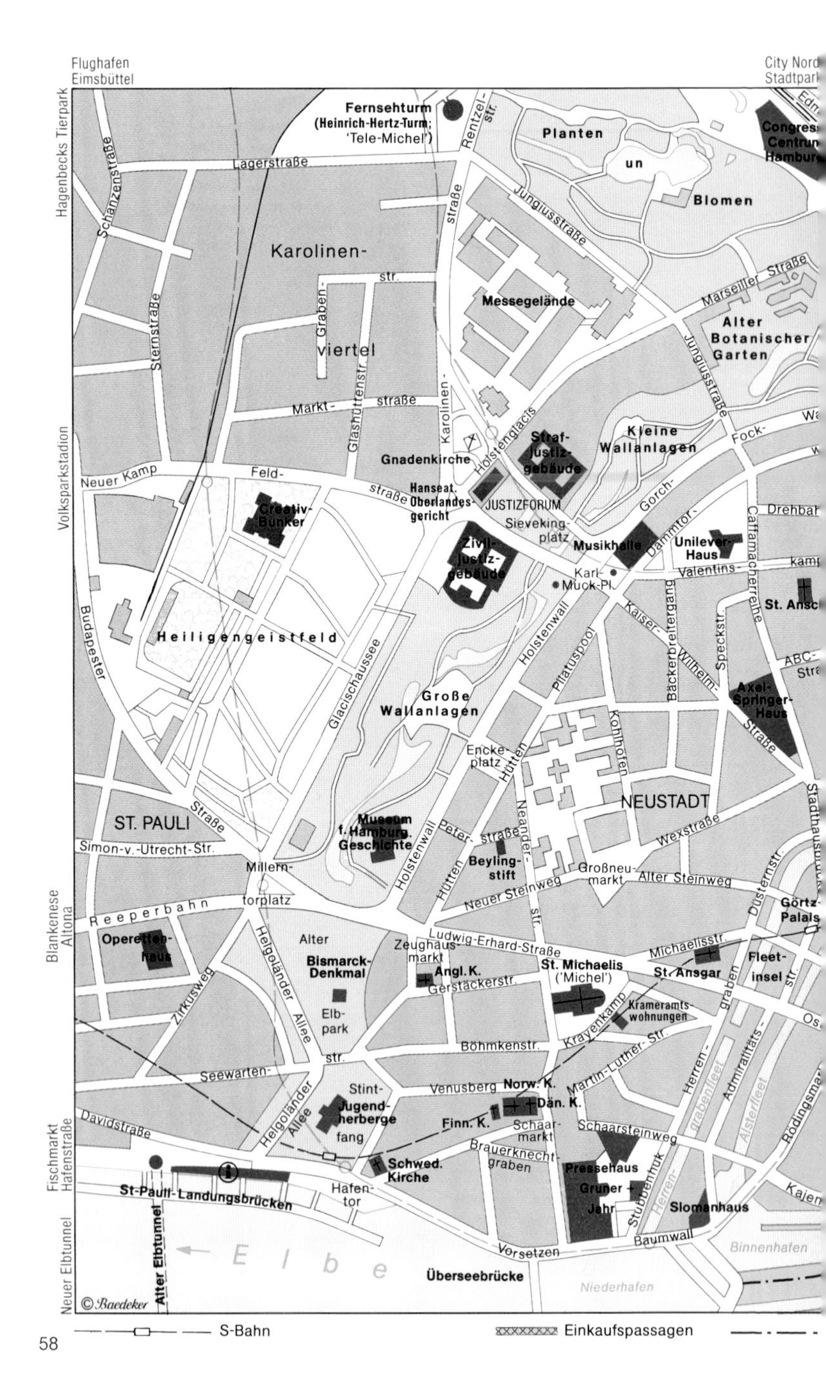

Flughafen
Eimsbüttel
City Nord
Stadtpark
Hagenbecks Tierpark
Volksparkstadion
Blankenese
Altona
Fischmarkt
Hafenstraße
Neuer Elbtunnel
Fernsehturm
(Heinrich-Hertz-Turm;
'Tele-Michel')
Planten
un
Blomen
Congress
Centrum
Hamburg
Lagerstraße
Schanzenstraße
Rentzelstr.
Karolinenstraße
Jungiusstraße
Karolinen-
viertel
Grabenstr.
Sternstraße
Messegelände
Marseiller Straße
Alter
Botanischer
Garten
Glashüttenstr.
Marktstraße
Kleine
Wallanlagen
Straf-
justiz-
gebäude
Gnadenkirche
Holstenglacis
Fock-
Neuer Kamp
Feldstraße
Hanseat.
Oberlandes-
gericht
JUSTIZFORUM
Sieveking-
platz
Gorch-
Dammtor-
Drehbahn
Creativ-
Bunker
Zivil-
justiz-
gebäude
Musikhalle
Unilever-
Haus
Karl-
Muck-Pl.
Valentinskamp
Caffamacherreihe
St. Ansc
Budapester
Heiligengeistfeld
Holstenwall
Pilatuspool
Kaiser-Wilhelm-
Bäckerbreitergang
Speckstr.
ABC-Str.
Glacischaussee
Große
Wallanlagen
Axel-
Springer-
Haus
Straße
Kohlhöfen
Encke-
platz
Hütten
NEUSTADT
ST. PAULI
Straße
Museum
f. Hamburg.
Geschichte
Peterstraße
Neanderstr.
Wexstraße
Stadthausbrücke
Simon-v.-Utrecht-Str.
Beyling-
stift
Millern-
torplatz
Großneu-
markt
Alter Steinweg
Neuer Steinweg
Düsternstr.
Reeperbahn
Görtz-
Palais
Operettenhaus
Helgoländer Allee
Alter
Bismarck-
Denkmal
Zeughaus-
markt
Ludwig-Erhard-Straße
St. Michaelis
('Michel')
Michaelisstr.
St. Ansgar
Fleet-
insel
Angl. K.
Gerstäckerstr.
Zirkusweg
Elb-
park
Krameramts-
wohnungen
Krayenkamp
Herrengraben
Böhmkenstr.
Martin-Luther-Str.
Admiralitätsstr.
Seewarten-
str.
Stint-
fang
Jugend-
herberge
Venusberg
Norw. K.
Dän. K.
Herrengrabenfleet
Alsterfleet
Rödingsmarkt
Davidstraße
Finn. K.
Schaar-
markt
Schaarsteinweg
Brauerknecht-
graben
Stubbenhuk
St-Pauli-Landungsbrücken
Schwed.
Kirche
Hafen-
tor
Pressehaus
Gruner +
Jahr
Slomanhaus
Kajen
Alter Elbtunnel
Elbe
Vorsetzen
Baumwall
Binnenhafen
Überseebrücke
Niederhafen
© Baedeker
S-Bahn
Einkaufspassagen

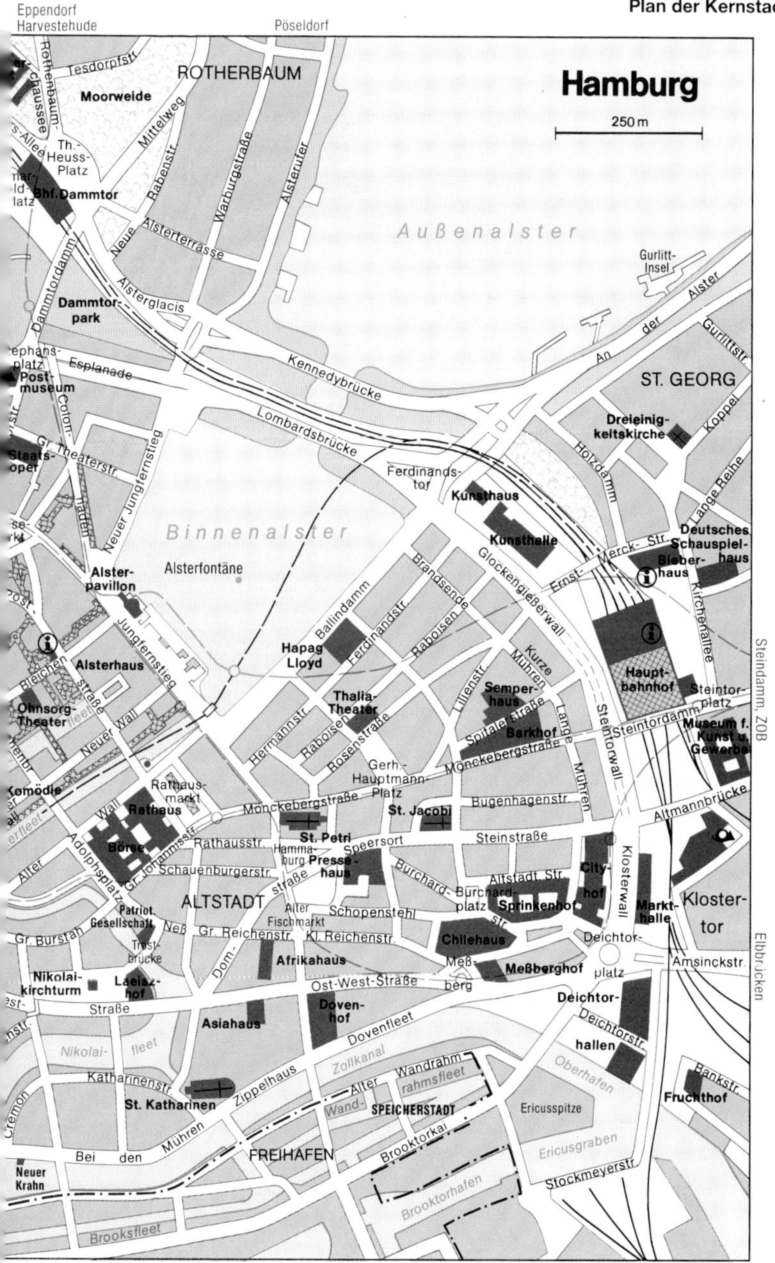

eihafengrenze U-Bahn

Sehenswürdigkeiten von A bis Z

Hinweis

Empfehlungen für eine lohnende Aufenthaltsgestaltung – Stippvisite, ein Tag, zwei Tage, drei Tage oder längeres Verweilen – werden in den Praktischen Informationen von A bis Z im letzten Teil dieses Reiseführers unter den Stichwörtern 'Besichtigungsprogramm' und 'Stadtbesichtigung' gegeben.

Ahrensburg

Ausflugsziel

Lage
rund 25 km nordöstlich vom Hamburger Stadtkern

S-Bahn
Ahrensburg (S 4)

U-Bahn
Ahrensburg-West, Ahrensburg-Ost (U 1)

Bus
169, 269, 369

Zufahrt
A 1 bzw. B 75

Die zum (schleswig-)holsteinischen Kreis Stormarn gehörende, auf ein früheres Dorf 'Woldenhorn' zurückgehende Stadt Ahrensburg (63 m ü. d. M., 27 000 Einw.; Leichtindustrie, u. a. Druckereien) in günstiger Verkehrslage zu Hamburg, hat sich seit dem Ende des Zweiten Weltkrieges zu einer bevorzugten Wohngegend für viele in Hamburg tätige Pendler entwickelt.

Die bedeutendste Sehenswürdigkeit der Stadt ist das von zwei Wassergräben umflossene Schloß Ahrensburg, seit 1938 Museum der Wohnkultur des holsteinischen Landadels.
Peter Graf Rantzau ließ 1594–1598 das inmitten eines Parkes gelegene prächtige Renaissancewasserschloß "zur ruhmreichen Ehre seines Geschlechtes und des Vaterlandes" errichten. Vorbild für den weiß geschlämmten Backsteinbau war das Wasserschloß Glücksburg bei Flensburg; der Baumeister ist unbekannt geblieben. Im Jahre 1759 fiel das Ahrensburger Schloß an den Handelsherrn und Finanzmann Carl Schimmelmann, der das Innere weitgehend umgestalten ließ. Eine erneute Umgestaltung der Inneneinrichtung erfolgte 1855–1856.
Der von Schimmelmann zugeschüttete innere Schloßgraben wurde Mitte der achtziger Jahre des 20. Jahrhunderts wiederhergestellt.

*Schloß

Das Ahrensburger Schloß ist im Sommerhalbjahr Di.–So. 10.00–12.30 und 13.30–17.00 Uhr geöffnet (Eintrittsgebühr; im Winterhalbjahr verkürzte Besuchszeiten).

Schloßkirche

Die zum Schloß gehörige Kirche 'zu Woldenhorn' wurde 1594–1596 in gotisierendem Renaissancestil erbaut; der Westturm war 1773 vollendet. Im Kircheninneren (Sterngewölbe) bemerkenswert sind der Kanzelaltar, das rote Gestühl, die Patronatsstühle und ein Taufengel von 1716; die Barockorgel stammt aus dem Jahre 1745.
An die Schloßkirche seitlich angebaut ist die Rantzausche Grabkapelle.
Den Kirchhof mit einigen Schimmelmannschen Gräbern fassen zwei Reihen von je zwölf 'Gottesbuden', gegen Ende des 16. Jahrhunderts erbaute Armenhäuser, ein.

Bredenbeker Teich

Am Westrand von Ahrensburg liegt der rund 40 ha große Bredenbeker Teich, ein 1500 m langer Rinnensee, durch den das Flüßchen Bredenbek in die ⟶ Alster abfließt. Am See gibt es ein Strandbad, einen Campingplatz und ausgedehnte Golfplätze.

*Steinzeitfunde

Im Süden von Ahrensburg hat der Hamburger Prähistoriker Alfred Rust umfangreiche steinzeitliche Jagd- und Siedlungsplätze ausgegraben; Hauptfundorte sind Meiendorf und Stellmoor.
Die Funde der 'Ahrensburger Kultur' geben Aufschluß über die Lebensweise der späteiszeitlichen Rentierjäger (9. Jahrtausend v. Chr.) in Nordwestdeutschland.

◀ *Panorama der Hamburger Altstadt*

Die beiden Alsterbecken aus der Vogelschau

Seglerparadies Außenalster

Allermöhe

→ Vierlande und Marschlande

**Alster 25–31 23–34

Stadtbild-prägende Wasserflächen

Das Bild der Hamburger Innenstadt ist ganz entscheidend von der Alster geprägt. Die Wasserflächen von Binnenalster und Außenalster setzen höchst reizvolle Akzente in die Stadtlandschaft der norddeutschen Metropole.

Flußverlauf der Alster

Die Alster ist ein rechter Nebenfluß der → Elbe, der gut 25 km nördlich vom Hamburger Stadtkern im Henstedter Moor (Schleswig-Holstein) entspringt (Alsterquelle → Norderstedt), dann in windungsreichem Lauf den Nordosten des Hamburger Stadtgebietes durchfließt (→ Alstertal) und später kanalisiert verläuft, danach zu Außenalster, Binnenalster und Kleiner Alster aufgestaut ist und schließlich durch abgeschleuste → Fleete in die Norderelbe mündet. Ihr Lauf ist insgesamt 56 km lang, und das Gefälle von der Quelle bis zur Mündung beträgt 28 m.

Außenalster 26/27 25–27

*Alsterpark am Nordwestufer

Das gut 160 ha große, gestreckte Becken (max. 2,50 m tief) der Außenalster ist ringsum fast gänzlich von Ufergrünstreifen oder Parkanlagen gesäumt. Entlang dem Nordwestufer erstreckt sich der 1953 angelegte ca. 70 ha große Alsterpark, in dem etliche Kunstwerke aufgestellt sind, so u.a. die Bronzeplastiken "Knieende" (von Gustav Seitz, 1962), "Orpheus und Eurydike" (von Ursula Querner, 1958), "Drachensteigen" (von Gerhard Brandes, 1963), "Große Stehende" (von Jörn Pfab, 1958).

Angrenzende Stadtteile

An das westliche Alsterufer grenzen die vornehmen Stadtteile Rotherbaum (→ Universitätsviertel) und Harvestehude (mit → Pöseldorf), an das östliche Winterhude, Uhlenhorst, Hohenfelde und → St. Georg. In die Außenalster münden mehrere Zuflüsse, die allesamt kanalisiert und schiffbar sind.

Attraktionen

Besonders an sommerlichen Wochenenden kreuzen auf der weiten Wasserfläche zahllose Segelboote (auch viele Ruder- und Paddelboote; kein Badebetrieb). In strengen Wintern kann die Außenalster zufrieren; das Begehen des Eises wird dann zu einem volksfestartigen Ereignis.
Unbedingt empfehlenswert ist die Fahrt mit einem der noch immer 'Alsterdampfer' genannten flachen Motorschiffe (Abfahrt vom Anleger am → Jungfernstieg).

*City-Blick

Die besten Ausblicke über die Außenalster auf die Skyline der Innenstadt gewähren die Straßen Bellevue im Stadtteil Winterhude und die 'Schöne Aussicht' genannte Uferpartie am Nordostufer im Stadtteil Uhlenhorst, einem bevorzugten Wohngebiet mit prächtigen Villen.

Nordostufer der Außenalster

Bis zur Zerstörung im Zweiten Weltkrieg war das Uhlenhorster Fährhaus ein beliebter Treffpunkt; heute befindet sich hier nur noch eine Grünanlage mit Anlegestelle der Alsterschiffe; unweit östlich davon steht eine 1960 erbaute, von zwei Minaretten flankierte Moschee (iranisch-schiitischer Ritus).
Erwähnenswert sind in dieser Gegend die Bronzeplastik "Drei Männer im Boot" von Edwin Scharff (Schwanenwik, an der breitesten Stelle der Außenalster) und die Skulptur "Rhythmus im Raum" von Max Bill kurz vor der Kennedybrücke (→ Lombardsbrücke).

Alster, Außenalster (Fortsetzung)

Zum Stadtteil ⟶ St. Georg gehört der vom Schwanenwik südwestlich zur Kennedybrücke führende breite Uferboulevard 'An der Alster' (Nr. 72–79 das Nobelhotel "Atlantic Kempinski"; Zugang vom Holzdamm).

Binnenalster 25/26 24

*Schmuckstück der Innenstadt

Das nur rund 18 ha große, annähernd quadratische Becken der Binnenalster ist erst durch den im 17. Jahrhundert angelegten Festungsgürtel von der Außenalster abgetrennt worden. Es wird von den drei Uferpromenadenstraßen ⟶ Jungfernstieg, Neuer Jungfernstieg und Ballindamm sowie der ⟶ Lombardsbrücke umschlossen (Umwanderung ca. 30–40 Min.). Unter dem Seeboden verläuft eine S-Bahn-Strecke.
Die ganz im Citybereich gelegene Binnenalster verleiht Hamburgs Innenstadt ein besonders attraktives Aussehen, wie es kaum eine andere deutsche Großstadt zu bieten hat.

Alsterfontäne

Inmitten des Binnenalsterbeckens steigt im Sommerhalbjahr täglich zwischen ca. 6.00 und 22.00 Uhr die Alsterfontäne bis 35 m hoch.

Kleine Alster 25 24

Anklang an Venedig

Das Alsterwasser – als solches bezeichnet man im Hamburg auch ein erfrischendes Mischgetränk aus Bier und 'Brause' (= Zitronensprudel) – verläßt die Binnenalster an ihrer Südspitze unter der Reesendammbrücke, wo der ⟶ Jungfernstieg beginnt (unterirdisch der ausgedehnte S- und U-Bahn-Knotenpunkt 'Jungfernstieg') und bildet dann bis zur nahen Schleusenbrücke die sog. Kleine Alster, ein rechteckiges Becken (urspr. ein Mühlenkolk), das nördlich von den eleganten Bögen der Alsterarkaden (⟶ Passagen) und südlich von den breiten Wassertreppen des Reesendamms eingegrenzt wird, der seinerseits in den Fußgängerbereich auf dem ⟶ Rathausmarkt übergeht.

Alsterfleet 25 23/24

Abfluß zur Elbe

Hinter der Schleusenbrücke (darunter eine Kammerschleuse) beginnt das Alsterfleet, das im weiteren Verlauf von sechs Brücken überspannt wird und schließlich in den Binnenhafen (⟶ Hafen) mündet. Ursprünglich folgte die Alster in der Altstadt dem ⟶ Nikolaifleet, wo sich der erste Hamburger Hafen befand. Auch durch das parallel zum Alsterfleet verlaufende Bleichenfleet und das anschließende Herrengrabenfleet – zuletzt dazwischen die in Neubebauung befindliche ⟶ Fleetinsel – fließt das Alsterwasser der Norderelbe (⟶ Elbe) zu.

Alsterarkaden

⟶ Passagen

Alsterpavillon 25 24

Lage
Jungfernstieg 54
HH 36

S-Bahn
Jungfernstieg
(S 1, S 2, S 3)

Der Alsterpavillon gilt als Hamburgs bekannteste Gaststätte (Konzertcafé, Konditorei, Restaurant; täglich 10.00–23.00 Uhr geöffnet) und ist ein beliebter Treffpunkt in der City. Er liegt zentral an der Südwestecke der ⟶ Binnenalster und bietet dem Besucher schöne Ausblicke über das Wasser mit der Anlegestelle der Alsterschiffe und der Alsterfontäne bis zur ⟶ Lombardsbrücke sowie auf das Treiben auf dem ⟶ Jungfernstieg. Bei

Binnenalster – Nobelhotel “Vier Jahreszeiten” am Neuen Jungfernstieg

Alsterpavillon – beliebter Treffpunkt am Jungfernstieg

Alsterpavillon (Fortsetzung)

U-Bahn
Jungfernstieg (U 1, U 2)

Bus
36, 102, 109

schönem Wetter finden die Gäste auch auf der palmengezierten Straßenterrasse Platz zum Ausruhen vom Stadtbummel.

Diese Hamburger 'Institution' geht auf das Jahr 1799 zurück und ist inzwischen (u.a. nach Zerstörung beim Großen Brand von 1842 sowie im Zweiten Weltkrieg) zum sechstenmal neu erbaut worden (Renovierung geplant). Schon Heinrich Heine hat hier gern beim Kaffee gesessen und die vorbeiflanierenden Mädchen betrachtet (→ Hamburg in Zitaten).

Alstertal

Ausflugsziel im Stadtgebiet

Verlauf
ca. 10–20 km nordöstlich vom Hamburger Stadtkern

S-Bahn
Kornweg, Hoheneichen, Wellingsbüttel, Poppenbüttel (S 1, S 11)

Bus
179 (ab Ohlsdorf), 276 (ab Poppenbüttel)

Als 'Alstertal' werden die nördlichen Hamburger Wohngebiete Wellingsbüttel und Poppenbüttel sowie benachbarte Gegenden im Bereich der Oberalster bezeichnet.
Bis ins 19. Jahrhundert wurde zwischen Kayhude in Schleswig-Holstein und Hamburg Frachtschiffverkehr betrieben (bei Bergfahrt getreidelt). Aus jener Zeit sind noch etliche Schleusen und Wehre erhalten, die auch der Wasserstandsregulierung dienen.

Der Alsterwanderweg begleitet den gesamten Flußlauf von Bargfeld-Stegen durch das Wiesental der Oberalster (Naturpark) und durch das Hamburger Stadtgebiet bis zur Mündung in die → Elbe. Streckenweise, wo Privatgrundstücke an das Flußufer heranreichen, muß man auf benachbarte Straßen ausweichen.

Alsterwanderweg

Einen landschaftlich besonders reizvollen Teil bildet das Alstertal zwischen dem holsteinischen Rade und dem Hamburger Ortsteil Klein Borstel am Nordrand vom → Ohlsdorfer Friedhof. Berührt werden bei der Wanderung das Naturschutzgebiet Rodenbeker Quellental, die alte Mellingburger Schleuse mit einem Schleusenwärterhaus aus dem 16. Jahrhundert (Gaststätte), der Hohenbuchenpark und der Hennebergpark; im zuletzt genannten fällt nahe der Poppenbütteler Schleuse eine vom früheren Parkbesitzer errichtete künstliche Burgruine auf.

Alstertal-Einkaufszentrum

Nahe der S-Bahn-Station Poppenbüttel steht das moderne Alstertal-Einkaufszentrum (AEZ) mit etwa 120 Ladengeschäften auf drei Ebenen und insgesamt 33000 m² Verkaufsfläche.

Alstertalmuseum (nur Sa. und So. 11.00–13.00 und 15.00–17.00; Gruppen sonst nach Voranmeldung unter Tel. 5366679)

Weiter flußabwärts ist von dem einstigen, am Alsterufer unter alten Eichen und Buchen gelegenen Gut Wellingsbüttel als einziger architektonisch wertvoller Zeuge vergangener Tage das Torhaus (Wellingsbütteler Weg Nr. 79 g/h) erhalten, ein langer Fachwerkbau von 1757 mit spitzem Glockenturm und altertümlicher Uhr. Im Gebäude befindet sich das kulturgeschichtlich interessante Alstertalmuseum (des Alstervereins) mit einer heimatkundlichen Sammlung bäuerlicher Geräte und Kleidung sowie vorgeschichtlicher Funde aus dem Alstertal. Ein Raum ist der früheren Treidelschiffahrt gewidmet. Das im 19. Jahrhundert erneuerte Herrenhaus des Gutes ist heute Tagesheimschule (Hansa-Kolleg).

Alsterwanderweg

→ Alstertal

Altengamme

→ Vierlande und Marschlande

Alte Post

In dem 1845–1847 von Alexis de Chateauneuf im Stil der toskanischen Renaissance aufgeführten Backsteinbau – mit oben achteckigem Turm in der Form flandrischer Gotik diente er noch für kurze Zeit der Nachrichtenübermittlung durch den optischen Telegraphen nach Cuxhaven, bis ihn der inzwischen erfundene elektrische Telegraph ersetzte – an der Nordwestseite des Bleichenfleetes wurden die vor dem Großen Brand von 1842 an verschiedenen Stellen in der Stadt befindlichen Postanstalten der Hamburgischen (Freistädtischen) Post, der Thurn- und Taxisschen Post, der Königlich Hannoverschen Post und der Königlich Schwedischen Post vereinigt; ihre Wappen und Embleme sind an den Portalen noch zu sehen. Bis zur Eröffnung des Postgebäudes am Stephansplatz (1887) diente der Bau der Post und wurde später zu Verwaltungs- und Archivzwecken genutzt.

In den Jahren 1968 bis 1971 hat man die Alte Post restauriert und unter Erhaltung der historischen Fassade in ein Büro- und Geschäftshaus (u. a. Verwaltung der Hamburger Volkshochschule) mit Ladendurchgängen (⟶ Passagen) zu ebener Erde umgewandelt.

Lage
Poststraße 11
HH 36

S-Bahn
Jungfernstieg
(S 1, S 2, S 3)

U-Bahn
Jungfernstieg
(U 1, U 2),
Rathaus (U 3)

Bus
35, 36, 37,
102, 109

*Altes Land

Ausflugsziel

Das Alte Land ist ein rund 30 km langer und bis 7 km breiter Marschgürtel, der sich vom Stadtgebiet Hamburgs am Südufer der Unterelbe (⟶ Elbe) entlang bis zu der niedersächsischen Stadt ⟶ Stade erstreckt.
Die Elbnebenflüsse Este, Lühe und Schwinge teilen das Land in sog. Meilen, die erste von der Schwinge zur Lühe, die zweite von der Lühe zur Este und die dritte von der Este zur Süderelbe. Das von Entwässerungsgräben

Lage
10–30 km südwestlich vom Hamburger Stadtkern

Altländer Gehöft mit Zierpforte

Obstblüte ...

... im Alten Land

Zufahrt
B 73 von HH-Harburg westwärts

Bus
157, 257, 357; KVG 30, 31 (ab Buxtehude)

Elbfähren
(ganzjährig) HH-Blankenese – Cranz
Wedel-Schulau – Lühe

HADAG-Schiff
(Juni – September) ab St.-Pauli-Landungsbrücken nach Lühe in 90 Minuten

durchzogene, fruchtbare Gelände ist das am weitesten nördlich gelegene geschlossene Obstanbaugebiet der Erde. Es werden vor allem Apfel- und Kirschbäume kultiviert, und zu deren Blütezeit ist das Alte Land eines der bevorzugten Ausflugsgebiete der Hamburger.

Das Alte Land wurde im 12. und 13. Jahrhundert von holländischen Einwanderern besiedelt und besaß bis 1832 eine eigene Verfassung. Die stattlichen Altländer Bauernhäuser mit ihren kunstvoll gezimmerten und verzierten Prunkpforten sind Zeugnisse bäuerlichen Wohlstandes.

Neuenfelde

Zwischen der früheren Fischerinsel ⟶ Finkenwerder und dem ländlichen Hamburger Stadtteil Neuenfelde mündete früher die Süderelbe in den hier annähernd 3 km breiten Hauptstrom. Heute ist sie abgedämmt und endet als toter Arm vor dem Elbdeich; das Wasser der Süderelbe fließt vom Harburger Hafen durch den Köhlbrand in die Unterelbe.
Die barock ausgestattete Neuenfelder Kirche St. Pankratius besitzt eine bemalte hölzerne Tonnendecke, einen Kanzelaltar von 1688, einen ehemaligen Beichtstuhl von 1730, heute Sakristei, und eine schöne Orgel (1682–1688) von dem berühmten Orgelbaumeister Arp Schnitger (1648 bis 1719), der hier einen Bauernhof hatte und in der Kirche begraben liegt; Orgelkonzerte April bis Oktober jeden dritten Sonntag im Monat um 16.30 Uhr (außer während der Hauptferienzeit).

Nincop

Im landeinwärts gelegenen Neuenfelder Ortsteil Nincop stehen einige besonders schöne Bauernhäuser: Nincoper Straße Nr. 45 (von 1778; mit Prunkpforte von 1683), Stellmacherstraße Nr. 9 (von 1660; mit 1980 erneuertem Fachwerkgiebel und Prunkpforte von 1619) sowie Nr. 14 (von 1779).

Jork

Der Ort Jork (11 000 Einw.; Ausflugslokale "Altländer Hof" und "Herbstprinz", ferner "Estehof" im Ortsteil Estebrügge und "Deichgraf" im Ortsteil Wisch) liegt im Zentrum des Alten Landes, bereits in Niedersachsen. Un-

weit östlich fließt die Este der ⟶ Elbe zu. Jork ist Standort einer Obstbaumversuchsanstalt und besitzt schöne alte Bauernhäuser sowie eine Kirche von 1709.
In Westerjork wurde 1776 Gotthold Ephraim Lessing mit Eva König getraut. Sehenswert sind auch die Kirchen der Ortsteile Borstel und Estebrügge.

Altes Land, Jork (Fortsetzung)

Lohnend ist der sog. Obstmarschenweg über Jork, Guderhandviertel, Steinkirchen, Grünendeich und Hollern nach ⟶ Stade. Viele schöne Altländer Bauernhäuser, z.T. mit Prunkpforten, und auch einige alte Dorfkirchen liegen am Wege.

Obstmarschenweg

Einmalig schöne Eindrücke bietet auch eine Wanderung auf dem Lühedeich von der Schiffsanlegestelle Lühe nach Steinkirchen während der Obstbaumblüte. Aussichtslokale mit Blick auf den Elbstrom sind das "Fährhaus Lühe" (Cohrs) und das "Fährhaus Twielenfleth".

Lühedeich

An manchen Sommertagen fährt ein Schiff die Este flußaufwärts bis ⟶ Buxtehude oder die Schwinge flußaufwärts bis ⟶ Stade.
Auskunft über die Fahrtage und die Abfahrtszeiten erhält man bei der Este-Reederei unter der Telefonnummer (04163) 5798.

Schiffsfahrten auf Este und Schwinge

Altes Stadthaus

⟶ Görtz-Palais

Altona (Stadtteil) 21–23 23–25

Bis zum Jahre 1937, als Groß-Hamburg geschaffen wurde, war Altona eine selbständige Stadt, die – zurückgehend auf eine Fischersiedlung des frühen 16. Jahrhunderts – zunächst den schauenburgischen Grafen von Pinneberg, ab 1640 zu Dänemark gehörte und 1867 preußisch wurde. Die Herkunft des Namens 'Altona' ist ungeklärt. Im Laufe der Geschichte gab es manche Rivalität zwischen Altona und Hamburg. Die Luftbombardements des Zweiten Weltkrieges richteten auch in Altona verheerende Schäden an.

Lage
ca. 4 km westlich vom Hamburger Stadtkern

S-Bahn
Altona (S 1, S 2, S 3, S 5, S 11, S 31), Königstraße (S 1, S 2, S 3)

Bus
36, 37, 112

Der vom Steilufer der ⟶ Elbe eingeengte Altonaer Hafen, mit dem Altonaer Bahnhof (s. nachstehend) durch einen 920 m langen Eisenbahntunnel, dem einzigen in Norddeutschland, verbunden, diente früher als Fischereihafen, soll aber zukünftig anderer Nutzung zugeführt werden. Hier ist 1991 ein neuer Terminal (18000 m²) für die England-Fähre der Reederei Scandinavian Seaways in Betrieb genommen worden; ein weiterer für Kreuzfahrtschiffe befindet sich in der Planung.

Altonaer Hafen

Der Altonaer Bahnhof hat für den Eisenbahnfernverkehr besondere Bedeutung (auch Autoreisezugverladung und S-Bahn-Station). Das alte Empfangsgebäude von 1895 wurde 1975–1979 durch ein modernes ersetzt, in dem u.a. auch ein Warenhaus untergebracht ist.
Vor dem Bahnhofsgebäude steht abgesenkt der bronzene Stuhlmannbrunnen (Türpe, 1900), dessen um einen Fisch kämpfende Zentauren die Rivalität Altonas und Hamburgs als Fischmarkt symbolisieren sollen.
Östlich vom Bahnhof befindet sich die Fußgängerzone Neue Große Bergstraße, das heutige Altonaer Einkaufszentrum.

Altonaer Bahnhof

Das Altonaer Rathaus, Sitz des Bezirksamtes Altona, entstand in den Jahren 1896–1898 unter Verwendung von Teilen des 1844 von Gottfried Semper errichteten Empfangsgebäudes des 'dänischen' Bahnhofes der Altona-Kieler Eisenbahn ('Ostseebahn' Christians VIII.); die Rückfront zeigt

Altonaer Rathaus

Altonaer Rathaus am Platz der Republik

Klopstocks Grabstätte bei der Christianskirche

Altona, Rathaus (Fortsetzung)

noch die alte Bahnhofsfassade. Das Giebelrelief schuf Karl Gerbers unter Mitwirkung von Ernst Barlach.
Vor dem Rathaus ein Reiterstandbild Kaiser Wilhelms I. (von G. Eberlein, 1898) und davor in den Grünanlagen ein 1989 aufgestellter schwarzer Steinblock des US-amerikanischen Künstlers Sol LeWitt, der an die von den Nationalsozialisten verschleppten Altonaer Juden erinnern soll.

Platz der Republik

Das Rathaus bildet heute den beherrschenden Abschluß des mit Grünanlagen geschmückten Platzes der Republik, der hier den Raum der früheren Bahnanlagen einnimmt.

Altonaer Museum

Etwa auf halbem Wege zwischen Altonaer Rathaus und Altonaer Bahnhof liegt das ⟶ Altonaer Museum in Hamburg.

Christianskirche

Unweit westlich vom Altonaer Rathaus (s. zuvor) steht – bereits in dem hier an Altona anschließenden Stadtteil Ottensen – die 1735–1738 erbaute evangelische Christianskirche, benannt nach dem dänischen König Christian IV. (1577–1648), der Altona großzügig ausbauen ließ.
Die barocke Saalkirche wurde im Zweiten Weltkrieg beschädigt und ist 1946–1952 wiederhergestellt worden. Erhalten blieb die alte Ausstattung, u. a. ein Taufbecken (13. Jh.), der Taufengel von 1547 und die barocke Kanzel, die einmal Teil des früheren Kanzelaltars war; dieser ist durch ein neuzeitliches Gemälde ersetzt. Modern sind auch die Glasfenster in der Turmhalle; hier auch ein Kruzifix aus dem 15. Jahrhundert und die Turmfahne der alten Kirche mit der Jahreszahl 1718.
Das Glockenspiel mit 42 im Jahre 1938 in Apolda gegossenen Glocken ertönt alltäglich um 9.00, 12.00, 15.00 und 19.00 Uhr.

Klopstock-Grab

Auf dem 1758 angelegten und 1954 in eine Grünanlage verwandelten Kirchhof befindet sich neben anderen die Grabstätte des Dichters Friedrich Gottlieb Klopstock (1724–1803). Die Grabsteine sind Abgüsse, die Originale in der Kirche.

*Altonaer Balkon

Südlich vom Altonaer Rathaus (s. zuvor) erstreckt sich über dem Elbuferrand eine Grünanlage, die als 'Altonaer Balkon' bekannt ist. Von hier bietet sich ein eindrucksvoller Blick über den Hamburger ⟶ Hafen, die ⟶ Elbe mit der ⟶ Köhlbrandbrücke und auf die Harburger Berge (⟶ Harburg) im Hintergrund.
Die Bronzeplastik "Maritim", drei Fischer mit hochgehaltenen Rudern, schuf Gerhard Brandes 1966. Jenseits der zum Hafen hinabführenden Kaistraße steht eine 4 m hohe Holzskulptur; sie wurde 1989 von der kroatischen Bildhauerin Ljubica Matulec gestiftet zur Erinnerung an 400 000 Kroaten, die über Hamburg in die Neue Welt ausgewandert sind.

Rainvilleterrasse

Gleich hinter der Christianskirche beginnt die ⟶ Elbchaussee. Hier, an der Rainvilleterrasse, befinden sich das Gebäude des Fachbereiches 'Seefahrt' der Fachhochschule Hamburg sowie davor der Schleswig-Holstein-Brunnen zum Gedenken an den Dichter des Schleswig-Holstein-Liedes ("Schleswig-Holstein meerumschlungen ...") M. Fr. Chemnitz und an seinen Komponisten C. G. Bellmann.

*Palmaille

Die Palmaille (vulgo 'Pallmállje'), Altonas Prachtstraße zwischen dem Platz südlich des Rathauses (s. zuvor) und dem Beginn der Breiten Straße, geht auf eine Kugelspielbahn (italienisch 'palla a maglio') zurück, die Graf Otto V. von Holstein-Schauenburg hier 1638–1639 mit drei 647 m langen Bahnen angelegt hatte, die aber später verfiel und im 18. Jahrhundert zur Fahrbahn verbreitert und mit Linden bepflanzt wurde. Zwischen 1786 und 1825 bebauten der dänische Architekt Christian Frederik Hansen und sein Neffe, Matthias Hansen, die Allee mit schönen Wohnhäusern im klassizistischen Stil. Der größere Teil, vornehmlich im Ostteil, wurde im Zweiten Weltkrieg zerstört; etliche Häuser sind jedoch erhalten geblieben und vermitteln noch einen Eindruck von der vornehmen Geschlossenheit der ursprünglichen Bebauung.

Klassizistisches Haus an der Palmaille

Eingang des Musiktheaters "Neue Flora"

Altona, Palmaille (Fortsetzung)

Hervorzuheben sind das 1801 für den Kaufmann G. F. Baur erbaute Haus Nr. 49 mit einer säulengetragenen Loggia an der Elbseite, heute Sitz der Reederei Essberger, von C. F. Hansen sowie das Haus Nr. 116, das er 1803/1804 für sich selbst errichtete. Weitere Bauten von C. F. Hansen sind die Häuser Nr. 112–120 aus der Zeit um 1800, während die Häuser Nr. 51–65 sein Neffe M. Hansen erbaute. Älteren Datums (1798–1799) sind die Häuser Nr. 100–106. Im Hause Nr. 100 wohnte von 1892 bis 1901 der Dichter Detlev v. Liliencron (Gedenktafel).

Fischereihafenareal

Unterhalb der Palmaille erstreckt sich am Elbufer längs der großen Elbstraße das Fischereihafenareal am ehemaligen Altonaer Fischereihafen, wo zwar keine Fischkutter mehr landen – der Fisch wird heute mit Lastkraftwagen angeliefert – aber frühmorgens in den dafür vorgesehenen Hallen Fischauktionen stattfinden. Hier befinden sich auch die neuen Terminals für Kreuzfahrtschiffe und die England-Fähre (vgl. S. 128).

Helgoland-Gedenkstein

Am Hang zwischen Palmaille und Großer Elbstraße beginnt der Elbuferweg (⟶ Elbchaussee). Hier steht in Höhe des Hauses Baur (s. oben) ein Gedenkstein für die 1864 im Seegefecht vor Helgoland gefallenen Österreicher.

Trinitatiskirche

Der aus einer ursprünglich um 1650 errichteten ersten Kirche stufenweise entstandene und 1743 von dem dänischen Architekten Cai Dose vollendete Barockbau der evangelischen Hauptkirche St. Trinitatis (Hl. Dreifaltigkeit; Ecke Königstraße und Kirchenstraße) wurde im Zweiten Weltkrieg (1943) bis auf die Umfassungsmauern und den Turmsockel zerstört. Sie ist von 1954 bis 1969 äußerlich originalgetreu rekonstruiert und im Inneren frei neugestaltet worden.
Der Aufbau des schon um 1690 entstandenen Turmes mit zwei welschen Hauben und achteckiger Laterne wurde als schöner Blickfang ebenfalls erneuert.

Nördlich der Trinitatiskirche liegt jenseits der Königstraße ein über 400 Jahre alter israelitischer Friedhof mit mehreren tausend Gräbern u. a. zahlreicher portugiesischer Juden.

Altona (Fortsetzung)
Jüdischer Friedhof

Eine neue Attraktion in Altona ist das mit einem eigenwillig gestalteten Eckeingang versehene und innen im Industriedesign gehaltene Musiktheater "Neue Flora" nördlich gegenüber der S-Bahn-Station 'Holstenstraße', im Winkel von Alsenstraße und Stresemannstraße. Es wurde am 29. Juni 1990 – begleitet von tumultartigen Protesten – mit der Aufführung von Andrew Lloyd Webbers Musical "Das Phantom der Oper" eröffnet, das voraussichtlich für mehrere Jahre auf dem Spielplan bleiben wird.

Neue Flora

⟶ Volkspark

Altonaer Volkspark

*Altonaer Museum in Hamburg · Norddeutsches Landesmuseum

21 23

Eine private Museumsgesellschaft eröffnete im Jahre 1863 das 'Öffentliche Museum in Altona' in einem von dem dänischen Architekten C. F. Hansen erbauten Haus an der Palmaille; 1888 gingen die Sammlungen an die damals schleswig-holsteinische Stadt Altona über; 1901 wurde ein neues Museumsgebäude an der Museumstraße vollendet, das 1912 bis 1914 eine Erweiterung erfuhr. Nach der Eingemeindung Altonas zu Groß-Hamburg (1937) gelangte das Museum in den Besitz der Hansestadt Hamburg. Im letzten Jahre des Zweiten Weltkrieges (1945) gingen rund zwei Drittel der Gebäudesubstanz und etwa ein Drittel der Sammlungen zugrunde.
Im Zuge des Wiederaufbaues wurden 1955 ein erster und 1967 ein zweiter Neubauteil ihrer Bestimmung übergeben. Nachdem ein Großbrand 1980

Lage
Museumstraße 23
HH 50 (Altona)

S-Bahn
Altona (S 1, S 2, S 3, S 5, S 11, S 31)

Bus
36, 37, 112, 113, 115, 150, 183, 187, 188, 250

Altonaer Museum – Eingangsbereich

Schiffsmodell und ...

... Galionsfigur im Altonaer Museum

Öffnungszeiten
Di.–So.
10.00–18.00

Eintrittsgebühr

erneut schwere Schäden angerichtet hatte, befinden sich die Sammlungen derzeit in Neuaufstellung, die bis etwa 1995 abgeschlossen sein soll. Die Planung sieht ferner die Einbeziehung des Gebäudes der ehemaligen Uhrmacherschule und eine Überdachung der Innenhöfe vor.

Das Altonaer Museum behandelt die Kulturgeschichte und die Landeskunde des gesamten norddeutschen Küstengebietes mit den Schwerpunkten Altona, Niederelbegebiet und Schleswig-Holstein. Regelmäßig werden Sonderausstellungen aus dem reichen Museumsfundus veranstaltet.

Abteilungen
und Exponate

An Fossilien, Gesteinsproben und Bodenaufschlüssen wird die regionale Erdgeschichte, an Modellen und Panoramen die Oberflächengestalt des Landes als Grundlage seiner wechselnden Nutzung erkennbar.

Die Schiffahrtsabteilung zeigt Fahrzeug- und Werftmodelle, das Schiffbauhandwerk mit Reepschlägerei und Segelmacherei bis zum Beginn der Industrialisierung sowie alte nautische Instrumente. Originale Fanggeräte und Modelle bieten einen Überblick über die Entwicklung der deutschen Küsten- und Hochseefischerei sowie des Walfanges. In der Halle 'Schiff und Kunst' sind zahlreiche Galionsfiguren und künstlerische Darstellungen mit Schiffsmotiven ausgestellt.
In die ländliche Kultur des 17. bis 19. Jahrhunderts geben 17 originale Bauernstuben, das Vierländer Haus (zugleich Gastwirtschaft "Vierländer Kate"), Haus- und Mühlenmodelle und eine reichhaltige Trachtensammlung vielfältige Einblicke. Gesondert behandelt wird die Textilherstellung als häusliche Produktion.
Zur Kulturgeschichte gehören die reichen Sammlungen kunsthandwerklicher Gegenstände vom Barock bis zum Jugendstil. Die große Spielzeugsammlung bildet eine Art Spiegel früherer Lebensverhältnisse vornehmlich der Stadtbewohner.

Der bewegten Geschichte Altonas ist eine eigene Abteilung gewidmet, zu der auch das Zunftwesen als Sonderaspekt gehört.
Künstlerische Darstellungen der norddeutschen Landschaft sind in mehreren Themengruppen vom Ende des 18. Jahrhunderts bis zur Gegenwart zusammengestellt.
Im Hörsaal, der Vorträgen und Kammerkonzerten dient, hängt die Reihe der sog. Volkslebenbilder als anschauliche Ergänzung der volkskundlichen Sammlungen. Das Museumsarchiv bewahrt unter anderem an Spezialsammlungen populäre Druckgraphik wie Bilderbögen und Bildpostkarten.

Altonaer Museum, Abteilungen und Exponate (Fortsetzung)

Dem Altonaer Museum sind das Vierländer Freilichtmuseum Rieck-Haus (⟶ Vierlande und Marschlande) sowie das Jenisch-Haus im ⟶ Jenischpark angegliedert.

Außenstellen

Aumühle

⟶ Sachsenwald

Außenalster

⟶ Alster

Barlach-Haus

⟶ Jenischpark

Barmbek (Stadtteil) 27–29 26–30

Barmbek, früher hauptsächlich von der werktätigen Bevölkerung bewohnt, gehört zu den am schnellsten und deshalb am wenigsten planvoll bebauten Stadtteilen Hamburgs; seine Bevölkerung wuchs von 1240 Einwohnern im Jahre 1840 auf 225 000 im Jahre 1938, d.h. in knapp hundert Jahren fast um das Zweihundertfache. Die verheerenden Zerstörungen des Zweiten Weltkrieges ließen einen systematischen Wiederaufbau zu.
Hauptachse des älteren Teiles von Barmbek ist die Hamburger Straße, welche sich vom Ende des Mundsburger Damms nordostwärts bis zum Barmbeker Markt erstreckt. In ihrem südlichen Teil verläuft sie entlang Hamburgs größtem, in sich geschlossenen Einkaufszentrum (mit Glasbedachung von 1987). Darüber erheben sich acht Hochäuser mit bis zu 29 Stockwerken, in denen sich neben Büros und Wohnungen auch Behördendienststellen befinden.
Eine kulinarische Besonderheit bietet der "Friesenhof" (Hamburger Straße Nr. 1, Ecke Winterhuder Weg; nördlich gegenüber von der U-Bahn-Station 'Mundsburg'): Im stilgerechten Milieu der "Hamborgher Kûcherie" kann man auf Vorbestellung nach mittelalterlicher Art tafeln (Näheres s. Praktische Informationen: Restaurants mit hamburgischer Küche).

Lage
ca. 5 km nordöstlich vom Hamburger Stadtkern
HH 60

S-Bahn
Barmbek
(S 1, S 11)

U-Bahn
Barmbek
(U 2, U 3);
Dehnheide,
Hamburger Straße,
Mundsburg (U 2);
Saarlandstraße
(U 3)

Bus
37, 172, 173, 177

Am Klinikweg (Nr. 23; nahe der U-Bahn-Station 'Hamburger Straße' befindet sich das 'electrum' genannte Museum der Elektrizität der Hamburgischen Elektrizitätswerke (HEW; Di.–So. 9.00–17.00 Uhr geöffnet), in dem anhand historischer und moderner Elektrogeräte in anschaulicher Weise die Entwicklung des elektrischen Stromes und seine Anwendungsbereiche gezeigt werden; eine besondere Abteilung ist der neuzeitlichen Unterhaltungselektronik gewidmet.

electrum Museum der Elektrizität

Barmbek (Fortsetzung) Museum der Arbeit

In der ehemaligen Fabrikanlage der New-York Hamburger Gummi-Waaren Compagnie an der Maurienstraße (Nr. 19; unweit südlich der S- und U-Bahn-Station 'Barmbek') ist das bereits 1980 initiierte und 1990 gegründete, staatliche 'Museum der Arbeit' im Aufbau, jedoch bereits jeden Montag zwischen 18.00 und 20.00 Uhr zugänglich.
Es befaßt sich generell mit dem Thema 'Arbeit' seit dem Beginn der Industrialisierung bis in die Gegenwart (u.a. Entwicklung der Arbeiterbewegung) und speziell mit den unterschiedlichen Arbeitsbedingungen von Frauen und Männern. Gezeigt werden konkrete Beispiele aus der beruflichen Arbeitswelt (u.a. Metallbearbeitung, Weberei, Satz und Druck) sowie von den außerbetrieblichen Arbeits- und Lebensbedingungen.
Die Museumsaktivität ist in den Arbeitskreisen 'Grafisches Gewerbe', 'Frauen', 'Wohnen', 'Hafenarbeit', 'Schiffahrt' und 'Stadtteilrundgänge' organisiert.
Neben Ausstellungen und Kursen veranstaltet das Museum der Arbeit sachkundig geführte, themenbezogene Stadtrundgänge. Termine und Treffpunkte erfrage man unter der Telefonnummer 29842364.

Kampnagel (in Winterhude)

Die mit dem Stichwort 'Kampnagel' verbundenen Initiativen und Veranstaltungen bilden einen wichtigen Teil der Hamburger Kulturszene. Die Bezeichnung bezieht sich auf das Gelände der ehemaligen Maschinenfabrik Kampnagel (1874 als Eisenwerk Nagel & Kaemp geründet), das sich – nicht mehr zum Stadtteil Barmbek, sondern zu Winterhude gehörig – zwischen Jarrestraße (Zugang), Barmbeker Straße und Osterbekkanal erstreckt. Auf dem Fabrikareal und in den Werkhallen (Haupthalle von 1913 und 1923) baute die Kampnagel AG bis 1968 hauptsächlich Hafenkräne. Nach dem Auszug des Nachfolgeunternehmens Still (Gabelstapler) sollten die Anlagen abgerissen und das Gelände neu bebaut werden.
Diese Pläne sind bisher weitgehend vereitelt worden, und vier der ehemaligen Fabrikhallen (mit insgesamt rund 1650 Zuschauerplätzen) dienen seit 1981 als alternatives Kulturzentrum und Forum für Theater-, Ballett-, Musik- und andere Veranstaltungen sowie Ausstellungen und Feste.

Bergedorf (Stadtteil) — **Ausflugsziel im Stadtgebiet**

Lage
ca. 15–20 km südöstlich vom Hamburger Stadtkern

S-Bahn
Bergedorf (S 2, S 21)

Bus
31 (ab Rathausmarkt)

Zufahrt
A 25 oder B 5

Schiff
der Alster-Touristik (im Sommer ab Jungfernstieg)

Museum für Bergedorf und die Vierlande im Bergedorfer Schloß (Di., Mi., Do., So. 10.00–17.00; Eintrittsgebühr)

Der Hamburger Stadtteil Bergedorf, im Südosten der Metropole gelegen, ist zwar flächenmäßig der zweitgrößte Bezirk der Hansestadt, seine Einwohnerzahl jedoch die kleinste aller Stadtbezirke. Das beliebte, von Grünflächen durchzogene Wohngebiet liegt im Bereich der → Vierlande und Marschlande an der Bille, einem rechten Nebenfluß der → Elbe.
Ursprünglich Sitz der Grafen von Orlamünde, kam die Burg Bergedorf im Jahre 1420 unter die gemeinsame Verwaltung durch die Hansestädte Lübeck und Hamburg. An die Zeit der 'beiderstädtischen Verwaltung' erinnert noch jene kuriose Serie von fünf Briefmarken, die das halbe Hamburger und das halbe Lübecker Wappen zeigen, aber nur kurze Zeit (von 1861 bis 1867) im Umlauf waren. Erst im Jahre 1867 erwarb Hamburg mit der Zahlung von 200000 preußischen Talern das Amt Bergedorf ganz. Aber noch heute legen die Bergedorfer Wert auf ihre Eigenständigkeit.
Das im frühen 13. Jahrhundert errichtete Wasserschloß wurde später von den Herzögen von Lauenburg als Grenzfeste gegen Hamburg ausgebaut. Im Jahre 1420 erstürmten es die vereinten hamburgischen und lübischen Truppen. Mehrfach umgebaut, wurde das Schloß im frühen 19. Jahrhundert seiner Wälle und Gräben entledigt und mit einem Park umgeben.
Heute beherbergt das Bergedorfer Schloß das Museum für Bergedorf und die Vierlande, eine Außenstelle vom → Museum für Hamburgische Geschichte. Gezeigt werden vorgeschichtliche Funde des Raumes Bergedorf, zwei Modelle von Schloß und Kirche um 1600 und um 1800, Bilder von Bergedorf im 19. Jahrhundert und früher, Zunftgerät und Wohnkultur. Eingebaut ist ein Festzimmer mit Stukkaturen aus dem Hause Sachsentor Nr. 28. Bemerkenswert ist das 1901 für die Landherrenschaft der Vier-

Das Bergedorfer Schloß dient heute als Museum

Museum für Bergedorf (Fortsetzung)

und Marschlande eingerichtete Landherrenzimmer mit reichem Intarsienschmuck aus den Vierlanden. Ferner gibt es eine kirchliche Abteilung und zwei Räume mit Darstellung der Kultur der Vierlande.

Kirche St. Petri und Pauli

Bereits im Jahre 1162 wird die Kirche St. Petri und Pauli erwähnt. Die heutige Bausubstanz stammt im wesentlichen aus der Zeit um 1500. Im Inneren des Ziegelfachwerkbaues sind u. a. die Kanzel von 1586 und verschiedene Holzreliefs aus dem späten 16. Jahrhundert erwähnenswert.
Am Küsterhaus ist eine Gedenktafel für den ungemein produktiven Komponisten Johann Adolf Hasse (1699–1783) angebracht, der als Sohn eines Organisten in Bergedorf geboren wurde.

Bille

Neben der Kirche ist der Fluß Bille teichartig aufgestaut und gibt den größten Teil seines Wassers in den schiffbaren, in die Dove Elbe mündenden Schleusengraben ab. Die Bille selbst wird mit dem kleineren Teil ihres Wassers zunächst unterirdisch abgeleitet und fließt durch Billwerder, bis sie bei Rothenburgsort in die Norderelbe mündet. Der rund 12 km lange 'Bille-Wanderweg' folgt dem Flüßchen von Reinbek bis zur Billwerder Kirche.

Fachwerkhäuser am Sachsentor

Das schöne Fachwerkhaus Sachsentor Nr. 2, der einstige Gasthof "Stadt Hamburg", heute Restaurant "Block-House", gilt als der älteste erhaltene Profanbau Hamburgs nach dem Leuchtturm von ⟶ Neuwerk. Das ursprünglich um 1550 erbaute Eckhaus zieren reiche Schnitzornamente. Es wurde 1958/1959 aus verkehrstechnischen Gründen etwas versetzt und bei dieser Gelegenheit restauriert.
Mit den Häusern Sachsentor Nr. 50, 52 und 54 sind bemerkenswerte Fachwerkbauten aus dem 17. Jahrhundert erhalten.

Rathaus

Das aus einer ehemaligen Kaufmannsvilla umgebaute, repräsentative Rathaus an der Wentorfer Straße ist heute Sitz des Bezirksamtes Bergedorf. Im ursprünglichen Zustand bewahrt sind der Spiegelsaal und das mit

Bergedorf, Rathaus (Fortsetzung)

vergoldeten Stukkaturen, Marmorstufen und schmiedeeisernem Geländer versehene Treppenhaus.

Windmühle

Nördlich des Zentrums von Bergedorf steht an der Chrysanderstraße eine 1831 errichtete Windmühle, die den früher in Nordwestdeutschland weit verbreiteten Typ des 'Galerie-Holländers' repräsentiert.

Villenviertel

Östlich der Chrysanderstraße steigt das Gelände stark an und ist mit schönen Landhäusern bebaut. Es ist dies das sog. Villenviertel von Bergedorf.

Bergedorfer Gehölz

Dahinter erstreckt sich, mit schönen Spazierwegen bis in die Gemarkung des holsteinischen Wentorf hineinreichend, das Bergedorfer Gehölz.

Alter Bahnhof

Der Alte Bahnhof im südlichen Bergedorf (Neuer Weg Nr. 54), wurde für die 1842 zwischen Hamburg und Bergedorf angelegte Eisenbahnlinie erbaut. Er ist eines der ältesten im Originalzustand erhaltenen Bahnhofsgebäude Deutschlands.
Im Sommer werden vom nahegelegenen Bahnhof Bergedorf-Süd Fahrten mit einer Oldtimer-Dampflok auf den Gleisen der früheren Bergedorf-Geesthachter Eisenbahn nach → Geesthacht veranstaltet.

Sternwarte

Im Südosten von Bergedorf (Gojenbergsweg Nr. 112) steht die Hamburger Sternwarte. Sie wurde im Jahre 1802 gegründet und befand sich bis 1913 in den Hamburger Wallanlagen am Millerntor (→ Museum für Hamburgische Geschichte). Da aber die Klarheit der Luft im Stadtkern schon damals beeinträchtigt war, versetzte man das Observatorium an seinen jetzigen Standort.
Bekannt wurde der an dieser Sternwarte tätige Optiker B. V. Schmidt (1879 bis 1935), der 1930/1931 ein nach ihm benanntes hochwertiges Spiegelteleskop ('Schmidt-Spiegel') entwickelte.

Billwerder

→ Vierlande und Marschlande

Binnenalster

→ Alster

Bischofsburg (Ausgrabung) 26 24

Lage
Kreuslerstraße 4 (Ecke Speersort) HH 1

U-Bahn
Rathaus (U 3)

Bus
31, 35, 36, 37, 102, 108, 109

Öffnungszeiten
Mo.–Fr. 10.00–13.00 und 15.00–17.00, Sa. 10.00–13.00

Bei Ausschachtungsarbeiten für das heutige Gemeindehaus St. Petri (→ Petrikirche) machte man 1962 eine der bedeutendsten archäologischen Entdeckungen in der Hamburger Altstadt:
Etwa 3 m unter dem heutigen Straßenpflaster wurde ein mächtiges kreisförmiges Steinfundament freigelegt. Unbehauene Findlinge bilden einen 4 m starken Steinring von 19 m äußerem und 11 m innerem Durchmesser, deutlich gegliedert in eine Außen- und eine Innenschale, zwischen die auf einer Unterlage von großen Steinbrocken regellos kleine Feldsteine geschüttet sind. An den Hauptring ist westlich ein kleinerer Steinkreis von 4,50 m Durchmesser angefügt (ehem. Brunnenschacht).
Es handelt sich um das Fundament eines um die Mitte des 11. Jahrhunderts errichteten Rundturmes ('Bischofsturm'), des steinernen Hauses des Erzbischofs Bezelin Alebrand (1035–1043), das auf der höchsten Erhebung des damaligen Hamburg stand. Es ist der Rest des ältesten steinernen Profanbaues in Hamburg und zugleich des frühesten bekannten steinernen Befestigungsbaues nördlich der Elbe.

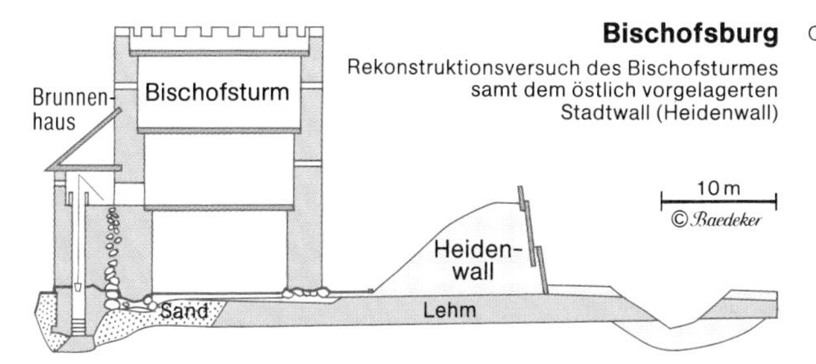

Querschnitt

Ein Kellerschauraum zeigt die vorbildlich gesicherte Ausgrabung (Außenstelle vom ⟶ Hamburger Museum für Archäologie und die Geschichte Harburgs · Helmsmuseum).

Bischofsburg (Fortsetzung) Schauraum

Nach Süden schloß sich unmittelbar an die Bischofsburg jener der erzbischöflichen Gerichtsbarkeit unterstehende Immunitätsbezirk an, der sich mit dem Umfang der ⟶ Hammaburg deckte.

Hammaburg

Bismarck-Denkmal

24 23

Weithin sichtbar auf einer Geesterhebung steht an der Stelle der ehemaligen Bastion Casparus der Stadtbefestigung des 17. Jahrhunderts das in den Jahren 1903–1906 errichtete monumentale Bismarck-Denkmal (Architekt: E. Schaudt).

Standort
im Alten Elbpark
(Millerntor)
HH 36

Bismarck-Denkmal (links SAS Plaza Hotel Hamburg, rechts Unilever-Hochhaus)

Über einen mächtigen runden Unterbau von 19 m Höhe mit Reliefs deutscher Stämme ragt die 14,80 m hohe, als Rolandsfigur stilisierte Kolossalstatue des deutschen Reichskanzlers Fürst Otto von Bismarck (1815 bis 1898) auf. Die aus Granitquadern zusammengesetzte Gestalt schuf der Bildhauer Hugo Lederer; sie sollte den Schutz des Deutschen Reiches für den Hamburger Welthandel symbolisieren.

Bismarck-Denkmal (Fortsetzung)

U-Bahn
St. Pauli (U 3)

Bus: 36, 37, 112

Unweit südlich des Bismarck-Denkmals liegt auf der 'Stintfang' genannten letzten Anhöhe des Geestrandes, wo die im Zweiten Weltkrieg zerstörte Seewarte stand, die Hamburger Jugendherberge. Von dort bietet sich ein prächtiger Blick auf den → Hafen.

*Hafenblick vom Stintfang

Bismarck-Mausoleum und Bismarck-Museum

→ Sachsenwald

*Blankenese (Stadtteil)

Ausflugsziel im Stadtgebiet

Die ursprüngliche Fischersiedlung Blankenese (von niederdeutsch 'blanke Nees' = 'helle Nase') wird erstmals zu Beginn des 14. Jahrhunderts als Fährstelle an der → Elbe urkundlich erwähnt. Gegen Ende des 18. Jahrhunderts und vor allem im 19. Jahrhundert bauten sich Hamburger Kaufleute in dieser Gegend ihre stattlichen Landhäuser. Dennoch hat der alte Ortskern am steilen Geesthang mit seinen Treppenwegen und kleinen Häusern seinen urwüchsigen, fast südländisch anmutenden Charakter bewahrt. Viele halten Blankenese, das erst 1937 mit Altona zu Groß-Hamburg eingemeindet wurde (bis 1864 dänisch; ab 1927 zu Altona gehörig) für den schönsten Vorort Hamburgs.

Lage
ca. 14 km westlich vom Hamburger Stadtkern

S-Bahn
Blankenese (S 1; zeitweilig auch S 11)

Bus
36, 48, 187, 189, 286

Zufahrt
Elbchaussee

HADAG-Schiff
(Mai–September) ab St.-Pauli-Landungsbrücken in 40 Minuten

Die backsteinernen, z. T. weiß getünchten und vielfach reetgedeckten ehemaligen Fischerhäuser in dem nahe dem Elbufer gelegenen alten Ortskern wurden meist im 18. Jahrhundert erbaut. Oberhalb, auf dem Geestrücken, hat sich Blankenese zusammen mit dem östlich anschließenden früheren Dorf Dockenhuden zu einem schmucken Villenviertel entwickelt, innerhalb dessen die Blankeneser Bahnhofstraße eine belebte Einkaufsstraße ist.

Eingebettet in diese Landschaft sind mehrere gepflegte Parks, die, früher Privatbesitz wohlhabender Patrizier, heute der Öffentlichkeit zugänglich sind. Zu nennen sind hier vor allem der Hirschpark mit einem Wildgehege und riesigen, im Frühjahr eine prächtige Blüte entfaltenden Rhododendronhecken, ferner Baurs Park, Hessepark und Goßlers Park.

Parkanlagen

Die einstigen Herrenhäuser in diesen Parkanlagen beherbergen heute Behörden oder werden kommerziell genutzt. Einige Landhäuser (z. B. Elbchaussee Nr. 547 und Blankeneser Landstraße Nr. 34) sowie das Herrenhaus in Goßlers Park (heute Ortsamt) gehen auf Pläne des dänischen Architekten C. F. Hansen zurück.

Landhäuser

Das Landhaus Michaelsen im Sven-Simon-Park am Falkensteiner Elbsteilufer (Grotiusweg Nr. 79) ist ein Beispiel modernen Bauens im Stil der Neuen Sachlichkeit (Bauhaus; 1923–1925 nach Entwürfen von K. Schneider). Darin befinden sich heute das Puppenmuseum und die Galerie von Elke Dröscher (geöffnet Di.–So. 11.00–17.00 Uhr: Eintrittsgebühr): Mehr als 300 Puppen und 60 Puppenstuben, zeitgenössische Kinderbildnisse, Daguerrotypien, Kupferstiche, Bilderbögen und Kinderbücher geben Einblick in die kulturgeschichtliche Veränderung der vergangenen zweihundert Jahre; im Treppenhaus eine Baudokumentation des Hauses.

Puppenmuseum

◀ *Süllberg über dem Blankeneser Elbufer*

Blankenese (Fortsetzung) Strandweg

Eine Art Aussichtsterrasse an der Unterelbe bildet der Strandweg mit etlichen Gaststätten (z.T. mit Kaffeegärten unmittelbar am Ufer). Die Landungsbrücke heißt 'Blankeneser Bulln', weil ursprünglich eines der hier gebauten und 'Bulln' genannten Schiffe als Brücke gedient hatte; so trägt die Gaststätte auf dem Ponton den Namen "Op'n Bulln". Die Tradition des uralten Fährkruges führt "Sagebiels Fährhaus", unweit oberhalb auf baumbestandener Terrasse, fort.
Der Blick schweift weit über die inzwischen zusammengewachsenen, unbewohnten Elbinseln Schweinesand und Neßsand in dem breiten, schiffsbelebten Strom hinüber bis ins ⟶ Alte Land.
Vom Strandweg führen malerische Gassen und Stiegen durch das sog. Treppenviertel hinauf zu den hochgelegenenen Blankeneser Ortsteilen.

Elbuferweg

⟶ Elbchaussee

Süllberg (Abb. s. S. 80)

Bekannter *Aussichtsberg

Blankenese wird beherrscht vom Süllberg, einer aussichtsreichen, steil zum Elbufer abfallenden Höhe (75 m ü.d.M.).
Zur Sicherung des seit dem 9. Jahrhundert bestehenden Elbüberganges wurde auf dem Berg zweimal eine Burg erbaut (1050 und 1258), die aber beide jeweils nur wenige Jahre bestanden haben und dann abgetragen worden sind. Jahrhundertelang blieb der Berg unbewohnt, bis 1837 ein vorausschauender Blankeneser Gastronom auf ihm zunächst eine Milchwirtschaft und dann eine Gaststätte einrichtete. Aus ihr entwickelte sich im Laufe der Jahre ein seit jener Zeit im Familienbesitz befindliches Etablissement, das mit seinem Festsaal und großem Garten für Generationen den Mittelpunkt des gesellschaftlichen Lebens in Blankenese und Umgebung bildete. Diese Zeiten sind zwar vorbei; doch ist der Süllberg mit seiner prächtigen Aussicht und seinem renommierten Restaurant auch heute noch ein über Hamburgs Grenzen hinaus bekannter Anziehungspunkt.
Der 20 m hohe, runde Aussichtsturm wurde 1887 anstelle eines älteren von 1850 errichtet.

*Börse 25 24

Lage
am Adolphsplatz (Rathausrückseite) HH 11

U-Bahn
Rathaus (U 3)

Bus
31, 35, 37, 108

Führungen
Mo.–Do. 11.00 (nach Anmeldung 9.30–10.45 unter Tel. 36 13 02 18)

Die Hamburger Börse gilt als die älteste Institution dieser Art in Nordeuropa; sie wurde bereits 1558 gegründet. Im Jahre 1841 verlegte man die Börse von der Trostbrücke (⟶ Nikolaifleet) neben dem alten Rathaus an die heutige Stelle, wo sich vorher das um 1230 gegründete Maria-Magdalenen-Kloster befand. Der ursprünglich spätklassizistische Bau wurde von Carl Ludwig Wimmel und Franz Gustav Forsmann entworfen und konnte beim Großen Brand von 1842 gerettet werden. Später erfolgten mehrfache Erweiterungen: u.a. 1882–1884 Flügel am Alten Wall, 1909–1912 Flügel mit dem Uhrturm an der Großen Johannisstraße; beide Flügel wurden mit dem ⟶ Rathaus verbunden. Nach den Zerstörungen des Zweiten Weltkrieges ist die Baugruppe 1949–1957 in ihren alten Formen wiederhergestellt worden.

Die Börse untersteht der 1665 ins Leben gerufenen Handelskammer, die hier ebenfalls ihren Sitz (samt der 1735 gegründeten Commerzbibliothek) hat. Den Maklern der Hanseatischen Wertpapierbörse, der Hamburger Getreidebörse und der Hamburger Versicherungsbörse (der einzigen ihrer Art) stehen drei durch Arkaden (mit den Kontoren der Banken und Firmen) verbundene Börsensäle zur Verfügung:

Börsensäle

In der westlichen Halle tagt die Wertpapierbörse (elektronische Kursanzeigetafel an der Stirnseite; ganz unten der 'Devisenring' für die Devisenmakler), in der mittleren die Warenbörse, in der östlichen die Versicherungs-

Saal der Wertpapierbörse

börse sowie die Produktenbörse, die Schiffahrtsbörse und die Luftfrachtbörse.

Börse (Fortsetzung)

Besucher können das Börsengeschehen von den Galerien im ersten Stock beobachten (freier Zutritt).

Zuschauergalerie

*Botanische Gärten

Alter Botanischer Garten

25 25

In Verbindung mit der Entfestigung der Stadt versuchte der Professor der Naturlehre am damaligen Akademischen Gymnasium, Lehmann, im Jahre 1819 beim Hamburger Senat die Schaffung eines neuen botanischen Gartens zu erwirken ('neu', weil die Franzosen einen früheren zur 'besseren Sicht' im Angriffsfall vernichtet hatten); er wurde schon 1821 am → Dammtor angelegt. Als Gelände wählte man einen Teil der kurz zuvor niedergelegten Stadtbefestigung und des Stadtgrabens, dessen Verlauf sich hier noch an dem Teich im Gartengelände verfolgen läßt.

Raummangel, Überalterung des Baumbestandes und Verschlechterung der Umweltbedingungen des heutigen Alten Botanischen Gartens haben die Schaffung des Neuen Botanischen Gartens in Klein Flottbek (s. nachstehend) erforderlich gemacht. Die alte Anlage wurde öffentlicher Park und bildet heute einen Teil des großen Garten- und Erholungsareals → Planten un Blomen.

Die Schaugewächshäuser umfassen eine Gesamtfläche von 2800 m², davon 2450 m² unter Glas. Sie gruppieren sich um eine Freilandfläche mit Wasserpflanzenbecken.

Haupteingang
am Stephansplatz
HH 36

S-Bahn
Dammtor
(S 11, S 21, S 31)

U-Bahn
Stephansplatz
(U 1)

Bus
36, 102, 109, 112

Öffnungszeiten
täglich
Sommerhalbjahr:
7.00–23.00
Winterhalbjahr:
7.00–20.00

Alter Botanischer Garten (Fortsetzung)

Gewächshäuser (Sommerhalbjahr: 9.00–16.30 Winterhalbjahr: 9.00–15.30)

Der Rundgang beginnt mit dem großen Tropenhaus. Hier gedeihen u.a. Bananenstauden, Mangroven, Zuckerrohr, Bambus, Palmen und tropische Farne. Das anschließende Cycadeenhaus beherbergt die sog. Palmfarne, eine urtümliche Gruppe von Nacktsamern, die langsam wachsen und ein hohes Alter erreichen können.
Die Bestände des Subtropenhauses sind nach geographischen Gesichtspunkten geordnet (Mittelmeer, Afrika, Australien, Asien, Amerika); hier gibt es zahlreiche bekannte Nutzpflanzen, u.v.a. Ölbaum, Lorbeerbaum, Feigenbaum, Kaffee- und Teesträucher sowie Zitrusgewächse.

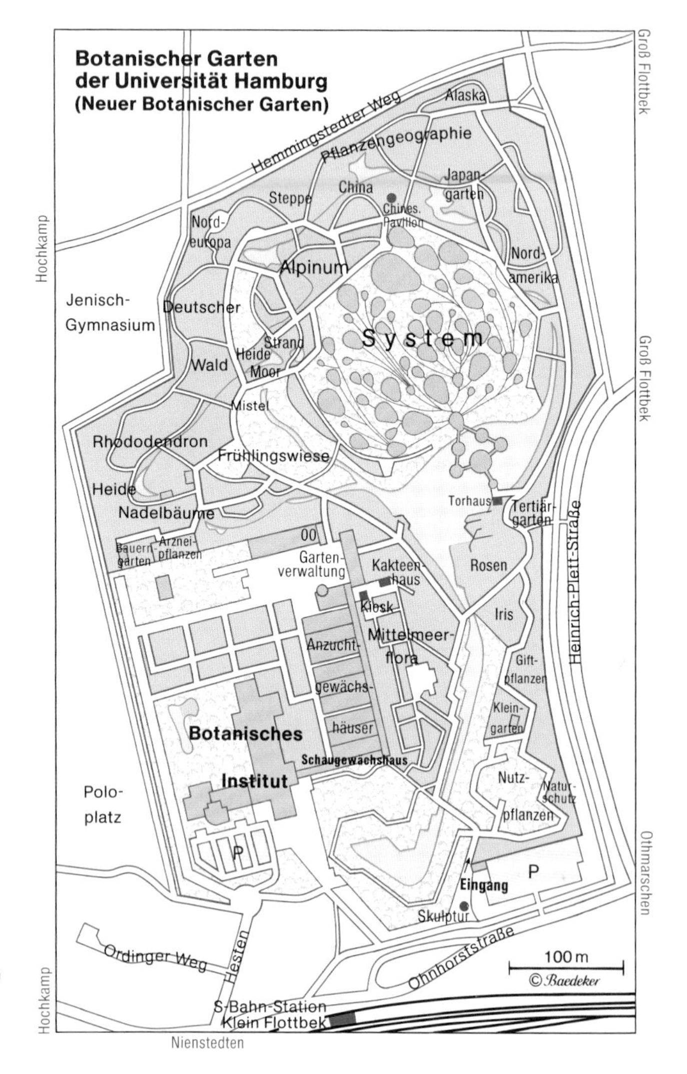

Situationsplan des Neuen Botanischen Gartens

Durch das Farnhaus gelangt man schließlich in das Sukkulentenhaus. Sukkulenten sind Pflanzen verschiedener systematischer Zugehörigkeit, die als gemeinsames Merkmal die Fähigkeit besitzen, große Wassermengen zu speichern, und daher auch extreme Trockenperioden überstehen.

Alter Botanischer Garten
Gewächshäuser (Fortsetzung)

Die instruktive Warenkundliche Schausammlung an der Marseiller Straße (Nr. 7) gehört zum Universitätsinstitut für Angewandte Botanik. Sie ist in ihrer Vollständigkeit in Deutschland einmalig und zeigt in zehn Räumen die wichtigsten Pflanzen und pflanzlichen Rohstoffe aller Länder, wie sie als Nahrungs- und Genußmittel, für Kleidung, für technische, medizinische und sonstige Zwecke verwendet werden, wobei der Schwerpunkt auf den tropischen und subtropischen Gebieten liegt.

*Warenkundliche Schausammlung (Mo.–Fr. 9.00–15.30)

Neuer Botanischer Garten

16/17 25

Im September 1970 fiel die Entscheidung, in Klein Flottbek einen neuen Botanischen Garten anzulegen, der den gewachsenen Ansprüchen der Wissenschaft gerecht werden sollte; darüber hinaus sollte er als öffentliche Grünanlage auch der Erholung dienen.

Lage
Hesten 10
Klein Flottbek
HH 52

S-Bahn
Klein Flottbek (Botanischer Garten, S 1; zeitweilig auch S 11)

Bus
115, 184

Öffnungszeiten
15.5.–14.9.: 9.00–20.00
15.9.–14.5.: 9.00 bis zum Einbruch der Dunkelheit

Der 1979 eröffnete Botanische Garten der Universität Hamburg (Neuer Botanischer Garten) ist 24 ha groß und enthält rund 16 000 Pflanzenarten. Am Eingang steht die bis 2,80 hohe, von Waldemar Otto geschaffene Bronzeskulptur "Adam plündert sein Paradies" (1982).

Weite Teile der Anlage sind thematisch gegliedert. Nahe dem Eingang befindet sich ein Nutzpflanzengarten. Es folgen Kleingärten, Giftplanzen, Iris und Rosen sowie Mittelmeerflora, beim Rundgang im Uhrzeigersinn sodann Arzneipflanzen, ein Bauerngarten mit einem Reetdachhaus, Nadelbäume, Frühlingswiese, Rhododendren und Heidepflanzen.

Der nächste Hauptabschnitt auf dem Rundgang umfaßt die Abteilungen Deutscher Wald, Heide-, Moor- und Strandflora, Steppe, Flora Chinas (mit einem von Hamburgs Partnerstadt Shanghai 1988 gestifteten chinesischen Pavillon), Japangarten und nordamerikanische Pflanzenwelt.
Im Alpinum gibt es Hochgebirgspflanzen; der Tertiärgarten zeigt Gesteinsarten.

Das 'System' ist das Kernstück des Neuen Botanischen Gartens. Wie der Name andeutet, ist dieser Bereich in der Art eines systematischen Stammbaumes aufgebaut, der stammesgeschichtliche Entwicklungen und Relationen deutlich macht. Am Fuße dieses Stammbaumes steht ein reetgedecktes Torhaus, in dem Schautafeln den Systemaufbau verdeutlichen.

*System

Mit dem Botanischen Garten verbunden ist das Universitätsinstitut für Allgemeine Botanik; dazu gehören neben Hörsälen auch eine Reihe von Gewächshäusern, die vorwiegend der Anzucht dienen; nur eines für tropische Pflanzen ist auch der Öffentlichkeit zugänglich.

Botanisches Institut

Brahms-Gedenkstätte

→ Peterstraße

Bremen

Ausflugsziel

Beschreibung in Baedekers Stadtführer "Bremen · Bremerhaven"

Buxtehude

Ausflugsziel

Auf halbem Wege vom südelbischen Hamburger Stadtteil ⟶ Harburg nach ⟶ Stade liegt an der Este, die hier in die Elbmarschen eintritt, die zum Kreis Stade gehörige niedersächsische Landstadt Buxtehude (20 m ü. d. M.; 32500 Einw.), weithin bekannt durch Wilhelm Schröders Märchenerzählung (1840) von dem Wettlauf zwischen Hase und Igel sowie wegen des landläufigen Scherzwortes, wonach in Buxtehude die Hunde mit dem Schwanz bellen.
Mittelpunkt der Buxtehuder Altstadt ist die St.-Petri-Kirche, ein 1298 begonnener Backsteinbau mit hohem, schlankem Mittelschiff und einem achteckigen Turm von 72 m Höhe, der nach einem Brande 1853 neu entstand. Bemerkenswert in dem großen Kircheninneren ist der um 1500 gestiftete sog. Halepaghenaltar.
In den engen Straßen um die Kirche gibt es mehrere prachtvolle alte Giebel, Utluchten, Dielen und Hinterhöfe zu sehen. Das grachtenartige Estefleet, in dem sich die lange Giebelreihe am Westfleet spiegelt, erinnert an die niederländische Herkunft vieler Kolonisten dieser Gegend. Hervorzuheben sind das Bürgerhaus Lange Straße Nr. 25 (von 1548) und das Fachwerkhaus Fischerstraße Nr. 3.
Im Norden der Stadt liegt unweit vom Estehafen der Zwinger, ein Teil des alten Marschtores (von 1539).

Im Heimatmuseum am Petriplatz ist neben Altländer und mittelalterlichem Bürgerhausrat sowie sakralen Kostbarkeiten eine reichhaltige Filigranschau zu sehen, die den alteingesessenen Silberfiligranwerkstätten Buxtehudes entstammen, die schon im 18. Jahrhundert das ⟶ Alte Land mit Bauernschmuck belieferten.

Lage
ca. 30 km südwestlich vom Hamburger Stadtkern

Eisenbahn
S 3 und S 31 bis HH-Neugraben; dann Citybahn

Zufahrt
A 7 durch den Neuen Elbtunnel und südwärts bis Abfahrt 'HH-Heimfeld', dann B 73 westwärts

Auskunft
Stadt-Info
Lange Straße 4
W-2150 Buxtehude; Tel. (04161) 501297

*Chilehaus

26 23

Mit seinem unkonventionellen Baukörper ist das langgestreckte, mächtige Chilehaus das wohl bekannteste Gebäude im Hamburger ⟶ Kontorhausviertel. Es wurde nach Plänen von Fritz Höger von 1922 bis 1924 für den durch Salpeterhandel mit Chile erfolgreichen Kaufmann Henry B. Sloman erbaut und gilt als repräsentativstes Beispiel der neueren norddeutschen Klinkerarchitektur.

Besonders eindrucksvoll zeigt sich das zehnstöckige monumentale Bauwerk von Osten (Ecke Burchardstraße und Pumpen) mit seiner einem großen Schiffsbug ähnelnden spitzwinkligen Fassadenzusammenführung.

Durch flankierende Baumaßnahmen in der nächsten Umgebung hat der damalige Oberbaudirektor Fritz Schumacher das Chilehaus zu einzigartiger städtebaulicher Wirkung gebracht. Beachtung verdient auch der von Richard Kuöhl gestaltete keramische Wandschmuck. Man werfe zudem einen Blick in die Eingangshalle und Treppenhäuser an den Längsfronten.

Standort
zwischen Burchardplatz und Meßberg
HH 1

U-Bahn
Meßberg (U 1)

Bus
111

City Nord · Geschäftsstadt Nord

27/28 29/30

Ab 1962 wurde nach den Vorstellungen des Hamburger Oberbaudirektors Werner Hebebrand nördlich jenseits vom ⟶ Stadtpark die planerische Konzeption einer Bürostadt im Grünen realisiert: Die 'City Nord' oder 'Geschäftsstadt Nord' ist ein eindrucksvolles Bautenensemble für die Verwaltungen privater Unternehmen und öffentlicher Einrichtungen.

Lage
ca. 7 km nördlich vom Hamburger Stadtkern

◀ *Chilehaus – Hamburgs bekanntestes Kontorhaus*

City Nord
(Fortsetzung)

S-Bahn
Rübenkamp/
City Nord
(S 1, S 11)

U-Bahn
Sengelmannstraße/City Nord,
Alsterdorf
(beide U 1)

Bus
E 17;
118, 179, 217

Im Bereich des halbelliptisch geführten Straßenzuges 'Überseering' stehen über zwanzig Bürohäuser in den verschiedensten Architekturformen.

Neben der Oberpostdirektion Hamburg, deren terrassenförmig abgestuftes Gebäude besonders ins Auge fällt, der Landeszentralbank und den Hamburgischen Electricitäts-Werken (HEW) haben hier die multinationalen Mineralölkonzerne Shell, Esso, BP und Texaco, ferner Großunternehmen wie IBM, Hoechst, Edeka, Hamburg-Mannheimer und Tchibo ihre Verwaltungsgebäude.
Zudem gibt es eine Reihe von Ladengeschäften und Gaststätten sowie ein Hotel.

In der Bürostadt 'City Nord' arbeiten werktags mehr als 20000 Menschen, denen der südlich angrenzende ⟶ Stadtpark für die Erholung in den Arbeitspausen zur Verfügung steht.

Colonnaden

⟶ Passagen

*Congress Centrum Hamburg · CCH

25 25

Lage
Am Dammtor/
Marseiller Straße
HH 36

Im Jahre 1973 wurde in der Nordostecke des Parkgeländes ⟶ Planten un Blomen, unweit vom ⟶ Messegelände gelegen und nur wenige Schritte vom Dammtorbahnhof (⟶ Dammtor) entfernt, das von dem Architekturbüro Schramm und Pempelfort konzipierte Congress Centrum Hamburg (CCH) eröffnet.

Congress Centrum Hamburg mit dem Hotelhochhaus SAS Plaza Hamburg

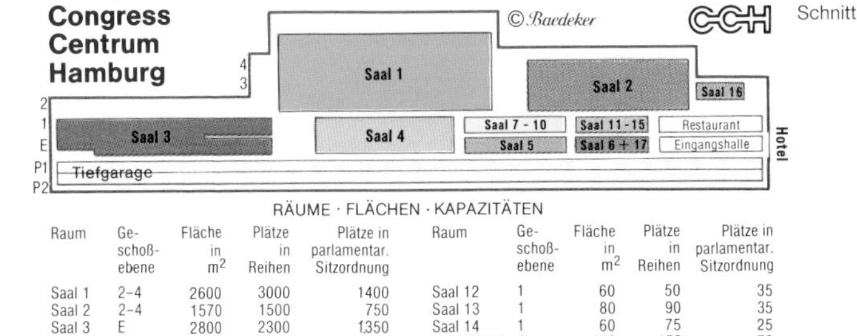

Schnitt

RÄUME · FLÄCHEN · KAPAZITÄTEN

Raum	Geschoßebene	Fläche in m²	Plätze in Reihen	Plätze in parlamentar. Sitzordnung
Saal 1	2–4	2600	3000	1400
Saal 2	2–4	1570	1500	750
Saal 3	E	2800	2300	1350
Saal 4	E	700	800	375
Saal 5	E	950	780	390
Saal 6	E	380	400	200
Saal 7	1	110	120	65
Saal 8	1	235	285	110
Saal 9	1	60	80	40
Saal 10	1	50	55	30
Saal 11	1	50	55	20
Saal 12	1	60	50	35
Saal 13	1	80	90	35
Saal 14	1	60	75	25
Saal 13+14	1	140	156	72
Saal 15	1	60	85	35
Saal 16	3	80	110	45
Saal 17	E	75	80	40
Restaurant	1	900		480 Plätze
Terrasse	1	314		150 Plätze
Tiefgarage	P1	11850		408 Plätze
Tiefgarage	P2	12100		436 Plätze

Congress Centrum Hamburg (Fortsetzung)

Der mächtige, breit hingelagerte Baukomplex umfaßt 17 Konferenz- und Veranstaltungsräume (auch für Theater und Konzerte) mit Nutzflächen zwischen 50 m² und 2800 m² mit Platz für 7500 Gäste, ein Restaurant sowie eine zweistöckige Tiefgarage mit annähernd 850 Stellplätzen.
Zu den modernen technischen Einrichtungen gehören u.a. Großprojektoren für Film und Fernsehen, sowie Dolmetsch- und Tonübertragungsanlagen.

S-Bahn
Dammtor
(S 11, S 21, S 31)

U-Bahn
Stephansplatz
(U 1)

Hotelhochhaus

Verbunden mit dem Hamburger Kongreßzentrum ist das markante Hochhaushotel "SAS Plaza Hamburg", mit 32 Stockwerken und 1100 Betten in 570 Zimmern Hamburgs größtes Hotel.

Cremon

25 23

Lage
zwischen
Nikolaifleet
und Binnenhafen
HH 11

U-Bahn
Rödingsmarkt
(U 3)

Bus: 111

Bereits im 12. Jahrhundert hatten friesische und holländische Einwanderer die kleine Insel 'Cremon' zwischen dem ⟶ Nikolaifleet und dem nicht mehr bestehenden Steckelhörnfleet eingedeicht.

Wie an der nahen ⟶ Deichstraße besaßen auch hier Speicher und Wohnhäuser eine Straßen- und eine Fleetfront, so daß die Handelsgüter sowohl auf dem Landwege als auch zu Wasser transportiert werden konnten.
Die Häuser Cremon Nr. 33 und 36 sind die letzten erhaltenen Speicherbauten.

Cremonbrücke

⟶ Deichstraße

Neuer Krahn

Die Straße 'Cremon' führt südwärts zum Binnenhafen. Hier steht der grüne sog. Neue Krahn, der 1858 anstelle eines hölzernen Krans von 1657 aufgestellt wurde. Mit der Errichtung des ersten 'neuen Krahns' im Jahre 1352 hatte man in Hamburg begonnen, den Seegüterumschlag der größeren Schiffe vom alten Alsterhafen (Modell s. S. 184) zum neuen Elbehafen (⟶ Hafen) zu verlagern.
Vom Neuen Krahn sind es nur wenige Schritte westwärts entlang dem Binnenhafen (jenseits die ⟶ Speicherstadt) bis zur aussichtsreichen Hohen Brücke (⟶ Deichstraße) über das hier in den Binnenhafen mündende ⟶ Nikolaifleet.

Reimerstwiete

Die unweit der ⟶ Katharinenkirche zwischen Katharinenstraße und Zollkanal verlaufende Reimerstwiete verband ursprünglich zwei Hauptstraßen auf der einstigen Cremon-Insel. Bei der engen Twiete handelt es sich um

Cremon, Reimerstwiete (Fortsetzung)

eine für Althamburger Wohnviertel charakteristische Gassenform. Eine Reihe kleinerer Fachwerkspeicher aus der zweiten Hälfte des 19. Jahrhunderts ('Fünf Schwestern': Nr. 17 bis 21) sind originalgetreu restauriert.

Curslack

⟶ Vierlande und Marschlande

Dammtor

25 25

Lage
zwischen Theodor-Heuss-Platz und Dag-Hammarskjöld-Platz
HH 36

S-Bahn
Dammtor
(S 11, S 21, S 31)

U-Bahn
Stephansplatz
(U 1)

Bus
102, 109

Als 'Dammtor' wird landläufig der Bereich zwischen Stephansplatz und Moorweide bezeichnet.

Von 1622 bis 1817 hatte das eigentliche Dammtor unweit südwestlich des heutigen Bahndammes gestanden; dann ist es durch den ersten Dammtorbahnhof ersetzt worden.

Nordwestlich gegenüber von dem alten, auf Straßenniveau gelegenen wurde bis 1903 der heutige Dammtorbahnhof erbaut, wobei man den hochgelegenen Gleiskörper mit einer Stahl-Glas-Konstruktion überwölbte.
Darunter entstand das unlängst renovierte und unter Denkmalschutz gestellte Empfangsgebäude im Jugendstil.

Der heute wegen des nahen ⟶ Congress Centrum Hamburg auch 'Kongreßbahnhof' genannte Dammtorbahnhof ist eine wichtige Eisenbahnstation sowohl für den Fern- als auch für den S-Bahn-Verkehr.

Dammtorbahnhof (Bildmitte) – 'Kongreßbahnhof' beim CCH (links)

"Große Liegende" auf der Moorweide

Büschdenkmal

Denkmäler beim Dammtor

Kriegerdenkmal

An der Westseite des Dammtordammes steht das von Richard Kuöhl entworfene, 1936 eingeweihte und in neuerer Zeit heftig umstrittene Kriegerdenkmal des Zweiten Hanseatischen Infanterie-Regimentes Hamburg Nr. 76.
Der mächtige Muschelkalkklotz wird durch antifaschistische 'Gegendenkmale' von Alfred Hrdlicka ergänzt. Fertiggestellt sind allerdings nur die Teile "Hamburger Feuersturm" (1985) und "Fluchtgruppe Cap Arcona" (1986); nicht einkalkulierte Unstimmigkeiten bezüglich der Honorarforderungen des Künstlers ließen den Hamburger Senat von einer Vollendung Abstand nehmen.

Schillerdenkmal

Im Gustav-Mahler-Park (Dammtoranlagen) gegenüber vom Kriegerdenkmal steht seit 1958 das von Julius Lippelt und Carl Börner geschaffene Schillerdenkmal (1866 ursprünglich auf der Bastion Ferdinandus gegenüber der ⟶ Kunsthalle aufgestellt).

Büschdenkmal

Nördlich vom Dammtorbahnhof, in der Gabel von Rothenbaumchaussee und Edmund-Siemers-Allee, auf einer Grünfläche seitlich vor dem alten Universitätsgebäude (⟶ Universitätsviertel), steht seit 1984 das Denkmal (von 1802; vorher bei der ⟶ Lombardsbrücke) für den Mathematiker und Volkswirtschaftler Johann Georg Büsch (1728–1800), ein Gründungsmitglied der ⟶ Patriotischen Gesellschaft.

Diesem nach seiner Errichtung offenbar recht bekannten Denkmal (von J. A. Arens) – heute das älteste öffentliche Personendenkmal in Hamburg – widmete der Reiseschriftsteller Theodor v. Kobbe im Kapitel über Hamburg seiner "Wanderungen an der Nordsee" (Leipzig, um 1850) folgende Beschreibung:

»Auf dem Platze der abgetragenen und geebneten Bastion David, unweit der grossen Alsterbrücke, steht Büsch's Ehrendenkmal, ein Obelisk, woran das Profilbildniss Büsch's [von E. Mathaei] und ein allegorisches Basrelief [von C. Wolff; Abb. s. S. 93]

Dammtor, Büschdenkmal (Fortsetzung)

von Bronze befindlich sind. Die Inschriften der Vorder- und der Rückseite sprechen die einfach schönen Worte aus: „Dem Freunde des Vaterlandes, Johann Georg Büsch“ – „Von seinen dankbaren Mitbürgern“. Die beiden Seitentafeln deuten das Geburts- und Sterbejahr des Verewigten an. Das Basrelief stellt eine Opferhandlung dar. Auf einem mit den Genien des Todes und der Unsterblichkeit dekorirten Altar giesst die Bürgerliebe die Opferschale aus. Sie ist als ein jugendliches Weib gestaltet, das die als Maurerkrone geformten Burgthürme des Hamburger Wappens auf dem Haupte trägt. Ihr gegenüber steht, als Sinnbild der aufgewachsenen Generation, ein Knabe mit dem Opfergefäss. Im Gefolge der Opfernden sind zwei allegorische Figuren, die der Staatswirthschaft und Handlung, und die der, besondern den mathematischen Wissenschaften verwandten Gewerbe. Beide tragen Opfergeräthe, und, zur Bekränzung des Altars, Laubgehänge. – Die übrigen Verzierungen sind von carrarischem Marmor; Sockel und Postament aus den schönsten inländischen Granitblöcken geformt. Der Obelisk selbst ist von röthlichem Sandsteine. Die ganze Höhe beträgt zwanzig Fuss und sieben Zoll.«

Eine Inschriftplatte im Rasen seitlich vom Denkmal informiert über Büschens Biographie.

Monument für die Deportierten

Am Ostende der Moorweidenstraße steht auf dem ‘Platz der Jüdischen Deportierten’, einer dreieckigen Grünfläche (zu Zeiten der nationalsozialistischen Gewaltherrschaft einer der Sammelplätze für Juden, die in die Vernichtungslager deportiert wurden) jenseits des alten Universitätsgebäudes, das von Ulrich Rückriem als karger Granitklotz gestaltete “Monument für die Deportierten” (1983).

Moorweide

Grüne Freifläche

Nordwestlich vom Dammtorbahnhof – umzogen von Mittelweg, Rothenbaumchaussee und Tesdorpfstraße – erstreckt sich die begrünte Freifläche der Moorweide (ca. 18 000 m²), wobei es sich um einen Rest des Hamburger Glacis handelt. Einst diente sie der Bürgerwehr als Exerzierplatz und erlebte später politische Aufmärsche von Kommunisten und von Nationalsozialisten. In neuerer Zeit fanden auf der Moorweide temporäre Ausstellungen von Großplastiken statt; fest installiert ist seit 1979 eine “Große Liegende”, einer der Abgüsse von Henry Moores bekannter Frauenskulptur (Abb. s. S. 91). Im Sommer 1987 gastierte hier André Hellers Rummelplatzshow “Luna Luna”.
Am Mittelweg (Ecke Kleine Fontenay) sind noch zwei schlichte Sommerhäuser (Nr. 183 und 185) als letzter Rest des einst idyllischen Wohnviertels erhalten, welches der Grundbesitzer John Fontenay um 1790 hier vor den Tor der Stadt geschaffen hatte.
An der Nordwestseite der Freifläche stehen das Amerika-Haus (Tesdorpfstraße Nr. 1) und das Haus der Gesundheitsbehörde (Muschelkalkrelief von E. Scharff).
An der südwestlichen Schmalseite (Rothenbaumchaussee) der Moorweide steht ein runder Turm, der mit seiner Klinkerverkleidung und dem Biberschwanzdach wie ein alter Stadtturm aussieht, in Wahrheit jedoch 1939–1941 als Luftschutzbunker errichtet worden ist.

Davidwache

→ Reeperbahn

*Deichstraße 25 23

Verlauf
zwischen Ost-West-Straße und Hoher Brücke
HH 11

Die Deichstraße taucht erstmals 1304 in Urkunden auf. Sie verläuft entlang dem → Nikolaifleet, dem alten Alsterlauf und ersten Hamburger Hafen, auf jenem Deich, der das im 13. Jahrhundert besiedelte Rödingsmarktviertel schützte. Die Häuser standen ursprünglich nur an der Landseite der

Relief am Büschdenkmal beim Dammtor

Nikolaifleetseite der Deichstraße

Deichstraße

U-Bahn
Rödingsmarkt
(U 3)

Bus
111

Straße; seit dem 15. Jahrhundert wurde auch die Wasserseite bebaut. Dort bilden heute mehrstöckige Häuser aus dem 17.–19. Jahrhundert das letzte Ensemble althamburgischer Bauweise. Die Erhaltung der unter Denkmalschutz stehenden historischen Deichstraße ist privater Initiative zu verdanken. In verschiedenen Häusern befinden sich typische Althamburger Gaststätten.

Cremonbrücke

Vor dem massigen Baukomplex der Landeszentralbank (1981; davor metallene Ziergebilde von G. Engst) am Anfang der Deichstraße führt die Cremonbrücke, eine gewinkelte Fußgängerbrücke, über die breite Verkehrsschneise der Ost-West-Straße zum Hopfenmarkt, der sich bis zur Ruine der Nikolaikirche (⟶ Nikolaikirchturm) erstreckt.

Deichstraße
Nr. 19–23

Die Vorgänger dieser Häuser sind im Großen Brand des Jahres 1842, der beim Hause Nr. 42 ausgebrochen war, untergegangen; die Neubauten entstanden noch 1842 auf den alten Grundmauern (Nr. 21 Gaststätte "Kartoffelkeller", Nr. 23 Restaurant "Deichgraf").

Deichstraße Nr. 25

Mit diesem Hause ergriff der Große Brand von 1842 die Ostseite der Deichstraße. Es war 1659 erbaut worden und erhielt 1728 das Portal, welches – vom Brand beschädigt – bei der Wiederherstellung 1842 zugemauert worden ist; 1974 legte man es wieder frei.
An der Fleetseite ist die alte Fachwerkfront erhalten. Im Inneren bestehen noch bemalte Balkendecken aus dem 17. Jahrhundert (Restaurant "Zum Brandanfang").

Deichstraße Nr. 27

Dieses Haus wurde 1780 als Warenspeicher errichtet und ist das älteste erhaltene Beispiel eines Hamburger Speichers. Es diente lange Jahre Gemüsehändlern aus Bardowick (6 km nördlich von ⟶ Lüneburg) als Lagerhaus und hieß deshalb auch 'Bardowicker Speicher'.
Die massiven Backsteinfassaden mit den Mitteltüren in den Obergeschossen an der Straßen- und an der Fleetseite zeugen noch von der einstigen Verwendung. Das Innere ist als Holzkonstruktion mit einer mittleren Ständerreihe aufgeführt.

Deichstraße Nr. 37

Bei dem im Jahre 1980 erfolgten Umbau des ursprünglich 1686 erbauten Hauses wurde die Diele modernisiert, wobei die vorhandene Prunktreppe, die Galerie und die Stuckdecke restauriert wurden. Es ist das letzte Hamburger Kaufmannshaus, das trotz starker Beschädigung beim Großen Brand von 1842 noch vollständig mit seiner typischen zweigeschossigen Bauweise erhalten ist. Allerdings erhielt es bei der Wiederherstellung eine neue, nur schlichte Fassade.
Im Inneren wurde das im Zweiten Weltkrieg am Grimm zerstörte 'Alt-Hamburger Bürgerhaus' nach gründlicher Renovierung unter Verwendung des seinerzeit ausgelagerten wertvollen Mobiliars zu neuem Leben erweckt. Die stilvollen Räume sind heute wieder Gaststätte ("Alt-Hamburger Bürgerhaus"; nur für geschlossene Gesellschaften).

Deichstraße Nr. 39

Dieses Bürgerhaus ist um 1700 entstanden und besitzt noch seine einfache Barockfassade mit verziertem Stufengiebel. Im Hause befindet sich die Altstadtkneipe "Pflaumen·Baum".

Deichstraße Nr. 42

Im Eingang zu diesem Haus berichtet eine Gedenktafel: "Im Hinterhaus dieses Grundstücks nahm der Große Hamburger Brand im Jahre 1842 seinen Anfang, dem fast die gesamte Innenstadt zum Opfer fiel." Der Brand breitete sich von der Deichstraße nach Nordosten aus und griff auf die gesamte Hamburger Altstadt über.

Deichstraße Nr. 43

Ursprünglich wurde dieses schmale Bürgerhaus im Jahre 1697 errichtet. Der barocke Volutengiebel ist 1974 wiederhergestellt, die alte Fachwerkfront auf der Fleetseite war bereits 1738 erneuert worden (gemütliches Restaurant "Alt-Hamburger Aalspeicher").

Auch diese Häuser haben Volutengiebel, das Haus Nr. 47 von 1658 (darin die Musikkneipe "Saitensprung") außerdem ein eingesetztes Barockportal vom abgebrochenen Hause Nr. 29.

Deichstraße (Fortsetzung) Nr. 45–47

Die schmalen Durchgänge zwischen manchen Häusern (z. B. zwischen Nr. 21 und Nr. 23, Nr. 35 und Nr. 37 oder Nr. 39 und Nr. 41) heißen Fleetgänge. Sie dienten auch den an der Deichstraße gegenüberliegenden Häusern als Zugang zum Wasser.
Man versäume nicht, durch einen dieser Gänge bis zum ⟶ Nikolaifleet (Pontons) hinabzugehen, um die wasserseitigen Hausfassaden in Augenschein zu nehmen.

Fleetgänge

Wo das ⟶ Nikolaifleet in den Binnenhafen mündet, befindet sich am Ende der Deichstraße die seit 1260 bekannte Hohe Brücke. Von hier bietet sich ein malerischer Blick auf das zu beiden Seiten von alten Speichern und Häusern gesäumte Fleet; im Hintergrund die Türme der Innenstadt.
Der Neptun neben der Hohen Brücke, über welche die lohnende Hafenrandpromenade (⟶ Hafenmeile) führt, ist eine Bronzeplastik von 1904.

Hohe Brücke

Auf der Kaimauer des Binnenhafens – jenseits erstreckt sich die malerische ⟶ Speicherstadt – steht ein altertümlicher Kran. Er heißt 'Neuer Krahn', weil er 1858 einen älteren hölzernen ersetzt hatte. Er wurde erst 1974 stillgelegt und 1986 restauriert.

Neuer Krahn

*Deichtorhallen 26 23

Der Deichtorplatz ist ein Verkehrsknoten in vier Ebenen: ganz oben verläuft die Eisenbahn, darunter zwei Straßenzüge übereinander und im Untergrund die U-Bahn-Linie U 1.

Lage
Deichtorplatz / Altländer Straße
HH 1

Deichtorhallen am Deichtorplatz

Deichtorhallen (Fortsetzung)

S-Bahn
Hauptbahnhof

U-Bahn
Steinstraße

Bus
111, 112, 120, 122, 123, 124, 125

Öffnungszeiten
Di.–So.
11.00–18.00

Die das südliche Vorfeld des Platzes bis zum Oberhafenufer einnehmenden großen Deichtorhallen mit einer Gesamtfläche von 6734 m² sind ursprünglich 1911/1912 als Hauptmarkthallen und Ersatz für anderenorts wegfallende Märkte (Hopfenmarkt, Meßberg, Alter Pferdemarkt) errichtet sowie bis 1962 für den Gemüse- und Obstgroßhandel genutzt worden. Diese zogen dann in die neue Großmarkthalle in Hammerbrook um, und die Hallen dienten fortan als Blumengroßmarkt, bis auch dieser 1984 nach Hammerbrook verlegt wurde.

Das Problem, was mit ungenutzten Hallen geschehen sollte, löste der Hamburger Unternehmer und Kunstmäzen Kurt Körber durch Bereitstellung eines zweistelligen Millionenbetrages, mit Hilfe dessen die Gebäude und der sie umgebende Platz instandgesetzt und als Kultur- und Ausstellungszentrum hergerichtet wurden.
Im September 1989 waren die Arbeiten beendet, und seither finden hier laufend Ausstellungen zeitgenössischer Kunst von internationalem Rang statt.

Skulptur

Die beiden aufgeständerten, in sich verschlungenen Ringe aus (Körber)-Schiffbaustahl auf der Freifläche vor den Deichtorhallen sollen die Umsetzung von materiellen in geistige Werte zum Ausdruck bringen.

*Deutsches Elektronen-Synchrotron · DESY 17/18 26/27

Lage
ca. 8 km westnordwestlich vom Hamburger Stadtkern, HH 50 (Bahrenfeld)

Zugänge:
Notkestraße (Haupteingang), Luruper Chaussee (Nebeneingang)

S-Bahn
Othmarschen (S 1, S 11)

Bus
187, 188

Im Jahre 1964 wurde im Altonaer Ortsteil Bahrenfeld auf einem früheren Flugplatzgelände zwischen Luruper Chaussee und Notkestraße als erste Einheit des Forschungszentrums 'Deutsches Elektronen-Synchrotron' (DESY) ein 6-GeV-Elektronensynchrotron, ein unterirdischer Teilchenbeschleuniger mit einem Ringumfang von 100 m (heute DESY I), in Betrieb genommen.

Speicherringe DESY, DORIS, PETRA und HERA

Inzwischen verfügt diese vom Bundesministerium für Forschung und Technologie (zu 90%) und dem Land Hamburg getragene Großforschungseinrichtung zusätzlich über die beiden unterirdischen Elektron-Positron-Speicherringe DORIS (300 m Umfang; seit 1974 in Betrieb) und PETRA (bis zu 23 GeV; mit 2300 m Umfang in etwa das Gelände des Forschungszentrums umschließend und seit 1978 in Betrieb) sowie die 1984–1990 ebenfalls unter der Erde rings um den Altonaer Volkspark (samt Hauptfriedhof, Volksparkstadion und Trabrennbahn) angelegten Hadron-Elektron-Ring-Anlage HERA mit zwei übereinander angeordneten Vakuumspeicherringen (6300 m Umfang; 3,20 m Ringtunneldurchmesser; Verlauf 10–20 m unter der Erde) und vier unterirdischen Experimentierhallen (am 8.11.1990 eingeweiht).

HASYLAB

Ferner stehen mehrere große Experimentierfelder mit diversen Strahlen- und Teilchendetektorsystemen sowie seit 1979 das Synchrotron-Strahlungslaboratorium HASYLAB zur Verfügung.

Bei DESY sind auf dem Gebiet der Teilchen- und Hochenergiephysik einige hundert Fachwissenschaftler aus dem In- und Ausland tätig sowie deutsche und ausländische Forschungsinstitute mit eigenen Mitteln an den Experimenten beteiligt.

Besichtigung

Führungen für Besuchergruppen durch ausgewählte DESY-Bereiche werden nach Voranmeldung (Tel. 89983613) durchgeführt; sie beginnen im Laborgebäude 1 (Allgemeine Information, PR).

Adresse

Schriftliche Auskünfte erteilt die DESY-Abteilung Öffentlichkeitsarbeit, Notkestraße 85, W-2000 Hamburg 52.

DESY aus der Luft

*Deutsches Schauspielhaus 26 24

Das gegen Ende des 19. Jahrhunderts nach Plänen der Wiener Theaterarchitekten Ferdinand Fellner und Hermann Helmer erbaute und im Jahre 1900 eröffnete Deutsche Schauspielhaus steht nordöstlich gegenüber vom ⟶ Hauptbahnhof bereits im Stadtteil ⟶ St. Georg.
Das Äußere ist im konventionellen Dekorationsstil mit der Renaissance und dem Barock nachempfundenen Bauelementen versehen; an der Fassade Büsten von Goethe, Schiller, Lessing, Kleist, Shakespeare und Grillparzer, oben Skulpturengruppen der ernsten und der heiteren Muse (C. Garbers). Nach Umbau- und Restaurierungsarbeiten wurde das Haus an der Kirchenallee, das 1397 Zuschauern Sitzplätze bietet (größter Theaterraum in Deutschland), Ende September 1984 neu eröffnet. Das Hauptdeckengemälde des Zuschauerraumes (Apoll und Hammonia) stammt von dem Münchener Carl Marr.
In den Jahren 1955 bis 1963, der Zeit des Generalintendanten Gustaf Gründgens (1899–1963), zählte das Hamburger Schauspielhaus zu den führenden Sprechbühnen im deutschsprachigen Raum. Wenngleich in der Folgezeit ein häufiger Intendantenwechsel der Kontinuität abträglich war, bietet dieses bedeutendste Hamburger Staatstheater (samt der Nebenbühne 'Malersaal') auch heutzutage ein anspruchsvolles Programm vom klassischen Drama bis zu zeitgenössischen Bühnenwerken; zuweilen gelangen auch Musicals zur Aufführung.

Lage
Kirchenallee
39–41
HH 1

S-Bahn
Hauptbahnhof
(S 1, S 2, S 3, S 4, S 11, S 21, S 31)

U-Bahn
Hauptbahnhof-Nord (U 2),
Hauptbahnhof-Süd (U 1, U 3)

Bus
31, 35, 36, 37, 102, 108, 109, 112, 120, 122, 123, 124, 125

Abbildung s. S. 16

Dom

⟶ Hammaburg bzw.
⟶ Heiligengeistfeld

Bruchland im Duvenstedter Brook

Duvenstedter Brook

Ausflugsziel im Stadtgebiet

Lage
ca. 23 km nordöstlich vom Hamburger Stadtkern

U-Bahn
Ohlstedt (U 1); von dort noch ca. 4–5 km zu Fuß

Das etwa 800 ha große Naturschutzgebiet 'Duvenstedter Brook' nimmt einen Nordzipfel der Freien und Hansestadt Hamburg ein. In dieser weitgehend naturbelassenen und für den Kraftfahrzeugverkehr gesperrten Landschaft wechseln Wald- und Heidepartien mit Moorgelände und Bruchland (niederdeutsch 'Brook').

Wege zum Wandern, Radfahren oder Reiten erschließen dem Besucher das Gelände, in dem seltene Pflanzen wachsen und neben z. T. vom Aussterben bedrohten Tierarten (z.B. Fischotter) auch größere Wildrudel leben.

Mit dem Auto kann man den Duvenstedter Brook über Wohldorf oder Ohlstedt erreichen. Der ihn westlich tangierende Wiemerskamper Weg ist für den Kfz-Verkehr zugelassen; Parkplätze dienen als Ausgangspunkte für Wanderungen.

*Elbchaussee

14–21 23–25

Berühmte Parkstraße

Die auf dem hohen Elbufer von → Altona durch die Elbvororte nach → Blankenese führende und in ihrer gesamten Länge von der Schnellbuslinie 36 befahrene Elbchaussee gehört zu den berühmtesten Straßen Europas. Sie wurde 1831 von wohlhabenden Hamburger Kaufleuten und Reedern angelegt, um eine gute Verbindung von ihren Landsitzen zu den in der Innenstadt gelegenen Kontoren zu schaffen.
Die Elbchaussee wird gesäumt von schönen Landhäusern, darunter von solchen mit fast schloßartigem Charakter, die meist aus dem 19. Jahrhun-

Hirschpark an der Elbchaussee

Parkstraße (Fortsetzung

dert stammen, aber auch von modernen Bauten. Den Grundbesitzern früherer Jahre sind auch die prächtigen, gepflegten Parks zu verdanken, welche die Bebauung immer wieder unterbrechen, so Donners Park, Rosengarten, Schröders Elbpark, Hindenburgpark, ⟶ Jenischpark und Hirschpark.

Heine-Haus

An der Elbchaussee (Nr. 31) steht das restaurierte Gartenhaus des Bankiers Salomon Heine, des Onkels des deutschen Dichters Heinrich Heine (⟶ Berühmte Persönlichkeiten). Das Heine-Haus (geöffnet Di.–Fr. 11.00–19.00, Sa. 11.00–16.00 Uhr; von Mitte Juli bis Mitte August geschlossen), dessen historischer Gartensaal im Stil der Erbauungszeit wiederhergerichtet ist, beherbergt heute eine Kunstgalerie.

Elbterrassen

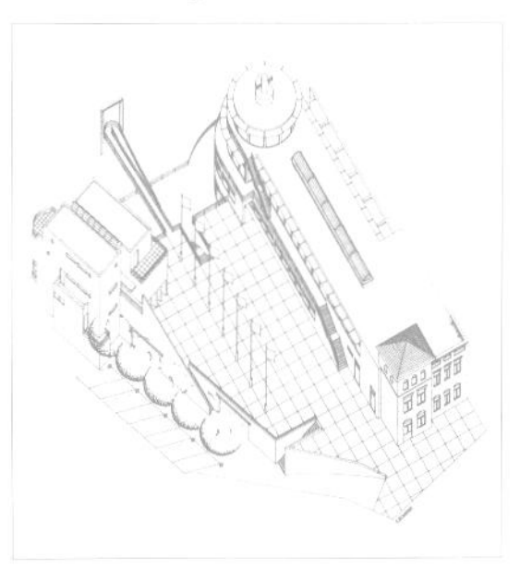

Eine neue Attraktion an der Elbchaussee (Nr. 139), wo sich früher das Lokal "Elbschlucht" befand, bilden die 'Elbterrassen' nach Plänen des Hamburger Architekturbüros von Gerkan, Marg & Partner, welches hier 1988/1989 ein bemerkenswertes Bauensemble geschaffen hat, das sich, ausgehend von einem kleinen Turmgebäude an der Elbchaussee, als langgestreckter Terrassentrakt entlang dem Övelgönner Mühlenweg über den Hang vorschiebt und in einem schiffbugförmigen Bauteil mit einer Art 'Promenadendeck' und 'Kommandobrücke' aus Glas und Aluminium endet. Als Kontrapunkt dazu steht auf der Ostseite des Grundstückes ein Wohngebäude. Dazwischen spannt sich eine Platzebene, die sich weit zum Elbstrom hin öffnet und einen schönen Blick auf den Hafen

Elbterrassen (Fortsetzung)

gewährt. Vom Skulpturenplatz mit 'Sieben Fahnen der Fantasie' führt eine flachgeneigte Rampe durch einen 'Bilderrahmen' zum Nobelrestaurant "Le Canard" auf der untersten Ebene.

Ältere Prachtbauten

Bemerkenswerte ältere Bauten sind u. a. das Säulenhaus (Elbchaussee Nr. 186), ein stattlicher Bau mit halbrunder Säulenhalle, 1817 von dem dänischen Architekten Matthias Hansen nach einem auf der Krim gesehenen Schloß errichtet. Ein weiterer Hansen-Bau an der Elbchaussee ist der 'Halbmond' (Nr. 228), ein niedriger, gelber Halbrundbau mit Reetdach von 1798, jedoch nach einem Brande 1820 gemäß dem alten Plan wiederaufgebaut, ehemals ein Stall- und Wirtschaftsgebäude, heute Schwesternheim.

Teufelsbrück

Bei der Mündung des Flüßchens Flottbek in die Elbe senkt sich die Elbchaussee zum Flußufer hinab. Die beiden großen Gebäude an der Südseite vom ⟶ Jenischpark gehörten früher einmal zum Parkhotel Teufelsbrück. Das östliche wird nach gründlichem Umbau als wissenschaftliches Institut für Schiffahrts- und Marinegeschichte dienen und auch einen Schiffahrtsverlag und eine größere Marinesammlung aufnehmen.
An der tiefsten Stelle befinden sich die Landungsbrücke 'Teufelsbrück' (Anleger für HADAG-Schiffe, u. a. nach ⟶ Finkenwerder) und die Gaststätte "Fährhaus Teufelsbrücke · Mignon" (Elbchaussee Nr. 322).

Das Elbschlößchen (Nr. 372) ist ein feiner tempelartiger Bau, den Matthias Hansen (s. zuvor) 1804–1806 erbaut hat; es steht im Garten der 1881 gegründeten Elbschloßbrauerei, die nach ihm ihren Namen trägt. In den Räumen des einstigen Elbschloß-Restaurants neben der Brauerei wurde nach gänzlichem Umbau 1990 das Restaurant "Schmetzer" eröffnet (Elbchaussee Nr. 374).

Der gleich hinter der Elbschloßbrauerei in einem parkartigen Garten gelegene Landsitz, einst im Besitz des Bankiers v. Schröder, ist als Sitz des Internationalen Seegerichtes vorgesehen.

Nienstedten

Weiterhin auf dem Nienstedtener Elbhochufer liegt das altbekannte Hotel-Restaurant "Jacob" Elbchaussee Nr. 401) mit seiner von Max Liebermann im Bild festgehaltenen Lindenterrasse (in der Hamburger ⟶ Kunsthalle). Gegenüber steht die Pfarrkirche von Nienstedten, ein Barockbau von 1759 und beliebte Hochzeitskirche.

Elbuferweg

Spazierweg am Stromufer

Das Begehen der Elbchaussee wird allerdings durch den starken Autoverkehr beeinträchtigt; zudem ist der Blick auf die Elbe meist durch Bebauung oder Bewuchs verdeckt. Für eine Fußwanderung sollte man daher den Elbuferweg wählen, der zwischen Palmaille (⟶ Altona) und Wedel-Schulau (⟶ Willkommhöft) parallel zur Elbchaussee unmittelbar am Stromufer (9 km bis Blankenese, 15 km bis Schulau) verläuft.

Der Elbuferweg führt zunächst oberhalb der Elbe durch Donners Park und durch den Rosengarten, berührt das idyllische Lotsenviertel ⟶ Övelgönne, den Schiffsanleger Teufelsbrück, den Mühlenberger Jollenhafen unterhalb vom Hirschpark und mündet dann in den Blankeneser Strandweg (⟶ Blankenese). An verschiedenen Stellen führen Treppenstiegen den steilen Geesthang hinan zur Elbchaussee.

Weiter westwärts führt der Elbuferweg am Falkensteiner Ufer und am Rissener Ufer entlang über Wittenbergen (Schiffsanleger) durch das Gelände des Kohlekraftwerkes Wedel (muß bei zeitweiliger Sperrung umgangen werden) zum Schulauer Fährhaus (Schiffsbegrüßungsanlage ⟶ Willkommhöft).

Parkvilla an der Elbchaussee

Strandpartie am Elbufer

Elbchaussee (Fortsetzung): ✻Elbhöhenweg

Spazierweg mit prächtiger Aussicht

Eine lohnende Alternative zum Elbuferweg ist der Elbhöhenweg. Er führt oberhalb vom Uferweg durch die baumbestandenen Elbhanghöhen, die hier fast Mittelgebirgscharakter aufweisen. Mehrfach bieten sich schöne Ausblicke auf den Strom, der großartigste und umfassendste vom Bismarckstein (88 m ü. d. M.). Dieser, früher Waseberg genannt, wurde 1890 umgetauft, nachdem er zunächst als Standort für das ⟶ Bismarck-Denkmal vorgesehen war, das dann aber an anderer Stelle, im Alten Elbpark am Millerntor, zur Ausführung kam; der Name blieb jedoch. Hier befindet sich auch ein Marine-Ehrenmal.
Andere aussichtsreiche Erhebungen sind neben dem Süllberg (⟶ Blankenese) der Polterberg (83 m ü. d. M.), der Falkenstein (75 m ü. d. M.), der Tafelberg (81 m ü. d. M.) und als höchste der Baursberg (92 m ü. d. M.), wo sich ein Wasserwerk mit weithin sichtbarem Turm befindet.
Der Elbhöhenweg durchquert schließlich das Naturschutzgebiet Wittenbergener Heide und vereinigt sich bei Tinsdal mit dem Elbuferweg.

Elbstrand

Bemerkenswert sind die sandigen Elbstrandpartien; das Baden in der Elbe ist jedoch wegen der hochgradigen Verschmutzung des Wassers untersagt.

Elbe

Mitteleuropäischer Strom

Elbstrom

Für Hamburg ist der Elbstrom seit frühesten Zeiten von ganz eminenter Bedeutung. Er stellt einerseits die für den Hafen lebenswichtige Verbindung zum offenen Meer her und bildet andererseits eine wichtige Wasserstraße für die zentraleuropäische Binnenschiffahrt.

Quellgebiet und Verlauf in der Tschechoslowakei

Die insgesamt 1165 km lange Elbe (Name germanischen Ursprungs; lateinisch ‘Albis’, tschechisch ‘Labe’), einer der Hauptströme Mitteleuropas, entspringt auf dem Kamm des Riesengebirges (Krkonoše; ‘Elbbrunnen’ auf 1384 m ü. d. M.; mehrere andere Quellbäche) in der Tschechoslowakei (in der Nähe der tschechoslowakisch-polnischen Grenze), durchfließt – derzeit schiffbar für Wasserfahrzeuge mit max. 1000 t Tragfähigkeit ab Chvaletice, ca. 1995 ab Pardubitz/Pardubice – in einem weiten Bogen das Böhmische Becken, nimmt die Iser (Jizera) und nördlich von Prag (Praha) bei Melnik (Mělník) die Moldau (Vltava; Beginn der tschechischen Elbkilometrierung) sowie bei Leitmeritz (Litoměřice) die Eger (Ohře) auf, durchbricht ab Lobositz (Lovosice) das Böhmische Mittelgebirge und gelangt – unter dem Schreckenstein (Štrekov) und an Aussig (Ústí nad Labem) und Tetschen (Děčín; an der Mündung des Polzen/Ploučnice) vorüber – im reizvollen Elbsandsteingebirge bei Schmilka, einem Ortsteil von Bad Schandau in der Sächsischen Schweiz, auf deutsches Gebiet (Beginn der deutschen Elbkilometrierung).

Restlicher Verlauf in Deutschland
Oberelbe
Mittelelbe

Die Elbe strömt dann nordwestwärts durch die Dresdener Elbtalweitung und tritt bei Riesa in das Norddeutsche Tiefland ein. Streckenteilen alter Urstromtäler folgend, berührt sie einige der fruchtbarsten Regionen Deutschlands (Leipziger Tieflandsbucht, Magdeburger Börde), durchquert aber nach Norden auch zunehmend weite Grundmoränenplatten sowie Wald- und Heidegebiete (Altmark, Prignitz, Griese Gegend, Wendland, ⟶ Lüneburger Heide).

Nebenflüsse im Mittelabschnitt

Rechte Nebenflüsse der Elbe im Mittelabschnitt sind Kirnitzsch, Lachsbach, Wesnitz, Prießnitz, Schwarze Elster, Nuthe, Havel (mit der dieser in Berlin zufließenden Spree), Stepenitz, Löcknitz, Elde, Sude und Boize; linke Nebenflüsse sind Biela, Gottleuba, Müglitz, Weißeritz, Triebisch, Mulde, Saale, Sülze, Ohre, Aland (der A.), Seege, Jeetzel, Ilmenau und Seeve.

Als bekanntere Elbstädte seien hier Bad Schandau, Pirna, das 'Elbflorenz' Dresden (Partnerstadt von Hamburg), Meißen, Riesa, Strehla, Belgern, Torgau, Pretzsch, die Lutherstadt Wittenberg, Coswig, Roßlau, Dessau (an der Mulde, jedoch unweit ihrer Mündung in die Elbe), Aken, Barby, Schönebeck, Magdeburg, Tangermünde, Arneburg, Wittenberge, Schnackenburg, Lenzen, Dömitz, Hitzacker, Bleckede, Boizenburg, ⟶ Lauenburg und ⟶ Geesthacht genannt.

Elbe (Fortsetzung) Elbstädte im Mittelabschnitt

Im geteilten Deutschland galt der knapp 97 km lange Elbabschnitt zwischen Schnackenburg und Lauenburg als Grenze zwischen der alten Bundesrepublik Deutschland und der damaligen Deutschen Demokratischen Republik, wobei ihr genauer Verlauf – in der Strommitte oder am einstigen DDR-Ufer – immer umstritten war.

Einst Teil der innerdeutschen Grenzlinie

Auf Hamburger Stadtgebiet – gut 25 km unterhalb der für die Wasserstandsregulierung wichtigen Elbstaustufe bei ⟶ Geesthacht – teilt sich der Elbstrom an der Bunthäuser Spitze in Norderelbe und Süderelbe (mit dem Köhlbrand), welche die Elbinsel ⟶ Wilhelmsburg umschließen; Bille und Alster münden verschleust in die Norderelbe.

Norderelbe und Süderelbe in Hamburg

Von großer verkehrstechnischer Bedeutung sind in Hamburg die Straßen- und Eisenbahnbrücken über Norder- und Süderelbe sowie die beiden ⟶ Elbtunnel.

Unterhalb vom Hamburger Hafen beginnt der rund 110 km lange Mündungstrichter der Unterelbe, der sich von etwa 500 m Breite in Hamburg – vorbei an ⟶ Wedel und ⟶ Stade (an der Schwinge, unweit ihrer Mündung in die Elbe) – bis auf 15 km bei Cuxhaven weitet und dort in die Deutsche Bucht der Nordsee übergeht.
Der Unterelbe fließen von rechts Pinnau, Krückau und Stör sowie von links Este, Lühe, Schwinge und Oste zu.

Unterelbe

Über den Nord-Ostsee-Kanal und den Elbe-Lübeck-Kanal hat die Elbe Verbindung mit der Ostsee, über den Elbe-Seitenkanal und den Mittellandkanal mit dem Rhein (Ruhrgebiet), über die Elde-Müritz-Wasserstraße mit dem mecklenburgischen Seengebiet sowie über die Havel, den Pareyer Verbindungskanal und den Elbe-Havel-Kanal mit dem Wasserstraßennetz im Raum Berlin und damit mit der Oder.

Kanalanbindungen

Die ökologische Situation und die verkehrsgeographische Bedeutung der Elbe werden im Abschnitt 'Zahlen und Fakten' zu Beginn dieses Reiseführers eingehend beleuchtet.

Umweltprobleme und verkehrsgeographische Bedeutung der Elbe

*Elbtunnel

Zwei Tunnel unterqueren in Hamburg die ⟶ Elbe. Galt schon der alte Elbtunnel zur Zeit seiner Entstehung als eine technische Sensation, so ist auch der Neue Elbtunnel ein gelungenes Bauwerk moderner Verkehrsbautechnik.

Zwei Elbtunnel

*Alter Elbtunnel · St.-Pauli-Elbtunnel

24 23

Äußerlich ist der Alte Elbtunnel an dem markanten quadratischen Kuppelbau bei den St.-Pauli-Landungsbrücken (⟶ Landungsbrücken) erkenntlich. Er wurde in den Jahren 1907–1911 (Architekten: L. Raabe und O. Wöhlecke) zur Entlastung des Hafenfährverkehrs zwischen St. Pauli und der Werftinsel Steinwerder im Freihafen unter der Norderelbe hindurchgeführt und ist in jüngster Zeit durch eine Stahlbetonplatte an der Sohle der Elbfahrrinne gesichert worden.

S-Bahn
Landungsbrücken (S 1, S 2, S 3)

U-Bahn
Landungsbrücken (U 3)

Kuppelbau des Alten Elbtunnels (links) bei den St.-Pauli-Landungsbrücken

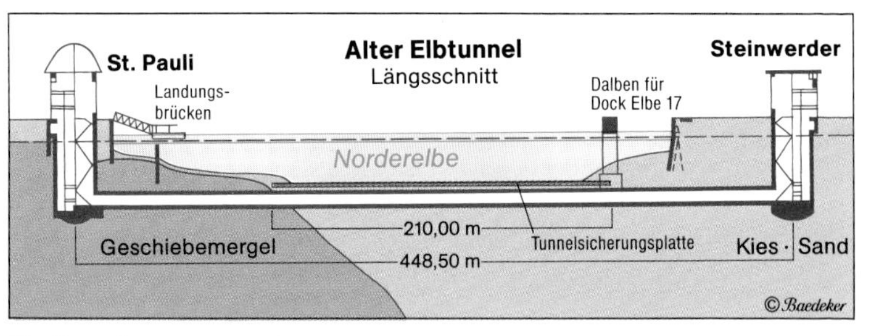

Alter Elbtunnel (Fortsetzung)

Bus 112

Personen (gratis) und Personenkraftwagen (Gebühr; nachts und sonntags keine Durchfahrt möglich) werden in vier großen Aufzugkörben zu den beiden je 448,50 m langen gekachelten Tunnelröhren (Durchmesser 6,06 m; Tiefe 3 m unter Stromsohle und 23,50 m unter Straßenniveau; in jeder Röhre eine nur 1,92 m breite Fahrbahn) hinabgelassen und wieder hinaufbefördert. Außerdem gibt es zwei Personenaufzüge sowie Rolltreppen.

*Neuer Elbtunnel · Autobahn-Elbtunnel **19–21** 22–24

Bus 150, 250

Etwa 3 km westlich vom Alten Elbtunnel (s. zuvor) ist von 1968 bis 1975 der Neue Elbtunnel entstanden. Dieser insgesamt 3325 m lange, dreiröhrige Straßentunnel (2653 m eigentliche Tunnelstrecke) für die Bundesautobahn A 7 unterquert die Unterelbe (auf 1056 m Länge bis 28 m unter der Wasseroberfläche bei mittlerem Tidehochwasser) in schrägem Verlauf zwischen dem Stadtteil Othmarschen und dem Hafenbezirk Waltershof (Containerterminal) und ist einer der längsten Unterwasserstraßentunnel.

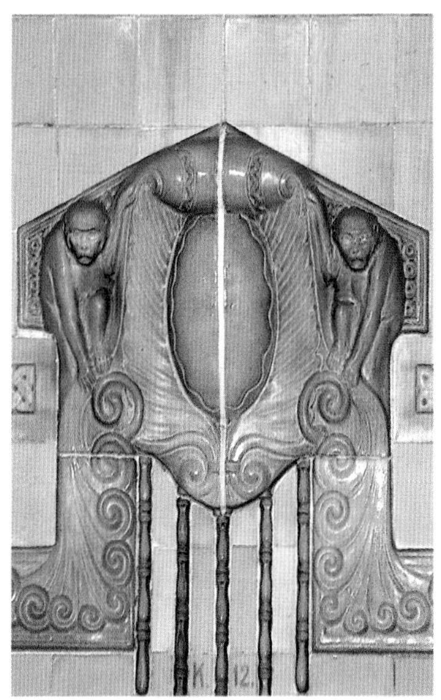

Kachelschmuck im Alten Elbtunnel

Südportal des Neuen Elbtunnels

Elbtunnel, Neuer Elbtunnel (Fortsetzung)

Der Neue Elbtunnel ermöglicht dem Straßenfernverkehr die problemlose westliche Umgehung der Hamburger Innenstadt.
Infolge der ständig wachsenden Belastung – 1990 waren es im Durchschnitt täglich über 100 000 Fahrzeuge – wird der Bau einer vierten Tunnelröhre erwogen.

Eppendorf (Stadtteil) 24/25 27–29

Lage
ca. 4–6 km nördlich vom Hamburger Stadtkern

U-Bahn
Eppendorfer Baum (U 3), Kellinghusenstraße (U 1, U 3), Klosterstern (U 1)

Bus
39, 106, 113, 114, 118, 190, 214

Der im Osten von der dort kanalisierten ⟶ Alster begrenzte Stadtteil Eppendorf hat in letzter Zeit deutlich an Attraktivität gewonnen. Es sind nicht nur seine weithin renovierten alten Wohnstraßen, sondern auch die vielfältigen Einkaufsmöglichkeiten und Gaststätten, die vor allem jüngere Leute anziehen.

Am Eppendorfer Baum, Eppendorfer Marktplatz, Eppendorfer Weg, an der Eppendorfer Landstraße und am Lehmweg läßt sich gut einkaufen; auch an Restaurants, Lokalen und Kneipen mangelt es nicht.

Der Isemarkt unter dem Gleiskörper der Hochbahn (U-Bahn-Linie U 3) im Zuge der bereits zu Harvestehude gehörenden Isestraße ist zum beliebtesten Wochenmarkt der Hansestadt avanciert.

Erwähnung verdienen in Eppendorf aber auch die St.-Johannis-Kirche, die einstige Dorfkirche (urspr. von 1267) an der Alster, ferner Hamburgs ältestes erhaltenes Landhaus (um 1700; Ludolfstraße Nr. 19).

Universitätskrankenhaus

Das bekannte Universitätskrankenhaus Eppendorf (Klinikum mit rund 2000 Krankenbetten) im Nordwesten konnte 1989 sein einhundertjähriges Bestehen feiern.

*Fabrik (Kommunikationszentrum)

21 24

In einer stillgelegten Maschinenfabrik (von 1889) wurde Ende Juni 1971 im Altonaer Ortsteil Ottensen (vulgo 'Mottenburg') das schon fast legendäre Kommunikationszentrum "Fabrik" ins Leben gerufen (Motto: "Kultur für alle"), Vorbild für zahlreiche ähnliche Einrichtungen, die später in anderen deutschen Städten entstanden.
Nach einem Brand, der 1977 diese 'Kulturwerkstatt' für die Jugend zerstörte, konnte der Betrieb dank großen Engagements und vieler Spenden 1979 in dem von außen ein wenig chaotisch anmutenden Bau wiederaufgenommen werden.
Der durch Holzsäulen gegliederte Hauptraum mit oben umlaufender Galerie und gedämpftem Oberlicht dient den verschiedensten Veranstaltungen aus den Bereichen Musik (v. a. Jazz, Rock und Folk), Theater und Literatur. Ferner gibt es Filmvorführungen, ein Fotolabor und einen Ausstellungsraum sowie eine Töpferei.
Besondere Aufmerksamkeit wird der kreativen Arbeit mit Kindern und Jugendlichen gewidmet.
Auch für das leibliche Wohl der Besucher ist gesorgt (Restaurant, Teestube, Bierausschank, Imbiß, Cafeteria).
Das allmonatlich erscheinende Gratisblatt "Fabrik" informiert über alle Aktivitäten.

Lage
Barnerstraße 36
HH 50 (Ottensen)

S-Bahn
Altona (S 1, S 2, S 3, S 5, S 11, S 31)

Bus
36, 37, 112, 113, 115, 150, 187, 188, 250

Öffnungszeiten
Mo.–So. 12.00–18.00; bei Abendveranstaltungen ca. 20.00–1.00; jeden Sonntag 11.30 Jazz-Frühschoppen

*Fernsehturm · Heinrich-Hertz-Turm ('Tele-Michel')

24 25

Der Hamburger Fernsehturm, offiziell Heinrich-Hertz-Turm (benannt zu Ehren des aus Hamburg stammenden Physikers; ⟶ Berühmte Persönlichkeiten), ist mit Abstand der höchste Turm der Hansestadt und wird in Anlehnung an ihr traditionelles Wahrzeichen 'Michel' (⟶ Michaeliskirche) im Volksmund 'Tele-Michel' genannt. Er wurde nach Plänen der Architekten Fritz Trautwein und Firtz Leonhardt als Fernmeldeturm der Deutschen Bundespost in den Jahren 1965 bis 1968 mit einer Gesamthöhe von 279,80 m aufgeführt, wobei der konische Betonschaft in 204 m Höhe über dem Erdboden endet.
In 128–132 m Höhe befinden sich eine doppelgeschossige Aussichts- und Restaurantkanzel, darüber in 150 m Höhe weiter ausladend die Betriebskanzel der Deutschen Bundespost und noch weiter oben sechs kleinere Antennenplattformen. Ausgestrahlt werden das Zweite und das Dritte Radioprogramm des ⟶ NDR sowie die Fernsehprogramme von Sat 1 und wechselweise von RTL plus und Tele 5.

Der Turm erhebt sich als eleganter städtebaulicher Akzent an der Nordwestspitze von ⟶ Planten un Blomen und ist über eine die Rentzelstraße querende Fußgängerbrücke zu erreichen. Zwei Schnellaufzüge bringen den Besucher in einer knappen halben Minute zur Aussichtsplattform (mit Selbstbedienungsgaststätte), von wo sich ein herrlicher Rundblick über ganz Hamburg mit ⟶ Alster, ⟶ Elbe und ⟶ Hafen sowie bis weit hinein nach Schleswig-Holstein und Niedersachsen bietet. Das über der Aussichtskanzel eingerichtete Turmrestaurant dreht sich in etwa einer Stunde einmal um 360 Grad.

Standort
Rentzelstraße/ Lagerstraße
HH 36

S-Bahn
Sternschanze (S 11, S 21, S 31)

U-Bahn
Messehallen (U 2), Sternschanze (U 3)

Bus
35

Öffnungszeiten
Aussichtsplattform: täglich 10.00–23.00
Drehrestaurant: Mo.–Fr. 18.30–23.00
Sa. und So. auch 12.00–14.00

Aufzugsgebühr

Sternschanze

Die unweit vom Fernsehturm, jenseits des Bahnkörpers gelegene kleine Parkanlage trägt den Namen 'Sternschanze', so benannt nach einem Befestigungswerk, das man 1682 gegen die Dänen errichtet hatte. Dort befindet sich ein weithin sichtbarer, massiger Wasserturm, der jedoch seit langer Zeit außer Betrieb ist; über seine künftige Nutzung – eventuell als Kommunikationszentrum – werden Überlegungen angestellt.

◂ *Fernsehturm 'Tele-Michel'*

Airbus-Produktion in Hamburg-Finkenwerder

Finkenwerder (Stadtteil) 14–19 20–23

Lage
ca. 8–12 km südwestlich vom Hamburger Stadtkern

Bus
150

HADAG-Schiff
Linie 62 (ab St.-Pauli-Landungsbrücken in ca. 25 Min., ab Teufelsbrück/Elbchaussee in ca. 10 Min.)

Das einstige Fischer- und Bauerndorf Finkenwerder (1236 erstmals urkundlich erwähnt), heute weitgehend ein Wohnviertel am Hafenrand, war bis zur Abdeichung der Süderelbe nach der Flutkatastrophe von 1962 eine Elbinsel. Vom 17. bis zum 19. Jahrhundert unterhielten die Finkenwerder Fischer eine beachtliche Flotte, und noch heute befahren etliche Fischkutter aus Finkenwerder die Nord- und Ostsee zum Fischfang. In den Gaststätten werden typische Fischgerichte von guter Qualität angeboten.

Die Kirche von 1881 am Landscheideweg, der Finkenwerder in Ost-West-Richtung mittig durchzieht, besitzt noch einige alte Ausstattungsstücke. Südlich liegt das alte Bauerndorf innerhalb eines großen Deichringes, auf dem man es in 1½ Stunden bequem umwandern kann. Vom Finkenwerder Westerdeich bietet sich ein weiter Blick über das Vorland bis ⟶ Blankenese. Der Süderdeich und der Osterfelddeich führen an der verträumten Alten Süderelbe entlang. Eine Deichwanderung lohnt vornehmlich zur Zeit der Obstblüte.
Weithin bekannt geworden ist Finkenwerder durch die Werke des niederdeutschen Heimatdichters Johann Kinau, alias Gorch Fock (1880–1916) und seines Bruders Rudolf Kinau (1887–1975; beider Geburtshaus am Neßdeich Nr. 65), neuerdings wieder durch das Folklore-Ensemble 'Finkwarder Speeldeel'.

Flugzeugbau

Zu den größten Industriebetrieben der Hansestadt gehört das Hamburger Werk der Firma Deutsche Airbus GmbH, deren Gelände mit eigener Flugzeugstart- und -landebahn die Nordwestspitze von Finkenwerder einnimmt. Hier geschehen die Rumpfmontage und Ausrüstung mit allen flugwichtigen Systemen sowie die integrierte Endmontage (samt Innenausstattung) des Airbus-Typs A 321.

Jeden Sonntagmorgen ist in Hamburg am Hafen Fischmarkt

*Fischmarkt · St.-Pauli-Fischmarkt 23 23

Der traditionelle Fischmarkt ist vielleicht die urigste Hamburger Attraktion. Er findet jeden Sonntagmorgen bis 9.30 Uhr statt und lockt immer wieder zahllose Besucher an, die hierher aus Hamburg, dem Umland und nicht selten von weit her zusammenströmen. Auch der Tourist sollte sich dieses bunte Marktspektakel nicht entgehen lassen, etwa als Abschluß eines Streifzuges durch das Nachtleben von ⟶ St. Pauli.

Lage
ca. 1 km westlich der St.-Pauli-Landungsbrücken

S-Bahn
Landungsbrücken, Reeperbahn, Königstraße (S 1, S 2, S 3)

U-Bahn
Landungsbrücken (U 3)

Bus
112

Marktzeit
15.3.–15.11.: So. 5.00–9.30
16.11.–14.3.: So. 7.00–9.30

Während ursprünglich (im 18. Jh.) hier nur die Fischer ihre leicht verderbliche Ware (hauptsächlich Heringe) noch vor Beginn des sonntäglichen Gottesdienstes feilbieten durften, kann heute jedermann und jede Frau versuchen, jede erdenkliche Ware an den Mann bzw. an die Frau zu bringen. So reicht das Angebot der Marktbeschicker nun von Fisch und anderen Meerestieren (Verkauf z.T. direkt aus Fischkuttern) über Obst und Gemüse, Blumen und Zierpflanzen sowie Tiere (bes. im Frühjahr Jungtiere wie Geflügelkücken, Kaninchen u.a.) bis hin zu Antiquitäten, Kunstgewerblichem, Kitsch und Trödel aller Art.

Ein besonderes Erlebnis sind die Marktschreier (z.B. 'Bananen-Harry', 'Aal-Trude' oder 'Aal-Dieter'), die mit spaßigen Aussprüchen und zuweilen derben Anzüglichkeiten für den Verkauf ihrer nicht selten, besonders aber gegen Ende der Marktzeit äußerst preiswerten Waren werben (beliebtes 'Bananenfangen').
Zu der strikt eingehaltenen Marktzeit sind auch die Gaststätten, Lokale und Hafenkneipen rings um den Fischmarkt geöffnet und natürlich stark besucht.

Ehemalige Fischauktionshalle

Die reizvolle, mit rotbraunen Backsteinen ausgefachte Eisenskelettkonstruktion der alten Fischauktionshalle (von 1896) ist 1982–1984 von Grund

Fischmarkt: Seemannsdenkmal und ... *... Blick in die ehemalige Fischauktionshalle*

Fischmarkt, Ehem. Fischauktionshalle (Fortsetzung)

auf restauriert worden (reizvolles Inneres mit zwei umlaufenden Galerien) und dient heute der Abhaltung von Veranstaltungen aller Art.

Minerva

Die bronzene Brunnenfigur der Minerva, der römischen Göttin des Handwerkes, die schon früher auf dem Fischmarkt gestanden hatte, ist 1989 am ansteigenden Nordrand der Marktfläche wieder aufgestellt worden.

Frauenwandbild

Im westlichen Teil des Fischmarktes hat eine Fraueninitiative im Museum der Arbeit (⟶ Barmbek) 1989 anläßlich des 800. Hafengeburtstages am Lübke-Speicher (Große Elbstraße Nr. 39) ein großes Wandbild gemalt, welches die Arbeit der Frauen im Hamburger Hafen (einst und jetzt) zum Thema hat.

Seemannsdenkmal

Auf der Klinkermauer über dem Ostrand des eigentlichen Marktplatzes, dem sog. Platz der Seefahrt, erinnert eine 6,75 m hohe Bronzeskulptur von Manfred Sihle-Wissel (1985) an die auf den Weltmeeren umgekommenen deutschen Seeleute: Eine auf die Elbe schauende Frau ("Madonna der Seefahrt") kauert auf einer großen Meereswoge.

Hafenstraße

Durch den Ausbau der ⟶ Hafenstraße ist das Marktareal zwar eingeschnürt worden, hinzugekommen dafür jedoch eine baumbestandene Klinkerpromenade entlang der Flutschutzufermauer.

Fleete

Entstehung und Bedeutung

Die Fleete sind eine Besonderheit, die zum Stadtbild Alt-Hamburgs gehört: kanalartige Wasserverbindungen, die entweder aus dem einst gewundenen Flußlauf der ⟶ Alster entstanden sind oder aber künstlich zur Entwässerung angelegt und später auch als Transportwege benutzt wurden.

Von dem früher beträchtlich dichten Fleetnetz sind heute in der Altstadt neben dem mäandernden ⟶ Nikolaifleet nur noch das Alsterfleet, das Bleichenfleet und in seiner Verlängerung das Herrengrabenfleet (alle drei mit praktisch geradlinigem Verlauf) erhalten. Zwischen Alsterfleet und Herrengrabenfleet erstreckt sich die in Neugestaltung befindliche ⟶ Fleetinsel.
Weitere Fleete bestehen noch im Bereich der ⟶ Speicherstadt des Freihafens; als besonders malerisch ist hier das Wandrahmsfleet zu nennen.

Fleete (Fortsetzung)

Die Bezeichnung 'Fleetenkieker' (so auch der Name eines bekannten Stimmungslokals im Gebäude der ⟶ Patriotischen Gesellschaft; niederdeutsch für 'Fleetgucker') stammt aus der Zeit, als man bei Ebbe im Fleetschlick nach angeschwemmten Gegenständen Ausschau hielt.

Fleetenkieker

Fleetinsel 25 23/24

Erst 1988 konnte man sich entschließen, die Fleetinsel, nämlich den im Zweiten Weltkrieg schwer getroffenen und seither weitgehend verödeten Bereich zwischen dem Herrengrabenfleet und dem Alsterfleet (⟶ Alster) neu zu bebauen und damit diesen früher lebendigen Übergangsbereich zwischen der Geschäftsstadt südwestlich der Binnenalster (⟶ Passagen) und dem Hafenrand (⟶ Hafenmeile) an der Norderelbe wieder zu beleben.

Wiederbelebung der Verbindung zwischen Passagenviertel und Hafenrand

Nun liegt eine städtebauliche Konzeption für die räumliche und architektonische Neugestaltung entlang der beiden Fleete vor, wobei die Admiralitätsstraße die Hauptachse bildet. Zwischen Stadthausbrücke und Schaartor bereits neu entstanden, im Bau befindlich bzw. geplant sind eine Reihe von modernen Bauten, darunter Wohn- und Geschäftshäuser, ein Großhotel sowie das Kontorhaus 'Fleethof'. Den südlichen Abschluß bilden das alte Slomanhaus am Baumwall und der neue, eigenwillig gegliederte Baukomplex des Medienkonzerns Gruner+Jahr am Hafenrandabschnitt Vorsetzen.

Flughafen 23–26 31–34

Der schon im Jahre 1911 als Luftschiffstützpunkt gegründete Hamburger Flughafen – offiziell 'Flughafen Hamburg', englisch 'Airport Hamburg' – ist heute mit einem Gesamtbetriebsgelände (auf 11 m ü. d. M.) von 564 ha Fläche das Luftverkehrszentrum für den gesamten norddeutschen Raum. Er verfügt über zwei sich fast rechtwinklig kreuzende Start- und Landebahnen von 3250 m und 3665 m Länge, wodurch Windprobleme praktisch ausgeschaltet werden. Drei von insgesamt vier Landeeinrichtungen sind mit Instrumentenlandesystemen ausgestattet, die auch bei Schlechtwetter Landungen ermöglichen. In rund 180 Dienststellen und Unternehmen am Flughafen sind etwa 16000 Personen beschäftigt.

Im Jahre 1988 ist ein großzügiges Modernisierungsprogramm angelaufen, das in einer ersten Stufe, die bis 1993 fertiggestellt sein wird, den Bau eines neuen Terminals für den Linienverkehr, eine Fluggastbrückenanlage mit elf Brücken sowie ein Parkhaus umfaßt. Mit dem Gesamtausbau wird sich dem Fluggast dann ein übersichtlicher Airport mit gänzlich neuem Gesicht präsentieren.

Mit seinem Passagieraufkommen von jährlich knapp 7 Mio. Fluggästen, ca. 140000 Starts und Landungen, einem Frachtaufkommen von rund 80000 t und 17000 t Luftpostsendungen liegt der Hamburger Flughafen im deutschen Vergleich an vierter Stelle hinter jenen von Frankfurt am Main (Rhein-Main), Düsseldorf und München. In Hamburg-Fuhlsbüttel, wo

Lage
im Stadtteil Fuhlsbüttel, ca. 9 km nördlich vom Hamburger Stadtkern, HH 63

S-Bahn
Ohlsdorf (S 1, S 11); von dort 'Airport Express' (Bus 110)

U-Bahn
Ohlsdorf (U 1); von dort 'Airport Express' (Bus 110)

Airport-City-Bus
der Firma Jasper alle 20 Min. ab Hauptbahnhof (Kirchenallee)

Bus
38, 110, 172, 217, 292

Flughafen Hamburg – Heimatbasis der Deutschen Lufthansa

Flughafen (Fortsetzung)

schon zu Beginn der zwanziger Jahre der Luftliniendienst aufgenommen wurde, sind über dreißig Linienfluggesellschaften vertreten; im Gelegenheitsverkehr (Charter) wird Hamburg von rund 50 Luftfahrtunternehmen angeflogen. Neben den Inlandsverbindungen bestehen gute Luftverkehrsanschlüsse zu allen großen europäischen Wirtschaftszentren, besonders auch in den skandinavischen Ländern. Im Interkontinentalverkehr gibt es vor allem ausgezeichnete Anschlüsse in die Vereinigte Staaten von Amerika. Die große Zahl von Zielorten in südlichen Urlaubszentren machen Hamburg zu dem wichtigsten Charterflughafen Norddeutschlands.

Passagierbereiche

Tourist Information im Flughafen

Der Flughafen verfügt über zwei Linienterminals und einen Terminal für den Touristikverkehr. Alle für einen internationalen Flughafen selbstverständlichen Service-Einrichtungen, wie Post- und Bankschalter, Tourist Information, Gepäckaufbewahrung, Autovermietung, Gaststätten, Ladengeschäfte und Zeitschriftenkioske, stehen den Flugreisenden zur Verfügung. An die Passagieranlagen schließt südlich der Luftfrachtbereich mit dem Luftpostamt an.

Besichtigung

Von einer Aussichtsterrasse können sowohl die Starts und Landungen als auch die Bodenabfertigung der Flugzeuge beobachtet werden.
Infolge der Modernisierungsmaßnahmen ist vorübergehend mit Einschränkungen der Besichtigungsmöglichkeiten zu rechnen.

Modellraum

Anhand einer instruktiven Modellanlage wird das Flughafengeschehen demonstriert. Modellschauen finden täglich um 10.00, 12.00, 14.00 und 16.00 Uhr statt. Darüber hinaus geben Dia- und Filmvorführungen Einblick in die Technik und Geschichte der Luftfahrt.

Lufthansa-Werft

Am Südrand des Flughafens befinden sich die umfangreichen Anlagen der Lufthansa-Werft (ca. 60 ha Fläche; vier große Flugzeughallen, eine weitere geplant; über 9000 Beschäftigte) mit der Technischen Basis der Deutschen Lufthansa, die im übrigen am 6. Januar 1926 in Fuhlsbüttel gegründet wurde. Hier werden die Flugzeuge der Lufthansa gewartet, überholt und repariert (inkl. der Triebwerke).

Flughafen, Lufthansa-Werft (Fortsetzung)

→ Praktische Informationen: Flughafen

Flughafenpläne

*Freilichtmuseum am Kiekeberg

Ausflugsziel

Der Kiekeberg ist eine Erhebung (127 m ü.d.M.; Aussichtsturm) der Schwarzen Berge (Harburger Berge; → Harburg). Er liegt bereits in der niedersächsischen Gemeinde Rosengarten (Ehestorf) südwestlich von Harburg, unweit jenseits der Bundesautobahn A 7 und der Landesgrenze zwischen Hamburg und Niedersachsen.

Lage
ca. 7 km westlich von HH-Harburg; Am Kiekeberg 1 W-2107 Rosengarten 5 (Ehestorf)

Das Freilichtmuseum am Kiekeberg, früher eine Außenstelle des Harburger Helms-Museums (→ Hamburger Museum für Archäologie und die Geschichte Harburgs), ist seit 1987 selbständiges Kreismuseum des Landkreises Harburg. Seit 1953 wurden hier verschiedene bäuerliche Bauten des 17. bis 19. Jahrhunderts aus der nördlichen → Lüneburger Heide wiedererrichtet. Sie stellen in ihrer jetzigen Anordnung eine Dorfanlage dar, wie sie früher für diese Gegend charakteristisch war:
Um das ursprünglich 1797 in Kakensdorf erbaute Maybohmsche Haus, ein typisches Beispiel eines niederdeutschen Wohnstallhauses ('Niedersachsenhaus') gruppieren sich Speicher (u.a. ein Honigspeicher von 1688), Scheunen, Schafstall, Wagenschauer, Backhaus, Stellmacherei (Wagenbau), Schmiede, Immenzaun (mit aus Stroh geflochtenen Bienenkörben) und ein Ziehbrunnen ('Wübbsod').
Ferner beachtenswert sind der Corbelinsche Hof von 1697 und der Silberhof von 1612.

S-Bahn
Harburg (S 3, S 31), dann HVV-Bus 144 bis Appelbüttel und noch 3 km zu Fuß – oder KVG-Bus bis Vahrendorf und noch 1 km zu Fuß – oder Privatbus ab Bahnhof Harburg nach Ehestorf

Im Freilichtmuseum am Kiekeberg

Freilichtmuseum am Kiekeberg (Fortsetzung)

Die vollständig eingerichteten Gebäude, ein Gemüse- und Kräutergarten sowie etliche Haustiere geben ein anschauliches Bild bäuerlichen Lebens vergangener Zeiten.

Zufahrt
A 7 südwärts bis bis Abfahrt 'HH-Marmstorf', dann Wegweiser 'Museumsdorf' folgen

Eine zwanzigminütige Tonbandschau im Hause Nr. 2 (Durchfahrtscheune) vermittelt eine Vorinformation über das Bauernhaus im Landkreis Harburg. Im Backhaus wird im Sommerhalbjahr an jedem ersten und dritten Donnerstag im Monat Brot gebacken und verkauft. Daneben finden regelmäßig weitere Handwerksvorführungen statt.

Öffnungszeiten
März–Oktober: Di.–Fr. 9.00 bis 17.00, Sa., So. + Fei. 10.00–18.00
Nov.–Februar: Di.–So. 10.00 bis 16.00
Eintrittsgebühr

Seit November 1989 kann die neu eingerichtete Landtechnische Sammlung besichtigt werden. In einem Ausstellungsgebäude wird auf einer Fläche von ca. 2500 m² die Entwicklung der Landwirtschaft in den letzten 150 Jahren dargestellt. Die Ausstellung ist in vier Zeitphasen gegliedert: 'Landwirtschaft vor dem Wandel' (Phase I, bis 1850), 'Landwirtschaft zur Zeit der beginnenden Industrialisierung' (Phase II, 1850–1890), 'Landwirtschaft im Zeichen der Motorisierung' (Phase III, 1890–1950) und 'Landwirtschaft zur Zeit der Vollmechanisierung' (Phase IV, 1950–1970).

Gaststätte
Wildpark

Bei dem Freilichtmuseum befindet sich das unabhängig von diesem zugängliche "Gasthaus zum Kiekeberg"; nahebei der besuchenswerte Wildpark Schwarze Berge.

Friedrichsruh

⟶ Sachsenwald

Gänsemarkt

25 24

U-Bahn
Gänsemarkt (U 2)

Bus
36, 102, 109

Der unweit westlich der Binnenalster (⟶ Alster) in Verlängerung vom ⟶ Jungfernstieg gelegene Gänsemarkt ist der zentrale Platz der Hamburger Neustadt, von dem – selbst überwiegend Fußgängerbereich – die Einkaufsgalerien, 'Gänsemarkt-Passage' und 'Neuer Gänsemarkt' (beide ⟶ Passagen) ausstrahlen.

Lessing-Denkmal (Abb. s. S. 19)

Im südöstlichen Teil des dreieckigen Gänsemarktes steht das 1881 von Friedrich Schaper geschaffene und 1984–1986 restaurierte Lessing-Denkmal, ein Sitzbild des Dichters und Philosophen Gotthold Ephraim Lessing (1729–1781), der 1767 als Dramaturg an das am Gänsemarkt neu eröffnete Deutsche Nationaltheater (1765 als 'Comödienhaus' erbaut; zuvor hier seit 1678 das Deutsche Opernhaus) gekommen war, das jedoch nur zwei Jahre Bestand hatte.

Ehemalige Finanzdeputation

Die Nordwestecke des Gänsemarktes erfüllt ein mächtiger Bau, der von 1918 bis 1926 für die damalige Finanzdeputation nach Plänen von Fritz Schumacher in Stahlbeton mit Klinkerverkleidung errichtet wurde.

Deutschlandhaus

Nördlich gegenüber steht das Deutschlandhaus (urspr. von 1928), einst mit dem legendären 'Ufa-Palast', der einmal das modernste und mit rund 3000 Sitzplätzen das damals größte Filmtheater Europas war; das Gebäude wurde zuletzt 1979–1982 für die Dresdner Bank erneuert.

Berolina-Haus

Unilever-Hochhaus

Anschließend steht am Valentinskamp das moderne Berolina-Haus (1980 bis 1983) und dahinter, jenseits der Caffamacherreihe, das durch seine schillernde Glasfassade auffallende Verwaltungsgebäude des Unileverkonzerns auf, ein 78 m hohes Hochhaus auf dreiflügeligem Grundriß.

Kleiner Gänsemarkt

Die platzartige Erweiterung der vom Gänsemarkt südwestlich abzweigenden ABC-Straße (neuerdings mit anspruchsvollen Ladengeschäften) heißt Kleiner Gänsemarkt. Hier, vor dem 1988 eröffneten Nobelhotel "Hamburg Mariott", steht ein monumentaler Brunnen aus italienischem Marmor, der in den Sommermonaten Erfrischung spendet.

Straßenszene an der Nordseite vom Gänsemarkt

Geesthacht

Ausflugsziel

Lage
30 km ostsüdöstlich vom Hamburger Stadtkern

Die zum (schleswig-)holsteinischen Kreis Herzogtum ⟶ Lauenburg gehörende Kleinstadt Geesthacht (30 m ü. d. M.; 25 000 Einw.) liegt am Fuße des rechten, hier bis zu 97 m hohen, bewaldeten Ufers der ⟶ Elbe (kleiner Flußhafen) auf einer Binnendüne.

Bus
31 (ab Rathausmarkt)
231 (ab Bergedorf)

Zufahrt
A 25 oder B 5

Neben dem GKSS-Forschungszentrum (Kernenergie, Umwelttechnik) und vielfältigen Freizeitmöglichkeiten (u. a. großes Freizeitbad in Elbnähe) verdienen die Kirche St. Salvatoris (von 1685), das Heimatmuseum im Krügerschen Haus (von 1756) und die im Sommer sonnabends zwischen Geesthacht und ⟶ Bergedorf verkehrende Museumseisenbahn "Caroline" Erwähnung.

Auskunft
Stadtverwaltung
Markt 15,
W-2054 Geesthacht; Tel.
(0 41 52) 1 30

Unweit östlich befinden sich ein großes Pumpspeicherwerk sowie im Ortsteil Krümmel, wo der schwedische Chemiker Alfred Nobel 1867 den Sprengstoff Dynamit erfand, ein 1983 errichtetes Kernkraftwerk (Informationszentrum).
Noch weiter östlich, in Tesperhude, ein bronzezeitliches Totenhaus (ca. 1200 v. Chr.).

Elbstaustufe Geesthacht

Für die Elbschiffahrt ist Geesthacht von besonderer Bedeutung: In den Jahren 1957 bis 1960 wurde unweit unterhalb der Stadt eine Staustufe gebaut, bestehend aus einem 220 m langen Stauwehr in der ⟶ Elbe und einer Schiffahrtsschleuse im Seitenkanal (Straßenbrücke über die gesamte Anlage).

Die mit starken Hubtoren versehene Doppelkammerschleuse (Kammermaße 230 × 25 m) ermöglicht den Elbschiffen die Überwindung der durch das Wehr erzeugten Gefällestufe.

Geesthacht, Staustufe (Fortsetzung)
Gezeitengrenze

Oberhalb von Geesthacht wird der Elbwasserspiegel durch die Staustufe auf gleichbleibend 4 m über NN gehalten (Oberwasser), unterhalb wechseln die Wasserstände im Rhythmus von Ebbe und Flut (Unterwasser).

Geschäftsstadt Nord

→ City Nord

Görtz-Palais · Altes Stadthaus 25 24

Lage
Neuer Wall 86
HH 36

S-Bahn
Stadthausbrücke
(S 1, S 2, S 3)

U-Bahn
Rödingsmarkt
(U 3)

Bus
35, 37, 108, 111

Das ehemalige Palais Görtz wurde 1710–1712 von Johann Nikolaus Kuhn für den holsteinisch-gottorfischen Rentkammerpräsidenten Georg Heinrich Freiherr von Schlitz, genannt von Görtz (1675–1719), erbaut. Görtz, einflußreichster Berater des schwedischen Königs Karl XII., wurde nach dessen Tod wegen angeblicher Unterschlagung und Landesverrates zum Tode verurteilt und in Stockholm enthauptet.

Von 1722 bis 1806 diente das Gebäude als Residenz des kaiserlichen Gesandten im niedersächsischen Kreis, 1811–1814 als französische 'Mairie' (Rathaus) und dann als Stadthaus und Sitz der Polizeibehörde (1933–1943 Hauptquartier der Hamburger nationalsozialistischen Geheimen Staatspolizei 'Gestapo'). Im Zweiten Weltkrieg wurde der Bau bis auf die Fassade zerstört, 1953–1954 restauriert und mit einem Bürohausneubau verbunden.

Bürgermeister-Petersen-Denkmal

Auf dem kleinen, dem Görtz-Palais gegenüberliegenden Platz steht ein 1897 von dem Wiener Bildhauer Victor Tilgner geschaffenes Bronzedenkmal des verdienten Hamburger Bürgermeisters Carl Friedrich Petersen (1809–1892; seit 1855 im Senat, 1876 erstmals Bürgermeister) in historischer Amtstracht.

Große Freiheit

→ Reeperbahn

Großneumarkt 24/25 24

Lage
ca. 800 m südwestlich vom Jungfernstieg

S-Bahn
Stadthausbrücke
(S 1, S 2, S 3)

U-Bahn
Rödingsmarkt
(U 3)

Bus
37, 112

Der Großneumarkt, der historische Hauptplatz der im 17. Jahrhundert angelegten Neustadt, dessen Bebauung im Zweiten Weltkrieg weitgehend zerstört worden ist, hat sich zu einem beliebten Treffpunkt der Hamburger 'Szene' gemausert. Reizvoll ist der figurengeschmückte Bronzebrunnen auf dem Platz von Doris Waschk-Balz (1978).

Rings um den baumbestandenen Platz (z. T. Fußgängerzone) sowie in den sternförmig hierher führenden Straßen – Wexstraße, Alter Steinweg, Erste Brunnenstraße, Neuer Steinweg, Markusstraße, Thielbek – gibt es eine Vielzahl gemütlicher Gaststätten, Kellerlokale, Weinstuben, Musikkneipen, Brettlbühnen und Kramläden.
Am Alten Steinweg (Nr. 10) ist auch der altbekannte Jazzkeller "Cotton Club" etabliert.

Hummelbrunnen

Nicht weit nordöstlich vom Großneumarkt, wo von Norden der Breite Gang in den Rademachergang mündet, hat man das Hamburger Original 'Hummel' verewigt. Hier ließ der Verein geborener Hamburger im Jahre

Hummelbrunnen

Zitronenjette

Großneumarkt, Hummelbrunnen (Fortsetzung)

1938 ein Hummeldenkmal (von R. Kuöhl) in Form eines Brunnens aufstellen. Es zeigt den 'Hummel' genannten Wasserträger Johann Wilhelm Bentz (1787–1854; ⟶ Berühmte Persönlichkeiten), auf den angeblich der Schlachtruf der Hamburger "Hummel, Hummel – Moors, Moors!" zurückgeht. Auf das dem Wasserhändler von den Kindern der Neustadt spöttelnd nachgerufene "Hummel, Hummel!" soll dieser in plattdeutscher Abwandlung des bekannten Götz-Zitates mit "Moors, Moors!" geantwortet haben.

Hummelbahn
Hummelfest

⟶ Praktische Informationen: Stadtbesichtigung
⟶ Heiligengeistfeld

Zitronenjette

Ein Pendant zum Hummelbrunnen steht unweit von diesem an der Ludwig-Erhard-Straße (bis 1991 hier Ost-West-Straße) in der Nähe der ⟶ Michaeliskirche: Die 'Zitronenjette', ebenfalls ein bekanntes Hamburger Original, das von 1841 bis 1916 lebte, hat der Bildhauer Hansjörg Wagner aus Bronze gestaltet (1986).

**Hafen 18–30 18–23

Lage
in und an der Elbe, im Süden vom Hamburger Stadtkern

Der Hafen ist trotz der Entwicklung Hamburgs zu einer der größten deutschen Industriestädte das Herzstück der Hansestadt geblieben und stellt vor allem für Binnenländer die wohl größte Attraktion dar. Kein Besucher sollte 'Deutschlands Tor zur Welt' verlassen, ohne sich die verwirrende Vielfalt und Größe des Hamburger Hafens auf einer der geradezu obligatorischen Hafenrundfahrten vor Augen geführt zu haben.

Entwicklung
(Fortsetzung s. S. 122)

Ein erster Hafen entstand in Hamburg zu Zeiten des Schauenburger Grafen Adolf III. (1164–1203) vor der Mündung der ⟶ Alster in die ⟶ Elbe (⟶ Nikolaifleet; Alsterhafen-Modell s. S. 184). Um die Mitte des 13. Jahr-

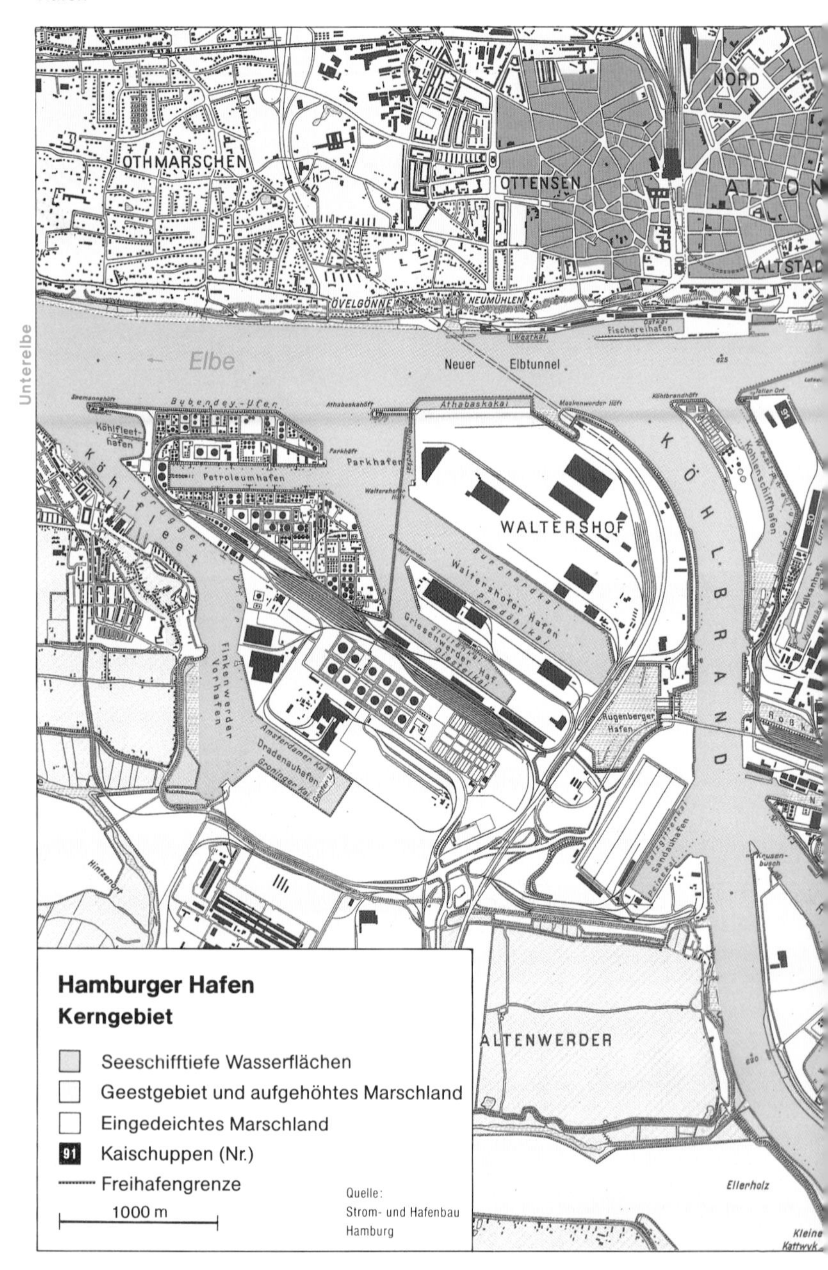

NORD
OTHMARSCHEN
OTTENSEN
ALTONA
ALTSTADT
ÖVELGÖNNE
NEUMÜHLEN
Elbe
Neuer Elbtunnel
Fischereihafen
Westkai
Athabaskakai
Köhlfleethafen
Petroleumhafen
Parkhafen
WALTERSHOF
Burchardkai
Waltershofer Hafen
Predöhlkai
Griesenwerder Hafen
Finkenwerder Vorhafen
Amsterdamer Kai
Dradenauhafen
Groninger Kai
Rugenberger Hafen
KÖHLBRAND
Sandauhafen
Kohlenschiffhafen
ALTENWERDER
Ellerholz
Kleine Kattwyk
Hamburger Hafen
Kerngebiet
Seeschifftiefe Wasserflächen
Geestgebiet und aufgehöhtes Marschland
Eingedeichtes Marschland
91 Kaischuppen (Nr.)
Freihafengrenze
1000 m
Quelle:
Strom- und Hafenbau
Hamburg

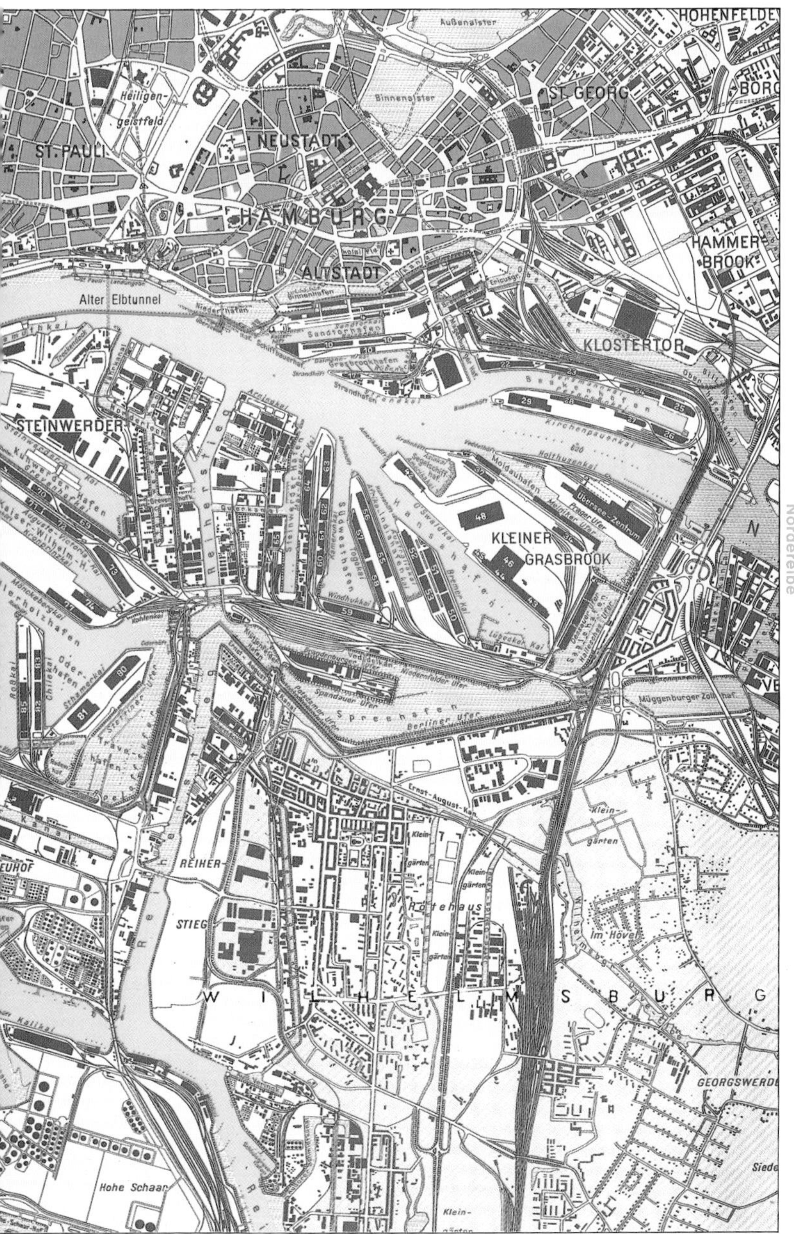

derelbe (Hafen Harburg) Reiherstieg HARBURG

Norderelbe

Flaggensignale in der Seeschiffahrt

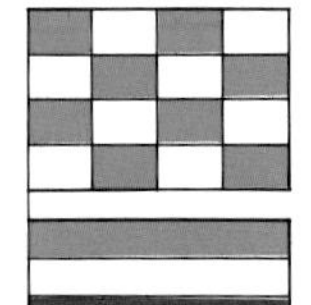

Internationales Notsignal

Hilfe!

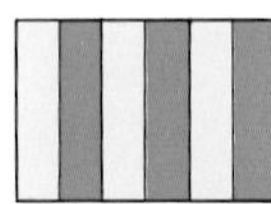

Schiff wünscht Lotsen

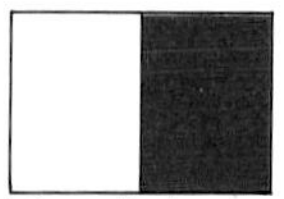

Lotse an Bord

Seuche an Bord

Zoll

Feuergefährliche Ladung

'Blauer Peter' (Abreise)

Hafen Hamburg in Zahlen

Durchschnittlich zwischen 13000 und 14000 Seeschiffe aus über 90 Staaten der Erde laufen jährlich den Hamburger Hafen an; etwa jedes zweite Schiff verkehrt im regelmäßigen Liniendienst.

GÜTERUMSCHLAG
57,8 Mio. t Jahresgesamtumschlag; davon 25,8 Mio. t Stückgut (66,2% per Container), 14,1 Mio. t Flüssiggut, 12,9 Mio. t Greifergut und 5,0 Mio. t Sauggut.

AUSDEHNUNG
87 km² Gesamtfläche (= 11,5% des Bundeslandes Hamburg)
63 km² Nutzfläche
12 km² Hafenerweiterungsgebiet
16 km² Freihafengelände (zwei Teile; insgesamt 28 km Grenzlinie)

INFRASTRUKTUR
33 Hafenbecken für Seeschiffe, 27 für Binnenschiffe
35 km Kaimauern für Seeschiffe
5 km Liegeplätze für Seeschiffe an Dalben (Pfahlgruppen)
3500 Dalben und 1500 Streichpfähle
192 Straßen- und Eisenbahnbrücken
155 km öffentliche Fahrstraßen
652 km Hafenbahngleise (davon 225 km privat)

UMSCHLAGKAPAZITÄTEN
229 Kaikräne, 11 Schwimmkräne (bis 1100 t Hubkraft), 8 Mobilkräne
3300 Gabelstapler, 79 Portalhubstapler (Van Straddle Carrier)
39 Saugheber
28 Containerbrücken
22 Verladebrücken (Transtainer)
15 Roll-on/Roll-off-Anlagen

LAGERKAPAZITÄTEN
2,04 Mio. m² überdachte Lagerfläche in Speichern (für Tabak, Tee, Kaffee, Kakao, Gewürze, Teppiche u.v.a.), Lagerhäusern, Schuppen und Hallen – davon ca. 437000 m² im Zollinland
122000 m² für den Fruchtumschlag klimatisiert
6 Kühlhäuser mit 256000 m² Fläche
700000 t Silo- und Lagerkapazität für Sauggüter (Getreide, Ölsaaten, Futtermittel u.a.)
350000 m² Lagerfläche für Greifgüter (Erze, Kohle, Düngemittel u.a.)
ca. 6 Mio. m³ Tanklagerkapazitäten

HAFENSCHIFFAHRT
88 Bugsierschlepper, 166 Barkassen, über 600 Schuten
30 Festmacherboote
73 Hafenlotsen; Radarkette mit elf Stationen
Fahrwassertiefe 13,50 m bei mittlerem Tideniedrigwasser, 16,50 m bei mittlerem Tidehochwasser, jeweils bezogen auf Karten-Null (KN)

SEEZUFAHRT
56 sm (104 km) Unterelbe zwischen Hamburg und Cuxhaven (Alte Liebe); Radarkette mit zwölf Stationen.
Zulässige Schiffstiefgänge 14,00 m einkommend unter Ausnutzung der Flutwelle, ansonsten tideunabhängig bis 11,85 m.

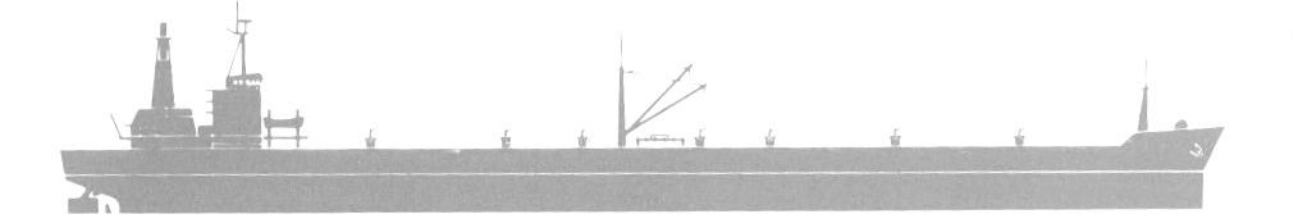

Tanker
Länge: 310 m
95 000 BRT
Ladekapazität:
150 000 t

Containerschiff
Länge: 290 m
58 000 BRT
Ladekapazität:
3 000 Container

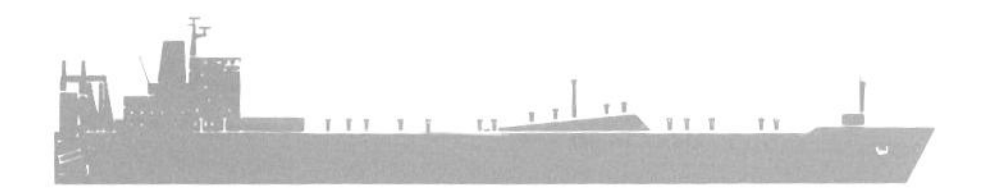

Roll-on/Roll-off-Schiff
Länge: 230 m · 22 000 BRT
Ladekapazität: 22 500 t

Passagierschiff
Länge: 200 m · 27 000 BRT
Kabinenkapazität: 600 Bordgäste

Stückgutfrachter
Länge: 140 m · 7500 BRT
Ladekapazität: 9000 t

Schubverband (für den Massengütertransport auf Binnenwasserstraßen)
Länge: 100 m · Leichterkapazität: 2 500 t

Küstenmotorschiff ('Kümo')
Länge: 75 m · 500 BRT
Ladekapazität: 1300 t

Schiffstypen im Hamburger Hafen

Fischlogger
Länge: 40 m · 300 BRT
Ladekapazität: 1 500 Fässer

Seeschiff-Assistenzschlepper
(Bugsierschlepper)
Länge: 30 m

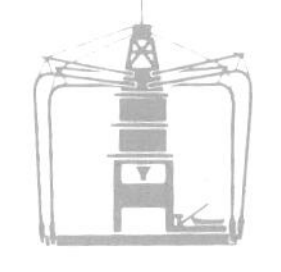

Getreideheber
Länge: 35 m
Breite: 14 m
Höhe über
Wasser: 37 m

Verladekräne bestimmen das Hafenbild

Entwicklung (Fortsetzung von S. 117)

hunderts schaffte man eine Wasserverbindung mit der Billemündung, den heutigen Zollkanal, und erst im 16. Jahrhundert wurde die Norderelbe in das Hafengebiet mit einbezogen. Im 17. Jahrhundert richtete man vor der Alstermündung den Niederhafen ein, und während der beiden folgenden Jahrhunderte dehnte sich das Hafenareal immer weiter südwärts aus.

Als um die Mitte des 19. Jahrhunderts der Schiffsverkehr rasch anwuchs und die ersten Dampfer an die Stelle der Segelschiffe traten, begann der planmäßige Ausbau der Hafenanlagen. Schon nach wenigen Jahren erstreckten sie sich über das Gebiet zwischen den beiden Armen des Elbstromes (Insel ⟶ Wilhelmsburg) und sind inzwischen immer wieder erweitert und verbessert worden. Heute gehört Hamburg in die Spitzengruppe der europäischen Umschlagplätze für Seegüter und zu den bedeutendsten Containerhäfen der Erde.

Die verkehrsgeographische Bedeutung des Hamburger Hafens ist am Anfang dieses Reiseführers behandelt (⟶ Zahlen und Fakten: Verkehr).

Hafenindustrie

Auf einer Gesamtfläche von annähernd einhundert Quadratkilometern ist eine imponierende Hafenlandschaft der Technik und des Verkehrs entstanden, wie es sie nur an ganz wenigen Plätzen gibt. Um eine Vielzahl großer und kleinerer Hafenbecken gruppieren sich Arbeitsstätten für mehr als 140000 Menschen: Terminals für den Güterumschlag, Lagerhäuser, Güterbahnhöfe und eine große Zahl von Industriebetrieben, darunter Schiffswerften (Blohm + Voss als einzige verbliebene Großwerft), Mineralölraffinerien (mit rückläufiger Entwicklung), die größte Kupferhütte des europäischen Kontinentes sowie Stahl- und Aluminiumwerke. Die Betriebe profitieren davon, daß ihnen Seeschiffe die Rohstoffe bis vor die Werkhallen transportieren.
Für das weitere Wachstum des Hafens sind im Süden und Westen des heutigen Hafengebietes bisher noch landwirtschaftlich genutzte Flächen

Hafenschlepper sind stets einsatzbereit

(ca. 1200 ha) für neue Hafenbecken, Umschlaganlagen und Gewerbebetriebe vorgesehen. Allerdings stoßen solche Pläne verstärkt auf den Widerstand der Anwohner dieser Gegenden (z. B. in Moorburg, Altenwerder und Francop).

Hafenindustrie (Fortsetzung)

Der Hafen befindet sich in einem stetigen Anpassungsprozeß an die Erfordernisse der Industrialisierung und Rationalisierung. Die Abkehr vom altgewohnten Bild der Hafenanlagen wird dort am deutlichsten, wo Containerschiffe ihre Ladung umschlagen. Das weiträumige Containerzentrum Waltershof (3 km²) entspricht kaum noch den früheren Vorstellungen von einem Seehafen. Hier wird die Industrialisierung des Seeverkehrs augenfällig. Mit seinen modernen Anlagen ist der Hamburger Hafen (s. tabellarische Übersicht 'Hafen Hamburg in Zahlen' auf S. 120) ein großer und 'schneller' Universalhafen, in dem die teuren Liegezeiten der Schiffe auf ein Minimum verkürzt sind.

Moderner Hafen

Auf der Kehrwiederspitze entsteht bis 1996 die neue Bürostadt 'Hanseatic Trade Center'.

Den Kern des Hafens mit einer Fläche von ca. 1600 ha bildet der zweiteilige Freihafen, eine der ältesten und größten Einrichtungen dieser Art überhaupt. Innerhalb des Zollfreigebietes wird der Schiffs- und Warenverkehr frei von Zollformalitäten abgewickelt. Hier können alle Güter des Welthandels beliebig lange gelagert, gehandelt, besichtigt, behandelt und verarbeitet werden.

Freihafen

Erwähnung verdient die westlich der Norderelbbrücken (Veddel) gelegene traditionelle Exklave der Tschechoslowakei (ČSFR). Im Moldauhafen (mit dem Prager Ufer und dem Melniker Ufer) und im Saalehafen befinden sich die Liegeplätze der tschechischen Elbfrachtschiffe und eines Hotelschiffes; am Halleschen Ufer das Hafengebäude der tschechslowakischen Binnenreederei ČSPLO.

Exklave der Tschechoslowakei

Einen markanten Blickfang und ein weiteres Wahrzeichen der Hansestadt bildet die von Westen in den Freihafen führende ⟶ Köhlbrandbrücke.

Köhlbrandbrücke

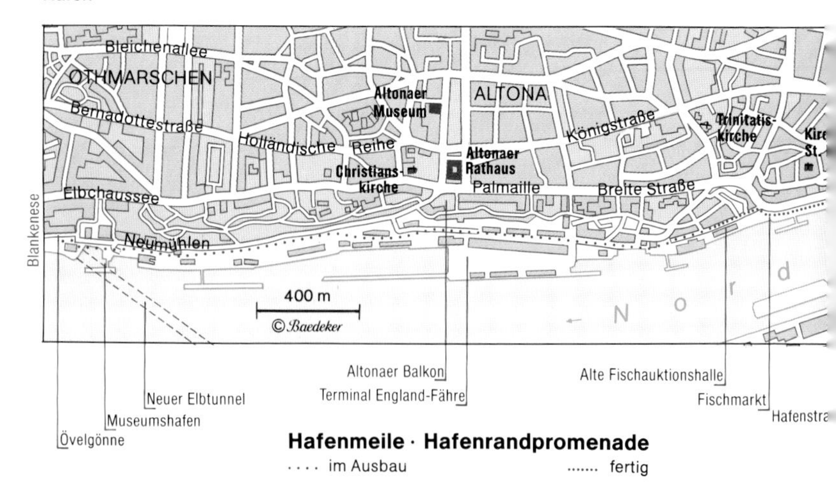

Hafenmeile · Hafenrandpromenade

.... im Ausbau .... fertig

Freihafen, Speicherstadt

Eine besondere Sehenswürdigkeit des Freihafens stellt die historische → Speicherstadt dar.

Hafenservice

Die Serviceleistungen im Hamburger Hafen setzen eine eingespielte Organisation (größtenteils computergesteuert) und reibungslose Zusammenarbeit vieler Institutionen, Firmen und Menschen voraus. Das fachliche Können und die Erfahrung der Hafenbetriebe werden ergänzt durch die Tätigkeit von Reedereien, Schiffsmaklern, Spediteuren, Handelshäusern, Banken, Versicherungen, Konsulaten, Forschungseinrichtungen, diversen Spezialunternehmen für Reparaturen und Verpackungen sowie vielen anderen Firmen.

Schiffsverkehr

Die Ein- und Ausfahrt der Schiffe (vgl. Schiffsbegrüßungsanlage → Willkommhöft) vollzieht sich in althergebrachter Manier: Im Hafen selbst übernimmt ein Hafenlotse, auf der Unterelbe ein Elblotse das Kommando. Beim Manövrieren helfen ('verholen') die Hafenschlepper. An den Liegeplätzen vertäuen die 'Festmacher' die Schiffstrossen; das Laden und Entladen ('Löschen') besorgen die 'Schauerleute'.

Touristenziel Hamburger Hafen

Hafenrundfahrten

Das ganze Jahr über werden täglich mehrmals Hafenrundfahrten mit verschiedenen Programmen (→ Stadtbesichtigung) durchgeführt. Die Schiffe liegen an den Pontons der → Landungsbrücken, wo auch die meisten Hafenfähren und lokalen Linienschiffe anlegen.

Hafenmeile

Die in neuerer Zeit entstandene, → Hafenmeile genannte Hafenrandpromenade zwischen Deichtorplatz und → Fischmarkt (Ausbau bis Neumühlen im Gange) vermittelt auch vom 'Festland' interessante Eindrücke vom Hafengeschehen.

Tourist Information am Hafen

Im Empfangsgebäude der → Landungsbrücken (zwischen den Durchgängen zu den Brücken 4 und 5) ist die 'Tourist Information am Hafen' für alle Belange des Hamburger Hafens eingerichtet.

Hafengeburtstag

Jedes Jahr um den 7. Mai wird mit dem 'Hafengeburtstag' (auch 'Überseetag') die Unterzeichnung eines Freibriefes von Kaiser Friedrich Barba-

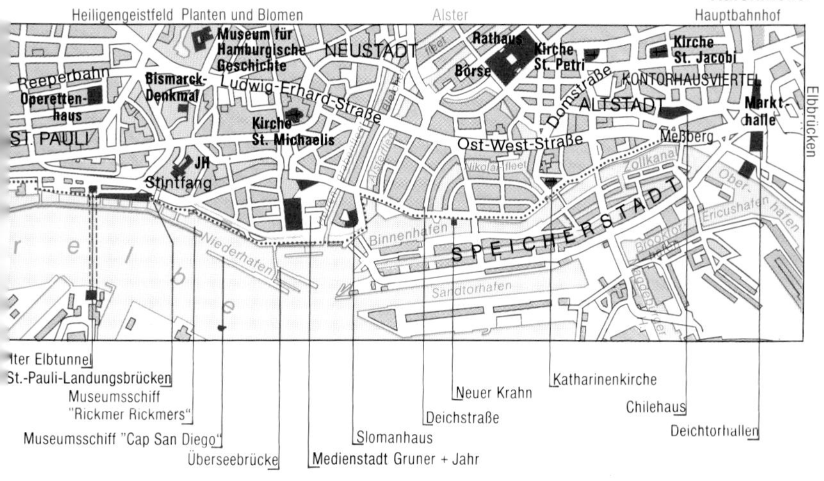

rossa, dessen Echtheit allerdings angezweifelt wird, im Jahre 1189 gefeiert, der den Hamburgern Zoll- und Abgabenfreiheit auf der Unterelbe zusicherte. Aus diesem Anlaß gibt es Hafenveranstaltungen mit Volksfestcharakter (Schiffsparaden, Einweihung neuer Anlagen u.v.a.m.). Zur 800. Wiederkehr des Hafengeburtstages fanden im Jahre 1989 besonders viele Jubiläumsveranstaltungen statt.

Hafen, Hafengeburtstag (Fortsetzung)

*Hafenmeile 20–26 23

'Hafenmeile' wird der insgesamt etwa 6 km lange Uferstreifen zwischen Deichtormarkt und → Övelgönne genannt, auf dem sich im Jahre 1989, dem Jubiläumsjahr der 800. Wiederkehr des Hafengeburtstages, besonders zahlreiche Festveranstaltungen abgespielt haben.
In den letzten Jahren sind die den Hafenrand zwischen Meßberg und → Fischmarkt begleitenden Straßen ausgebaut und durch einen fast durchgehend geklinkerten Promenadenweg ergänzt worden, der z.T. auf den Kai- bzw. Flutschutzmauern unmittelbar an der Hafenkante entlangführt und für einen 'Hafenspaziergang' empfohlen werden kann.
Wer die U-Bahn-Linie U 3 benutzt, sei auf die prächtige Hafensicht während der Fahrt auf der aufgeständerten Strecke zwischen den Stationen 'Rödingsmarkt', 'Baumwall' und 'Landungsbrücken' hingewiesen.
Die westliche Fortsetzung der Hafenmeile vom Fischmarkt durch das alte Altonaer Fischereihafengelände und Neumühlen bis zum Museumshafen Oevelgönne befindet sich im Ausbau.

Verlauf
zwischen Deichtor und Neumühlen

S-Bahn
Hauptbahnhof, Landungsbrücken (S 1, S 2, S 3)

U-Bahn
Steinstraße, Meßberg (U 1); Baumwall, Landungsbrücken (U 3)

Promenade am Hafenrand

Um eine gewisse Steigerung der Eindrücke zu genießen, beginne man den Spaziergang entlang der Hafenrandpromenade am Ostende bei den für Kunstausstellungen eingerichteten → Deichtorhallen am Deichtormarkt und wende sich südwärts zum Kai des Oberhafens, einst Anlegestelle der Gemüse- und Obstkähne.
Auf der gegenüberliegenden Seite bildet die Ericusspitze, wo ein großes Handels- und Dienstleistungszentrum entsteht, das östliche Ende der vor rund einhundert Jahren entstandenen → Speicherstadt.

Deichtormarkt

Oberhafen

Ericusspitze

Neuer Krahn, Zollkanal und Speicherstadt

Meßberg
Kontorhäuser
Chilehaus
Zollkanal
Speicherstadt
Katharinenkirche
Neuer Krahn

Über den Meßberg mit seinen mächtigen Kontorhäusern aus den zwanziger Jahren dieses Jahrhunderts (→ Kontorhausviertel), darunter unweit nördlich das berühmte → Chilehaus mit seiner schiffsbugförmigen Nordspitze, führt die Hafenmeile am Zollkanal entlang, einem den Hauptteil des Freihafens (→ Hafen) umgehenden Seitenkanal der Norderelbe (→ Elbe), dessen jenseitiges Ufer die dunkelroten Backsteinbauten der → Speicherstadt säumen, und folgt zunächst den Straßenzügen 'Dovenfleet' und 'Zippelhaus' bis zur → Katharinenkirche (rechter Hand) sowie weiterhin den Straßen 'Bei den Mühren' und 'Bei dem Neuen Krahn' (selbiger links auf der Kaimauer).

Cremon
Hohe Brücke
Nikolaifleet
Deichstraße

Jenseits der ehemaligen Insel → Cremon überquert die Hafenrandstraße auf der Hohen Brücke das von Norden in den Binnenhafen verschleust mündende → Nikolaifleet, Hamburgs ältesten Hafen, und bietet einen malerischen Blick auf die Fleetfronten der Althamburger Bürgerhäuser an der → Deichstraße.
Am Anleger beim Nikolaisperrwerk im Binnenhafen liegen Barkassen, die Hafenrundfahrten anbieten.

Alsterfleet
Niederhafen

Von der Hohen Brücke folgt man kurz dem Straßenzug 'Kajen' westwärts, überquert dann zu Fuß auf der Otto-Sill-Brücke den Mündungsbereich des Alsterfleetes (→ Alster) und erreicht den Baumwall (s. nachstehend).
Hinter der in den Freihafen führenden Niederbaumbrücke beginnt der Niederhafen; hier, am Westende der Speicherstadt, weitet sich der Blick auf den → Hafen, an dessen Nordufer die U-Bahn oberirdisch als Hochbahn auf einem 1909–1911 errichteten und seither ein markantes Element der Hafenkante bildenden Eisenviadukt fährt.

Baumwall

Der Baumwall ist die südliche Begrenzung der → Fleetinsel zwischen Alsterfleet und dem ebenfalls der Norderelbe zufließenden Herrengrabenfleet. Am Baumwall stand von 1662 bis 1851 das einst berühmte, von Hans

Hochbahnviadukt am Baumwall

Baumwall (Fortsetzung)
Slomanhaus

Hamelau erbaute 'Baumhaus', das einstige Hauptzollamt der Stadt. An dem massigen Slomanhaus (urspr. von 1908), Ecke Steinhöft, befinden sich drei Medaillons der Gründer der bekannten Hamburger Reederei Robert M. Sloman.

Vorsetzen

Vom Baumwall gelangt man auf der Roosenbrücke über das Herrengrabenfleet zu den 'Vorsetzen' (= alte Bezeichnung für die einst am Ufer eingerammten Bohlenwände).

Pressehaus Gruner + Jahr

Den Raum an der Nordseite, zwischen den Seitenstraßen Stubbenhuk und Neustädter Neuer Weg, erfüllt der raumgreifende, 1987–1990 nach Plänen der Architekten O. Steidle, U. Kiessler und P. Schweger entstandene Gebäudekomplex für den Medienkonzern Gruner + Jahr (Grundstücksfläche 22600 m², 350000 m³ umbauter Raum). Das G+J-Pressehaus, dessen Gebäudehülle zu 55% aus Glas besteht, ist in vier zur Elbe ausgerichtete Hauptschiffe zeilenartig untergliedert. Die Schiffe sind durch zwei große und zwei kleine Querspangen miteinander verbunden. Den Übergang vom südlichen Baukörper – den vier Schiffen – zum kleineren nördlichen markiert ein 'Tobogan' genannter, 40 m hoher Turm (Eingang); von hier führt ein Verbindungsweg zu dem fast dreieckigen nördlichen Gebäudeteil, der aus drei kürzeren, parallel angeordneten Schiffen besteht. – Unweit nördlich oberhalb erhebt sich die ⟶ Michaeliskirche mit dem Turm 'Michel', dem alten Wahrzeichen der Hansestadt.

Luftbild der G+J-'Medienstadt' s. S. 21

Michel

Überseebrücke

Im weiteren Verlauf der Hafenrandstraße versperrt eine Flutschutzmauer den Blick auf das Hafengeschehen; man kann ihn jedoch von der oben verlaufenden Uferpromenade genießen. Gleich links liegt am bzw. im Binnenhafen die Überseebrücke (⟶ Landungsbrücken), wo Hamburg besuchende Kreuzfahrt- und Kriegsschiffe festmachen, ein Hafen für auswärtige Jachten entstehen soll und bis auf weiteres das Museumsschiff "Cap San Diego" vertäut ist.

Museumsschiff "Cap San Diego"

Landungsbrücken

Die stets belebten ⟶ Landungsbrücken – offiziell St.-Pauli-Landungsbrücken – mit zahlreichen Restaurants, Imbißständen, Andenkenläden und einer Aussichtsplattform sind die zentrale Schiffsanlegestelle des Hafen- und Unterelbeverkehrs.

Hafenrundfahrten

Die Landungsbrücken sind auch der Hauptausgangs- und -endpunkt der beliebten und lohnenden Hafenrundfahrten; das ausführliche Angebot findet man in den ⟶ Praktischen Informationen von A bis Z im letzten Teil dieses Reiseführers unter dem Stichwort 'Stadtbesichtigung'.

Museumsschiff "Rickmer Rickmers"

Am "Fiete"-Schmidt-Anleger hat das ehemalige Vollmastschiff "Rickmer Rickmers", heute Museums- und Restaurantschiff, seinen festen Liegeplatz.

Stintfang

Auf der Höhe über den Landungsbrücken liegt an der Stelle der früheren Seewarte auf dem Stintfang die Hamburger Jugendherberge, die durch einen Neubau eines Jugendhotels im Stile der alten Seewarte ersetzt werden soll.

Bismarck-Denkmal

Nördlich oberhalb vom Stintfang erhebt sich das große ⟶ Bismarck-Denkmal im Alten Elbpark beim Millerntor.

Geestrand

Westlich jenseits der tief in den Geestrücken einschneidenden Helgoländer Allee, thront das turmgekrönte Hotel "Hafen Hamburg" (mit Aussichtsrestaurant).
Anschließend folgen die Gebäude des Bundesamtes für Seeschiffahrt und Hydrographie, des Deutschen Wetterdienstes (Seewetteramt) amt und schließlich des bekannten Bernhard-Nocht-Institutes für Schiffs- und Tropenkrankheiten (urspr. von F. Schumacher, 1910–1914; nach Zerstörung im Zweiten Weltkrieg vereinfacht wiederhergestellt) sowie weiter nördlich, jenseits der Seewartenstraße, das Hafenkrankenhaus und die Bavaria-St.-Pauli-Brauerei mit einem Hochhaus, in dessen oberstem Stockwerk sich ein beliebtes Aussichtsrestaurant befindet.

Alter Elbtunnel

Am Westende der Landungsbrücken bezeichnet ein massiver Kuppelbau den Einfahrtsschacht in den Alten ⟶ Elbtunnel.

Hafenstraße

Fischmarkt

Ehem. Fischauktionshalle

Die Hafenrandstraße führt dann unterhalb der skandalumwitterten Häusern der ⟶ Hafenstraße vorüber zu dem weit über Hamburg hinaus bekannten ⟶ Fischmarkt, dessen früher recht unansehnliche Umgegend durch eine freundliche Wohnbebauung deutlich aufgewertet worden ist und der durch die Restaurierung der ehemaligen Fischauktionshalle gewonnen hat.
Beim Fischmarkt schwenkt die Hafenrandstraße 'landeinwärts' nach ⟶ Altona.

Große Elbstraße in Altona

Die ab hier noch in der Entwicklung befindliche Hafenmeile jedoch führt als Große Elbstraße weiter nahe dem Elbufer und am ehemaligen Altonaer Fischereihafen, wo jetzt nur noch ausgedehnte Fischlagerhallen, aber auch das bekannte "Fischereihafen-Restaurant" zu finden sind, vorüber nach Neumühlen.

England-Fähre

Kreuzfahrtcenter

Neumühlen

Am Edgar-Engelhard-Kai, dem alten Ausrüstungskai, wurde im Juni 1991 der neue Terminal für die England-Fähre seiner Bestimmung übergeben. Im November 1991 ist ebendort das neu errichtete Kreuzfahrtcenter fertiggestellt worden. Die weiteren Planungen umfassen die Anlage eines Sportschiffhafens sowie den Bau eines Seniorenheimes an der Stelle des 1991 ausgebrannten und abgetragenen Union-Kühlhauses in Neumühlen.

Övelgönne

Die Hafenmeile endet am Museumshafen Oevelgönne (⟶ Övelgönne), dem Liegeplatz einer Anzahl fahrtüchtiger bzw. in Restaurierung befindlicher Oldtimerschiffe.

Neuer Elbtunnel

Hier verläuft im Untergrund der Neue ⟶ Elbtunnel.

Protestparolen und Graffiti an ...

... Brandmauern von Hafenstraßenhäusern

Hafenstraße · St.-Pauli-Hafenstraße 23 23

Wenngleich man mit der seit geraumer Zeit in ganz Deutschland bekannt gewordenen Bezeichnung 'Hamburger Hafenstraße' in erster Linie sozialpolitische Probleme verbindet, die auch in anderen Großstädten der Lösung harren, kann man nicht umhin, der Hafenstraße einen gewissen touristischen Aufmerksamkeitswert zuzuordnen.

Allein an jedem Sonntagmorgen ziehen zahllose Fischmarktbesucher an den oberhalb der Hafenrandstraße (⟶ Hafenmeile) zwischen ⟶ Landungsbrücken und ⟶ Fischmarkt stehenden, mehrstöckigen und zumindest äußerlich heruntergekommenen Altbauten vorüber, deren Fassaden, Brandmauern, Dächer und Fenster mit Graffiti und Protestparolen bedeckt sind.

In den zur Räumung und anschließenden Sanierung bestimmten 'Hafenstraßenhäusern' – St.-Pauli-Hafenstraße Nr. 116–126 und Bernhard-Nocht-Straße Nr. 16–24 – leben seit 1981 überwiegend Angehörige der sog. alternativen Szene ('Autonome'). Die Bewohner haben sich in einem 'Verein Hafenstraße' zusammengeschlossen, nicht zuletzt um ihr Wohnrecht in den im Eigentum der Städtischen Hafenrand GmbH befindlichen Gebäude zu bekräftigen.
Nach jahrelangen, skandalträchtigen und von Ausschreitungen überschatteten Auseinandersetzungen mit den zuständigen Behörden wurde die schließlich im August 1990 ausgesprochene Kündigung des bestehenden Pachtvertrages am 7. Januar 1991 von der elften Zivilkammer des Hamburger Landgerichtes für rechtmäßig erklärt und in einer Entscheidung über die von den Bewohnern eingelegte Berufung vom Hanseatischen Oberlandesgericht am 4. November 1991 bestätigt, so daß nun die Räumung der Häuser ansteht.

Lage
ca. 2,5 km südwestlich vom Hamburger Stadtkern

S-Bahn
Landungsbrücken, Reeperbahn
(S 1, S 2, S 3)

U-Bahn
Landungsbrücken
(U 3)

Bus
112

**Hagenbecks Tierpark · Carl Hagenbecks Tierpark · Zoo 21/22 28/29

Lage
im Stadtteil Stellingen, ca. 7 km nord-nordwestlich vom Hamburger Stadtkern
HH 54

U-Bahn
Hagenbecks Tierpark (U 2)

Bus
39, 181, 190, 281

Öffnungszeit
das ganze Jahr täglich ab 8.00

Eintrittsgebühr

Angefangen hat es mit einem schlichten Waschbottich, in dem der Fischhändler Gottfried Clas Carl Hagenbeck 1848 auf dem Spielbudenplatz in St. Pauli sechs Seehunde zur Schau stellte. Die Tiere waren Finkenwerder Ewerfischern als Beifang ins Netz gegangen und wurden schnell zu einer Hamburger Attraktion. Durch diesen Erfolg ermutigt, gründete G. C. C. Hagenbeck neben seinem Fischgeschäft eine Handelsmenagerie. Heimkehrenden Seeleuten kaufte er exotische Tiere ab; der 'Star' war ein Grönland-Eisbär von einem Walfänger.
Carl Hagenbeck, der älteste Sohn des Fischhändlers, übernahm 1866 als 21jähriger das Tierhandelsgeschäft. In kurzer Zeit wurde das Unternehmen zum Tierlieferanten für zoologische Gärten in aller Welt.
Carl Hagenbeck bereiste Afrika und Amerika, kaufte ganze Menagerien auf und engagierte Tierfänger, die für ihn die fernsten Winkel der Erde durchstreiften. Sie brachten Tiere nach Hamburg, die bis dahin sogar der Wissenschaft noch unbekannt waren, darunter das Urwildpferd, den Somali-Wildesel, den Maral (eine Unterart des Rothirsches, später Hagenbeck-Maral genannt), den Seeleoparden, den Mähnenwolf und verschiedene Affenarten.
Als es am Spielbudenplatz zu eng wurde, kaufte Hagenbeck ein 76 000 Quadratfuß großes Gelände am Neuen Pferdemarkt, wo er 1874 'Carl Hagenbecks Thierpark' eröffnete.

Entstehung und Fortentwicklung

Auf Veranlassung des Tiermalers Heinrich Leutemann, eines Freundes von Carl Hagenbeck, kamen auch Lappländer mit ihren Rentieren nach Hamburg. Sie waren die Vorläufer der später so berühmt gewordenen Völkerschauen: Nubier, Grönland-Eskimos, Feuerländer, Patagonier und Ceylonesen zogen unter Hagenbecks Namen durch ganz Europa und führten Sitten und Gebräuche ihrer Heimatländer vor.

Tierplastiken am Haupteingang zu Carl Hagenbecks Tierpark in Hamburg-Stellingen

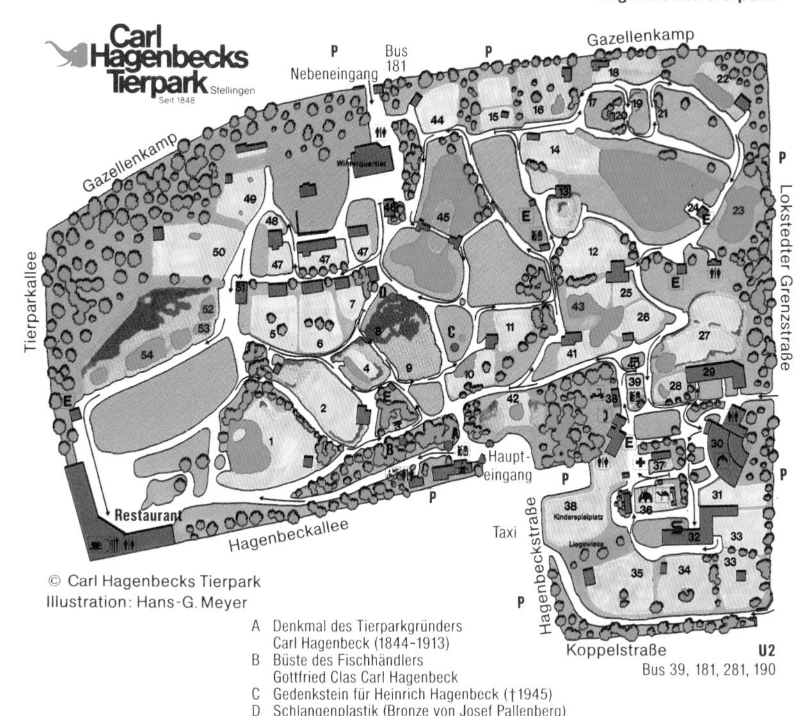

Illustration: Hans-G. Meyer

A Denkmal des Tierparkgründers Carl Hagenbeck (1844-1913)
B Büste des Fischhändlers Gottfried Clas Carl Hagenbeck
C Gedenkstein für Heinrich Hagenbeck (†1945)
D Schlangenplastik (Bronze von Josef Pallenberg)
E Erfrischungen
P Parkplatz

1 Großer Vogelteich
2 Afrikanische Steppe
3 Schnee-Eule
4 Löwenschlucht
5 Elenantilope
6 Giraffe
7 Roter Wasserbock
8 Mähnenschaf-Felsen
9 Fernandez-Felsen
10 Südamerika-Anlage
11 Känguruh
12 Hirschziegenantilope und Axishirsch
13 Affenfelsen und Otternhaus
14 Guanako und Nandu
15 Muntjak und Mandschurenkranich
16 Bison
17 Totempfähle
18 Wapiti
19 Vielfraß (=Marder)
20 Chinesischer Leopard
21 Bienenstöcke
22 Sibirischer Tiger
23 Dinosaurier (Riesenplastiken von Josef Pallenberg, 1908/1909)
24 Birmanische Tempelruine
25 Nasenbär
26 Yak
27 Asiatischer Elefant
28 Panzernashorn
29 Elefanten- und Nashornhaus
30 Delphinarium
31 Dromedar
32 Troparium (Terrarien und Aquarien) und Orang-Utan
33 Poitou-Esel und Springbock
34 Lama und Owambo-Ziege
35 Onager
36 Elefanten- und Dromedarreiten
37 Mandrill
38 Spielplatz und Märchenbahn
39 Meerschweinchen- und Kaninchendorf
40 Luchs
41 Zebu und Zwergziege
42 Kodiakbär
43 Pelikan und Marabu
44 Asiatisches Kamel
45 Japanische Insel
46 Indischer Hutaffe
47 Allee (urspr. Vogelschaukeln entlang der Lindenallee): Flachlandtapir, Grévy-Zebra, Watussirind und Großer Kudu
48 Vogelvoliere
49 Mähnenwolf
50 Kranich
51 Vogelhaus (Jugendstil, 1905)
52 Pinguin
53 Pazifisches Walroß und Seehund
54 Eismeerpanorama: Eisbär, Mähnenrobbe und Seebär

Vorsicht Gift!
Zucker, Schokolade und andere Süßigkeiten sowie verdorbene Lebensmittel sind Gift für alle Tiere und dürfen daher nicht verfüttert werden.
Man beachte strikt die jeweiligen Fütterungsvorschriften!

Elefantenparade

Zahme Dressur

Carl Hagenbeck, der sich auch mit der Dressur von Raubtieren befaßte, lehnte die damalige Gewaltmethoden der Dompteure ab. Mit Güte und Verständnis brachte er die Tiere zu weit besseren Leistungen. Diese neuartigen Methoden wurden unter dem Namen 'Zahme Dressur' zu einer zirzensischen Sensation. Noch heute gilt sie als Grundlage der aktuellen Verhaltensforschung und Tierpsychologie. Mit ihr begeisterte 'Carl Hagenbecks Internationaler Circus und Singhalesen-Karawane" (1887 eröffnet) das Publikum hier ebenso wie auf den Weltausstellungen in St. Louis und Chicago.

Fortschrittliche Tierhaltung

Sorgfältig studierte Carl Hagenbeck auch die Sprungweiten und Sprunghöhen der Raubtiere. Sein Plan war ein Zukunftstierpark. Nur durch unsichtbare Gräben vom Publikum getrennt sollten die Tiere in einer ihrer Heimat ähnlichen Parklandschaft mit Seen und Bergen leben. Für diese Idee erteilte ihm das Kaiserliche Patentamt in Berlin 1896 die Patenturkunde Nr. 91492.

Tierpark in Stellingen

Im damals preußischen Dorf Stellingen am Stadtrand von Hamburg entstand nach jahrelanger harter Arbeit eine solche Parkanlage. Der Schweizer Bildhauer Urs Eggenschwyler entwarf dazu die künstlichen Felsen. Am 7. Mai 1907 wurde der Tierpark eröffnet. Das Symbol ist bis heute das im Jugendstil erbaute Eingangstor mit Tierbronzen und den beiden Elefantenköpfen des Düsseldorfer Bildhauers Joseph Pallenberg.

Die erste gitterlose Raubtierschlucht wurde nicht nur für Besucher, sondern auch für die Wissenschaft eine Sensation. Viele naturwissenschaftliche Gesellschaften ehrten Carl Hagenbeck, fast alle europäischen Regierungen zeichneten ihn mit Orden aus. Kaiser, Könige und Präsidenten kamen zu Besuch. Jean Gilbert komponierte das Lied "Geh'n wir mal zu Hagenbeck". Carl Hagenbecks 1909 erschienenes Buch "Von Tieren und Menschen" wurde – auch in vielen Übersetzungen – ein Bestseller.

Vorführung im Delphinarium

Tierpark in Stellingen (Fortsetzung)

Nach dem Tode Carl Hagenbecks (1913) übernahmen seine Söhne, Heinrich und Lorenz Hagenbeck, den Tierpark und führten ihn unter schwersten Belastungen durch den Ersten Weltkrieg und die folgende Inflationszeit.

Zerstörung im Zweiten Weltkrieg und Wiederaufbau

Im Zweiten Weltkrieg zerstörte 1943 ein Luftbombardement den Tierpark zu 80 %. Nach dem Tode von Heinrich Hagenbeck (1945) leitete sein Sohn, Carl-Heinrich Hagenbeck, den Zoo, während Lorenz Hagenbeck mit dem Zirkus die Welt bereiste.
Bis zum Jubiläumsjahr der Firmengründung 1948 waren die Kriegsschäden größtenteils beseitigt. Ihren Beitrag zur Trümmerbeseitigung leisteten auch die Elefanten. Der stark reduzierte Tierbestand wurde durch Geschenke befreundeter zoologischer Gärten Zoos und Eigeninitiative wieder aufgefüllt. Im Jahre 1954 gelang es Carl-Heinrich Hagenbeck, zusammen mit dem Tierfänger Arnulf Johannes, Onager (Wildesel) in der persischen Salzwüste zu fangen und sie so vor dem Aussterben zu bewahren. Bis heute sind aus dieser Herde über 60 Fohlen hervorgegangen, die außer in Stellingen in vielen in- und ausländischen Zoos leben.

Hagenbecks Tierpark wurde laufend durch neue Gehege ergänzt, wie zum Beispiel durch Freisichtanlagen für Giraffen, Antilopen und Tiger, und immer wieder weckten neu eingetroffene Tiere das Interesse des Publikums. Dietrich Hagenbeck, der Enkel des 1956 verstorbenen Lorenz Hagenbeck, brachte aus Nepal ein Panzernashorn nach Hamburg, wo 1963 erstmals in Deutschland ein Rhinozeros und 1965 ein weiteres geboren wurden; heute besitzt Hagenbeck ein Paar dieser seltenen und wertvollen Tiere.

Troparium

Im Jahre 1960 wurde das Troparium eröffnet, eine harmonische Kombination von inzwischen 48 prächtig ausgestatteten Aquarien und Terrarien.

Delphinarium

Seit 1971 gibt es ein Delphinarium mit einer hervorragenden Seelöwen- und Delphinschau.

Hagenbecks Tierpark (Fortsetzung) Neuerungen

Nach dem Tode von Carl-Heinrich Hagenbeck (1977) trat sein Sohn, Dr. Claus Hagenbeck, als Teilhaber in die Firma ein und nach dem Tode von Dietrich Hagenbeck (1982) auch dessen Tochter Caroline Hagenbeck. Unter ihrer gemeinsamen Leitung des seit seiner Gründung privatwirtschaftlich geführten zoologischen Gartens wurde 1986 das Vogelhaus renoviert und erhielt seine ursprüngliche Form von 1907 wieder; zudem renovierte man das Eismeer-Panorama vollständig.

Obwohl Hagenbeck keinerlei öffentliche Fördermittel erhält, ist eine große und für die Erhaltung des Tierparkes entscheidende Aufgabe gelöst worden:
Die seit langem anstehende Sanierung der berühmten Felslandschaft geschah bis 1988; 1989 wurden das neue Elefantengehege und ein neues Panorama-Aquarium in Betrieb genommen.
Im Oktober 1988 ist Joachim F. Weinlig anstelle seiner Ehefrau Caroline Hagenbeck in die Geschäftsleitung von Carl Hagenbecks Tierpark eingetreten, der über 54 Freigehege verfügt und in dem heute etwa 2100 Tiere leben.

Hagenbeck im Fernsehen

Aus der Welt des Zoos, seiner Tiere und der sie pflegenden Menschen berichtet die ZDF-Fernsehserie "Unsere Hagenbecks".

Besondere Attraktionen

Sonderveranstaltungen wie die im Frühsommer mehrmals stattfindenden 'Dschungelnächte' sind seit 1984 ein großer Erfolg.
Beliebte Attraktionen für Kinder sind der Riesenspielplatz, die Fahrt durchs Märchenland, der Käfig mit den behende von Ast zu Ast springenden Rhesusaffen, die prächtig geschmückten Reitelefanten und die eleganten weißen Dromedare.

Tierparkführer

Ein reich bebildeter Tierparkführer ist an der Kasse erhältlich. Hier sind auch die Fütterungszeiten und die Termine der Vorführung im Delphinarium angezeigt.

*Hamburger Museum für Archäologie und die Geschichte Harburgs · Helms-Museum

Lage
Museumsplatz 2
(Nebenstelle Hastedtstraße 30–32)
W-2100 HH 90
(Harburg)

S-Bahn
Harburg Rathaus
(S 3, S 31)

Bus
144, 145, 245
(von der S-Bahn-Station 'Harburg Rathaus')

Öffnungszeiten
Di.–So.
10.00–17.00

Dieses Museum wurde im Jahre 1898 als Heimatmuseum für die Stadt und den Landkreis ⟶ Harburg gegründet und nach seinem Mitbegründer, dem Harburger Mühlenkaufmann und Senator August Helms, 'Helms-Museum' benannt. Seit 1930 lag der Schwerpunkt der Sammlungs- und Forschungstätigkeit des Museums in der Ur- und Frühgeschichte. Die 1988 erfolgte Umbenennung in 'Hamburger Museum für Archäologie und die Geschichte Harburgs' soll diese Aufgaben verdeutlichen.

Als nunmehr zentrales archäologisches Museum der Hansestadt bietet es Einblick in die Geschichte Hamburgs und seiner näheren Umgebung von der Steinzeit bis zum Mittelalter.
Darüber hinaus wird die Geschichte der bis zum Jahre 1937 selbständigen Stadt Harburg und ihres Umlandes mit seiner bäuerlichen Kultur dargestellt (u.a. reiche Zinnsammlung, histor. Apothekeneinrichtung).

Kernstück der archäologischen Abteilung ist ein 22 m langes, in siebzehn Abschnitte gegliedertes Diorama, das die Entwicklung der Landschaft von der vorletzten Warmzeit vor 240000 Jahren bis hin zur Gegenwart zugleich mit der Kulturgeschichte der Menschen im Hamburger Raum deutlich werden läßt.

Ur- und Frühgeschichte

Ergänzend geben zahlreiche Funde aus dem gesamten europäischen Bereich einen guten Überblick über die Lebensweise der urgeschichtlichen Menschen.

Gefäße und Gerätschaften des 17.–19. Jahrhunderts in der Harburger Museumsapotheke

Frühes Mittelalter

Einen breiten Raum nimmt die Geschichte der hier einmal ansässig gewesenen Langobarden und der Sachsen des frühen Mittelalters ein.

Erdgeschichte

Im Fußgängertunnel vor dem Museum ist ein Einblick in die Erdgeschichte möglich.

Harburger Stadtgeschichte

Die Sammlung zur Harburger Stadtgeschichte und zur Regionalgeschichte des nördlichen Niedersachsen sowie zur Volkskunst wird seit 1989 in einem neuen, zusätzlichen Museumsgebäude, der ehemaligen Feuerwache am Hastedtplatz, präsentiert.
Die interessante Abteilung 'Hamburger Feuerwehrgeschichte' zeigt eine große Anzahl alter Löschfahrzeuge aus Beständen des Museums und der Feuerwehr.

In Sonderausstellungen werden einzelne Aspekte der Harburger Ortsgeschichte, aber auch archäologische Erkenntnisse aus dem In- und Ausland beleuchtet.

Silberne Scheibenfibel (3. Jh. n. Chr.) aus Tangendorf (Kreis Harburg)

Ausgewählte Objekte zur bäuerlichen Kultur der nördlichen ⟶ Lüneburger Heide und ein großes Heidedorfmodell des Landschaftsmalers Friedrich Schwinge veranschaulichen die Regionalgeschichte des Harburger Umlandes.
Des weiteren werden Künstler des südelbischen Raumes in Dauer- und Sonderausstellungen präsentiert.

Archäologischer Wanderpfad

Ein vom Museum gestalteter archäologischer Wanderpfad in den Harburger Bergen (⟶ Harburg; Bus 240 von der S-Bahn-Station 'Neugraben' bis 'Waldfrieden') bietet Gelegenheit, Monumente heimischer Vergangenheit (Grabhügel u. a.) vor Ort in Augenschein zu nehmen.

Bibliothek

Die Präsenzbibliothek des Museums verfügt über die wohl umfangsreichsten Bestände zur Ur- und Frühgeschichte des Hamburger Raumes und zur Regionalgeschichte des Nordheidegebietes.

Boden- und Denkmalpflege

Die Museumsabteilung für Boden- und Denkmalpflege ist im gesamten Bereich Hamburg und im Landkreis Harburg für die archäologische Erforschung und die Pflege von Bodendenkmälern zuständig. Großgrabungen (u. a. an der Hamburger Domstraße (⟶ Hammaburg) haben umfassende Einblicke in die mittelalterliche Lebensweise Hamburgs vermittelt.
Außenstelle des Museums ist die Ausgrabung der ⟶ Bischofsburg in der Hamburger Altstadt.

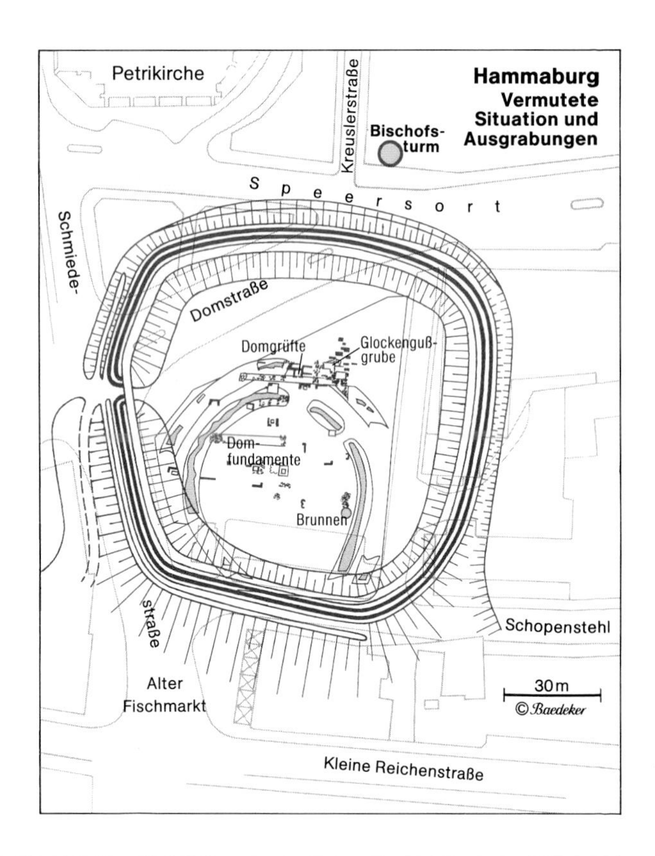

Hammaburg (Ausgrabung) — 26 24

Lage
'Domplatz'
(im Winkel von Speersort, Domstraße, Schopenstehl und Curienstraße)
HH 1

U-Bahn
Rathaus (U 3)

Bus
31, 35, 36, 37, 102, 108, 109

Hamburgs Kernzelle, die Hammaburg, wurde im ersten Viertel des 9. Jahrhunderts von den Franken als Etappenfestung und Missionsstation gegründet und war eine mit Graben und Palisaden versehene quadratische Holz-Erde-Burg von etwa 130 m Seitenlänge. In ihr lagen der Amtssitz des Bischofs und der aus der hölzernen Hallenkirche des hl. Ansgar hervorgegangene Mariendom (um 1806 abgebrochen).

Im Jahre 1837 wurde auf dem Domplatz ein Gebäude für die 1529 gegründete humanistische Schule 'Johanneum' errichtet, das später die Staatsbibliothek (⟶ Universitätsviertel) beherbergte und im Zweiten Weltkrieg (1943) zerstört wurde. In der Nachkriegszeit blieb das Gelände unbebaut. Zwischen 1947 und 1956 sowie erneut ab 1979 wurden hier archäologische Grabungen vorgenommen; 1983 stieß man auf vorhammaburgische Reste vermutlich aus dem 5./6. Jahrhundert. Eine Überbauung des Domplatzes ist nunmehr zu erwarten.

Bischofsburg

Unmittelbar nördlich vom Domplatz befindet sich im Keller des Eckhauses Speersort/Kreuslerstraße der Schauraum ⟶ Bischofsburg.

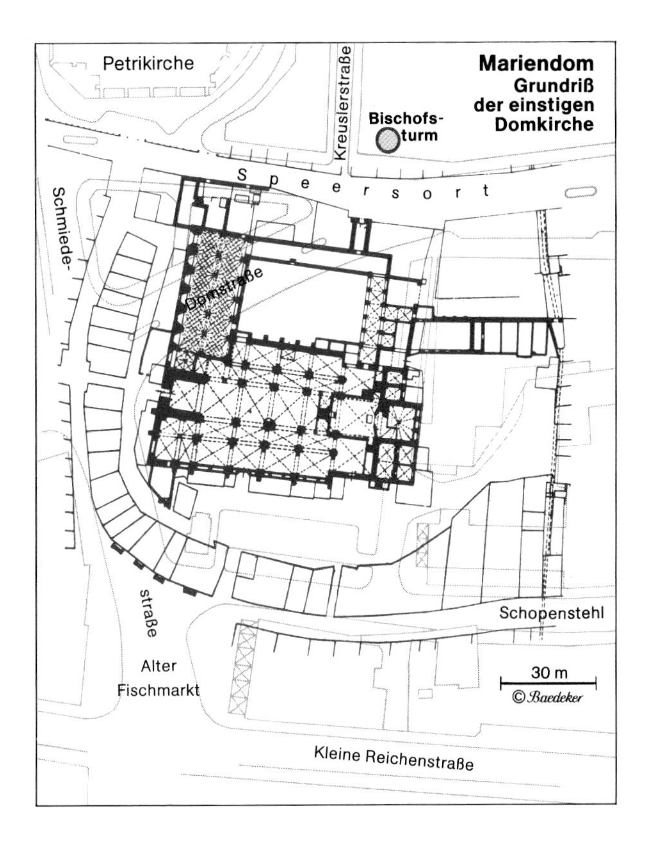

Ausgrabung Domstraße

In jüngster Zeit durchgeführte Großgrabungen an der Domstraße nördlich der Großen Reichenstraße haben die Technik der Aufhöhung des Geländes durch Auffüllung hölzerner Pfahlreihen mit Lehm und Dung sowie der Entwässerung durch hölzerne Abwasserleitungen im 13. Jahrhundert offengelegt, wodurch die Baunutzung des bis dahin hochwassergefährdeten Geländes möglich wurde.
Es ist beabsichtigt, innerhalb der künftigen Bebauung durch ein Versicherungsunternehmen einen Schauraum mit den Grabungsergebnissen einzurichten.

Hansaplatz

→ St. Georg

Hansa-Theater

→ St. Georg

Hanse-Viertel

→ Passagen

Harburg

Südelbischer Stadtteil

Lage
ca. 12 km südlich vom Hamburger Stadtkern

S-Bahn
Harburg, Harburg Rathaus, Heimfeld (S 3, S 31)

Zufahrt
A 1 bzw. A 7
B 4 / B 75 (Wilhelmsburger Reichsstraße; aus der Hamburger Innenstadt den Wegweisern 'Elbbrücken' folgen)

Harburg, bis 1937 eine selbständige Stadt, liegt am Südufer der Süderelbe, an welche hier ein Geestrücken mit den bewaldeten Harburger (Schwarzen) Bergen (s. nachstehend) dicht herantritt. Dieser Hamburger Stadtteil ist von raumgreifenden Industrieanlagen (Raffinierien, Ölmühlen, Gummi- und Kunststoffwerke, Maschinenfabriken u. a.) geprägt und verfügt über einen bedeutenden Industriehafen (Binnenhafen und vier Seehafenbecken).

Ortsgeschichte

Die namengebende, 1133–1137 erstmals urkundlich erwähnte 'Horeburg' (= 'Sumpfburg') sicherte einst den Elbübergang, gehörte bis 1236 dem Erzbistum Bremen und kam dann an den Herzog von Braunschweig-Lüneburg. Die bei der Horeburg entstandene Siedlung erhielt 1297 Stadtrecht; 1527 wurde Harburg Residenz einer Nebenlinie des Herzogshauses.
An der Stelle der Burg wurde ein imposantes Renaissanceschloß errichtet, dessen letzte Reste man erst 1972 niedergelegt hat (sternförmiger Grundriß im Bereich des Binnenhafens noch erkennbar; ein Kreuzgewölbe vom Hohen Haus im Keller des Hauses Bauhofstraße Nr. 8 erhalten).
Im Jahre 1642 kam Harburg in den Besitz der Herzöge von Lüneburg-Celle und mit diesen 1705 zum Kurfürstentum Hannover (seit 1866 preußisch). Erst 1872 erfolgte der Brückenschlag über die → Elbe nach Hamburg, und die Industrialisierung machte dank der günstigen Verkehrslage an wichtigen Eisenbahnlinien und Fernstraßen rasche Fortschritte.
Zusammen mit der Elbinsel → Wilhelmsburg wurde Harburg 1927 zu einer Großstadt Harburg-Wilhelmsburg vereinigt und im Rahmen des Groß-Hamburg-Gesetzes von 1937 in die Hansestadt Hamburg eingemeindet. Die verheerenden Luftbombardements des Zweiten Weltkrieges zerstörten den Stadtteil Harburg annähernd zu zwei Dritteln. Nach einer wenig glücklichen Wiederaufbauphase in der Nachkriegszeit versuchte man erst in jüngster Zeit, den alten Stadtkern – nicht zuletzt durch verkehrsberuhigende Maßnahmen – neu zu ordnen.
Die im Jahre 1979 eingerichtete Technische Universität Hamburg-Harburg hat ihren Studienbetrieb 1982 aufgenommen (nähere Angaben → Zahlen und Fakten: Kultur).

Harburger Ring

Den Stadtkern von Harburg umzieht im Osten die Umgehungsstraße 'Harburger Ring'; südöstlich ein modernes Sanierungsgebiet mit Kaufhäusern, Wohnbereichen und Freizeitzentrum.

Lüneburger Straße

Hauptgeschäftsstraße ist die zu einem Fußgängerbereich ausgestalte Lüneburger Straße mit dem östlich abzweigenden Bereich 'Lüneburger Tor'.

Harburger Rathaus

Unweit westlich der Lüneburger Straße steht am Harburger Rathausplatz das Harburger Rathaus (urspr. von 1892), das nach der Zerstörung im Zweiten Weltkrieg vereinfacht wiederaufgebaut worden ist.
In unmittelbarer Nähe befinden sich die Schwimmhalle und die Bücherhalle, jenseits der Knoopstraße, am Museumsplatz, das besuchenswerte → Hamburger Museum für Archäologie und die Geschichte Harburgs · Helmsmuseum (auch Spielstätte des Harburger Theaters) sowie die katholische Marienkirche (urspr. von 1858).

Sand

Nördlich vom Harburger Ring (S-Bahn-Station 'Harburg Rathaus') liegt der 'Sand', ein freier Platz, auf dem wie eh und je allwerktäglich Markt abgehalten wird. An der Nordwestecke befindet sich das Gebäude der tradi-

Harburger Rathaus

tonsreichen Tageszeitung "Harburger Anzeigen und Nachrichten" (HAN), über der Südseite das Mahnmal gegen den Faschismus von Esther und Jochen Gerz (1986), eine viereckige Stele, deren Bleimantel zum Eingravieren von Stellungnahmen auffordert und die im Laufe der Jahre Stück um Stück in einen Schacht abgesenkt wird.

Sand (Fortsetzung)

Den Platz der 1650–1652 erbauten und 1944 zerstörten Dreifaltigkeitskirche an der Neuen Straße bezeichnet noch ein Rest ihrer Fassade vor der neuen Kirche von 1962/1963.

Neue Straße

Nahebei wurden mehrere Fachwerkhäuser des 17. und 18. Jahrhunderts restauriert, nicht mehr vorhandene stilgerecht wiederaufgebaut und in Verbindung mit Kopfsteinpflaster, historischen Straßenlaternen und alten Wirtshausschildern in die 'Milieu-Insel Lämmertwiete' einbezogen. Man beachte die geschnitzte Holztür (von 1683) des Hauses Nr. 9.

Lämmertwiete

Von der einstigen Bedeutung der Harburger Schloßstraße, welche die Stadt mit der Schloßinsel verband, heute allerdings durch eine breite Verkehrsschneise (B 73 und Eisenbahnkörper) vom Stadtkern abgeschnitten ist, legen einige stattliche Fachwerkhäuser aus dem 16.–18. Jahrhundert Zeugnis ab, die den Zweiten Weltkrieg überstanden haben (Haus Nr. 7 kürzlich restauriert; darin die Gasthausbrauerei "Zum goldenen Engel").

Harburger Schloßstraße

Nordwestlich vom Sand steigt der Schwarzenberg an, auf dessen weitem Plateauplatz alljährlich im Juni das traditionelle Harburger Vogelschießen ('Vagelscheeten', seit 1528; mit Volksfest) stattfindet; in den Parkanlagen etliche Denkmäler, am stadtwärtigen Hang ein kleiner, Ende des 17. Jahrhunderts angelegter jüdischer Friedhof (1610 erste Erwähnung einer jüdischen Gemeinde in Harburg) und ein Soldatenfriedhof mit Offiziersgräbern aus dem 17. und 18. Jahrhundert.

Schwarzenberg

Südwärts erstreckt sich bis zur Eißendorfer Straße das Hauptgelände der neuen Technischen Universität (vgl. S. 138).

Technische Universität

Harburg (Forts.)
F.-Ebert-Halle

Weiter westlich liegt im Ortsteil Heimfeld die 1929 erbaute stattliche Friedrich-Ebert-Halle (Veranstaltungssaal).

Außenmühlenteich

Etwa 1 km südlich vom Harburger Stadtzentrum dehnt sich am Westufer des idyllisch gelegenen Außenmühlenteiches (am gegenüberliegenden Ufer ein Sommerfreibad) der reizvolle Stadtpark mit einem botanisch instruktiven Schulgarten und einer Freilichtbühne aus.

Sinstorfer Kirche

Im ländlichen Sinstorf, dem südlichsten Vorort der Hansestadt, steht auf baumbestandenem Hügel eine ursprünglich im 12. Jahrhundert erbaute, später mehrfach veränderte Feldsteinkirche (zuletzt 1906/1907 erneuert; mit freistehendem hölzernen Glockenturm), vermutlich der älteste Sakralbau auf Hamburger Stadtgebiet.
Südlich gegenüber der Eichhof mit schönen alten Eichen und dem früheren Pfarrhaus.

*__Harburger Berge__
(Schwarze Berge)

Im Westen von Harburg erstrecken sich die Harburger Berge (Schwarze Berge; bis 150 m ü. d. M.) mit gern besuchten Waldgebieten (Naturpark; schöne Wanderwege), wie Haake (bei Schneelage für Rodel und Ski geeignet; Erdbebenwarte), Emme, Sunder und Stuck, sowie der Fischbeker Heide (780 ha; Naturschutz-Informationszentrum; archäologischer Wanderpfad, vgl. ⟶ Hamburger Museum für Archäologie und die Geschichte Harburgs · Helms-Museum) und der Neugrabener Heide.
Bereits auf niedersächsischem Gebiet liegen bei Ehestorf das ⟶ Freilichtmuseum am Kiekeberg und der Wildpark Harburger Berge sowie der ausgedehnte Staatsforst Rosengarten.

Harvestehude

⟶ Pöseldorf

Haseldorfer Marsch

⟶ Wedel

*Hauptbahnhof 26 24

Lage
am Nordostrand der Hamburger City, zwischen Glockengießerwall und Kirchenallee
HH 1

S-Bahn
Hauptbahnhof
(S 1, S 2, S 3, S 4, S 11, S 21, S 31)

U-Bahn
Hauptbahnhof-Nord (U 2),
Hauptbahnhof-Süd (U 1, U 3)

Der Hamburger Hauptbahnhof wurde zu Beginn des 20. Jahrhunderts auf dem Gelände des einstigen Stadtwalles sowie der alten Friedhöfe 'Vor dem Steintor' erbaut und am 6. Dezember 1906 eröffnet. Er ersetzte eine Reihe früher im Stadtgebiet verstreut gelegener Bahnhöfe, die dem wachsenden Schienenverkehr nicht mehr genügten.
Neben dem Hauptbahnhof dienen heute auch der Dammtorbahnhof (⟶ Dammtor) und der Bahnhof Hamburg-Altona (⟶ Altona) dem beträchtlichen nationalen und internationalen Fernverkehr sowie dem S-Bahn-Nahverkehr im Großraum Hamburg.
Durch die Luftbombardements des Zweiten Weltkrieges erlitt das stattliche Bahnhofsgebäude erhebliche Schäden.
Über den in einem breiten Graben eingesenkten Gleiskörper (sechs Gleispaare und fünf Bahnsteige) dieses Durchgangsbahnhofes ist eine 35 m hohe und 140×120 m weite Bahnsteighalle in freitragender Stahl-Glas-Bauweise gespannt. Ein weiterer unterirdischer Bahnsteig an der Ostseite entstand im Zuge des Baues der elektrischen Gleichstrom-S-Bahn nach ⟶ Harburg.
Der Hamburger Hauptbahnhof wird täglich von rund 720 Fernzügen angefahren; dazu kommen etwa 1200 S-Bahn-Züge.

Hamburg Hbf: ICE auf Gleis 14 und ...

... westlicher Flankenturm

Bus
31, 35, 37, 38, 102, 108, 109, 112, 120, 122, 123, 124, 125

Das Empfangsgebäude (mit zwei quadratischen Flankentürmen) wurde als Brücke nördlich quer vor die Bahnsteighalle gesetzt.
Die Wandelhalle ist nach Erneuerung der Tragkonstruktion und gänzlicher Neugestaltung, die mehrere Jahre in Anspruch genommen hat, im Sommer 1991 – zeitgleich mit der Aufnahme des Eisenbahnverkehrs mit ICE-Hochgeschwindigkeitszügen von und nach Hamburg – als bisher einziges modernes Einkaufszentrum mit eigenem Fernbahnanschluß neu eröffnet worden. So wird sie neben ihrer Funktion als Bahnsteigzugang in starkem Maße auch kommerziell genutzt ("Gourmet-Station" 6.00–23.00 Uhr).
Unter dem Nordende und dem Südende des Empfangsgebäudes befindet sich je eine U-Bahn-Station.

Tourist Information im und beim Hauptbahnhof

In der Vorhalle des Hauptbahnhofes sowie im nahen Bieberhaus (am nordöstlich gelegenen Hachmannplatz) befinden sich Auskunftsstellen der Tourismus-Zentrale Hamburg (⟶ Praktische Informationen: Auskunft).

Bedeutende Kulturstätten in Bahnhofsnähe

In der mittelbaren Nachbarschaft des Hauptbahnhofes befinden sich drei wichtige Hamburger Kulturstätten:
nordwestlich, jenseits der die Bahnanlagen überbrückenden Ernst-Merck-Straße, die ⟶ Kunsthalle am Glockengießerwall, nordöstlich das ⟶ Deutsche Schauspielhaus an der Kirchenallee und südöstlich das ⟶ Museum für Kunst und Gewerbe am Steintorplatz.

ZOB

Unweit südöstlich vom Hauptbahnhof wurde bereits im Jahre 1951 der kurz 'ZOB' genannte Zentral-Omnibus-Bahnhof für den Regional- und Fernautobusverkehr eingerichtet. Am Anfang, Ecke Steintorplatz und Adenauerallee, dient ein 1940 ursprünglich als Luftschutzbunker erbauter Rundturm mit einem Anbau als Schnellgaststätte. Das Gaststättengebäude an der Adenauerallee (Nr. 70) ist 1819 nach einem Entwurf von Carl Ludwig Wimmel als Nachtwächterhaus erbaut worden; Adenauerallee Nr. 25 das Hotel "Alte Wache".

Hamburger Dom ...

... Volksfest auf dem Heiligengeistfeld

Heiligengeistfeld 24

Lage
1,5–2 km westlich vom Hamburger Stadtkern
HH 36

U-Bahn
Feldstraße, St. Pauli (U 3)

Bus
36, 37, 111, 112

Im Nordwesten der Großen Wallanlagen (⟶ Planten un Blomen) erstreckt sich jenseits der Glacischaussee das annähernd 30 ha große Heiligengeistfeld, eine trapezförmige Freifläche, die einst zum Heiligengeisthospital gehörte, später u. a. als Garnisonsexerzierplatz benutzt und 1894–1899 als Festplatz eingerichtet wurde.

Auf dem Heiligengeistfeld findet alljährlich im November/Dezember der traditionelle 'Hamburger Dom', eines der größten deutschen Volksfeste statt. Die ungewöhnliche Bezeichnung 'Dom' leitet sich her von dem früher in einer Seitenhalle des 1806 abgerissenen Mariendomes (⟶ Hammaburg) in der Altstadt abgehaltenen Weihnachtsmarkt.
Weitere große Volksfeste auf dem Heiligengeistfeld sind der 'Frühlingsdom' (März/April) und das 'Hummelfest' (Juli/August). Ferner schlagen hier Wanderzirkusse ihre Zelte auf.

Creativ-Bunker

Als Reminiszenz aus dem Zweiten Weltkrieg steht am Nordrand des Heiligengeistfeldes nahe der Feldstraße der gewaltige Betonklotz eines ehemaligen Luftschutzhochbunkers, der zugleich als Flakturm diente. Heute sind in dem als 'Creativ-Bunker' bezeichneten Bau (früher 'Hochhaus 1') ein Servicezentrum für fotografische Arbeiten sowie eine Reihe von Ateliers für Fotografen und andere kreative Künstler untergebracht.
In dem einstigen Pendant ('Hochhaus 2') am Südwestrand des Feldes hatte das Deutsche Fernsehen sein erstes Nachkriegsstudio eingerichtet. An der Stelle des später abgebrochenen Bunkers steht heute ein Gebäude der Deutschen Bundespost (Fernsprechamt).

FC St. Pauli

Zwischen den beiden zuvor beschriebenen Bauten erstreckt sich das Sportgelände des bekannten, 1910 gegründeten Fußballclubs St. Pauli

Heiligengeistfeld, FC St. Pauli (Fortsetzung)

mit dem Wilhelm-Koch-Stadion; dabei eine Schwimmhalle (Budapester Straße).

Karolinenviertel

Nördlich vom Heiligengeistfeld schließt jenseits der Feldstraße das Karolinenviertel (vulgo 'Karo'; großer Ausländeranteil) an, einst ein reines Wohnviertel, über dessen Sanierung und Neubelebung seit langem diskutiert wird.
Den Westrand erfüllt der zentrale Hamburger Schlachthof. Zwischen dem Ostrand und dem ⟶ Messegelände verläuft die namengebende Karolinenstraße; beim Südende die Gnadenkirche, ein protestantischer Sakralbau in rheinisch-romanischen Formen (von F. Lorenzen, 1906/1907).
Im Norden des Viertels steht das Heizkraftwerk 'Karoline' (1895), noch weiter nördlich erhebt sich der ⟶ Fernsehturm 'Tele-Michel'.

Heinrich-Hertz-Turm

⟶ Fernsehturm

*Helgoland

Ausflugsziel in der Nordsee

Lage
ca. 160 km nordwestlich von Hamburg, in der Deutschen Bucht

Wie eine mächtige Naturfestung ragen die rötlichen Sandsteinfelsen der Insel Helgoland in der Weite der Deutschen Bucht der Nordsee auf. "Grün ist das Land, rot ist die Kant, weiß ist der Sand – das sind die Farben von Helgoland", heißt es in einem bekannten Spruch.

Auskunft
Kurverwaltung Nordseebad Helgoland
Lungwai 28 (Unterland)
W-2192 Helgoland
Tel. (04725) 80850

Die rund 35 sm (65 km) vor der breiten Elbmündung (bei Cuxhaven) gelegene, 0,9 km² große Felseninsel (samt Düne gut 2 km²) gehört seit 1890 zu Deutschland (seit 1949 zum Kreise ⟶ Pinneberg im deutschen Bundesland Schleswig-Holstein). Die Helgoländer Jubiläumsfeierlichkeiten des Jahres 1990 standen unter dem Motto "Helgoland · Hundert Jahre Deutsch".

Helgoland entstand vor Jahrmillionen im Trias und Tertiär. Die Insel besaß einst ein Vielfaches ihrer heutigen Größe und bestand aus einem großen Buntsandsteinfelsen sowie der Düne. Funde aus Steinzeit und Bronzezeit zeugen von der Inselbesiedlung lange vor der Zeitenwende. Für das achte nachchristliche Jahrhundert ist der Name 'Fosites Land' belegt. Im 14. Jahrhundert war Helgoland Schlupfwinkel für den Seeräuber Clas (Klaus) Störtebeker und seine Vitalienbrüder (vgl. Stadtgeschichte von Hamburg). Während einer gewaltigen Sturmflut im Jahre 1711 ging der große Kreidefelsen 'Wittes Kliff' unter, 1721 brach der Verbindungsdamm zwischen Felsinsel und Düne.

Entstehung und Geschichte

Nach wechselnder Herrschaft unter Dänemark und Schleswig-Gottorp fiel die Insel 1714 schließlich an Dänemark und wurde 1807 von Großbritannien annektiert. Zur Zeit der französischen Kontinentalsperre war Helgoland der bedeutendste Warenumschlagplatz in Nordeuopa. Nach der Niederlage Napoleons wurde Helgoland britische Kronkolonie. Auf der Suche nach neuen Erwerbsquellen gründete Jacob Andresen Siemens 1826 das Seebad Helgoland; 1841 dichtete August Heinrich Hoffmann von Fallersleben auf der Insel das "Lied der Deutschen", die spätere deutsche Nationalhymne (Deutschlandlied).
Am 10. August 1890 tauschten die Briten Helgoland mit dem Deutschen Reich gegen Kolonialrechte im ehemaligen Deutsch-Ostafrika (u.a. über die Insel Sansibar). Die Insel wurde dann zu einem Marinestützpunkt ausgebaut und diente auch im Zweiten Weltkrieg militärstrategischen Zwecken.

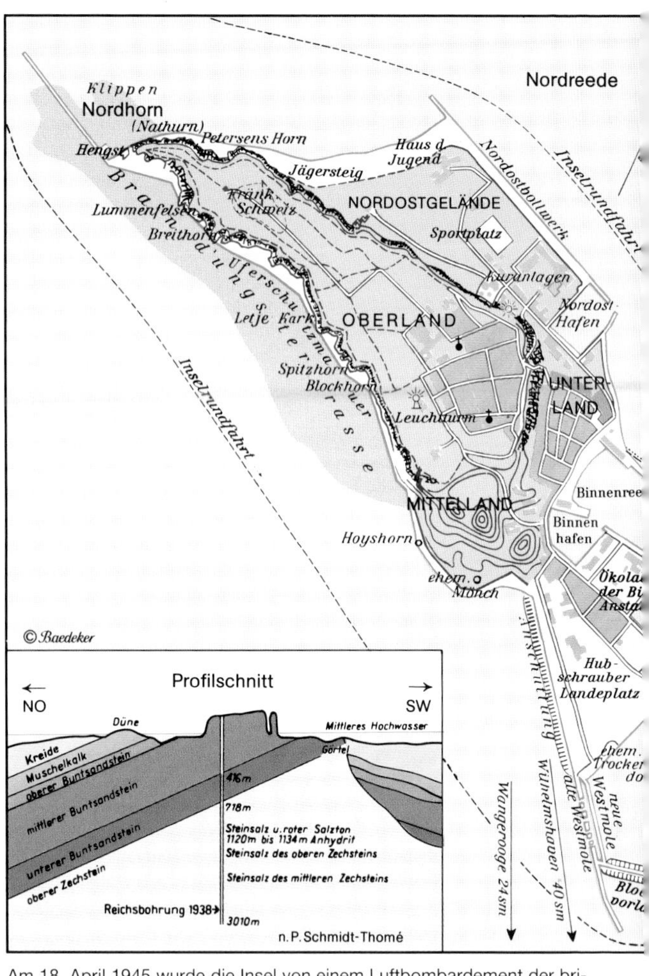

Geschichte (Fortsetzung)

Am 18. April 1945 wurde die Insel von einem Luftbombardement der britischen Royal Air Force schwer getroffen. Nach Kriegsende evakuierte man die noch verbliebenen Bewohner und sprengte am 18. April 1947 die Befestigungsanlagen, wobei gewaltige Felsmassen zusammenbrachen; anschließend diente Helgoland der britischen Luftwaffe als Übungsziel. Erst nach der Freigabe am 1. März 1952 und der Rückkehr der eine friesische Mundart sprechenden Inselbewohner ('Hallunner') konnte der Wiederaufbau beginnen; wie schon 1918 wurde das Seebad von den Helgoländern neu entwickelt.
Seit 1974 besteht eine Gemeindepartnerschaft zwischen Helgoland und Millstatt am See im österreichischen Bundesland Kärnten.

Nordseebad und Einkaufsinsel

Heute ist Helgoland mit knapp 2000 Bewohnern wieder ein gern besuchtes Ausflugsziel, nicht zuletzt wegen seiner Zollfreiheit. Das milde Klima, die

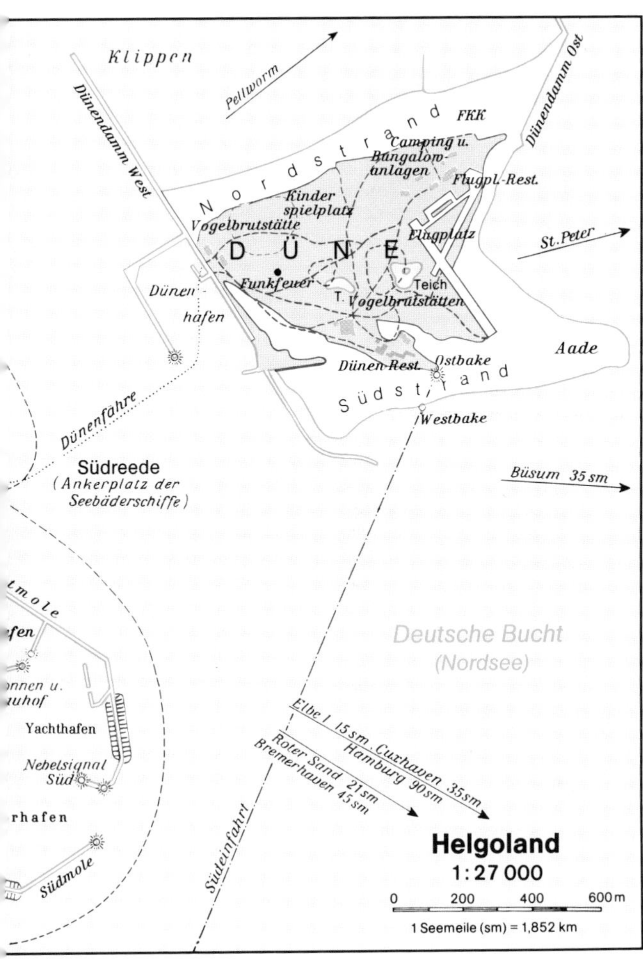

Nordseebad und Einkaufsinsel (Fortsetzung)

reine Seeluft und die modernen Kureinrichtungen machen es überdies zu einem geschätzten Nordseeheilbad. Die in der Umgebung Helgolands befindlichen einzigen deutschen Fanggründe für Hummer sind das Reservat der Helgoländer Hummerfischer. Ein altes Privileg sichert den Fischern auch das alleinige Recht, ihre Gäste an Land und wieder zu den Schiffen zu befördern; deshalb wird vor der Reede aus- bzw. eingebootet.

Anreise
per Flugzeug oder zu Schiff

Von Hamburg ist Helgoland mit dem Flugzeug in 40–60 Minuten (im Sommer mehrmals täglich) oder mit dem Schiff von Cuxhaven täglich (im Winter dreimal wöchentlich) in ca. zwei, im Sommer auch von Büsum in ca. 2½ Stunden zu erreichen.
Beide Orte sind 120 bzw. 130 km von Hamburg entfernt, von wo direkter Eisenbahnanschluß (nach Cuxhaven) bzw. Autobusanschluß ab Zentral-Omnibus-Bahnhof (nach Büsum) besteht.

Helgoland aus der Vogelperspektive

Anreise (Fortsetzung)

An einigen Tagen im Sommer fährt ein Seebäderschiff schon frühmorgens von den Hamburger → Landungsbrücken ab. Die Fahrt elbabwärts bietet gute Gelegenheit, den regen Schiffsverkehr zu beobachten und Einblick in die Elblandschaft zu nehmen.
Vor Helgoland ankern die Schiffe auf der Südreede, und die Besucher werden nach altem Brauch in offenen Motorbooten ('Börtebooten') an Land und zurück gebracht (robuste Kleidung ist angeraten!).
Bei Tagesausflügen beträgt die Aufenthaltsdauer auf der Roten Insel etwa vier Stunden.
Kraftfahrzeuge werden nach Helgoland nicht befördert!

Zollbestimmungen

Da Helgoland Zollfreiheit genießt, wird es auch zum Einkauf von zollfreien Waren wie Alkoholika, Tabakwaren, Süßwaren, Fotogerät, Textilien, Kosmetika, Parfum u.a. viel besucht. Zu beachten ist dabei, daß bei der Wiedereinreise in das Zollinland Abgaben entrichtet werden müssen, falls die mitgebrachten Waren die Freimengengrenzen übersteigen. Hierbei gelten für die zollfreie Einfuhr nicht die innerhalb der EG festgelegten Mengen, sondern weniger günstige Sätze. Über Einzelheiten informiert ein Merkblatt; Auskunft beim Zollamt Helgoland (Tel. 04725/304).

Helgoland = Hauptinsel und Düne

Situation

Helgoland besteht aus dem Unterland, dem Mittelland, dem Oberland und dem Nordostgelände auf der Hauptinsel sowie der östlich vorgelagerten Düne.

Unterland
Kurhaus
Rathaus

An der Südostseite der Hauptinsel erstreckt sich das seit 1952 völlig neu bebaute Unterland mit dem Kurhaus, dem Rathaus (1961; Kur- und Gemeindeverwaltung) sowie etlichen Hotels, Pensionen und Fremdenheimen.

Büste Hoffmanns von Fallersleben

Hengst an Helgolands Nordhorn

Hoffmann-von-Fallersleben-Denkmal

Am Kopf der Landungsbrücke des Binnenhafens steht eine 1892 von Friedrich Schaper geschaffene überlebensgroße Bronzebüste des Dichters August Heinrich Hoffmann von Fallersleben (1789–1847), der während seiner Verbannungszeit auf Helgoland 1841 das "Deutschlandlied" niederschrieb.

Mittelland

Südwestlich oberhalb vom Unterland liegt das bei der Sprengung von 1947 entstandene Mittelland mit der Paracelsus-Nordsee-Klinik.

Südhafen

Südöstlich vom Mittelland erstreckt sich das künstlich angelegte Südhafengelände mit einem großen Windgenerator.

Oberland

Das mit dem Unterland durch einen Aufzug und eine Treppe (181 Stufen) verbundene Oberland ist ein bis 61 m aus dem Meer aufragendes, 1400 m langes und bis 500 m breites Felsdreieck, größtenteils flach und grün bewachsen.

Nikolaikirche
Vogelwarte
Leuchtturm

An seiner Ostseite dehnt sich die wiederaufgebaute Ortschaft aus mit der St.-Nikolai-Kirche (1959; 33 m hoher Turm) und der neu errichteten Vogelwarte. Der ehemalige Flakturm im Westen des Ortes dient jetzt als Leuchtturm.

*Felsen

An der Nordspitze 'Nathurn' (= Nordhorn) erhebt sich der freistehende Felsen 'Hengst' (auch 'Lange Anna' genannt) und südlich davon der von Lummen (Seevogelart) bewohnte Lummenfelsen, die höchste Erhebung auf der Insel.

*Klippenrandweg

Sehr lohnend ist eine Rundwanderung auf dem Klippenwanderweg (gut eine Stunde).

Nordostgelände
Seewasser-aquarium, Meer-wasserfreibad

Auf dem Nordostgelände befinden sich die ursprünglich 1902 gegründete Biologische Forschungsanstalt mit einem Seewasseraquarium sowie die Kurmittelanlage mit einem beheizten Meerwasser-Freischwimmbad (ca. 26°C).

Helgoland (Fortsetzung) Bunkerführungen

Durch einige noch begehbare Gänge des einstigen Helgoländer Zivilschutzbunkers werden fachkundig begleitete Führungen veranstaltet (Auskunft im Rathaus).

Düne

Etwa 1,5 km nordnordöstlich vom Helgoländer Unterland liegt die von diesem durch einen etwa 10 m tiefen Meeresarm (ständiger Fährbetrieb ab Landungsbrücke am Binnenhafen) getrennte Insel 'Düne'. Hier gibt es

Badestrand

Badegelegenheiten am Südstrand und am Nordstrand (Campingplatz, FKK-Gelände).

Flugplatz

Im östlichen Teil der Düne befindet sich der Flugplatz für den regionalen Luftverkehr (u.a. von und nach Hamburg).

Inselrundfahrten

Ausgehend von der Landungsbrücke am Binnenhafen werden regelmäßig Rundfahrten rings um die Helgoländer Hauptinsel sowie Angelfahrten veranstaltet.

Helms-Museum

→ Hamburger Museum für Archäologie und die Geschichte Harburgs

Hummel

→ Großneumarkt

*Jacobikirche · Hauptkirche St. Jacobi 26 24

Standort
im Stadtzentrum, an der Steinstraße
HH 1

U-Bahn
Mönckebergstraße (U 3)

Bus
31, 35, 36, 37, 102, 108, 109

Eine Kirche St. Jacobi wird in Hamburg erstmals im Jahre 1255 urkundlich erwähnt. Die Geschichte der heutigen evangelischen Hauptkirche St. Jacobi beginnt rund einhundert Jahre später. Mit ihrem Baubeginn 1350 ist sie als Bauwerk die älteste Kirche Hamburgs und alle Jahrhunderte danach haben seither an ihrer Gestaltung mitgewirkt.

Der Kernbau, eine dreischiffige gotische Backsteinhallenkirche, stammt aus dem 14./15. Jahrhundert. An der Nordseite des Chores wurde 1434–1438 die Sakristei errichtet, vermutlich von vornherein in der jetzigen zweigeschossigen Form; das Obergeschoß, der heutige Herrensaal (mit Malereien und Wappentafeln), bis 1543 Bibliothek, dient heute als Sitzungssaal.

Blick von der Binnenalster zum Turm der Jacobikirche

Von 1493 bis 1508 erweiterte man die Kirche durch den asymmetrischen Anbau eines zweiten südlichen Seitenschiffes; 1587–1588 erhielt der Turm seinen ersten hohen kuppelartigen Helm mit Faltdach, Giebeln und Laternen, wie ihn alte Hamburg-Ansichten (vgl. das Gemälde in der Kirche), noch zeigen. Er wurde 1823 durch eine neugotische, filigrane Spitze (wegen ihrer Form auch 'Bleistift' genannt) von Hermann Peter Fersenfeldt ersetzt. Der langgestreckte Anbau an der Nordseite entstand 1707–1708 als Kirchenschule (heute Gemeindehaus). Die Westfront bekam ihre jetzige Gestalt 1738–1742; die neugotische Eingangshalle an der Südseite stammt von Isaiah Wood (1869).

Im Zweiten Weltkrieg wurde die Jacobikirche 1944 bis auf die Sakristei (mit dem Herrensaal), den Turmsockel, die Pfeiler und Arkaden sowie die Umfassungsmauern zerstört; fast alle Ausstattungsstücke konnten jedoch gerettet werden. Bis 1963 war die Kirche wiederaufgebaut. Der kupfergedeckte Helm des 128 m hohen Turmes ist eine Neuschöpfung der Architekten Bernhard Hopp und Rudolf Jäger.

Jacobikirche **Hauptkirche St. Jacobi**

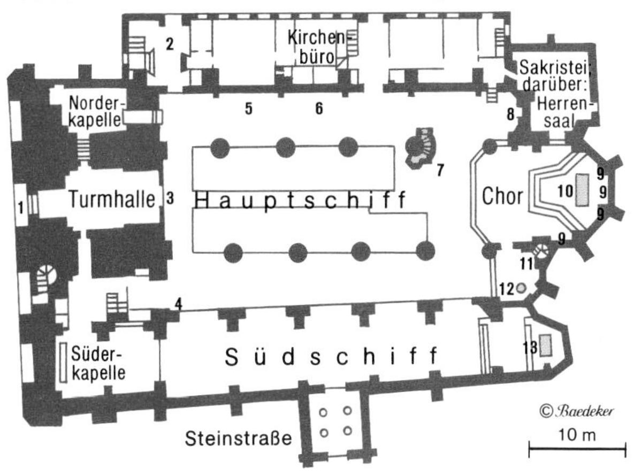

Grundriß

1 Portal (Bronzetüren, 1966)
2 Barocktreppenhaus
3 Arp-Schnitger-Orgel (1689-1693)
4 Kemper-Orgel (1960/1970)
5 "Der Tod und der reiche Mann" (Ölgemälde von David Kindt, 1622)
6 Hamburg-Ansicht (Gemälde von Joachim Luhn, 1681)
7 Kanzel (Marmor, Alabaster; 1610)
8 Figur des hl. Jacobus (Eiche, 17. Jh.)
9 Chorfenster (Glasmalerei von Carl Crodel, 1959)
10 St.-Trinitatis-Altar der Böttcher (1518)
11 St.-Petri-Altar der Fischer (um 1508)
12 Taufstein (Marmor, 1814)
13 St.-Lukas-Altar des Maleramtes (Anfang 16. Jh.; aus dem ehem. Mariendom)

Jacobikirche (Fortsetzung)

Die wertvollsten Objekte im Inneren der Jacobikirche sind neben der 1689–1693 gebauten Arp-Schnitger-Orgel, der größten im wesentlichen erhaltenen Barockorgel im nordeuropäischen Raum (4000 Pfeifen, 60 Register, vier Manuale; 1720 spielte J. S. Bach darauf), der St.-Lukas-Altar des Maleramtes (15./16. Jh.) aus dem ehemaligen Mariendom (⟶ Hammaburg), der St.-Petri-Altar der Fischer (um 1508) und der St.-Trinitatis-Altar der Böttcher (1518) sowie die mit Alabasterreliefs geschmückte Marmorkanzel von Georg Baumann (1610/1611).

Kircheninneres (Mo.–Fr. 10.00–16.00, So. 10.00–13.00; jeden ersten Sonntag im Monat 18.00 Gottesdienst in plattdeutscher Sprache)

Bemerkenswert sind von den Gemälden die Stadtansicht von Hamburg (vom Grasbrook gesehen) von Joachim Luhn (1681) und "Der reiche Mann und der Tod" von David Kindt (1622). Die Statue des hl. Jacobus, des Namenspatrons der Kirche, stammt aus dem 17. Jahrhundert.

*Jenischpark

17 23/24

In Klein Flottbek, etwa auf der Höhe des Fährhauses Teufelsbrück, steigt nördlich der ⟶ Elbchaussee der schöne Jenischpark an. Den etwa 43 ha großen Park im englischen Stil durchfließt von Norden nach Süden die kleine Flottbek (Naturschutzgebiet). Er wurde 1797 im Auftrag des Kaufmanns Baron Johann Caspar Voght durch den schottischen Gartenarchitekten James Booth mit exotischen Bäumen angelegt und kam 1828 in den Besitz des Hamburger Senators Martin Johann Jenisch.

Lage
ca. 9 km westlich vom Hamburger Stadtkern
HH 52

S-Bahn
Klein Flottbek (S 1, S 11)

Bus
36, 39, 115, 184, 286

Jenisch ließ im nordwestlichen Teil des später nach ihm benannten Parkes 1829–1830 nach Entwürfen von Karl Friedrich Schinkel und Plänen von Franz Joachim Forsmann ein Herrenhaus im Stil des Klassizismus er-

Jenisch-Haus im gleichnamigen Park

Flaniermeile Jungfernstieg

Jenischpark (Fortsetzung)
Jenisch-Haus

bauen, das heutige Jenisch-Haus (Baron-Voght-Straße Nr. 50). Als Außenstelle vom ⟶ Altonaer Museum zeigt es Beispiele großbürgerlicher Wohnkultur: Die Räume des Erdgeschosses entsprechen dem Stil der Bauzeit (Louis XVI bis Biedermeier); die Räume des Obergeschosses umspannen die Stilepochen von der Spätrenaissance bis zum Jugendstil (Öffnungszeiten: April bis Oktober Di.–Sa. 14.00–17.00, So. 11.00–17.00, November bis März Di.–Sa. 13.00–16.00, So. 11.00–16.00 Uhr; Eintrittsgebühr).

Ernst-Barlach-Haus

Unweit nordöstlich vom Jenisch-Haus befindet sich das 1960–1962 errichtete Ernst-Barlach-Haus, das der Hamburger Zigarettenindustrielle Hermann F. Reemtsma für seine Barlach-Sammlung gestiftet hat. Zu sehen sind zahlreiche Holzplastiken, Bronzen und keramische Arbeiten des während der Zeit der nationalsozialistischen Gewaltherrschaft verfemten Bildhauers, Graphikers und Dichters Ernst Barlach (1870–1938), darunter die bekannte Holzfigurengruppe "Fries der Lauschenden" sowie eine Auswahl aus dem Bestand von über 300 Zeichnungen und Barlachs nahezu gesamte Druckgraphik (Öffnungszeiten: Di.–So. 11.00 bis 17.00 Uhr; Eintrittsgebühr).

Weitere Barlach-Museen befinden sich in ⟶ Wedel, im holsteinischen Ratzeburg sowie im mecklenburgischen Güstrow.

*Jungfernstieg

25 

Verlauf
im Stadtkern, an der Binnenalster
HH 1 / HH 36

S-Bahn
Jungfernstieg
(S 1, S 2, S 3)

U-Bahn
Jungfernstieg
(U 1, U 2)

Bus
36, 102, 109

Alsterschiffe

Der Jungfernstieg ist neben der ⟶ Reeperbahn Hamburgs populärste Straße. Bereits 1665 als Spazierweg angelegt, begrenzt dieser Boulevard die Südwestseite der Binnenalster zwischen Reesendamm und ⟶ Gänsemarkt. Die Fahrbahnen sind durch einen Mittelstreifen voneinander getrennt.
In Fortsetzung des Jungfernstiegs überquert die Reesendammbrücke den Abfluß der Binnenalster in die Kleine ⟶ Alster. Hier, bis 22 m unter dem Alsterwasserspiegel, befindet sich Hamburgs größter Schnellbahnknoten (zwei U-Bahn-Linien und eine S-Bahn-Linie).
An der südwestlichen Seite des Jungfernstiegs, von der die Alsterarkaden (⟶ Passagen) sowie die belebten Einkaufsstraßen Neuer Wall und Große Bleichen abzweigen, liegen zahlreiche exklusive Ladengeschäfte, das bekannte, große Warenhaus 'Alsterhaus' sowie der 'Hamburger Hof' mit einer Einkaufsgalerie (⟶ Passagen).
An der Wasserseite des Jungfernstiegs führen breite Terrassen- und Treppenanlagen zum Anleger der Alsterschiffe hinab. Von hier überblickt man die gesamte, vom Neuen Jungfernstieg, der ⟶ Lombardsbrücke und dem Ballindamm umgrenzte Binnenalster (mit der Alsterfontäne), an deren Südwestecke der altbekannte ⟶ Alsterpavillon steht. Die Granitskulptur im Mittelbereich schuf Hans Kock 1963.
In Höhe des Neuen Walles steht ein Glaskubus, in dem sich neben dem Hapag-Lloyd-Reisebüro das Aussichtsrestaurant "BIT am Jungfernstieg" befindet; im Untergeschoß das Verkaufsbüro der Alster-Touristik (⟶ Praktische Informationen: Stadtbesichtigung, Alsterschiffahrt).

Neuer Jungfernstieg

Der baumbestandene Neue Jungfernstieg an der Westseite der Binnenalster stellt die Verbindung zwischen Jungfernstieg und Esplanade her; er beginnt bei der Einmündung der Colonnaden (⟶ Passagen). Bemerkenswert sind das vornehme Stadthotel "Vier Jahreszeiten" (Nr. 9–14) und das Haus des renommierten Übersee-Clubs (Nr. 19), ein spätklassizistischer Bau von 1831–1833 (Architekt: F.C. Forsmann; 1967–1970 restauriert).

Ballindamm

Von der Reesendammbrücke führt der von Geschäfts- und Kontorhäusern gesäumte Ballindamm (früher Alsterdamm), benannt nach Albert Ballin (1857–1918), dem einstigen Generaldirektor der HAPAG, am südöstlichen Ufer der Binnenalster zum Verkehrsknoten Ferdinandstor am Ostende der ⟶ Lombardsbrücke. Etwa in der Mitte vom Ballindamm steht das imposante Geschäftsgebäude (von 1901) der heutigen Hapag-Lloyd AG; es wurde 1922/1923 durch Fritz Höger in Muschelkalk ganz erneuert.

GLORIA
AUSSTELLUNG

*Katharinenkirche · Hauptkirche St. Katharinen

25 23

Eine Kirche St. Katharinen (benannt nach der hl. Katharina, einer alexandrinischen Prinzessin, die zu Beginn des 4. Jh.s den Märtyrertod erlitt), ist in Hamburg erstmals 1256 urkundlich belegt, also wenige Jahre nach der ersten Eindeichung und Ummauerung der Grimm-Insel.

Die Kirche in ihrer heutigen Gestalt, eine querschifflose Pseudobasilika (56 m lang, 28 m breit, bis 26 m hoch) in Backsteinbauweise, entstand jedoch erst im 14./15. Jahrhundert. Der Turm (ohne den heutigen Aufbau) stammt noch vom ersten Kirchenbau aus der Mitte des 13. Jahrhunderts. Seiner Westfront wurde 1566–1568 eine Renaissancefassade vorgeblendet; 1601–1603 erhielt er eine von einer vergoldeten Krone gezierte hohe Spitze, die jedoch bei einem Orkan herabstürzte. Peter Marquardt, ein Zimmermann aus Plauen im Vogtland, schuf 1656/1657 den barocken Turmhelm mit der sog. Störtebeker-Krone an der Spitze, welcher der Kirche ihr unverwechselbares Profil gibt. Anstelle der inzwischen baufälligen Renaissancefassade führte Johann Nikolaus Kuhn 1732–1738 die noch vorhandene Barockfassade zur Stützung des Turms aus.

Vom Großen Brand des Jahres 1842 verschont, wurde die evangelische Hauptkirche St. Katharinen 1943 und 1944 durch Brand- und Sprengbomben schwer beschädigt, die alte Innenausstattung nahezu völlig vernichtet. Der Wiederaufbau fand 1956 seinen Abschluß; der 116,70 m hohe Turm wurde nach den alten Plänen der Barockzeit wiederhergestellt. Das bronzene Südportal schuf Fritz Fleer 1963.

Standort
am Südrand der Innenstadt
HH 11

U-Bahn
Meßberg (U 1)

Bus
111

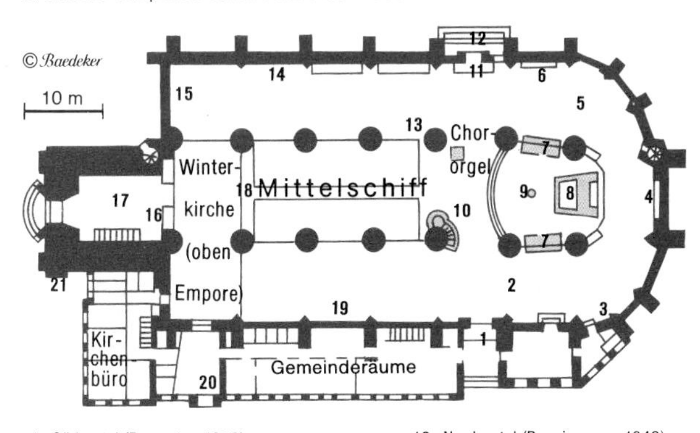

Grundriß

1 Südportal (Bronzetor, 1963)
2 Holzkruzifix (Augsburg, um 1300)
3 Epitaph Caspar Moller († 1610)
4 Gloriafenster (1955)
5 Leib-Christi-Altar (Eisen, 1983)
6 Wetken-Epitaph (Sandstein, 1566)
7 Chorgestühl (Eiche, 1960)
8 Altar (Muschelkalk / Bronze, 1956)
9 Taufbecken (Bronze, 1963)
10 Kanzel (Eiche, 1956)
11 Weihnachtsfenster (1959)
12 Nordportal (Renaissance, 1642)
13 Epitaph Georg v. d. Fechte († 1630)
14 Harfender David (Bronze, 1972)
15 Tauffenster (1959)
16 "Pamir"-Gedenktafel (21. 9. 1957)
17 Turmhalle (Kaufmannsdiele); im ersten Stock frühgotische Bögen
18 Große Orgel (1962)
19 Hl. Katharina (Holz, 15. Jh.)
20 Renaissanceportal (1640)
21 Hl. Katharina (Sandstein, 1630)

Im Inneren der Katharinenkirche wird das schlichte Weiß der geschlämmten Wände, Säulen und Gewölbe durch die farbigen Glasfenster von Hans Gottfried v. Stockhausen (1955–1957) belebt.

Von der alten Ausstattung sind lediglich zwei Epitaphien (Moller und v. d. Fechte) aus dem 17. Jahrhundert und eine hölzerne Statue der hl. Katharina, der Namenspatronin der Kirche, aus der ersten Hälfte des

Kircheninneres (täglich 9.00–18.00; im Winter nur bis 16.00)

◀ *Blick vom Zollkanal auf die Katharinenkirche*

Katharinenkirche, Kircheninneres (Fortsetzung)

15. Jahrhunderts erhalten. Ein drittes Epitaph (Wetken) wurde 1958 aus der zerstörten Nikolaikirche (⟶ Nikolaikirchturm) übernommen.
Die übrigen Stücke sind Neuerwerbungen oder moderne Werke der Nachkriegszeit, darunter der Altar aus schwedischem Granit und vergoldeter Bronze, das Chorgestühl und die Kanzel, beide aus Eichenholz geschnitzt (G. Münch aus Zürich, 1955–1960), die Bronzetaufe (H. Kock, 1963), die Kemper-Orgel (1962), der harfende David (Bronze von K. H. Engelin, 1972) und der Leib-Christi-Altar aus brüniertem Gußeisen (H. Lander, 1986). Die Holztafeln mit dem Gemäldezyklus "Weg ins Licht" (36 Bilder) in den Obergaden schuf die Malerin Prinzessin Ingeborg von Schleswig-Holstein (1987).

"Pamir"-Gedenktafel

In der im Stil einer Kaufmannsdiele gestalteten Turmhalle erinnert eine Gedenktafel an den Untergang des deutschen Segelschulschiffes "Pamir" am 21. September 1957 (G. Marcks, 1968).

Multivisionsschau

Zwischen der Turmhalle und dem Kirchenschiff ist eine Winterkirche abgeteilt, in der eine Multivisionsschau einen Überblick über tausend Jahre geistiges und geistliches Leben in Hamburg gibt (Mai bis August Mo.–Sa. 11.00, 12.00, 14.00, 15.00, 16.00 und 17.00, So. 12.00, 14.00, 15.00 und 16.00; September bis April Mo.–Sa. 12.00, 14.00 und 15.00, So. 12.00 und 15.00; Eintrittsgebühr).

Kiekeberg

⟶ Freilichtmusuem am Kiekeberg

Kiel

Ausflugsziel

Beschreibung in Baedekers Stadtführer "Kiel"

Kirchwerder

⟶ Vierlande und Marschlande

*Köhlbrandbrücke

21/22 20/21

Lage
ca. 6 km südwestlich vom Hamburger Stadtkern
HH 93

Bus
151

HADAG-Schiff
Linie 61

Zufahrt
Autobahnanschlußstelle 'Waltershof' (A 7)

Die insgesamt fast 4 km lange Köhlbrandbrücke überspannt in kühnem Schwung den hier etwa 300 m breiten, 'Köhlbrand' genannten nördlichen Abschnitt der Süderelbe (⟶ Elbe), deren ursprünglicher Lauf seit der Flutkatastrophe des Jahres 1962 zwischen ⟶ Finkenwerder und Neuenfelde (⟶ Altes Land) vor ihrer einstigen Vereinigung mit der Norderelbe abgedeicht ist.

Diese imposante Straßenhochbrücke verbindet seit 1974 als ein neues, weithin sichtbares Wahrzeichen Hamburgs die Hafenbereiche Waltershof (Containerterminal) und Neuhof (Freihafengebiet; im Brückenbereich Zollkontrollen möglich).
Von beiden Seiten führen die vierspurigen Fahrbahnen auf langen geschwungenen Pfeilerreihen (75 Pfeiler; max. 4 % Steigung) zu der eigentlichen Schrägseilbrücke hinan (520 m lang; 54 m über Tideniedrigwasser), die von zwei markanten, je 130 m hohen Pylonen gestützt wird. Die Brücke

Hochbrücke über den Köhlbrand ▶

Köhlbrandbrücke (Fortsetzung)

dient ausschließlich dem Kraftverkehr und ist sowohl für Radfahrer als auch für Fußgänger gesperrt.

Kattwykbrücke (durch Schiffskollision am 16.9.1991 stark beschädigt)

Rund 3 km südlich von der Köhlbrandbrücke wird die Süderelbe von der 1971–1973 erbauten Kattwyk-Hubbrücke (52 m Hub) überspannt. Diese kombinierte Eisenbahn- und Straßenbrücke verbindet den ländlichen Stadtteil Moorburg mit dem Hafenteil Hohe Schaar.

Rethebrücke

Gut 1 km nordöstlich von der Kattwykbrücke ragt die 1932–1934 erbaute Rethebrücke auf, zur Entstehungszeit mit 42 m Hubhöhe Deutschlands höchste Hubbrücke.

Reiherstiegbrücke

Etwa 3 km südlich von der Rethebrücke ermöglicht die 1955/1956 erbaute Reiherstieg-Klappbrücke dem Verkehr den Übergang über die breiten Reiherstieg-Schleusen.

Wilhelmsburg

Hier befindet man sich in dem von raumgreifenden Tanklagern, Silo- und Speicheranlagen geprägten Hafenbereich der Elbinsel ⟶ Wilhelmsburg; jenseits der Süderelbe liegt der Industriehafen der einst selbständigen Stadt ⟶ Harburg.

Kongreßzentrum

⟶ Congress Centrum Hamburg

*Kontorhausviertel 26 23/24

Lage
im östlichen Teil der Innenstadt
HH 1

S-Bahn
Hauptbahnhof
(S 1, S 2, S 3, S 4, S 11, S 21, S 31)

U-Bahn
Steinstraße, Meßberg (U 1), Mönckebergstraße (U 3)

Bus
31, 35, 36, 37, 102, 108, 109, 111, 112

Die imposanten Baugruppen des sog. Kontorhausviertels auf dem Platz des ehemaligen Altstädter Gängeviertels zwischen Steinstraße und Meßberg rund um den Burchardplatz zeigen eines der eindrucksvollsten Stadtbilder der zwanziger Jahre. Der Raum einst engbebauter Gassen mit lichtlosen Hinterhöfen erfüllt heute eine Reihe von wuchtigen Kontorhäusern.

Hervorzuheben sind das einzigartige ⟶ Chilehaus, der dreiteilige Sprinkenhof zwischen Burchardstraße und Altstädter Straße, ein von Zierleisten und keramischen Schmucksteinen belebter großer Klinkerwürfel mit runden Anbauten (Architekten: F. Höger und H. & C. Gerson, 1927–1930) und der Meßberghof (urspr. Ballinhaus), Ecke Meßberg/Pumpen, ein hoher gedrungener Klinkerbau (Architekten: H. & O. Gerson, 1923/1924).

Genannt seien ferner der Mohlenhof (1928) am Burchardplatz und der Montanhof (1924–1926) an der Ecke Niedernstraße und Kattrepel.

In Fortsetzung der Niedernstraße führt die Straße 'Schopenstehl' westwärts zum Alten Fischmarkt. Am Schopenstehl ist ein bemerkenswertes dreigeschossiges Bürgerhaus (Nr. 32/33; dänisches Steakhaus "A Hereford Beefstouw") aus dem 18. Jahrhundert erhalten. Das Giebelhaus von ca. 1750 besitzt eine schöne Rokokofassade und ein Doppelportal mit reich geschnitzten Türflügeln.

Schopenstehl

*Krameramtswohnungen · Krameramtsstuben 24/25 23

Lage
Krayenkamp 10/11
HH 11

In unmittelbarer Nähe der ⟶ Michaeliskirche ist mit den sog. Krameramtswohnungen ein idyllisches Stückchen Alt-Hamburg bewahrt. Es handelt sich um die letzte erhaltene Hofbebauung des 17. Jahrhunderts in der Hansestadt, die selbstredend unter Denkmalschutz steht.

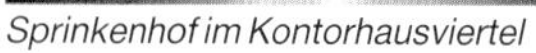

Sprinkenhof im Kontorhausviertel

Innenhof der Krameramtsstuben

Straßenseite der Krameramtswohnungen am Krayenkamp

Kuppelgezierter Neubau an der Ernst-Merck-Straße

Fassade des Altbaues an der Kunstinselseite

Am Krayenkamp war um 1620 ein Lustgarten mit einem Landhaus und einem Gartenhaus angelegt worden. Im Jahre 1676 erwarb das Krameramt (Amt der Krämer) das Grundstück und erstellte zwei Hofflügel von je fünf zweistöckigen Fachwerkhäusern mit Wohnungen für die Witwen verstorbener Amtsbrüder. Nach Einführung der Gewerbefreiheit (1866) kam die Baugruppe in den Besitz der Stadt und wurde für Altenwohnungen genutzt. Von 1971 bis 1974 erfolgte eine durchgreifende Instandsetzung. Ein originelles Detail stellen die gedrehten Schornsteine dar.

Im Haus C befindet sich als Außenstelle vom ⟶ Museum für Hamburgische Geschichte eine historisch eingerichtete Witwenwohnung, die besichtigt werden kann (Di.–So. 10.00–17.00 Uhr).

Ferner gibt es in diesem malerischen Hofensemble eine Kunstgalerie, Antiquitäten- und Andenkengeschäfte sowie ein gemütliches Restaurant im althamburgischen Stil.

Vom äußersten Hofende hat man einen besonders reizvollen Blick auf den die Dächer überragenden 'Michel', den Helm des Turmes der ⟶ Michaeliskirche.

Krameramtswohnungen (Fortsetzung)

S-Bahn
Stadthausbrücke (S 1, S 2, S 3)

U-Bahn
Rödingsmarkt (U 3)

Bus
37

**Kunsthalle · Hamburger Kunsthalle 26 24

Die Hamburger Kunsthalle verdankt ihre Entstehung der Initiative des 1817 gegründeten 'Kunstvereins in Hamburg', der 1850 die erste 'Öffentliche städtische Gemälde-Galerie' in den Börsenarkaden eröffnete. "Jedem anständig Gekleideten, den Kindern aber nur in Begleitung Erwachsener, stand die Betrachtung von 40 Gemälden frei." So streng waren damals die Bräuche.

Durch Schenkungen wuchs die Sammlung rasch, und so wurde im August 1869, weitgehend aus Spenden finanziert, ein eigenes Gebäude, der heutige Altbau der Kunsthalle, eröffnet.
Auch die Sammlung selbst bestand zum größten Teil aus Stiftungen; 1866 wurde Alfred Lichtwark ihr erster Direktor, und er war es, der die Galerie zu Weltruhm führte. Durch Erwerbung der Werke der großen Hamburger Maler des Mittelalters (Meister Bertram und Meister Francke) und der Romantik sowie eines reichen Bestandes niederländischer Malerei glückte ihm der schnelle Ausbau der Sammlung. Besonderes Gewicht gab er den neueren Meistern bis zur damaligen Gegenwart, gleichzeitig aber auch über die deutschen Grenzen hinausgreifend, hauptsächlich nach Frankreich.
Gustav Pauli, seit 1914 Lichtwarks Nachfolger, konnte 1919 den aus Platzgründen unumgänglich gewordenen, heute durch seine Kuppel von weitem auffallenden Neubau eröffnen. Das vermehrte Platzangebot erlaubte nunmehr eine klare Gliederung des bis dahin unübersichtlichen Bestandes und erleichterte die Einsicht in die Entwicklung der Malerei. Mit Pauli zog die Neue Kunst in die Kunsthalle ein. Seine glanzvollste Erwerbung war Manets "Nana", noch heute einer der Glanzpunkte der Sammlung.
Nach 1937 gingen dem Museum im Zuge des nationalsizalistischen Sturmes gegen die sog. Entartete Kunst 74 Gemälde sowie rund 1200 Zeichnungen und graphische Blätter unwiederbringlich verloren.
Carl Georg Heise aber gelang es nach 1945, der Kunsthalle ihren alten Ruf wiederzugeben. Vor allem wurde die Sammlung moderner Kunst völlig neu aufgebaut. Auch die früher vernachlässigte Skulpturensammlung des 19. und 20. Jahrhunderts wurde ausgebaut.
Unter Heises Nachfolger, Alfred Hentzen, waren Neuerwerbungen auf dem Gebiete der alten Kunst (Honthorst, Strozzi, Claude Lorrain, Canaletto, Boucher, Fragonard), des 19. Jahrhunderts (Renoir, Gauguin) sowie der neueren Malerei und Plastik möglich.

Lage
in der Innenstadt, am Glockengießerwall, nahe dem Hauptbahnhof HH 1

S-Bahn
Hauptbahnhof (S 1, S 2, S 3, S 4, S 11, S 21, S 31)

U-Bahn
Hauptbahnhof-Nord (U 2)

Bus
112

Öffnungszeiten
Di.–So. 10.00–18.00

Eintrittsgebühr

Jüngste Entwicklung

Seit 1969 gab Werner Hofmann der Kunsthalle neue Impulse. Neben der kontinuierlich betriebenen Erweiterung vor allem in der zeitgenössischen Kunst und der ständigen Präsentation der Sammlungen unter speziellen Gesichtspunkten haben weltweit Aufmerksamkeit erregende Expositionen, darüber hinaus aber auch die Öffnung zu neuen Medien in Ausstellungen (Phonothek, Holographie, Einsatz von Computern im Netzwerk) die Hamburger Kunsthalle zu einem anerkannten Museum mit Weltniveau gemacht.
Nachfolger des Ende 1990 ausgeschiedenen Werner Hofmann ist Uwe M. Schneede, unter dessen Ägide es nun wohl weniger Sonderausstellungen geben wird; er bemüht sich v. a. um die Auffrischung der Säle.

Neu:
Mehrere Räume der Kunsthalle wurden großzügig neu gehängt: "Brücke"-Saal, Lehmbruck-Saal, Max-Beckmann-Saal, Beuys-Saal, zwei Pop-Art-Säle (v. a. Warhol)

Bis 1997 sollen die beiden bestehenden Gebäudetrakte renoviert und in ihren Originalzustand zurückversetzt werden sowie ein Erweiterungsbau hinzukommen.

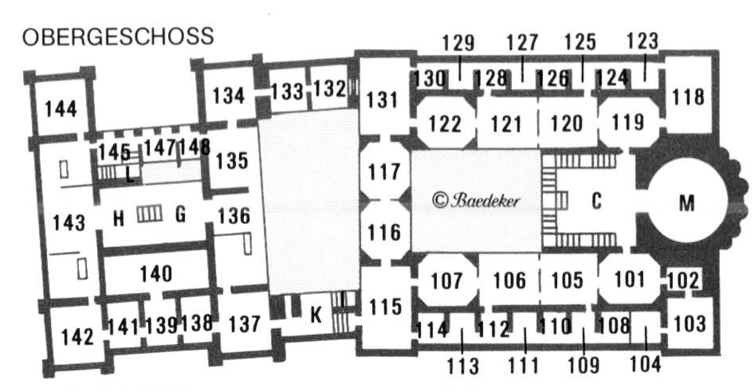

OBERGESCHOSS
- C Haupttreppe zum Erdgeschoß
- G Altbautreppe zum Erdgeschoß
- H Phonothek
- I Abgang zum Erdgeschoß
- K Ruheraum
- L Aufgang zur Abteilung Hans Arp und Surrealisten

- M Kuppel: wechselnde Ausstellungen
- 101 – 117 Ältere Meister von der Spätgotik bis zum 18. Jahrhundert
- 118 – 134 Malerei des 19. Jahrhunderts
- 135 – 148 Kunst des 20. Jahrhunderts

Hamburger Kunsthalle

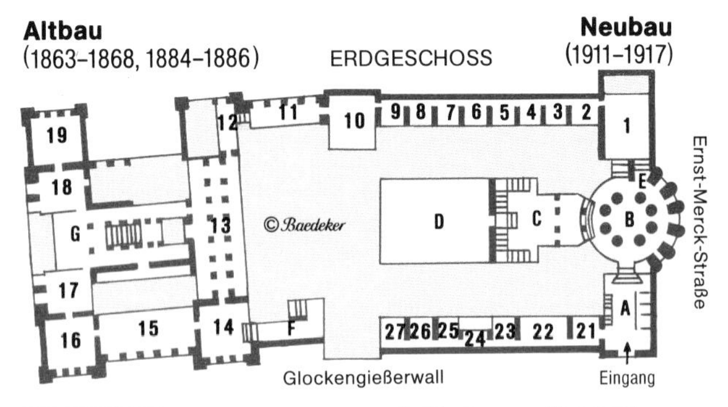

ERDGESCHOSS
- A Kasse, Garderobe, Toiletten
- B Verkaufsstand
- C Haupttreppe zum Obergeschoß
- D Kupferstichkabinett, Bibliothek
- E Abgang zur Abteilung Zeitgenössische Kunst
- F Aufgang zum Obergeschoß

- G Altbautreppe zum Obergeschoß
- 1 Demonstrationsraum
- 2 – 11 Malerei in Hamburg vom 15. bis zum 19. Jahrhundert
- 13 Münzen, Plastik Café "Liebermann"
- 14 – 19 Kunst seit 1960
- 21 – 27 Malerei in Hamburg 1850 – 1950

Sammlungsbereiche der Hamburger Kunsthalle

Ältere Meister

Im Obergeschoß der Hamburger Kunsthalle befindet sich die Sammlung älterer Meister. Hervorzuheben sind hier in erster Linie der Petrikirchenaltar ('Grabower Altar') von Meister Bertram (1379) und der Thomas-Altar von Meister Francke (1424). Werke deutscher Maler (u.a. Holbein, Cranach) und vor allem niederländischer Maler (Rembrandt, van Dyck, Jordaens, Terborch, Ruysdael und Saenredam) geben einen fast lückenlosen Einblick in die Kunst des 16. und 17. Jahrhunderts.

18. Jahrhundert

Das 18. Jahrhundert ist mit Werken der Italiener Tiepolo, Canaletto und Belotto, der Franzosen Boucher und Fragonard und des Spaniers Goya vertreten.

19. Jahrhundert

Die Sammlung der neueren Meister zeigt bedeutende Werke der deutschen Malerei des 19. Jahrhunderts. Hier sind zu nennen allen voran Caspar David Friedrich und Philipp Otto Runge, dann aber auch die Sammlung von Werken der verschiedenen Malerschulen der deutschen Romantik, der Deutsch-Römer (Nazarener) und des Realismus (Leibl, Menzel).
Die Kunst der zweiten Hälfte des 19. Jh.s in Deutschland ist vertreten durch Werke von Feuerbach, Marées und Makart, die von Frankreich durch solche von Delacroix, Daumier, Courbet, Manet, Monet und Renoir.

20. Jahrhundert

Große Werkgruppen von Liebermann, Corinth und Slevogt markieren den Übergang zur Kunst des 20. Jahrhunderts.
Der deutsche Expressionismus ist mit Hauptwerken von Kirchner, Schmidt-Rottluff und Nolde dokumentiert. Daneben zeigen Werke von Munch, Picasso, Braque und Léger die Entwicklung der modernen Kunst im Ausland.
Der Surrealismus wird in Werken von Masson, Picabia und Ernst, die Neue Sachlichkeit in solchen von Dix und Schad vorgestellt.

Zeitgenössische Kunst

Die Sammlung zeitgenössischer Kunst beginnt mit der abstrakten Malerei der fünfziger Jahre (u.a. Wols, Hartung, Nay), ist aber auch auf internationale Strömungen orientiert. Pop-Art, Konzept-Art und neueste Tendenzen nehmen breiten Raum ein.

Skulpturen

Neben der Gemäldesammlung gibt es eine umfangreiche Sammlung von Plastik des 19. und 20. Jahrhunderts, ein Kupferstichkabinett mit etwa 100000 Blättern und eine pädagogische Abteilung.

Café Liebermann

Frei Akademie der Künstler

In der historischen Säulenhalle des Altbaues bietet das Café "Liebermann" Erfrischungen an.
Das Altbaukellergeschoß nutzt die 'Freie Akademie der Künstler'.

Freiplastiken

Das Reiterstandbild vor dem Eingang zum Neubau stammt von dem Münchener Bildhauer H. Helm (1908), die aus Maschinenteilen geformte Freiplastik "Kleiner Zyklop" von dem Schweizer B. Luginbühl (1967).

Kunstinsel

26 24

Lage
Ferdinandstor, hinter der Kunsthalle
HH 1

S-Bahn
Hauptbahnhof
(S 1, S 2, S 3, S 4, S 11, S 21, S 31)

Auf der 'Kunstinsel' genannten Fläche an der Nordwestseite der Hamburger ⟶ Kunsthalle steht das Kunsthaus, ein viergeschossiger Ausstellungsbau, von dem ein flacher Ausstellungstrakt, Sitz des 'Kunstvereins in Hamburg', zum Altbau der Kunsthalle hinüberleitet. Beide Gebäude sind Nachkriegsbauten von 1961–1963.
Auf der Freifläche sind zwei auffällige Kunstwerke aufgestellt: "Tunnelplastik" (Stahl; F. Gräsel, 1973) und "Geschlagener Catcher" (Bronze; A. Gaul, 1904). An der Straße unterhalb des Kunsthauses steht ein bronzener Löwe (A. Gaul, 1904).

Kunstinsel (Fortsetzung)

U-Bahn
Hauptbahnhof-Nord (U 2)

Bus
112

Kunsthaus

Das Kunsthaus wird als 'Haus der Hamburger Künstler' vom Berufsverband bildender Künstler in Hamburg betreut und hat somit in erster Linie die regionale Kunstszene zu fördern. Es gibt aber auch Austauschausstellungen überregionaler Künstlergruppen und Expositionen, die im Interesse der Hamburger Künstler die Diskussion um Kunst beleben.
Das Kunsthaus ist Di.–So. 10.00–17.00 Uhr geöffnet (Eintrittsgebühr).

Kunstverein in Hamburg

Absicht und Ziel des 1817 als 'Verein bürgerlicher Kunstliebhaber' gegründeten, heutigen 'Kunstvereins in Hamburg' war es zunächst, Ausstellungen zeitgenössischer Kunst zu organisieren, um Bürgern und einheimischen Künstler Anregungen zu vermitteln. Doch hielt man es wenig später für geboten, diesen begrenzten Kreis zu erweitern und auch auswärtigen Künstlern Gelegenheit zu geben, sich zu präsentieren. Im Jahre 1826 fand die erste Ausstellung statt, der im Laufe der Jahrzehnte viele, z.T. sehr bedeutende, folgten. Heute stellt der Kunstverein u.a. in den → Deichtorhallen an der Altländer Straße aus.

Projekt Kunstinsel

In jüngster Zeit hat der Hamburger Senat ein lange Zeit diskutiertes Projekt zur Neugestaltung der 'Kunstinsel' gutgeheißen. Es soll ein viergeschossiger Erweiterungsbau mit ca. 7700 m² Gesamtfläche entstehen, der die zeitgenössischen Sammlungen der Kunsthalle aufnehmen soll. Für das Kunsthaus und den Kunstverein muß dann ein neues Domizil gefunden werden; im Gespräch ist hierfür die alte Markthalle am Klosterwall.

Kunst- und Gewerbemuseum

→ Museum für Kunst und Gewerbe

KZ-Gedenkstätte Neuengamme

→ Vierlande und Marschlande

*Landungsbrücken · St.-Pauli-Landungsbrücken 23/24 23

Lage
am Hafen, ca. 2 km südwestlich vom Hamburger Stadtkern

S-Bahn
Landungsbrücken (S 1, S 2, S 3)

U-Bahn
Landungsbrücken (U 3)

Bus
112

HADAG-Schiff
Linien 61, 62, 77

Die im Stadtteil → St. Pauli am Nordufer der Norderelbe zwischen Niederhafen und → Fischmarkt gelegenen Landungsbrücken, offiziell St.-Pauli-Landungsbrücken, dienen hauptsächlich dem lokalen Personenschiffsverkehr im Hamburger → Hafen (Linienschiffe und Fähren) und auf der Unterelbe (→ Elbe). Zudem sind sie, zentraler Punkt der → Hafenmeile, Ausgangs- und Endpunkt der beliebten Hafenrundfahrten (diverse Angebote → Praktische Informationen: Stadtbesichtigung). Hier, direkt am Hafen, weht meist ein frischer Wind.
An Land steht das mächtige, 200 m lange Empfangsgebäude, das von 1907 bis 1909 nach einem technischen Gesamtentwurf der Baudeputation für den Nordsee- und Bäderverkehr errichtet wurde. Die architektonische Gestaltung in monumentalen Jugendstilformen mit Tuffsteinverkleidung, zwei Ecktürmen und zwei Kuppeln stammt von L. Raabe und O. Wöhlecke; die Bauplastiken schuf A. Bock.

*Hafenblick

Am Uhrturm am Ostende befindet sich neben einer Normaluhr und einem Wasserstandsanzeiger eine 1989 eingebaute ehemalige Feuerglocke, die durch eine sog. Glasenuhr jede halbe Stunde zum Schlagen, seemännisch zum 'Glasen' gebracht wird. Vom Obergeschoß (Hafenterrasse) des sich im anschließenden Bauteils befindlichen Landungsbrückenrestaurants bietet sich ein prächtiger Hafenblick.

Hafenblick mit Landungsbrücken (im Vordergrund) ▶

LUNEBURGER HEIDE

Großgemälde am Trockendock der Werft Blohm + Voss

An Bord des Museumsschiffes ...

... "Rickmer Rickmers"

Landungsbrücken (Fortsetzung)

Dockbemalung

Das Handel und Schiffahrt darstellende Großgemälde an dem gegenüberliegenden Dock 11 der Werft Blohm + Voss schuf Roland C. Stegemann 1989 anläßlich des 800jährigen Hafenjubiläums.

Brücken

Vier von sechs Bogendurchgängen im Empfangsgebäude führen zu den gedeckten Brücken, welche die wegen des wechselnden Gezeitenwasserstandes bewegliche Verbindung zu den im Elbwasser schwimmenden Pontons schaffen.

Pontons

An der 1953–1955 neugestalteten, insgesamt fast 700 m langen Pontonreihe machen die Schiffe fest; in den Aufbauten befinden sich Hafendienststellen und Schiffahrtsbüros sowie zahlreiche Gaststätten und Souvenirläden. Das mit Sitzbänken ausgestattete Dach ist begehbar und bildet ein durchgehendes Promenadendeck.

*Museumsschiff "Rickmer Rickmers" (Abbildungen s. S. 8 + S. 262)

An Brücke 1a ("Fiete"-Schmidt-Anleger) liegt seit 1987 das Museumsschiff "Rickmer Rickmers", eine 1896 in Bremerhaven gebaute Dreimaststahlbark (3067 TDW; 97 m lang, 12,20 m breit; 3500 m^2 Segelfläche, 50 m hohe Masten), die zunächst in der Frachtschiffahrt eingesetzt war. Im Jahre 1916 vor den Azoren beschlagnahmt, fuhr sie bis 1962 als Schulschiff unter portugiesischer Flagge, wurde dann abgetakelt, 1983 aber von dem eigens für diesen Zweck gegründeten Verein 'Windjammer für Hamburg' erworben und gänzlich restauriert.
Die "Rickmer Rickmers" kann täglich zwischen 10.00 und 17.30 Uhr besichtigt werden (Eintrittsgebühr; Gastronomie an Bord).

Brückenhaus

Tourist Information am Hafen

Den Gebäudetrakt zwischen den Zugängen zu den Brücken 4 und 5 hat man in den Jahren 1975–1976 als modernes 'Brückenhaus' erneuert. Hierin befindet sich u. a. die 'Tourist Information am Hafen'.

Geestrand

Nördlich hinter den Landungsbrücken steigt unvermittelt steil der Geestrand auf. Eine Fußgängerbrücke überquert die breite, verkehrsreiche Uferstraße und führt zu der kombinierten S- und U-Bahn-Station 'Landungsbrücken' auf halber Höhe. Auf Treppenwegen kann man weiter zur Jugendherberge auf dem Stintfang und zum → Bismarck-Denkmal hinaufsteigen.

Alter Elbtunnel

Beim Westende des breitgestreckten Landungsbrückengebäudes steht der Kuppelbau des Einfahrtsschachtes in den Alten → Elbtunnel.
Von hier führt die → Hafenmeile unterhalb der überwiegend von 'Autonomen' bewohnten Altbauten der → Hafenstraße vorüber zum → Fischmarkt.

Überseebrücke

Hafentor

Der Bereich, wo die Dietmar-Koel-Straße von Nordosten in die Hafenrandstraße, hier 'Johannisbollwerk', einmündet, heißt Hafentor. Auf der platzartigen Erweiterung der Flutschutzmauer steht seit 1982 die bizarre, 3×6×3 m große und 25 t schwere Eisenplastik "Hafentorfigur" des Schweizer Bildhauers Bernhard Luginbühl.

Vorsetzen

Im Osten der Landungsbrücken führt von der hier 'Vorsetzen' (→ Hafenmeile) genannten Uferstraße am Niederhafen die Überseebrücke (auf der Flutschutzmauerpromenade das gleichnamige Restaurant-Café mit schönem Hafenblick) zu einer Reihe von Schwimmpontons, an denen heute Segelschulschiffe und andere Wasserfahrzeuge, aber auch Kriegsschiffe anlegen, die anläßlich von Flottenbesuchen nach Hamburg kommen und zuweilen besichtigt werden können (Bekanntgabe der Einlaßzeiten an der Gangway).

Gruner+Jahr-Pressehaus → Hafenmeile

Blick von der Überseebrücke auf die Landungsbrücken

Uhrturm der Landungsbrücken

An einem äußeren Überseebrückenponton befindet sich der vorläufige Liegeplatz des Motorschiffes "Cap San Diego" (10000 TDW; 159,40 m lang, 24,47 m breit). Im Jahre 1962 auf der Deutschen Werft in Hamburg gebaut, fuhr das Schiff bis 1981 als Stückgutfrachter für die Hamburg-Südamerikanische Dampfschifffahrtsgesellschaft (mit drei f! – kurz 'Hamburg-Süd'), danach bis 1986 für ausländische Reedereien. Infolge des radikalen Umwandlungsprozesses in der Frachtschiffahrt (Containerverladung) nicht mehr zeitgemäß, wurde es an eine Abwrackwerft verkauft, dann aber als letzter Zeuge dieses Schiffstyps von der Stadt Hamburg zurückerworben, der Stiftung 'Hamburger Admiralität' übereignet, von dieser wiederinstandgesetzt und als Museumsschiff eingerichtet.
Die "Cap San Diego" ist täglich zwischen 10.00 und 18.00 Uhr zu besichtigen (im Winter bis zum Einbruch der Dunkelheit; Restaurant an Bord).

Landungsbrücken (Fortsetzung)
*Museumsschiff "Cap San Diego" (Abb. s. S. 262)

→ Hafenmeile

Baumwall

*Lauenburg (Elbe)

Ausflugsziel

Die alte Schifferstadt Lauenburg (8–55 m ü. d. M.; 11000 Einw.), die südlichste Stadt des deutschen Bundeslandes Schleswig-Holstein (Kreis Herzogtum Lauenburg), 1260 erstmals als Stadt urkundlich erwähnt, war einst ein wichtiger Platz an der Alten Salzstraße zwischen → Lüneburg und Lübeck. Sie liegt reizvoll am hohen Nordufer der → Elbe (kombinierte Straßen- und Eisenbahnbrücke; Hafen, Hitzler-Werft), von der hier der Elbe-Lübeck-Kanal nach Norden abzweigt.

Die Palmschleuse gehörte zum Schleusensystem des mittelalterlichen Stegnitz-Delvenau-Kanals und ist die älteste erhaltene Kammerschleuse (1724–1726) in Nordeuropa.
Nur unweit östlich verlief 1949–1990 die DDR-Grenze, heute die Landesgrenze zwischen Schleswig-Holstein und Mecklenburg-Vorpommern.

In der historischen Unterstadt stehen entlang der Elbstraße noch zahlreiche schöne Fachwerkhäuser aus dem 16. und 17. Jahrhundert. Im Hause Nr. 59 ist das interessante Elbschiffahrtsmuseum (Flußschiffahrt, Schiffsantriebe; Stadtgeschichte) untergebracht.
Von der Elbstraße führen schmale Twieten zwischen den Häusern hinab zum Elbufer, bei Niedrigwasser ein beliebter Spazierweg.
Die Maria-Magdalenenkirche stammt ursprünglich aus dem Jahre 1227, ist aber später im Äußeren z. T. unvorteilhaft erheblich verändert worden; beachtenswert sind jedoch das Südportal (von 1598) mit einem Prangerstein und im Inneren ein Triumphbogen, eine Bronzetaufe, Schmuckleuchten, Orgelprospekt und Epitaphe.

Lage
rd. 40 km südöstlich vom Hamburger Stadtkern

Bus
31 (ab Rathausmarkt)
231 (ab Bergedorf)

Zufahrt
B 5 über HH-Bergedorf und Geesthacht (bis dorthin auch A 25)

Eisenbahn
DB-Bahnhof an der Strecke Lübeck – Lüneburg

Auskunft
Verkehrsamt
Amtsplatz 6
W-2058 Lauenburg/Elbe
Tel. (04153) 590980/81

Der Schloßturm auf dem steilen Schloßberg (50 m ü. d. M.) ist der älteste Rest der einstigen Schloßanlage (1182 als 'Lavenburg' [wohl von slawisch 'Lave' bzw. 'Labe' = Elbe] gegründet) der Herzöge von Sachsen-Lauenburg; von der Terrasse bietet sich ein schöner Weitblick über die Elbmarschen bis nach Lüneburg.
Auf der Höhe im Norden der Stadt steht die letzte von einst sechs Windmühlen (Mühlenmuseum).

Während der Sommersaison werden regelmäßige Schiffsausflüge (Abfahrt vom Anleger bei der Bronzefigur "Der Rufer") elbaufwärts sowie elbabwärts und in den Elbe-Seitenkanal zum Schiffshebewerk Scharnebeck (s. nachstehend) veranstaltet.
An einigen Wochenenden von Ende Mai bis Ende September befährt der historische, kohlebefeuerte Schaufelraddampfer "Kaiser Wilhelm" (1900 in Dresden für die Oberweserschiffahrt gebaut) die Elbe zwischen Lauenburg und Hoopte (an der Ilmenaumündung), Bleckede oder Hitzacker.

Ausflugsfahrten auf der Elbe

Lauenburg (Fortsetzung)

Lauenburg ist ferner Ausgangspunkt für bzw. Endpunkt von Elbe-Kreuzfahrten nach bzw. von Dresden (Sächsiche Schweiz).

Elbe-Seitenkanal

Der gut 115 km lange und durchgehend 53 m breite Elbe-Seitenkanal (4 m Wassertiefe) ist eine Binnenschiffahrtsstraße, welche die Elbe (bei Artlenburg; ca. 4 km stromabwärts von Lauenburg) mit dem Mittellandkanal (zwischen Gifhorn und Wolfsburg) und somit den Hamburger Hafen mit den Industriegebieten im südöstlichen Niedersachsen sowie in Westdeutschland verbindet. Für den Verkehr mit den östlichen deutschen Bundesländern Sachsen-Anhalt, Brandenburg und Sachsen sowie mit der Tschechoslowakei ermöglicht sie eine Umgehung der besonders im Sommerhalbjahr oft extremes Niedrigwasser aufweisenden unteren Mittelelbe.

*Schiffshebewerk Scharnebeck

Mittels des modernen Doppelhebewerkes bei Scharnebeck (unweit nordöstlich von Lüneburg), des größten Senkrechtschiffshebewerkes überhaupt (Troggewicht samt Wasser und Schiffslast 5700 t; Hubdauer ca. 3 Min.) wird der Höhenunterschied von 38 m zwischen dem Elbniveau und dem Hinterland in ca. 15 Minuten (einschl. Ein- und Ausfahrt) überwunden. Der an Lüneburg (Hafen) vorbei über Uelzen (Schleuse und Hafen) durch die Lüneburger Heide führende und deshalb scherzhaft als 'Heide-Sueskanal' apostrophierte Elbe-Seitenkanal wurde nach achtjähriger Bauzeit im Jahre 1976 in Betrieb genommen.

Literaturhaus 27 25

Lage
Schwanenwik 38, am Ostufer der Außenalster, im Stadtteil Uhlenhorst HH 76

Bus
37, 108

Das Literaturhaus Hamburg ist ein Zentrum für literarische Veranstaltungen und zugleich ein Treffpunkt für alle, die beruflich oder aus Interesse mit Literatur und Buchkultur zu tun haben. Mehrere Veranstaltungsräume, ein Café, eine literarische Buchhandlung sowie Geschäftsstellen berufsständischer Vereinigungen geben den äußeren Rahmen.

Die Gründung des 'Literaturhaus e.V.' erfolgte 1985 auf private Initiative von Buchhändlern, Verlagen, Autoren und Publizisten. Eine Stiftung ermöglichte den Ankauf einer über 120 Jahre alten Kaufmannsvilla im englisch-gotischen Stil an der Außenalster, die nach gründlicher Renovierung im September 1989 ihrer heutigen Bestimmung übergeben werden konnte. Prunkstück des Hauses ist der 230 Personen fassende Vortragssaal, ursprünglich ein 1889 eingerichteter Festsaal, dessen wertvolle Stukkaturen und Gemäldeausschmückung im Stil der damalgen Zeit sorgfältig restauriert wurden.

Die erste Programmleiterin des Hamburger Literaturhauses, Christina Weiss, wurde im Sommer 1991 zur Kultursenatorin der Freien und Hansestadt Hamburg berufen.

*Lombardsbrücke 25/26 24

Lage
zwischen Binnenalster und Außenalster

S-Bahn
Dammtor (S 11, S 21, S 31), Jungfernstieg (S 1, S 2, S 3) Hauptbahnhof (S 1, S 2, S 3, S 11, S 21, S 31)

Die bekannte Lombardsbrücke überspannt die Wasserverbindung zwischen Binnenalster und Außenalster im Zuge der ehemaligen Befestigungswerke des 17. Jahrhunderts.
Ihren Namen verdankt sie dem 'Lombard' genannten Pfandleihhaus, das 1651 am Westufer der ⟶ Alster errichtet worden war und dort bis 1827 bestand.

Die dreibogige steinerne Straßenbrücke wurde 1865–1868 von Johann Hermann Maack anstelle einer früheren Holzbrücke in der Mitte des alten Sperrdammes erbaut und im Jahre 1900 sowie abermals 1908 (für die Eisenbahn) nach Norden verbreitert.

Lombardsbrücke: Blick von Süden ...

... und nach Süden

Über die jetzt knapp 50 m breite, jüngst renovierte Lombardsbrücke flutet heute ein starker Straßen- und Eisenbahnverkehr (vier Gleise; Fern- und S-Bahn-Züge).

U-Bahn
Jungfernstieg (U 1, U 2)
Stephansplatz (U 1)
Hauptbahnhof-Nord (U 2)

Bus
112

Von der Lombardsbrücke bietet sich nach Süden eine der klassischen Ansichten der türmereichen Hamburger Innenstadt mit der Binnenalster (samt Alsterfontäne) im Vordergrund.

Zu diesem 'Postkartenbild' gehören auch die (acht) schönen gußeisernen Lampenkandelaber mit Milchglaskugeln und plastischem Schmuck von C. Börner (1868).

Kennedybrücke

Zur Entlastung der alten Lombardsbrücke wurde 1951 bis 1953 an der Außenalsterseite für den Kraftfahrzeugverkehr die Neue Lombardsbrücke hinzugefügt, die nach der Ermordung des 35. US-amerikanischen Präsidenten John F. Kennedy (1917–1963) in 'Kennedybrücke' umgetauft wurde.

Eine Markierung auf der Ostseite des nördlichen Gehsteiges bezeichnet den Verlauf des 10. Längengrades östlich von Greenwich.

An der Westseite stand bis 1984 das jetzt unweit vom Dammtorbahnhof (⟶ Dammtor) befindliche Büschdenkmal.
Zwischen Kennedybrücke und Lombardsbrücke steht die von Fritz Fleer gestaltete Bronzestatue "Jüngling mit Möwe".

Lübeck

Ausflugsziel

Beschreibung in Baedekers Stadtführer "Lübeck"

*Lüneburg

Ausflugsziel

Lage
ca. 50 km südöstlich von Hamburg

Eisenbahn
DB-Station an der Strecke Hamburg–Hannover

Zufahrt
A 1 oder A 7 südwärts bis zum 'Maschener Kreuz', dann A 250 bis Winsen (Luhe) und weiter B 4

Auskunft
Fremdenverkehrsamt im Rathaus
Am Markt 1
W-2120 Lüneburg
Tel. (04131) 309596

Die im Nordosten der ⟶ Lüneburger Heide an der Ilmenau gelegene alte Salz- und Hansestadt Lüneburg (17 m ü. d. M.; 60000 Einw.), Regierungsbezirkshauptstadt im deutschen Bundesland Niedersachsen, hat sich aus ihrer Blüte im 14.–16. Jahrhundert zahlreiche, prächtige Bauwerke und Bürgerhäuser in spätgotischem und Renaissancestil bewahrt und ist damit eine der Hauptstätten der nordischen Backsteingotik.
Durch Ausbeutung der Salzquellen (Sülze) und Versorgung fast ganz Nordeuropas mit Lüneburger Salz erlangte die Stadt schon frühe Bedeutung und gehörte im 16. Jahrhundert zu den reichsten Städten Norddeutschlands. Dann sank ihr Wohlstand, nachdem auch anderenorts Salz gewonnen und Lüneburgs Monopol gebrochen wurde. Seit Jahrzehnten wird Lüneburg als Sol- und Moorheilbad besucht (großer Kurpark).

Drei mittelalterliche Kirchen überragen die Stadt: die Johanniskirche (14. Jh.), die Nikolaikirche (1409 vollendet) und die Michaeliskirche (1376–1418). Alle drei sind vor allem ihrer wertvollen Innenausstattung wegen besuchenswert.

*Rathaus

Prächtig ist die Fassade des Rathauses an der Westseite des Marktplatzes, eine Gebäudegruppe aus dem 13.–18. Jahrhundert mit figurengeschmückter barocker Marktfront (1720). Ein Glockenspiel mit 41 Glocken aus Meißener Porzellan im Rathausturm läßt dreimal täglich (8.00, 12.00 und 18.00 Uhr) eine Melodienfolge des Lüneburger Barockkomponisten Johann Abraham Peter Schulz (Schultz; 1747–1800) erklingen.
Von den gut erhaltenen Innenräumen (Eingang vom Ochsenmarkt; Führung) sind besonders die Gerichtslaube (von 1320), das Obere Gewandhaus (um 1450), die Alte Kanzlei (1433), die Große Ratsstube (1566–1584; vortreffliche Schnitzereien) und der Fürstensaal (15. Jh.) zu nennen.

Stadtplan

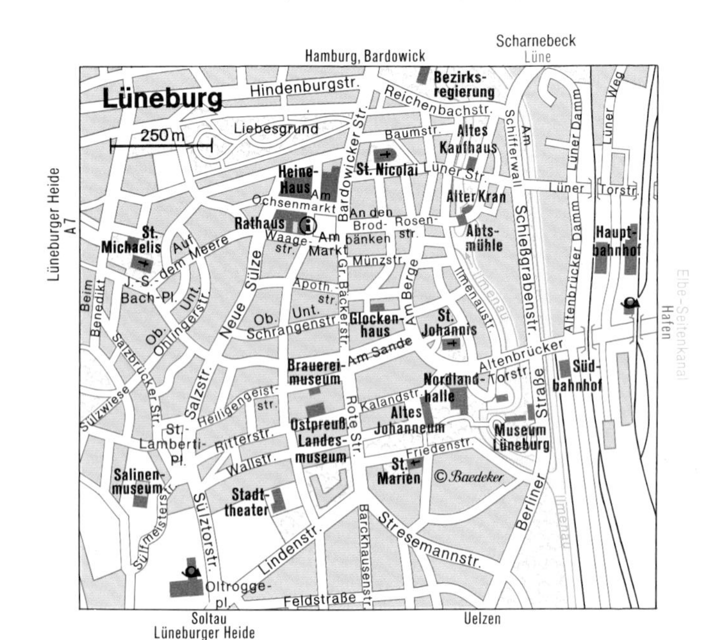

Alter Kran am Lüneburger Ilmenauhafen

Verkehrszentrum der Stadt ist der Platz am Sande, der von alten Backsteinhäusern (mit prächtigen Staffelgiebeln) umsäumt ist.

*Sand

Am Ilmenauhafen erinnern ein alter Drehkran und die Barockfassade des Kaufhauses von 1745 an die einstige Bedeutung der Ilmenau als Wasserstraße. An ihre Stelle ist nun der Elbe-Seitenkanal (⟶ Lauenburg) getreten, an dem Lüneburg über einen neuen Hafen verfügt.

Alter Kran an der Ilmenau

Brauereimuseum (Heiligengeiststraße Nr. 39): Bierherstellung und historische Werkzeuge in der restaurierten, früheren Kronenbrauerei; hier auch eine Sammlung historischer Trinkgefäße.

Museen

Deutsches Salzmuseum (Industriedenkmal Saline Lüneburg; Sülfmeisterstraße Nr. 1): Geschichte des Lüneburger Salzes und der 1980 stillgelegten Saline, Technik der Salzherstellung und Bedeutung des Salzes für die Menschheit; Salzsieden von Mai bis September täglich ab 15.00 Uhr.
Museum für das Fürstentum Lüneburg (Wandrahmstraße Nr. 10): Stadt- und Landesgeschichte, Kunstgeschichte und Volkskunde der Lüneburger Heide sowie Vor- und Frühgeschichte.

Ostpreußisches Landesmuseum (Ritterstraße Nr. 10): Landes- und Kulturgeschichte, Naturgeschichte und Kunst Ostpreußens (Bernsteinkunst, Jagdwesen, Trakehner Pferdezucht; Masuren, Kurische Nehrung, Rominter Heide, Elchwald u. a.).

Besuchenwert ist das am nordöstlichen Stadtrande gelegene Kloster Lüne, eine stimmungsvolle Gebäudegruppe aus dem Mittelalter, ursprünglich ein Benediktiner-Nonnenkloster, heute Damenstift des niedersächsischen Landadels (Führungen).

*Kloster Lüne

Schiffshebewerk Scharnebeck

⟶ Lauenburg (Elbe)

Heidschnucken

Heidehof

Braunbären im Wildpark Lüneburger Heide

Sekretär im Vogelpark Walsrode

**Lüneburger Heide

Ausflugsziel

Die vielbesuchte Lüneburger Heide, das größte geschlossene Heidegebiet in Deutschland, erstreckt sich zwischen der → Elbe im Nordosten und der Aller und unteren Weser im Südwesten. In den eiszeitlichen Moränenhügeln der Schwarzen Berge (Harburger Berge; → Harburg) schiebt sich diese Landschaft bis in unmittelbare Nähe der Hansestadt Hamburg vor. Die trockenen und wenig fruchtbaren Hochflächen, zwischen denen Moorgründe liegen, sind weithin mit Heidekraut bedeckt, das zur Blütezeit im August (vielerorts Heideblütenfeste) der schwermütigen Landschaft eine freundliche Stimmung verleiht. Seltsam geformte Wacholderbüsche, von Birken gesäumte Sandwege, hinter Eichen versteckte Heidjerhöfe vervollständigen das eigenartige Bild. Hünengräber erinnern an die vorgeschichtliche Besiedlung. Imkerei und Schafzucht (Heidschnucken) haben stark an Bedeutung verloren; neben dem beträchtlichen Tourismus spielen die Erdölförderung und der Abbau von Salz und Kieselgur eine Rolle.

Lage
ca. 30–50 km südlich der Elbe

Zufahrt
A 1 oder A 7 südwärts bis zu den Anschlußstellen 'Garlstorf', 'Egestorf', 'Evendorf' oder 'Bispingen'

Auskunft
Fremdenverkehrsverband Lüneburger Heide
Am Sande 5
W-2120 Lüneburg
Tel. (04131) 42006

Bedauerlicherweise ist die Heidefläche im Verlauf der letzten Jahrzehnte durch Umwandlung in Ackerfläche stark zurückgegangen. Um dieser Entwicklung entgegenzusteuern, wurde schon 1909 ein 20000 ha großes Areal unter Natur- und Landschaftsschutz gestellt und damit als Naturpark der erste dieser Art in Deutschland.

**Naturpark Lüneburger Heide

Der 'Naturpark Lüneburger Heide' ist für Kraftfahrzeuge mit Ausnahme von wenigen Durchgangsstraßen gesperrt. Doch kann man mit Pferdefuhrwerken (Stellwagen), die in den am Rande des Naturschutzparkes gelegenen Dörfern (Niederhaverbeck, Undeloh, Egestorf, Döhle u.a.) bereit stehen, durch die geschützten Heidegebiete fahren. Ansonsten sind Rad- oder Fußwanderungen angesagt.

Wilseder Berg

Etwa in der Mitte des Gebietes steigt das Heideland zum Wilseder Berg an, mit 169 m ü.d.M. der höchsten Erhebung in der Norddeutschen Tiefebene. Er bietet bei klarer Sicht einen prächtigen Weitblick über die gesamte Lüneburger Heide.

Totengrund

Östlich von hier, nahe dem Heidedorf Wilsede (Heimatmuseum), liegt der sanfte Totengrund, ein mit Heide und Wacholder bedeckter waldumsäumter Talkessel, durch den einst die Toten von Wilsede nach Bispingen gebracht wurden.

Weitere schöne Heidelandschaften findet man bei Fallingbostel (in der Nähe das Grab des bekannten Heidedichters Hermann Löns) und im Dreieck zwischen Uelzen, Soltau und Celle.
Der 1963 gegründete 'Naturpark Südheide' erstreckt sich wesentlich weiter südöstlich bei Hermannsburg.

*Wildpark Lüneburger Heide

Am Ostrand des Naturschutzgebietes befindet sich bei Nindorf der gepflegte 'Wildpark Lüneburger Heide' (Eintrittsgebühr), in dem Wisente, Elche, Wapitihirsche, Rot- und Damwild in fast freier Wildbahn sowie Bären, Wölfe, Füchse, Dachse und Vögel in Freigehegen zu sehen sind (insgesamt über 1000 Tiere).

Bad Bevensen

Bad Bevensen (40 m ü.d.M.; 6800 Einw.), an der Ilmenau (→ Lüneburg) und am Elbe-Seitenkanal (→ Lauenburg) – am Ostrande der Lüneburger Heide – gelegen, ist nicht nur Kneipp- und Luftkurort, sondern auch Jod- und Moorheilbad mit ausgedehnten Kuranlagen und 18-Loch-Golfplatz.

Soltau

Südlich vom Naturpark Lüneburger Heide liegt das Heidestädtchen Soltau (68 m ü.d.M., 19000 Einw.; Eisenbahn- und Straßenknotenpunkt) mit einem sehenswerten Heimatmuseum ('Museum Soltau' im ehem. Heimathaus) und dem Norddeutschen Spielzeugmuseum sowie der 1990 eröffneten 'Soltau-Therme' (29%ige Sole) mit modernen Bade- und Therapie-

Lüneburger Heide, Soltau (Fortsetzung)

einrichtungen (Soltau strebt das Prädikat 'Bad' an). Weitere Anziehungspunkte sind der Heiratsbrunnen auf dem Marktplatz sowie die Riesenrutsche im Böhmewaldbad.

*Heide-Park Soltau

Im Osten von Soltau wird der Heide-Park, ein großer Freizeitpark mit zahlreichen Attraktionen, verschiedensten Fahrgeschäften, Tierschauen, einem 70 m hohen Aussichtsturm, einem historischen Heidedorf u.v.a., gerne besucht (Ende März bis Ende Oktober; Eintrittsgebühr).

Schneverdingen

Der nördlich von Soltau gelegene Luftkurort Schneverdingen (98 m ü.d.M., 17000 Einw.; in der Kirche ein beachtenswertes Taufbecken) veranstaltet alljährlich zur Zeit der Heideblüte (Ende August) ein vielbesuchtes Heideblütenfest mit Krönung einer Heidekönigin.

Oldtimerzüge

Zwischen Soltau und Döhle am Südoststrand des Naturparkes Lüneburger Heide verkehrt im Sommer allsonntäglich der historische Triebwagenzug "Ameisenbär".
Auch von → Lüneburg und Winsen (Luhe) gibt es an bestimmten Sommertagen Nostalgiefahrten mit Oldtimerzügen auf den von Reisezügen sonst nicht mehr befahrenen Strecken der Osthannoverschen Eisenbahn (OHE).

**Vogelpark Walsrode

Bei Walsrode (42 m ü.d.M.; 23500 Einw.; Heidemuseum; ehem. Kloster), im Winkel der Bundesautobahnen A 7 (Ausfahrt 'Fallingbostel') und A 27 (Ausfahrt 'Walsrode-Süd'), befindet sich der einzigartige 'Vogelpark Walsrode', dessen Besuch man nicht versäumen sollte.
Auf einer Fläche von 22 ha finden Vogel-, Garten- und Naturfreunde ein wahres Eldorado. Die vorbildlich gepflegte Parkanlage beherbergt rund 5000 Vögel aus allen Kontinenten und Klimazonen und verfügt über die größte Papageiensammlung überhaupt (Papageienhaus und Lori-Atrium), eine Paradieshalle für tropische Vögel, eine Vogelfreiflughalle, eine Meeresbrandungsanlage für Strandvögel, eine Fasanerie, eine Sittich- und Greifvogelanlage sowie eine Pinguinanlage, ferner ausgedehnte Freianlagen mit prächtigen Rhododendren, Azaleen, Rosen und Heideblumen sowie ein Abenteuerspielgelände und verschiedene gastronomische Einrichtungen; 1992 soll eine große Kranichsammlung hinzukommen.
Eine Attraktion besonderer Art ist das 1987 eröffnete Deutsche Vogelbauer-Museum mit kulturhistorisch wertvollen Originalexponaten aus vier Jahrhunderten.
Der Vogelpark Walsrode ist von Anfang März bis Mitte November täglich zwischen 9.00 und 19.00 Uhr (im Frühjahr und im Herbst bis zum Einbruch der Dunkelheit) geöffnet (Eintrittsgebühr; kostenlose Parkmöglichkeit).

*Serengeti-Safaripark Hodenhagen

Bei Hodenhagen (Anschlußstelle 'Westenholz' der A 7) liegt der erlebenswerte Serengeti-Safaripark, wo u.a. Löwen, Tiger, Elefanten, Nashörner, Giraffen, Lamas, Büffel, Antilopen und Affen in freier Wildbahn leben (Besuch im eigenen Fahrzeug; März bis Oktober 10.00–17.00 Uhr).

Marschlande

→ Vierlande und Marschlande

Messegelände 24/25 24

Lage
gut 1 km nordwestlich vom Hamburger Stadtkern

Das Hamburger Messegelände unter dem → Fernsehturm 'Tele-Michel' schließt südwestlich an den Erholungspark → Planten un Blomen und wird von der Karolinenstraße (Eingänge 'West' und 'Süd') und der Straßenflucht von Holstenglacis und 'Bei den Kirchhöfen' sowie der Jungiusstraße (Fußgängerbrücke von Planten un Blomen) umschlossen. Der

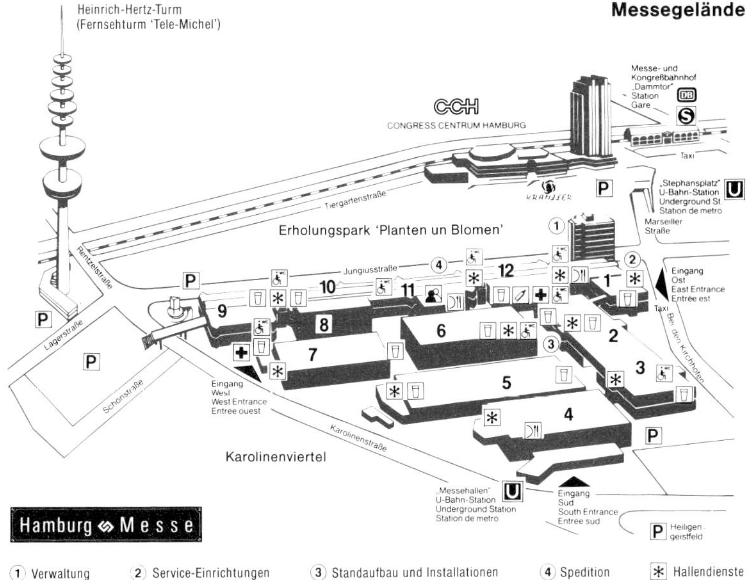

Haupteingang (Eingang 'Ost') befindet sich an der Ecke Jungiusstraße und 'Bei den Kirchhöfen'.

Auf dem insgesamt etwa 60 000 m² großen Areal stehen zwölf z. T. zweistöckige Messehallen, in denen das ganze Jahr über die verschiedensten Messen und Ausstellungen abgehalten werden (→ Praktische Informationen: Messen).

Zusammen mit dem nahen → Congress Centrum Hamburg bietet die Hansestadt mitten in der City und dennoch im Grünen ein modernes Großforum für Kongresse, Messen und Fachausstellungen. Die Gesamtverwaltung und Betreuung liegt bei der Hamburg Messe und Congress GmbH, deren Büros sich im Messehaus an der Jungiusstraße (Nr. 13) befinden.

Messegelände (Fortsetzung)

S-Bahn
Dammtor
(S 11, S 21, S 31)

U-Bahn
Messehallen (U 2)

Bus
34, 35;
100 (nur samstags)

Abbildung s. S. 23

**Michaeliskirche · Hauptkirche St. Michaelis ('Michel') 24 23

Der 'Michel', wie die Hamburger die evangelische Hauptkirche St. Michaelis (gemeint ist eigentlich der Kirchturm) das alte Wahrzeichen der Hansestadt nennen, ist die jüngste von Hamburgs alten Kirchen und hat eine bewegte Geschichte.

Weithin sichtbar grüßt der einst von Patina grüne, nach der Renovierung nun vorerst bräunliche Kirchturm die auf der → Elbe aus- oder einfahrenden Schiffe vom Geestrücken über dem Hamburger → Hafen. Die Kirche steht im südlichen Teil der historischen Neustadt; unweit nördlich verläuft die breite Verkehrsader der Ost-West-Straße, deren Westabschnitt zwischen Rödingsmarkt und Millerntor im Februar 1991 in Ludwig-Erhard-Straße umbenannt worden ist.

Standort
in der südlichen Neustadt, zwischen Ludwig-Erhard-Straße, Krayenkamp und Englische Planke
HH 11

S-Bahn
Stadthausbrücke, Landungsbrücken
(S 1, S 2, S 3)

Grundriß

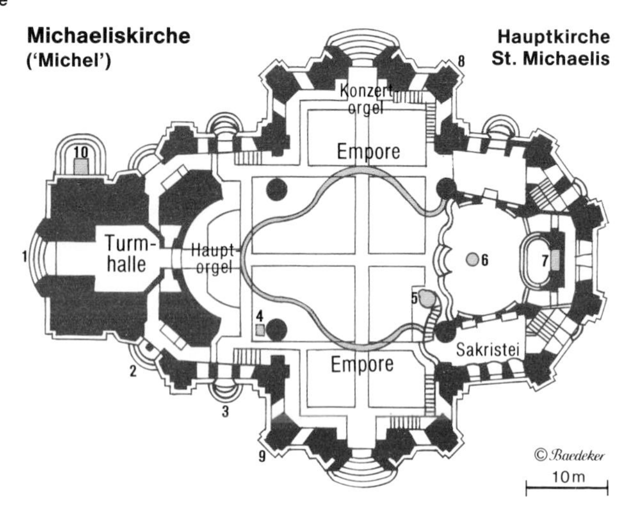

1 Hauptportal (oben St. Michael)
2 Portal 2 (Turmaufgang, Fahrstuhl)
3 Portal 3 (Eingang)
4 'Gotteskasten' (ehem. Opferstock, 1763)
5 Kanzel (italien. Marmor, 1912)
6 Taufstein (aus Livorno, 1763)
7 Hochaltar (italien. Marmor, 1912)
8 Bronzebüste des Bürgermeisters Johann Heinrich Burchard (1852–1912)
9 Relief des Kirchenerbauers Ernst Georg Sonnin (1712–1794)
10 Bronzestandbild Martin Luthers

U-Bahn
Rödingsmarkt, Baumwall, Landungsbrücken (U 3)

Bus
37, 112

Unter den nordischen Barockkirchen ist die Michaeliskirche die schönste, wenngleich wir heute einen mehrfach erneuerten Nachbau vor uns haben. Das erste Gotteshaus mit dem Namen St. Michaelis war eine umgebaute und erweiterte Friedhofskapelle; sie wurde 1606 geweiht und lag etwa 200 m weiter östlich, wo heute, jenseits der Ludwig-Erhard-Straße, die katholische Kirche St. Ansgar ('Kleiner Michel') steht. Die erste Große Michaeliskirche wurde 1649–1661 von Christoph Corbinus und Peter Marquardt als dreischiffige Basilika gebaut, der Turm 1669 vollendet. Daneben blieb die Kleine St.-Michaelis-Kirche bestehen.

Bewegte Baugeschichte

Am 10. März 1750 sank die Große St.-Michaelis-Kirche, von einem Blitzschlag getroffen, in Trümmer. Im Jahre 1745 war die Kleine St.-Michaelis-Kirche wegen Baufälligkeit abgebrochen worden, wurde aber bis 1757 wiederaufgebaut, damit die Michaelisgemeinde ein Gotteshaus hatte.
Für den Neubau der zweiten Großen Michaeliskirche wurden die Baumeister Leonhard Prey und Ernst Georg Sonnin gewählt; Prey hat nur den Anfang erlebt. Sonnin errichtete den Bau der neuen Kirche in den Jahren 1750–1762 und ließ 1776–1786 den Turm folgen. In Kreuzform erbaut, von nur vier mächtigen Pfeilern getragen, so daß von jedem Platz der Blick zu der kelchförmigen Kanzel frei ist, wurde die Barockkirche beispielhaft für den Typus evangelischer Predigtkirchen.

Am 3. Juli 1906, einem glutheißen Sommertag, zerstörte ein Brand die Kirche samt Turm bis auf die Außenmauern. Mit Hilfe des Senates, der Bürgerschaft und vieler Spender aus aller Welt konnte die Kirche 1907–1912 getreu dem Sonninschen Original wiederaufgebaut werden. Die Außenmaße betragen 71×51 m. Im Zweiten Weltkrieg wurde die dritte Michaeliskirche 1944 und 1945 schwer beschädigt; bis 1952 war sie wiederhergestellt.
Der Turm wird seit 1983 mit großzügigen Spendengeldern gründlich renoviert.

Das in Weiß und Gold gehaltene Kirchenschiff entspricht in der Raumbildung dem Sonninschen Bau, da die Umfassungsmauern mit den Pfeilern beim Brand des Jahres 1906 erhalten blieben. Der 27 m hohe Innenraum (er faßt über 3000 Menschen) besticht durch die freitragende Decke, die geschwungenen Formen der Emporen und den 20 m hohen marmornen Altar. Ebenfalls aus Marmor sind die Kanzel und der alte Taufstein. Den barocken Opferstock aus Bronze stiftete Sonnin 1763.

*Kircheninneres (im Sommer Mo.–Sa. 9.00–17.30, So. 11.30–17.30; im Winter Mo.–Sa. 10.00–16.00, So. 11.30–17.00)

Orgeln

Die größte der drei Orgeln (von G.F. Steinmeyer, Oettingen; 1961–1962) verfügt über 6665 Pfeifen, 85 klingende Register und fünf Manuale. Alle drei Orgeln erklingen täglich zur Andacht zwischen 12.00 und 12.15 Uhr; Orgelkonzerte finden von Mai bis September um 17.00 Uhr statt.

Chormusik

Der St.-Michaelis-Chor sowie der St.-Michaelis-Knaben-und-Jugendchor geben in der Kirche Konzerte.

Michaelica

Im Gruftgewölbe unter der Kirche ist die Dauerausstellung 'Michaelica' eingerichtet. Zu sehen sind Dokumente zur Bau- und Kirchengeschichte, darunter Kopien solcher, die beim Bau der zweiten Kirche 1778 in der Turmkapsel deponiert und nach dem Brand von 1906 geborgen wurden, Erinnerungsstücke von dieser, u.a. die Zeiger der Turmuhr, die Wetterfahne, einen Rest der Turmkugel und Glockenteile; ferner die Grabplatten von Ernst Georg Sonnin († 8.7.1794) und von Carl Philipp Emanuel Bach († 14.12.1788), der hier Organist war, sowie von einigen Hamburger Bürgermeistern.

*Kirchturm (Besteigung/ Fahrstuhl gegen Gebühr: im Sommer Mo.–Sa. 9.00–17.00, So. 11.30–17.30; im Winter Mo., Di., Do., Fr., Sa. 10.00–16.00, So. 11.30–16.00)

Die Höhe des Michaeliskirchturms (= der eigentliche 'Michel'; unten noch der Sonninsche Mauersockel, oben eine jüngst renovierte, kupferummantelte Eisenkonstruktion, voraussichtlich noch bis 1995 teilweise eingerüstet; Turmspitze neuerdings vergoldet) beträgt 132,14 m (= 154,60 m über dem Hamburger Stadtpegel). Die Aussichtsplattform in 82,54 m Höhe ist vom Portal 2 über 449 Stufen zu Fuß oder mit dem Fahrstuhl zu er-

Der Hamburger Michel beherrscht den Hafenrand

Hauptkirche St. Michaelis: Gesamtansicht ...

... und Fassadendetail

Kirchturm (Fortsetzung)

reichen. Der prächtige Rundblick umfaßt ganz Hamburg mit dem Elbstrom, dem Hafen und den Alsterbecken.
Die Spiraltreppe in den Kuppelhelm ist gesperrt.

Turmuhr

Auf dem achten Turmboden (ca. 75 m über dem Straßenniveau) befindet sich die größte Turmuhr Deutschlands. Die Zifferblätter haben einen Umfang von 24 m und einen Durchmesser von 8 m. Die großen Zeiger sind je 4,91 m, die kleinen 3,65 m lang, die Ziffern 1,35 m hoch; sie wiegen bis zu 130 kg.

Kirchenglocken

Das Turmgeläut besteht aus fünf Glocken mit Gewichten zwischen 4900 und 1103 kg.

Turmblasen

Seit über zweieinhalb Jahrhunderten besteht die Sitte des Turmblasens. Jeden Tag um 10.00 Uhr und um 21.00 Uhr wird unter der Uhr in alle Himmelsrichtungen ein Choral geblasen; an Festtagen musiziert ein Bläserchor auf der Plattform.

*Krameramtsstuben

Zu Füßen der Michaeliskirche sollte man unbedingt einen Blick in die historische Hofbebauung am Krayenkamp Nr. 10/11 (⟶ Krameramtswohnungen) werfen.

Deutsche Seemannsmission

Krayenkamp Nr. 5 die ökumenische Kapelle der Deutschen Seemannsmission.

Kleiner Michel

Die Kleine St.-Michaelis-Kirche wurde 1814 von den französischen Besatzungstruppen zur Abhaltung von Messen beschlagnahmt und 1824 der katholischen Gemeinde überlassen. Sie erhielt den Namen St. Ansgar, heißt aber im Volksmund immer noch 'Kleiner Michel'.
Auf dem Platz vor der Kirche steht ein 1889 von Engelbert Peiffer geschaffenes Standbild Karls des Großen, eingerahmt von vier Wappen tragenden Löwen. Es gehörte zu einem Brunnen, der auf dem Alten Fischmarkt stand, 1941 beschädigt und schließlich abgetragen wurde.

In der näheren Umgebung der Michaeliskirche sei auf verschiedene ausländische Kirchen hingewiesen: südlich am Schaarmarkt dicht nebeneinander eine dänische, eine norwegische und eine finnische Seemannskirche; weiter südwestlich, am Ende der Ditmar-Koel-Straße, die schwedische Gustav-Adolf-Kirche.

Michaeliskirche (Fortsetzung)
Ausländische Kirchen

Westlich der Michaeliskirche steht an der Südseite des Zeughausmarktes die anglikanische Kirche St. Thomas a Becket von 1838, die dem Bischof von London untersteht.

Mönckebergstraße 26 24

Die nach Johann Georg Mönckeberg (1839–1908), einem verdienten Hamburger Bürgermeister, benannte Mönckebergstraße verbindet den ⟶ Hauptbahnhof mit dem ⟶ Rathausmarkt. Sie wurde 1908 im Zuge einer großangelegten Sanierung des zuvor hier befindlichen Gängeviertels der Altstadt mit leichter Krümmung durchgebrochen und 1911–1913 einheitlich mit großen Kontorhäusern bebaut.

Verlauf
zwischen Hauptbahnhof und Rathausmarkt
HH 1

S-Bahn
Hauptbahnhof (S 1, S 2, S 3, S 4, S 11, S 21, S 31)

U-Bahn
Mönckebergstraße (U 3)

Bus
31, 35, 36, 37, 102, 108, 109

Nach wie vor ist die Mönckebergstraße (darunter die U-Bahn-Strecke der Linie U 3) mit mehreren großen Warenhäusern (u. a. Horten, Kaufhof, Karstadt) und zahlreichen Ladengeschäften eine beliebte Einkaufsstraße in der Hamburger Innenstadt.
Sie steht jedoch hinter dem anspruchsvolleren Angebot der Geschäfte im Bereich von ⟶ Jungfernstieg, Neuem Wall und Großen Bleichen sowie vor allem der dortigen Ladengalerien (⟶ Passagen) zurück, hat aber durch die inzwischen erfolgte Einschränkung des Fahrzeugdurchgangsverkehrs und die damit verbundene Erweiterung der Fußgängerbereiche an Attraktivität gewonnen.

Mönckebergstraße: Blick zur Petrikirche ...

... und Mönckebergbrunnen

Klöpperhaus

Bemerkenswert ist das Klöpperhaus (Ecke Lange Mühren), ein Klinkerbau von Fritz Höger, geschmückt mit Tierplastiken von August Gaul. Ursprünglich Kontorhaus wurde es unter Erhaltung der alten Fassade im Inneren zu einem Warenhaus (Kaufhof) umgebaut.

Spitalerstraße

Gänzlich als Fußgängerzone ausgestaltet ist die nördlich im Winkel zur Mönckebergstraße verlaufende, auf beiden Seiten von Läden gesäumte Spitalerstraße. Die Spitalerbrücke (darin ein Café-Restaurant) verbindet das Semperhaus auf der Nordseite mit dem gegenüberliegenden großen Doppelkontorhaus Barkhof.

Semperhaus
Barkhof

Mönckeberg-brunnen
(Abb. s. S. 179)

An der platzartigen Erweiterung, wo Spitalerstraße und Mönckebergstraße konvergieren, stehen in der als Treffpunkt beliebten Fußgängerzone der Mönckebergbrunnen, ein Werk von Georg Wrba (1926), die "Lichtplastik", eine 16 m hohe Edelstahlsäule von Hermann Goepfert (1969) und ein dorisches Tempelchen von Fritz Schumacher (Schnellgaststätte).

Gerhart-Hauptmann-Platz

Etwa auf halber Strecke zwischen Hauptbahnhof und Rathausmarkt durchquert die Mönckebergstraße den alten Hamburger Pferdemarkt, der 1946 in Gerhart-Hauptmann-Platz umbenannt wurde und seit 1974 bis auf die Straßenflucht frei von Fahrzeugverkehr ist. Unweit von hier stehen die → Jacobikirche (südöstlich) und die → Petrikirche (südwestlich).

10. Längengrad

Im Erdgeschoß des Warenhauses Karstadt (Eingang Ecke Mönckebergstraße und Gerhart-Hauptmann-Platz) ist in den Fußboden eine Windrose mit der Darstellung des hier verlaufenden zehnten Längengrades östlich von Greenwich eingelassen.

Landesbank-Galerie

Am nördlichen Teil des Gerhart-Hauptmann-Platzes (Nr. 50; Glaspavillon) befindet sich der Eingang in die zweigeschossige Landesbank-Galerie, eine Einkaufspassage mit Ladengeschäften in dem 1972–1974 errichteten Gebäude der Hamburgischen Landesbank. Hier werden von Zeit zu Zeit auch Kunstausstellungen (teilweise in Zusammenarbeit mit Hamburger Museen) veranstaltet.

Thalia-Theater

Am äußersten Nordende des Gerhart-Hauptmann-Platzes (Ecke Alstertor und Raboisen) steht das 1843 gegründete und bei den Hamburgern besonders beliebte Thalia-Theater (urspr. gegenüber an der Stelle des alten Alstertores).

Den südlichen Teil des Gerhart-Hauptmann-Platzes ziert eine Metallstele von Hans-Joachim Frielinghaus (1975).

HHA-Haus

Das Eckgebäude zur Steinstraße hin nimmt das Haus der Hamburger Hochbahn Aktiengesellschaft (HHA) ein; Steinstraße Nr. 27 das HHA-Kundenzentrum (Mo., Di., Mi. und Fr. 9.00–16.45, Do. 8.00–18.00 Uhr).

Moorfleet

→ Vierlande und Marschlande

Moorweide

→ Dammtor

Museum der Arbeit

→ Barmbek

Törichte Jungfrau vom Mariendomlettner

Eingangsbereich des Museums

*Museum für Hamburgische Geschichte 24

Das Museum für Hamburgische Geschichte geht zurück auf eine Sammlung hamburgischer Altertümer, welche der 'Verein für Hamburgische Geschichte' seit 1839 aufgebaut hatte und die nach dem Großen Brand von 1842 durch gerettete Architekturteile vermehrt worden war. Die Reste einer vordem noch bedeutsameren Waffensammlung aus den alten Zeughäusern kam 1875 hinzu. Als ab 1883 die Auswirkungen der Bismarckschen Zollpolitik zur Niederlegung ganzer Straßenzüge führten, die dem Freihafen weichen mußten, erfuhr die Sammlung eine abermalige Erweiterung, so daß die Errichtung eines eigenen Museumsgebäudes notwendig wurde.

Lage
Holstenwall 24
HH 36

S-Bahn
Landungsbrücken
(S 1, S 2, S 3)

U-Bahn
St. Pauli (U 3)

Bus
36, 37, 112

Öffnungszeiten
Di.–So.
10.00–18.00

Eintrittsgebühr

Die Umsetzung des Museumskonzeptes von Otto Lauffer wurde am Holstenwall auf dem einstigen Bollwerk 'Henricus' der 1616–1625 geschaffenen Stadtbefestigung realisiert. Hier, in den Großen Wallanlagen am Millerntor, hatte von 1823 bis 1913 die erste Hamburger Sternwarte (heute in ⟶ Bergedorf) gestanden, an dessen Gründer, den Mechaniker Johann Georg Repsold (1770–1830), ein von Alexis de Chateauneuf entworfenes Denkmal von 1833 (mit Bronzebüste von O. S. Runge) in den Anlagen südlich des Museums erinnert.

Museumsgebäude

Nach Plänen des bedeutenden Architekten Fritz Schumacher wurde von 1913 bis 1922 ein phantasievoll gegliedertes Backsteingebäude aufgeführt, dessen schwere Walmdachlandschaft mit dem leuchtturmartigen Dachreiter darüber zugleich konservatorische Hülle und Präsentationsmittel ist: Die Außenfassaden, sparsam mit neuer Hausteinarbeit verziert, bilden einen modernen Rahmen, innerhalb dessen alte Sandsteinportale, kostbare Fensterumrahmungen, Büsten, Statuen, Palmwedel und viel anderer Bauschmuck zwar funktional verdeutlicht, aber dennoch als

Museumsgebäude (Fortsetzung)

Exponate zur Geltung gebracht werden konnten. Darüber hinaus sollte das euphorische Geschichtsbild aus der Zeit vor dem Ersten Weltkrieg die Architektur sichtbar prägen, wie die Lenkung des Besuchers über aufwendige Treppenanlagen von der Eingangshalle hinaus zur 'Ehrenhalle' mit Wappen und Inschriften der Ehrenbürger im Ersten Obergeschoß erweist.
Das Museumsgebäude wurde 1976 unter Denkmalschutz gestellt. Die bereits abgeschlossenen Arbeiten an den Außenfassaden und die noch andauernden Maßnahmen zur Neugestaltung aller Schausammlungen geben Gelegenheit, das Bauwerk im Zusammenwirken mit dem Denkmalschutzamt in angemessener Form zu restaurieren.

*Lichthof

Eine neue Attraktion erhielt das Museum 1989 zur Eröffnung der großen Ausstellung 'Die Hanse – Lebenswirklichkeit und Mythos' im Rahmen der Feierlichkeiten zum achthundertsten Hafengeburtstag der Hansestadt: Der von Otto Lauffer und Fritz Schumacher konzipierten Bauidee eines Lichthofes folgend wurde nach einer 1987 von dem Architekten Volkwin Marg vorgelegten Ideenskizze der 900 m^2 große Innenhof von dem Stuttgarter Ingenieur Jörg Schlaich mit einer 1000 m^2 messenden und 50 t schweren Glas-Stahl-Konstruktion überdacht, die aus 2200, 4×6 cm starken Stahlstäben (jeder computerberechnet von verschiedener Länge) und lichtabsorbierenden Sicherheitsglasscheiben (alle verschieden groß) besteht. Der Lichthof kann nunmehr als Ausstellungsfläche, z. B. für historische Rollfahrzeuge, die bisher aus Platzmangel nicht gezeigt werden konnten, und für besondere Veranstaltungen genutzt werden.
Zudem schützt das Glasdach den in den Wänden zum Innenhof eingebauten historischen Bauschmuck. Erwähnung verdient hier das Renaissance-Südportal der ⟶ Petrikirche von Georg Baumann (1604/1605), das jetzt wieder durch seinen Figurenschmuck vervollständigt werden kann, der wegen der Luftschadstoffbelastung hatte entfernt werden müssen.

Museumsbereiche

Hinweis

Infolge der sich voraussichtlich über Jahre hinziehenden Neuordnung der Sammlungen ist in Zukunft mit Veränderungen bezüglich Inhalt, Anordnung und Standort der Abteilungen und Exponate zu rechnen.

Neue Abteilungen

In jüngster Zeit neu eröffnet wurden die Abteilungen 'Hamburg im Mittelalter' (1. Obergeschoß), 'Kleidung und Häuslichkeit', 'Musik', 'Wissenschaft, Malerei und Literatur' sowie 'Der Hamburger Brand von 1842' (Erdgeschoß). Interessante Sonderausstellungen ergänzen das Angebot.

Hafen und Schiffahrt

In neuer Gestaltung präsentiert sich die Hauptabteilung 'Hafen und Schiffahrt'. Der erste Teil – 'Schiffahrt, Hafen- und Stadtentwicklung von 1650 bis 1860' – berichtet anhand zahlreicher Modelle über die Entwicklung des Hafens, des Holzschiffbaus und der an der Schiffsausrüstung beteiligten Berufe sowie der für den Seehandel tätigen Gewerbe, des weiteren über die Schaffung der Admiralität, der Konvoischiffe und der Sklavenkasse zur Bekämpfung der Piraterie und des Sklavenhandels mit Seeleuten, ferner über das Aufblühen der Handelsschiffahrt bis zur Schwelle des Industriezeitalters. Weitere Themen sind die Anlage und die Bauten der Stadt sowie die Sozialgeschichte im 17. und 18. Jahrhundert.
Im zweiten Teil, der von 1860 bis in die Gegenwart reicht, wird in Bildern und Modellen (große Hafenmodelle von 1900 und 1928) nicht nur auf den Anschlußverkehr und die Versorgung Hamburgs über die Oberelbe, Unterelbe, Alster und Bille hingewiesen, sondern auch die Bedeutung der stets weiterentwickelten Typen der technischen Fahrzeuge für den Strom- und Hafenbau hervorgehoben. Darstellungen über die Sicherung des Elbfahrwassers, die Schiffswerften und Docks, die Wiederaufbauleistungen nach dem Zweiten Weltkrieg, neue Hafenindustrien und Umschlagtechniken (Containerverkehr) und nicht zuletzt über ökologische Probleme führen bis in die Gegenwart.

Museum für Hamburgische Geschichte

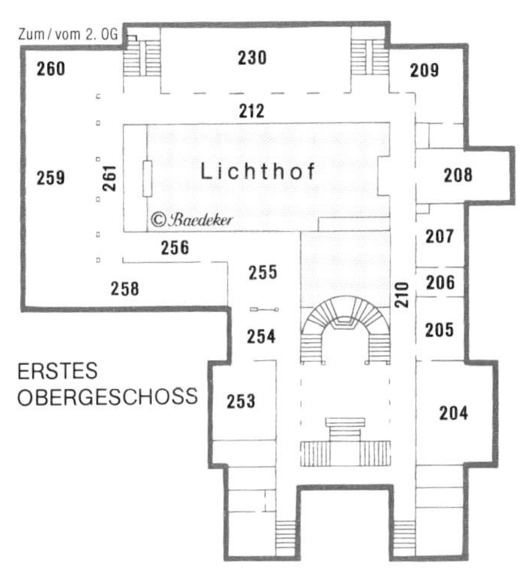

ERSTES OBERGESCHOSS

N.B.: Das Museum für Hamburgerische Geschichte nimmt eine langwierige **Neugestaltung** aller seiner Schausammlungen vor. Infolgedessen sind einige Ausstellungsbereiche vorübergehend geschlossen; auch in den derzeit zugänglichen Räumen sind zukünftige **Veränderungen** zu erwarten.

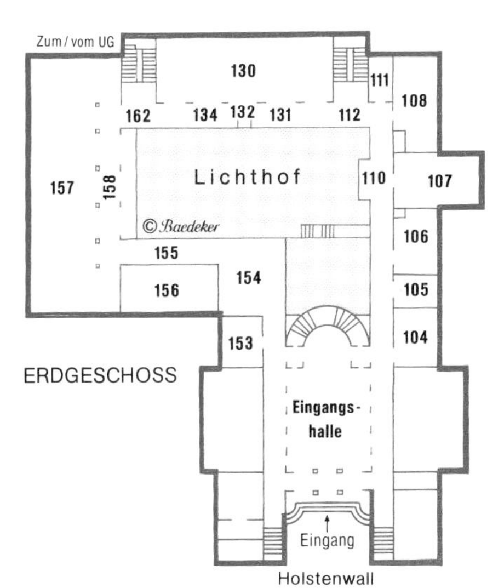

ERDGESCHOSS

ZWEITES OBERGESCHOSS
(ohne Grundrißdarstellung)

Bürgerliches Wohnen (in Vorbereitung)
Landgebiete (in Vorbereitung)

Eisenbahnmodellanlage

ERSTES OBERGESCHOSS

204	Hamburg im Mittelalter (in Vorbereitung)
205	Münzkabinett (in Vorbereitung)
206	Silberraum (in Vorbereitung)
207, 208 + 210	Hamburg von 1500 bis 1650 (in Vorbereitung)
208	Kaufmannsdiele (in Vorbereitung)
212	Sozialgeschichte des 17. und 18. Jh.s Hamburgs konsularische Vertretungen im Ausland bis 1867
230	Schiffahrt, Hafen- und Stadtentwicklung von 1650 bis 1860
253	Brücke des Dampfers "Werner"

253 Historisches Auswandererbüro (HEO)

254	Flugzeugindustrie und Luftverkehr Meerestechnik und Meeresforschung
255	Hafen und Schiffahrt nach dem Zweiten Weltkrieg
256	Wasserstraße Elbe
258	Großes Hafenmodell von 1928 Handelsschiffahrt bis 1945 Eisenschiffbau, Schiffsantrieb
259	Großes Hafenmodell von 1900 Lokaler Schiffsverkehr
260	Holzschiffbau, Schiffsausrüstung
261	Schiffsportraits Auswanderung nach Amerika Dampfer der HAPAG

ERDGESCHOSS (im Aufbau)

104	Kleidung und Häuslichkeit vom Mittelalter bis Ende des 18. Jh.s
105 + 106	Kleidung und Häuslichkeit im 16. Jahrhundert
108	Die Barockoper in Hamburg Tempel Salomonis
110	Wissenschaft, Malerei, Literatur, Theater und Mäzenatentum vom 18. bis zum 20. Jahrhundert
130 - 134	Bürgermilitär
155+156	Der Große Brand von 1842
157+158	Kleinhandel und Handwerk

UNTERGESCHOSS
(ohne Grundrißdarstellung)

Hamburg im 20. Jahrhundert (in Vorbereitung)

"Alsterhafen, um 1500" – Modell im Museum für Hamburgische Geschichte

Historisches Auswanderungsbüro

Das historische Auswanderungsbüro (Historic Emigration Office) in der ehemaligen Offiziersmesse des Dampfers "Werner" verfügt über die Namen (fast 5 Mio. auf 274 Mikrofilmen) aller zwischen 1850 und 1914 über den Hamburger Hafen in die Neue Welt ausgewanderten Emigranten (Auskunft samt Urkunde innerhalb ca. einer Stunde gegen Gebühr).

Nordflügel

Die Räume des Nordflügels (vorübergehend geschlossen) sind verschiedenen Themen gewidmet: hölzerne Bauteile (Knaggen, Schwellen, Türen) aus althamburgischen Bürgerhäusern, bürgerliche und großbürgerliche Kleidung, Kunsthandwerk in Renaissance und Barock, Krämerei und Tabakladen (um 1830), Diele eines Kaufmannshauses von der Deichstraße (um 1860), alte Musikinstrumente, großes Phantasiemodell (um 1680) des Salomonischen Tempels in Jerusalem.

Eisenbahnwesen

Besonders großen Raum nimmt die Eisenbahnabteilung mit Recht deswegen ein, weil die Einrichtung des Schienenverkehrsnetzes und seine Verknüpfung mit Landwegen und Wasserstraßen wesentlichen Anteil an der Ausbildung des wichtigen Verkehrsknotenpunktes Hamburg hatten.

*Modelleisenbahn

Hauptanziehungspunkt ist die Eisenbahnmodellanlage (im Maßstab 1:32) der Strecke zwischen dem Hamburger Hauptbahnhof und dem Bahnhof Hamburg-Harburg (samt Norderelbbrücken). Sie wird gegen eine zusätzliche Gebühr zu folgenden Zeiten vorgeführt: Di.–Fr. 10.30, 12.00, 14.00 und 15.15, Sa. 10.30 und 12.00, So. 10.30, 11.15, 12.00, 13.00, 14.10 und 15.20 Uhr (Dauer: jeweils ca. 25 Min.).

Außenstellen

Außenstellen des Museums für Hamburgische Geschichte sind die ⟶ Krameramtswohnungen am Krayenkamp, das Museum für Bergedorf und die Vierlande im Bergedorfer Schloß (⟶ Bergedorf) und die KZ-Gedenkstätte Neuengamme (⟶ Vierlande und Marschlande), ferner Dampfbarkasse, Feuerlöschboot, Handdrehkran und Schwimmkran im Museumshafen Oevelgönne (⟶ Övelgönne).

Westliche Gebäudebreitseite des Museums für Kunst und Gewerbe

**Museum für Kunst und Gewerbe 26 24

Das Museum für Kunst und Gewerbe ist eines der führenden Museen dieser Art in Europa. Das in nächster Nähe des Hauptbahnhofes befindliche, mächtige dreigeschossige Gebäude wurde 1876 von dem Hamburger Baudirektor Karl Johann Christian Zimmermann als Schul- und Museumsbau in Renaissanceformen errichtet und 1877 eröffnet. In die Mauern des nördlichen Hofes wurde die Fassade des im Jahre 1873 abgebrochenen Renaissance-Bürgerhauses 'Kaiserhof' eingefügt.

Initiator und erster langjähriger Direktor des Museum für Kunst und Gewerbe war der Naturwissenschaftler, Jurist und Kunsthistoriker Justus Brinckmann (1843–1915), dessen erklärtes Ziel es war, durch qualitätvolle historische Vorbilder den durch die industrielle Produktion in Gefahr geratenen Geschmack des Publikums zu bilden, vor allem aber auf die gestalterische Kreativität der zeitgenössischen Kunsthandwerker erzieherisch zu wirken.
Zu nahezu allen Sammlungsbereichen des Museums hat Brinckmann den Grundstock gelegt und ihre Struktur bis heute prägend festgelegt. So besitzt dieses Museum heute eine hervorragende Sammlung zum europäischen Kunsthandwerk vom Mittelalter bis zur Moderne, aber auch eine Antikenabteilung sowie einen reichen Bestand an ostasiatischer und islamischer Kunst. Brinckmanns besonders intensives Interesse galt der Keramik, der japanischen Kunst und dem Jugendstil.

Lage
Steintorplatz 1
(in der Nähe des Hauptbahnhofes)
HH 1

S-Bahn
Hauptbahnhof
(S 1, S 2, S 3, S 4, S 11, S 21, S 31)

U-Bahn
Hauptbahnhof-Süd (U 1, U 3)

Öffnungszeiten
Di.–So.
10.00–18.00

Eintrittsgebühr

Erdgeschoß

Sammlungsbereiche

Im Erdgeschoß sind die Sammlungen aus Mittelalter, Renaissance, Barock, Klassizismus, Biedermeier und Historismus untergebracht. Kost-

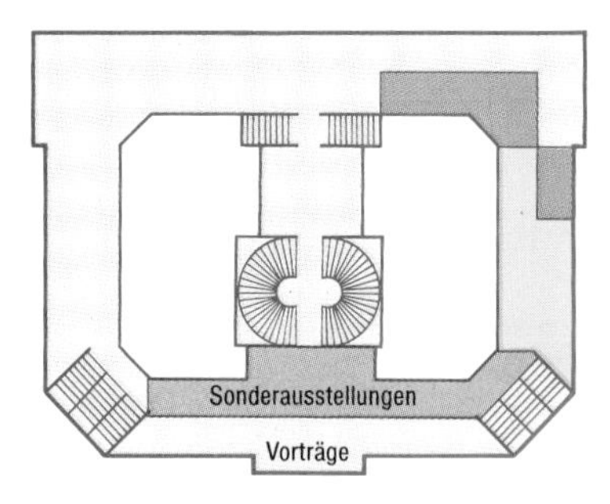

Museum für Kunst und Gewerbe

ZWEITES OBERGESCHOSS

Moderne
Bauhaus-Möbel und -Schmuck, Art Déco, Künstlerkeramik der 20er und 30er Jahre, De-Stijl-Möbel, kinetische Objekte; modernes Kunsthandwerk

Sammlung zur Geschichte der Photographie
Zeugnisse früher Photographie und die Entwicklung bis in die Gegenwart; Daguerreotypien, Kunstphotographie um 1900, Heliogravuren, Neues Sehen, Bildjournalismus, 'subjektive fotografie'

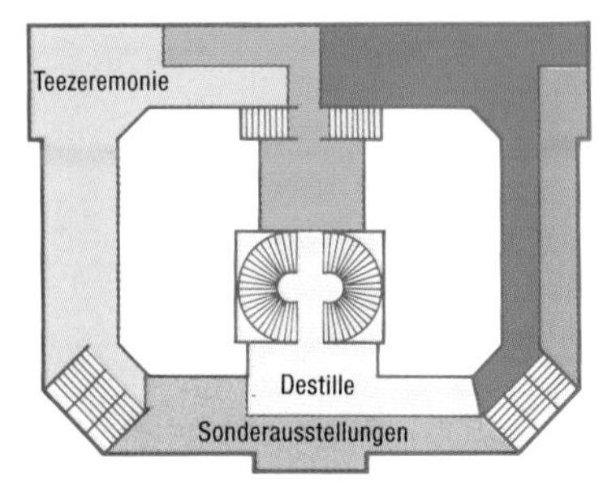

ERSTES OBERGESCHOSS

Ostasien: China · Japan · Korea
Malerei, Druckgraphik, Lackkunst, Keramik, Porzellan, Metall, Zierkunst; Sammlung Ph. F. Reemtsma

Islam
Textilien und Teppiche, keramischer Wandschmuck, Fayence, Porzellan, Bronze, Buchkunst

Antike: Ägypten · Griechenland · Etrusker · Rom
Reliefs, Bronzen, Keramik, Glas, Skulpturen, Porträts

Moderne
Angewandte Kunst der Moderne

Jugendstil
Europäisches Kunsthandwerk (England, Frankreich, Österreich, Deutschland)

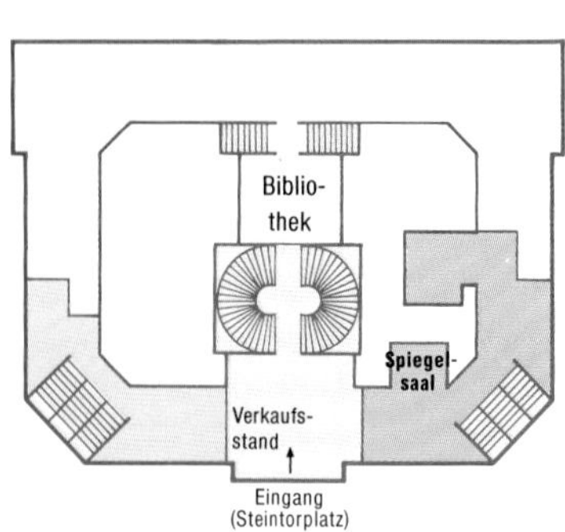

ERDGESCHOSS

Mittelalter
Skulpturen, Bronzen, Goldschmiedekunst, Elfenbein, Glas, Keramik, Bildteppiche, Stickereien, Möbel

Renaissance – Rokoko
Skulpturen, Goldschmiedekunst, Kunstkammerobjekte, wissenschaftliche Instrumente, Majolika, Fayence, Porzellan, Glas, Gobelins, Möbel (v. a. Kunstschränke), historische Innenräume, Musikinstrumente

Klassizismus, 19. Jahrhundert
Historische Innenräume, Prunkmöbel, Glas, Keramik, Miniaturen, Musikinstrumente

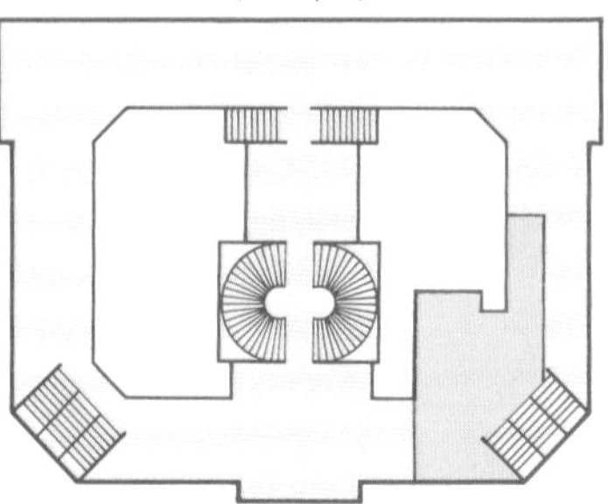

SOUTERRAIN

Forum K
(Pädagogische Abteilung)
Ausstellungsfläche, Werkstätten für Keramik, Graphik und Photographie
Kurse für Kinder, Jugendliche und Erwachsene zu Photographie, Seidenmalerei, Keramik, Druckgraphik, Maskenbau, Kalligraphie u. a.
Kursprogramm und Anmeldeformulare an der Museumskasse
Wechselnde Sonderausstellungen zu Themen aus den Bereichen Theater, Design und Photographie

Anmeldung zu Museumsführungen:
Tel. 2 91 88 27 52

bare Objekte des Mittelalters aus dem sakralen Bereich hat man in einer Schatzkammer zusammengefaßt.

Sammlungsbereiche (Fortsetzung)

Skulpturen

Hervorzuheben sind Skulpturen von der Stauferzeit bis zu den Bildwerken von Gregor Erhart und Tilman Riemenschneider (Lindenholzmadonna).

Keramik

Möbel

Bedeutende Schwerpunkte, jeweils als in sich geschlossene Komplexe ausgestaltet, sind Baukeramik, deutsches Steinzeug, italienische Majolika, Objekte der Kunst- und Wunderkammer sowie Möbel, darunter besonders bemerkenswert Kabinettschränke sowie die Sammlung wissenschaftlicher Instrumente vom 15. bis zum 18. Jahrhundert.

Fayencen und Porzellan

Von europäischem Rang sind die Fayence- und Porzellansammlung mit den Schwerpunkten Meißen und Berlin sowie Silbergerät und Kleinplastik.

Komplette Innenräume

Eine Raumfolge (teilweise samt Innenausstattung) aus Norddeutschland vom Barock bis zum Biedermeier dokumentiert hanseatischen Lebensstil.

Spiegelsaal

Der 8×16 m große Spiegelsaal in einem Anbau im Nordhof, 1910 von Martin Haller mit neoklassischer Innendekoration geschaffen, stammt aus dem Budge-Palais am Harvestehuder Weg.

Erstes Obergeschoß

Sammlungsbereiche

Im ersten Obergeschoß sind Jugendstil und Moderne sowie Antike und die Sammlungen islamischer und ostasiatischer Kunst ausgestellt.
Höhepunkte sind die beiden sog. Pariser Zimmer mit den Erwerbungen Brinckmanns von der Pariser Weltausstellung des Jahres 1900 (Innendekoration von Henry van de Velde, Peter Behrens und den Wiener Werkstätten).
Keramik, Glas, Metallarbeiten und Tapisserien, Graphik, Buchkunst, Plakate aus den führenden Zentren des Jugendstils in Europa sind in hervorragenden Beispielen vertreten.

Moderne

Die Sammlung zur Moderne enthält Mobiliar und Werkkunst des Art-Deco-Stils, der Bewegung De Stijl und des Bauhauses sowie Skulpturen und Kunsthandwerk des deutschen Expressionismus mit Arbeiten von Heckel, Schmidt-Rottluff, Kogan, Holz und Waizman, ferner Plastiken von Moore, Seitz und Ruwoldt, Graphiken von Baumeister, Jansen, Wunderlich und Fuchs, ferner Werke von Max Enrst, Salvador Dali, Joan Miró und Oskar Kokoschka.
Diese Abteilung setzt sich im zweiten Obergeschoß mit Design, zeitgenössischem Glas, Keramik, Goldschmiedekunst und Tapisserien sowie mit kinetischer Kunst fort.

Antike

Ägypten und der Alte Orient sind in einer nicht sehr umfangreichen Sammlung mit teilweise jedoch bemerkenswerten Zeugnissen dieser Kulturen vertreten.
Griechenlands Kunst- und Kulturgeschichte dokumentieren Vasen, Terrakotten, Bronzen und Marmorskulpturen aus dem Mutterland und aus dem unteritalisch-sizilischen Raum. Unter den Vasen dominieren die Athener Keramiken des sechsten und fünften vorchristlichen Jahrhunderts neben Gefäßen aus den anderen wichtigen Produktionszentren.
Den Hellenismus vertreten u.a. Tanagra-Figuren und andere Terrakotten, Glas und Skulpturen sowie eine Sammlung von Gold- und Silberschmuck.
Zu Herstellung, Funktion und Nachwirkung der griechischen Keramik vermittelt ein audiovisuelles Informationszentrum Kenntnisse.
Aus Italien wird Kunsthandwerk der Etrusker gezeigt, vor allem Bucchero-Impasto-Keramik, Vasen, Bronzen und Grabskulpturen.
Römische Kunst aus dem Kernland und den Provinzen ist vor allem in Marmorporträts sowie durch kaiserzeitliche Keramiken, Gläser, Geräte und Bronzegefäße dokumentiert.

Islam

Keramik vom 3. bis zum 18. Jahrhundert: sassanidische Gläser (3.–7. Jh.); Keramik aus Nischapur (9.–10. Jh.); glasierte und lüstrierte Gefäße sowie

Büste des römischen Kaisers Commodus

Chinesische Porzellanfigur

Erstes Obergeschoß, Islam (Fortsetzung)

Fliesen (12.–15. Jh.), besonders bemerkenswert die mit Rauten und Koranversen verzierten aus dem gegen Ende des 19. Jahrhunderts durch ein Erdbeben zerstörten Mausoleum des Enkels von Tschingis Khan, Buyan Kuli Khan, in Buchara.

Fliesenfelder und Keramiken aus İznik und Alt-Kairo, hervorzuheben ein Exemplar mit Jagdszenen aus Isfahan; tauschierte Bronzen aus Mossul; Fliesenfragmente aus Samarkand; persische, ägyptische und türkische Textilien und Teppiche; Koranhandschriften (die metropolische Bedeutung von İstanbul, des Zentrums des Osmanischen Reiches, zeigt u.a. ein großer, ledergebundener und mit Blattgold geschmückter Koran aus dem Jahre 1565).

China und Korea

Überblick über die chinesische Kunst seit prähistorischer Zeit: Bronzen aus der Shang-Han-Zeit (5. Jh. v. Chr.), Keramiken bis zur Han-Tang-Zeit; Porzellan und Steinzeug der Sung-Dynastie, frühes Porzellan der Ming-Dynastie und des 18. Jahrhunderts sowie Exportporzellane; Malerei und Druckgraphik; Lackkunst seit dem 14. Jahrhundert (Rot- und Perlmuttlacke).

Als Dauerleihgabe ist die China-Sammlung Philipp F. Reemtsma mit hervorragenden Bronzen und Keramiken ausgestellt.

Koreanische Kunst: Keramik der Korai- und Yi-Dynastie (Seladonkanne, um 1200); Lackpapierkasten mit Perlmutteinlagen (14.–15. Jh.).

Japan

Eine der besten Sammlungen japanischer Kunst in Deutschlamnd seit dem 15. Jahrhundert: Inro und Netsuke; Bilder von Meistern der Ukiyo-e-Schule; Stellschirme, Teekeramik, Teehaus, Shoseian (monatlich Teezeremonie mit japanischem Teemeister); ferner (z.T. magaziniert) Schwertzierate, Farbholzschnitte, Druckbücher, Textilien und Skulpturen.

Museum für Kunst und Gewerbe (Fortsetzung): Zweites Obergeschoß

Sammlungsbereiche

Im Obergeschoß befinden sich ein Teil der Sammlung moderner Kunst, die Photosammlung, die Graphische Sammlung und die Textiliensammlung.

Photosammlung

Die Photosammlung, um 1900 von M. Weimar begonnen und 1986 mit einer ständigen Ausstellung zur Geschichte der Photographie eröffnet, gehört mit rund 40000 photographischen Aufnahmen zu den wichtigsten Europas. Bedeutend sind ihre Daguerreotypien, die 'Kunstphotographie' um 1900 und der Bestand an deutscher Photographie seit 1918. Photographische Apparate und Kameras seit 1840 bis zur Gegenwart runden sie ab.

Graphische Sammlung

Die Graphische Sammlung (nur mittwochs 10.00–12.00 Uhr zugänglich) enthält ca. 2500 Ornamentstiche, 60000 Plakate und 2000 Handzeichnungen.

Textilien und Musikinstrumente

Die sehr umfangreiche und vielseitige Textilsammlung sowie die Volkskunst und ein großer Teil der Musikinstrumente sind derzeit magaziniert.

Besondere Aktivitäten

Das Museum für Kunst und Gewerbe veranstaltet jährlich mehrere Sonderausstellungen zu Kunst und Kulturgeschichte von der Antike bis zur Gegenwart und zur Photographie.
Es gibt auch Konzerte, Theateraufführungen, Vorträge und Lesungen im Spiegelsaal.
Alljährlich im Dezember findet eine Jahresmesse der Kunsthandwerker statt.
Ein Museumspädagogischer Dienst bemüht sich, Kunst und Kunstgeschichte der Jugend nahezubringen.

*Museum für Völkerkunde · Hamburgisches Museum für Völkerkunde 25 26

Lage
Rothenbaumchaussee 64
HH 13

S-Bahn
Dammtor
(S 11, S 21, S 31)

U-Bahn
Hallerstraße (U 1)

Bus
109

Öffnungszeiten
Di.–So.
10.00–18.00

Eintrittsgebühr

Das Hamburgische Museum für Völkerkunde wurde im Jahre 1879 gegründet und 1915 in seinem heutigen Gebäude neu eröffnet; Erweiterungen folgten 1928/1929. Die Weltoffenheit der Hansestadt begünstigte Entstehung und Ausbau der Schausammlungen und Expeditionen, vor allem 1908–1910 nach Melanesien und Mikronesien sowie 1954–1956 nach Afrika (Obervolta, Nordghana), brachte neue Sammlungsstücke und erweiterte das Fachwissen. Heute ist das Museum eines der größten seiner Art in Deutschland.

Die Eingangshalle des 1907–1911 von Albert Erbe errichteten Museumsgebäudes ist ein gutes Beispiel für die Innenarchitektur des Jugendstils.
Die Schausammlungen sind nach Erdteilen gegliedert:
Im Erdgeschoß liegen die Schausäle der Abteilungen 'Eurasien' und 'Afrika' sowie die 'Goldkammer', im Obergeschoß die Schausäle mit Exponaten aus anderen Teilen der Erde.

Mehrmals im Jahr veranstaltet das Völkerkundemuseum thematische Sonderausstellungen.

Museumsbereiche

Eurasien

In der Abteilung 'Eurasien' ist der erste Schausaal der Sowjetunion gewidmet, wo besonders die Sibiriensammlung Aufmerksamkeit verdient.

Geschoß-grundrisse

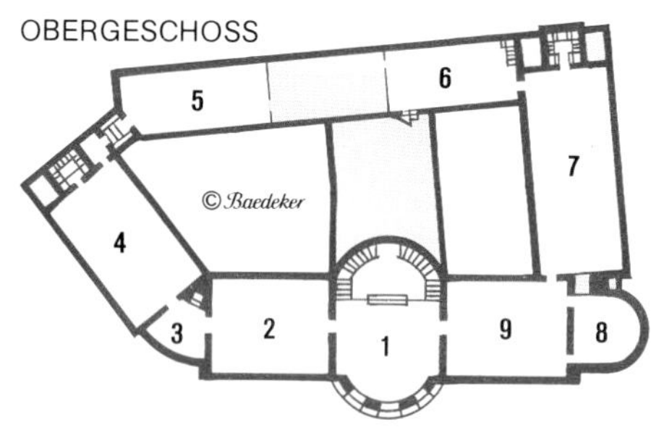

OBERGESCHOSS
1 Bootshalle Cafeteria "Zum Atoll"
2 Südasien Ostasien
3 Amerika
4 Amerika
5 Sonder-ausstellungen
6 Südsee: Polynesien, Maori-Haus
7 Südsee: Melanesien, Mikronesien
8 Südsee-Masken
9 Indonesien Australien

Hamburgisches Museum für Völkerkunde

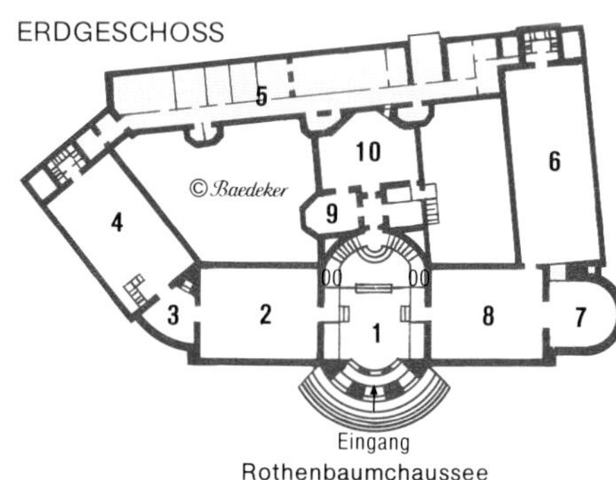

ERDGESCHOSS
1 Eingangshalle
2 Afrika
3 Goldkammer Ägypten
4 Afrika
5 Verwaltung Bibliothek
6 Europa Vorderer Orient
7 Sowjetunion
8 Sowjetunion
9 Museums-pädagogischer Arbeitsraum
10 Großer Hörsaal

Museumsbereiche, Eurasien (Fortsetzung)

Der Themenbereich orientalischer Waffen leitet über zur Kultur der Turkmenen mit Schmuck, Teppichen und einer originalen turkmenischen Filzjurte. Als Beispiele orientalischer Kultur werden Exponate aus dem Jemen, dem Iran und aus Afghanistan gezeigt. Gegenstände aus der Türkei leiten über zu den europäischen Kulturen.
Das Museum besitzt als eines der wenigen Völkerkundemuseen ethnographische Sammlungen von fast allen europäischen Völkern.

Afrika

In der Abteilung 'Afrika' werden Kunstwerke aus dem Westsudan, aus Oberguinea und Zentralafrika gezeigt. Besonders bemerkenswert sind die Werke der höfischen Metallgießer und Elfenbeinschnitzer des Königreiches Benin (heute Nigeria) aus dem 16. bis 19. Jahrhundert.
Vielfältig ist die Darstellung unterschiedlicher afrikanischer Lebens- und Wirtschaftsformen: Jäger und Sammler (Buschmänner), Hirtennomaden (Massai) und Pflanzer des tropischen Waldes (Joruba) und der Savanne (Gurunsi).
Einige Vitrinen zeigen die Bedeutung fremden Einflusses auf Afrika (Islam, Christentum, Europäer).
Auch Nordafrika ist vertreten und hier besonders Ägypten mit der beachtlichen Ausstellung 'Grab und Totenreich der Alten Ägypter'.

Goldkammer

Die 'Goldkammer' enthält Goldschmiedearbeiten aus Amerika, Indonesien und Afrika. Anhand indianischer Gold- und Silberarbeiten aus verschiedenen lateinamerikanischen Ländern werden unterschiedliche Stilrichtungen, metallurgische Techniken und an einigen Beispielen auch der Stilwandel während der Kolonialzeit dokumentiert.

Goldkammer (Fortsetzung)

Indonesien

Im Obergeschoß präsentiert sich Indonesien durch Darstellung der Reiskultur auf Bali, der Batak als Beispiel eines metallverarbeitenden und Viehzucht betreibenden Bauernvolkes auf Sumatra und der unterschiedlichen Theaterformen auf Java und Bali. Einen besonderen Schwerpunkt bilden dabei die Schattenspielfiguren (Wayang).

Australien

Weitere Exponate zeigen die Kultur der Ureinwohner Australiens (Aborigines).

Südsee

Ganz besondere Beachtung verdient der Südsee-Maskensaal, in dem eine seltene Fülle unterschiedlicher Masken und Maskenkostüme gezeigt wird, hauptsächlich aus Papua-Neuguinea.
Im Südseesaal werden die verschiedenartigen Lebensbedingungen dieser Region vorgestellt: Fischfang, Gartenbau, moderne Kultureinflüsse sowie die feine Kunstsinnigkeit der Bewohner, von der vielerlei prächtiges Schnitzwerk Zeugnis ablegt. Das kostbarste Stück dieser Abteilung ist ein mit vielen mythischen Schnitzfiguren verziertes Maori-Versammlungshaus aus Neuseeland, das 1910 nach Hamburg kam.

Südasien und Ostasien

Die Bestände aus Süd- und Ostasien sind so umfangreich, daß nur ein kleiner Teil davon gezeigt werden kann. Besonderes Gewicht wurde auf die Darstellung der Kunst Indiens gelegt.
Nepal, Sri Lanka (Ceylon), Birma (Burma), Thailand, Tibet, China, Korea und Japan sind nur durch wenige Exponate ihres traditionellen Kultgutes vertreten.

Amerika

Schwerpunkt der Amerikaabteilung ist die aztektische Kultur Mexikos. Beachtenswert ist hier die sog. Hackmann'sche Steinkiste aus der Zeit um 1470. Exemplarisch vorgestellt werden ferner unterschiedliche Kulturen

Goldener Jaguar aus Peru im Hamburgischen Museum für Völkerkunde

Museum für Völkerkunde, Amerika (Forts.)

des Doppelkontinentes: Kulturen des Andenbereiches, der Indianer Nordamerikas und der Eskimos.

Hexenarchiv

Als ein seltenes Kuriosum beherbergt das Museum für Völkerkunde ein 'Hexenarchiv'. Ihm liegt die Privatsammlung des Hamburgers Johann Kruse zugrunde, der sich der Bekämpfung des Hexenglaubens verschrieben hatte; es umfaßt über 200 Aktenordner mit Aufzeichnungen zu Hexenprozessen sowie einschlägige Fachliteratur, außerdem Hexenbesen, Hexenkessel, 'Teufelsdreck', Totenschädel, Kräuter, Salben, Tinkturen und andere okkulte Mittel und Gegenstände.
Nähere Informationen über das auf engstem Raum untergebrachte Archiv sowie ganz allgemein zu den Themenkreisen Hexenverfolgung und Okkultismus gibt die Historikerin Heidi Staschen jeden Mittwoch zwischen 15.00 und 16.00 Uhr unter der Hamburger Telefonnummer 44 19 55 53.

Museumsgaststätte

Im Obergeschoß des Museums befindet sich die Cafeteria "Zum Atoll".

Museum Rade am Schloß Reinbek

Ausflugsziel

Lage
ca. 20 km südöstlich vom Hamburger Stadtkern
Schloßstraße 4
W-2057 Reinbek

S-Bahn
Reinbek (S 21)

Öffnungszeiten
Mi.–So. + Fei.
10.00–17.00
(Mai–November bis 18.00)

Eintrittsgebühr

Das 1970 eröffnete Museum Rade ist eine Schöpfung des weitgereisten Schriftstellers und Ethnologen Rolf Italiaander (1913–1991; zusammen mit Hans Spegg). Es befand sich bis 1984 in einem alten Bauernhaus im Naturpark Oberalster (Tangstedt-Rade) und hat, nachdem die Initiatoren die Museumssammlung als Stiftung der deutschen Nation geschenkt haben, ein neues Domizil in einer Gründerzeitvilla der (schleswig-)holsteinischen Stadt Reinbek (Kreis Stormarn) gefunden.

Die Sammlung, bestehend aus Bildern und anderen Exponaten, die Rolf Italiaander von seinen Weltreisen mitgebracht hat, zeigt volkstümliche und naive Kunst aus Europa, Afrika, Asien, Amerika und Ozeanien.

Das nahegelegene Reinbeker Schloß am Westende des Mühlenteiches wurde 1570–1572 von Herzog Adolph von Holstein-Gottorp anstelle eines 1534 zerstörten Nonnenklosters als Dreiflügelbau mit neuerem Mitteltrakt – nach holländischem Muster in zweierlei Ziegel mit Sandsteingliedern – erbaut. Jüngst renoviert, dient es heute Veranstaltungszwecken (Schloßrestaurant).

*Museumsdorf Volksdorf

Ausflugsziel im Stadtgebiet

Lage
Im nordöstlichen Stadtteil Volksdorf
Im Alten Dorfe 46–48; HH 67

U-Bahn
Volksdorf (U 1)

Bus
174, 175

Öffnungszeiten
Gelände Di.–Sa.
9.00–17.00
Gebäudeführung
Di.–Sa. 15.00

Eintrittsgebühr

Das Museumsdorf Volksdorf gewährt einen Einblick in die vergangene bäuerliche Wohnkultur des hamburgischen und holsteinischen Geestlandes. Es steht auf altem Siedlungsgrund und stellt ein überliefertes Dorfbild dar.

Von den Volksdorfer Höfen des 18. Jahrhunderts befinden sich noch drei Häuser im Museumsdorf. Es ist das 'Spiekerhus', ein restauriertes ehemaliges Vollhufnerhaus aus dem 17. Jahrhundert, das eine Altentagesstätte und einen Versammlungssaal enthält. Das restaurierte 'Instenhaus' wurde als Gaststätte im bäuerlichen Stil eingerichtet. Schließlich stellt sich ein weiteres Vollhufnerhaus dar, der 'Harderhof' von 1757, der nach einer Brandstiftung rekonstruiert werden mußte. Als eines der Kernstücke des Museumsdorfes werden hier Wohn- und Arbeitsräume mit Gegenständen der bäuerlichen Wirtschaft um 1800 präsentiert. Hinter dem Spiekerhus steht das zum Hof gehörende Backhaus.
Diese Gebäude werden ergänzt durch eine Rekonstruktion der Hummelsbütteler Grützmühle, deren Mahlwerke im Original und betriebsfertig verlagert werden konnten.

Bäuerliche Gerätschaften im Museumsdorf Volksdorf

Museumsdorf Volksdorf (Fortsetzung)

Eingegliedert in das Museumsdorf wurde eine aus Schnakenbek bei ⟶ Lauenburg (Elbe) überführte Durchfahrtscheune von 1652 mit Ankerbalkenkonstruktion (darin eine Stellmacherei und alte bäuerliche Fuhrwerke). Ferner beachtenswert sind die rekonstruierte Schmiede vom Duvenstedter Triftweg (mit Originalesse und Handwerkszeugen aus der früheren Volksdorfer Schmiede arbeitsfähig ausgerüstet), ein wiedererrichtetes Durchfahrthaus aus Volksdorf, ein Bienenhaus mit Körben, ein Ziehbrunnen und ein hierher verlegtes frühgeschichtliches Grab aus dem ersten vorchristlichen Jahrhundert.

De Spieker

Träger des Museums ist 'De Spieker – Gesellschaft für Heimatpflege und Heimatforschung in den hamburgischen Walddörfern e.V.', der das Gelände von der Freien und Hansestadt Hamburg zur Nutzung überlassen wurde.

Oldtimer-Triebwagen

Unweit nordwestlich vom Museumsdorf, im Vorgarten der Gaststätte "Antik-Café" an der Straße 'Kattjahren', erinnert ein auf einem Gleisstück aufgestellter, restaurierter Triebwagen von 1905 an die Kleinbahn Alt-Rahlstedt – Volksdorf – Wohldorf, die einst die ⟶ Walddörfer verkehrsmäßig erschloß.

Museumshafen Oevelgönne

⟶ Övelgönne

Museumsschiffe

⟶ Landungsbrücken

Brahms-Gedenkstätte auf dem Karl-Muck-Platz vor der Hamburger Musikhalle

*Musikhalle 25 24

Lage
Karl-Muck-Platz/
Holstenwall
HH 36

U-Bahn
Gänsemarkt,
Messehallen
(U 2)

Bus
35, 36, 111, 112

Der Bau der Musikhalle wurde durch eine testamentarische Spende des Hamburger Reeders Carl Heinrich Laeisz und seiner Gattin (Porträtreliefs an der Haupttreppe) möglich. Anknüpfend an die barocke Backsteinarchitektur der Stadt ist mit dem 1904–1908 nach Plänen von Martin Haller und Wilhelm Emil Meerwein errichteten und zunächst 'Laeiszhalle' genannten Bauwerk ein aufwendiges Beispiel des Hamburger Neobarock entstanden. Seither verfügt die Hansestadt über eine repräsentative Veranstaltungsstätte für musikalische Darbietungen aller Richtungen.
Der Große Saal (mit mächtiger Beckerath-Orgel) hat gut 2000, der Kleine Saal etwa 640 Sitzplätze. Im Wandelsaal des Ersten Ranges ehren zwei Marmordenkmäler die Komponisten Johannes Brahms (M. Klinger, 1909) und Peter Tschaikowskij (A. S. Alachwerdjanz, 1960).
Die Musikhalle hat den Zweiten Weltkrieg unbeschadet überstanden und ist aus Anlaß ihres 75jährigen Bestehens (1983) außen gründlich renoviert worden (Abb. s. S. 17). Die Überholung der Säle und technischen Einrichtungen steht noch bevor.

Brahms-
Gedenkstätte

Der den Fußgängern vorbehaltene Teil des Vorplatzes der Musikhalle ist 1981 als Brahms-Gedenkstätte mit zwei Plastiken ausgestaltet worden: Eine abstrakte Bronzeplastik von Maria Pirwitz soll mit dem fließenden Strom von Linien die Fülle Brahmsscher Orchestermusik symbolisieren; an der Ecke Dragonerstall zeigt ein Kubus aus rotem Granit von Thomas Darboven Reliefporträts des Komponisten in verschiedenen Lebenslagen.

Dragonerstall/
Bäckerbreitergang

Folgt man von der Musikhalle der 'Dragonerstall' genannten kurzen Straße, so gelangt man zur Abzweigung (rechts) des Bäckerbreiterganges; unweit nordöstlich erhebt sich das markante Unilever-Haus (⟶ Gänsemarkt).

Im nördlichen Teil des Bäckerbreiterganges, der ein Teil des Gängeviertels der Hamburger Neustadt war, ist eine geschlossene Reihe von schlichten Fachwerkhäusern (Nr. 49–58) aus dem 18.–19. Jahrhundert originalgetreu restauriert worden.

Musikhalle (Fortsetzung) Bäckerbreitergang

Der früher 'Holstenplatz' geheißene Karl-Muck-Platz, an dessen Nordostseite die Musikhalle steht, ist nach dem bekannten Dirigenten benannt, der hier von 1922 bis 1933 wirkte.

Karl-Muck-Platz

→ Sievekingplatz

Justizforum

Neuengamme

→ Vierlande und Marschlande

Neuwerk

Hamburgische Insel vor der Elbmündung

Vor der Mündung der → Elbe in der Nordsee liegt die knapp 3 km² große Watteninsel Neuwerk. Sie war von 1299 bis 1937 hamburgisch, wurde dann preußisch, gehörte seit 1945 zum Bundesland Niedersachsen und ist seit 1969 wieder im Besitz der Freien und Hansestadt Hamburg.
Etwa ein Drittel ist eingedeichtes Ackerland; das Land außerhalb der Deiche dient als Viehweide. Auf der Insel gibt es einige Pensionen und Fremdenheime.

Lage
etwa 120 km nordwestlich von Hamburg

Zu erreichen ist Neuwerk bei Flut per Schiff von Cuxhaven, bei Ebbe mit hochräderigen Pferdewagen auf der etwa 10 km langen Strecke von den Seebädern Duhnen oder Sahlenburg durch das Watt. Ferner gibt es einen Fußweg durch das Watt (unbedingt Gezeiten beachten!).

Anreise

Der 35 m hohe Leuchtturm, der als Hamburgs ältestes Bauwerk gilt, wurde 1814 aus einem 1306–1309 errichteten Wehrturm ('Dat nige Werk') umgebaut. Er hat sechs Geschosse und 1,50–8,00 m starke Mauern. Die Eingangstür liegt 8 m über der Erde (gegen Überrumpelung) und wird über eine Außentreppe erreicht. Die Besteigung des Leuchtturmes erfolgt über eine Wendeltreppe im Mauerwerk; von der Galerie bietet sich eine großartige Aussicht auf das Wattenmeer. Unten befindet sich eine gemütliche Turmschänke.

Leuchtturm

Unweit vom Neuwerker Leuchtturm liegt der 'Friedhof der Namenlosen' (v.a. fremder Seeleute) mit Kreuzen aus Schwemmholz (seit 1319).

Friedhof der Namenlosen

Das Außendeichland und der nördlich vorgelagerte Vogelsand sind Vogelschutzgebiete.

Vogelschutzgebiete

Zwei 20 bzw. 25 m hohe Baken (Holzgerüste), die Ostbake mit runder und die Nordbake mit viereckiger Scheibe, orientieren die Schiffahrt.

Baken

Die einsame Insel Scharhörn liegt 5 km nordwestlich von Neuwerk (Wattwanderung ca. 1½ St.; Gezeiten beachten!).
Die Insel ist Vogelschutzreservat und darf nur in Begleitung des dortigen Vogelwartes betreten werden.
Der Plan, bei Scharhörn einen neuen Tiefwasserhafen für Hamburg zu errichten, wurde aufgegeben. Dagegen soll das bestehende Naturschutzgebiet 'Neuwerker und Scharhörner Watt' auf 11500 Hektar vergrößert und durch Aufstufung zu einem Nationalpark gesichert werden.

Scharhörn

Im Zuge dieser Maßnahme wurden etwa 1500 m südwestlich von Scharhörn 1,5 Mio. m³ Sand aufgespült und damit eine neue Insel geschaffen. Ihr wurde der Name 'Nigehörn' gegeben, und sie soll ausschließlich See-

Nigehörn

Neuwerk (Fortsetzung)
Nigehörn

vögelreservat sein. Diese Maßnahme hat sich als notwendig erwiesen, nachdem Scharhörn von Wind und Wetter bedroht ist und möglicherweise in absehbarer Zeit ganz hinweggespült werden könnte. Die neue Insel, der man durch Bepflanzung Dauerhaftigkeit zu geben versucht, soll dann Heimat der von Scharhörn vertriebenen Seevögel werden.

*Nikolaifleet 25 23

Verlauf
durch die Hamburger Altstadt
HH 11

U-Bahn
Rödingsmarkt (U 3)

Bus
111

Neben dem Bleichenfleet, dem Herrengrabenfleet und dem Alsterfleet ist das Nikolaifleet der letzte dieser alten Kanäle (→ Fleete) in der Hamburger Innenstadt. Es stellt den Rest des einstigen Laufes der → Alster dar, an dem Hamburgs erster Hafen (Modell s. S. 184) lag, und schlängelt sich von der Mühlenbrücke (Großer Burstah) unweit südlich der → Börse zunächst südostwärts bis zur Nikolaibrücke (Ost-West-Straße), biegt dann breiter werdend nach Westen um und verläuft zuletzt südwestwärts zwischen → Cremon und → Deichstraße, um am Nikolaisperrwerk vor der Hohen Brücke in den Binnenhafen (→ Hafenmeile) zu münden.
Im Bereich des Nikolaifleetes, das bei den Fleetrundfahrten (→ Praktische Informationen: Stadtbesichtigung) gezeigt wird, sind etliche Althamburger Häuser und Speicher restauriert worden, so daß man partienweise noch einen gewissen Eindruck vom einstigen Aussehen der alten Kaufmannsstadt gewinnen kann, dies vor allem am → Cremon und an der → Deichstraße. Vereinzelt sind in der Nähe inmitten neuzeitlicher Bebauung noch weitere ältere Häuser erhalten, so am Schopenstehl (Nr. 32/33; → Kontorhausviertel) sowie an der Ost-West-Straße (Nr. 47) ein Giebelhaus von 1750, in dem nach vollständiger Renovierung die Gaststätte "Anno 1750" und 1985 in seinen ausgebauten Kellerräumen Hamburgs erste Privatbrauerei eröffnet worden sind, wobei das gebraute Bier an Ort und Stelle ausgeschenkt wird.

Sportboote im Nikolaifleet

Bischof Ansgar auf der Trostbrücke

Im nördlichen Abschnitt führt die 1882 vollendete Trostbrücke über das Nikolaifleet. Auf den Brüstungen sind Standbilder des hl. Ansgar (ab 832 erster Bischof von Hamburg) und des Grafen Adolf III. von Schauenburg (1164–1203) aufgestellt.
Am Nordende der Trostbrücke steht das Gebäude der ⟶ Patriotischen Gesellschaft, südlich der Brücke der 'Laeiszhof', das Geschäftshaus der durch ihre Segelschiffe bekannten Reederei Laeisz. Der Pudel auf dem Dach, das heutige Reedereisymbol, hält die Erinnerung an den Spitznamen der einstigen Seniorchefin wach.

Nikolaifleet (Fortsetzung)
Trostbrücke

Die an der östlichen Stelle des Nikolaifleetes befindliche Zollenbrücke überquert eigentlich einen Rest des Gröningerstraßenfleetes, den man allein aus denkmalspflegerischen Gründen bestehen ließ. Sie gilt als Hamburgs älteste erhaltene Brücke (1633 erbaut; 1955 in ursprünglicher Form wiederhergestellt) und trägt ihren Namen nach einem bis 1806 hier befindlichen Zollhaus der Schauenburger Grafen. Das schöne gußeiserne Geländer mit Ornamentschmuck entwarf Otto Sigismund Runge 1835. Eine Brücke an dieser Stelle wird erstmals im 13. Jahrhundert erwähnt; sie verband das Katharinenkirchspiel (⟶ Katharinenkirche) mit der Neustadt am Neß.

Zollenbrücke

Die sog. Holzbrücke überquert das Nikolaifleet in seinem südlichen Teil und bietet einen schönen Blick auf die Speicherfassaden an der Fleetseite von ⟶ Deichstraße und ⟶ Cremon. Unmittelbar oberhalb der Holzbrücke ist der Liegeplatz für "Das Schiff", ein seetüchtiges Theaterschiff mit erfolgreicher Kleinkunstbühne.

Holzbrücke

Theaterschiff

⟶ Deichstraße bzw. ⟶ Hafenmeile

Hohe Brücke

Nikolaikirche · Hauptkirche St. Nikolai

25 27

Unweit vom Klosterstern, am Harvestehuder Weg, hat die 1960–1962 von Gerhard Langmaack erbaute Hauptkirche St. Nikolai die geistige Tradition von Alt-Nikolai (⟶ Nikolaikirchturm) aufgenommen.
Das mit grauem Naturstein verkleidete Baptisterium trägt den 82 m hohem Turm, dessen Turmfahne den hl. Nikolaus in einem Kahn zeigt. Das ovale Schiff ist aus rotem Backstein. Das 1939 von der Hamburger Glasmalerin E. Köster vollendete große Fenster war ursprünglich für die alte Kirche am Hopfenmarkt bestimmt. Das Mosaik mit einer Kreuzigung über dem Altar wurde in Ravenna nach einem Entwurf von Oskar Kokoschka hergestellt; das Kruzifix schuf Fritz Fleer.
Die Kirche ist täglich zwischen 9.00 und 18.00 Uhr zugänglich.

Standort
Harvestehuder Weg 114
HH 13

U-Bahn
Klosterstern

Bus
109

Nikolaikirchturm

25 23

Der beim Hopfenmarkt (s. nachstehend) an der Nordseite der verkehrsreichen Ost-West-Straße 145 m hoch aufragende Nikolaikirchtum ist nach den Türmen des Ulmer Münsters (161 m) und des Kölner Domes (157 m) der höchste Kirchturm in Deutschland. Zusammen mit den anschließenden Resten der im Bombenhagel des Zweiten Weltkrieges zerstörten evangelischen Hauptkirche St. Nikolai (neuer Nachkriegsbau am Harvestehuder Weg ⟶ Nikolaikirche) hat man den schlanken, 1874 vollendeten neugotischen Kirchturm aus ursprünglich gelblichen, heute ganz geschwärzten Klinkern als Ruinenmahnmal bewahrt.

In dieser Gegend war im Jahre 1195 eine Kapelle für die von Graf Adolf III. von Schauenburg gegründete Neustadt errichtet worden. Dieser Gründungsbau wurde im 13. und 14. Jahrhundert zu einer Backsteinhallen-

Standort
an der Ost-West-Straße zwischen Hopfenmarkt und Neue Burg
HH 11

U-Bahn
Rödingsmarkt
(U 3)

Bus
111

REISEBÜRO
NORDEN

kirche ausgebaut, die dem Großen Brand von 1842 zum Opfer fiel. Bei einem Wettbewerb zum Wiederaufbau trug Gottfried Semper mit dem Entwurf einer Kuppelkirche zwar den ersten Preis davon, zur Ausführung kam jedoch unweit des alten Standortes in den Jahren 1846–1863 der Plan des Engländers George Gilbert Scott für eine mehrschiffige Basilika mit hohem Westturm im reinsten Stil dogmatischer Neugotik. Dieses frühe Beispiel für den protestantischen Kirchenbau des 19. Jahrhunderts wurde 1943 und 1944 bis auf den Turm und die Außenmauern zerstört. Der Zugang war 1991 wegen Einsturzgefahr gesperrt.

Nikolaikirchturm (Fortsetzung)

Auf einen Wiederaufbau verzichtete man und erklärte die Ruinen zum Mahnmal für die Opfer von Verfolgung und Krieg in den Jahren 1933 bis 1945. Das 1978 im Turmdurchgang angebrachte Kreuzigungsmosaik ist die Schwarzweißfassung des Werkes von Oskar Kokoschka in der neuen → Nikolaikirche.

Ruinenmahnmal

In den wohlerhaltenen Kreuzgewölben unter der einstigen Nikolaikirche (Hahntrapp Nr. 2; Zugang von der Ost-West-Straße) befindet sich "Hamburgs weltoffener Weinkeller unter St. Nikolai" der Weinhandlung C. C. F. Fischer mit einem kleinen Weinmuseum (u. a. historische Geräte für die Weinbereitung; Mo.–Fr. 11.00–18.00, Sa. 10.00–13.00 Uhr), Probierstube (in der ehem. Gebeinkammer) und Flaschenverkauf.

Weinkeller unter St. Nikolai

Der Hopfenmarkt diente bis 1911 als Gemüsegroßmarkt, woran ein 1878 von Franz Andreas Meyer entworfener Brunnen (urspr. am Meßberg) mit der Figur einer Vierländerin (Bäuerin aus den → Vierlanden mit Marktkorb) von Engelbert Peiffer und dem Spruch "Auf dem Markt lernt man die Leute kennen" erinnert.
Seit 1984 steht inmitten der Grünanlage der von dem Bildhauer Ulrich Rückriem aus Steinquadern gefügte "Tempel" (1984).
Vom Hopfenmarkt führt die den Fußgängern vorbehaltene Cremonbrücke über die breite Verkehrsschneise der Ost-West-Straße zur → Deichstraße am → Nikolaifleet.

Hopfenmarkt

Norddeutscher Rundfunk · NDR

25 27

Im Funkhaus an der Rothenbaumchaussee nahm am 2. Mai 1924 die Nordische Rundfunk AG (NORAG) ihren Programmsendebetrieb auf. Hier befinden sich heute die Hauptverwaltung sowie die Hörfunkstudios und -redaktionen des Norddeutschen Rundfunks (NDR), einer der größten Rundfunk- und Fernsehanstalten in Deutschland. Der Funkhauskomplex ist im Laufe der Zeit ostwärts bis zum Mittelweg erweitert worden.

Lage
Rothenbaumchaussee 132–134
HH 13
(Harvestehude)

U-Bahn
Hallerstraße (U 1)

Bus
38

Nach dem Zweiten Weltkrieg wurde für die britische Besatzungszone Deutschlands zunächst der Nordwestdeutsche Rundfunk (NWDR) mit Funkhäusern in Hamburg, Hannover und Köln geschaffen, der von 1948 bis 1955 bestand und auch maßgeblich an der Entwicklung des Fernsehens in Deutschland beteiligt war.

Durch einen Staatsvertrag zwischen den Bundesländern Freie und Hansestadt Hamburg, Schleswig-Holstein und Niedersachsen rief man 1955 den Norddeutschen Rundfunk (NDR) mit Sitz in Hamburg ins Leben. Ende der siebziger Jahre drohte diese Dreiländeranstalt öffentlichen Rechtes zu zerbrechen, als Niedersachsen und Schleswig-Holstein mehr Einfluß nehmen wollten. Schließlich einigte man sich in einem seit Anfang 1981 geltenden neuen Staatsvertrag, der vor allem der regionalen Berichterstattung aus Schleswig-Holstein und Niedersachsen größeren Raum zugesteht.

◀ *Ruinenmahnmal Nikolaikirchturm*

Norddeutscher Rundfunk (Fortsetzung) Hörfunk

Der Norddeutsche Rundfunk strahlt täglich rund 100 Stunden Radioprogramm auf Mittelwelle (MW) und Ultrakurzwelle (UKW) aus:

NDR 1 mit Regionalprogrammen für Hamburg, Schleswig-Holstein und Niedersachsen;
NDR 2 mit leichter Musik, Unterhaltung und Verkehrsnachrichten;
NDR 3 mit anspruchsvolleren Wort- und Musiksendungen;
NDR 4 mit längeren Wortsendungen und speziellen Musikprogrammen.

Fernsehen

Der Anteil des Norddeutschen Rundfunks am Ersten Deutschen Fernsehen (ARD) beträgt etwa ein Fünftel. Addiert man die Fernsehsendungen der ARD (die Hauptnachrichtensendungen "Tagesschau" und "Tagesthemen" kommen traditionell aus Hamburg), der Regionalprogramme N 3, von Radio Bremen (RB) und bis auf weiteres vom Sender Freies Berlin (SFB), so strahlt der NDR täglich im Durchschnitt mehr als zwanzig Stunden TV-Programm aus. Außerdem ist der Norddeutsche Rundfunk am ARD-Satellitenfernsehen '1 PLUS' beteiligt.

Studio-besichtigungen

Die Fernsehstudios des Norddeutschen Rundfunks können nach Voranmeldung bei der Abteilung Öffentlichkeitsarbeit des NDR (Tel. 41562037) besichtigt werden.

Norddeutsches Landesmuseum

→ Altonaer Museum in Hamburg

Norderstedt

Lage
ca. 20 km nördlich vom Hamburger Stadtkern

U-Bahn
Garstedt (U 1)

Alsternordbahn
(A 2; mehrere Stationen)

Bus
178, 193, 194, 293, 378, 393, 493

Zufahrt
B 433

Die Stadt Norderstedt (26 m ü. d. M., 68000 Einw.) wurde 1979 aus den vier zu drei verschiedenen Kreisen gehörenden Gemeinden Garstedt, Harksheide, Friedrichsgabe und Glashütte gebildet und dem (schleswig-)holsteinischen Kreis Bad Segeberg zugeschlagen.

Schon im Jahre 1953 begann die Erschließung dieses Gebietes mit der Eröffnung der Alsternordbahn, des ersten Eisenbahnbaues in Deutschland nach dem Zweiten Weltkrieg. Die Stadt entwickelte sich in rasantem Tempo, wozu nicht zum wenigsten die Industrieansiedlung am östlichen Stadtrand beigetragen hat. Das Rathaus befindet sich im Stadtteil Harksheide.

Alsterquelle

Nördlich von Norderstedt liegt im Henstedter Moor (auf der Gemarkung Henstedt-Rhen) die gefaßte und durch einen Denkstein bezeichnete Alsterquelle (31 m ü. d. M.).
Man erreicht den Ursprung der → Alster von der U-Bahn-Station 'Ochsenzoll' (U 1) mit der Omnibuslinie 293 bis zur Haltestelle 'Alsterquelle' (von dort zu Fuß noch wenige Minuten).

Ochsenwerder

→ Vierlande und Marschlande

Oevelgönne

→ Övelgönne

Krematorium – Fritz Schumachers letzte Bauschöpfung in Hamburg

*Ohlsdorfer Friedhof · Hauptfriedhof Ohlsdorf 28-31 31-33

Aufgrund seiner Größe und Gestaltung sowie wegen seiner historisch und künstlerisch wertvollen Grabmale ist der Hamburger Hauptfriedhof Ohlsdorf weit über die Grenzen Deutschlands hinaus bekannt. Er wurde am 1. Juli 1877 eröffnet und ist heute mit einer Ausdehnung von über 400 ha nach jenem der US-amerikanischen Stadt Chicago (IL) der zweitgrößte Friedhof der Erde. Rund 17 km Fahrstraßen, auf denen auch zwei Omnibuslinien verkehren, erschließen das weitläufige Areal, die wohl schönste Hamburger Parkanlage und ein denkmalpflegerisch betreutes Gesamtkunstwerk. Es gibt dort etwa 250000 Grabstätten und 2800 Parkbänke, ca. 120 km Wasserleitungen sind verlegt.

Lage
im Alstertal, ca. 10 km nordwestlich vom Hamburger Stadtkern

S-Bahn
Ohlsdorf (S 1, S 11)

U-Bahn
Ohlsdorf (U 1)

Bus
38, 110, 170, 172, 179, 270

Der westliche, von Wilhelm Cordes (1840–1917) mit geschwungenen Straßen und Wegen angelegte Friedhofsteil war der erste Parkfriedhof in Deutschland und Vorbild für zahllose, andernorts entstandene Friedhöfe. Ab 1920 wurde der östliche Friedhofsteil nach den streng landschaftsarchitektonischen Plänen von Otto Linné (1896–1937) angelegt. Heute ist der Ohlsdorfer Friedhof ringsum von bebauten Flächen umgeben, so daß eine Erweiterung nicht mehr möglich ist. Bis 1989 wurden hier rund 1,326 Mio. Bestattungen vorgenommen.

Parkfriedhof/ Friedhofspark

Neben der Primärfunktion als Begräbnisstätte (ein Krematorium, zwölf Kapellen) erfüllt der Ohlsdorfer Friedhof als größte Hamburger Grünanlage auch die Funktion einer 'grünen Lunge' für die Millionenstadt. Von weiten Kreisen der Bevölkerung wird der Friedhof als Zone der ruhigen Erholung genutzt. Neben dem guten alten Baumbestand (ca. 25000 Bäume) sind es vor allem die ausgedehnten Rhododendronpflanzungen und zahlreiche Teichanlagen, die den Charakter des Friedhofes bestimmen und zur Blütezeit (Anfang Juni) zahlreiche Spaziergänger anziehen.

Ohlsdorfer Friedhof

Zugang und Orientierung

Der im Sommerhalbjahr täglich zwischen 8.00 und 21.00 Uhr, im Winterhalbjahr nur bis 19.00 Uhr zugängliche Friedhof besitzt sieben Eingänge; der Haupteingang liegt an der westlichen Schmalseite, wo sich auch das Hauptgebäude und, nördlich davon, das 1930–1932 nach Plänen von Fritz Schumacher erbaute Krematorium (an der Talstraße) befinden. Der gesamte Friedhof ist in Planquadrate eingeteilt, die das Auffinden von Gräbern erleichtern sollen; vielerorts sind Orientierungspläne angebracht.

Althamburgischer Gedächtnisfriedhof

Auf dem Althamburgischen Gedächtnisfriedhof (hohe Christusfigur), unweit vom Haupteingang, liegen zahlreiche Persönlichkeiten des öffentlichen Lebens, u.a. der Maler Philipp Otto Runge, der Architekt Alexis des Chateauneuf, der Kunsthistoriker Alfred Lichtwark und der Oberbaudirektor Fritz Schumacher begraben.

Mahnmal für die NS-Opfer

Gegenüber vom Krematorium wurde 1949 ein Mahnmal für die Opfer des Nationalsozialismus (Urnen mit Asche und Erde aus über hundert Konzentrationslagern) errichtet.

Anonymer Urnenfriedhof

Bei Kapelle 8 wurde 1975 ein Urnenfriedhof für anonyme Bestattungen angelegt, auf dem seither rund 15000 Urnenbeisetzungen stattgefunden haben. Das schmiedeeiserne Tor schuf K. Böselmann 1980.

Einzelgräber

Im älteren Westteil des Friedhofes seien folgende Einzelgräber hervorgehoben: Paul Abraham (Komponist; O 11, 123), Hans Albers (Schauspieler; Y 23, 245–254), Peter Anders (Sänger; P 7, 11–12), Albert Ballin (Reeder; Q 10, 420–429), Hermann Blohm (Schiffbauer; Q 25, 28–38), Wolfgang Borchert (Schriftsteller; AC 5, 6), Justus Brinckmann (Museumsdirektor; Z 11, 50–59), Hans v. Bülow (Musiker; V 22, 1–8), Julius Campe (Verleger; Y 13, 266–270), Ida Ehre (Theaterschaffende; O 6, 6), Jürgen Fehling (Regisseur; O 8, 225/226), Willi Fritsch (Schauspieler; AC 16, 151), Gustaf Gründgens (Schauspieler; O 6, 5), Carl Hagenbeck (Gründer von Hagenbecks Tierpark; AE 15, 43–58, davor der kupferne Löwe "Triest"), Heinrich Hertz (Physiker; Q 25, 1–6), Martin Johann Jenisch sen. und jun. (Kaufleute; AH 16–17, Mausoleum), Alfred Kerr (Kritiker; Z 21, 217), Hein Köllisch (Volkssänger; Q 6, 40–46), Felix Graf Luckner (Kapitän; AB 13, 89/90), Otto Speckter (Zeichner und Radierer; 21, 134–141), Fritz Stavenhagen (niederdeutscher Schriftsteller; AC 5, 14). – Der bekannte Komiker Heinz Erhardt ist im neueren Teil des Friedhofes begraben (B 66, 605/606).

Nordteich

Rings um den Nordteich liegen die Gräber von bekannten Hamburger Senatoren und Bürgermeistern.

Ehrenfriedhöfe

Etwa im Zentrum des Friedhofsparkes sind verschiedene Ehrenfriedhöfe für die Toten der beiden Weltkriege angelegt.

Massengrab und Mahnmal für die Bombenopfer

Im Norden, bei Kapelle 13, einem hohen Bauwerk von Fritz Schumacher (1931), befindet sich das kreuzförmige Massengrab für die 37000 Bombenopfer der verheerenden Luftangriffe im Juli des Kriegsjahres 1943 mit einem 1952 errichteten Mahnmal von Gerhard Marcks (Charon mit dem Totennachen).

Mahnmal für die Flutopfer

Das steinerne Mahnmal (von E. Lissow, 1971) bei Kapelle 12 gedenkt der Opfer der Flutkatastrophe des Jahres 1962.

Grabmalmuseum

In zwei Freilichtmuseen, am Heckengarten und an der Kapellenstraße, werden Grabmale von ehemals außerhalb der Stadt gelegenen, aufgelassenen Friedhöfen gezeigt.

Jüdischer Friedhof

An der Südwestecke des Ohlsdorfer Friedhofes liegt ein jüdischer Friedhof, der von der Ihlandkoppel direkt zugänglich ist (man beachte den Anschlag am Eingang). Bemerkenswert sind hier das Grabdenkmal für den Vorkämpfer der Judenemanzipation Gabriel Riesser (erster hamburgischer

Ohlsdorfer Friedhof – Althamburgischer Gedächtnisfriedhof

Abgeordneter zum Frankfurter Parlament von 1848) und das Mahnmal für die während der nationalsozialistischen Gewaltherrschaft verschleppten und ermordeten Juden.

Ohlsdorfer Friedhof, Jüdischer Friedhof (Forts.)

Ohnsorg-Theater

25 24

Der Hamburger Bibliothekar und Schauspieler Richard Ohnsorg (1876 bis 1947; ⟶ Berühmte Persönlichkeiten) gründete im Jahre 1902 ein Laienspielensemble, aus dem 1920 die Hamburger Niederdeutsche Bühne hervorging.
Diese Tradition wurde nach dem Zweiten Weltkrieg im Richard-Ohnsorg-Theater (später kurz 'Ohnsorg-Theater' genannt) fortgesetzt.

Das bei den Hamburgern naturgemäß beliebte Ohnsorg-Theater ist in ganz Deutschland bekannt geworden durch Fernsehübertragungen von Volksstücken aus seinem Repertoire.
Während die Fernsehfassungen in allgemein verständlicher Sprache mit Hamburger Tonfall und niederdeutschen Anklängen gehalten sind, wird auf der Bühne des Theaters an den Großen Bleichen ausschließlich reines Plattdeutsch gesprochen.

Lage
Große Bleichen 25
HH 36

S-Bahn
Jungfernstieg,
Stadthausbrücke
(S 1, S 2, S 3)

U-Bahn
Jungfernstieg
(U 1, U 2)

Bus
35, 36,
102, 109, 111

Öjendorfer Park

34–36 24/25

Die einstige 'Öjendorfer Kuhle' entstand in den Jahren 1925–1929 durch die Abgrabung von rund 8 Mio. m³ Sand für die Aufhöhung der Horner Marsch zur städtebaulichen Erschließung. Im Zuge der Aufräumungsarbeiten der im Zweiten Weltkrieg durch Luftbombardements verheerend

Lage: im Dreieck zwischen A 1 und A 24; HH 74 (Billstedt)

Öjendorfer Park (Fortsetzung)

U-Bahn
Merkenstraße (U 3)

Bus
133, 161, 167, 233, 263, 333

getroffenen Hamburger Stadtteile Rothenburgsort, Hammerbrook und Barmbek entschloß man sich, von 1950 bis 1953 hier Trümmerschutt abzulagern, der dann jedoch nach einer Aufbereitung bis 1966 von der Bauwirtschaft wiederverwendet wurde.
Durch eine Verbindung mit dem Schleemer Bach wurde nun die neu entstandene Senke mit Wasser gefüllt und ist seither als Öjendorfer See das 60 ha große Kernstück des Öjendorfer Parkes, der eine Gesamtfläche von ca. 137 ha einnimmt.
Seit 1958 wurde auch mit den Erdarbeiten des Parkgeländes der großzügig gestaltete Rahmen geschaffen, wobei die Begrünung nach pflanzensoziographischen Gesichtspunkten geschah. So entstand eine Vielzahl von Freizeiteinrichtungen, wie Spiel- und Liegewiesen, Sandstrände und Wanderwege.

Vogelschutzinseln im Öjendorfer See

Besondere Erwähnung verdient das Vogelschutzgebiet auf den Inseln im Öjendorfer See, wo u.a. der seltene Eisvogel nistet.

Hauptfriedhof Öjendorf

Im Westen schließt an den Öjendorfer Park unmittelbar der 1965 eröffnete Hauptfriedhof Öjendorf (mit einem Grabmalmuseum) an.

*Övelgönne · Oevelgönne 19/20 23

Lage
am nördlichen Elbufer, ca. 6 km westlich vom Hamburger Stadtkern

Bus
36, 183

'Övelgönne', in älterer Schreibung 'Oevelgönne', heißt ein etwa 1 km langer Uferabschnitt an ⟶ Elbe, der beim Anleger Neumühlen beginnt und parallel zur ⟶ Elbchaussee am Fuße des schroffen Geestabbruches verläuft. Der auch andernorts in Norddeutschland vorkommende Name bedeutet 'Übelgunst' und wurde für Gegenden verwendet, die sich zur Bebauung schlecht eigneten.

In Neumühlen und Övelgönne waren von altersher die Elblotsen ansässig (1745 erste Lotsenbrüderschaft). Lotsen, Kapitäne, Schiffer und Handwerker bauten ihre kleinen Häuser an der Hangseite des Elbuferweges. Mit schmucken Erkern, Balkons, Glasveranden und Ziergittern sowie den gegenüber an der Wasserseite des Weges gelegenen kleinen, geplegten Gärten schaffen die dicht aneinandergereihten Häuschen eine idyllische Atmosphäre.
Alte Straßenlaternen begleiten den für Kraftfahrzeuge unpassierbaren Pflasterweg (Radfahren erlaubt) bis zum Westende von Övelgönne, wo der eigentliche Elbuferweg beginnt und der 'Himmelsleiter' genannte steile Treppenweg eine Verbindung mit der ⟶ Elbchaussee herstellt. An mehreren Stellen gibt es gemütliche Gaststätten.

Ausblick

Von Övelgönne blickt man über den hier etwa 500 m breiten Elbstrom nach ⟶ Finkenwerder, auf die ehemalige BP-Raffinerie am Petroleumhafen, nach Waltershof (Containerterminal) und auf die markante ⟶ Köhlbrandbrücke.

*Museumshafen Oevelgönne 20 23

Neumühlen

Am Anfang des Uferweges 'Övelgönne' besteht seit 1977 der frei zugängliche 'Museumshafen Oevelgönne'. Er befindet sich in den beiden kleinen, vom Anleger Neumühlen gebildeten Hafenbecken, wo im Untergrund der Neue ⟶ Elbtunnel unter die Elbsohle führt.

Museumsträger

Träger des Museumshafens ist die rein private 'Vereinigung zur Erhaltung segelnder Berufsfahrzeuge', die sich zum Ziel gesetzt hat, alte Wassernutzfahrzeuge aus der norddeutschen Küstenregion originalgetreu zu restaurieren, fahrtüchtig zu machen, zu erhalten und der Öffentlichkeit zu präsentieren.

Övelgönne: Lotsenhäuser und ...

... restaurierte Wasserfahrzeuge

Blick von der Elbchaussee auf den Museumshafen Oevelgönne

Övelgönne, Museumshafen Oevelgönne (Fortsetzung) Oldtimer-Wasserfahrzeuge

Inzwischen sind hier etliche Segelschiffe (darunter Frachtewer, Fischerewer, Kutter, Galeassen, Tjalken u. a.) von den Mitgliedern der Vereinigung wieder in ihren ursprünglichen Zustand versetzt und in Fahrt gebracht worden. Im Eigentum des eingetragenen Vereins 'Museumsverein Oevelgönne' sind das ehemalige Feuerschiff "Elbe 3" (Baujahr 1888), die beiden Dampfschlepper "Tiger" (Baujahr 1910; kohlebefeuert) und "Claus D" (Baujahr 1913; ölbefeuert) sowie der hölzerne Finkenwerder Hochseekutter "Präsident Freiherr von Maltzan" (Baujahr 1928; unter Segeln).
Die 1928 auf der Hamburger Stülckenwerft gebaute Dampfbarkasse "Otto Lauffer" (früher ein Polizeifahrzeug), das Feuerlöschboot "Walter Hävernick" (Baujahr 1932), ein handbetriebener Drehkran von 1880 und ein Schwimmkran von 1928 gehören dem ⟶ Museum für Hamburgische Geschichte.
In Restaurierung befinden sich u. a. der Frachtewer "Anna von Otterndorf" und die Segelschute "Marlene".
Alle restaurierten Oldtimer sind startklar, fahrtüchtig und gelegentlich (v. a. im Sommer) zu Fahrten unterwegs. Eine Hinweistafel zeigt jeweils an, welche Fahrzeuge im Museumshafen und welche wohin unterwegs sind.

Westende der Hafenmeile

An der Ostseite des Museumshafens stand früher das monumentale Kühlhaus Union, ein 35 m hoher Kubus von 1924/1925. Einst zur Lagerung von argentinischem Gefrierfleisch erbaut, war es seit längerer Zeit außer Betrieb und wurde nach einem Großbrand (1991) abgetragen. An seiner Stelle soll im Rahmen der Neugestaltung des westlichen Abschnittes der ⟶ Hafenmeile ein Seniorenwohnstift errichtet werden.

**Passagen 25 24

Lage
in der Hamburger City, südwestlich der Binnenalster
HH 36

S-Bahn
Jungfernstieg
(S 1, S 2, S 3)

U-Bahn
Jungfernstieg
(U 1, U 2)
Gänsemarkt (U 2)

Bus
36, 102, 109

Schon im 19. Jahrhundert sind in der Hamburger Innenstadt mit den Alsterarkaden und den Colonnaden gedeckte Galeriegänge angelegt worden, in denen die Leute vor den Unbilden des wechselhaften Wetters geschützt spazierengehen und einkaufen konnten und noch immer können. Daneben gab und gibt es in etlichen Geschäftshäusern Durchgänge ('Durchhäuser') und Passagen, wie man sie aus anderen europäischen Großstädten, z. B. London, Brüssel, Leipzig, Prag, Wien, Budapest oder Mailand, kennt.
Als in jüngerer Zeit zunehmend verkehrsberuhigende Maßnahmen ergriffen und mehrere Fußgängerzonen eingerichtet wurden, sind nicht nur die bestehenden Passagen wieder belebt worden, sondern auch eine Reihe neuer Galerien entstanden. So besteht heute in der Hamburger City ein geradezu labyrinthartiges Passagennetz mit einer Gesamtlänge von etlichen hundert Metern.
Der Ausbau weiterer Passagen ist auch in der östlichen Innenstadt projektiert.

Beliebter Flanierbereich

Wenngleich mehrere hundert Ladengeschäfte und gastronomische Betriebe hier ein breit gefächertes Angebot gehobener Art machen, werden die Einkaufspassagen eher zum Schaufensterbummel besucht. Nur ein kleiner Teil der vielen tausend Menschen, die täglich die Galerien durchströmen, kommt mit dem erklärten Ziel, etwas einzukaufen oder eine Gaststätte aufzusuchen. Die Passagen dienen in erster Linie als Freizeitraum, wo man sich trifft, miteinander plaudert oder flaniert. "Sehen und gesehen werden" heißt die Losung in den Cafés, Weinlokalen, Modehäusern, Boutiquen, Kunstgalerien, Antiquitätengeschäften und Spezialitätenläden, wo man alles finden kann, was das Herz begehrt. Das vorwiegend jüngere Publikum genießt den Passagenbesuch offensichtlich als ein atmosphärisches Erlebnis, im übrigen nicht nur tagsüber, sondern auch abends und an den Wochenenden, was zu einer erstaunlichen Belebung der früher außerhalb der Geschäftszeiten weitgehend verödeten Hamburger City geführt hat.

Lageplan

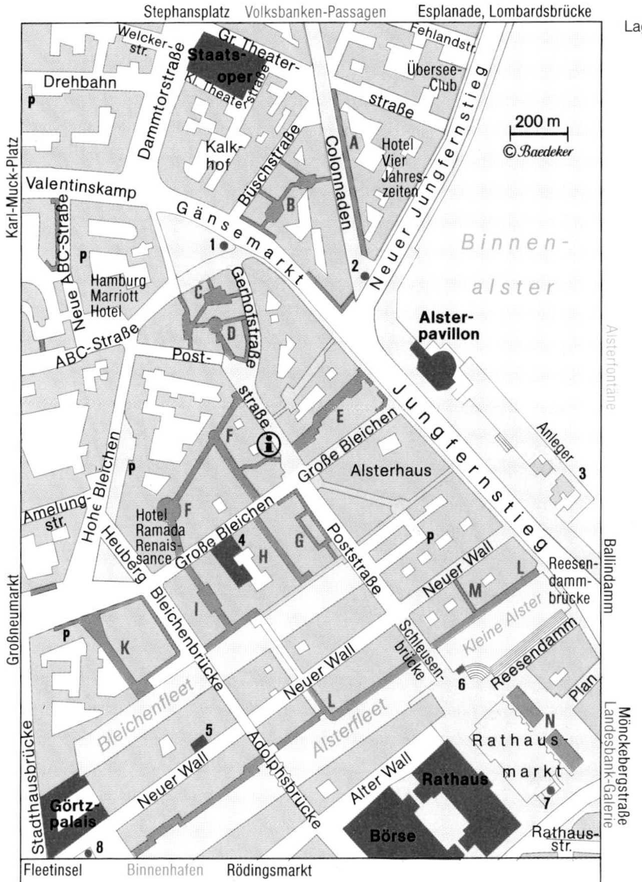

Passagen und Arkaden

Gedeckte Arkaden und Passagen in der westlichen Innenstadt

- A **Colonnaden**
- B **Gänsemarkt-Passage**
- C **Neuer Gänsemarkt**
- D **Gerhof-Passage**
- E **Hamburger Hof** (Jungfernstieg-Passage)
- F **Hanse-Viertel**
- G **Alte Post**
- H **Galleria**
- I **Kaufmannshaus** (Commercie)
- K **Bleichenhof**
- L **Alsterarkaden**
- M **Mellin-Passage**
- N **Rathausmarkt-Arkaden**

Fußgängerbereiche — P Parkhäuser — Geplante Passagen

1. Lessing-Denkmal
2. Plastik "Atlas"
3. Alsterschiffe (Rund- und Kreuzfahrten; Kanal-, Fleet-, Brücken- und Vierlandefahrten)
4. Ohnsorg-Theater
5. Die kleine Komödie
6. Ehrenmal für die Gefallenen des Ersten Weltkrieges
7. Heine-Denkmal
8. Petersen-Denkmal

Hanse-Viertel

Galleria

Kaufmannshaus

Bleichenhof

Im folgenden sind die Passagen zwischen ⟶ Dammtor und ⟶ Rathausmarkt beschrieben.

Lageplan s. S. 207

Colonnaden

Die 1974–1978 zum Fußgängerbereich ausgestaltete Straßenflucht der Colonnaden wurde 1877 diagonal vom Stephansplatz zur Südwestspitze der Binnenalster (⟶ Alster) geführt. Der Bürgersteig der Ostseite verläuft in seinem südlichen Teil unter schützenden Arkaden. An beiden Seiten reihen sich Ladengeschäfte, Gaststätten und Firmenbüros aneinander.
An der Ecke Büschstraße steht ein Bronzebrunnen von Detlef Birgfeld, auf dem platzartigen Südende die von Jörn Pfab geschaffene Stahlplastik "Atlas".

Volksbanken-Passage

Vom Nordende der Colonnaden führt eine Fußgängerbrücke über die Esplanade hinweg in die sog. Volksbanken-Passage, eine kleine Ladengalerie im ersten Stock des Phrix-Hauses am Stephansplatz.

Gänsemarkt-Passage

Die 1979 als erste der neueren Passagen eröffnete Gänsemarkt-Passage erstreckt sich zwischen den Colonnaden (ein Zugang), der Büschstraße (zwei Zugänge) und dem ⟶ Gänsemarkt (ein Zugang). Hier gibt es etwa fünfzig Ladengeschäfte u. a. für Mode- und Sportartikel, Schmuck, Kunstgewerbliches und Lebensmittel sowie etliche Gaststätten.

Neuer Gänsemarkt

In dem vom ⟶ Gänsemarkt, ABC-Straße (Kleiner Gänsemarkt), Poststraße und Gerhofstraße umzogenen Gebäudekomplex befinden sich mehrere ineinander verschachtelte Einkaufspassagen.
Durch zwei Zugänge vom Gänsemarkt gelangt man in die Abteilungen 'Gucken & Kaufen' bzw. 'Essen & Trinken' (mehrere Selbstbedienungslokale mit ausländischen Spezialitäten) der Passage Neuer Gänsemarkt.

Gerhof

Südlich schließt der Gerhof mit Passagen auf drei Etagen und Zugängen von der Gerhofstraße und der Poststraße an.

Hamburger Hof

In dem großen Sandsteinbau (1881–1883) des früheren Nobelhotels "Hamburger Hof" am ⟶ Jungfernstieg sind auf drei Ebenen gut vierzig Ladengeschäfte und Imbißlokale untergebracht. Sie stellen das Kernstück dieser Passage, die über Zugänge vom Jungfernstieg und von der Poststraße verfügt.

***Hanse-Viertel**

Ein Glanzpunkt im Hamburger Passagenlabyrinth ist das 1979–1981 in Klinkerbauweise eingerichtete 'Hanse-Viertel' zwischen Heuberg, Großen Bleichen (zwei Zugänge) und Poststraße (zwei Zugänge). Die insgesamt 200 m langen Passagengänge mit zahlreichen anspruchsvollen Ladengeschäften und Restaurants tragen ein gläsernes Tonnendach mit zwei großen Glaskuppeln an den Winkelpunkten, so daß das Tageslicht ungehindert einfallen kann. In den braunroten Klinkerboden sind metallene Inschriftbänder eingelassen, die auf die alte Hanse Bezug nehmen; ferner sind diverse Plastiken aufgestellt.
Über dem Eingang an der Ecke Große Bleichen und Poststraße erklingt stündlich ein Glockenspiel; in der Passage befindet sich eine Auskunftsstelle der Hamburger 'Tourist Information' (mit 'Last-Minute-Kartenshop').

Tourist Information im Hanse-Viertel

In das Hanse-Viertel einbezogen ist der 1926 von Fritz Höger errichtete Klinkerbau des früheren Broschekhauses, in den das Luxushotel "Ramada Renaissance" eingebaut wurde.

Alte Post

An der Poststraße, zwischen Großen Bleichen und Bleichenfleet, steht die ⟶ Alte Post. Das Erdgeschoß dieses historischen Baus ist bei seiner letzten Renovierung in eine verzweigte Ladenpassage umgewandelt worden.

Thalia-Buch-Haus

Parallel zur Passage in der Alten Post (Große Bleichen Nr. 19) erstreckt sich die wohlsortierte Großbuchhandlung 'Thalia-Buch-Haus' (auf zwei Etagen).

Galleria

Im Hause Große Bleichen Nr. 21 beginnt die 1983 vollendete 'Galleria'. Sie verläuft 80 m lang gerade durch den gesamten Gebäudekomplex bis zum

Alsterarkaden an der Kleinen Alster

Galleria (Fortsetzung)

Bleichenfleet (Fußgängerbalkon bis zur Poststraße) und ist offensichtlich der bekannten Burlington Arcade in London nachempfunden. Pilaster und Fußboden sind schwarzweiß gemustert und strahlen eine gewisse Kühle aus. Es gibt etwa 25 Läden und Lokale für gehobene Ansprüche.

Kaufmannshaus

In dem 1907–1909 erbauten 'Kaufmannshaus' ('Commercie') an der Bleichenbrücke zwischen Großen Bleichen und Bleichenfleet wurde bei der Erneuerung des Bürohauses eine Ladenpassage mit drei Abzweigungen eingerichtet. Vom Quergang am Bleichenfleet führt ein Fußgängersteg über das Fleet zum Neuen Wall und von dort eine schmale Passage weiter zu den Alsterarkaden (s. unten).

Bleichenhof

Im Frühjahr 1990 ist zwischen den Großen Bleichen und dem Bleichenfleet, westlich der Straße 'Bleichenbrücke', eine weitere neue Einkaufspassage eröffnet worden: Der 'Bleichenhof' wurde rings um ein vorhandenes Parkhaus gebaut und bietet 3500 m² Laden- und 12000 m² Bürofläche. Die Verkaufsflächen liegen beiderseits einer 90 m langen Passage sowie an dem Gebäude umlaufenden Arkaden; ferner gibt es mehrere gastronomische Betriebe.

*__Alsterarkaden__

Die Alsterarkaden säumen die Nordseite der Kleinen → Alster zwischen → Jungfernstieg und Schleusenbrücke. Sie entstanden 1842/1843 nach Plänen des Baumeisters Alexis de Chateauneuf im Rahmen der Neugestaltung des → Rathausmarktes und wurden 1949–1950 nach Veränderungen im späten 19. Jahrhundert und Schäden im Zweiten Weltkrieg in ihren ursprünglichen Formen wiederhergestellt. Unter dem mit einem Gußeisengeländer versehenen Bogengang, von dem sich ein reizvoller Blick über die Kleine Alster auf das → Rathaus bietet, geht man an den Schaufenstern vornehmer Ladengeschäfte vorüber. In der Silvesternacht 1989/1990 vernichtete ein Großbrand den Häusertrakt mit dem bekannten Vegetarischen Restaurant; er wird in altem Stil wiederaufgebaut.

Der Durchgang zum Neuen Wall in der Mitte der Alsterarkaden heißt Mellin-Passage.
Jenseits der Schleusenbrücke setzen sich die hier neu gestalteten Alsterarkaden als Ladenpassage entlang dem Alsterfleet fort. Unweit der Adolphsbrücke (auf einem Duckdalben die abstrakte "Schöne Hamburgerin", eine vergoldete Aluminiumstele von Hans Kock, 1984) führt ein Passagengang zum Neuen Wall und von dort zum Kaufmannshaus (vgl. S. 210). Im Zuge der Alsterarkaden verläuft der Alsterwanderweg (⟶ Alstertal).

Passagen (Fortsetzung)
Mellin-Passage

Landesbank-Galerie

⟶ Mönckebergstraße, Gerhart-Hauptmann-Platz

Patriotische Gesellschaft 25 23

Eine der traditionsreichsten Institutionen der Hansestadt ist die am 11. April 1765 gegründete 'Hamburgische Gesellschaft zur Beförderung der Künste und nützlichen Gewerbe' ('Patriotische Gesellschaft von 1765'). Diese gemeinnützige Einrichtung hat viele bedeutsame Errungenschaften des Kultur- und Wirtschaftslebens angeregt und durchgesetzt. Die Gründung der ersten Sparkasse überhaupt, der ersten deutschen Lebensversicherung und des ersten deutschen Seebades (Cuxhaven), die Einführung der ersten Briefkästen, die Einrichtung der Museen für Hamburgische Geschichte und für Kunst und Gewerbe sowie der Hamburger Öffentlichen Bücherhallen sind nur einige der vielfältigen Aktivitäten der Patriotischen Gesellschaft, die man im wahrsten Wortsinn als eine frühe Bürgerinitiative bezeichnen könnte (derzeit zehn Arbeitskreise).

Lage
Trostbrücke 4–6
HH 11

U-Bahn
Rathaus (U 3)

Bus
31, 35, 36,
102, 108, 109, 111

Das Gebäude der Patriotischen Gesellschaft an der Trostbrücke (⟶ Nikolaifleet) steht etwa an der Stelle des 1290 errichteten ⟶ Rathauses der Stadt Hamburg, das beim Großen Brand von 1842 zerstört worden ist. Es wurde 1844–1847 von Theodor Bülau erbaut und diente von 1859 bis 1897 der Hamburger Bürgerschaft (Stadtparlament) als Tagungsstätte. Der neugotische Backsteinbau ist 1923/1924 aufgestockt und nach schweren Schäden im Zweiten Weltkrieg teilweise vereinfacht wiederhergestellt worden.

Namensschild am Hause der Patriotischen Gesellschaft

Im Hause der Patriotischen Gesellschaft befinden sich das altbekannte Restaurant "Zum alten Rathaus" sowie das Stimmungslokal "Fleetenkieker" (⟶ Fleete; Eingang zu beiden Gaststätten Börsenbrücke Nr. 10).

*Peterstraße 24 24

Die Peterstraße zeigt sich nach aufwendigen Renovierungsarbeiten heute als ein dekorativ gestaltetes althamburgisches Architekturensemble, wobei die Nachbauten der Backstein- und Fachwerkhäuser allerdings umstritten sind, zumal sich hier früher das eher ärmliche 'Gängeviertel' der Neustadt befand. Kopfsteinpflaster in Verbindung mit den nostalgischen Hausfassaden atmen das Flair des vorigen Jahrhunderts. Sie dienen daher gelegentlich als Kulisse für Filme, die in früheren Zeiten spielen.
Die Nordseite der Peterstraße und die Ostseite der benachbarten Neanderstraße wurde mit modernen Wohnungen bebaut, denen originalgetreu nachgebaute Fassaden von Barockhäusern des 17. und 18. Jahrhunderts vorgesetzt wurden, die anderenorts gestanden hatten und dort zerstört wurden. Eine Ausnahme bildet das Doppelhaus Neanderstraße Nr. 22, dessen Original am Alten Steinweg (Nr. 51/53) noch als Torso erhalten ist und restauriert werden soll.
An der Straße 'Hütten' sind einige der ehemaligen Soldatenhäuser erneuert worden.

Verlauf
zwischen Holstenwall und Neanderstraße
HH 36

U-Bahn
St. Pauli (U 3)

Bus
36, 37, 112

Peterstraße (Fortsetzung)
Beylingstift

Besonders sehenswert ist das ehemalige Beylingstift an der Peterstraße (Nr. 35/37/39). Die um einen malerischen Innenhof gruppierten Fachwerkgebäude wurden 1751–1770 als Wohnhäuser erbaut und kamen 1824 in den Besitz von Johann Beyling, der sie 1899 als Altenwohnungen in eine Stiftung einbrachte. Ab 1965 wurde das Beylingstift in den historischen Formen restauriert und dient nach wie vor älteren Bürgern als Wohnstätte.

Johannes-Brahms-Gedenkräume
(Di. und Fr. 12.00–13.00, Do. 16.00–18.00)

Im ersten Stock des Hauses Peterstraße Nr. 39 befindet sich eine Erinnerungsstätte an den in diesem Stadtteil geborenen Komponisten Johannes Brahms (1833–1897; ⟶ Berühmte Persönlichkeiten). Sein Geburtshaus an der Speckstraße (Nr. 6) ist im Zweiten Weltkrieg (1943) zerstört worden; ein Gedenkstein steht nahebei an der Caffamacherreihe.
In den von der Johannes-Brahms-Gesellschaft eingerichteten Gedenkräumen werden Dokumente aus dem Leben und Schaffen des Komponisten gezeigt, darunter Originalpartituren mehrerer Musikwerke.

*Petrikirche · Hauptkirche St. Petri 26 24

Standort
im Stadtzentrum, zwischen Mönckebergstraße, Bergstraße, Speersort und Kreuslerstraße
HH 1

U-Bahn
Rathaus (U 3)

Bus
31, 35, 36, 37, 102, 108, 109

Eine Marktkirche am 'Berg' wird in Hamburg erstmals 1195 urkundlich genannt; der Name 'St. Petri' erscheint erst 1220. Damit gilt die Petrikirche als die älteste der Hamburger Stadtkirchen.
In der ersten Hälfte des 14. Jahrhunderts entstand der Neubau einer dreischiffigen Backsteinhallenkirche; um 1418 wurde ein zweites südliches Seitenschiff angebaut. Diese mittelalterliche Kirche fiel dem Großen Brand von 1842 zum Opfer. Den noch im gleichen Jahr vorbereiteten Wiederaufbau übertrug man den Architekten Alexis de Chatenauneuf und Hermann Peter Fersenfeldt. Auf dem alten Grundriß erbauten sie in den Jahren 1844–1849 die evangelische Hauptkirche St. Petri in neugotischen Formen, wie man sie im wesentlichen heute vor sich hat. Erst 1866 wurde die Wiederherstellung des Turmes in Angriff genommen; 1878 war der in Eisenkonstruktionen errichtete, kupfergedeckte Turmhelm vollendet (Gesamthöhe des Turmes: 132,50 m).
Der Zweite Weltkrieg hat dem Kirchengebäude nur verhältnismäßig geringe Schäden zugefügt; sie konnten bis 1959 behoben werden.

*Türzieher am Hauptportal

Eines der ältesten erhaltenen Kunstwerke Hamburgs ist der bronzene Türzieher mit Löwenkopf am linken Türflügel des Hauptportals. Die Umschrift belegt die Grundsteinlegung des Kirchturmes im Jahre 1342. Das Pendant am rechten Türflügel ist eine Nachbildung von 1849.
Das alte Südportal (Renaissance; von G. Baumann, 1604/1605) befindet sich im ⟶ Museum für Hamburgische Geschichte.

Kircheninneres
(Mo.–Fr. 9.00–18.00, Sa. 9.00–17.00, So. 9.00–12.00 und 13.00–17.00)

Zahlreiche beim Brand von 1842 gerettete Kunstwerke fanden in der neuen Kirche ihren Platz. Als Spolien aus dem sog. Schappendom, einem Nebengebäude vom 1806 abgebrochenen Mariendom (⟶ Hammaburg) wurden unter den Südemporen je zwei Granitsäulen eingefügt. Was an Mobiliar neu entstand, ist dem Stilcharakter der neugotischen Architektur bewußt angepaßt.
Die künstlerische Ausstattung im Kircheninnenraum (samt Turmhalle 58 m lang, 34 m breit, bis 20 m hoch) hat den Zweiten Weltkrieg größtenteils unbeschadet überstanden. Die ältesten Stücke sind die gotische Kanzelbekrönung von 1396, eine Sandsteinfigur des Apostels Paulus (um 1440/1450), ein Votivtafelbild des hl. Ansgar (vermutlich von dem Hamburger Maler Hans Bornemann, um 1460) aus dem einstigen Mariendom, eine sandsteinerne Schöne Madonna mit Kind (um 1470) aus dem Schrein des verlorenen Theobaldaltars, eine Holzstatue des hl. Ansgar (um 1480/1483; Bernt Notke bzw. seiner Werkstatt zugeschrieben), die Kreuzigungsgruppe am Hauptaltar (um 1490; hamburgische Arbeit) und der 1962 im Kunsthandel angekaufte Flügelaltar (um 1490/1500) in der Barbarakapelle.

Hauptkirche St. Petri – Blick von Süden ▶

Grundriß

Petrikirche **Hauptkirche St. Petri**

© Baedeker
10 m

1 Hauptportal (Turmportal); am linken Flügel Originaltürzieher mit Löwenkopf (nach 1342), am rechten Nachbildung (1849)
2 Tafelbild des hl. Ansgar (wohl von Hans Bornemann, um 1460)
3 Stehende Madonna mit Kind (lübische Sandsteinarbeit, um 1470)
4 Barbarakapelle (Altar um 1490/1500)
5 Altar: Kreuzigungsgruppe (hamburgische Holzschnitzerei, um 1490); dazugehörige Altarflügel an der Chorwand (Bemalung 15./16. Jh.)
6 Holzstatue des hl. Ansgar (wohl von Bernt Notke, um 1480/1483)
7 Kanzel (1849; Bekrönung um 1400)
8 Kirchenmodell

Petrikirche (Fortsetzung)

Im südlichen Seitenschiff steht ein Modell der Petrikirche im Zustand vor dem Großen Brand von 1842.
Das bedeutendste Kunstwerk der mittelalterlichen Petrikirche, der von Meister Bertram 1379 geschaffene Hauptaltar, war 1734 nach Grabow in Mecklenburg gekommen (daher auch 'Grabower Altar' genannt) und ist 1903 von Alfred Lichtwark für die Hamburger ⟶ Kunsthalle zurückgekauft worden.

Kirchenmusik

In der Petrikirche findet jeden Mittwoch um 17.15 Uhr eine 'Stunde der Kirchenmusik' statt; jeden ersten Samstag im Monat 18.00 Uhr Motette.

Bischofsburg

Unter dem St.-Petri-Gemeindehaus, an der Ecke Speersort und Kreuslerstraße, werden in einem Kellerschauraum die freigelegten Fundamente der ⟶ Bischofsburg gezeigt.

Pinneberg

Ausflugsziel

Lage
ca. 20 km nordwestlich vom Hamburger Stadtkern

S-Bahn
Halstenbek, Thesdorf (für Rellingen), Pinneberg (S 3, S 21)

Pinneberg (11 m ü.d.M., 36000 Einw.; div. Industrie, Rosenzucht) an der Pinnau, einem rechten Nebenflüßchen der ⟶ Elbe, bereits im 14. Jahrhundert entstanden und erst 1875 zur Stadt erhoben, ist heute der Verwaltungssitz des gleichnamigen, dichtbesiedelten (schleswig-)holsteinischen Kreises.
Nördlich vom Bahnhof liegt in einem kleinen Park anstelle der 1720 abgebrochenen Burg Pinneberg der Schauenburger Grafen die 'Drostei', 1756 als Sitz der sog. Landdrosten erbaut, welche die alte Herrschaft Pinneberg bis 1867 verwalteten (jetzt Katasteramt).
Nahebei steht der großzügige Neubau des Rathauses, im Süden erstreckt sich der Buchenwald 'Fahlt', an den sich ein schöner Rosengarten anschließt.

Pinneberg (Fortsetzung)

Bus
185, 195, 285, 394

Zufahrt
A 23 oder B 5

Rellingen

In dem für seine bedeutende Rosenzucht und Baumschulen bekannten östlichen Nachbarort Rellingen (12 m ü. d. M.; 15000 Einw.) ist bemerkenswert die 1754–1756 von dem dänischen Architekten Cai Dose erbaute und 1950 renovierte Kirche.
Der achteckige Zentralbau (Weite 28 m) aus Backstein mit Hausteinschmuck und hohen Fenstern wird von einer kupfergedeckten Laterne bekrönt. Der seitlich stehende Rundturm (58 m) mit spitzem, etwas schiefem Helm von 1703 stammt von der früheren Feldsteinkirche des 12. Jahrhunderts und bildet mit dem Hauptbau ein von alten Bäumen umrahmtes harmonisches Ganzes. Das Kircheninnere ist reich im Rokokostil verziert und hat doppelt umlaufende Emporen. Kanzel, Altar und Orgel sind zu einer prächtigen, von überall gut sichtbaren Schauwand vereinigt; daneben zwei Königslogen. In der Laterne, durch die das Hauptlicht einfällt, befinden sich acht Wandfresken mit Propheten und Evangelisten sowie die illusionistische Malerei "Engel, sich dem Auge Gottes zuwendend".

Halstenbek

Das an Rellingen im Süden anschließende Halstenbek ist Zentrum eines der größten Forstbaumschulgebiete der Erde (Bäume, Hecken- und Zierpflanzen; seit Mitte des 19. Jh.s).

*Planetarium **26** 29

Lage
im Stadtpark, Hindenburgstraße Ö 1
HH 60
(Winterhude)

Das Hamburger Planetarium wurde 1930 in der Kuppel des 1912–1914 von Fritz Schumacher in Backsteinbauweise 60 m hoch aufgeführten ehemaligen Wasserturmes im Stadtpark eingerichtet.

Im Zentrum des Kuppelraumes steht ein Zeiss-Projektor 'Modell VI' (eines der derzeit modernsten Planetariumsinstrumente), der einen naturgetreuen Sternenhimmel auf die Innenseite der Kuppel projiziert. Er kann die

Astronomische Ausstellung ...

... im Wasserturm

Planetarium (Fortsetzung)

U-Bahn
Borgweg (U 3), Hudtwalckerstraße (U 1)

Bus
108, 118, 179

Sterne aller Himmelssektoren und Zeiten, die Bewegungen der Gestirne wie Tages- und Jahresablauf, aber auch viele Raumfahrteffekte eindrucksvoll demonstrieren. Hunderte von Zusatzgeräten bereichern die Vorführungen mit Planetendarstellungen, Galaxien, Pulsaren, Panoramen, Nordlichtern oder Wolkenformationen.
Im Vorführungsraum finden 270 Besucher Platz, um die monatlich wechselnden Programme oder eine der vielen Sonderveranstaltungen zu verfolgen. Fernrohrbeobachtungen, Vorträge, Ausstellungen, Shows und Konzerte ergänzen das Angebot.

Astronomische Ausstellung

In Nebenräumen ist eine ständige astronomische Ausstellung zu sehen, die auf eine Stiftung des Hamburger Kulturhistorikers Aby Warburg (1866–1929) zurückgeht. Sie berichtet über die Geschichte der Himmelskunde, moderne Astronomie, Raumfahrt und die Geschichte des Planetariums. Gezeigt werden ferner ein als Schaustück aufbereitetes Planetariumsgerät, der größte Mondglobus, rund 80 Raumfahrtmodelle und einige Raritäten aus Antike und Mittelalter.

Astro-Shop

Im Astro-Shop der Gesellschaft für volkstümliche Astronomie (GvA) werden Bücher, Zeitschriften, Diapositive, Poster u.v.a. angeboten sowie fachliche Auskünfte erteilt.

Aussichtsplattform

Mit einem Fahrstuhl kann man zur Aussichtsplattform auf dem Wasserturm gelangen. Von dort bietet sich ein weiter Rundblick über das nördliche Hamburg.

Öffnungszeiten

Gegen eine Eintrittsgebühr sind alle Abteilungen des Planetariums und die Aussichtsplattform auf dem Turm montags, dienstags, donnerstags zwischen 10.00 und 15.00 Uhr, mittwochs zwischen 10.00 und 18.00 Uhr, freitags zwischen 10.00 und 20.00 Uhr sowie sonntags zwischen 10.00 und 16.00 zugänglich.

Vorführungen

Etwa einstündige Vorführungen finden mittwochs um 16.00 und um 18.00 Uhr, freitags um 18.00 Uhr sowie sonntags um 11.00, 14.30 und um 16.00 Uhr statt.

Vorträge

Einführungsvorträge werden freitags um 16.00 Uhr gehalten.

Sonnenbeobachtungen

Im Sommerhalbjahr kann man sonntags um 12.00 Uhr an sachkundig erklärten Sonnenbeobachtungen teilnehmen.

*Planten un Blomen

24/25 24/25

Lage
am Nordwestrand der Hamburger Neustadt

S-Bahn
Dammtor (S 11, S 21, S 31)

U-Bahn
Stephansplatz (U 1)
Messehallen (U 2)
St. Pauli (U 3)

Bus
35, 36, 102, 109, 111, 112

Um sich vor den Heimsuchungen des Dreißigjährigen Krieges zu schützen und seine Unabhängigkeit zu wahren, erweiterte und verstärkte Hamburg in der ersten Hälfte des 17. Jahrhunderts die Befestigungsanlagen rings um den damaligen Stadtkern. Teile dieser Festungswerke sind heute noch in den breiten Straßenzügen von Klosterwall, Steintorwall, Glockengießerwall, Esplanade, Gorch-Fock-Wall und Holstenwall zu erkennen.
Westlich der → Alster hat man die alten Wallanlagen gärtnerisch zu Parkarealen ausgestaltet, die unter den Bezeichnungen 'Planten un Blomen', 'Alter Botanischer Garten', 'Kleine Wallanlagen' und 'Große Wallanlagen' bekannt sind. Wenngleich diese vier Grünzonen durch verkehrsreiche Straßen voneinander getrennt werden, hat man sie als großen Freizeitbereich 1973 zunächst unter dem Namen 'Wallringpark' zusammengefaßt, 1986 aber den Namen 'Planten un Blomen' auf die Gesamtanlage übertragen, die umgrenzt wird von Rentzelstraße, Tiergartenstraße, Dag-Hammarskjöld-Platz, Dammtordamm, Gorch-Fock-Wall, Holstenwall, Millerntordamm, Glacischaussee (Heiligengeistfeld), Holstenglacis, Bei den Kirchhöfen und Jungiusstraße.
Das durch etliche Wasserflächen (z.T. die Reste alter Festungsgräben) aufgelockerte Parkareal erstreckt sich in großen Zügen zwischen dem mächtigen → Congress Centrum Hamburg in der Nähe vom → Dammtorbahnhof und dem Gebäudekomplex des → Museums für Hamburgische

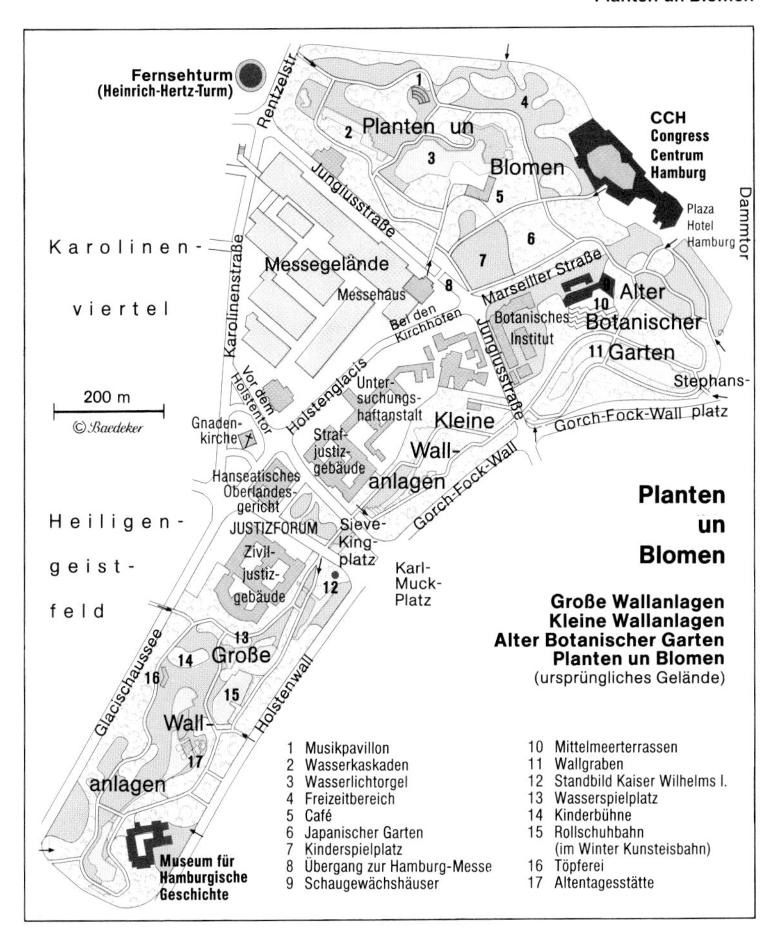

Geschichte unweit vom Millerntor. Südwestlich vom eigentlichen 'Planten un Blomen' und nördlich der Kleinen Wallanlagen – jenseits des Justizforums am ⟶ Sievekingplatz – erstreckt sich bis zum ⟶ Fernsehturm das ⟶ Messegelände.

***Planten un Blomen**

Der weit über die Grenzen der Hansestadt hinaus bekannte Gartenpark 'Planten un Blomen' (sprich 'Planten un Blóumen' = plattdeutsch für 'Pflanzen und Blumen') ist Hamburgs beliebteste Grünanlage. Hier – im Bereich zwischen Rentzelstraße, Tiergartenstraße, Dammtor, Marseiller Straße und Jungiusstraße – hatte von 1863 bis 1930 Hamburgs erster zoologischer Garten (anfänglich unter der Leitung des berühmten Zoologen Alfred Brehm) bestanden. Zur Niederdeutschen Gartenschau 'Planten un Blomen' des Jahres 1935 wurde das Gelände dann von Karl Plomin zu einem großen Gartenpark umgestaltet. In den Jahren 1953, 1963 und 1973 fanden hier die Internationalen Gartenbauausstellungen (IGA) statt.

Erholungs- und Freizeitpark

Blumenrabatten

Japanischer Garten

Planten un Blomen (Fortsetzung)

Zu den Anziehungspunkten des von allen Seiten zugänglichen Parkes gehören neben vielen schönen Blumenbeeten und Pflanzenrabatten eine Wasserlichtorgel (im Sommer allabendlich um 22.00, im September um 21.00 Uhr; ohne Lichteffekte auch um 14.00, 16.00 und 18.00 Uhr) im Großen Parksee, Wasserkaskaden, mehrere Wasser- und Tropengärten, verschiedene Freizeiteinrichtungen für jung und alt sowie mehrere Gaststätten. In einem Pavillon finden im Sommer fast täglich Musikveranstaltungen statt.

*Wasserorgel

Die neueste Attraktion ist ein kunstvoll angelegter japanischer Garten im südlichen Parkbereich, den der japanische Landschaftsarchitekt Joshikuni Araki konzipiert hat: Große Steine (aus dem Fichtelgebirge) sind so angeordnet, daß sie den Eindruck erwecken, als lägen sie schon immer dort. Aus einer Quelle am höchsten Punkt des Gartens kommen zwei Wasserläufe, der eine fließt zwischen Felswänden über flache Steinstufen, der andere ergießt sich als vierstöckige Kaskade über große Felsblöcke; alle Wasser münden in einen stillen Teich, an dessen Ufer ein japanisches Teehaus zum beschaulichen Sitzen einlädt.

*Japanischer Garten

Den nordöstlichen Abschluß bildet das → Congress Center Hamburg am Dag-Hammarskjöld-Platz (darunter im Tunnel die Marseiller Straße), an der Nordspitze steht jenseits der Rentzelstraße (Fußgängerbrücke) der → Fernsehturm, und nach Südwesten schließt jenseits der Jungiusstraße (Fußgängersteg) das → Messegelände an.

Alter Botanischer Garten

An 'Planten un Blomen' grenzt im Südosten, jenseits der eingesenkten Marseiller Straße, der Alte Botanische Garten (→ Botanische Gärten) mit Schaugewächshäusern, Warenkundlicher Schausammlung, Mittelmeerterrassen, Alpinum, verschiedenen Sondergärten (u. a. ein japanischer) rings um den Alten Stadtgraben, zwei Cafés und einem Erfrischungskiosk.

Kleine Wallanlagen

Die Kleinen Wallanlagen liegen zwischen Jungiusstraße, Gorch-Fock-Wall und → Sievekingplatz sowie den großen Justizgebäuden am Holstenglacis. Hier befinden sich u. a. ein Kinderspielplatz, ein Sumpfpflanzengarten und Wassertreppen.

Große Wallanlagen

In den von Holstenwall, Millerntordamm, Glacischaussee (Fußgängerbrücke zum → Heiligengeistfeld) und → Sievekingplatz umgrenzten Großen Wallanlagen gibt es wiederum eine Reihe von Spezialgärten), aber auch Freizeiteinrichtungen wie Wasserspielplatz, Kinderbühne, Rollschuhbahn (im Winter Kunsteisbahn) und Töpferei, ferner eine Altentagesstätte. Die Nordspitze der Großen Wallanlagen nimmt das raumgreifende Ziviljustizgebäude ein, in der Nordostecke dieses Parkteiles steht das 1929 vom → Rathausmarkt hierher versetzte Reiterstandbild Kaiser Wilhelms I. (→ Sievekingplatz), ganz im Süden liegt das → Museum für Hamburgische Geschichte.

Pöseldorf 25/26 25/26

Lage
im Stadtteil Harvestehude, 2–3 km nördlich vom Hamburger Stadtkern

U-Bahn
Hallerstraße (U 1)

Bus
109, 115

Allen Unkenrufen zum Trotz ist Pöseldorf noch immer 'in'! Der Name kam im frühen 19. Jahrhundert auf und leitet sich vermutlich von 'pöseln' (mundartlich für 'werkeln') ab. Er bezeichnet einen nichtamtlichen Bereich im Osten des vornehmen Stadtteils Harvestehude, etwa umgrenzt vom Harvestehuder Weg mit seinen Prachtvillen und dem schönen Alsterpark (→ Alster) im Osten, vom geschäftigen Mittelweg im Westen sowie von Klosterstieg und Pöseldorfer Weg im Norden und Badestraße im Süden, wobei die Milchstraße eine zentrale Querachse und die Magdalenenstraße eine Längsachse bilden.

Nachdem hier ursprünglich eher einfache Leute gewohnt haben, die vielfach für die großbürgerlichen Anwesen an der Alster arbeiteten, ist Pöseldorf heute eine schicke und teure Wohngegend, wo sich besonders jün-

Pöseldorfer ...

... Ansichten

Pöseldorf (Fortsetzung)

gere Leute wohlfühlen. Zudem findet man hier exklusive Boutiquen (etwa jene der Hamburger Modemacherin Jil Sander, Milchstraße Nr. 8), Antiquitätengeschäfte, Kunstgalerien, Spezialitäten- und Delikatessenläden (z.B. J.W.M. Broders, Mittelweg Nr. 172), aber auch Restaurants, Bars, Diskotheken und Kneipen, in denen immer etwas los ist.

Seine gemütliche Atmosphäre verdankt Pöseldorf nicht zuletzt der Initiative des Hamburger Architekten und Kunsthändlers Eduard Brinkama († 1978), der auch den nostalgischen 'Pöseldorfer Markt' unter Verwendung mehrerer alter Fachwerkhäuser (ehemals Ställe und Remisen) gestaltet hat.

Theater im Zimmer

Erwähnt sei in Pöseldorf auch das kleine Theater im Zimmer, das in einem klassizistischen Landhaus an der Alsterchaussee (Nr. 30) spielt und dessen Zuschauerraum nur wenig mehr als einhundert Personen faßt.

Spielbank

Am Südrand von Pöseldorf liegt das Hotel "Inter-Continental" (Fontenay Nr. 10) mit der 'Spielbank Hamburg' im Penthouse (Zugang von der Badestraße).

*Postmuseum

25 24/25

Lage
Stephansplatz 5
HH 36

S-Bahn
Dammtor
(S 11, S 21, S 31)

Der Hamburger Stephansplatz ist eine verkehrsreiche Stelle am Nordrand der inneren Stadt, wo Dammtorstraße, Dammtordamm, Esplanade und Gorch-Fock-Wall konvergieren.
Er wurde benannt nach Heinrich von Stephan (1831–1897), dem Organisator des deutschen Postwesens (ab 1870 Generalpostmeister), der u.a. die Postkarte und den Fernsprecher eingeführt sowie 1874 den Weltpostverein gegründet hat.

Postgebäude am Stephansplatz

Das imposante, turmgeschmückte und von einem vergoldeten Merkur bekrönte Postgebäude (von 1866) am Stephansplatz (Ecke Gorch-Fock-Wall), früher Sitz der Oberpostdirektion Hamburg (jetzt am Überseering in der ⟶ City Nord), heute Postamt 36, hat im dritten Stock seines Nordturmes das besuchenswerte Postmuseum aufgenommen. Es zeigt die Entwicklung des Hamburger Postwesens von den mittelalterlichen Fußposten der Kaufmannschaft über die 1616 eingerichtete Thurn-und-Taxis-Post bis zu den Länderposten in Hamburg, die erst 1868 von der Post des Norddeutschen Bundes übernommen wurden.

U-Bahn
Stephansplatz (U 1)

Bus
36, 102, 109, 112

Öffnungszeiten
Di., Mi. und Fr. 10.00–15.00, Do. 10.00–18.00

Die höchst interessante Schausammlung enthält Posthausschilder, Modelle von Postwagen, Uniformen, Schriftstücke und Urkunden, Originalbriefe, Straßenbahnbriefkästen, Erinnerungen an die für Hamburgs so wichtige Schiffspost und vieles andere. An einem historischen Postschalter wird die Abfertigung um 1900 demonstriert.

Die Abteilung für Fernmeldewesen zeigt die Entwicklung vom optischen Telegraphen Hamburg – Cuxhaven über Morsetelegraphen und Fernschreiber bis zur modernen Glasfasertechnik und zum Digitaltelefon. Zu den Exponaten gehört u.a. eine funktionsfähige 'Schiffsfunkerbude' und das Modell der Küstenfunkstation Norddeich (mit Tonbandaufzeichnung eines Schiffsnotrufes "Mayday ... Mayday").

Von der Turmstube bietet sich eine umfassende Aussicht über Hamburg.

Postamt 36

Bemerkenswert ist die nostalgisch wiederhergerichtete Schalterhalle des im gleichen Gebäude untergebrachten Hamburger Postamtes 36 (Stephansplatz Nr. 3).
Sie wurde anläßlich des 1984 in Hamburg abgehaltenen Weltpostkongresses unter Einbeziehung wesentlicher Elemente der historischen Ausstattung des 19. Jahrhunderts neu gestaltet.

Rahlstedt (Stadtteil) 36/37 29/30

Lage
ca. 12 km nordöstlich vom Hamburger Stadtkern

S-Bahn
Rahlstedt (S 4)

Bus
E 62, 162, 164, 168, 175, 264, 275, 364

Zufahrt
B 75 und B 435

Rahlstedt, früher Alt-Rahlstedt, zu beiden Seiten des Flüßchens Wandse (⟶ Wandsbek) gelegen und seit 1937 zu Hamburg eingemeindet, ist ein Wohnvorort, der in den letzten Jahrzehnten durch starke Bautätigkeit außerordentlich gewachsen ist.
Die am Fluß stehende Dorfkirche von Alt-Rahlstedt ist ein schmaler Feldsteinbau des 14. Jahrhunderts (urspr. Taufkapelle bereits von 1148) mit einer Sternendecke im Inneren. Von der reichen Ausstattung seien genannt eine romanische Altarplatte mit drei Bischofskreuzen, die Kanzel von 1634, der Altar von 1695, Reste von Glasfenstern mit Stifterwappen, eine Glocke von 1494, ein gotischer Kruzifixus, zwei Apostelfiguren (15. Jh.) und vier schöne Fenster von Ina Hoßfeld.
Auf dem Friedhof, unweit südöstlich der Kirche, ruht der Dichter Detlev Freiherr von Liliencron (1844–1909; ⟶ Berühmte Persönlichkeiten), der zuletzt in Alt-Rahlstedt gewohnt hat; sein Denkmal steht im Liliencronpark an der Wandse.

**Rathaus 25 24

Lage
im Stadtzentrum, am Rathausmarkt HH 1

S-Bahn
Jungfernstieg (S 1, S 2, S 3)

Das mächtige Hamburger Rathaus ist kein alter, historischer Bau, sondern entstand erst gegen Ende des 19. Jahrhunderts im Stil der nordischen Renaissance. Es ist das Werk von sieben Architekten unter Führung von Martin Haller. Am Dekor der Fassaden und an der reichhaltigen Ausstattung des Inneren waren Künstler aus ganz Deutschland beteiligt. In dem eindrucksvollen Repräsentationsbau manifestiert sich das Traditionsbewußtsein der Freien und Hansestadt Hamburg. Das Rathaus ist der Sitz des Senates (Landesregierung) und der Bürgerschaft (Landesparlament);

Rathaus der Freien und Hansestadt Hamburg

Grundriß

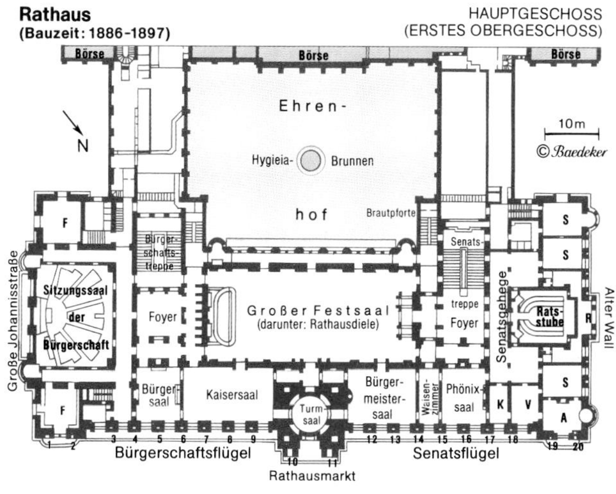

A Amtszimmer des Bürgermeisters
F Fraktionsräume
K Konferenzzimmer
R Ratslaube
S Sitzungsräume
V Vorzimmer des Bürgermeisters

KAISERSTATUEN AN DER HAUPTFASSADE

1 Lothar III. von Sachsen (1125 - 1137)
2 Heinrich III. (1039 - 1056)
3 Konrad II. (1024 - 1039)
4 Otto II. (973 - 983)
5 Otto der Große (936 - 973)
6 Heinrich I. (919 - 936)
7 Konrad I. (911 - 918)
8 Ludwig der Deutsche (843 - 876)
9 Ludwig der Fromme (814 - 840)
10 Karl der Große (768 - 814)
11 Friedrich I. Barbarossa (1152 - 1190)
12 Heinrich VI. (1190 - 1197)
13 Friedrich II. (1212 - 1250)
14 Rudolf von Habsburg (1273 - 1291)
15 Karl IV. (1346 - 1378)
16 Maximilian I. (1493 - 1519)
17 Karl V. (1519 - 1556)
18 Maximilian II. (1564 - 1576)
19 Joseph II. (1765 - 1790)
20 Franz II. (1792 - 1806)

außerdem befinden sich hier die Amtsräume des Ersten Bürgermeisters, die Fraktionsräume der Parteien und eine Reihe prächtig ausgestatteter Repräsentationsräume. Insgesamt soll es im Rathaus 647 Räume geben.

U-Bahn
Rathaus (U 3), Jungfernstieg (U 1, U 2)

Bus
31, 36, 37, 102, 108, 109

Das heutige Rathaus ist das sechste. Vom ersten und zweiten ist nicht viel mehr bekannt, als daß es sie gleichzeitig gab. Kurz nach der Gründung der Neustadt am Alsterhafen bei St. Nikolai im Jahre 1189 wird man wohl auch das erste Rathaus gebaut haben. Es war ein bescheidener Steinbau auf dem heutigen Hopfenmarkt (⟶ Nikolaikirchturm). Danach hat man auch in der erzbischöflichen Altstadt, am Nordrand des Alten Fischmarktes, ein Rathaus errichtet.

Rathausgeschichte

Im Jahre 1216 taten sich beide Städte zusammen, und an der Ecke Dornbusch und Kleine Johannisstraße wurde das dritte Hamburger Rathaus gebaut. Es bestand praktisch nur aus einer schmalen Halle, die man durch einen Laubenaufgang erreichte, und fiel 1284 einem Stadtbrand zum Opfer. Das vierte Rathaus entstand dann am Neß und an der Trostbrücke, wo heute das Gebäude der ⟶ Patriotischen Gesellschaft steht. Es war ein idealer Platz am Übergang zwischen Altstadt und Neustadt. Wieder baute man einen Saalbau mit Laube, diesmal jedoch in beachtlicheren Dimensionen (26 × 18 m). Um das Rathaus gruppierten sich Niedergericht, Kran, Waage und Zollhaus zum Zentrum der Handelsstadt. Dieser Bau wurde das eigentliche historische Rathaus; denn es sollte mehr als fünf Jahrhunderte lang seinen Zweck erfüllen, wenn auch in immer wieder veränderter und erweiterter Form.
In der Nacht vom 5. auf den 6. Mai 1842, als der Große Brand schon 24 Stunden gewütet hatte, beschloß der Rat, das inzwischen baufällig gewor-

Rathausgeschichte (Fortsetzung)

dene Rathaus zu sprengen, um das Feuer an der weiteren Ausbreitung zu hindern. Schon am Tage nach dem Ende des vierten Rathauses war ein fünftes zwar nicht gebaut, aber doch gefunden: Im Waisenhaus an der Admiralitätsstraße quartierte sich der Senat notdürftig ein; das Provisorium sollte 55 Jahre dauern! Die Bürgerschaft tagte zunächst in der Kirche des Waisenhauses, ab 1859 im neuen Gebäude der → Patriotischen Gesellschaft, das an der Stelle des Alten Rathauses entstanden war.
Nach langjährigen Diskussionen um den zukünftigen Standort und das Aussehen eines neuen Rathauses sowie zwei internationalen Wettbewerben wurde am 6. Mai 1886 feierlich der Grundstein für das sechste Hamburger Rathaus gelegt. Dem von Martin Haller gegründeten Rathausmeisterbund gehörten außer ihm selbst die Architekten Johannes Grotjan, Bernhard Hanssen, Wilhelm Hauers, Emil Meerwein, Hugo Stammann und Gustav Zinnow an.
Am 6. Mai 1892 war Richtfest, und am 26. Oktober 1897 wurde das heutige Rathaus unter großer Anteilnahme der Bevölkerung eingeweiht (Gesamtbaukosten: ca. 11 Mio. Goldmark). Wie durch ein Wunder hat es die verheerenden Luftbombardements des Zweiten Weltkrieges ohne wesentliche Beschädigungen überstanden.

Äußeres

Die lateinische Inschrift über dem Portal lautet: 'Libertatem quam peperere maiores digne studeat servare posteritas' (= Die Freiheit, welche die Vorfahren erworben haben, möge die Nachwelt zu erhalten trachten).

Wegen des morastigen Untergrundes der Alstermarsch ruht der Rathausneubau auf 4000 in den Boden gerammten Holzpfählen. Der monumentale viergeschossige Breitbau mit kupfernen Satteldächern hat die Ausmaße von 111×70 m; der beherrschende Mittelturm ragt 112 m in die Höhe.
Die Schauseite am → Rathausmarkt weist reichen Figurenschmuck auf (u.a. zwischen den Hauptgeschoßfenstern Bronzestatuen etlicher deutscher Kaiser; vgl. S. 223).
Auf der Rückseite des Rathauses stellen zwei relativ schmale Flügeltrakte die Verbindung zum Gebäude der → Börse her.
Im Innenhof (Ehrenhof), wo zuweilen Rathauskonzerte veranstaltet werden, steht ein großer Schalenbrunnen mit allegorischen Bronzefiguren (ganz oben "Hygieia", die Verkörperung der Gesundheit und des reinen Wassers; Abb. s. S. 19), der an die verheerende Cholera-Epidemie des Jahres 1892 erinnert (in 71 Tagen 8605 Todesopfer).

Rathausinneres
(Führungen alle 30 Min.: Mo.–Fr. 10.00–15.00, Sa. und So. 10.00–13.00; Gebühr)

Durch ein schmiedeeisernes Tor betritt man die große Rathausdiele (Ausgangspunkt der Rathausführungen; häufig Ausstellungen), deren Sterngewölbe 16 schwere Sandsteinsäulen mit 68 Medaillonporträts verdienter Hamburger tragen. Rechts bildet ein schmiedeeisernes Tor mit zierlicher ornamentaler Umrahmung zwischen zwei Wappenlöwen den Eingang in den Senatsflügel, links führen Treppen zum Ratsweinkeller (s. nachstehend) und zum Bürgerschaftsflügel.
Das Treppenhaus ist aus sardischem Marmor, elf Wandgemälde stellen den Lebensweg des Bürgers dar; im anschließenden Foyer Bilder des Hafens und des Hauses der Patriotischen Gesellschaft.
Der Sitzungssaal der Bürgerschaft enthält 120 ansteigende Sitze; ihnen gegenüber die Sitze des Präsidiums, der Schriftführer und des Senates; seitlich die Logen für Gäste, an der Rückwand die Galerie für Presse und Publikum; Zutrittskarten für die gewöhnlich alle zwei Wochen mittwochs um 16.00 Uhr beginnenden Sitzungen sind jeweils drei Tage vorher in der Rathausdiele und in den Fraktionsgeschäftszimmern erhältlich.

Repräsentationsräume

An der Rathausmarktseite liegen die gediegenen Repräsentationsräume: Der 'Bürgersaal' ist der Empfangssaal des Präsidenten der Bürgerschaft; über dem Kamin das Gemälde "Binnenhafen mit Baumhaus" von Valentin Ruths.
Der Kaisersaal dient Empfängen und Sitzungen. Das Deckengemälde "Triumph der deutschen Flagge" schuf Arthur Fitger; daneben die beiden Allegorien "Astronomie" und "Geographie", seitlich Allegorien deutscher Seestädte; intarsierte Türen.
Im 'Turmsaal' ('Saal der Republiken'), einem Kuppelraum hinter dem Turmbalkon, finden der Neujahrsempfang sowie andere Empfänge des Bürger-

Spitze des Rathausturmes

Kamin im Bürgermeisteramtszimmer

Festsaal

Rathausinneres, Repräsentationsräume (Fortsetzung)

meisters statt. Die Wandgemälde zeigen die vier ältesten Stadtrepubliken – Athen, Rom, Venedig und Amsterdam. Die Büste des deutschen Reichspräsidenten Friedrich Ebert schuf Georg Kolbe.

Der 'Bürgermeistersaal' mit schwarzem italienischem Marmor, Mahagonimöbeln und Ledertapeten ist ein Empfangsraum des Senates. Auf dem Kamin die Bronzebüste "Klio" mit dem Buch der Geschäfte; Marmorbüsten von sechs Bürgermeistern, großes Gruppenbild von Hugo Vogel "Einzug des Senats in das Rathaus 1897" (die altspanische Amtstracht wurde erst 1918 abgeschafft).

Im 'Waisenzimmer' von 80 Hamburger Waisenkindern in fünfjähriger Arbeit geschnitzte Kerbschnittornamentik, 15 Wandgemälde mit Motiven aus dem Hamburger Landgebiet und Vierländer Stühle.
Der 'Phönixsaal' heißt nach dem Phönix über dem Kamin, der den raschen Aufstieg Hamburgs nach dem Großen Brand von 1842 symbolisieren soll. Ein kleiner Stadtplan (Holzintarsie) zeigt den Umfang der damaligen Stadt und Bilder verschwundener Bauten. Gemälde "Die Stadtgöttin Hammonia 1842" (von A. Fitger), "Die Hamburger Ratsstube um 1860" (von Chr. Magnussen) und ein Bild vom Brand der Katharinenkirche 1943. Die Bronzebüste des Simón Bolívar stifteten 1926 sechs südamerikanische Staaten.

Im Kleinen Konferenzzimmer sieht man Bildnisse von Bürgermeistern und Senatoren aus dem 17. und 18. Jahrhundert.
Im Bürgermeistervorzimmer hängen Gemälde von Bürgermeistern nach 1900 (u. a. Carl Petersen von Max Liebermann).

Im Bürgermeisteramtszimmer liegt für offizielle Besucher das 'Goldene Buch' der Stadt aus (erste Eintragung durch Otto v. Bismarck, 1897). Kamin mit Bronzebüste des Bürgermeisters C. F. Petersen und Bronzetafeln mit Namen und Wappen aller Bürgermeister von 1264 bis 1912; Schiffsmodell der ersten "Wappen von Hamburg".

An der Rathausseite zum Alten Wall liegt die 'Ratsstube', in welcher der Senat jeden Dienstag in geheimer Sitzung tagt; darin geschnitzte Täfelung und Ledertapeten, eicherner Baldachin über und reich bestickter Wandteppich hinter den Bürgermeistersesseln.
Das 'Senatsgehege' ist durch bronzene Gittertürme vom Treppenhaus abgeteilt. Am Eingang zwei Marmorstatuen ("Gnade" und "Gerechtigkeit", von A. Vogel).
Der reich mit Marmor und Bronze ausgestattete Festsaal ist 15 m hoch, 47 m lang und 18 m breit. Fünf Kolossalgemälde von Hugo Vogel (1909) stellen die Stadtentwicklung dar: Urlandschaft, die ersten Siedler, Heidenbekehrung, Handel und Schiffahrt im Mittelalter, der Hafen in neuerer Zeit. Unter dem Hafenbild befindet sich die Senatsestrade, in der Mitte ein Marmorportal mit Bronzestatuen der Bürgertugenden, im Sims die Wappen der ehemaligen Hansestädte. Hier findet alljährlich am 24. Februar die traditionelle 'Matthiae-Mahlzeit' für etwa 300 geladene Ehrengäste statt.

Ratsweinkeller

An die Ratsweinkeller der Vergangenheit erinnert heute nur noch der becherschwingende Bacchus, eigentlich ein Silen, im Eingang von der Großen Johannisstraße. Die überlebensgroße Figur stammt von dem schwedischen Bildhauer Johann Wilhelm Manstaedt, der sie 1771 für das seinerzeit stadtbekannte Eimbecksche Haus (ein Wirtshaus, wo man Einbecker Bier ausschenkte) geschaffen hatte, das im Großen Brand von 1842 unterging. Der heutige Ratsweinkeller (gutbürgerliches Restaurant) umfaßt den Schankkeller mit mehreren Schiffsmodellen, den Grundsteinkeller mit dem Rathausgrundstein (Inschrift: 'VI MAI MDCCCLXXXVI' = 6. 5. 1886), den Remter, der mit Illustrationen zu Studentenliedern von Arthur Fitger ausgeschmückt ist, und einen 'Rose' genannten Kuppelraum mit Blumenbildern des Hamburger Malers Paul Duyffcke (im Vorraum ein großes Gruppenbild der sieben Rathausbaumeister, von 1896).

Ratsstube im Rathaus

Freitreppe am Rathausmarkt

* Rathausmarkt 25 24

Der Rathausmarkt vor dem → Rathaus bildet den Mittelpunkt der Hamburger Innenstadt. Nach Nordwesten öffnet sich der repräsentative Platz auf die malerische Kleine → Alster mit den Alsterarkaden (→ Passagen); auf den übrigen Seiten ist er von großen Geschäftshäusern umgeben.

Der Rathausmarkt wurde nach dem Großen Brand von 1842 im Bereich des bereits vorher abgebrochenen mittelalterlichen St.-Johannis-Klosters angelegt. Vor dem Bau des heutigen Rathauses beherrschten großzügige Grünanlagen bis hin zum Börsengebäude den zukünftigen Rathausplatz, bei dessen Gestaltung der Baumeister Alexis de Chateauneuf eine Art 'hanseatischen Markusplatz' nach venezianischem Vorbilde schaffen wollte.
Im Beisein Kaiser Wilhelms II. wurde 1903 mit viel Pomp ein monumentales bronzenes Reiterstandbild Kaiser Wilhelms I. (von J. Schilling) auf dem Rathausmarkt enthüllt, das man bei der Umgestaltung des Platzes 1929 an den → Sievekingplatz versetzte.

Im Juni 1919 wurde der Rathausmarkt zum Schauplatz blutiger Unruhen, als Spartakisten einen Putschversuch unternahmen, den Regierungstruppen unter General Lettow-Vorbeck niederschlagen konnten.

Vom Bombenhagel des Zweiten Weltkrieges, der auch in der Hamburger Innenstadt schwerste Schäden anrichtete, blieben Rathaus und Rathausmarkt wie durch ein Wunder fast gänzlich verschont. Bei Kriegsende diente der Platz den britischen Besatzungstruppen als Sammelstelle für Militärfahrzeuge.
In den Morgenstunden des 17. Feburar 1962 erreichte das Hochwasser der Großen Flut am Rathausmarkt seinen Höchststand.

Lage
im Stadtzentrum, zwischen Mönckebergstraße und Kleiner Alster
HH 1

S-Bahn
Jungfernstieg
(S 1, S 2, S 3)

U-Bahn
Rathaus (U 3)
Jungfernstieg
(U 1, U 2)

Bus
31, 36, 37,
102, 108, 109

Gläserne Galerien an der Nordostseite

Heine-Denkmal an der Südostseite

Fußgängerbereich

Im Mai 1982 wurde der von der Architektengruppe Timm Ohrt und Partner als 'Drehscheibe für den innerstädtischen Fußgängerverkehr' neu gestaltete Rathausmarkt der Öffentlichkeit übergeben.
Als markantes neues Element belebt nun eine von Bäumen gesäumte Reihe glasüberwölbter Bushaltestellen den weiten Platz, auf dem seitlich vor dem Rathaus je ein großer Fahnenmast mit vergoldeten Schiffen an der Spitze steht.

Heine-Denkmal

An der südöstlichen Schmalseite des Rathausmarktes ist nach langen Diskussionen 1982 ein neues Denkmal für den deutschen Dichter Heinrich Heine (⟶ Berühmte Persönlichkeiten) errichtet worden. Es wurde von Waldemar Otto nach dem Vorbild des einstigen Heine-Denkmals von Hugo Lederer (1926–1933 im Stadtpark) gestaltet.

Telemann-Gedenkplatte

Links vor dem Haupteingang des Rathauses ist in das Platzpflaster eingelassen eine Intarsie aus Bronze und Blei in Granit (von W. Bunz, 1985) zum Gedenken an den aus Magdeburg stammenden Komponisten Georg Philipp Telemann (1681–1767), der 46 Jahre lang das Hamburger Musikleben bestimmt hat und der auf dem hier bis 1841 befindlichen Friedhof des einstigen St.-Johannis-Klosters begraben wurde.

Ehrenmal

An der nordwestlichen Seite des Rathausmarktes, wo sich die zum Wasser der von Schwänen bevölkerten Kleinen ⟶ Alster hinabführenden breiten Stufen des Reesendammes der Schleusenbrücke nähern, steht am Fuße einer viertelrunden Wassertreppe (von 1846) das Ehrenmal für die Gefallenen des Ersten Weltkrieges, eine 12,50 m hohe werksteinverkleidete Stele, die hier 1932 nach einem Entwurf von Claus Hoffmann errichtet wurde. Auf der einen Seite trägt sie ein ursprünglich von Ernst Barlach geschaffenes Relief (Trauernde mit Kind; nach Zerstörung durch die Nationalsozialisten von F. Bursch 1949 rekonstruiert), auf der anderen die Inschrift: "Vierzigtausend Söhne der Stadt ließen ihr Leben für euch 1914–1918".

Der Rathausmarkt ist auch Schauplatz von Veranstaltungen aller Art, von denen besonders das "Stuttgarter Weindorf in Hamburg" (alljährlich im Juli) und das "Alstervergnügen" (alljährlich im August/September) hervorzuheben sind.

Rathausmarkt (Fortsetzung)
Veranstaltungen

*Reeperbahn

23/24 24

Quer durch das weltbekannte Vergnügungsviertel von ⟶ St. Pauli verläuft zwischen Millerntor im Osten und Nobistor im Westen die nicht minder berühmte Reeperbahn, eine etwa 600 m lange, besonders im östlichen Abschnitt platzartig erweiterte Durchgangsstraße, wo einst die Seiler Schiffstaue (niederdeutsch 'Reep' = Tau, Seil) drehten. Seit dem frühen 19. Jahrhundert hat sich hier auf St. Pauli, wo es schon zuvor am 'Hamburger Berg' volkstümliche Schaustellungen gegeben hatte, ein Amüsierviertel entwickelt, das auf der Erde seinesgleichen sucht (Schlager: "Auf der Reeperbahn nachts um halb eins ...").

Verlauf
im Stadtteil
St. Pauli
HH 36

S-Bahn
Reeperbahn
(S 1, S 2, S 3)

U-Bahn
St. Pauli (U 3)

Bus
36, 37, 112

Am Beginn der leicht bergab führenden Reeperbahn steht vor dem Millerntorhochhaus der "Hamburg-Baum", eine große Eichenholzskulptur (von W. Gerthagen und F. Vollert, 1980; Abb. s. S. 19).

Die Südseite der Reeperbahn heißt bis zur Einmündung der Davidstraße Spielbudenplatz, der sein ursprüngliches Gesicht wiedererhalten soll.

Spielbudenplatz

Am Anfang (Nr. 1) steht das bekannte Operettenhaus, in dem seit 1986 ununterbrochen das Musical "CATS" gespielt wird.

Operettenhaus

Anschließend (Nr. 3) liegt das Panoptikum (Mo.–Fr. 11.00–21.00, Sa. 11.00–23.00, So. 10.00–21.00 Uhr; Eintrittsgebühr), welches seit 1979

Panoptikum

Spielkasino an der Reeperbahn

Spielbudenplatz, Panoptikum (Fortsetzung)

'Die Welt in Wachs' zeigt und in bescheidenem Rahmen mit den berühmten Wachsfigurenkabinetten in London und Paris wetteifert. Von seinen einst 280, in den Bombennächten des Zweiten Weltkrieges zerschmolzenen Größen der Weltgeschichte sind etwa einhundert wiederhergerichtet.

Lokale

Schmidt

Weiterhin folgen die Rock-Diskothek "after shave" (Nr. 7), das Stimmungslokal "Das Herz von St. Pauli" (Nr. 9), die Etablissements "Docks" (Nr. 19; Programmkino und Veranstaltungsort für Rockkonzerte) und "Schmidt" (Nr. 24); plüschiges Boulevardtheater, Kneipe und Varieté in einem.

Schmidts Tivoli

St.-Pauli-Museum

In der ersten Etage des Hauses Spielbudenplatz Nr. 27, wo sich einst der Bierpalast "Zillertal" befand und sich nun der Musentempel "Schmidt's Tivoli" etabliert hat, ist am 100. Geburtstag des Schauspielers Hans Albers (⟶ Berühmte Persönlichkeiten) das St.-Pauli-Museum eröffnet worden (Eingang von der Kastanienallee: Di.–Do. 12.00–22.00, Fr. und Sa. 12.00 bis 24.00, So. 10.00–20.00 Uhr.; Eintrittsgebühr), welches anhand von Fotografien, Dokumenten und Exponaten über die Geschichte, die vielfältigen Facetten, aber auch aktuelle Probleme des Viertels berichtet (u.a. Leben, Arbeit und Wohnen; Kiez und Prostitution; Lokale, Varieté, Musik, Film; Klischees und Vorurteile; Ausstellungen, Aktionen; Archiv).

St.-Pauli-Theater

Am Spielbudenplatz Nr. 29 befindet sich das bereits 1841 gegründete St.-Pauli-Theater (Volksstücke, auch in Hamburger Mundart; Restaurant).

Davidwache

Die legendäre Davidwache (man hört zuweilen auch 'Davidswache'), bekannt u.a. aus Film und Fernsehen, ist das für St. Pauli zuständige Polizeirevier 15. Ihre Effizienz steht außer Frage; sie hat St. Pauli 'fest im Griff' und hilft jedermann, der in Schwierigkeiten geraten ist.
Die Davidwache residiert in einem beachtenswerten Klinkerbau (Spielbudenplatz Nr. 31, Ecke Davidstraße), den Fritz Schumacher 1913/1914 mit originell gegliederter Traufenfront gestaltet hat (jüngst renoviert).

Amüsierbetrieb auf der Großen Freiheit

Davidstraße

Bei der Davidwache beginnt die Davidstraße, die südwärts zur Bernhard-Nocht-Straße am Geestrand führt; an der zuletzt genannten Straße stehen einige von sog. Autonomen bewohnte Altbauten (Nr. 16–24; ⟶ Hafenstraße), die große Bavaria-St.-Pauli-Brauerei (Nr. 99; Aussichtsrestaurant "Bavaria-Blick" mit prächtiger Hafensicht) sowie "Harry's Hamburger Hafenbazar" (Nr. 63; Kuriositäten aus aller Welt).

Herbertstraße

Auf halbem Wege zweigt von der Davidstraße nach Westen die kurze und schmale Herbertstraße ab, eine an beiden Enden durch metallene Sichtblenden abgeschottete Bordellstraße (eine der letzten in Deutschland), zu der nur erwachsene Männer Zutritt haben.

Hans-Albers-Platz

Der Kern des alten St. Pauli heißt in Fachkreisen 'Kleiner Kiez'. Zentrum ist der Hans-Albers-Platz mit einem skurrilen Hans-Albers-Denkmal (1,5 t Bronze, 2,90 m hoch) von Jörg Immendorff (1986).
An den umliegenden Straßen gibt es zahllose Kneipen und einschlägige Etablissements.

Lokale an der Reeperbahn

Von den vielen Spiel- und Vergnügungslokalen an Reeperbahn seien namentlich genannt das bekannte "Café Keese" (Nr. 19), wo die Damen zum 'Ball Paradox' bitten, die große Spielbank "Das Kasino Reeperbahn" (Nr. 94–96), sowie das bayerische Stimmungslokal "Bayrisch Zell" (Nr. 110) und das hamburgische Pendant "Hamborger Veermaster" (Hotel "Inter-Rast"; Nr. 154).
Das früher hier befindliche Eros-Center, das erste dieser Art in Deutschland, mußte 1988 mangels Kundschaft schließen; heute sind dort Um- und Aussiedler untergebracht.
Der "Top 10 Club" (Nr. 136) gilt als der letzte aus der Ära der sechziger Jahre übriggebliebenen Beat- und Rock-Tempel.

Große Freiheit

Kurz vor dem Nobistor zweigt am Westende der Reeperbahn nach Norden die nicht zuletzt durch den Hans-Albers-Film "Große Freiheit Nr. 7" (1943/1944; gedreht in den Prager Barrandov-Filmateliers) bekannte Große Freiheit ab. Sie trägt ihren Namen nach der in Altona, wozu die Straße bis 1937 gehörte, im Gegensatz zu Hamburg gewährten Religions- und Gewerbefreiheit.
An der Großen Freiheit reiht sich ein Sex-Show-Lokal an das andere. Besonders bekannt sind hier René Durands "Salambo-Theater" (Nr. 11) mit zweistündiger Show zu festen Anfangszeiten (20.00, 22.00, 0.00 und 2.00 Uhr) und das "Tabu" (Nr. 14), in dem – laut Tafel am Hause – 1957 die erste Nacktschau Deutschlands gezeigt worden sein soll.
Der legendäre "Star-Club", in dem u.a. die 'Beatles' ihre Weltkarriere begonnen hatten, bestand von 1962 bis 1969 im Hause Nr. 39 (jetzt Hotel; Teil der alten Fassade im St.-Pauli-Museum, s. S. 230).

Kirche St. Joseph

Mitten im 'Sündenbabel' der Großen Freiheit trifft man an der Westseite der Straße (Nr. 5) unerwartet auf eine Kirche: Es ist die ursprünglich 1718–1723 erbaute katholische St.-Joseph-Kirche, die im Zweiten Weltkrieg fast gänzlich zerstört wurde; erhalten ist die aus der Straßenflucht zurückgesetzte Barockfassade.

Reinbek

⟶ Museum Rade

Rellingen

⟶ Pinneberg

*Sachsenwald

Ausflugsziel

Lage
ca. 25 km östlich vom Hamburger Stadtkern

S-Bahn
Aumühle, Friedrichsruh (S 21)

Zufahrt
B 5 bis HH-Bergedorf, weiter B 207 bis Kröpelshagen, dann links ab oder Landstraße über Glinde

Der eine Fläche von knapp 70 km² umfassende und im Westen an die Bille, einen rechten Nebenfluß der ⟶ Elbe, grenzende Sachsenwald liegt außerhalb des Stadtstaates Hamburg im Bundesland Schleswig-Holstein, dessen größtes geschlossenes Waldgebiet er bildet. Die Vegetation besteht vorwiegend aus Buchen, Fichten und Kiefern (schöne Wanderwege).
Am 24. Juni 1871, im Jahre der Gründung des Deutschen Reiches, erhielt Fürst Otto v. Bismarck (1815–1898) in Anerkennung seiner Verdienste von Kaiser Wilhelm I. den Sachsenwald als Geschenk, und noch heute ist das weite Gelände in Bismarckschem Familienbesitz.

Mittelpunkt des Sachsenwaldes ist **Friedrichsruh**, ein aus nur wenigen Häusern bestehender Ort und bester Ausgangspunkt für Waldwanderungen. Hier stand einmal das Waldgasthaus "Frascati", das der Reichskanzler Bismarck 1894 erwarb und zu einem Schloß ausbauen ließ, das er bis zu seinem Tode bewohnte. Noch in den letzten Tagen des Zweiten Weltkrieges erlitt es erhebliche Bombenschäden und wurde durch einen schlichten Neubau ersetzt, in dem heute Bismarcks Nachfahren leben. Der alte Marstall ist noch erhalten.

Bismarck-Museum

In einem Fachwerkhaus gegenüber vom alten Marstall befindet sich das Bismarck-Museum (geöffnet im Sommer Mo. 14.00–18.00, Di.–So. 9.00 bis 18.00, im Winter Di.–Sa. 9.00–16.00, So. 10.00–16.00 Uhr; Eintrittsgebühr). Es besitzt eine gute Sammlung von Erinnerungsstücken an den Reichskanzler, u.a. sein historisch getreu wieder aufgestelltes Arbeitszimmer, Uniformstücke, Orden, Briefe, Ehrenbürgerurkunden und Gaben aus aller Welt.
Von den Gemälden sind zu nennen die bekannte Kaiserproklamation in Versailles 1871 (von A. v. Werner) und ein Bismarckporträt von Lenbach.

Schwalbenschwanz im Garten der Schmetterlinge Friedrichsruh

Sachsenwald (Fs.) Bismarck-Mausoleum

Jenseits der Eisenbahn liegt in einem Park das Bismarck-Mausoleum mit den Sarkophagen des Eisernen Kanzlers und seiner Gemahlin.

***Garten der Schmetterlinge Friedrichsruh**

Eine Attraktion besonderer Art ist der 1985 eröffnete Garten der Schmetterlinge (geöffnet von Ostern bis Ende Oktober täglich 9.00–18.00 Uhr; Eintrittsgeld) im Tropengewächshaus der Schloßgärtnerei (10 Min. Fußweg von der S-Bahn-Station 'Friedrichsruh'; Kutschfahrt oder 30 Min. zu Fuß von der S-Bahn-Station 'Aumühle').
In einem Glashaus leben 50–60 Arten tropischer, in einem zweiten, kleineren 15–20 Arten einheimischer Schmetterlinge.
Anzuraten ist ein Besuch bei möglichst hellem Tageslicht, am besten vormittags, weil die Tiere dann ihre größte Aktivität entfalten, sich aber sehr früh in das die Glashäuser erfüllende Gebüsch zurückziehen.

Grander Mühle

Nur eine für Autos zugelassene Straße durchquert den Sachsenwald von Friedrichsruh nach Norden, wo in Grande, am Nordrand des Waldes, die Grander Mühle, eine uralte Wassermühle mit hölzernem Wasserrad (erneuert) die Blicke auf sich zieht (Gaststätte).

Aumühle

Aumühle mit seiner Villenkolonie 'Hofriede' liegt am Westrand des Sachsenwaldes. Um den idyllischen Mühlenteich, zu dem die Aue, ein kleiner Zufluß der Bille, aufgestaut ist, liegen mehrere Gaststätten.
Im ehemaligen Betriebswerk des Bahnhofes ist an Sonntagen eine Sammlung historischer Eisenbahnfahrzeuge zu besichtigen. Zweimal jährlich (im Frühjahr und Herbst) gibt es thematisch wechselnde Ausstellungen über den Hamburger Nahverkehr (Bekanntgabe durch Aushänge in den Bahnhöfen).

St. Georg (Stadtteil und Vergnügungsviertel)

26/27 24/25

Lage
im Nordosten vom Hamburger Hauptbahnhof

S-Bahn
Hauptbahnhof (S 1, S 2, S 3, S 4, S 11, S 21, S 31)

U-Bahn
Hauptbahnhof-Nord (U 2)
Hauptbahnhof-Süd (U 1, U 3)
Lohmühlenstraße (U 1)

Bus
31, 34, 35, 36, 37, 38, 102, 108, 109, 120, 122, 123, 124, 125

Der Stadtteil St. Georg hat eine annähernd quadratische Fläche, die sich zwischen der Außenalster (→ Alster) im Nordwesten und Hammerbrook im Südosten ausdehnt und von der Innenstadt durch die breiten Eisenbahnanlagen des Hauptbahnhofes im Zuge der Befestigungswerke des 17. Jahrhunderts abgetrennt wird.
St. Georg ist der älteste Stadtteil außerhalb des Althamburger Kerns; sein Name geht auf ein hier um 1200 gegründetes Siechenhaus mit einer dem hl. Georg geweihten Kapelle zurück. An dieser Stelle erhebt sich heute die Kirche der Heiligen Dreieinigkeit, ursprünglich ein Barockbau von 1743–1747, der 1943 zerstört wurde. Das Kirchenschiff erbaute Heinz Graaf 1954–1957 in moderner Gestaltung neu. Der 67 m hohe Turm, den eine Figur des hl. Georg krönt, ist 1959–1961 in alter Form wiedererstanden. In der Turmkapelle (Schlüssel im Kirchenbüro, St. Georgs Kirchhof Nr. 19) steht eine bronzene Kreuzigungsgruppe von etwa 1500, die einst die letzte Station des vom Mariendom (→ Hammaburg) zum Siechenhaus führenden Kreuzweges bildete. Den Hl. Georg (mit dem Drachen) vor der Kirche schuf Gerhard Marcks 1958.

St. Georg ist ein Stadtviertel mit großen Kontrasten: Einerseits befinden sich hier so anspruchsvolle Kulturstätten wie die Hamburger → Kunsthalle, das → Museum für Kunst und Gewerbe und das → Deutsche Schauspielhaus in unmittelbarer Nähe vom raumgreifenden → Hauptbahnhof (mit dem Zentralomnibusbahnhof ZOB), zudem einige namhafte Stadthotels (darunter das vornehme "Atlantic Hotel Kempinski" an der Außenalster), Hamburgs größte Moschee an der Böckmannstraße und nicht zuletzt das Polizeipräsidium der Hansestadt in einem Hochhaus am Berliner Tor.

Kontrastreicher Stadtteil

Andererseits ist die Gegend um den Steindamm ein Schauplatz der Drogenszene und des nächtlichen Amüsierbetriebes, der jenem auf

St. Georg (Fortsetzung)

⟶ St. Pauli kaum nachsteht. Es gibt aber auch Wohnstraßen mit Durchhäusern und belebten Innenhöfen ('Terrassen'), in denen Künstler ihre Ateliers eingerichtet haben. An vielen Stellen trifft man fremdländische Tavernen, was sich aus dem großen Ausländeranteil an der hiesigen Wohnbevölkerung erklärt.

Amüsierviertel

Breit gefächert präsentiert sich in St. Georg die Welt der Unterhaltung und der Vergnügen. Findet man entlang der Kirchenallee hinter dem ⟶ Hauptbahnhof eine Vielzahl von gutbürgerlichen Hotels, Gaststätten und Bars, so gilt der breite Steindamm, einst eine elegante Einkaufsstraße, als 'sündige Meile' mit Spielhallen (darunter das "Kleine Casino", eine Dependance der Spielbank Hamburg in ⟶ Pöseldorf, mit 'einarmigen Banditen' und anderen Glücksspielautomaten), Kneipen, Striptease- und Homo-Lokalen sowie Stundenhotels.
In der großen Zahl der Sex-Show-Etablissements nimmt das "Pulverfaß" (Pulverteich Nr. 12) mit seinen gekonnten Travestievorführungen eine herausragende Stellung ein; im "Crazy Boys" (gleiche Adresse) zeigt man Männer-Strip.

*Hansa-Theater

Am Steindamm (Nr. 17) liegt aber auch das traditionsreiche Hansa-Theater, eines der letzten echten Varieté-Theater in Europa. In dem 1894 eröffneten und noch immer gemütlich altmodisch eingerichteten Haus zeigen Artisten aus aller Welt ihre Kunststücke. Grundsätzlich wird das Programm niemals im Fernsehen übertragen. Das Publikum sitzt mit dem Blick zur Bühne hinter Tischchen, auf denen Getränke und kleine Gerichte serviert werden; man darf auch rauchen. Für die meist ausverkauften Vorstellungen (bes. an Wochenenden) sollte man sich rechtzeitig um Theaterkarten bemühen.

Hansaplatz

Der unweit nördlich vom Steindamm gelegene Hansaplatz, den der große Hansabrunnen mit einem Standbild der Hamburger Stadtpatronin "Hammonia" (von E. Peiffer, 1878) ziert, ist Treffpunkt der Drogenszene (Mahnkreuze für die Suchttoten).

Marienkirche

Unweit nördlich vom Hansaplatz steht an der Danziger Straße die katholische Hauptkirche St. Marien, ein neoromanischer Backsteinbau mit Doppeltürmen von 1890/1891.

Lange Reihe

Von der Kirchenallee nach Nordosten führt die Lange Reihe, eine schmale, aber geschäftereiche Hauptstraße mit meist älteren Häusern. Hier (Nr. 71) und nicht auf St. Pauli wurde der Volksschauspieler Hans Albers (1891 bis 1960; ⟶ Berühmte Persönlichkeiten) geboren.

Haus des Kunsthandwerks

Parallel zur Langen Reihe verläuft die Koppel. In einem ehemaligen Fabrikgebäude (Nr. 66) ist das 'Haus des Kunsthandwerks' eingerichtet, wo auf drei Stockwerken Kunsthandwerker aller Art ihre Werkstätten haben. Durch die großen Fenster kann man ihnen von außen bei der Arbeit zuschauen.

*St. Pauli (Stadtteil und Vergnügungsviertel) 23/24 23/24

Lage
zwischen Innenstadt und Altona

S-Bahn
Landungsbrücken, Reeperbahn (S 1, S 2, S 3)

Hamburgs weltbekannter Stadtteil St. Pauli – Inbegriff 'sündiger' Vergnügungen – verdankt seinen Namen ausgerechnet dem Sittenapostel Paulus. Im Jahre 1682 wurde auf dem 'Hamburger Berg', wie die Gegend nach den hier an die ⟶ Elbe herantretenden Geesthügeln anfänglich hieß, eine Kirche St. Pauli geweiht, die bis zur Brandschatzung dieser Vorstadt durch die Franzosen im Jahre 1814 bestand. Der Nachfolgebau, die kleine klassizistische St.-Pauli-Kirche (von C. L. Wimmel, 1820), nach welcher der Stadtteil 1833 benannt wurde, steht seit 1937 auf Altonaer Gebiet unweit südlich vom Hein-Köllisch-Platz.

Auch die Heilsarmee musiziert auf St. Pauli

U-Bahn
St. Pauli, Landungsbrücken (U 3)

Bus
36, 37, 112

Als zu Beginn des 19. Jahrhunderts immer mehr Dampfschiffe nach Hamburg kamen, entwickelte sich bei dem zusätzlich angelegten Jonashafen (vor dem Außenbollwerk 'Jonas') ein Seemannsviertel mit Herbergen, Matrosenheimen, Hafenkneipen, Tanzlokalen und Freudenhäusern, das sich dann zu dem ausgedehnten Vergnügungsviertel im Bereich der in der ganzen Welt bekannten ⟶ Reeperbahn (samt Großer Freiheit) ausgeweitet hat.

Entwicklung

Infolge der wesentlich verkürzten Liegezeiten im 'schnellen' Hafen Hamburg ist das seemännische Element mehr und mehr in den Hintergrund getreten.
St. Pauli bietet heute Amüsement für jedermann und jede Frau und ist nach dem Zweiten Weltkrieg zu einer Weltmetropole des Sex-Geschäftes geworden.

Während der Stadtteil St. Pauli eine Gesamtfläche von etwa 250 000 m² aufweist und rund 30 000 Einwohner hat, ist das eigentliche Rotlichtviertel nur ca. 80 000 m² groß und zählt rund 450 gastronomische Betriebe aller Art.

Nachtleben

Auffällig ist die bunte Vielfalt des Gebotenen vom Volkstheater, Musical, Varieté und Kabarett über Diskotheken, Rock-, Tanz- und Stimmungslokale, extravagante Sex-Shows, Kinos und Kneipen aller Schattierungen bis hin zu vulgärer Pornographie und gewerbsmäßiger Prostitution, wobei die zuständigen Behörden und auch private Initiativen, etwa die 'Interessengemeinschaft St. Pauli e.V.', in zunehmendem Maße bemüht sind, die Auswüchse dieser Welt der Vergnügungen in Grenzen zu halten.

Auf St. Pauli trifft man nicht nur Besucher aus aller Herren Ländern, auch ein Großteil der hier arbeitenden Menschen stammt aus dem Ausland; unübersehbar ist die Schar der Asylanten, bedrückend die Zahl der

Bunt ist das Leben ...

... auf St. Pauli

Nachtleben (Fortsetzung)

Obdachlosen, der Arbeitslosen, der Trunk- und Drogensüchtigen und der Gescheiterten.

Neuerdings hat St. Pauli insofern eine Aufwertung erfahren, als es auch die Hamburger als Amüsierviertel wiederentdeckt haben, nachdem sie es jahrzehntelang gemieden und auswärtigen Besuchern überlassen hatten, um in anderen Stadtteilen, etwa in ⟶ Eppendorf oder in ⟶ Pöseldorf Unterhaltung zu suchen.
In letzter Zeit ist eine Tendenz zu beobachten, das Unterhaltungsangebot durch die Schaffung neuer Theater und Kleinkunstbühnen sowie durch musikalische, literarische und filmische Veranstaltungen zu bereichern.

St. Pauli bei Nacht mit seinen grellen Lichtreklamen und betriebsamen Etablissements ist fraglos eine Sehenswürdigkeit. Es scheint aussichtslos, das vielschichtige Milieu auch nur annähernd treffend beschreiben zu wollen. Die nachstehende Stichwortliste mag ein wenig Aufschluß geben von dem, was man alles auf St. Pauli antrifft:

St. Pauli von A bis Z

Animierdamen, Anreißer, Asylanten, Ausgeflippte, Ballhäuser, Bars, Betrunkene, Bierpaläste, Bordelle, Cabarets, Cafés, Callgirls, Dealer, Dichterlesungen, Dirnen, Diskotheken, Drogensüchtige, Fischmarkt, Folkloremusik, Fotomodelle, Gigolos, Herbertstraße, Homotreffs, Hotels, Imbißstände, Jazz, Kabarett, Kiez, Kinos, Kneipen, Köminseln, Kontakthöfe, Künstlerlokale, Lesbentreffs, Massagen und Masseusen, Museum, Nepp, Obdachlose, Panoptikum, Peep-Shows, Penner, Popmusik, Porno-Kinos und Porno-Shops, Portiers, Prostitution, Puff, Rausschmeißer, Restaurants, Rockmusik, Sado-Maso-Clubs, Seemannslokale, Séparées, Sex-Clubs, Sex-Shops und Sex-Shows, Spielkasinos und Spielhallen, Stimmungslokale, Strich, Striptease, Stundenhotels, Szenetreffs, Tanzlokale, Tätowierungen, Theater, Transvestiten, Varietés, Zuhälter und ... und ... und ...

Eine Auswahl an Lokalen sowie nützliche Verhaltensregeln für den nächtlichen Bummel findet man im letzten Teil dieses Reiseführers (⟶ Praktische Informationen: Nachtleben).

St. Pauli (Fortsetzung)

St.-Pauli-Fischmarkt

⟶ Fischmarkt

St.-Pauli-Hafenstraße

⟶ Hafenstraße

St.-Pauli-Landungsbrücken

⟶ Landungsbrücken

St.-Pauli-Museum

⟶ Reeperbahn

St.-Pauli-Theater

⟶ Reeperbahn

Schauspielhaus

⟶ Deutsches Schauspielhaus

Schiffsbegrüßungsanlage

⟶ Willkommhöft

Schwarze Berge

⟶ Harburg, Harburger Berge

Sievekingplatz 24 24

Lage
zwischen den Großen und den Kleinen Wallanlagen

U-Bahn
Messehallen (U 2)

Bus
36, 111, 112

Der im Jahre 1912 nach dem Oberlandesgerichtspräsidenten Friedrich Sieveking benannte Sievekingplatz schließt an den Karl-Muck-Platz (⟶ Musikhalle) nordwestlich an. Um die anlagengezierte Freifläche gruppieren sich die stattlichen Bauten des sog. Justizforums:

Justizforum

An der oberen Nordwestseite – im Bereich der Kleinen Wallanlagen (⟶ Planten un Blomen) – steht das 1879–1882 in Formen der deutschen Renaissance errrichtete Strafjustizgebäude, an das sich nordwestwärts die Untersuchungshaftanstalt anschließt.
Das Hanseatische Oberlandesgericht (für Hamburg und Bremen; früher auch für Lübeck) hat seinen Sitz in dem das Justizforum am nordwestlichen Platzende beherrschende Gebäude (1907–1912) mit Säulenfront und drei Kuppeln; in der Halle u.a. die Marmorbüste des einstigen Gerichtspräsidenten Friedrich Sieveking.
An der Südwestseite des Sievekingplatzes – im Bereich der Großen Wallanlagen (⟶ Planten un Blomen) – bildet das Ziviljustizgebäude (1898 bis 1903) das bauliche Pendant zum Strafjustizgebäude (s. zuvor); über dem Haupteingang die Bronzestatuen der vier bedeutenden Hamburger Juristen Vincent Moller (1560 bis 1615), Matthäus Schlüter (1648–1716), Georg Arnold Heise (1778–1851) und Hermann Baumeister (1806–1877). Der Entwurf für den in die Wallanlagen vorgeschobenen Erweiterungsbau stammt von Fritz Schumacher (1928–1930).

Allegorische Figuren

In den etwas tiefer gelegenen Grünanlagen des Sievekingplatzes stehen Figurengruppen einer 1912 von Arthur Bock errichteten Brunnenanlage: vorn die beiden Allegorien "Drei Hansestädte" (Hamburg, Bremen und Lübeck) und "Handel, Schiffahrt und Industrie", hinten die Kindergruppen "Streit" und "Frieden".

Sievekingplatz, Allegorische Figuren (Fortsetzung)

Im Jahre 1984 hat Hans Kock hier auch die allegorischen Figuren vom Kaiser-Wilhelm-Denkmal (s. nachstehend) wieder aufgestellt; sie verkörpern die Rechtsordnung, die Sozialgesetzgebung, das einheitliche Maß-, Gewichts- und Münzwesen sowie das Post- und Fernmeldewesen.

Kaiser-Wilhelm-Denkmal

In der Nordostecke der Großen Wallanlagen steht seit 1930 das Reiterstandbild (von J. Schilling) des deutschen Kaisers Wilhelm I., das 1903 auf dem → Rathausmarkt enthüllt worden war, 1929 aber dort dem Verkehr weichen mußte; die dazugehörigen allegorischen Figuren befinden sich jetzt in den Anlagen des benachbarten Sievekingplatzes (s. zuvor).

*Speicherstadt 25/26 23

Lage
im Freihafen, ca. 1 km südlich vom Hamburger Stadtkern
HH 11

U-Bahn
Meßberg (U 1)

Bus
111

Anstelle eines alten von → Fleeten durchzogenen Kaufmanns- und Wohnviertels wurde gegen Ende des 19. Jahrhunderts auf der Brookinsel südlich vom Zollkanal (→ Hafenmeile) ein neuer Speicherbereich für den 1888 eröffneten Freihafen (→ Hafen) gebaut. Die langgestreckten Speicherblöcke mit Straßen- und Fleetfront sind bis zu siebenstöckige Ziegelbauten von eindrucksvoller Geschlossenheit. Der strenge Gesamteindruck der rotbraunen Fassaden wird durch gotisierende Zierelemente wie Türmchen, Giebel, Erker oder Simse aufgelockert.
Die Hamburger Speicherstadt ist von den Luftbombardements im Zweiten Weltkrieg zwar nicht verschont geblieben, hat jedoch in ihrer Gesamtheit keine unersetzlichen Schäden erlitten. In neuerer Zeit sind verschiedene Projekte im Hinblick auf eine Umnutzung der denkmalgeschützen Bauten zu Büro-, Wohn- und Veranstaltungszwecken diskutiert worden.

Importwaren

Die Speicher dienen in erster Linie der Lagerung von hochwertigen Importgütern. Zum einen handelt es sich um Genußmittel wie Tabak, Kaffee, Kakao, Tee, Rum, Trockenfrüchte, Nüsse, Gewürze u.v.a., zum anderen um Konserven, optische und elektronische Geräte sowie Rohseide und orientalische Teppiche. Im größten Teppichspeicher der Erde sind rund 120 000 m² handgeknüpfter Teppiche eingelagert.
Hier, im Zollausschlußgebiet des Freihafens, werden die Waren von den sachkundigen 'Quartiersleuten' auf den 'Böden' genannten Etagen der Speicher angenommen, gelagert, abgegeben und gegebenenfalls auch veredelt bzw. weiterverarbeitet.

Die Speicherstadt wird im Rahmen der Hafenrundfahrten (→ Praktische Informationen: Stadtbesichtigung) besucht. Wer sich in eigener Regie in den Freihafen begibt, muß beim Verlassen des Areals mit einer Zollkontrolle rechnen.

Im Regelfall führen die Hafenrundfahrten auch durch den Brooktorhafen und den Magdeburger Hafen. Dann kommt man am Störtebeker-Denkmal vorüber, das am Brooktor (bei der Magdeburger Brücke) steht: Eine von Hansjörg Wagner geschaffene und hier 1982 aufgestellte Bronzefigur erinnert an den Seeräuber Klaus Störtebeker (→ Stadtgeschichte, 15. Jh.), der im Jahre 1400 auf dem Grasbrook enthauptet worden ist.

Störtebeker-Denkmal

*Staatsoper · Hamburgische Staatsoper 25 24

Lage
Dammtorstraße 28
HH 36

Die traditionsreiche Hamburgische Staatsoper gehört heute in die Reihe der bedeutendsten Opernbühnen der Erde. Schon 1678 war in Hamburg mit dem Deutschen Opernhaus das erste ständige Operntheater Europas (am → Gänsemarkt) eröffnet worden. Hier wurden Opern von Georg Friedrich Händel uraufgeführt, wobei der Komponist selbst im Orchester mitspielte.

Speicherblock von der Fleetseite

Quartiersleute bei der Arbeit

Kontorgebäude mit reichem Bauschmuck

Staatsoper
(Fortsetzung)

S-Bahn
Dammtor
(S 11, S 21, S 31)

U-Bahn
Stephansplatz
(U 1),
Gänsemarkt
(U 2)

Bus
36, 102, 109, 112

Nach dem Zweiten Weltkrieg konnte die Hamburgische Staatsoper – nicht zuletzt dank ihres langjährigen Intendanten, des schweizerischen Komponisten Rolf Liebermann, mit Interpretationen vor allem zeitgenössischer Opernwerke – eine im internationalen Wettbewerb führende Stellung erringen.

Das Staatsopernballett unter der Leitung des US-Amerikaners John Neumeier zählt derzeit unbestritten zur Weltspitze, Ballettaufführungen finden bis auf Widerruf auch in der ehemaligen Kampnagel-Fabrik an der Jarrestraße im Stadtteil Winterhude statt.

Der 1827 nach einem Entwurf Schinkels von Carl Ludwig Wimmel erbaute Stadttheaterbau an der Dammtorstraße wurde 1873–1877 umgestaltet und 1925–1926 abermals verändert. Das 1943 bis auf das Bühnenhaus ausgebrannte Gebäude baute man 1953–1955 wieder auf, und es erhielt eine gläserne Fassade.
Den modernen Zuschauerraum (1675 Sitzplätze) akzentuieren gestaffelte Balkonlogen, die an vertikalen Betonscheiben hängen; 1985–1987 ist die Obermaschinerie generalüberholt worden.

Opera stabile

Die Hamburgische Staatsoper unterhält unter der Bezeichnung 'Opera stabile' eine Studiobühne an der nahen Büschstraße.

*Stade

Ausflugsziel

Lage
ca. 50 km westlich von Hamburg

Die besuchenswerte niedersächische Kreisstadt Stade (7 m ü.d.M.; 45000 Einw.) – am Nordwestende des ⟶ Alten Landes – liegt auf einem Geestvorsprung an der schiffbaren Schwinge, die 6 km weiter nordöstlich in die ⟶ Elbe mündet.

Am Alten Hafen in Stade

Stade ist 994 erstmalig urkundlich erwähnt (Tausendjahrfeier 1994), kam 1236 in den Besitz des Bremer Erzbischofs, 1648 in den der Schweden, die es befestigten, und 1719 in jenen des Kurfürstentums und späteren Königreichs Hannover. Während des ganzen Mittelalters war Stade neben Hamburg die mächtigste Stadt an der Unterelbe. Nach schweren, im Zweiten Weltkrieg erlittenen Schäden hat man die Stader Altstadt sorgfältig wiederaufgebaut und in jüngerer Zeit gründlich saniert.
Von wirtschaftlicher Bedeutung sind heute die Nahrungsmittel- und die Textilindustrie, der Holzhandel und der Elbhafen Stadersand. Die Deutsche Airbus GmbH baut in Stade Seitenleitwerke und andere Kunststoffbaugruppen aus leichten Faserverbundstoffen.

Eisenbahn
S 3, 31 bis HH-Neugraben, dann Citybahn; auch Eilzüge vom Hamburger Hauptbahnhof

Zufahrt
A 7 südwärts bis Ausfahrt HH-Hausbruch,dann B 73 westwärts

Auskunft
Verkehrsamt
Bahnhofstraße 3
W-2160 Stade
Tel. (04141) 401450

Zwei mittelalterliche Kirchen überragen die 1000 × 500 m große, noch vollständig von den ausgezackten Wassergräben und den in Anlagen umgewandelten Festungswällen der Schwedenzeit umschlossene Altstadt (Wallrundgang ca. 1 St.): die Kirche St. Wilhadi, deren Turm seit einem Brande im Jahre 1724 ein flaches Zeltdach hat, und die Kirche St. Cosmae, deren achteckiger frühgotischer Turm eine in grüner Patina leuchtende Barockhaube von 1684 trägt.

*Altstadt mit den Kirchen St. Wilhadi und St. Cosmae

In St. Wilhadi (um 1340; im 19. Jh. erneuert) sind von der Innenausstattung besonders bemerkenswert der Orgelprospekt von 1731–1734, einer der reichsten und schönsten an der Niederelbe, und der Gertrudenaltar, eine

Stadtplan

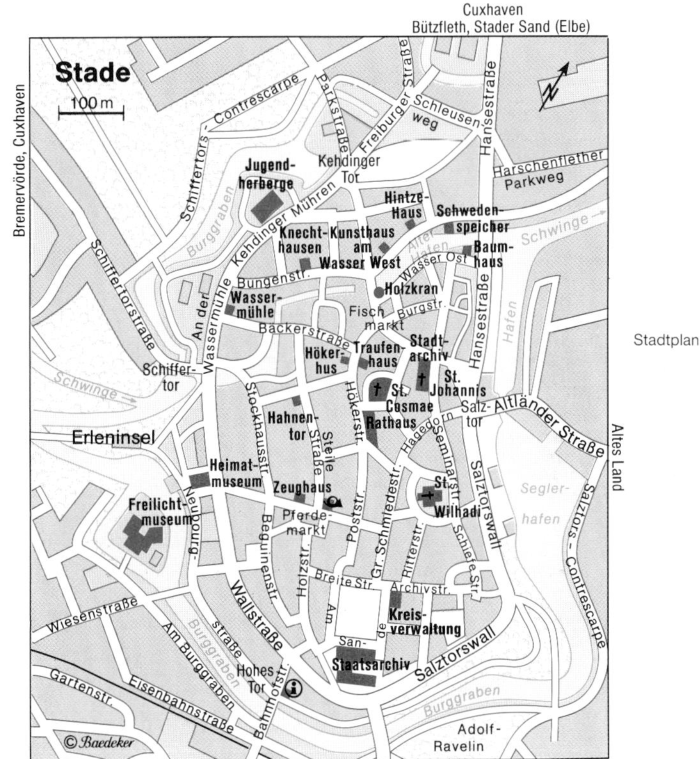

Altstadt (Fortsetzung)

hamburgische Holzschnitzarbeit aus der Zeit um 1500, der als einziger der mittelalterlichen Kunstschätze Stades bei einem Brand, der die Stadt 1659 verheerte, erhalten blieb.

St. Cosmae (1137 begonnen) besitzt einen barocken Schnitzaltar des Hamburger Bildhauers Christian Precht von 1677, eine Marmortaufe, flandrische Arbeit aus gleicher Zeit, und die 1949 erneuerte Arp-Schnitger-Orgel (urspr. von 1669–1673).

Rathaus

Das Rathaus ist ein barocker Backsteinbau von 1667 mit einem prächtigen Portal, über dem zwei Löwen das schwedische Staatswappen halten, und Rathauskeller von 1279.

Hökerstraße
*Alter Hafen

Die gebogene Hökerstraße, Hauptgeschäftsstraße der Stadt, führt zum Fischmarkt mit der Alten Stadtwaage (18. Jh.) am malerischen Alten Hafen, an dessen Ostseite noch ein alter Kran (urspr. von 1661; Rekonstruktion) und an der Westseite zwischen Fachwerkhäusern das Bürgermeister-Hintze-Haus (Nr. 23), ein reich verzierter Sandsteinbau von 1621, ferner das Geburtshaus des Generals von Goeben (geb. 1816) und der von 1692 bis 1705 erbaute Schwedenspeicher (Regionalmuseum; s. S. 243) stehen. Der derzeit noch gegen die Schwinge abgedammte Alte Hafen soll bis 1992 wieder geöffnet und als Museumshafen eingerichtet werden.

Schweden-
speicher

Fachwerkhäuser

Die Stader Altstadt ist von engen Gassen mit vielen Fachwerkhäusern durchzogen, von denen besonders 'Knechtshausen', das Gildehaus der Brauerknechte (von 1604) an der Bungenstraße (Nr. 22/24) hervorzuheben ist. Am Pferdemarkt steht das 1698 von den Schweden errichtete Zeughaus mit den Initialen des Schwedenkönigs Karls XII. über dem Portal. Genannt seien ferner an der Hökerstraße die Häuser Nr. 26 (von 1669) und Nr. 29 (von 1650) sowie an der Bäckerstraße die Häuser Nr. 3 (von 1590) und Nr. 21 (von 1539).

Kanonen aus der Schwedenzeit in Stade

Das Schwedenspeicher-Museum am Wasser West zeigt reichhaltige Funde der Vor- und Frühgeschichte sowie Zeugnisse der Stadtgeschichte vom Mittelalter bis in die siebziger Jahre des vorigen Jahrhunderts, u.a. Erinnerungen an die Schwedenzeit.
Im Heimatmuseum an der Inselstraße (Nr. 12), sind volkskundliche Sammlungen, bürgerliche und bäuerliche Wohnkultur sowie Gemälde von Malern des Elbe-Weser-Gebietes zu sehen.
Im Kunsthaus am Wasser West gibt es eine ständige Ausstellung von Bildern Worpsweder Maler der älteren Generation (Mackensen, Vogeler, Modersohn, Modersohn-Becker, Overbeck, Vinnen und Hans vom Ende).
In einem Fachwerkhaus (von 1775) am Wasser Ost befindet sich das private Baumhaus-Museum.
Im Freilichtmuseum auf der Insel im Burggraben stehen ein Altländer Haus von 1733, ein als Restaurant genutztes Geestbauernhaus, eine Bockwindmühle von 1632 und andere bürgerliche Nutzbauten.

Stade
(Fortsetzung)
Museen

An manchen Sommertagen verkehrt ein Ausflugsschiff der Este-Reederei zwischen Hamburg (St.-Pauli-Landungsbrücken) und Stade. Auskunft über die Fahrtage und die Abfahrtszeiten erhält man unter der Telefonnummer (04163) 5798.

Hinweis

*Stadtpark 26–28 28/29

Mit dem Erwerb einer 36 ha großen, vom einstigen Besitzer aufgeforsteten Fläche auf der Winterhuder Geest begann im Jahre 1902 die Stadt Hamburg die bereits 1890 beschlossene Anlage eines Parkes als Erholungsstätte für die dichtbesiedelte Nachbarschaft. Nach den Vorstellungen von Alfred Lichtwark schuf dann Fritz Schumacher von 1912 bis 1914 einen gut 180 ha großen, den Anforderungen der Großstadtbevölkerung entspre-

Lage
rund 5 km nördlich vom Hamburger Stadtkern
HH 60
(Winterhude)

Siesta im Hamburger Stadtpark

Stadtpark (Fortsetzung)

S-Bahn
Alte Wöhr (S 1, S 11)

U-Bahn
Saarlandstraße, Borgweg (U 3)

Bus
E 17; 108, 118, 179, 217

chenden 'Volkspark'. Er spiegelt die sozialpolitische und künstlerische Problematik jener Zeit wider. Otto Linné stattete den Park reich mit Pflanzenbildern aus, die in geometrischen Grundformen auf einer Mittelachse einen Waldpark, ein Wiesengelände und Gartenanlagen um einen See mit wechselvollen Partien gebildet haben.
Im Stadtpark sind diverse Skulpturen meist Hamburger Künstler aufgestellt; hier stand von 1926 bis 1933 auch das von Hugo Lederer geschaffene erste Hamburger Heine-Denkmal (vgl. → Rathausmarkt).
Die vielerlei Möglichkeiten für Spiel, Sport und Unterhaltung ergänzen den Erholungswert dieses Freizeitparkes inmitten der Großstadt. Zu den Einrichtungen des Stadtparkes gehören u.a. Sommerbad, Planschbecken, Sonnenbad, Sport- und Spielplätze, Freilichtbühne, Vogelschutzwarte und Gaststätten.

*Planetarium

Der ehemalige Wasserturm am westlichen Achsenende dient heute als Aussichtsturm; in der Kuppel befindet sich das → Planetarium. Das architektonische Gegenstück am östlichen Ende der Parkachse, die 'Stadthalle' am Stadtparksee, wurde im Zweiten Weltkrieg ebenso wie das 'Stadtcafé' restlos zerstört.

City Nord

Jenseits des den Stadtpark nördlich begrenzenden Jahnringes liegt die ausgedehnte Geschäftsstadt Nord (→ City Nord).

Sternschanze

→ Fernsehturm

*Stormarnsche Schweiz

Ausflugsziel

Lage
25–30 km nordöstlich vom Hamburger Stadtkern

Bus
333 ab U-Bahn-Station Billstedt (U 3)
364 ab S-Bahn-Station 'Rahlstedt' (S 3)
369 ab S-Bahn-Station 'Ahrensburg' (S 4) oder ab U-Bahn-Station 'Großhansdorf' (U 1)

Zufahrt
A 1 bis Ausfahrt Stapelfeld oder Ahrensburg, dann ostwärts

Auskunft
Amtsverwaltung
Europaplatz 5
W-2077 Trittau
Tel. (0 41 54) 8 07 90

Die Stormarnsche Schweiz ist eine wald- und seenreiche Hügellandschaft im (schleswig-)holsteinischen Kreis Stormarn. Sie hat, obwohl kleiner, doch manches von der Schönheit der Holsteinischen Schweiz und stellt wie diese geologisch ein Endmoränengebiet der letzten Eiszeit dar, die Hamburg selbst nicht mehr erreichte.
Die meistbesuchten Orte sind Lütjensee und Trittau. Der Bahnkörper der früheren Südstormarnschen Kreisbahn, die dieses Gebiet einmal erschloß, ist von Willinghusen (östlich von → Wandsbek) über Lütjensee bis Trittau zu einem vortrefflichen, 19 km langen Radweg ausgebaut worden.
Lütjensee (40 m ü.d.M.; 2500 Einw.) ist ein Luftkurort am Ufer des etwa 1500 m langen gleichnamigen Sees, der an seinem bewaldeten Ufer in rund einer Stunde umwandert werden kann. Es gibt dort mehrere Gaststätten und Hotels.
Etwa eine halbe Stunde zu Fuß weiter südlich beginnt der etwa 2300 m lange Großensee, ein eiszeitlicher Rinnensee, dessen Wasser zur Versorgung der östlichen Hamburger Stadtteile genutzt wird. An seinem Südende liegt das Dorf Großensee.
Mit dem Großensee durch einen Abfluß verbunden ist der Mönchteich, ein ca. 1500 m langer Stausee mit vielen Buchten; an sein Südufer grenzt der Forst Karnap.

Der freundliche, an der Bille, einem rechten Nebenfluß der → Elbe, gelegene Luftkurort **Trittau** wird als guter Ausgangspunkt für Wanderungen in die waldreiche Umgebung besucht.
Gleich östlich von Trittau beginnt das Naturschutzgebiet Forst Hahnheide, ein großes, hügeliges Waldgebiet mit vorwiegend Buchen- und Eichenbestand. In seiner Mitte steigt der Hahnheider Berg (98 m ü.d.M.) mit einem Aussichtsturm auf, von wo man weit über das Billetal und den → Sachsenwald blicken kann.

Studio Hamburg

→ Wandsbek

Thalia-Theater

→ Mönckebergstraße, Gerhart-Hauptmann-Platz

Überseebrücke

→ Landungsbrücken

Uetersen

Ausflugsziel

Die zum Kreis → Pinneberg im deutschen Bundesland Schleswig-Holstein gehörige Stadt Uetersen (0 m ü. d. M.; 17 500 Einw.), auf dem Geestrand oberhalb der ab hier schiffbaren Pinnau, einem rechten Nebenfluß der → Elbe, vor ihrem Eintritt in die Elbmarsch gelegen, hat eine rege Industrie und einen kleinen Flußhafen.

Lage
ca. 25 km nordwestlich vom Hamburger Stadtkern

Eisenbahn
S 5 bis Tornesch, dann Bus der Uetersener Eisenbahn AG; oder S 1 bis Wedel, dann Bus der Pinneberger Verkehrsgesellschaft (PVG)

Zufahrt
B 431

Auskunft
Verkehrsverein Wassermühlenstraße 7, W-2082 Uetersen, Tel. (041 22) 71 42 51

Der Ort entstand um eine im 12. Jahrhundert errichtete Burg am Flußübergang, bei der 1235 ein Nonnenkloster gegründet wurde.
Um 1880 begann man hier zum ersten Male in Norddeutschland mit der feldmäßigen Anlage von Rosenkulturen; heute ist Uetersen der Mittelpunkt des größten deutschen Rosenzuchtgebietes, in dem von etwa 200 Betrieben alljährlich rund 10 Mio. Rosenpflanzen gezogen werden.
Das schöne 'Rosarium' mit großem Teich und Restaurant gewährt einen Überblick über die mannigfaltigen Rosenarten.

Das ehemalige Zisterzienserinnenkloster, südlich der Markstraße im Grünen gelegen, wurde nach der Reformation in ein adliges Damenstift umgewandelt.
Die heutigen Gebäude sind aber allesamt später entstanden. Die Klosterpropstei ist ein schlichtes, klassizistisches Gebäude von 1734, das älteste, das Haus der Priörin, 1664 über einem Stück des alten Kreuzganges errichtet.

Die 1748 erbaute Kirche in der Mitte dieser Gebäudegruppe ist ein rechteckiger Saalbau mit Rundbogenfenstern und niedrigem Ostturm.
Der Innenraum der Kirche hat umlaufende Emporen und eine Logenreihe gegenüber dem Kanzelaltar, der zusammen mit der Orgel einen imposanten, streng symmetrischen und bis zur Decke reichenden Aufbau bildet; im Tonnengewölbe ein farbenfrohes Deckengemälde von G. B. Colombo aus Lugano, die Verherrlichung der Dreifaltigkeit durch musizierende Engel darstellend.

Luftwaffenmuseum

Etwa 5 km südöstlich von Uetersen liegt der Fliegerhorst Appen der Bundesluftwaffe.
Das in der Marseille-Kaserne befindliche Luftwaffenmuseum (Di.–So. 9.00–17.00 Uhr) berichtet über die Entwicklung der Militärluftfahrt von 1884 bis zur Gegenwart.
Zu den Exponaten gehören Flugzeuge, Antriebsaggregate, Navigationsgeräte, Waffen, Munition und Uniformen.

Haseldorfer Marsch

→ Wedel

Universitätsviertel

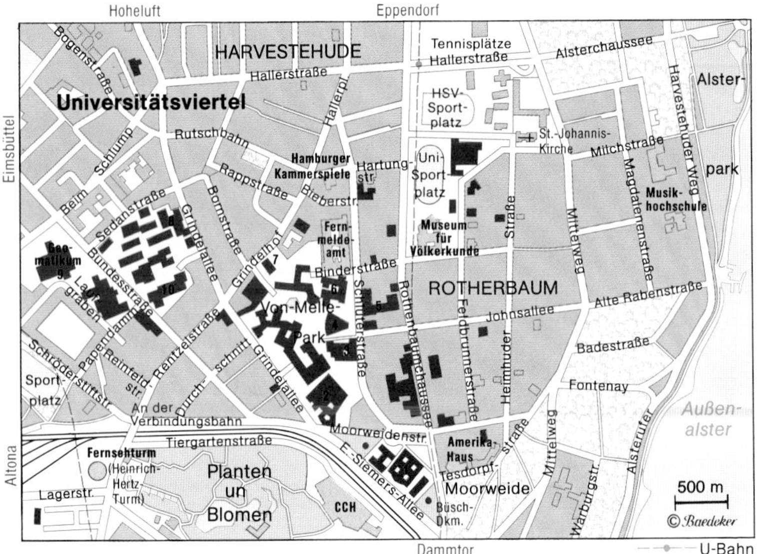

■ Gebäude mit Einrichtungen der Universität Hamburg
1 Altes Vorlesungsgebäude
2 Staats- und Universitätsbibliothek Carl von Ossietzky
3 Mensa
4 Auditorium Maximum
5 Rechtshaus
6 Philosophenturm
7 Synagogenmonument auf dem Joseph-Carlebach-Platz (vormals Bornplatz)
8 Mineralogisches Museum
9 Geologisch-Paläontologisches Museum
10 Zoologisches Museum

Universitätsviertel 24–26 25/26

Lage
im Norden der Hamburger Kernstadt
HH 13
(Rotherbaum)

S-Bahn
Dammtor
(S 11, S 21, S 31)

U-Bahn
Hallerstraße (U 1)

Bus
35, 102, 115

Das Universitätsviertel – Treffpunkt nicht nur der Studierenden, sondern auch der 'Szene' – nimmt einen Großteil des Stadtteils Rotherbaum ein und erstreckt sich im weitesten Sinne auf den Bereich, der im Süden von der Moorweide (⟶ Dammtor), im Westen von der Bundesstraße und der Straße 'Beim Schlump', im Norden von der Hallerstraße und im Osten von der Heimhuder Straße eingegrenzt ist, wobei der Schwerpunkt um den Von-Melle-Park liegt und die Ausfallstraßenzüge von Rothenbaumchaussee, Grindelallee und Bundesstraße die Hauptachsen bilden.

Die Universität Hamburg, mit rund 43000 Studierenden derzeit die fünftgrößte Deutschlands, geht auf ein Akademisches Gymnasium (1613 bis 1883) zurück, ferner auf das sog. Allgemeine Vorlesungswesen und ein 1908 eingerichtetes Kolonialinstitut. Erst im Jahre 1919 wurde dann die Hamburgische Universität gegründet, die sich besonders nach dem Zweiten Weltkrieg beträchtlich entfaltet hat (Lehrbetrieb ⟶ Zahlen und Fakten: Kultur).

Universität Hamburg

Die Kernzelle der Hamburger Universität ist das alte Vorlesungsgebäude, ein Kuppelbau von 1909–1911 an der Edmund-Siemers-Allee unweit nördlich vom Dammtorbahnhof (⟶ Dammtor). Es enthält heute neben Hörsälen Teile der Universitätsverwaltung.

Staats- und Universitätsbibliothek Carl von Ossietzky

Nordwestlich vom alten Universitätsbau, jenseits der Moorweidenstraße, liegt der Neubau von 1980–1982 für die traditionsreiche und wohlbestückte Staats- und Universitätsbibliothek Carl von Ossietzky (⟶ Zahlen und Fakten: Kultur) mit modernen Kunstwerken in den Lichthöfen.

Um den nördlich anschließenden, anlagengezierten Von-Melle-Park gruppieren sich etliche neuere Institutsgebäude.

Von-Melle-Park

An der Ostseite liegt das Studentenhaus mit der Mensa, daneben als Kernpunkt des Viertels das 1957–1959 erbaute Auditorium Maximum ('Audimax') mit Spannbeton-Kugelschalendach und 1800 Sitzplätzen.

Audimax

Anschließend erhebt sich der 52 m hohe 'Philosophenturm', in dem u. a. die Institute für Philosophie und der Fachbereich 'Sprachwissenschaft' untergebracht sind.

Philosophenturm

Jenseits der Schlüterstraße steht das 'Rechtshaus' mit dem Fachbereich 'Rechtswissenschaft'.

Rechtshaus

Im Nordwesten des zuvor umrissenen Kernbereiches liegt am Grindelhof der kleine Joseph-Carlebach-Platz (benannt nach dem früheren Oberrabbiner von Altona und Hamburg; 1883–1942), ehemals Bornplatz, einst eines der Zentren jüdischen Lebens in Hamburg. Hier stand die 1904 bis 1906 erbaute, große Hauptsynagoge (der Deutsch-Israelischen Gemeinschaft), welche in der 'Reichskristallnacht' (9./10. November 1938) von den Nationalsozialisten verwüstet und in Brand gesetzt sowie 1939 abgerissen wurde.

Joseph-Carlebach-Platz (ehem. Bornplatz)

Anläßlich des fünfzigsten Jahrestages des Judenpogroms hat Margrit Kahl den Platz bis 1988 neu gestaltet und über dem durch Grabungen ermittelten Grundriß der einstigen Synagoge ein analoges Bodenmosaik aus Granit ('Synagogenmonument am Grindel') angelegt, dessen schwarze Innenlinien die frühere Deckenkonstruktion nachzeichnen.

Synagogenmonument

Wenn auch nicht zum Universitätsbereich gehörig, so hier doch sehr auffällig ist das Monumentalgebäude des Fernmeldeamtes 1 an der nahen Schlüterstraße (Nr. 51–55; darin auch das Postamt 13). Das efeubewachsene Kastell aus Back- und Sandstein wurde in den Jahren 1902 bis 1907 für die Vermittlungszentrale des 1881 in Hamburg eingeführten Fernsprechdienstes errichtet und zieht bis heute die Blicke auf sich.

Fernmeldeamt

Auditorium Maximum der Universität Hamburg

Universitätsviertel (Fortsetzung)
Mineralogisches Museum

An der Grindelallee (Nr. 48) befindet sich das Mineralogische Museum der Universität Hamburg, das mittwochs zwischen 15.00 und 19.00 Uhr sowie an jedem ersten Sonntag im Monat zwischen 10.00 und 13.00 Uhr zugänglich ist. Es präsentiert in anschaulicher Aufstellung Mineralien, Erze, Gesteine, Edelsteine, Kristalle und Meteoriten (insgesamt rund 700 Objekte). Besondere Erwähnung verdienen ein 58 cm großer Antimonglanzkristall (Stibnit) und ein 424 kg schwerer Eisenmeteorit aus Südwestafrika.

Naturwissenschaften

Eine weitere Gruppe von naturwissenschaftlichen Universitätsinstituten ist zwischen Grindelallee und Bundesstraße konzentriert.

Geomatikum

Westlich abseits steht als höchstes Universitätsgebäude das sog. Geomatikum (Bundesstraße Nr. 55) für die Fachbereiche 'Geowissenschaften' und 'Mathematik'.

Geologisch-Paläontologisches Museum

Darin befindet sich auch das Geologisch-Paläontologische Museum der Universität Hamburg (geöffnet Mo.–Fr. 9.00–18.00 Uhr sowie Sa. – außer während der Semesterferien – 9.00–12.00 Uhr). Berichtet wird über Geologie und Fossilien aus der Umgebung Hamburgs. Des weiteren befinden sich hier die größte Lackfilmsammlung zur Erdschichtendokumentation überhaupt, Europas wertvollste Sammlung von Bernsteineinschlüssen und ein Urpferdchen aus der Ölschiefergrube Messel (bei Darmstadt).

Zoologisches Museum

Das Zoologische Museum der Universität Hamburg am Martin-Luther-King-Platz (Nr. 3; geöffnet Di.–Fr. 10.00–13.00 und 14.00–19.00 Uhr sowie jeden zweiten und vierten Samstag im Monat 10.00–13.00 und 14.00–17.00 Uhr) ist Nachfolger des 1943 zerstörten Naturhistorischen Museums am Hauptbahnhof. Es enthält präparierte Tiere aller Größen und Arten vom Panzernashorn über Vögel und Fische bis zu den Insekten, die in ihrer Entwicklungsgeschichte gezeigt werden. Bemerkenswert als Unikat ist ein weiblicher Narwalschädel von 1684 mit zwei Stoßzähnen, der als einziges Schaustück aus dem alten Museum erhalten blieb; ferner ein 7 m langes Pottwalskelett. Auch dem Artenschutz wird Aufmerksamkeit gewidmet.

Treffpunkte

Im Hamburger Universitätsviertel sind aber auch eine Reihe von Kultur- und Unterhaltungsstätten etabliert; so das renommierte Bühnentheater der Hamburger Kammerspiele (Hartungstraße Nr. 9–11), das führende Programmkino "Abaton" (Ecke Grindelhof/Allendeplatz) und die bekannte Rockkneipe "Logo" (Grindelallee Nr. 5) sowie an der Rothenbaumchaussee das Hotel "Elysée" (Nr. 10), das sich als 'Kunsthotel' versteht (u. a. eine Galerie mit Ausstellungen), und das interessante ⟶ Museum für Völkerkunde (Nr. 64); ferner das Amerika-Haus an der Moorweide (⟶ Dammtor).

*Vierlande und Marschlande

Ausflugsziel auf Hamburger Gemarkung

Lage
10–25 km südöstlich vom Hamburger Stadtkern

S-Bahn
Billwerder-Moorfleet, Mittlerer Landweg, Nettelnburg und Bergedorf (S 2, S 21)

Bus
120, 122, 124, 125 (ab ZOB); diverse Linien ab S-Bahn-Station 'Bergedorf' (S 2, S 21)

Ähnlich wie das ⟶ Alte Land sind auch die Vierlande und die Marschlande eine fruchtbare Niederung zwischen ⟶ Elbe und Geest.

Die beiden schiffbaren Elbe-Altwässer Dove Elbe und Gose Elbe, welche das eingedeichte Gebiet durchziehen, sind durch Schleusen vom Hauptfluß abgeriegelt.

Während das Alte Land fast ausschließlich Obstanbaugebiet ist, überwiegt in den Vierlanden und den Marschlanden, die eine Gesamtfläche von 130 km² umfassen, der Gemüseanbau und die Blumenzucht. Zeitweise (bis um 1930) war die Erdgasförderung ein wichtiger Wirtschaftsfaktor; heute wird hier importiertes Erdgas unterirdisch gespeichert.

Die Vierlande, im Osten, leiten ihren Namen von den vier Kirchdörfern Curslack, Altengamme, Neuengamme und Kirchwerder her, die sich kilometerlang an den gewundenen Deichen hinziehen.

Altwässer und ...

... Landwirtschaft sind prägende Merkmale der Vierlande und Marschlande

Zufahrt
A 25 bzw. B 5

Die Marschlande, im Westen, bestehen aus den einstigen Inseln Billwerder und Ochsenwerder, an die noch die entsprechenden Ortsnamen erinnern.

Billwerder

Nikolaikirche

Am Billwerder Billdeich (Nr. 138) steht die Kirche St. Nikolai, ursprünglich ein Barockbau (1737–1739) des Baumeisters Johann Nikolaus Kuhn aus Hamburg. Nach einem Brand im Jahre 1911 wurden die Kirche und der 1885 angefügte Turm nach den alten Plänen neu errichtet.

Glockenhaus

Deutsches Maler- und Lackierer-Museum

Das Glockenhaus (um 1780) am Billwerder Billdeich (Nr. 72; werktags Bus 330 von der U-Bahn-Station 'Billstedt', U 3), so genannt nach der im Dachreiter befindlichen Glocke, ist ein Hauptbeispiel der frühen Landhauskultur im Hamburger Umland. Von 1984 bis 1987 wurde es restauriert, und heute befindet sich darin das Deutsche Maler- und Lackierer-Museum (geöffnet Sa. und So., von April bis September auch mittwochs, 10.00–16.00 Uhr). In anschaulicher Weise werden hier die Geschichte des Maler- und Lackierer-Handwerks während der vergangengen sechs Jahrhunderte, das Zunftwesen und anhand von Gerätschaften die Arbeitstechnik des Gewerbes dargestellt.

Boberger Dünen

Nördlich von Billwerder erstreckt sich das Hügelland der Boberger Dünen (Naturschutzgebiet). Hier traten beim Abbau von Aufschüttungsmaterial viele Funde aus der Steinzeit zutage. Heute bilden die Dünenhügel ein geschätztes Segelfluggelände.
Nordwestlich liegt das Achtermoor, ein Feuchtgebiet mit charakteristischer Pflanzen- und Tierwelt, das zahlreichen Vogelarten als Brutplatz dient.

Allermöhe

Dreieinigkeitskirche

Die Dreieinigkeitskirche in Allermöhe (am Nordufer des Altwassers Dove Elbe) ist ein Fachwerkbau von 1611–1614. Bei einer Erneuerung (1900) brannte das Pfarrhaus mitsamt dem dort eingelagerten Inventar ab. Der niedrige hölzerne Glockenturm ist viel älter als die Kirche und besitzt noch eine Glocke von 1483. Im Kircheninnenraum, der eine bemalte Tonnendecke hat, befinden sich ein geschnitzter Flügelaltar von Hein Baxmann (1615) und zwei geschnitzte Türen aus dem 17. Jahrhundert; sie waren der Vernichtung entgangen.

Wohngebiet

Im Osten von Allermöhe wird seit 1978 ein Wohnprojekt mit ca. 2000 Geschoßwohnungen und ca. 1500 Einfamilienhäusern für rund 10000 Einwohner verwirklicht. Das Besondere daran ist, daß das Gelände von neu angelegten Fleeten durchzogen ist, was ihm ein fast holländisches Gepräge gibt.

Moorfleet

Nikolaikirche

Auch im weiter westlich gelegenen Moorfleet gibt es eine dem hl. Nikolaus geweihte Kirche. Ursprünglich um 1330 erbaut, wurde sie 1680 in Fachwerk mit Backsteinausmauerung erneuert. Der Turm stammt aus dem Jahre 1885; Kanzel und Gestühl sind jedoch sehr viel älter: 1621–1625 von Hein Baxmann gefertigt, wurden sie 1681 mit reicherem Schmuckwerk versehen und 1843 die Kanzel in den 1688 von Valentin Preuß geschaffenen Altar eingebaut. Die Taufe ist von 1689, die Kronleuchter von 1653 und 1663.

Tatenberger Schleuse

Die südlich an Moorfleet vorüberfließende Dove Elbe ist gegen die Norderelbe durch die Tatenberger Schleuse abgeriegelt. So wird der bei Flut ein-

setzende Rückstrom der Elbe blockiert; zudem kommt die 1951 fertiggestellte Schleuse der Schiffahrt zugute.
Flußaufwärts erstreckt sich der 'Wasser- und Freizeitpark Dove Elbe' (Regattastrecke, Badestrand u. a.).

Moorfleet, Tatenberger Schleuse (Fortsetzung)

Ochsenwerder

Pankratiuskirche

Die reizvolle Kirche St. Pankratius im südlich der Elbe-Altwässer gelegenen Ort Ochsenwerder ist ein Backsteinbau von 1674, dem Johann Leonhard Prey 1740 einen neuen Turm mit durchbrochener Kupferhaube anfügte.
Den reich geschnitzten Altarschrein im Kircheninneren fertigte Hein Baxmann 1632; die etwas jüngere Kanzel stammt aus der Baxmannschen Schule. Von der übrigen Ausstattung seien genannt die marmorne Taufe von 1702, die schön geschnitzten Gestühlstüren mit Wangen des 17. und 18. Jahrhunderts, die Kronleuchter an der Altarseite von 1613 und 1617 sowie der Prospekt der Arp-Schnitger-Orgel von 1708 (neues Werk von 1910).

Reitbrook

Nahe dem Altwasser Dove Elbe steht in Reitbrook am Vorderdeich (Nr. 11) eine Windmühle vom Typ des Galerie-Holländers.
Im Mühlenhaus (Nr. 9) wurde 1852 Alfred Lichtwark (1852–1914), nachmals Kunsterzieher und Direktor der Hamburger ⟶ Kunsthalle, geboren (Gedenktafel).

Curslack

Curslack, schon 1217 als Dorf genannt, liegt rechts des Altwassers Dove Elbe und steht mit seiner Blumenzucht an erster Stelle in den Vierlanden.

Curslack: Johanniskirche und ...

... Freilichtmuseum Rieck-Haus

Curslack (Fortsetzung) Johanniskirche (Abb. s. S. 251)

Die Kirche St. Johannis im Ortszentrum von Curslack ist ein 1802 kreuzförmig erweiterter Fachwerkbau von 1599. Der freistehende Glockenturm erhielt 1761 seinen formschönen dreistufigen Helm. Das Kircheninnere besitzt meergrünes Gestühl mit einigen geschnitzten Türen des 17. und 18. Jahrhunderts; an den Männerbänken 55 kunstvolle schmiedeeiserne Hutständer aus dem 18. und 19. Jahrhundert. Der Barockaltar von 1869 stand früher in der zerstörten Dreifaltigkeitskirche von → Harburg. Unter dem Orgelboden von 1621 ein 1715 errichteter Beichtstuhl, heute Sakristei, von dem eine Tür zu der schönen, 1599 geschnitzten Kanzel führt.

*Vierländer Freilichtmuseum Rieck-Haus

Das Hufnerhaus Rieck am Curslacker Deich (Nr. 284) gehört zu den ältesten und wertvollsten Vierländer Bauernhöfen. Hier hat man das Vierländer Freilichtmuseum eingerichtet (geöffnet von April bis September Di.–So. 10.00–17.00, von Oktober bis März nur bis 16.00 Uhr; Eintrittsgebühr).
Im Hauptgebäude ist die Wohnstube ('Döns') reich u.a. mit bunten Kacheln, Decken- und Wandbildern und Intarsien ausgestattet.
Im Hof steht eine jener Schöpfmühlen (Abb. s. S. 251), mit deren Hilfe früher der Grundwasserspiegel niedrig gehalten wurde, ferner eine Bohlenscheune, ein Ziehbrunnen ('Sod'), eine geschnitzte Hofpforte, ein Haubarg und ein Vierländer Ewer.
Der etwas weiter hin am Deich befindliche Rundbau (Nr. 308) ist ein ehemaliger Göpel ('Roßmöhl'), der heute als Wohnhaus genutzt wird.

Grashof

Unweit der Kirche, Curslacker Deich Nr. 136, steht ein sehr altes Fachwerkhaus (von 1569), der inzwischen völlig renovierte Grashof, in dessen Obergeschoß sich eine ständige Verkaufsausstellung bäuerlicher Kunst und unten eine Gaststätte befinden.

Bauernhäuser

Weitere bemerkenswerte alte Bauernhäuser stehen am Curslacker Deich Nr. 47, 112, 144, 286, 288 und 339.

Neuengamme

Zwischen den Altwässern Dove Elbe und Gose Elbe liegt Neuengamme. Es ist dank der dort vortrefflichen Bodenqualität der reichste Ort der Vierlande, was am Schmuck der Bauernhäuser und an der Ausstattung der Kirche erkennbar wird.

Johanniskirche

Die Kirche St. Johannis ist ein Feldsteinbau des 13. Jahrhunderts, dem im 15. Jahrhundert ein gotischer Chor in Backstein, 1619 ein Brauthaus und 1803 ein Fachwerkvorbau hinzugefügt worden sind. Der mit Brettern verschalte, freistehende Glockenturm hat ein Zeltdach und trägt zwei Glocken von 1461 und 1487.
Das Kircheninnere ist ganz in heller Tönung gehalten und hat ein Tonnengewölbe. Prächtig ist das reich mit Intarsien (Blumengewinde, Vögel und andere Tiere) verzierte Gestühl aus dem 17.–19. Jahrhundert; eigenartig an den Männerbänken sind die eisengeschmiedeten bemalten Hutständer in Form von Blumen, Tieren und Wappen. Die Kronleuchter stammen aus den Jahren 1596 und 1644.

Bauernhäuser

Von den zahlreichen stattlichen Bauernhäusern am Neuengammer Hausdeich sind hervorzuheben: von der Kirche in westlicher Richtung Nr. 343 (von 1626) und Nr. 413 (von 1552); in östlicher Richtung Nr. 245, Nr. 201, Nr. 185, Nr. 157, Nr. 81 (von 1580; mit Kornspeicher 'Spieker'), Nr. 77 und Nr. 49.

KZ-Gedenkstätte Neuengamme

Abseits vom Deich, am Neuengammer Heerweg, heute Jean-Dolidier-Weg, wurde 1938 von der nationalsozialistischen SS ein Konzentrationslager eingerichtet. Etwa die Hälfte der über 135000 Häftlinge, die in der Zeit des Dritten Reiches hier und in 70 dazugehörigen Außenlagern gefangen waren, sind umgekommen.

KZ-Gedenkstätte Neuengamme

Lageplan des ehemaligen Konzentrationslagers Neuengamme

Bergedorf, Curslack

Ehemaliges KZ-Gelände

1 Gedenkstätte
2 Dokumentenhaus
3 Klinkerwerk
4 Pförtnergebäude des Klinkerwerkes
5 Springbrunnen
6 SS-Luftschutzbunker
7 SS-Garagen
8 Kommandantenvilla
9 Wachturm und Empfangsgebäude am Eingang des SS-Lagers
10 Häftlingsblock 1-4
11 Häftlingsblock 21-24
12 Werkhallen der Walther-Werke
13 Hammerwerk
14 Gedenkplatte am Standort des Krematoriums

Neuengammer Hausdeich, Zwischen den Zäunen, Curslacker Deich, Dove Elbe, Stichkanal, Neuengammer ..., Jean-Dolidier-Weg, Jugendanstalt, Strafanstalt, Sportplatz, Neuengammer Sammelgraben

Zollenspieker, Kirchwerder

© Baedeker

Dokumentenhaus

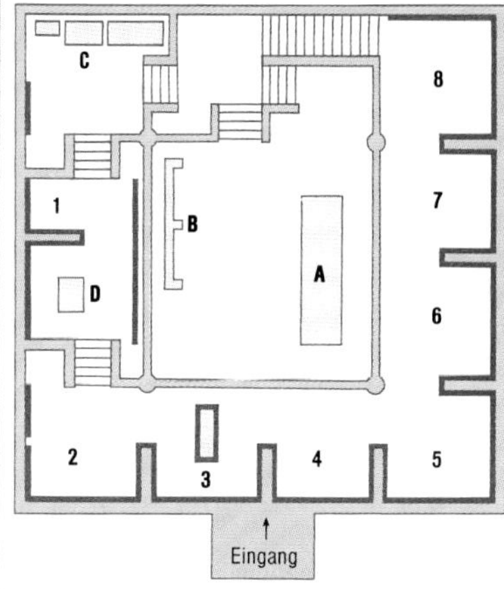

A Lagermodell
B Rekonstruktion des Lagerzaunes
C Barackeneinrichtung
D Prügelbock

AUSSTELLUNGSGLIEDERUNG
1 Leben und Sterben
2 NS-Gewaltherrschaft: Vorbereitung und System
3 Konzentrationslager Neuengamme
4 Krieg gegen den inneren Gegner
5 Krieg in Europa
6 Völkermord
7 Einsatz in der Kriegswirtschaft
8 Evakuierung und Befreiung – Sühne und Mahnung

Neuengamme KZ-Gedenkstätte (Fortsetzung)

Heute erinnern u.a. das ehemalige Klinkerwerk und ein Mahnmal an die Schrecken des NS-Terrors; ein etwa 2,5 km langer Weg führt zu den Resten der einstigen Lagereinrichtungen.
Im Dokumentenhaus (geöffnet Di.–So. 10.00–17.00 Uhr), einer Außenstelle vom ⟶ Museum für Hamburgische Geschichte, wird das unmenschliche Los der KZ-Häftlinge nachgezeichnet.

Kirchwerder

Severinskirche

Die große Kirche St. Severin in dem zwischen dem gewundenen Altwasser Gose Elbe und dem Elbstrom im Süden der Vierlande gelegenen Ort Kirchwerder geht mit ihrem ältesten Teil in das 13. Jahrhundert zurück. Sie wurde 1785 umgestaltet und durch einen Südflügel erweitert. Das ansehnliche Brauthaus in Fachwerkbauweise stammt aus dem Jahre 1649.
Das Kircheninnere wirkt im Gegensatz zu den anderen Vierländer Kirchen etwas nüchtern. Der Altar ist von 1785, Kanzel und Taufe von 1806, vier schöne Lichterkronen von 1602–1666. Die Emporenbrüstung schmücken 38 Bilder mit biblischen Motiven. Das Gestühl blieb bis auf eine Bank von 1645 schmucklos. – Auf dem Kirchhof befinden sich 94 Grabsteine aus der Zeit von 1586 bis 1751.

Typischer Vierländer Hof

Kirchwerder (Fortsetzung) Zollenspieker

Die zu Kirchwerder gehörende Ortschaft Zollenspieker liegt hübsch am Elbufer gegenüber der Ilmenaumündung bei Hoopte, wohin im Sommer eine Wagenfährverbindung besteht. Schon seit dem 13. Jahrhundert bestand hier, am Übergang des alten Heerweges über die ⟶ Elbe, eine Fähr- und Zollstelle (noch bis 1806 wurde Elbzoll erhoben). Das ehemalige Fährhaus ist heute eine Gaststätte (mit Garten).
Beachtung verdienen einige Häuser am Kirchwerder Elbdeich (Nr. 5, 45, 86, 187, 190, 219 und 248) sowie am Kirchwerder Hausdeich (Nr. 24, 108, 114, 124, 216, 230 und 238).

Altengamme

Weiter elbaufwärts, mit seinem Ortskern am Ostende der Vierlande, mit seinem Westteil aber noch ein Stück die Dove Elbe begleitend, liegt der Ort Altengamme.

*Nikolaikirche

Die dicht hinter dem Elbdeich in Altengamme stehende Kirche St. Nikolai gilt im Inneren als eine der schönsten Dorfkirchen Norddeutschlands. Der Bau aus Feldstein und Ziegeln stammt im ältesten (östlichen) Teil aus dem 13. Jahrhundert. An der Südseite liegen das sog. Frauenbrauthaus (links) und das Männerbrauthaus (rechts).
In dem freistehenden Glockenturm hängt die berühmte, beim Abbruch des Hamburger Mariendomes (⟶ Hammaburg) ersteigerte 'Celsaglocke', gegossen um 1487 von Geert van Wou aus Kempen.
Das Kircheninnere ist ein Saalbau mit blauem, sternengeschmücktem Tonnengewölbe; die Brüstungsfelder der Emporen sind mit barocken Motiven bemalt. Der größte Reichtum der Kirche ist das prunkvolle, mit Intarsien und Schnitzwerk des 17.–18. Jahrhunderts verzierte Gestühl; auf den (vorderen) Männerbänken stecken 55 blumenförmig geschmiedete Hutständer. Das älteste Stück (ehemals auch im Hamburger Dom) ist die von

drei Mönchen getragene Taufe, ein Erzguß aus dem 14. Jahrhundert mit holzgeschnitztem Tafelaufsatz vom Anfang des 17. Jahrhundert. Altar und Kanzel haben um 1759 einheimische Handwerker angefertigt. Die Kronleuchter sind von 1640 und 1719.

Altengamme, Nikolaikirche (Fortsetzung)

Bemerkenswerte Bauernhäuser sind in Altengamme noch am Horster Damm zu sehen (z.B. Nr. 319, 329, 345 und 349), ferner ein alter Spieker gegenüber dem Hause Nr. 351 sowie eine Kate von 1691 am Altengammer Elbdeich (Nr. 138).

Bauernhäuser

Rundfahrt durch die Vierlande

Für eine Autofahrt durch die Vierlande wird folgende Route vorgeschlagen: Als Ausgangspunkt wähle man die 'Schiefe Brücke', 3 km südlich von ⟶ Bergedorf (B 5 oder A 25). Von dort folge man dem rechten Ufer des Altwassers Dove Elbe über den Curslacker Deich und den Altengammer Hausdeich nach Altengamme und kehre am linken Ufer über den Neuengammer Hausdeich zurück. Die Strecke führt vorüber an den meisten der zuvor genannten alten Bauernhäuser, am Vierländer Freilichtmuseum und an den drei schönsten der Vierländer Kirchen, denen von Curslack, Neuengamme und Altengamme, die man sich auch von innen ansehen sollte. Die Gesamtfahrstrecke beträgt von Hamburg und wieder zurück rund 60 km.

Vorschlag

Weitere schöne Bauernhäuser bekommt man zu Gesicht, wenn man für die Rückfahrt nach Hamburg statt des direkten Weges ab 'Schiefe Brücke' einen Umweg von ca. 17 km macht. Dieser führt über den Kirchwerder Landweg, den Kirchwerder Hausdeich am linken Ufer des Altwassers Gose Elbe und den Kirchenheerweg nach Zollenspieker, von wo man auf dem Elbdeich mit ständiger Aussicht auf den Strom und das gegenüberliegende niedersächsische Ufer nach Hamburg zurückkehren kann.

Lohnender Umweg

Völkerkundemuseum

⟶ Museum für Völkerkunde

Volkspark · Altonaer Volkspark

18–20 26–28

In bewußter Abkehr vom Repräsentationspark schuf der Altonaer Gartendirektor Ferdinand Tutenberg in den Jahren 1914/1915 und 1918–1920 im hügeligen Endmoränengebiet von Bahrenfeld aus einem vorhandenen Forst einen 'Schönheitswald'. Mit einer Vielzahl von Nutzungsmöglichkeiten wurden Flächen für Spiel, Sport und Erholung sowie ein Schulgarten und Musterkleingärten geschaffen.

Lage
ca. 7 km nordwestlich vom Hamburger Stadtkern
HH 52 (Bahrenfeld)

Ein besonderer Anziehungspunkt ist der Dahliengarten an der Nordwestseite des Parkes, wo im Herbst rund 10000 Dahlien in Blüte stehen. Ferner gibt es in dem 160 ha großen Volkspark ein Sommerbad und eine ländliche Gaststätte.
Von den höchsten Stellen am Ostrand des Volksparkes bietet sich eine schöne Aussicht.

S-Bahn
Stellingen (Volksparkstadion; S 3, S 21)

Bus
111, 180, 188, 190

Das 1951–1953 mit Kriegstrümmerschutt ausgebaute einstige Altonaer Stadion hebt sich heute als Hamburger Volksparkstadion aus dem örtlichen Rahmen heraus. Mit seinen großen Tribünen und vier Flutlichtmasten bietet das Heimstadion des bekannten Fußballbundesligisten HSV (Hamburger Sport-Verein) gut 60000 Zuschauern Platz; östlich anschließend ein Schwimmstadion.

Volksparkstadion (Abb. s. S. 256)

Volksparkstadion – Heimstadion des HSV

Volkspark (Fortsetzung)
DESY
Bahrenfelder Trabrennbahn

Im Nordwesten grenzt an den Volkspark der Hauptfriedhof Altona; südwestlich erstreckt sich das Gelände des ⟶ Deutschen Elektronen-Synchrotons (DESY), südlich liegt die Bahrenfelder Trabrennbahn.
Am Südostrand des Volksparkes verläuft die Bundesautobahn A 7 (E 47; Anschlußstelle 'HH-Volkspark').

Walddörfer

Ausflugsziele im Stadtgebiet

Lage
ca. 10–25 km nordöstlich vom Hamburger Stadtkern

U-Bahn
Farmsen und alle weiteren nordöstlich gelegenen Stationen der U 1

Zufahrt
B 75 bzw. B 434

'Walddörfer' ist ein alter Sammelbegriff für sieben Dörfer, die vom 14. bis zum 16. Jahrhundert von Hamburg erworben wurden, aber lange Zeit räumlich von der Stadt getrennt auf holsteinischem Gebiet lagen.

Die vier Exklaven Farmsen/Berne, Volksdorf, Ohlstedt/Wohldorf und Großhansdorf/Schmalenbek wurden nach dem Ersten Weltkrieg durch die 'Walddörferbahn' (heute U 1) als Wohngebiete für Hamburg erschlossen. Im Jahre 1937 kam das preußische Gebiet zwischen ihnen und der Hansestadt zu Hamburg, dafür Großhansdorf/Schmalenbek zu Preußen.

Farmsen/Berne ist ein dichtbesiedeltes Wohngebiet. An der U-Bahn-Station 'Farmsen' wurde 1978 die erste Hamburger Regional-Eissporthalle für 600 Läufer eröffnet.

Von der 1911 angelegten und 1976 stillgelegten Farmsener Trabrennbahn zeugt noch die U-Bahn-Station 'Trabrennbahn' (U 1); in der Nähe liegt das erste deutsche Windhundstadion.

Volksdorf, das größte der alten Walddörfer, ist ein beliebter, im Grünen gelegener Wohnvorort Hamburgs, in dessen Ortszentrum sich ein Freilichtmuseum befindet (⟶ Museumsdorf Volksdorf).

Walddörfer (Fortsetzung)

Nördlich von Ohlstedt und am Nordende des Wohldorfer Waldes liegt Wohldorf und hier an der Ammersbek anstelle des 1347 von den Hamburgern niedergebrannten Raubrittersitzes 'Wohltorp' ein von Wassergräben umgebenes Fachwerkhaus aus dem Jahre 1712. Es war bis 1830 Sitz der hamburgischen Waldherrenschaft Wohldorf und später Sommerhaus des Senates. Heute dient es, gänzlich renoviert, kulturellen Veranstaltungen. Unweit westlich befinden sich die Gaststätten "Wohldorfer Mühle" und "Zum Bäcker" an der zum Mühlenteich gestauten Ammersbek, die hier Wohldorfer Aue genannt wird.

Vor Eröffnung der Walddörferbahn gab es eine elektrische Kleinbahn Alt-Rahlstedt – Volksdorf – Wohldorf, die als Besonderheit ihren Fahrgästen Plätze auf dem Dach ihrer Anhänger anbot. Ein solcher Waggon ist erhalten und im Lokschuppen in Aumühle (→ Sachsenwald) zu besichtigen, ein restaurierter Triebwagen unweit vom → Museumsdorf Volksdorf aufgestellt.

Wallanlagen

→ Planten un Blomen

Wandsbek (Stadtteil)

30–34 25–28

Lage
ca. 6 km nordöstlich vom Hamburger Stadtkern

S-Bahn
Wandsbek (S 4)

U-Bahn
Wandsbek-Markt (U 1)

Bus
35; zahlreiche andere ab Wandsbek-Markt

In dem 1296 erstmals erwähnten Dorf 'Wantesbeke' erbaute 1568 Heinrich von Rantzau, der Statthalter der Grafen von Holstein und Stormarn, eine Wasserburg. Um 1614 kam Wandsbek zu Dänemark, dessen König Friedrich V. es an seinen Schatzkanzler, Heinrich Carl Graf v. Schimmelmann, veräußerte. Ihm verdankt der Ort an dem Flüßchen Wandse seinen Aufstieg. Er förderte Handel und Gewerbe und errichtete 1773–1778 anstelle der Wasserburg ein Herrenhaus (mit großem Park), das 1857 abgebrochen wurde. Erhalten ist die Attika, die man, wenn auch stark verwittert, in der Vorhalle des Standesamtes (Bezirksamt; s. nachstehend) wiederaufgestellt hat (Eingang seitlich von der Straße 'Am Alten Posthaus').
Im Jahre 1867 kam Wandsbek zu Preußen, 1870 wurde es zur Stadt erhoben, und seit 1937 gehört es zu Hamburg.

"Wandsbecker Bothe"

In ganz Deutschland bekannt geworden ist Wandsbek durch den "Wandsbecker Bothen", ein Lokalblatt, dessen Herausgeber von 1770 bis 1775, der Dichter Matthias Claudius (→ Berühmte Persönlichkeiten), es durch seine Beiträge und solcher anderer bedeutender Persönlichkeiten zu einer wirkungsvollen Waffe in den geistigen Kämpfen jener Zeit machte.

Wandsbeker Markt

Kernbereich von Wandsbek ist der längliche, dreieckige Markt (Wandsbeker Marktstraße). Der auf ihm über der U-Bahn-Station 'Wandsbek-Markt' gelegene Busbahnhof ist Ausgangspunkt zahlreicher Linien in die Ostregion Hamburgs.

Ehemaliges Rathaus
Quarrée

An der Südseite steht das ehemalige Rathaus (Schloßplatz Nr. 60), heute Bezirksamt; an der Nordseite liegt das 'Quarrée', eine 1988 eröffnete Einkaufspassage mit 25 000 m² Verkaufsfläche auf insgesamt drei Ebenen.

Christuskirche

In der 1901 erbauten Christuskirche am Ostrand des Wandbeker Marktes befindet sich ein beachtenswertes Chormosaik ("Christus Pantokrator", von H.G. v. Stockhausen).

Schimmelmann-Mausoleum
Claudius-Grab

Auf dem nahegelegenen Kirchhof steht das Schimmelmann-Mausoleum, ein schlichter klassizistischer Kuppelbau von 1790. In der linken vorderen Ecke bezeichnen zwei Kreuze die Gräber von Matthias Claudius und seiner Frau Rebekka; daneben das Grabkreuz des dänischen General-Lieutenants Friedrich Philipp Victor v. Moltke († 1845), des Vaters des berühmten Feldmarschalls.

Wandsbek (Forts.)
Wandsbeker Gehölz, Marienthal

Östlich vom Wandsbeker Markt zieht sich das Wandsbeker Gehölz (mit mächtigen Eichen), ein Rest des Schloßplatzes, etwa 2 km lang durch den Villenvorort Marienthal.

Studio Hamburg

Im Wandsbeker Ortsteil Tonndorf (ca. 3 km nordöstlich vom Wandsbeker Markt) hat die Studio Hamburg Atelier GmbH ihren Sitz (Jenfelder Straße Nr. 80). Auf einem 80000 m² großen Gelände betreibt sie mit rund 500 festen Mitarbeitern, zehn Film- und Fernsehateliers, zwei Sendestudios, einem Musikstudio, sechs Tonstudios für Sprachsynchronisation und Tonmischung sowie etlichen weiteren Spezialeinrichtungen das wichtigste norddeutsche Dienstleistungs- und Produktionszentrum für Fernsehen, Film, Tonträger (Schallplatten, Tonkassetten), Video und andere audiovisuelle Medien. Jährlich entstehen hier über 400 Fernsehproduktionen, und mehr als 25000 Programmminuten werden allein für die Synchronisation ausländischer Werke aufgewendet. Der riesige Fundus, darunter ca. 4500 Bauelemente, 400000 Kostüme und 2300 Perücken, gestattet es, nicht nur örtliche Produktionen auszustatten, sondern auch außerhalb bei der Erstellung von Bühnenbildern und Kostümausstattung für Theater, Film und Show sowie bei Messe- und Ausstellungsbau tätig zu werden.

NDR

Der ⟶ Norddeutsche Rundfunk unterhält auf dem Studiogelände eine Fernsehspielredaktion und ein Produktionsbüro; u.a. gehen von hier aus samstags "Die aktuelle Schaubude" und die "NDR-Talkshow" über die Sender.

ZDF

Nachdem das Zweite Deutsche Fernsehen (ZDF) lange Jahre bei Studio Hamburg in angemieteten Räumen zu Gast war, verfügt es seit 1989 auf dem angrenzenden Gelände am Wöschenhof über ein eigenes Sendestudio, das ZDF-Landesstudio Hamburg. In einem fünfgeschossigen Neubau wurden die bisher räumlich getrennten Fernseh-Funktionsbereiche vereinigt. Die Partnerschaft mit Studio Hamburg bleibt jedoch bestehen, und nach wie vor nutzt das ZDF deren gesamte Leistungspalette. Bekannte Familienserien sind Hamburger ZDF-Produktionen, so u.a. "Die Schwarzwaldklinik", "Diese Drombuschs", "Das Erbe der Guldenburgs", "Zwei Münchner in Hamburg" und "Unsere Hagenbecks".

Wedel (Holstein) — Ausflugsziel

Lage
22 km westlich vom Hamburger Stadtkern

S-Bahn
Wedel (S 1)

Bus
189

Zufahrt
B 431

Die zum (schleswig-)holsteinischen Kreis ⟶ Pinneberg gehörige Stadt Wedel (2 m ü.d.M.; 30000 Einw.) liegt unweit der Einmündung des Flüßchens Wedeler Au in die ⟶ Elbe. Das hohe Elbufer hört hier auf, und es beginnt die Marsch. Berühmt ist der jährlich im April abgehaltene traditionelle Wedeler Ochsenmarkt.

Als Wahrzeichen der Stadt gilt der Roland, eine etwas ungeschlachte Sandsteinfigur Karls des Großen mit Schwert und Reichsapfel (1651), das 1465 zuerst erwähnte Zeichen des Marktfriedens und der Marktgerechtigkeit.

Ernst-Barlach-Museum

Im Hause Mühlenstraße Nr. 1 wurde 1870 der Bildhauer, Graphiker und Dichter Ernst Barlach (⟶ Berühmte Persönlichkeiten) geboren (Gedenktafel am Hause). Darin befindet sich ein Ernst-Barlach-Museum (geöffnet Di.–So. 10.00–12.00 und 15.00–18.00 Uhr; Eintrittsgebühr). Es gibt ständige Wechselausstellungen von Graphiken und Bronzeplastiken Barlachs sowie einen Schriftennachlaß. Gelegentlich finden Sonderausstellungen zur Kunst der Klassischen Moderne statt. Weitere Barlach-Museen gibt es in Hamburg (⟶ Jenischpark) im holsteinischen Ratzeburg und im mecklenburgischen Güstrow.

Schulau

⟶ Willkommhöft

Wedel (Fortsetzung): Haseldorfer Marsch

Korbweidenland

Nordwestlich von Wedel dehnt sich, von Gräben und Wasserläufen durchzogen, die schöne Haseldorfer Marsch. Dem gewundenen Elbdeich sind weite Außendeichlande und, durch die schmale Binnenelbe von ihnen getrennt, eine Reihe von Sänden vorgelagert, in ihrer Unberührtheit ein Paradies für Vögel. Diese Niederungen sind mit Korbweiden (ca. 520 ha) bepflanzt, die von dem alteingesessenen Bandreißer- und Korbflechtergewerbe genutzt wurden; 1960 gab es noch 80 Betriebe, heute sind es nur mehr drei.

Haseldorf

Hauptort der Marsch ist Haseldorf. Die einst hier befindliche Wasserburg gehörte von 1494 bis 1736 den Grafen Ahlefeldt, die das Land eindeichten. Sie wurde 1801–1805 durch das heutige schlichte Herrenhaus ersetzt. Hier lebte von 1887 bis zu seinem Tode der Dichter Prinz Emil von Schönaich-Carolath (1852–1908; sein Grab auf dem Kirchhof); das Haus ist noch heute im Familienbesitz.
Der zwischen den Deichen eingebettete Schloßpark ist reich an seltenen Bäumen und wurde schon von berühmten Gästen des Dichters, wie Detlev v. Liliencron, Richard Dehmel und Rainer Maria und Rilke, bewundert.
Die am Parkeingang stehende Pfarrkirche ist ein schmucker, spätromanischer Ziegelbau des 13. Jahrhunderts mit freistehendem Glockenturm und großem Wappenepitaph der Familie von Ahlefeldt (1599) an der Giebelwand.
Im Kircheninneren beachtenswert sind die glockenförmige Bronzetaufe von 1445 und das geschnitzte Patronatsgestühl von 1731. Hinter dem Chor befindet sich die Ahlefeldtsche Gruftkapelle.

Hetlingen

Hetlingen, 4 km südlich von Haseldorf reizvoll in einem Bogen des Elbdeiches gelegen, war einst Mittelpunkt des Bandreißergewerbes. Von hier führt eine schmale Straße zu dem einsam gelegenen Gehöft 'Breckwoldtsand' auf der 1764 geschleiften Hetlinger Schanze. Sie hatte 1672 der dänische König Christian V. gegen die Hamburger aufwerfen lassen (kleine, nur im Sommer bewirtschaftete Gaststätte.)

Vom nahen Elbdeich bietet sich ein schöner Blick über den Strom zur Elbinsel Lühesand und auf das niedersächsische Elbufer bei Twielenfleth. Bis hierher führt von Wedel auch ein aussichtsreicher Spazierweg (ca. 8 km) auf dem Elbdeich über den Hof 'Fährmannssand', wo einst eine Ochsentrift über die ⟶ Elbe ging.

Uetersen

⟶ dort

Wilhelmsburg

Stadtteil zwischen Norderelbe und Süderelbe

Lage
ca. 7–10 km südlich vom Hamburger Stadtkern

S-Bahn
Wilhelmsburg (S 3, S 31)

Bus
151, 154, 155

Die von Norderelbe und Süderelbe umflossene große Insel Wilhelmsburg erwarben im 14. Jahrhundert die Groten, ein lüneburgisches Adelsgeschlecht (Ostteil) sowie die Harburger und Celler Herzöge (Westteil). Sie nahmen im Laufe der folgenden 350 Jahre die Eindeichung vor. Herzog Georg Wilhelm von Lüneburg-Celle erwarb sie 1672 und bildete daraus die 'Herrschaft Wilhelmsburg' (später 'Amt'). Von 1927 bis 1937 war Wilhelmsburg mit ⟶ Harburg zu der Großstadt 'Harburg-Wilhelmsburg' vereinigt, und diese wurde 1937 in Groß-Hamburg eingemeindet.

Infolge der Tieflage dieser Gegend richtete die Flutkatastrophe des Jahres 1962 (⟶ Stadtgeschichte, 20. Jahrhundert) in Wilhelmsburg besonders verheerende Schäden an und forderte die meisten Todesopfer im Hamburger Stadtgebiet.
Im Westen bestehen ausgedehnte Industrie- und Hafenanlagen sowie Wohnviertel, während der Osten eher ländlich geblieben ist.

Wilhelmsburg (Fortsetzung) Kirchdorf

Museum der Elbinsel Wilhelmsburg (Milchmuseum)

Der älteste Teil von Wilhelmsburg heißt Kirchdorf (Dorfkirche von 1614). Im Amtshaus an der Kirchdorfer Straße (Nr. 163), das anstelle der einstigen Burg der Herren von Grote (seit ca. 1370) und der späteren (seit 1672) 'Wilhelmsburg' steht, ist das Museum der Elbinsel Wilhelmsburg eingerichtet (zugänglich 1.5.–31.10. So. 15.00–17.00 sowie nach Vereinbarung; Tel. 7542609). Es behandelt die Entwicklung von Kultur und bäuerlichem Leben mit besonderer Berücksichtigung der hier früher bedeutenden Milchwirtschaft.

Georgswerder

An Kirchdorf schließt im Norden der Ortsteil Georgswerder, der wegen seiner hochgradig umweltgefährdenden Müllgroßdeponie negative Schlagzeilen gemacht hat.

Moorwerder

Im Süden, bei dem rein dörflichen Ortsteil Moorwerder, teilt sich die ⟶ Elbe an der Bunthäuser Spitze (Buntehausspitze) in Norderelbe und Süderelbe.

*Willkommhöft

Schiffsbegrüßungsanlage im Schulauer Fährhaus

Lage
in Wedel, ca. 22 km westlich vom Hamburger Stadtkern

S-Bahn
Wedel (S 1)

Bus
189

Die Schiffsbegrüßungsanlage 'Willkommhöft' befindet sich in dem beliebten Ausflugslokal "Schulauer Fährhaus" an der Unterelbe in Schulau, das bereits zu der holsteinischen Stadt ⟶ Wedel gehört.

Hier werden alle zwischen 8.00 Uhr morgens und Sonnenuntergang auf der ⟶ Elbe vorübergleitenden Schiffe mit mehr als 500 TDW begrüßt oder verabschiedet. Über Lautsprecher ertönen ein Grußwort in der Sprache des Herkunftslandes sowie die entsprechende Nationalhymne; zudem wird die Flagge des jeweiligen Staates gehißt. Ferner erfahren die Besucher Einzelheiten über das vorbeifahrende Schiff und seine Reiseroute.

Schulauer Fährhaus am Ufer der Unterelbe

Im Untergeschoß des Schulauer Fährhauses befindet sich das kuriose 'Binikowskis & Behnkes Buddelschiff-Museum' samt Souvenirladen. Täglich (Nov.–Febr. Mo. geschl.) zwischen 10.00 und 18.00 Uhr kann man hier rund 250 Buddelschiffe aus aller Welt bewundern, die der Kunsthandwerker Jochen Binikowski ('Buddel-Bini); zusammengetragen hat. Das kleinste, nur durch eine Lupe zu betrachen, steckt in einer winzigen Leuchtdiode, das größte in einer 25 Liter fassenden Flasche (= niederdeutsch 'Buddel').

HADAG-Schiff
(Juni–September)
ab St.-Pauli-Landungsbrücken in 65 Minuten

Buddelschiff-Museum

Räumlich verbunden mit dem Buddelschiff-Museum ist ein Muschelmuseum, in dem ca. 850 Muscheln, Schnecken und Korallen aus allen Ozeanen ausgestellt sind, wobei jedes Exponat mit einer sorgfältig erarbeiteten Erklärung versehen ist.

Muschelmuseum

Vom Schulauer Fährhaus kann man ostwärts am Rissener Elbufer und am Falkensteiner Ufer entlang nach → Blankenese spazieren.

Spazierweg nach Blankenese

Zoo

→ Hagenbecks Tierpark

Praktische Informationen von A bis Z

Alsterschiffahrt

→ Stadtbesichtigung

Andenken

→ Souvenirs

Anreise

Mit dem Auto

Von Süden: Autobahn Kassel – Hannover (A 7)
Von Südwesten: Autobahn Dortmund – Bremen ('Hansalinie'; A 1)
Von Norden: Autobahn Flensburg – Rendsburg (A 7) bzw. Kiel (A 215/A 7)
Von Nordosten: Autobahn Oldenburg in Holstein – Lübeck (A 1)
Von Südosten: Autobahn Berlin – Wittstock – Ludwigslust – Gudow (A 24)

Bundesstraßen s. S. 25

Mit der Eisenbahn

InterCityExpress-Züge (ICE) der Deutschen Bundesbahn (DB) verbinden Hamburg (→ Bahnhöfe) mit München, Stuttgart, Mannheim, Frankfurt am Main, Kassel und Hannover, *InterCity*-Züge (IC) mit fast allen deutschen Großstädten, *EuroCity*-Züge (EC) mit vielen Städten des benachbarten Auslandes, *InterRegio*-Züge (IR) und FD-Züge mit Zielen in Süddeutschland, D-Züge mit Berlin, Leipzig, Dresden, Schwerin, Rostock und Stralsund sowie D- und Eilzüge mit Städten in Schleswig-Holstein, Mecklenburg-Vorpommern und Niedersachsen.
Aus dem skandinavischen Raum bestehen Fernzugverbindungen mit Fährverladung von Oslo und Stockholm über den Sund und die Vogelfluglinie (Fehmarnbelttunnel projektiert), von Frederikshavn in Nordjütland mit Fähranschluß von Oslo und Göteborg über Flensburg nach Hamburg. In Kiel werden Fähranschlüsse von Oslo, Göteborg und Bagenkop (Dänemark), in Lübeck-Travemünde solche von Trelleborg (Schweden) und Helsinki (Finnland) aufgenommen.

Mit dem Flugzeug

Nonstop- oder direkte Flugverbindungen mit Linienmaschinen bestehen nach Hamburg-Fuhlsbüttel (→ Flughafen) von Alicante, Amsterdam, Ankara, Antalya, Antwerpen (Anvers), Athen (Athina), Atlanta, Augsburg, Barcelona, Basel, Bergen, Berlin (Tegel), Birmingham, Brüssel (Bruxelles/ Brussel), Budapest, Danzig (Gdańsk), Dresden, Dublin, Düsseldorf, Eindhoven, Frankfurt am Main, Genf (Genève), Göteborg, Helgoland, Helsinki, İstanbul, Köln/Bonn, Kopenhagen (København), Las Palmas (auf Gran Canaria), Leipzig, St. Petersburg (ehem. Leningrad), Lissabon (Lisboa), Luxemburg (Luxembourg), Madrid, Mailand (Milano), Málaga, Malmö, Manchester, Miami, Moskau (Moskva), München, New York (City), Nizza (Nice/Côte d'Azur), Nürnberg, Oslo, Palma de Mallorca, Paris, Prag (Praha), Reykjavík, Rotterdam, Saarbrücken, Stockholm, Stuttgart, Tunis, Warschau (Warszawa), Westerland (auf Sylt), Wien und Zürich.

Mit dem Schiff

Zwischen dem südostenglischen Hafen Harwich und Hamburg besteht eine regelmäßige Fährverbindung ('England-Fähre' u.a. → Fähren).

◀ *Museumsschiffe im Hamburger Hafen*

Antiquitäten

Antik-Center

Wer nach Antiquitäten Ausschau hält, könnte zunächst einen Rundgang durch das 'Antik-Center' in der alten Markthalle nahe dem Hauptbahnhof (Klosterwall Nr. 9–21) machen, wo zahlreiche Antiquitätenläden eine große Auswahl aus allen Stilepochen anbieten.

Schwerpunkte

In der City liegt der Schwerpunkt der Antiquitätengeschäfte zwischen Rathausmarkt und Gänsemarkt, vor allem an der ABC-Straße, an der Neuen ABC-Straße und an der Poststraße sowie an den Hohen Bleichen und an den Großen Bleichen.
Auch ein Bummel durch Pöseldorf (Milchstraße) oder den Stadtteil St. Georg (bes. zwischen den Straßenzügen Lange Reihe und Koppel) dürfte sich lohnen.

Antiquitätengeschäfte (Auswahl)

Anno Dazumal, HH 13, Schlüterstraße 77 (Möbel)
Antik-Speicher · Möbel vom Lande, HH 50, Eifflerstraße 1 (bäuerliche Barockschränke aus Skandinavien und Österreich)
Antiquitäten am Dammtor, Dr. Rolf Heuts, HH 36, Dammtorstraße 29 (Möbel, Gemälde)
Beiersdorf, HH 36, Poststraße 22 (Schmuck)
Blass, Ernst, HH 36, Hohe Bleichen 26 (Waffen, Militaria)
Blume, Birgit, HH 36, ABC-Straße 51 (Porzellan, Silber)
Bristol Antiques, HH 36, Große Bleichen 31 (Kaufmannshaus; Möbel, Glas, Gemälde)
Fowler & Co., HH 36, Große Bleichen 36 (Kleinkunst, Koffer, Sportartikel)
Greiff, Konstantin, HH 36, Rothenbaumchaussee 1 (Möbel)
Hazeborg, Bernhard ter, HH 13, Milchstraße 11 (Möbel, Gemälde)
Hennig s. ZEN Galerie
Hermsen, Jean, HH 36, Poststraße 36 (Münzen, Medaillen, Fayencen, Glas)
Korte, Klaus, HH 36, Poststraße 51 (Bronzen, Skulpturen, Biedermeiermöbel, Gemälde)
Kunsthaus City, L.+J. Sude, HH 36, Gerhofstraße 2 (Porzellan, v.a. KPM)
Lehmann, Monika, HH 1, Ballindamm 25 (Möbel, Silber, Uhren)
Modschiedler, HH 36, Neue ABC-Straße 11 (Silber, Porzellan, Kleinkunst, Möbel)
Niederoest, Urs S., HH 36, Hohe Bleichen 22 (Möbel, Porzellan, Silber, Kleinkunst)
Pendulum, HH 60, Maria-Louisen-Straße 5 (Uhren, Silber, engl. Möbel)
Reitz, Karl und Marta, HH 36, ABC-Straße 50 (Uhren)
Röhrdanz, Herta, HH 36, ABC-Straße 19 (Möbel, Silber, Glas, Porzellan)
Rose, Ludwig, HH 36, Neue ABC-Straße 4 (Möbel, Porzellan, Glas)
Rügge im Hanse-Viertel, HH 36, Große Bleichen 36 (Silber)
Ryan's Antiques, HH 20, Eppendorfer Weg 231 (v.a. aus England)
Schmidt, Alfred, HH 76, Heinrich-Hertz-Straße 33 (Möbel, Gemälde)
Shipsantiques, HH 26, Sorbenstraße 39 (nautische Antiquitäten)
Spitzenengel am Michel, HH 11, Krayenkamp 9 (nostalgische Textilien)
Steen, HH 36, Hohe Bleichen 22 (Möbel, Kleinkunst)
Stewen, Renate, HH 13, Milchstraße 28 (Diverses)
Susantiques, HH 13, Rothenbaumchaussee 47 (handkolorierte Stahlstiche, Silberteller)
Thiele, Barbara, HH 11, Deichstraße 26 + 30 (Möbel, Biedermeier, Kleinkunst)
Wense, Gebhard von der, HH 1, Ferdinandstraße 35 (Möbel, Porzellan, Silber)
ZEN Galerie Dr. Karl Hennig, HH 36, Wexstraße 35 (Ostasiatica)

Weitere Angebote

Adressen von weiteren Antiquitätengeschäften findet man im Branchentelefonbuch ('Gelbe Seiten') der Deutschen Bundespost Telekom unter der Rubrik "Antiquitäten".

Apotheken

Notdienst

In Notfällen sind die Anschriften der außerhalb der normalen Geschäftszeiten dienstbereiten Apotheken bei jeder Polizeidienststelle oder über den Ärztlichen Notdienst (Tel. 228022) zu erfahren.
Im übrigen ist an jeder Apotheke die gegebenenfalls nächste dienstbereite angeschrieben.

Internationale Apotheken

Internationale Apotheke
HH 1, Ballindamm 39; Tel. 335333 + 335966

Roth's Alte Englische Apotheke
HH 36, Jungfernstieg 48; Tel. 343906 + 345608

Archive

⟶ Bibliotheken und Archive

Ausflüge

Landausflüge

⟶ Besichtigungsprogramm: Längerer Aufenthalt

Ausflüge zur See

Als Stadt unweit zweier Meere ist Hamburg hervorragend geeignet, Kurzreisen zur See zu unternehmen, wobei sich Ein- und Mehrtagereisen anbieten.

Nordsee

Lohnende Tagesfahrt zur Insel Helgoland (⟶ Sehenswürdigkeiten von A bis Z: Helgoland).
Mehrtagesfahrt mit MS "Hamburg" der Reederei Scandinavian Seaways jeden zweiten Tag nach Harwich (Südostengland) mit zwei Übernachtungen an Bord oder unter Einschluß eines Ausfluges mit der Eisenbahn nach London mit einer weiteren Übernachtung dort.

Ostsee

Ausgangshäfen für Mehrtagesfahrten sind Lübeck-Travemünde (Skandinavienkai) und Kiel (Schwedenkai bzw. Oslokai). Beide Häfen kann man von Hamburg per Eisenbahn oder Autobus in 1 bzw. 1½ Stunden Fahrzeit erreichen. Die Routen von Kiel nach Göteborg und Oslo schließen zwei Nachtfahrten ein. In Göteborg steht bis zur Rückfahrt ein ganzer Tag zu Verfügung; in Oslo sind es nur 4½ Stunden; dafür hat man aber den Genuß einer längeren Seereise bei Tageslicht.
Mehrmals wöchentlich verkehren Fährschiffe der Finjet-Silja-Line zwischen Lübeck-Travemünde und der finnischen Hauptstadt Helsinki.
Im Sommer freitags gibt es eine Tagesfahrt von Lübeck-Travemünde (Ostpreußenkai) nach Rostock-Warnemünde.
Die Einrichtung von Schiffsverbindungen mit weiteren Ostseehäfen in Mecklenburg-Vorpommern (Wismar, Stralsund, Rügen) ist im Gespräch.
Der Ausflug von Hamburg über Lübeck-Travemünde nach Gedser (Dänemark) mit GT-Link läßt sich an einem Tag durchführen. Bei Benutzung der Vogelfluglinie zwischen Puttgarden und Rødby dauert die eigentliche Seereise zwar nur knapp eine Stunde; dafür kann man sie aber zu einem Tagesflug nach Kopenhagen ausweiten, wobei man entweder das Auto oder die Eisenbahn benutzen kann.

Ausflüge zur See, Ostsee (Fortsetzung)

Einen weiteren Tagesausflug auf der Ostsee kann man unter Benutzung der Vogelfluglinie unternehmen. Zwar dauert die eigentliche Seereise zwischen Puttgarden auf der Insel Fehmarn und Rødby auf der dänischen Insel Falster nur eine knappe Stunde, doch läßt sie sich zu einem Tagesausflug zur dänischen Hauptstadt Kopenhagen ausweiten (per Eisenbahn oder Kfz möglich).

Pauschalangebote

Alle zuvor genannten Linien bieten preisgünstige Pauschalpreise für Hin- und Rückfahrt an, bei den Nachtfahrten einschließlich Kabinenplatz und z.T. Pkw-Beförderung samt allen Insassen.

Einkaufsfahrten

Besonders preisgünstig sind die auch 'Butterfahrten' genannten Einkaufsfahrten von bestimmten deutschen zu dänischen Ostseehäfen, wobei die An- und Rückfahrt von bzw. nach Hamburg per Autobus erfolgt. An Bord der Schiffe gibt es Duty-Free-Supermärkte, in denen man zoll- und steuerfrei einkaufen kann. Diese Möglichkeit soll trotz Einführung des EG-Binnenmarktes (1992/1993) bis Mitte 1999 bestehen bleiben.

Ausflüge auf der Elbe

Unterelbe

Wer nicht einen ganzen oder mehrere Tage für eine Seereise zur Verfügung hat, kann eine Kurzfahrt auf der Elbe unternehmen. Die HADAG fährt im Sommer von den St.-Pauli-Landungsbrücken über Blankenese-Schulau (Willkommhöft) nach Lühe, eine Fahrt, die besonders zur Zeit der Obstblüte im Alten Land zu empfehlen ist. An manchen Tagen fahren die Schiffe weiter über Stadersand und Krautsand nach Glückstadt.
Sonderfahrten ab St.-Pauli-Landungsbrücken nach Glückstadt veranstaltet im Sommer auch die Lühe-Schulau-Fähre GmbH (Auskunft über die Fahrtage Tel. 04141 / 7841 oder 76841), nach Glückstadt sowie die Este aufwärts nach Buxtehude und die Schwinge aufwärts bis Stade die Este Reederei GmbH (Auskunft Tel. 04163 / 5798)

Elbaufwärts, Elbe-Seitenkanal, Nord-Ostsee-Kanal

Gelegentlich gibt es auch Sonderfahrten elbaufwärts bis zum und durch den Elbe-Seitenkanal ('Heide-Sues') zum Schiffshebewerk Scharnebeck und weiter bis Bad Bevensen in der Lüneburger Heide sowie solche durch den Nord-Ostsee-Kanal nach Kiel (Auskunft Tel. 040 / 3117070)

Elbe-Kreuzfahrten

Während der Sommersaison verkehren zwischen Hamburg (Lauenburg) und Dresden (Bad Schandau) komfortable Kabinenschiffe.

Schiffe und Veranstalter

MS "Clara Schumann" und MS "Theodor Fontane"
Länge: 94,80 m · Breite: 11,00 m · Tiefgang: 1,00 m · 80 Kabinen
KD · Elbe-Kreuzfahrten GmbH
Terrassenufer 12, O-8010 Dresden; Tel. (0161) 2203366
Köln-Düsseldorfer Deutsche Rheinschiffahrt AG
Frankenwerft 15, W-5000 Köln 1; Tel. (0221) 2080

MS "Prinzessin von Preussen"
Länge: 110 m · Breite: 11,20 m · Tiefgang: 0,96 m · 75 Kabinen
Schiffahrtsgesellschaft Prinzessin von Preussen GmbH + Co., Meißen
Peter Deilmann · Reederei
Am Hafensteig 19, W-2430 Neustadt in Holstein; Tel. (04561) 6106-0

Auskunft und Buchungen bei den Veranstaltern, Schiffahrtsagenturen und Reisebüros

MS "Calypso"
Länge: 75,60 m · Breite: 10,50 m · Tiefgang: 1,03 m · 44 Kabinen
DERTOUR · Flußkreuzfahrten – DER · Deutsches Reisebüro GmbH
Eschersheimer Landstraße 25–27, W-6000 Frankfurt am Main 1;
Tel. (069) 1566-0

Auskunft

Tourismus-Zentrale Hamburg · Hamburg Tourist Board

Die Tourismus-Zentrale Hamburg GmbH (mit touristischer EDV) steht zur Verfügung für Auskünfte, Beratung, Informationsmaterial sowie für die Vermittlung von Unterkünften, Stadt-, Hafen-, Alster- und Fleetrundfahrten, Ausflügen ins Umland, von Eintrittskarten für kulturelle und sportliche Veranstaltungen, von Fremdenführern, Leihfahrrädern und vielem anderen mehr.

Hauptbüro

Werbung, Promotion, Pressedienst (kein Publikumsverkehr)
HH 1, Burchardstraße 14/V., Postfach 102249
Telefon: (040) 300510 · Telefax: (040) 30051253
*Btx: 20166 # · Telex: 2163036 tzh d

Die Tourismus-Zentrale Hamburg unterhält die folgenden fünf Zweigstellen mit analogem Leistungsangebot:

Tourist Information im Flughafen

Flughafen Hamburg, Ankunftshalle D, HH 63 (Fuhlsbüttel)
Telefon: 30051240
Geöffnet: täglich 8.00–23.00 Uhr

Tourist Information im Hauptbahnhof

Hauptbahnhof Hamburg, Wandelhalle (Hauptausgang Kirchenallee), HH 1
Telefon: 30051230
Geöffnet: täglich 7.00–23.00 Uhr

Tourist Information am Hauptbahnhof (Nordseite)

Bieberhaus, HH 1, Hachmannplatz 1
Telefon: 30051245
Geöffnet: Mo.–Fr. 7.30–18.00, Sa. 9.00–13.00 Uhr

Tourist Information im Hanse-Viertel

Hanse-Viertel (Eingang Poststraße), HH 36, Große Bleichen 36
Telefon: 30051220
Geöffnet: Mo.–Fr. 10.00–18.30, langer Do. 11.00–21.00,
Sa. 11.00–15.00, langer Sa. 11.00–18.30, So. 11.00–15.00 Uhr

Tourist Information am Hafen

St.-Pauli-Landungsbrücken (zwischen Brücke 4 und 5), HH 36
Telefon: 30051200
Geöffnet: März bis Oktober täglich 9.00–18.00 Uhr,
November bis Februar täglich 10.00–17.00 Uhr

Weitere Informationsquellen

Unterkunft

Auskunft über freie Hotelkapazitäten erhält man auch unter der Telefonnummer 19412.

Flugverkehr

Informationen über den Flugverkehr erteilt die Flughafen-Auskunft unter der Telefonnummer 5082557/8

Autobahn

Informationsbüro in der Autobahn-Raststätte Stillhorn (A 1)
Jakobsberg 9, W-2102 Hamburg 93; Tel. 7540020

Eisenbahn

Die Reiseverkehrsauskunft der Deutschen Bundesbahn (DB) in Hamburg hat die Telefonnummer 19419.

Nahverkehr

Auskünfte zum Fahrplan der im Hamburger Verkehrsverbund (HVV) zusammengeschlossenen öffentlichen ⟶ Verkehrsmittel (Busse, Bahnen und Hafenschiffe) sowie über Fahrpreise, Ermäßigungen und Sonderangebote erhält man werktags zwischen 7.00 und 20.00 Uhr unter der Telefonnummer 322911.

Auskunft (Forts.) Alsterschiffahrt	ATG · Alster-Touristik GmbH HH 36, Alsteranleger Jungfernstieg; Tel. 341141
Messen	Hamburg Messe und Congress GmbH HH 36, Messehaus, Jungiusstraße 13; Tel. 35690
Kongresse	Congress Centrum Hamburg (CCH) HH 36, Am Dammtor / Marseiller Straße; Tel. 35690
Historisches Auswandererbüro	Historic Emigration Office (⟶ Sehenswürdigkeiten: Museum für Hamburgische Geschichte), HH 36, Holstenwall 24; Tel. 35042360/80
Kulturangebot	Kulturbehörde der Freien und Hansestadt Hamburg HH 76, Hamburger Straße 45; Tel. 291881
Theater- und Konzertkarten	⟶ Vorverkaufsstellen
Notrufe	⟶ Notdienste

Auslandsinstitute

⟶ Kulturinstitute

Ausstellungen

⟶ Kunstgalerien und Kunsthandlungen
⟶ Museen

Autobushof

⟶ Bahnhöfe, Autobushof ZOB

Autobusse

⟶ Verkehrsmittel

Autohilfe

⟶ Pannenhilfe

Automobilklubs

ACE	Auto Club Europa (ACE) HH 1, Besenbinderhof 62 Zentrale: Tel. 241031 · Pannenleitstelle: Tel. 19216
	Geschäftsstelle Harburg HH 90, Am Soldatenfriedhof 5; Tel. 7654411
ADAC	Allgemeiner Deutscher Automobil Club (ADAC), Gau Hansa HH 1, Amsinckstraße 39 Zentrale: Tel. 23990 · Information: Tel. 23999 · Pannenhilfe: Tel. 19211

Automobilklubs, ADAC (Fortsetzung)

Geschäftsstelle City Nord
HH 60, Kapstadtring 5; Tel. 6310141

Geschäftsstelle Bergedorf
HH 80, Kampchaussee 66; Tel. 7215565

Geschäftsstelle Harburg
HH 90, Großmoordamm 69; Tel. 771551

Gau Schleswig-Holstein
W-2000 Norderstedt, Herold-Center; Tel. 5233800

AvD

Automobilkclub von Deutschland (AvD)
HH 1, Heidenkampsweg 41; Tel. 230837

DTC

Deutscher Touring Automobil Club (DTC)
HH 26, Billstraße 28; Tel. 787351

KVDB

Automobilclub KVDB
HH 11, Brandstwiete 4; Tel. 330571

VBD

Verkehrsclub der Bundesrepublik Deutschland (VBD)
HH 50, Friedensallee 44; Tel. 3905946

Autovermietung

⟶ Mietwagen

Bäder

Badeanstalten

Während die Freibäder im allgemeinen von Mitte Mai bis Ende August geöffnet haben, sind die Hallenbäder ganzjährig zugänglich.

Freibäder

Aschberg, HH 26, Rückersweg
Außenmühle, HH 90 (Harburg), Gotthelfweg 2
Bille-Bad, HH 80 (Bergedorf), Reetwerder 25
Billstedt, HH 74, Archenholzstraße 50 a
Bondenwald, HH 61, Friedrich-Ebert-Straße 61
Dulsberg, HH 70, Am Dulsbergbad 1
Eimsbüttel ('Kaifu'), HH 20, Kaiser-Friedrich-Ufer
Farmsen, HH 72, Neusurenland 63–67
Finkenwerder, HH 95, Finksweg 82
Langenhorn, HH 62, Hohe Liedt 9
Marienhöhe (mit Sauna), HH 55, Luserneweg 1–3
Neugraben, HH 92, Neuwiedenthaler Straße 1c
Ohlsdorf, HH 63, Im Grünen Grunde 1
Osdorfer Born, HH 53, Am Osdorfer Born
Rahlstedt (mit Sauna), HH 73, Wiesenredder 85
Schwimmstadion Altona, HH 50, Schnackenburgallee 85
Stadtparksee, HH 60, Südring 5b
Volksdorf (mit FKK-Bad), HH 67, Moorbekweg 100
Wilhelmsburg, HH 93, Zeidlerstraße 52

Hallenbäder

Alster-Schwimmhalle (mit Sauna), HH 76, Ifflandstraße 21
'badlantic', W-2070 Ahrensburg, Reeshoop 60
Barmbek-Uhlenhorst (mit Sauna), HH 76, Bartholomäusstraße 95
Bille-Bad (mit Sauna), HH 80 (Bergedorf), Reetwerder 25
Billstedt, HH 74, Archenholzstraße 50 a

Bäder, Hallenbäder (Fortsetzung)

Bismarckbad (mit Sauna), HH 50, Ottenser Hauptstraße 2
Blankenese, HH 55, Simrockstraße 45
Bramfeld, HH 71, Fabriciusstraße 223
Budapester Straße, HH 4, Budapester Straße 29
Eimsbüttel, HH 20, Hohe Weide 15
Elbgaustraße, HH 53, Elbgaustraße 110
Finkenwerder, HH 95, Finksweg 82
Harburg, HH 90, Rathausstraße 40
Holthusenbad (mit Sauna), HH 20, Goernestraße 21
Niendorf (mit Sauna; im Sommer Freibad), HH 61, Friedrich-Ebert-Str. 71
Ohlsdorf, HH 63, Im Grünen Grunde 1
Rahlstedt, HH 73, Rahlstedter Bahnhofstraße 52
Süderelbe, HH 92, Neugrabener Markt 9
Volksdorf (mit Sauna), HH 67, Rockenhof
Wandsbek, HH 70, Wendemuthstraße 14
Wilhelmsburg, HH 93, Dratelnstraße 30

Saunaparks in und um Hamburg

Datscha-Sauna, HH 13 (Harvestehude), Rothenbaumchaussee 54
Sauna im Alstertal, HH 65 (Poppenbüttel), Heegbarg 10a (gegenüber dem Alstertal-Einkaufszentrum)
Sauna Pöseldorf, HH 13, Brodersweg 3
Sauna Braak, W-2000 Braak, Ihlendiek 38 (A 1 Richtung Lübeck bis Ausfahrt 'Stapelfeld')
Sauna Rahlstedt, HH 73, Tonndorfer Weg 5
Sierich-Sauna, HH 60, Andreastraße 18
Saunapark Ulzburg, W-2359 Henstedt-Ulzburg/Westerwohld (A 7 Richtung Neumünster bis Ausfahrt 'Quickborn' oder 'Kaltenkirchen')
Atmos Sport- und Saunacenter, HH 90 (Harburg), Großmoorring 1
Die Therme, HH 90 (Harburg), Harburger Ring 6
Sauna Hittfeld, W-2105 Seevetal 1, Hittfelder Landstraße (A 7 Richtung Bremen durch den Elbtunnel bis Ausfahrt 'Fleestedt')

Bahnhöfe

Hauptbahnhof

Der östlich der Binnenalster gelegene Hauptbahnhof (→ Sehenswürdigkeiten: Hauptbahnhof) ist Durchgangsbahnhof und als Knotenpunkt für den Nah- und Fernverkehr (→ Verkehrsmittel) von Bedeutung. Informationsstellen im und beim Hauptbahnhof → Auskunft.

Bahnhof Altona

Die ausgedehnten Anlagen des Kopfbahnhofes Hamburg-Altona bilden eine überaus wichtige Drehscheibe des nationalen und internationalen Eisenbahnverkehrs. Die Verbindung zum Stadtzentrum stellt die S-Bahn her.

Bahnhof Dammtor

Der westlich der Außenalster gelegene Dammtorbahnhof ist als 'Kongreßbahnhof' eine wichtige Station sowohl für Fernzüge als auch für die S-Bahn.

Bahnhof Harburg

Südlich der Elbe im Stadtteil Hamburg-Harburg gelegen, spielt dieser Bahnhof vor allem für die Eisenbahnlinien in Richtung Bremen, Hannover und Cuxhaven eine Rolle. Die Verbindung zum Stadtzentrum wird durch die S-Bahn hergestellt.

Autobushof ZOB

Als Sammelplatz für den regionalen und den Fernautobusverkehr dient der unweit südöstlich vom Hauptbahnhof befindliche Zentral-Omnibus-Bahnhof (ZOB).

Spezialbahnhöfe

Der ausgedehnte Rangierbahnhof Maschen und das hochmoderne Bahnbetriebswerk Eidelstedt (Wartung der ICE-Züge) sind im einleitenden Kapitel → Zahlen und Fakten (Verkehr) beschrieben.

Behindertenhilfe

Club 68

Der Club 68, Verein für Behinderte und ihre Freunde e.V. (HH 63, Hummelsbütteler Weg 63, Tel. 5384313) gibt den "Hamburg-Führer für Behinderte" heraus, der u.a. über die Zugänglichkeit von Sehenswürdigkeiten, Sportstätten, Einkaufszentren, Behörden sowie über Restaurants, Hotels, Parkhäuser u.a. mit rollstuhlgerechten Einrichtungen informiert. Darüber hinaus sind Kontaktadressen von einschlägigen Verbänden und Hilfsorganisationen angegeben.

BSK

Bundesverband Selbsthilfe für Körperbehinderte (BSK),
Bereich Hamburg/Schleswig-Holstein e.V.
HH 11, Rothesood 2; Tel. 3192666; tgl. 9.00–12.00 und 18.00–20.00 Uhr
Vermittlung von Reisebegleitern und Organisation von Gruppenreisen für Rollstuhlfahrer.
BSK-Reisehelferbörse, Altkrautheimer Straße 17, W-7109 Krautheim an der Jagst; Telefon: (06294) 680 (Zentrale) bzw. 6812 (Reisehelferbörse)

Arbeitsgemeinschaft

Behinderten-Arbeitsgemeinschaft Harburg e.V.
HH 90 (Harburg), Seeveplatz 1; Tel. 7650267

Hotelführer für Körperbehinderte

Ein Hotel- und Reiseratgeber für Körperbehinderte (ein Band Deutschland, ein Band Ausland) erscheint im Verlag Fremdenverkehrsmarketing GmbH (FMG · Postfach 1547 · W-5300 Bonn 1) und kann von dort auch bezogen werden.

Behindertentaxi

Tel. 4105458

Besichtigungsprogramm

Hinweis

Die nachstehenden Empfehlungen sollen dem Reisenden, der zum ersten Mal nach Hamburg kommt und nur wenig Zeit zur Verfügung hat, als Leitfaden dienen, um den Aufenthalt in der Stadt möglichst eindrucksvoll zu gestalten. Die Verweiszeichen (⟶) beziehen sich – sofern nicht anders vermerkt – auf die Beschreibungen der 'Sehenswürdigkeiten von A bis Z' im Hauptteil dieses Reiseführers.

Stippvisite

Wer nur für wenige Stunden in Hamburg Aufenthalt hat und dennoch das Allerwichtigste sehen möchte, dem sei die Teilnahme an einer organisierten Stadtrundfahrt (min. 1½ St.; z.B. mit der 'Hummelbahn') oder eine kombinierte Stadt- und Hafenrundfahrt (ca. 2½ St.) angeraten (⟶ Praktische Informationen: Stadtbesichtigung, Stadtrundfahrten).

Ein Tag

Vorausgesetzt, das Wetter spielt mit, kann man die pulsierende Hamburger Innenstadt ohne große Anstrengung zu Fuß erkunden. Wem das zu mühsam ist, der kann selbstredend die gut organisierten öffentlichen Verkehrsmittel (Omnibusse, U- und S-Bahnen ⟶ Praktische Informationen: Verkehrsmittel) oder ein ⟶ Taxi benutzen. Von der Benutzung des eigenen Fahrzeuges zum Zwecke der Stadtbesichtigung ist wegen der wie in allen Großstädten herrschenden Parkplatznot abzuraten (⟶ Parkhäuser).

Nimmt man den ⟶ Hauptbahnhof mit seiner neugestalteten Wandelhalle als Ausgangspunkt, so empfiehlt sich ein Gang durch die belebte ⟶ Mönckebergstraße oder die parallel verlaufende Spitalerstraße, wobei man unweit der ⟶ Jacobikirche und später direkt an der ⟶ Petrikirche vorüberkommt sowie zuletzt den weiten ⟶ Rathausmarkt mit dem monumentalen ⟶ Rathaus an der Kleinen ⟶ Alster erreicht. Von hier sind es nur wenige Schritte in das Labyrinth der Einkaufspassagen (⟶ Passagen), die sich bis zur Gegend um den ⟶ Gänsemarkt erstrecken.

Ein Tag (Fortsetzung)

Vor oder nach einer Pause im bekannten ⟶ Alsterpavillon am nicht minder berühmten ⟶ Jungfernstieg unternehme man einen Spaziergang rings um das Becken der Binnenalster mit der Alsterfontäne (⟶ Alster). Entweder auf dem Neuen Jungfernstieg oder gegenüber auf dem Ballindamm gelangt man in einer Viertelstunde zur ⟶ Lombardsbrücke, von wo sich der wohl bekannteste Blick auf die türmereiche Innenstadt bietet. Nördlich jenseits von Lombards- und Kennedybrücke (darunter Gehsteige) öffnet sich das weite Becken der Außenalster (⟶ Alster).

Eher Althamburger Szenerien finden sich im Süden vom Rathausmarkt. Hinter dem Rathaus, an welches sich unmittelbar die ⟶ Börse anschließt, kommt man zu dem gewundenen, von mehreren Brücken überspannten ⟶ Nikolaifleet. Das Ruinenmahnmal des ⟶ Nikolaikirchturms am Hopfenmarkt (Ost-West-Straße), die ⟶ Katharinenkirche und nicht zuletzt die restaurierte Bebauung der historischen ⟶ Deichstraße (mit Durchgängen zum Fleet) sind die wichtigsten Sehenswürdigkeiten in diesem Stadtbereich.

Dann ist man bereits am Binnenhafen, an dessen jenseitigem Ufer die ersten Backsteinfronten der ⟶ Speicherstadt grüßen. Westwärts gelangt man auf der Hafenrandpromenade (⟶ Hafenmeile) am ⟶ Hafen entlang, vorüber an der Überseebrücke und dem Hafentor zu den ⟶ Landungsbrücken von St. Pauli, wo man sich mit dem Ausblick auf das Hafengeschehen begnügen oder aber eine stets lohnende Hafenrundfahrt per Schiff machen kann (⟶ Praktische Informationen: Stadtbesichtigung, Hafenrundfahrten).

Nach einem Blick in den Alten ⟶ Elbtunnel könnte der abschließende Höhepunkt des Stadtrundganges der Besuch der ⟶ Michaeliskirche sein, des als 'Michel' wohlbekannten Wahrzeichens der Hansestadt; von der Turmhöhe (auch Aufzug) bietet sich ein prächtiger Ausblick über Stadt und Hafen. Am Fuße der Kirche lohnt ein Gang durch die historischen ⟶ Krameramtswohnungen.
Wem dann noch Reserven zu Gebote stehen, der mache einen nächtlichen Bummel durch das bunte Vergnügungsviertel von ⟶ St. Pauli mit ⟶ Reeperbahn und Großer Freiheit.

Zwei Tage

Nach dem vielseitigen Programm des ersten Tages bietet sich für den zweiten der Besuch eines oder mehrerer der großen Museen an. Die ⟶ Kunsthalle und das ⟶ Museum für Kunst und Gewerbe befinden sich in unmittelbarer Nähe des Hauptbahnhofes. Auch das architektonisch bemerkenswerte ⟶ Kontorhausviertel mit dem ⟶ Chilehaus ist nur einige Minuten entfernt.

Auf einem Rundgang durch das ⟶ Museum für Hamburgische Geschichte in den Großen Wallanlagen lassen sich die bisher gewonnenen Eindrücke gut vertiefen. Von dort führt ein ruhiger Spazierweg durch die langgestreckten Wallanlagen (⟶ Planten un Blomen) am Westrand der Innenstadt über den Alten Botanischen Garten (⟶ Botanische Gärten) bis zum Gartenpark 'Planten un Blomen', an dessen Rand der ⟶ Fernsehturm 'Tele-Michel' aufragt; von der Aussichtsplattform (Aufzug) genießt man einen umfassenden Panoramablick über das gesamte Weichbild der Hansestadt.

Als Alternative zum Gang durch die Parkanlagen empfiehlt sich die sehr lohnende Rundfahrt mit einem der flachen 'Alsterdampfer' (Abfahrt am Anleger Jungfernstieg) auf Binnen- und Außenalster (⟶ Alster) sowie durch die idyllischen Seitenkanäle oder eine Bootsfahrt durch die ⟶ Fleete und die malerische ⟶ Speicherstadt im Freihafen (Angebote ⟶ Praktische Informationen: Stadtbesichtigung, Alsterschiffahrt).
Zu weiteren Museumsbesuchen gibt die ausführliche Museumsliste (⟶ Praktische Informationen: Museen) hinreichend Anregungen.

Besichtigungsprogramm, Zwei Tage (Fortsetzung)

Zur abendlichen Unterhaltung kann man wählen zwischen einem Theaterbesuch (→ Praktische Informationen: Theater) oder Konzert (→ Praktische Informationen: Musik) und einem Streifzug durch die Szenelokale am und um den → Großneumarkt, im → Universitätsviertel, in → Pöseldorf oder in → Eppendorf. Wer nächtliche Vergnügungen außerhalb von St. Pauli sucht, dem sei das Pendant im Stadtteil → St. Georg östlich hinter dem Hauptbahnhof angeraten.

Drei Tage

Nachdem die ersten beiden Tage vor allem den Sehenswürdigkeiten im inneren Stadtgebiet gewidmet waren, könnte man am dritten Tag ein wenig weiter ausholen und beispielsweise auf der prächtigen → Elbchaussee oder dem reizvollen Elbuferweg von → Altona über → Övelgönne (Museumshafen, Lotsenhäuschen) und den → Jenischpark mit dem Jenisch-Haus und dem Ernst-Barlach-Haus nach → Blankenese fahren oder gar wandern, wo sich eine Rast in einem der Lokale am Strandweg oder im Aussichtsrestaurant auf dem Süllberg anbietet.

Besonders bei den Kindern beliebt ist der Ausflug zu → Hagenbecks Tierpark in Stellingen, einem der berühmtesten zoologischen Gärten überhaupt.

Als lohnend erweist sich auch der Besuch des riesigen, parkartigen → Ohlsdorfer Friedhofes, auf dem sich eindrucksvolle Gedenkstätten befinden und viele berühmte Persönlichkeiten begraben liegen.

Bismarck-Fans können mit der S-Bahn über Aumühle nach Friedrichsruh in den → Sachsenwald fahren. Dort gibt es ein Bismarck-Museum und das Bismarck-Mausoleum sowie einen interessanten Schmetterlingsgarten. – Das → Bismarck-Denkmal thront auf dem Geestrand über dem Hamburger Hafen.

Wer die Hansestadt übers Wochenende besucht, darf sich eigentlich nicht den traditionellen → Fischmarkt entgehen lassen, der jeden Sonntag frühmorgens am Hafenufer von St. Pauli und Altona abgehalten wird.

Längerer Aufenthalt

Abstecher in die weitere Umgebung, etwa zu den Schlössern in → Ahrensburg und Reinbek (→ Museum Rade am Schloß Reinbek), ins → Alstertal, nach → Bergedorf, in die → Vierlande und Marschlande, nach → Geesthacht oder → Lauenburg an der Elbe, zu der einstigen Fischerinsel → Finkenwerder, in die Harburger Berge (→ Harburg) und zum → Freilichtmuseum am Kiekeberg, durch das → Alte Land nach → Buxtehude und → Stade, nach → Lüneburg und in die → Lüneburger Heide, in die Haseldorfer Marsch (→ Wedel), die → Stormarnsche Schweiz oder gar zur Insel → Helgoland erfordern einen entsprechenden weit gesteckten Zeitrahmen.

Bibliotheken und Archive

Auswahl

Bibliothek des Bundesamtes für Seeschiffahrt und Hydrographie
HH 36, Bernhard-Nocht-Straße 78

Bibliothek der Bundesforschungsanstalt für Fischerei
HH 50, Palmaille 9

Bibliothek des Institutes für Schiffbau
HH 60, Lämmersieth 90

Bibliothek und Archiv des Institutes für Wirtschaftsforschung – Hamburg (HWWA; eines der wichtigsten Fachinstitute dieser Art in Deutschland)
HH 36, Neuer Jungfernstieg 21

Auswahl (Fortsetzung)

Bibliothek der Geographischen Gesellschaft in Hamburg
HH 13, Rothenbaumchaussee 21–23

Bibliothek des Europa-Kollegs Hamburg
HH 52, Windmühlenweg 27

Bibliothek und Archiv des Deutschen Orient-Institutes
HH 13, Mittelweg 150

Bibliothek des Institutes für Asienkunde
HH 13, Rothenbaumchaussee 32

Bibliothek des Institutes für Afrikakunde
HH 36, Neuer Jungfernstieg 21

Bibliothek des Amerika-Hauses
HH 13, Testorpfstraße 1

Bibliothek und Pressedokumentation
des Institutes für Iberoamerika-Kunde
HH 36, Alsterglacis 7

Bibliothek des UNESCO-Institutes für Pädagogik
HH 13, Feldbrunnenstraße 58

Bibliothek der Hamburger Sternwarte
HH 80 (Bergedorf), Gojenbergsweg 112

Bibliothek des Hans-Bredow-Institutes für Rundfunk und Fernsehen
HH 13, Heimhuder Straße 21

Bibliothek und Archiv des Fördervereins Umweltschutz Unterelbe e.V.
HH 50, Hohenesch 63

Bibliothek für Sozialgeschichte und Arbeiterbewegung
(Forschungsstelle für die Geschichte des Nationalsozialismus in Hamburg)
HH 13, Rentzelstraße 7

Bibliothek des British Council
HH 13, Rothenbaumchaussee 34

Bücherei der Staatlichen Landesbildstelle
HH 54, Kieler Straße 171

Commerzbibliothek der Handelskammer Hamburg (bereits im Jahre 1735 gegründete wirtschaftswissenschaftliche Spezialbibliothek mit derzeit rund 155000 Bänden, die kostenlos eingesehen werden können)
HH 11, Adolphsplatz 1

Deutsches Bibelarchiv (ca. 400 alte Bibeln auf Mikrofilm) im Germanischen Seminar der Universität Hamburg
HH 13, Von-Melle-Park 6

Deutsches Übersee-Institut
HH 36, Neuer Jungfernstieg 21

English Library
HH 13, Moorweidenstraße 40

Hamburger Öffentliche Bücherhallen
HH 36, Große Bleichen 27, Kaiser-Galerie (Zentralbücherei und Musikbücherei); über 50 Büchereien im Stadtgebiet

Bibliotheken und Archive, Auswahl (Fortsetzung)

Norddeutsche Blindenhörbücherei e. V.,
Stiftung Centralbibliothek für Blinde e. V.
HH 76, Herbert-Weichmann-Straße 44–46

Nordelbische Kirchenbibliothek
HH 13, Grindelallee 7

Staatsarchiv der Freien und Hansestadt Hamburg
HH 36, ABC-Straße 19 A (keine Ausleihe)

Staats- und Universitätsbibliothek Carl von Ossietzky
HH 13, Von-Melle-Park 3

Theatersammlung der Universität Hamburg
HH 13, Von-Melle-Park 3 (Altbau der Staats- und Universitätsbibliothek).
Dokumentation über 300 Jahre Theatergeschichte (bes. Hamburg; rund 300 000 Kritiken, 120 000 Theaterzettel, 60 000 Bücher) sowie Filmliteratur.

Universitätsbibliothek der Technischen Universität Hamburg-Harburg
HH 90 (Harburg), Wallgraben 55 a

Stadtteilarchive → Geschichtswerkstätten

Bootsverleih

→ Sport, Wassersport

Botanische Gärten

→ Sehenswürdigkeiten: Botanische Gärten

Busbahnhof

→ Bahnhöfe, Autobushof ZOB

Cafés und Konditoreien

Auswahl

Alsterpavillon (beliebter Treffpunkt), HH 36, Jungfernstieg 54
Andersen, HH 36, Jungfernstieg 26 (Hamburger Hof)
Bobby Reich, HH 60, Fernsicht 2 (Bootssteg)
Café Blankenese, HH 55, Blankeneser Hauptstraße 157
Camus, HH 13, Grindelhof 87
Cappuccino, HH 36, Große Bleichen 16 (im Hamburger Hof, 1. Etage)
Christiansen, HH 20, Hoheluftchaussee 99
*Condi (im Hotel Vier Jahreszeiten), HH 36, Neuer Jungfernstieg 9–14
(Einrichtung im Biedermeierstil; eigene Konditorei, gute Pralinen)
Gartencafé am Planschbecken, HH 60, im Stadtpark
Engelchen, HH 36, Neuer Wall 18 (1. Etage)
Entrée, HH 36, Große Bleichen 35 (Bleichenhof)
Espresso (Mövenpick), HH 36, Große Bleichen 30 (im Hanse-Viertel)
Fiedler, HH 60, am Schiffsanleger Mühlenkamp
*Fleuron, HH 36, im Kaufmannshaus (Passage)
Funk-Eck, HH 13, Rothenbaumchaussee 137
Galerie-Café, HH 11, Großneumarkt 54
*Godiva (Spez. Brüsseler Pralinen), HH 36, Alsterarkaden 12
Gustav Adolf von Schweden, HH 36, Große Bleichen 32

Cafés und Konditoreien, Auswahl (Fortsetzung)

Kranzler-Garten, HH 36, Dammtor / Marseiller Straße
(im Congress Centrum Hamburg)
* Liebermann (in der Kunsthalle), HH 1, Glockengießerwall
* Lenôtre, HH 36, Große Bleichen 35 (Bleichenhof)
* Leysieffer (Confiserie ohne Sitzgelegenheiten),
HH 36, Große Bleichen 36 (Hanse-Viertel)
Lindtner, HH 20, Eppendorfer Landstraße 88
Loft, HH 36, Große Bleichen 21
Schöne Aussichten, HH 36, Gorch-Fock-Wall 2
(im Alten Botanischen Garten)
Schwanenwik (im Literaturhaus), HH 76, Schwanenwik 38
Sommergarten, HH 13, Mittelweg 26
Strandcafé (beim Museumshafen), HH 52, Övelgönne 1
Terrassencafé Alsterufer, HH 36, Alsterufer 2
Veneto (Mövenpick Spitaler Brücke), HH 1, Spitalerstraße 9
* Wiener Café Bohème (Live-Musik), HH 13, Milchstraße (Innenpassage)
Wiener Kaffeehaus, HH 13, Oberstraße 14 c
Witthüs Teestuben, HH 55 (Blankenese), Elbchaussee 499 a
(im Hirschpark)
Yellow, HH 1, Rathausstraße 12

In Lübeck (ca. 60 km nordöstlich von Hamburg; A 24/A 1)

* Niederegger
(Spezialität: Lübecker Marzipan),
Breite Straße 89 (am Rathaus), W-2400 Lübeck

Camping

Ausgewählte Campingplätze in Hamburg

Campingplatz Buchholz (0,5 ha; ganzjährig)
HH 54 (Stellingen), Kieler Straße 374; Tel. 5404532

City Camp (1 ha; ganzjährig)
HH 54 (Eidelstedt), Kieler Str. 620; Tel. 5705121

City Camp Tourist (2,5 ha; ganzjährig)
HH 54 (Eidelstedt), Kieler Straße 650; Tel. 5704498

Camping Schnelsen-Nord (3 ha; April – Oktober)
HH 71 (Schnelsen), Wunderbrunnen 2; Tel. 5594225

In der Umgebung, südlich der Elbe

* Camping Stover Strand International (20 ha; ganzjährig)
W-2090 Drage/Elbe, Stover Strand 10; Tel. (04177) 430
(eigener Bootshafen und Badestrand am Südufer der Elbe, unweit gegenüber von Geesthacht [Elbbrücke])

Azur-Camping Lüneburger Heide (22 ha; ganzjährig)
W-2115 Egestorf; Tel. (04175) 661
(A 7 Richtung Hannover bis Anschlußstelle 'Evendorf')

Camping Harsefeld (2,5 ha; April – September)
W-2165 Harsefeld; Tel. (04164) 8020
(westlich von Buxtehude)

In der Umgebung, nördlich der Elbe

Campingplatz Roland (0,5 ha; April – Oktober)
W-2357 Bad Bramstedt, Kieler Berg 36; Tel. (04192) 6723 + 8870
(A 7 Richtung Neumünster bis Anschlußstelle 'Bad Bramstedt')

Hinweis

Weitere empfohlene Campingplätze in den angrenzenden Bundesländern Schleswig-Holstein und Niedersachsen findet man in dem alljährlich neu erscheinenden "Camping-Führer" des ADAC ('Europas Campingplätze im Test'; Band 2: Deutschland · Nordeuropa).

Delikatessen

→ Restaurants

Diskotheken

→ Nachtleben

Einkäufe

→ Shopping

Eisenbahn

→ Anreise
→ Auskunft
→ Bahnhöfe
→ Museumseisenbahnen

Essen und Trinken

Küche

Allgemeines

In Hamburg wurde schon immer Wert auf gutes Essen gelegt, und die Aufgeschlossenheit der Handelsstadt zeigte sich früh in den Einflüssen fremder Länder auf die hamburgische Küche. So ist z.B. die typische Kombination von Fisch und Fleisch, von Salzigem, Süßem und Saurem, die manchem vielleicht etwas befremdlich erscheinen mag, vermutlich aus dem nordischen Raum hierhergekommen. In Hamburg bevorzugt man kräftige, deftige und möglichst ungekünstelte Gerichte.

In jüngster Zeit hat sich die Hansestadt geradezu zu einem Wallfahrtsort für Feinschmecker entwickelt. Etliche international renommierte Küchenchefs präsentieren hier ihre Kreationen. Groß ist auch die Zahl der Nationalitätenrestaurants (→ Restaurants); auf allen Speisekarten sind Fisch und andere Meerestiere zu finden, auch Austern, Hummer und Kaviar.

Typische Gerichte

Aalsuppe

Die bekannte 'Hamburger Aalsuppe' hieß ursprünglich 'Saure Suppe'. Der heute gängige Name rührt jedoch nicht von den erst später hinzugefügten Aalstücken her, sondern wird auf die Bezeichnung 'Allsuppe' – von niederdeutsch 'aal' für hochdeutsch 'alles' (mögliche) – zurückgeführt; denn die 'Aalsuppe' ist eigentlich eine saure Restesuppe:

Aus einem noch reichlich mit Fleisch besetzten Schinkenknochen, Rauchfleisch, Möhren (hamburgisch 'Wurzeln'), Sellerie, Porree, Erbsen sowie Backobst (getrocknete Birnen, Apfelringe und Pflaumen) und anderen Zutaten wird eine Suppe gekocht, die man dann mit vielerlei Kräutern und Gewürzen, Essig, Weißwein, Zucker, Salz und Pfeffer abschmeckt.
Erst zum Schluß werden Stücke frischen Aales zugegeben und kurz mitgekocht.

Typische Gerichte (Fortsetzung)
Speisefische und andere Wassertiere auf Hamburger Speisekarten

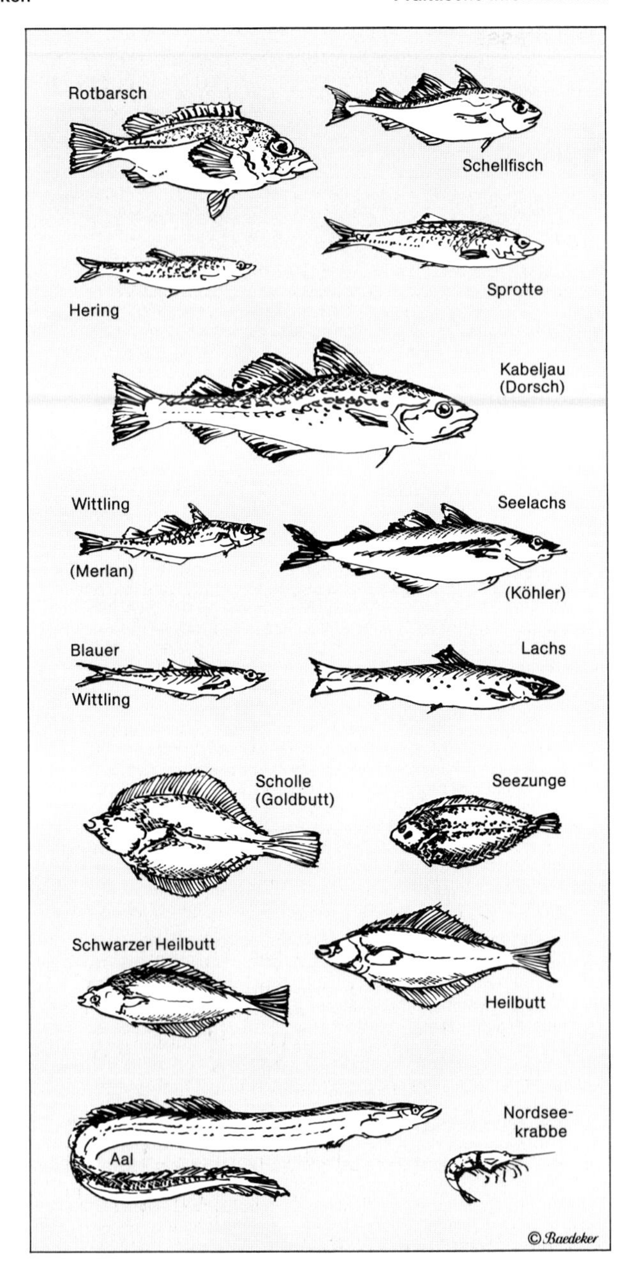

Typische Gerichte (Fortsetzung) Fisch und Schalentiere

Die meisten Hamburger Gaststätten (⟶ Restaurants) servieren Fischgerichte (See- und Süßwasserfisch sowie Schalentiere) in reicher Auswahl. Versuchen sollte man 'Scholle nach Finkenwerder Art' (bes. gut in Finkenwerder selbst), in der Pfanne gebraten und mit angebratenen Schinkenspeckwürfeln bestreut. Dazu gibt es meist Kartoffelsalat.
Wer Gräten scheut, halte sich an Fischfilet.

Matjes

Matjeshering (= junger Hering): Heringsfilet mit den verschiedensten Beilagen, von Speckstippe bis zu herb-süßen Preiselbeeren. Es gibt verschiedene Lokale, die auf dieses sehr beliebte Gericht spezialisiert sind (wohl größte Auswahl im "Nikolaikeller", Cremon Nr. 36).

Labskaus

Das Labskaus (urspr. ein norwegischer Begriff; wohl über das Englische in die Seemannssprache gekommen) ist ein Matroseneintopf aus Pökelfleisch (vorzugsweise gepökelte Rinderbrust, die vorgekocht und durch den Wolf gedreht wird), Stampfkartoffeln, Röstzwiebeln und Pfefferkörnern. Die Bestandteile werden einzeln zubereitet, dann zusammengerührt und schließlich mit Angosturabitter und Worcestersauce abgeschmeckt. Dazu reicht man ein Spiegelei, Rote Beete und eine Salzgurke. Labskaus ist auch in Dosen erhältlich (z. B. in Paul Rauchs "Old Commercial Room", Englische Planke Nr. 10; gegenüber der Michaeliskirche).

Birnen, Bohnen und Speck

Grüne Bohnen, kleine ganze Birnen (angestochen, aber ungeschält) und Stücke von durchwachsenem Speck werden zusammen gegart.

Fischerfrühstück

Bratkartoffeln mit Ei und reichlich Krabben.

Bauernfrühstück

In Schmalz mit kleingehackten Zwiebeln gebratene Kartoffelscheiben mit reichlich Schinkenspeckwürfeln und Ei.

Rundstück warm

Rundstück (= Brötchen, Semmel) warm: Diese Zwischenmahlzeit besteht aus zwei Brötchenhälften mit einer Scheibe Bratenfleisch dazwischen, übergossen mit brauner Bratensoße.

Rote Grütze

Rote Grütze (plattdeutsch 'Rode Grütt') wird eigentlich nur aus dem Saft von Himbeeren, Erdbeeren oder/und Johannisbeeren, vielfach aber auch samt den Früchten bereitet. Der Saft und die Fruchtstückchen werden gesüßt, angedickt und erhitzt. Die sich ergebende Masse gießt man zum Erkalten in Formen oder Schälchen. Gegessen wird die Rote Grütze mit Milch oder flüssiger Sahne, bisweilen auch Vanillesoße (weniger 'echt').

Fliederbeersuppe

Diese Fruchtsuppe aus frisch gepflückten Holunderbeeren (Fliederbeeren) ist bei Hamburgern bekannt und geschätzt, wird aber in den Gaststätten kaum angeboten.

Typische Getränke

Bier

An erster Stelle steht das Bier; es ist herb und kräftig.
Am Ort bestehen mehrere Großbrauereien – voran 'Bavaria St. Pauli', 'Elbschloss' und 'Holsten' – sowie neuerdings zunehmend kleinere Lokalbrauereien.

Lütt un Lütt

Viel getrunken wird 'Lütt un Lütt' (= 'Klein und Klein'), die Kombination von einem kleinen Glas hellen Bieres und einem Gläschen Korn ('Klarer') oder Kümmelschnaps ('Köm').

Wein

Wein war früher mit Ausnahme der in großen Lagerkellern gepflegten Rotweine (genannt 'Rotspon'; v.a. französische, aber auch Portwein und Madeira) wenig verbreitet. Heutzutage jedoch gibt es eine ganze Reihe von Weinlokalen mit einer reichen Auswahl aller erdenklichen Provenienzen sowie viele Weinhandlungen. Auch in Hamburg ist Wein heute 'in'.

Essen und Trinken, Getränke (Forts.) Alsterwasser

'Alsterwasser' nennt man ein sehr erfrischendes Getränk aus gleichen Teilen von hellem Bier und Zitronensprudel ('Brause'), vergleichbar mit der bayerischen 'Radlermaß' oder dem 'Potsdamer' im Berliner Raum.

Grog

Grog ist ein geradezu klassisches Mittel zum Aufwärmen bei naßkaltem Wetter. Man mischt Rum oder Arrak mit heißem Wasser und gibt nach Belieben Zucker hinzu (Motto: "Rum muß, Zucker kann, Wasser braucht nicht"). 'Steifer' Grog enthält besonders viel Alkohol.
Eine Sonderform ist der mit Eigelb zubereitete Eiergrog.

Koks

'Koks' – nicht zu verwechseln mit dem umgangssprachlichen Ausdruck für Kokain – ist heute eher eine Seltenheit. Er besteht aus einem mit Rum getränkten Zuckerstück, das mit groben Kaffeebohnenkrümeln bestreut wird.

Fähren

Fährverbindungen über Nordsee und Ostsee

Allgemeines

Wegen seiner geographischen Lage ist Hamburg eine wichtige Station auf dem Wege nach Großbritannien sowie nach Skandinavien und Finnland, ferner nach Polen und ins Baltikum.
Während die Nordseefähre direkt vom Hamburger Hafen ausgeht, verkehren die Ostseefähren von Häfen, die in einiger Entfernung von Hamburg liegen.
Nachstehend die für den Fernreiseverkehr wichtigsten Verbindungen:

Deutschland – Großbritannien

England-Fähre (alle zwei Tage):
Hamburg – Harwich (365 sm / 680 km in ca. 20 St.)
Fährschiff: MS "Hamburg" der Reederei 'Scandinavian Seaways'
(HH 50, Edgar-Engelhard-Kai/Ausrüstungskai 2; Tel. 389030)
Abfahrt vom und Ankunft am neuen Fährterminal am Altonaer Elbufer.

Deutsche Ostseehäfen

Provisorische bzw. geplante Verbindungen:
Lübeck-Travemünde – Wismar
Lübeck-Travemünde – Rostock-Warnemünde
Neustadt in Holstein – Wismar

Deutschland – Dänemark

Puttgarden – Rødby (bis zu 48 Abfahrten täglich)
Lübeck-Travemünde – Rønne (Insel Bornholm; einmal wöchentlich)
Kiel – Bagenkop (Insel Langeland; zwei- bis dreimal täglich)
Kiel – Halskov (Insel Seeland; im Sommer einmal täglich)
Rostock-Warnemünde – Rønne (Insel Bornholm; im Sommer einmal wöchentlich)
Saßnitz (Insel Rügen) – Rønne (Insel Bornholm)

Deutschland – Norwegen

Kiel – Oslo (sechs- bis siebenmal wöchentlich)

Deutschland – Schweden

Lübeck-Travemünde – Trelleborg (zwei- bis dreimal täglich)
Lübeck-Travemünde – Malmö (täglich)
Kiel – Göteborg (täglich)
Rostock-Warnemünde – Trelleborg (täglich)
Saßnitz (Insel Rügen) – Trelleborg (täglich)

Deutschland – Finnland

Lübeck-Travemünde – Helsinki (zwei- bis dreimal wöchentlich)

Deutschland – Polen

Lübeck-Travemünde – Swinemünde (Świnoujście; einmal wöchentlich)
Lübeck-Travemünde – Danzig (Gdańsk; einmal wöchentlich)

Deutschland – Litauen

Mukran (Insel Rügen) – Klaipeda (früher Memel); nur Güterverkehr

Fähren in Hamburg und Umgebung

Hafen

Sandtorhöft (Baumwall) – östliche Hafenbecken (HADAG-Linie 71/72)
Sandtorhöft – Reihersteig (HADAG-Linie 73)
St.-Pauli-Landungsbrücken – Steinwerder (HADAG-Linie 75)
St.-Pauli-Landungsbrücken – westliche Hafenbecken (HADAG-Linie 77)
St.-Pauli-Landungsbrücken – Köhlbrand
(Waltershof – Neuhof – Altenwerder; HADAG-Linie 61)

Unterelbe

Teufelsbrück – Finkenwerder (HADAG-Linie 62)
Blankenese – Cranz (Personenfähre)
Schulau – Lühe (Personenfähre)
Glückstadt – Wischhafen (Wagenfähre)

Oberelbe

Zollenspieker – Hoopte (Wagenfähre; nur im Sommerhalbjahr)
Bleckede – Neu Wendischthun (Wagenfähre)
Neu Darchau – Darchau (Wagenfähre)
Hitzacker – Brandstade (Wagenfähre)
Kaltenhof – Dömitz (Wagenfähre; 1993 neue Brücke)
Pevestorf – Lenzen (Wagenfähre)

Elbbrücken

Oberelbe

Die Elbe wird stromaufwärts außerhalb des Hamburger Stadtgebietes (vgl. einleitendes Kapitel 'Verkehr, Eisenbahnverkehr bzw. Brückenstadt Hamburg') von Straßenbrücken bei Geesthacht und in Lauenburg sowie ab 1993 auch bei Dömitz überquert.

Unterelbe

Stromabwärts gibt es bis zur Mündung der Unterelbe in die Deutsche Bucht keine weitere Elbbrücke!

Elbtunnel

→ Sehenswürdigkeiten von A bis Z: Elbtunnel

Fahrradverleih

Tourist Information

Leihfahrräder vermittelt die Tourismus-Zentrale Hamburg (→ Auskunft).

Private Verleiher (Auswahl)

Fahrrad-Richter
HH 60, Barmbeker Straße 16
Telefon: 27 50 95

Pirate
HH 60, Barmbeker Straße 1
Telefon: 2 79 94 43

Fernsehen

→ Rundfunk und Fernsehen

Filmtheater

→ Kino

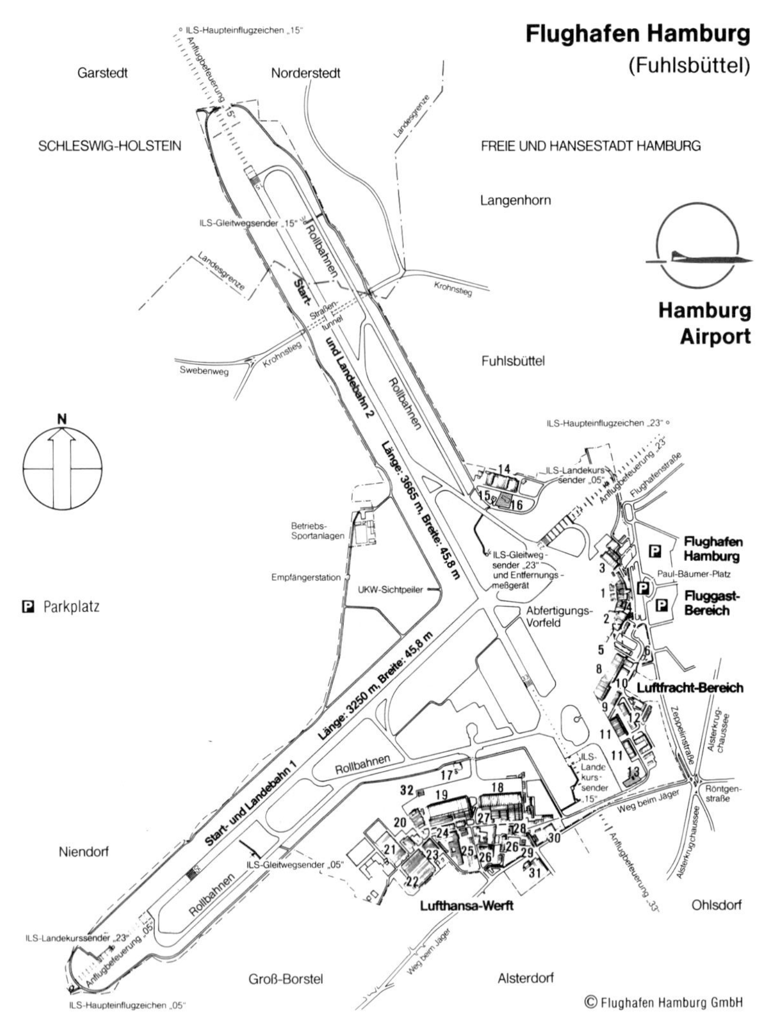

FLUGHAFEN
1 Terminal 2: Linienverkehr International und Berlin/Abflug
2 Terminal 3: Linienverkehr Inland und Berlin/Ankunft
3 Terminal 1: Charterverkehr
4 Flughafenverwaltung
5 Geplantes Terminal mit Fluggastbrückenanlage
6 Radarturm
7 Luftpostamt
8 Luftfrachthalle
9 Speditionsgebäude
10 Frachthof
11 Flugzeughallen
12 Werkstätten
13 Tankanlage
14 Fahrzeughallen
15 Wetterstation
16 Flughafenfeuerwehr
17 Tower (Flugsicherung)

LUFTHANSA-WERFT
18 Luftwerfthallen 1 und 2 Werkstätten
19 Luftwerfthallen 3 und 4 Werkstätten
20 Lärmschutzhalle
21 Zentralwerkstatt
22 Triebwerkwerkstatt
23 Galvanik
24 Materialgebäude
25 ERI-Werkstatt (Elektrische und Radio-Instrumente)
26 Bürogebäude/LH-Verwaltung
27 Lackierwerkstatt
28 Technische Schule
29 Arzthaus
30 Borddienstgebäude
31 MBB Airbus-Industrie
32 Wartungshalle

Flughafen

Lage

Der internationale Flughafen Hamburg (⟶ Sehenswürdigkeiten: Flughafen) liegt rund 10 km nördlich der Stadtmitte im Stadtteil Fuhlsbüttel und befindet sich derzeit in einer Phase großzügiger Modernisierung.

Zubringerdienste

Vom Stadtkern stellt die S-Bahn (S 1) sowie die U-Bahn (U 1) die Verbindung zum Flughafen her (bis Station 'Ohlsdorf', weiter mit Schnellzubringer 'Airport Express', Buslinie 110 alle zehn Minuten zum HVV-Tarif).
Der 'Airport-City-Express' der Firma Jasper fährt vom Hauptbahnhof (Nordseite; Ausgang Kirchenallee) alle 20 Minuten direkt zum Flughafen.

Die FT (Flughafen Transfer) GmbH befördert Flugpassagiere von zu Hause zum Flughafen und bringt sie nach der Ankunft wieder nach Hause zurück (Buchung Tel. 50751415 oder in Reisebüros, bes. in Norddeutschland).

Flugverbindungen

⟶ Anreise mit dem Flugzeug

Flugplan-Auskunft

Telefon: 5082557 + 5082558

Fluggesellschaften

Die Adressen und Telefonnummern der in Hamburg am Flughafen bzw. mit Stadtbüros in der City vertretenen Luftfahrtunternehmen entnehme man dem Branchentelefonbuch ('Gelbe Seiten') der Deutschen Bundespost Telekom; sie sind dort unter der Rubrik "Flugverkehr" zusammengefaßt.

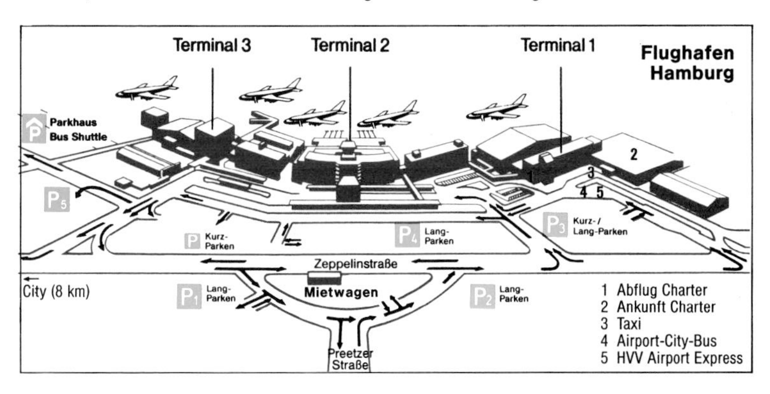

Abfertigung in drei Terminals

Die Fluggastabfertigung im Linienverkehr erfolgt im Bereich der Terminals 3 (Inland) und 2 (Ausland).
Der Terminal 1 dient dem touristischen Charterverkehr.

Seebäderverkehr

Von Hamburg bestehen regelmäßige Flugverbindungen mit den Nordseeinseln Helgoland (Düne) und Sylt (Westerland), während der Sommersaison auch mit anderen Nordseebädern.

Geschäftsfliegerzentrum

Informationen über Geschäftsreise-, Charter-, Taxi- und Rundflüge erhält man im Geschäftsfliegerzentrum (Flughafengebäude 347).

Mietwagen am Flughafen

Die Büros der großen Mietwagenfirmen (⟶ Mietwagen) befinden sich in einem neuen Betriebszentrum am Paul-Bäumer-Platz, östlich gegenüber dem Terminal 2.

Tourist Information im Flughafen

Die Tourismus-Zentrale Hamburg (⟶ Auskunft) unterhält eine Zweigstelle auf der Ankunftsebene des Terminals 3.

Fraueninformationen

Beratung	Frauenberatungsstelle HH 70, Kattunbleiche 31; Tel. 6527711
Bildungszentrum Musikzentrum	Frauenbildungszentrum 'Denkträume'; HH13, Grindelallee 43; Tel. 450644 Frauenmusikzentrum, HH 50, Große Brunnenstraße 63 a; Tel. 392731
Lokale (Auswahl)	Frauenkulturcafé 'endlich', HH 36, Peterstraße 36; Tel. 351616 Frauenbuchladen und Café, HH 20, Bismarckstraße 36; Tel. 4229424 Frauenkneipe, HH 50, Stresemannstraße 60; Tel. 436377
Nacht-Auto Mitfahrmöglichkeit	Frauen-Nacht-Auto: Tel. 7211800 + 7211880 ⟶ Mitfahrvermittlung: Für Frauen

Freibäder

⟶ Bäder

Fremdenführer

Allgemein	Fremdenführer (auch solche mit Kenntnissen gängiger Fremdsprachen) vermittelt die Tourismus-Zentrale Hamburg (⟶ Auskunft).
St. Pauli	Führungen speziell durch St. Pauli veranstaltet die Interessengemeinschaft St. Pauli e.V. (HH 11, Seewartenstr. 7; Tel. 316626).
Hostessendienst	⟶ Hostessen

Fundbüros

Stadt und Nahverkehrsmittel	Städtisches Fundbüro und Fundbüro der Hamburger Hochbahn (HHA) HH 36, Bäckerbreitergang 73; Tel. 351851 Mo. und Do. 8.00–15.30, Di., Mi. und Fr. 8.00–12.00 Uhr
Eisenbahn	Zentrales Fundbüro der Deutschen Bundesbahn (DB) HH 50, Stresemannstraße 114; Tel. 39185589 Mo.–Fr. 7.30–15.00 Uhr
Post	Fundbüro der Deutschen Bundespost (DBP) HH 1, Hühnerposten 12 (Postamt 1); Tel. 2395693 Mo.–Fr. 10.00–14.00 Uhr

Galerien

⟶ Kunstgalerien und Kunsthandlungen

Gaststätten

⟶ Cafés und Konditoreien
⟶ Nachtleben
⟶ Restaurants

Gedenkstätten

Ehemaliges KZ Neuengamme

→ Sehenswürdigkeiten: Vierlande und Marschlande, Neuengamme

Ehemaliges KZ Fuhlsbüttel

Ein Teil der Strafanstalt Fuhlsbüttel diente schon ab 1933 als nationalsozialistisches Konzentrationslager und wurde 1936 der Geheimen Staatspolizei (Gestapo) unterstellt; 1944 hat man hier eine Außenstelle des KZ Neuengamme eingerichtet.
Lage: HH 63 (Fuhlsbüttel), Suhrenkamp 98, Torhaus
Besuchszeiten: So. 10.00–12.00 Uhr und nach Vereinbarung (Tel. 7231031)

Schule am Bullenhuser Damm

In der Schule am Bullenhuser Damm (heute Janusz-Korczak-Schule) wurden noch im April 1945 zwanzig jüdische Kinder und achtundzwanzig erwachsene Häftlinge aus dem KZ Neuengamme von SS-Männern aufgehängt. Die Gedenkstätte befindet sich im Keller der Schule; angegliedert ist eine Dokumentation über das Schicksal der Ermordeten.
Lage: HH 28, Bullenhuser Damm 92
Besuchszeiten: während der Unterrichtszeit Mo.–Fr. 8.00–13.00 Uhr oder nach Voranmeldung (Tel. 785252)

Plattenhaus Poppenbüttel

Im Plattenhaus Poppenbüttel (Außenstelle der KZ-Gedenkstätte Neuengamme), einem ehem. Behelfswohnheim aus Betonfertigteilen, die im KZ Neuengamme hergestellt worden sind, befindet sich eine Ausstellung über das KZ-Außenlager Sasel. Dort litten während der NS-Gewaltherrschaft etwa 5000 jüdische Frauen, die eine Plattenhaussiedlung bauen mußten.
Lage: HH 65 (Poppenbüttel), Kritenbarg 8
Besuchszeiten: So. 10.00–12.00 Uhr und nach Vereinbarung (Tel. 7231031)

Synagogenmonument

→ Sehenswürdigkeiten: Universitätsviertel, Joseph-Carlebach-Platz

Monument für die Deportierten

→ Sehenswürdigkeiten: Dammtor, Denkmäler beim Dammtor

Denkmal für die Altonaer Juden

→ Sehenswürdigkeiten: Altona, Rathaus

Ernst-Thälmann-Gedenkstätte

Die Ernst-Thälmann-Gedenkstätte umfaßt neben Erinnerungsstücken an den 1944 im KZ Buchenwald ermordeten Politiker (→ Berühmte Persönlichkeiten) eine Sammlung zur Geschichte des Hamburger Widerstandes im Dritten Reich und ein Archiv; regelmäßige Wechselausstellungen.
Lage: HH 20, Ernst-Thälmann-Platz
Besuchszeiten: Di.–Fr. 10.00–17.00, Sa. und So. 10.00–13.00 Uhr

Gedenkstätten auf dem Hauptfriedhof Ohlsdorf

Mahnmale für die von den NS-Machthabern verschleppten Juden, für die Bombenopfer des Zweiten Weltkrieges und die Opfer der Flutkatastrophe von 1962 → Sehenswürdigkeiten: Ohlsdorfer Friedhof.

Ruinenmahnmal

→ Sehenswürdigkeiten: Nikolaikirchturm

Ehrenmal (1914–1918)

→ Sehenswürdigkeiten: Rathausmarkt

Kriegerdenkmal beim Dammtor

Kriegerdenkmal und antifaschistische Gegendenkmale
→ Sehenswürdigkeiten: Dammtor, Denkmäler beim Dammtor

Bismarck-Mausoleum

→ Sehenswürdigkeiten: Sachsenwald

Brahms-Gedenkstätten

→ Sehenswürdigkeiten: Peterstraße, Johannes-Brahms-Gedenkräume
→ Sehenswürdigkeiten: Musikhalle, Brahms-Gedenkstätte

Störtebeker-Denkmal

→ Sehenswürdigkeiten: Speicherstadt

Seemannsgedenkstätte

→ Sehenswürdigkeiten: Fischmarkt

Geld

Bargeldservice, Geldwechsel

Außer den diversen Geldinstituten mit ihren knappen ⟶ Geschäftszeiten bieten folgende Banken ihre Dienste mit verlängerten Schalterstunden an:

Deutsche Verkehrs-Kredit-Bank
in der Wandelhalle des Hauptbahnhofes
täglich 7.30–22.00 Uhr
am Südsteg des Hauptbahnhofes sowie im Altonaer Bahnhof
Mo.–Sa. 7.30–15.00 und 15.45–20.00 Uhr,
So. und Fei. 10.00–13.00 und 13.45–18.00 Uhr

Deutsche Bank am Flughafen
täglich 6.30–22.30 Uhr

International Exchange (Intex)
HH 1, Kirchenallee 57
Mo.–Sa. 9.00–21.00 Uhr

Wechselstuben AGW
HH 36, Reeperbahn 59
täglich 17.00–24.00 Uhr
HH 1, Steindamm 1
Mo.–Fr. 8.00–21.00, Sa. 9.00–16.00 Uhr

ec-Karten-Verlustmeldung

Bei Diebstahl oder sonstigem Verlust von Eurocheques und/oder ec-Scheckkarten alarmiere man zur sofortigen Sperrung unverzüglich den rund um die Uhr erreichbaren Zentralen Annahmedienst für Verlustmeldungen von Eurocheque-Karten in Frankfurt am Main: Tel. (069) 740987.

Post

⟶ dort

Geschäftszeiten

Warenhäuser, Einkaufszentren

Die großen Warenhäuser (Kaufhäuser) und die Einkaufszentren öffnen werktags um 9.00 Uhr und schließen montags bis freitags um 18.30 Uhr,am ersten Samstag im Monat um 16.00 Uhr, an den übrigen Samstagen um 14.00 Uhr.
Am Donnerstag dürfen die Geschäfte bis 20.30 Uhr geöffnet bleiben; es machen jedoch nicht alle von dieser Möglichkeit Gebrauch.

Einzelhandel

Die Einzelhandelsgeschäfte öffnen werktags um 8.30 oder 9.00 Uhr und schließen montags bis freitags um 18.00 bzw. 18.30 Uhr, an den verkaufsoffenen Samstagen (meist nur in der Innenstadt) um 16.00 Uhr, an den übrigen Samstagen zwischen 12.00 und 14.00 Uhr, an Donnerstagen (überwiegend nur in der Innenstadt) um 20.30 Uhr.
Manche Lebensmittelläden sind werktags schon ab 7.00 Uhr geöffnet. Boutiquen, Kunstgewerbeläden und verschiedene Spezialgeschäfte haben nicht selten abweichende Öffnungszeiten (z.B. erst ab 9.30 oder 10.00 Uhr).
Läden und Kioske in den Bahnhofsgebäuden und am Flughafen sowie auf der Reeperbahn sind abends länger offen (tgl. bis 22.00, u.U. 23.00 Uhr).

Gaststätten

⟶ Restaurants bzw. ⟶ Nachtleben

Banken

Mo.–Fr. 9.00–13.00 und 14.30–16.00, Do. bis 18.00 Uhr
Bargeldservice ⟶ Geld

Postämter

⟶ Post, Telefon, Telegraf

Geschäftszeiten (Forts.), Behörden

Montags bis freitags zu lokal unterschiedlichen Zeiten (man informiere sich vor Ort bzw. telefonisch).

Museen

Die Öffnungszeiten der Museen, Sammlungen und ähnlicher Einrichtungen sind bei den jeweiligen Beschreibungen (⟶ Sehenswürdigkeiten von A bis Z) bzw. im Rahmen der Museumsliste (⟶ Praktische Informationen: Museen) angegeben.

Geschichtswerkstätten

Stadtteilarchive

In etlichen Stadtteilen Hamburgs haben sich mit Förderung der Abteilung Stadtteilkultur der Kulturbehörde sog. Geschichtswerkstätten bzw. Stadtteilarchive gebildet, die es sich zur Aufgabe gemacht haben, Interessierten die Ortsgeschichte ihres Stadtteils zu erforschen, in Dokumentationen und Bildern festzuhalten, zu archivieren und sie in Vorträgen, Ausstellungen, Rundgängen und anderen Aktivitäten nahezubringen.

Derzeit gibt es in Hamburg folgende Geschichtswerkstätten (z. T. unter anderen Bezeichnungen):

Barmbek

Geschichtswerkstatt Barmbek e. V.
HH 60, Wiesendamm 25; Tel. 293107
Öffnungszeiten: Di., Do. und Fr. 10.00–16.00, Mi. 10.00–19.30 Uhr

Bergedorf

Bergedorf · Initiative zur Erhaltung historischer Bauten in Bergedorf e. V.
HH 80, Richard-Linde-Weg 21 f; Tel. 7399061
Öffnungszeiten: Mo.–Fr. 12.00–17.00 Uhr

Billstedt

Geschichtswerkstatt Billstedt e. V.
Kontaktadresse: Heiner Biller,
HH 74, Schlangenkoppel 1; Tel. 7136346 oder 7121323

Bramfeld

Stadtteilarchiv Bramfeld e. V.
HH 71, Bramfelder Chaussee 265; Tel. 6426047
Öffnungszeiten: Di. und Mi. 10.00–12.00, Do. 17.00–20.00 Uhr

Dulsberg

Dulsberger Geschichtsgruppe
HH 70, Eulenkamp 41 (Bücherhalle); Tel. 680882
Öffnungszeiten:
Mo. und Do. 11.00–19.00, Di. und Fr. 11.00–17.00, Sa. 10.00–13.00 Uhr.

Eimsbüttel

Galerie Morgenland e. V.
HH 20, Sillemstraße 79; Tel. 4904622
Öffnungszeiten: Mo. und Mi. 15.00–17.00, Di. 15.00–18.30 Uhr

Eppendorf

Stadtteilarchiv Eppendorf
HH 20, Martinistraße 40; Tel. 481548
Öffnungszeiten: Mi. 14.00–18.00 Uhr und nach Vereinbarung

Fuhlsbüttel

Willi-Bredel-Gesellschaft · Forum für Geschichte und Kultur e. V.
HH 63, Friedhofsweg 42; Tel. 591107
Öffnungszeiten: Di. 16.00–18.00 Uhr

Hamm

Stadtteilarchiv Hamm,
HH 26, Carl-Petersen-Straße 76; Tel. 2513835
Öffnungszeiten: Di. 10.00–12.00 und 17.00–19.00, Do. 10.00–12.00 Uhr

Ottensen

Stadtteilarchiv Ottensen e. V.
HH 50, Zeißstraße 28; Tel. 3903666
Öffnungszeiten: Do. 16.00–19.00 Uhr und nach Vereinbarung

Geschichtswerkstätten (Forts.)
St. Pauli

St.-Pauli-Archiv e.V.
HH 36, Wohlwillstraße 28
Öffnungszeiten: Mi. und Sa. 18.00–21.00 Uhr

Stellingen

Verein Heimatmuseum Stellingen-Langenfelde e.V. (im Aufbau)
Auskunft: Tel. 5522254

Süderelbe

Süderelbe-Archiv, c/o Bücherhalle Neugraben
HH 92, Neugrabener Markt 7; Tel. 7017622
Öffnungszeiten:
Mo. und Do. 11.00–19.00, Di. 10.00–17.00, Fr. 11.00–17.00 Uhr

Getränke

→ Essen und Trinken

Golf

Golf-Eldorado

Hamburg gilt als die heimliche Hauptstadt des (in Deutschland noch immer recht exklusiven) Golfsportes auf dem europäischen Kontinent. Allein zum Hamburger Golf-Verband gehören zwölf Clubs, die in der nachstehenden Liste mit dem Hinweis 'HGV' in der Klammer hinter dem jeweiligen Clubnamen versehen sind. Eine solche Ballung von Spielmöglichkeiten in einer und rund um eine Großstadt wird in Europa nur noch von London übertroffen.
Alle hamburgischen Golfanlagen sind nicht nur landschaftlich besonders reizvoll gelegen, sondern teilweise auch ausgesprochen schwer zu bespielen. Darüber hinaus werden im folgenden alle im Umkreis von ungefähr 50 km Entfernung rings um den Hamburger Stadtkern gelegenen Golfplätze aufgelistet.

Golfplätze nördlich der Elbe

Hamburger Golf-Club (gegr. 1906, HGV; 18 Löcher)
In de Bargen 59 (Falkenstein), W-2000 Hamburg 55 (Blankenese); Tel. 812177

Groß Flottbeker Tennis-, Hockey- und Golf-Club (HGV; 6 Löcher)
Otto-Ernst-Straße 22–32, W-2000 Hamburg 52; Tel. 827208

Golfakademie im Golf & Country Club Hamburg (Hotel Hof Treudelberg)
Lemsahler Landstraße 45, W-2000 Hamburg 65; Tel. 341511

Wentorf-Reinbeker Golfclub (HGV; 9 Löcher)
Golfstraße 2, W-2057 Wentorf; Tel. 202610

Golf-Club auf der Wendlohe (HGV; 18 Löcher)
Oldesloer Straße 251, W-2000 Hamburg 61; Tel. 5505014

Golf-Club an der Pinnau (HGV; 18 Löcher)
Pinneberger Straße 81a, W-2085 Quickborn-Renzel; Tel. (04106) 28225

Golfclub Gut Kaden (18 Löcher)
Kadener Straße, W-2081 Alveslohe; Tel. (04193) 1420

Golfclub Gut Waldhof (HGV; 18 Löcher)
W-2359 Kisdorferwohld; Tel. (04194) 383

Golf-Club Jersbek (18 Löcher)
Oberteicher Weg 1a, W-2072 Gut Jersbek; Tel. (04532) 23555

Golfplätze nördlich der Elbe (Fortsetzung)

Golfclub Hamburg-Walddörfer (HGV; 18 Löcher)
Schevenbarg, W-2071 Ammersbek 1; Tel. 6051337

Golfclub Hamburg-Holm (HGV; derzeit noch ohne Platz)
Schulauer Moorweg 19, W-2000 Wedel (Holstein); Tel. (04103) 82007

Golfclub Hamburg-Ahrensburg (HGV; 18 Löcher)
Am Haidschlag 45, W-2070 Ahrensburg; Tel. (04102) 51309

Golf-Club Hoisdorf (HGV; 18 Löcher)
Hof Bornbek-Hoisdorf, W-2073 Lütjensee; Tel. (04107) 7831

Golf-Club Großensee (9 Löcher)
Hamburger Straße, W-2077 Großensee; Tel. (04154) 6261 und 6473

Golf-Club Gut Grambek (18 Löcher)
Schloßstraße 21, W-2411 Grambek bei Mölln; Tel. (04542) 4627

Golfplätze südlich der Elbe

Hamburger Land- und Golf-Club
in der Lüneburger Heide (HGV; 18 Löcher): Am Golfplatz 24,
W-2105 Seevetal 1 (Hittfeld/Emmelndorf); Tel. (04105) 2331

Golf-Club Buxtehude (18 Löcher)
Zum Lehmfeld 1, W-2150 Buxtehude; Tel. (04161) 81333

Golfclub Buchholz-Nordheide (18 Löcher)
An der Rehm, W-2110 Buchholz (Nordheide); Tel. (04181) 36200

Golfclub St. Dionys (HGV; 18 Löcher)
W-2123 St. Dionys; Tel. (04133) 6277

Golf- und Landclub Schloß Lüdersburg (15 Löcher)
W-2127 Lüdersburg bei Lüneburg; Tel. (04153) 6112

Golfclub Bad Bevensen (18 Löcher)
Zur Amtsheide 5, W-3118 Bad Bevensen; Tel. (05821) 1249

Gottesdienste

Christliche Kirchen

Über christliche Gottesdienste (auch in Fremdsprachen) informieren das Amt für Öffentlichkeitsdienst der Evangelischen Kirche (HH 13, Feldbrunnenstr. 29; Tel. 455868/9) und die Katholische Presse- und Informationsstelle (HH 1, Danziger Str. 52; Tel. 24877225).

Schifferkirche

Auf der Veddel im südlichen Elbwasser (Müggenburger Zollhafen) liegt Deutschlands einzige Flußschifferkirche. Das schwimmende Gotteshaus verfügt über alle Einrichtungen, die eine 'richtige' Kirche ausmachen.

Ausländische Kirchen

⟶ Sehenswürdigkeiten: Michaeliskirche (Umgebung)

Kirchliche Nachrichten

Ansagedienst mit Hinweisen auf Veranstaltungen der evangelischen und der katholischen Kirche unter Tel. 1157.

Kirchenmusik

⟶ Musik

Israelitischer Kultus

Auskünfte erteilt die Jüdische Gemeinde in Hamburg (HH 36, Schäferkampsallee 29; Tel. 440944–6).

Islam

Informationen erhält man beim Islamischen Zentrum Hamburg (HH 76, Schöne Aussicht 36, Moschee; Tel. 221220).

Hafenmeile

→ Sehenswürdigkeiten: Hafenmeile
→ Praktische Informationen: Besichtigungsprogramm

Hafenrundfahrten

→ Stadtbesichtigung

Hafenschiffe

→ Verkehrsmittel

Hallenbäder

→ Bäder

Hostessen

Hamburg-Hostessen

Als Begleiterinnen für Gruppen sowie als Betreuerinnen und Dolmetscherinnen für Messen, Kongresse, Tagungen und Veranstaltungen verschiedenster Art werden entsprechend geschulte Damen eingesetzt. Sie tragen ein dunkelblaues Kostüm mit einem gut erkennbaren blau-rot-weißen Abzeichen 'Hamburg-Hostess'.
Die Koordination für den Hostessenservice liegt bei der TCS Veranstaltungs- und Promotion GmbH (HH 20, Neumünstersche Straße 28; Tel. 483033/4).

Fremdenführer

→ dort

Hotels

Zimmernachweis

Wer für den Hamburg-Besuch die Unterkunft nicht im voraus gebucht oder bestellt hat, kann sich diesbezüglich vor Ort an eines der Büros der 'Tourist Information' (→ Auskunft) wenden, wo man dank des Einsatzes einer 'touristischen EDV' das zur Verfügung stehende Angebot in Sekundenschnelle mitgeteilt bekommt und die gewünschte Reservierung direkt vornehmen lassen kann.

Hotelinformation

Auskünfte über freie Unterkunftskapazitäten erhält man auch unter der Telefonnummer (040) 19412.

Klassifizierung

Die nachstehende Liste orientiert sich an dem offiziellen Hotelverzeichnis der Tourismus-Zentrale Hamburg (→ Auskunft). Die Häuser sind geordnet nach den Postzustellungsbereichen und innerhalb dieser nach der Preiskategorie, beginnend mit denen der Luxusklasse und endend mit einfacheren Beherbergungsstätten.

Pensionen
(s. S. 295)

Außer den genannten Hotels (in und um Hamburg) gibt es noch etliche Hotel-Pensionen, von denen aus Raumgründen nur eine begrenzte Auswahl aufgeführt werden konnte.

Hotels im Hamburger Stadtgebiet

Hamburg 1
(im Bereich vom Hauptbahnhof, St. Georg, Altstadt)

*Atlantic Hotel Kempinski (gegr. 1909), An der Alster 72–79 (an der Außenalster; Eingang vom Holzdamm), 456 B.; Tel. 2888-0
Maritim Hotel Reichshof, Kirchenallee 34–36, 430 B.; Tel. 24833-0
Europäischer Hof, Kirchenallee 45, 520 B.; Tel. 248248
Aussen Alster, Schmilinskystraße 11–13, 51 B.; Tel. 241557
Prem, An der Alster 9, 92 B.; Tel. 245454
Senator, Lange Reihe 18–20, 120 B.; Tel. 241203
St. Raphael (Best Western), Adenauerallee 41, 230 B.; Tel. 248200
Bellevue, An der Alster 14, 100 B.; Tel. 248011
Continental, Kirchenallee 37, 76 B.; Tel. 2803357
Alte Wache, Adenauerallee 25, 95 B.; Tel. 241291
Ambassador, Heidenkampsweg 34, 215 B.; Tel. 230002
novotel hamburg city-süd, Amsinckstraße 53, 370 B.; Tel. 23638-0
Ibis an der Alster, Holzdamm 4–16, 300 B., Tel. 6524001
Metro Hotel Merkur, Bremer Reihe 12–14, 190 B.; Tel. 247266
Norddeutscher Hof, Kirchenallee 24, 80 B.; Tel. 245610
Steen's Hotel, Holzdamm 43, 16 B.; Tel. 244642/3
Mercedes, Steindamm 51, 36 B.; Tel. 2801218
Residence Hotel, Steindamm 24, 40 B.; Tel. 249888
Aachener Hof, St. Georgsstraße 10, 40 B.; Tel. 241451
Phönix, Kirchenallee 56, 46 B.; Tel. 244545
Savoy, Steindamm 54, 65 B.; Tel. 246648
City House, Pulverteich 25, 40 B.; Tel. 2803850
Eden, Ellmenreichstraße 20, 101 B.; Tel. 248480
Frisia, Stralsunder Straße 4, 31 B.; Tel. 240816/7
Wedina, Gurlittstraße 23, 35 B.; Tel. 243011
Graf Moltke, Steindamm 1, 200 B.; Tel. 2801154
Condor, Steintorweg 17, 30 B.; Tel. 246314
Stuttgarter Hof, Bremer Reihe 10, 69 B.; Tel. 247033
Alt Hamburg, Gurlittstraße 36, 30 B.; Tel. 244748
Astoria, Brennerstraße 17, 61 B.; Tel. 247641
Bremer Hof, Bremer Reihe 21, 48 B.; Tel. 245312
Fürst Bismarck, Kirchenallee 49, 91 B.; Tel. 2801091
St. Georg, Kirchenallee 23, 60 B.; Tel. 241141
Deutscher Hof, Steintorweg 9, 31 B.; Tel. 245292
Kronprinz, Kirchenallee 46, 110 B.; Tel. 243258
Popp, Kirchenallee 53, 35 B.; Tel. 246045
Bee Fang, Kirchenallee 26, 64 B.; Tel. 245862
Lilienhof, Ernst-Merck-Straße 4, 30 B.; Tel. 241087
Kochler, Bremer Reihe 19, 39 B.; Tel. 249511
Brenner Hof, Brennerstraße 72, 48 B.; Tel. 243478
Polo, Adenauerallee 7, 63 B.; Tel. 2803556

Hamburg 11
(südliche Neustadt, Hafenrand)

Hafen Hamburg, Seewartenstraße 9, 428 B.; Tel. 311130
Neptuno, Hafentor 3, 24 B.; Tel. 312935
Steigenberger-Hotel (ca. 250 B.) auf der Fleetinsel im Bau

Hamburg 13
(Rotherbaum, Harvestehude, Eimsbüttel)

*Élysée, Rothenbaumchaussee 10, 600 B.; Tel. 414120
Abtei, Abteistraße 14, 24 B.; Tel. 442905
Garden Hotel Pöseldorf, Magdalenenstraße 60, 110 B.; Tel. 449958
Smolka, Isestraße 98, 65 B.; Tel. 475057
Vorbach, Johnsallee 63–67, 170 B.; Tel. 441820
Mittelweg, Mittelweg 59, 40 B.; Tel. 414101-0
Bellmoor garni, Moorweidenstraße 34, 60 B.; Tel. 449835
Am Rothenbaum, Rothenbaumchaussee 107, 36 B.; Tel. 446006
Sophienterrasse, Sophienterrasse 10, 17 B.; Tel. 411770
Amsterdam, Moorweidenstraße 34, 50 B.; Tel. 441419
Am Dammtor, Schlüterstraße 2, 95 B.; Tel. 450570
Fresena, Moorweidenstraße 34, 40 B.; Tel. 4104892
Wagner (garni), Moorweidenstraße 34, 54 B.; Tel. 446341

Hamburger Stadtgebiet (Fortsetzung)

HH 20 (Eppendorf)	Motel Hamburg, Hoheluftchaussee 119, 57 B.; Tel. 4204141
Hamburg 26 (Hamm, Rothenburgsort, Borgfelde)	Carat, Sieldeich 9–11, 170 B.; Tel. 789660 Berlin, Borgfelder Straße 1, 140 B.; Tel. 251640 Hamburg International, Hammer Landstraße 200, 234 B.; Tel. 211401 Elbbrückenhotel, Billhorner Mühlenweg 28, 60 B.; Tel. 782747 Motel 21, Droopweg 21, 58 B.; Tel. 211313
Hamburg 36 (Innenstadt westlich der Alster, Rotherbaum, Eimsbüttel, St. Pauli)	*Vier Jahreszeiten (Relais & Chateaux), Neuer Jungfernstieg 9–14 (an der Binnenalster), 262 B.; Tel. 3494-0 *Ramada Renaissance, Große Bleichen, 350 B.; Tel. 34918-0 *Hamburg Marriott Hotel, ABC-Straße 52, 358 B.; Tel. 3505-0 *Inter·Continental, Fontenay 10, 408 B.; Tel. 41415-0 *SAS Plaza Hotel Hamburg, Marseiller Straße 2 / Dammtor (beim Congress Centrum Hamburg), 1100 B.; Tel. 3502-0 Norge, Schäferkampsallee 49, 170 B.; Tel. 441150 Oper, Drehbahn 15–23, 220 B.; Tel. 35601-0 Alster-Hof, Esplanade 12, 152 B.; Tel. 350070 Monopol, Reeperbahn 48–52, 170 B.; Tel. 311770 Commodore, Budapester Straße 19–21, 164 B.; Tel. 311316 Auto-Parkhotel Hamburg, Lincolnstraße 8, 84 B.; Tel. 310024 Alameda, Colonnaden 45, 34 B.; Tel. 344000 Baseler Hof, Esplanade 11, 200 B.; Tel. 359060 Am Holstenwall, Holstenwall 19, 89 B.; Tel. 311275 Aabenraa, Hein-Hoyer-Straße 66–70, 116 B.; Tel. 3194987 Pacific, Neuer Pferdemarkt 30/31, 115 B.; Tel. 4395094 Imperial, Millerntorplatz 3–5, 120 B.; Tel. 3196021/2/3/4 St. Annen, Annenstraße 5, 89 B.; Tel. 310031 Westerland, Simon-von-Utrecht-Straße 81, 90 B.; Tel. 315283 Erholung, Dragonerstall 9–11, 23 B.; Tel. 342387 Auto-Hotel 'Am Hafen', Spielbudenplatz 11, 53 B.; Tel. 316631 Columbus, Detlev-Bremer-Straße 44, 24 B.; Tel. 313080 Inter-Rast, Reeperbahn 154–166, 394 B.; Tel. 310142 Boritzka, Schäferkampsallee 67, 32 B.; Tel. 448582 Sternschanze, Schanzenstraße 101, 29 B.; Tel. 433389
Hamburg 50 (Altona)	Raphael Hotel Altona, Präsident-Krahn-Straße 13, 81 B.; Tel. 381239 Arcade Hotel Hamburg, Königsstraße 4, 306 B.; Tel. 31187-0 Stadt Altona, Louise-Schröder-Straße 29, 176 B.; Tel. 381111 Central-Hotel, Präsident-Krahn-Straße 15, 60 B.; Tel. 381706/7/8/9 VIP-Hotel, Holstenstraße 3, 40 B.; Tel. 315803/12 Commerz, Lobuschstraße 26, 40 B.; Tel. 391387
Hamburg 52 (Othmarschen, Nienstedten)	Stephan, Schmarjestraße 31, 50 B.; Tel. 3895108 Jacob, Elbchaussee 401–403, 26 B.; Tel. 829352/3/4 Schmidt, Reventlowstraße 58–62, 61 B.; Tel. 882831 Wagner (garni), Reventlowstraße 64, 27 B.; Tel. 8808173
Hamburg 54 (Eidelstedt, Lokstedt)	Helgoland, Kieler Straße 173–177, 218 B.; Tel. 857001 Falck, Kieler Straße 333, 155 B.; Tel. 5402061 Engel, Niendorfer Straße 59, 72 B.; Tel. 580315 Münch garni, Frühlingstraße 37, 40 B.; Tel. 8505026 Rex, Kieler Straße 385, 49 B.; Tel. 544813
Hamburg 55 (Blankenese)	Strandhotel Blankenese, Strandweg 13, 29 B.; Tel. 861987 Petersen, Godefroystraße 40, 28 B.; Tel. 860516
Hamburg 60 (Winterhude, City Nord)	Queens Hotel Hamburg, Mexikoring 1, 331 B.; Tel. 63294-0 Hanseatic, Sierichstraße 150, 26 B.; Tel. 485772 Alsterkrug (Best Western), Alsterkrugchaussee 277, 160 B.; Tel. 513030

Hamburger Stadtgebiet (Fortsetzung)

Hamburg 60 (Fortsetzung)

Am Stadtpark, Flüggestraße 6, 55 B.; Tel. 2713283–8
Wiki, Lauensteinstraße 15, 70 B.; Tel. 6329030

Hamburg 61 (Schnelsen, Niendorf)

novotel hamburg nord, Oldesloer Straße 166, 244 B.; Tel. 5502073
Zum Zeppelin, Frohmestraße 123, 120 B.; Tel. 559060

Hamburg 62 (Langenhorn)

Dorint Hotel, Langenhorner Chaussee 183, 294 B.; Tel. (02161) 818125
Airport Hotel Hamburg, Flughafenstraße 47, 255 B.; Tel. 531020
Schümann, Langenhorner Chaussee 157, 75 B.; Tel. 5310020
Kock's Hotel garni, Langenhorner Chaussee 79, 27 B.; Tel. 5314142
Tomfort, Langenhorner Chaussee 579, 35 B.; Tel. 5278081
Zum Wattkorn, Tangstedter Landstraße 230, 20 B.; Tel. 5203797

Hamburg 63 (Fuhlsbüttel, Ohlsdorf)

Airlines Hotel, Zeppelinstraße 12, 70 B.; Tel. 505043
In de Döns am Hasenberge, Am Hasenberge 29, 18 B.; Tel. 591822
Condi-Hotel/Café Neumann, Brillkamp 8–10, 60 B.; Tel. 5386322
Hadenfeldt, Friedhofsweg 15, 37 B.; Tel. 596240

Hamburg 65 (Walddörfer)

Golf Hotel Hof Treudelberg, Lemsahler Landstraße 45, 261 B.; Tel. 341511
Poppenbütteler Hof, Poppenbütteler Weg 236, 64 B.; Tel. 6021072
Mellingburger Schleuse, Mellingsburgredder 1, 74 B.; Tel. 6024001
Rosengarten, Poppenbütteler Landstraße 10, 18 B.; Tel. 6023036
Leuchtmann, Volksdorfer Weg 129, 30 B.; Tel. 6012002
Landhaus Ohlstedt, Alte Dorfstraße 5, 18 B.; Tel. 6050033

Hamburg 67 (Volksdorf)

Dorf-Hotel Galerie, Groten Hoff 10, 12 B.; Tel. 6033186

Hamburg 70 (Wandsbek)

Ibis, Wandsbeker Zollstraße 25–29, 173 B.; Tel. 6829021
Tiefenthal, Wandsbeker Marktstraße 109, 85 B.; Tel. 682181–3
Am Park, Am Husarendenkmal 33, 56 B.; Tel. 680663
Sylter Hof, Friedrich-Ebert-Damm 200, 42 B.; Tel. 669806-0
Zum Studio, Sonnenweg 27 (Wandsbek Ost), 27 B.;, Tel. 660722
Solitair (garni), Bärenallee 5, 18 B.; Tel. 683560

Hamburg 71 (Bramfeld)

Holsteinisches Haus, Wandsbeker Straße 2, 20 B.; Tel. 614606

Hamburg 73 (Rahlstedt)

Eggers, Rahlstedter Straße 78, 140 B.; Tel. 6774011
Hameister, Rahlstedter Straße 189, 23 B.; Tel. 6770813

Hamburg 74 (Billstedt, Horn)

Panorama Billstedt, Billstedter Hauptstraße 44, 161 B.; Tel. 731701
City Inter Hotel, Halskestraße 72, 315 B.; Tel. 789691

Hamburg 76 (Barmbek, Uhlenhorst)

Holiday Inn Crowne Plaza, Graumannsweg 10, 365 B.; Tel. 228060
Nippon Hotel Hamburg, Hofweg 75, 82 B.; Tel. 2271140
Parkhotel Alster-Ruh, Am Langenzug 6, 40 B.; Tel. 2206558
Rosenhof, Herbert-Weichmann-Straße 68, 33 B.; Tel. 223412
Miramar, Armgartstraße 20, 22 B.; Tel. 2209395
York (garni), Hofweg 19, 34 B.; Tel. 2202653
Blanco, Oberaltenallee 12, 24 B.; Tel. 2277313

Hamburg 80 (Bergedorf, Vierlande)

Sachsentor, Bergedorfer Schloßstraße 10, 80 B.; Tel. 7243011
Alt-Lohbrügger Hof, Leuschnerstraße 76, 78 B.; Tel. 739600-0
Boberger Höhe, Lohbrügge Landstraße 168, 22 B.; Tel. 739197
Heckkaten, Kampchaussee 114–116, 18 B.; Tel. 7212028
Am Deich, Allermöher Werftstegel 3, 14 B.; Tel. 7232033
Vierlandentor, Curslacker Deich 375, 28 B.; Tel. 7232055
Zum Alten Bahnhof, Odemanns Heck 5, 16 B.; Tel. 7231344
Schützenhof, Lohbrügger Landstraße 119, 14 B.; Tel. 7399339
Forsthaus Bergedorf, Reinbeker Weg 77, 20 B.; Tel. 7213084

Hamburger Stadtgebiet (Fortsetzung)

Hamburg 90 (Harburg)	Panorama Harburg, Harburger Ring 8–10, 121 B.; Tel. 766950 Lindtner, Heimfelder Straße 123, 35 B.; Tel. 7908081 Heimfeld, Heimfelder Straße 91–93, 80 B.; Tel. 7905690 Süderelbe, Großer Schippsee 29, 40 B.; Tel. 773214 Majestätische Aussicht, Ehestorfer Weg 215, 17 B.; Tel. 7906190
Hamburg 92 (Neugraben, Hausbruch)	Århus, Marktpassage 9, 36 B.; Tel. 7014001 Berghotel Sennhütte, Wulmsberg 12, 118 B.; Tel. 7970010 Deutsches Haus, Bergheide 1, 50 B.; Tel. 7015061
Hamburg 93 (Wilhelmsburg)	Forte Hotel Hamburg, Stillhorner Weg 40, 320 B.; Tel. 75250 Stillhorner Raststätten, Jakobsberg 9, 70 B.; Tel. 7540020 Hagemann, Vogelhüttendeich 87, 50 B.; Tel. 751738

Hamburger Umland (in ortsalphabetischer Reihenfolge)

W-2070 Ahrensburg	Ringhotel Ahrensburg, Ahrensfelder Weg 48–50, 44 B.; Tel. (04102) 51560
W-2116 Asendorf	*Ringhotel Zur Heidschnucke, Zum Auetal 14, 100 B.; Tel. (04183) 2094
W-2055 Aumühle	Waldesruh am See, Am Mühlenteich 2, 23 B.; Tel. (04104) 3046
W-2061 Bargfeld-Stegen	Landhotel Zum Ochsenwirt, Kayhuder Straße 13, 8 B.; Tel. (04532) 23636
W-2072 Bargteheide	Papendoor, Lindenstraße 1, 42 B.; Tel. (04532) 7041
W-2000 Barsbüttel	Schmiedke (garni), Willinghuser Landstraße 13, 12 B.; Tel. (040) 6701527
W-2070 Großhansdorf-Schmalenbek	Hamburger Wald, Ahrensfelder Weg 8, 22 B.; Tel. (04102) 61471
W-2116 Hanstedt	Aben Hus, Dorfstraße 26, 16 B.; Tel. (04184) 1606 Ringhotel Sellhorn, Winsener Straße 23, 94 B.; Tel. (04184) 8010
W-2112 Jesteburg	Ringhotel Niedersachsen, Hauptstraße 60, 70 B.; Tel. (04183) 2043/4
W-2000 Norderstedt	Schmöker-Hof, Oststraße 18, 104 B.; Tel. (040) 526070 Maromme, Marommer Straße 58, 34 B.; Tel. (040) 521090 Norderstedter Hof, Mittelstraße 54, 120 B.; Tel. (040) 5240046 Heuberg (garni), Kahlenkamp 2, 40 B.; Tel. (040) 5231197 Norderstedt, Jägerlauf 1, 20 B.; Tel. (040) 5240807 Steller's Hotel, Friedrichsgaber Weg 467, 12 B.; Tel. 5264192
W-2000 Oststeinbek	Behn, Möllner Landstraße 30, 60 B.; Tel. (040) 7122693
W-2085 Quickborn	Romantic Hotel Jagdhaus Waldfrieden, Kieler Straße B 4, 30 B.;, Tel. (04106) 3771 Sport-Hotel Quickborn, Harksheider Weg 258, 38 B.; Tel. (04106) 4091-93
W-2057 Reinbek	Sachsenwald Congress-Hotel, Hamburger Straße 4–8, 130 B.; Tel. (040) 727610
W-2084 Rellingen-Krupunder	Fuchsbau, Altonaer Straße 357, 70 B.; Tel. (04101) 31031 Krupunder Park, Altonaer Straße 325, 40 B.; Tel. (04101) 31285
W-2000 Schenefeld	Ostermann, Friedrich-Ebert-Allee 109, 18 B.; Tel. (040) 8300011
W-2000 Stapelfeld	Zur Windmühle, Hauptstraße 99, 63 B.; Tel. 67507-0
W-2000 Wedel	Senator Marina, Hafenstraße 28, 76 B.; Tel. (04103) 80770

Hotel-Pensionen (Auswahl)

Hamburg 1
(St. Georg)

Petersson, Koppel 54, 14 B.; Tel. 244748
Schmidt, Holzdamm 14, 27 B.; Tel. 2802119
Benecke, Lange Reihe 54–56, 27 B.;, Tel. 245860
Meyn, Hansaplatz 5, 7 B.; Tel. 245309
Riedinger, St. Georgstraße 10, 19 B.; Tel. 247463
Köhler, St. Georgstraße 6, 7 B.; Tel. 249065
Nord, Bremer Reihe 22, 17 B.;, Tel. 244693
Sarah Petersen, Lange Reihe 50, 12 B.; Tel. 249826
Zentrum, Bremer Reihe 23, 10 B.; Tel. 2802528
Kieler Hof, Bremer Reihe 15, 40 B.; Tel. 243024
Selig, Bremer Reihe 23, 10 B.; Tel. 244689
Wendland, Bremer Reihe 17, 8 B.; Tel. 243994
Terminus, Steindamm 5, 25 B.; Tel. 2803144
Regina, Steindamm 30, 8 B.; Tel. 245115
Arndt, Steindamm 23, 14 B.; Tel. 243333
Huhn, Bremer Reihe 17, 16 B.; Tel. 246028
Schmidt, Holzdamm 14, 27 B.; Tel. 2802119
Annenhof, Lange Reihe 23, 21 B.; Tel. 243426

Hamburg 13
(Rotherbaum, Harvestehude)

Hagen, Moorweidenstraße 34, 19 B.; Tel. 442862
Pfeifer, Hallerstraße 2, 30 B.; Tel. 447830
Preuß, Moorweidenstraße 34, 35 B.; Tel. 445716
Rode, Moorweidenstraße 22, 11 B.; Tel. 442875
Golden Ring, Rentzelstraße 48, 17 B.; Tel. 444558
Elite, Binderstraße 24, 26 B.; Tel. 454627
Ingeborg, Hartungstraße 7a, 15 B.; Tel. 4103761
Fink, Rothenbaumchaussee 71–73, 26 B.;, Tel. 440571
Wernecke, Hartungstraße 7, 21 B.;, Tel. 455357
Beim Funk, Rothenbaumchaussee 138, 12 B.; Tel. 450918
Heimhude, Heimhuder Straße 16, 17 B.; Tel. 445239

Hamburg 20
(Eppendorf)

Klosterstern, Eppendorfer Baum 13, 20 B.; Tel. 487025
Eppendorfer Baum, Eppendorfer Baum 13, 11 B.; Tel. 473694
Bergunde, Eppendorfer Baum 5, 11 B.; Tel. 482214
Schaub (garni), Martinistraße 12, 30 B.; Tel. 4603430

Hamburg 36
(westl. der Alster)

Bei der Esplanade, Colonnaden 45, 24 B.; Tel. 342961
Krone, Schäferkampsallee 61, 10 B.; Tel. 445886

Hamburg 52
Groß Flottbek)

Haus Emde, Lüdemannstraße 1, 13 B.; Tel. 893626

Hamburg 63
(Fuhlsbüttel)

Jasmin, Heinrich-Traun-Straße 46, 16 B.; Tel. 595037
Sommerfeld, Kleekamp 17, 9 B.; Tel. 592055

Hamburg 76
(Barmbek, Uhlenhorst)

Strothoff, Armgartstraße 14, 15 B.; Tel. 223385
Helbing, Eilenau 37, 21 B.; Tel. 252083
Möve, Schwanenwik 30, 12 B.; Tel. 2203418
Piza, Armgartenstraße 14, 20 B.; Tel. 2209229
Pröhl, Dehnhaide 127, 5 B.; Tel. 2996747
Clausen, Armgartstraße 14, 12 B.; Tel. 2209238
Waltraut, Schwanenwik 30, 20 B.; Tel. 221007
Jeanette, Schwanenwik 30, 10 B.; Tel. 2205128
Schwanenwik, Schwanenwik 29, 30 B.; Tel. 2200918
Blume, Hofweg 73, 15 B.; Tel. 2201839
Alsterkrone, Schwanenwik 14, 20 B.; Tel. 225218

Hamburg 92
(Hausbruch)

Meyer, Rohrweihenweg 9, 36 B.; Tel. 7966359

Hamburg 93
(Wilhelmsburg)

Moorwerder Hof, Moorwerder Norderdeich 78, 6 B.; Tel. 7545079
Maaßen, Vogelhüttendeich 73, 34 B.; Tel. 758167

Hotels (Fortsetzung): Mitwohnvermittlung

Mitwohnzentralen

Mitwohnzentrale, HH 50, Lobuschstraße 22; Tel. 391373
Mitwohnzentrale Karl Mai, HH 13, Rutschbahn 3; Tel. 41402641
Mit-Wohn-Zentrale Hamburg, HH 50, Haubachstraße 8; Tel. 3895118 (für Frauen: 381684)

Information

→ Auskunft

Jazz

→ Nachtleben

Jugendherbergen

In Hamburg

Jugendherberge 'Auf dem Stintfang' (350 B.)
HH 11, Alfred-Wegener-Weg 5; Tel. 313488

Jugendherberge 'Horner Rennbahn' mit Jugendgästehaus (zus. 277 B.)
HH 74, Rennbahnstraße 100; Tel. 6511671

Jugendpark Langenhorn (250 B.; nur für Gruppen)
HH 62, Jugendparkweg 60; Tel. 5313050

In der Umgebung von Hamburg, nördlich der Elbe

Jugendherberge Geesthacht (106 B.)
Berliner Straße 117, W-2054 Geesthacht; Tel. (04152) 2356

Jugendherberge Lauenburg (130 B.)
Am Sportplatz 7, W-2058 Lauenburg/Elbe ; Tel. (04153) 2598

Jugendherberge Bad Oldesloe (116 B.)
Konrad-Adenauer-Ring 2, W-2060 Bad Oldesloe; Tel. (04531) 504294

Jugendherberge Bad Segeberg (135 B.)
Kastanienweg 1, W-2360 Bad Segeberg; Tel. (0451) 2531

In der Umgebung von Hamburg, südlich der Elbe (Lüneburger Heide)

Jugendherberge Inzmühlen (165 B.)
W-2111 Handeloh, Wehlener Weg; Tel. (04188) 342

Jugendherberge Undeloh (154 B.)
W-2111 Undeloh, Heimbucher Straße 2; Tel. (04189) 279

Kabarett

→ Theater

Kartenvorverkauf

→ Vorverkaufsstellen

Kino

Angebot und Information

Im Stadtbereich gibt es gut hundert Lichtspielhäuser, deren laufende Programme u.a. der Tagespresse und Stadtzeitschriften zu entnehmen sind.

Spielplan

Automatische Programmansagen erfolgen unter
Tel. 11511 für Kinos in der Gegend Hauptbahnhof – Rathaus,
Tel. 11512 für Kinos in der Gegend Dammtor – Gänsemarkt,
Tel. 11513 für Kinos westlich der Alster und
Tel. 11514 für Kinos östlich der Alster sowie in HH-Harburg.

Lichtspielhäuser im City-Bereich

Cinema, HH 1, Steindamm 45
Kino-Center (1–8), HH 1, Glockengießerwall 2
Passage-Theater, HH 1, Mönckebergstraße 17
Savoy-Filmtheater, HH 1, Steindamm 54
Streit's Filmtheater, HH 36, Jungfernstieg 38
Ufa-Theater, HH 36, Gänsemarkt 45

Programmkinos (Auswahl)

Abaton, HH 13, Allendeplatz 3
Aladin, HH 36, Reeperbahn 89
Arsenal, HH 60, Steilshooper Straße 317
Blankeneser Kino 1+2, HH 55, Blankeneser Bahnhofstraße 4
Elbe-Filmtheater, HH 53, Osdorfer Landstraße 198
Gloria, HH 90 (Harburg), Lüneburger Straße 1
Hansa-Kino-Center, HH 80, Bergedorfer Straße 136
Holi, HH 20, Schlankreye 69
Koralle, HH 67, Im Alten Dorfe 25
Magazin, HH 60, Fiefstücken 8 a / Efeuweg
Metropolis (Kommunales Kino), HH 36, Dammtorstraße 30
Mundsburg, HH 76, Hamburger Straße 7
Oase, HH 36, Reeperbahn 147
Palette, in Norderstedt, Ohechaussee 11
Thalia, HH 13, Grindelallee 116
Vorführung 6 (im Studio Hamburg), HH 70, Jenfelder Allee 80

Filme in Originalsprache

Amerika-Haus, HH 13, Tesdorpfstraße 1
Abaton, HH 13, Allendeplatz 3
Broadway, HH 36, Gerhofstraße 1–3

Dokumentarfilme

⟶ Kulturinstitute: Urania Hamburg

Autokino

HH 74 (Billbrook), Moorfleeter Straße 2 / Ecke Bredowstraße

Kneipen

⟶ Nachtleben

Kommunikationszentren

Fabrik (⟶ Sehenswürdigkeiten von A bis Z)
HH 50, Barnestraße 36; Tel. 391563
Musik, Literatur, Theater, Film; Jugendarbeit

Markthalle am Deichtor
HH 1, Klosterwall 9–21; Tel. 339491
Musik, Literatur, Diskussionen

Kommunikationszentren (Fortsetzung)

Evangelische Akademie Norderelbien
HH 36, Esplanade 15; Tel. 341264 + 352434
Vorträge

Hamburg-Haus Eimsbüttel
HH 20, Doormannsweg 12; Tel. 4212-771
Musik, Vorträge, Diskussionen, Ausstellungen

Kampnagelgelände
HH 60, Jarrestraße 20; Tel. 271031
Kulturzentrum, Theater, Konzerte

Libresso
HH 13, Binderstraße 24; Tel. 451663
Kunst, Literatur

Lichtwark-Haus
HH 80 (Bergedorf), Holzhude 1; Tel. 7252-2510 + 7244790
Ausstellungen, Kurse, Vorträge

Literaturhaus Hamburg (→ Sehenswürdigkeiten von A bis Z)
HH 76, Schwanenwik 38; Tel. 2200007
Vorträge, literarische Veranstaltungen

Rieckhof
HH 90 (Harburg), Rieckhoffstraße 12–21; Tel. 7656463
Kuturzentrum, Theater, Vorträge

Weißes Haus (nur Do. 11.00–22.00 Uhr)
HH 13, Heilwigstraße 52; Tel. 479051
Medieninstallationen, Videokunst

Konditoreien

→ Cafés und Konditoreien

Kongresse

→ Auskunft bzw. → Messen

Konsularische Vertretungen

Stadt der Konsulate

Mit Ausnahme der US-amerikanischen Metropole New York City gibt es in keiner anderen Stadt der Erde eine ähnlich große Anzahl von Konsulaten wie in Hamburg.
Folgende Länder sind hier vertreten (GK = Generalkonsulat · HGK = Honorargeneralkonsulat · HK = Honorarkonsulat · K = Konsulat):

In Hamburg konsularisch vertretene Staaten

Ägypten (GK), Antigua & Barbuda (HK), Argentinien (GK), Belgien (GK), Benin (HK), Bolivien (GK), Botswana (GK), Brasilien (GK), Chile (GK), China (Volksrepublik; GK), Costa Rica (GK), Dänemark (GK), Dominikanische Republik (GK), Ecuador (GK), Elfenbeinküste (HK), El Salvador (HGK), Finnland (GK), Frankreich (GK), Gabun (HK), Ghana (GK), Griechenland (GK), Großbritannien und Nordirland (GK), Guatemala (GK), Guinea (HK), Honduras (GK), Indien (GK), Indonesien (GK), Iran (GK), Irland (Republik; HK), Island (HK), Italien (GK), Jamaica (HK), Japan (GK), Jugoslawien (GK),

Kamerun (K), Kap Verde (HK), Kiribati (HK), Kolumbien (GK), Kongo (HK), Korea (Südkorea; GK), Liberia (GK), Luxemburg (HK), Malawi (HK), Malaysia (HK), Mali (HGK), Malta (HGK), Marokko (HK), Mexiko (GK), Monaco (HK), Nicaragua (HGK), Niederlande (GK), Niger (HK), Norwegen (GK), Österreich (GK), Pakistan (HGK), Panama (GK), Papua-Neuguinea (HK), Paraguay (GK), Peru (GK), Philippinen (GK), Polen (GK), Portugal (GK), Ruanda (HK), Schweden (GK), Schweiz (GK), Senegal (HK), Seychellen (HK), Sierra Leone (HGK), Somalia (K), Sowjetunion (GK; bis auf weiteres), Spanien (GK), Sri Lanka (Ceylon; HGK), Südafrika (GK), Thailand (HGK), Togo (HK), Tonga (HK), Türkei (GK), Tunesien (GK), Tuvalu (HK), Uganda (HK), Uruguay (GK), Venezuela (GK), Vereinigte Staaten von Amerika (GK), Westsamoa (HK), Zentralafrikanische Republik (HK), Zypern (GK).

Konsularische Vertretungen (Fortsetzung)

Die Anschriften der konsularischen Vertretungen findet man im Amtlichen Telefonbuch der Deutschen Bundespost Telekom oder im Branchentelefonbuch ('Gelbe Seiten') für den Bereich 8 (Ortsnetz Hamburg) unter dem Stichwort "Konsulate".

Adressen der Konsulate

Konzerte

⟶ Musik

Küche

⟶ Essen und Trinken

Kulturinstitute

Patriotische Gesellschaft von 1765 (⟶ Sehenswürdigkeiten von A bis Z)
HH 11, Trostbrücke 4–6; Tel. 36 66 19

Patriotische Gesellschaft

Literaturhaus (⟶ Sehenswürdigkeiten von A bis Z)
HH 76, Schwanenwik 38; Tel. 2 20 00 07

Literaturhaus

Die kulturelle Film- und Vortragsgesellschaft 'Urania Hamburg' veranstaltet im Amerika-Haus (s. unten) anpruchsvolle Lichtbildvorträge über fremde Länder und Völker; ferner werden in Sonntagsmatineen wertvolle Filmdokumentationen gezeigt.

Urania

Amerika-Haus (United States Information Service)
HH 13, Tesdorpfstraße 1; Tel. 44 11 71-0

Auslandsinstitute

The British Council
HH 13, Rothenbaumchaussee 34; Tel. 44 60 57/8

Institut Français
HH 13, Heimhuder Straße 55; Tel. 45 22 79 + 45 56 60

Istituto Italiano di Cultura
HH 13, Hansastraße 6; Tel. 44 04 41 + 44 79 68

Griechisches Kulturzentrum
HH 13, Hallerstraße 59; Tel. 45 45 66 + 45 90 31

UNESCO-Institut für Pädagogik
HH 13, Feldbrunnenstraße 58; Tel. 44 78 43 und 45 87 97

Kunstgalerien und Kunsthandlungen

Auswahl

Von den zahlreichen Kunstgalerien und Kunsthandlungen Hamburgs, die sich mit traditioneller, zeitgenössischer und avantgardistischer Kunst befassen, sind die nachstehend erwähnten ausgewählt:

Advertising Art Galerie, HH 20, Hegestraße 31
Ahrens, Hans-Jürgen, HH 36, Colonnaden 72
Aktien-Galerie, HH 1, Rathausstraße 12
Altana, HH 13, Mittelweg 19
Amica, HH 36, Große Bleichen 21
Amsa (A.M. Sallowsky), HH 13, Mittelweg 44
Arc 2, HH 1, Lilienstraße 11
Art Galerie, HH 52, Groß Flottbeker Straße 30
Art & Book, HH 13, Grindelallee 132
Atelier 1, HH 20, Hoheluftchaussee 139
Barlach, Hans, HH 20, Loogeplatz 1
Barlach-Haus s. Ernst-Barlach-Haus
Bathke, Axel, 61, Tibarg 56
B·A·T· Kunst-Foyer, HH 36, Esplanade 39
Becker, Jürgen, HH 11, Admiralitätstraße 71
Behm, Harald, HH 76, Schwanenwik 29
Berendsohn, Marie-Luise, HH 55, Blankeneser Hauptstraße 123
Bingemer, Caspar, HH 20, Bismarckstraße 56
Böhrs, Richard, HH 36, Colonnaden 30
Bohm, Tilman, HH 36, Poststraße 36
Brockstedt, Hans, HH 13, Magdalenenstraße 11
Centre deux, HH 60, Preystraße 1 (Ecke Mühlenkamp)
Chouette, HH 20, Woldsenweg 14
City-Kunst, HH 36, Hohe Bleichen 5
Commeter (Sommer), HH 1, Hermannstraße 37
Condor, HH 67, Volksdorfer Damm 33
Crone, Ascan, HH 13, Isestraße 121
Deichstraße, HH 11, Deichstraße 28 (in der Landeszentralbank)
Deichtorhallen, HH 1, Deichtorplatz / Altländer Straße
Dörrie und Priess, HH 11, Admiralitätstraße 71/72
Dröscher, Elke, HH 55, Grotiusweg 79
Elbdörfer Galerie, HH 53, Osdorfer Landstraße 233
Ellefsen, Uwe, HH 90 (Harburg), Bunatwiete 12
Ernst-Barlach-Haus, HH 52, Baron-Voght-Straße 50 A (im Jenischpark)
Felix, HH 20, Bismarckstraße 44
Galerie am Michel, HH 11, Pastorenstraße 18
Galerie an der Staatsoper, HH 36, Große Theaterstraße 32
Galerie antiker Kunst, HH 13, Oberstraße 110
Galerie der GEDOK, HH 1, Koppel 66
Galerie der Kunsthandwerker, HH 1, Danziger Straße 40
Galerie für Kunst aus Südostasien (I. Holz), HH 55, Anne-Frank-Straße 90
Galerie im Hotel Élysée, HH 13, Rothenbaumchaussee 10
Galerie in Eppendorf, HH 20, Lehmweg 46
Galerie in Flottbek, HH 52, Alexander-Zinn-Straße 25
Galerie in Rissen, HH 56, Wedeler Landstraße 6
Galerie-Treff, HH 1, Gerhart-Hauptmann-Platz 48
Galeristen, Die, HH 60, Winterhuder Marktplatz 5
Gerry's Collector Corner, HH 36, Poolstraße 20
Goral, Arie, HH 13, Bundesstraße 5
Hamburger Bücherstube Felix Jud, HH 1, Schauenburgerstraße 59
Hamburg-Galerie 'Die Hamburgensie', HH 36, Passage Alte Post (Poststraße 11)
Hamer, W-2070 Großhansdorf (nach Vereinbarung Tel. 04102 / 65748)
Hans, Mathias, HH 36, Jungfernstieg 34
Hauptmann, Michael, HH 36, Colonnaden 96

Auswahl
(Fortsetzung)

Heine-Haus s. L
Hennig s. ZEN galerie
Herold, HH 36, Poststraße 36
Hirsch-Fischer, Monika, HH 20, Lehmweg 32
Hochhuth, Walter D., HH 36, Passage Alte Post
(Poststraße 11 bis Große Bleichen 17)
Hoeppner, Hans, HH 13, Rothenbaumchaussee 103
Hoffmann, Rudolf, HH 60, Bebelallee 129
Huelsmann, F.K.A., HH 36, Hohe Bleichen 15
Jokusch, HH 90 (Harburg), Neue Straße 9
Jud s. Hamburger Bücherstube
Julia, HH 71, Bramfelder Chaussee 336
Kammer, Renate, HH 13, Böhmersweg 9
Kammer-Studio, HH 1, Münzplatz 11
Kampnagelfabrik, HH 60, Jarrestraße 26
Keeser-Bohbot, HH 60, Bebelallee 153
Klose, HH 1, Steinstraße 13
Klot, Ulla, HH 11, Admiralitätstraße 71
Kramer, HH 50 (Altona), Große Elbstraße 146 (Fischmarkt)
Kratz, Edmund J., HH 55, Dockenhudener Straße 25
Kröbl, Heinz, HH 20, Bogenstraße 68
Künstlerhaus, HH 36, Weidenallee 36 c
Kunsthaus Hamburg, HH 1, Ferdinandstor 1
L, HH 50, Elbchaussee 31 (Heine-Haus)
Landesbank-Galerie, HH 1, Gerhart-Hauptmann-Platz 50 (7. Etage)
Langhagen & Harnisch, HH 36, Jungfernstieg 44
Lehmann, HH 90 (Harburg), Harburger Ring 17
Levy, HH 13, Magdalenenstraße 54
Lindemann, Elisabeth, HH 12, Oberstraße 135
Lochte, Alfred, HH 13, Mittelweg 164
Loeper, Gabriele von, HH 13, Mittelweg 152
Maritim, HH 11, Martin-Luther-Straße 21
Master's Galerie, HH 36, Große Bleichen 21 (Passage Galleria)
Meißner, HH 13, Rothenbaumchaussee 7
Menssen, W-2000 Norderstedt, Ulzburger Straße 308
Metzner, W-2101 Seevetal 2 (Meckelfeld), Am Felde 28
Mewes, Axel, HH 20, Lehmweg 51
Meyerdiercks, Peter, HH 76, Wagnerstraße 14
Moffat, Marion, HH 76, Am Langenzug 18
Morgenland, HH 20, Sillemstraße 79
Muda 2, HH 76, Mundsburger Damm 2
Munro, Vera, HH 20, Heilwigstraße 64
Nyx, HH 80 (Bergedorf), Neuer Weg 43 a
Palme, HH 36, Marktstraße 133
Passepartout, HH 20, Hoheluftchaussee 71 und
HH 70, Quarree 8–10 (EKZ Wandsbek)
Peter, Ellen, HH 56, Blankeneser Hauptstraße 141
Pohlmann, Ernst, HH 53, Fahrenort 10
Poster-Galerie, HH 36, Große Bleichen 31
Pro Arte, HH 55, Rutsch 2
Produzentengalerie, HH 60, Barmbeker Straße 3a
Prospettive d'Arte, HH 60, Sierichstraße 120
Qualmann-Greenman, Susann, HH 20, Ernst-Thälmann-Platz 3
Riemenschneider, HH 65, Saseler Chaussee 95a
Rose, HH 11, Großer Burstah 36
Rosenthal-Studio-Haus, HH 36, Neuer Wall 22
Rüsch, Max, HH 20, Gärtnerstraße 28
Rusz, Inga, HH 65, Poppenbütteler Hauptstraße 7
Schäfer, Waltraut, HH 76, Ifflandstraße 85
Schlondes, der, HH 20, Eppendorfer Landstraße 112 a
Schönewald, Ursula, HH 76, Mundsburger Damm 2
Tolksdorf, Wilma, HH 11, Admiralitätstraße 71

Kunstgalerien und Kunsthandlungen, Auswahl (Fortsetzung)

Tonart, HH 55, Blankeneser Hauptstraße 135
Tour à Tour, HH 13, Rothenbaumchaussee 2
Viva, HH 36, Große Bleichen 21 (Passage Galleria)
Vorsetzen, HH 36, Seilerstraße 29
Wachholtz, Henner, HH 13, Mittelweg 43
Weißes Haus, HH 20, Heilwigstraße 52
Westenhoff, Klauspeter, HH 13, Magdalenenstraße 21
Westwerk e.V., HH 11, Admiralitätstraße 74
Wiechern, Gardy, HH 11, Alter Steinweg 1
Wiegel, Katja, HH 72, August-Krogmann-Straße 205
Wolf, Christoph, HH 20, Eppendorfer Weg 114
XPO, HH 1, Lilienstraße 11
ZEN galerie Dr. Karl Hennig, HH 36, Wexstraße 35
Zwang, Christian, HH 20, Paulinenallee 28

Fotogalerien

Fotogalerie der Staatl. Landesbildstelle Hamburg, HH 54, Kieler Str. 171
PPS Galerie, HH 6, Feldstraße / Hochhaus 1 (Creativ-Bunker)
Photogalerie 'The Compagnie', HH 36, Poolstraße 31

Kunstausstellungen

Kunstausstellungen (Plastik, Gemälde, Graphik, Foto, Video) mit wechselnden Themen finden außer in vielen der zuvor angeführten Kunstgalerien und Kunsthandlungen auch in den Foyers von Hamburger Banken und Sparkassen sowie in der Rathausdiele statt.

Kunstmuseen

→ Museen

Antiquitäten

→ dort

Märkte

Fischmarkt

Der Fischmarkt (→ Sehenswürdigkeiten: Fischmarkt) auf St. Pauli ist der auch außerhalb der Hansestadt bekannteste Hamburger Markt.
Jeden Sonntag von 5.00 (im Winter 7.00) bis 9.30 Uhr herrscht hier am Hafenufer ein buntes, lebhaftes Treiben. Wenngleich der Verkauf von Frischfisch und Fischprodukten noch immer eine gewisse Rolle spielt, hat sich das Angebot auf alles nur Erdenkliche ausgedehnt.
Während der Marktzeit sind alle Lokale und Kneipen im Marktbereich geöffnet.

Wochenmärkte

In den Hamburger Stadtbezirken werden mindestens zweimal in der Woche Märkte abgehalten, insgesamt annähernd fünfzig; nachstehend eine Auswahl:
Altstadt (Hopfenmarkt): Di. + Do. 10.30–14.30 Uhr
Markthalle (Deichtor):
Di.–Fr. 9.00–18.00, Sa. 9.00–14.00, langer Sa. 9.00–18.00 Uhr
Isemarkt (Isestraße, Harvestehude): Di. + Fr. 8.30–14.00 Uhr
Großneumarkt: Mi. + Sa. 8.30–13.30 Uhr
Rotherbaum (Turmweg): Do. 8.30–14.00 Uhr
Wandsbek (Quarree): Mo.–Sa. 8.30–13.00 Uhr
Winterhude (Goldbekufer): Di., Do. + Sa. 8.30–13.00 Uhr
Barmbek-Uhlenhorst (Immenhof): Di. 14.00–18.00, Fr. 8.30–13.00 Uhr
Ottensen (Spritzenplatz / Am Pflug): Di. 8.00–13.00, Fr. 8.00–18.30 Uhr
Altona (Neue Große Bergstr., Ecke Jessenstr.): Mi. + Sa. 8.00–13.00 Uhr
Missundestraße (zwischen Alsenplatz und Stresemannstraße):
Di. 14.30–18.00, Fr. 14.30–18.30 Uhr
Groß Flottbek (Osdorfer Landstraße): Mi. + Sa. 8.00–13.00 Uhr
Blankenese (Blankeneser Bahnhofstraße):
Di. 8.00–14.00, Fr. 8.00–18.00, Sa. 8.00–13.00 Uhr
Bergedorf (Chrysanderstraße): Di. + Fr. 8.00–13.00 Uhr
Harburg (Sand): Mo.–Sa. 8.00–13.00 Uhr

Mehrmals jährlich finden in Hamburg u.a. an folgenden Orten Flohmärkte statt: auf dem Fischmarkt, am Turmweg, in den Messehallen, auf dem Kampnagelgelände sowie auf dem Blumengroßmarkt und dem Heiligengeistfeld.

Märkte (Forsetzung) Flohmärkte

Die Termine (meist sonntags) werden rechtzeitig durch Anschlag und in der Tagespresse bekanntgegeben.

Auskünfte über Details (Verkaufszeiten u.a.) erteilt das Amt für Ernährung, Landwirtschaft und Marktwesen, Abteilung für Märkte, Referat Volksfeste und Wochenmärkte (HH 36, St. Pauli, Sternstr. 106, Tel. 43163290).

Informationen

Jahrmärkte

⟶ Veranstaltungskalender

Weihnachtsmärkte

⟶ Veranstaltungskalender

Messen

Haupteinrichtungen

Die wichtigsten Einrichtungen für Messen und Kongresse sind das Congress Centrum Hamburg (CCH; ⟶ Sehenswürdigkeiten: Congress Centrum Hamburg), unweit vom Dammtorbahnhof (⟶ Sehenswürdigkeiten: Dammtor), und das Messegelände (⟶ Sehenswürdigkeiten: Messegelände, mit Messeplan), das südwestlich an den Freizeitpark 'Planten un Blomen' (⟶ Sehenswürdigkeiten: Planten un Blomen) angrenzt.

Mehrere Messeveranstaltungen, insbeondere die Hamburger Modetage sowie die Uhren-Schmuck- und Silberwaren-Fachausstellung, die Hamburger Computertage und andere Fachsausstellungen werden in der Messehalle beim Mode-Centrum im Stadtteil Schnelsen (HH 61, Modering 5) abgehalten.

Verkehrsanbindungen des Messegeländes

Das Hamburger Messegelände ist vom Messe- und Kongreßbahnhof am Dammtor (Ferneisenbahn; S 11, S 21, S 31) oder von der U-Bahn-Station Stephansplatz (U 1) bzw. der gleichnamigen Bushaltestelle (36, 102, 109, 112) in etwa zehn Minuten Fußweg zu erreichen (Eingang Ost = Haupteingang).
Der Eingang Süd befindet sich unmittelbar bei der U-Bahn-Station Messehallen (U 2), ist aber nur bei größeren Messeveranstaltungen geöffnet.
Im Bedarfsfalle ist ein kostenloser Buspendelverkehr zwischen dem Hauptbahnhof (Spitalerstraße, Ecke Glockengießerwall; alle halbe Stunde) und dem Messegelände eingerichtet, oder es verkehrt die 'Hummelbahn' (⟶ Stadtbesichtigung) vom Dammtorbahnhof dorthin (ebenfalls halbstündlich und gratis).
An Samstagen wird der Haupteingang der Messe auch von der Buslinie 100 angefahren, die alle zehn Minuten zwischen den Großparkplätzen auf dem Heiligengeistfeld und bei den Großmarkthallen verkehrt.

Das Mode-Centrum in Schnelsen erreicht man entweder mit der Eisenbahn (A 3 bis Schnelsen, von dort VHH-Bus 195; S 3 oder S 21 bis Eidelstedt) oder mit dem Auto auf der Ausfallstraße in Richtung Schnelsen bzw. über die A 7 bis zur Anschlußstelle 'Schnelsen'.

Regelmäßig wiederkehrende Messen

Auswahl

Aus der großen Anzahl von Messeveranstaltungen, die das ganze Jahr über in Hamburg stattfinden, sind im folgenden Kalender nur solche aufgeführt, die im Regelfall alljährlich oder alle zwei Jahre abgehalten werden (monatliche Verschiebungen möglich).

Januar	*Electrotec* Nordeuropäische Fachmesse für Elektronik, Elektrotechnik, Antriebs- und Handhabungstechnik (1992, 1994 usw.)
	IFK Internationale Konditoren-Fachmesse Konditorei, Café, Confiserie und Eis (1993, 1995 usw.)
Februar	*OnLine* Europäische Kongreßmesse für technische Kommunikation
	Reisen Hamburg Internationale Ausstellung Tourismus, Caravan, Auto-Vision
März	*InternorGa* Internationale Fachausstellung für Hotellerie, Gastronomie, Gemeinschaftsverpflegung, Bäckereien und Konditoreien
April	*Garten Hamburg* Ausstellung für Gartenbau, Gartenbedarf und Begrünung
	Renova Hamburg Fachausstellung für Altbausanierung, Modernisierung, Renovierung und Restaurierung (1992, 1994 usw.)
	Weiterbildung Hamburg Informationsbörse für Aus- und Weiterbildung (1993, 1995 usw.)
	Hansepferd Hamburg Ausstellung für Pferdefreunde (1992, 1994 usw.)
Mai	*Wein Hamburg* Internationale Wein-Messe
	Nortec Fachmesse für Metallbearbeitung (1992, 1994 usw.)
Juni	*Video Aktiv Camera* Hamburger MitMachMesse Foto, Film, Video (1993, 1995 usw.)
August	*Du und Deine Welt* Internationale Ausstellung für die Familie
September	*NordBüro* Messe für Ihr besseres Büro (1993, 1995 usw.)
Oktober	*hanseboot* Internationale Bootsausstellung
	Emtec Trade Days Europäische Handelsmesse der Bootswirtschaft
November	*Gesundheit Hamburg* Ausstellung für Naturmedizin und natürliche Lebensweise (1993, 1995 usw.)
	Nord Elektro Fachausstellung Elektrotechnik für das Handwerk (1993, 1995 usw.)
	FFtect Nordeuropäische Fachausstellung für Fleischwirtschaft und Fleischereitechnik (1992, 1994 usw.)

Messen, November (Fortsetzung)

Energie-Börse Hamburg
Fachausstellung für erneuerbare Energien
Neue Energietechniken · Energiemanagement (1992, 1994 usw.)

shk
Nordeuropäische Fachausstellung Sanitär · Heizung · Klempner · Klima (1992, 1994 usw.)

Dezember

Art Hamburg
Internationale Kunstmesse

Hamburger Mineralientage
Ausstellung und Verkauf von Mineralien, Rohsteinen, Edelsteinen, Kristallen, Steinschmuck, Fossilien und Konchylien

Messe-Informationen

Über das aktuelle und zukünftige Messeprogramm informiert die Hamburg Messe und Congress GmbH
HH 36, Jungiusstraße 13 (Messehaus); Tel. 35690

Mietwagen

AVIS

HH 36, Drehbahn 15; Tel. 341651
HH 62, Flughafen; Tel. 50752314
HH 63, Sportallee 72; Tel. 50710920
HH 93, Harburger Chaussee 121; Tel. 759572
Fernreservierung in Deutschland·West zum Ortstarif: Tel. 0130 7733

Car-Rent

HH 1, Heidenkampsweg 54; Tel. 232373

Hertz

HH 1, Amsinckstraße 45; Tel. 230045/6/7/8
HH 1, Kirchenallee 34–36 (gegenüber dem Hbf.); Tel. 801201/2/3
HH 50, Stresemannstraße 268–280; Tel. 8503039
HH 62, Flughafen; Tel. 50752302
Fernreservierung in Deutschland·West zum Ortstarif: Tel. 0130 2121

interRent/*Europcar*

HH 1, Amsinckstraße 58; Tel. 232071
HH 11, Rödingsmarkt 14; Tel. 362221
HH 50, Holstenstraße 156; Tel. 389707
HH 54, Holsteiner Chaussee 32; Tel. 5705490
HH 60, Überseering 3 / Mexikoring; Tel. 6306006
HH 62, Flughafen; Tel. 50752812
HH 62, Tangstedter Landstraße 69; Tel. 5202011
HH 70, Ahrensburger Straße 138; Tel. 669951
HH 80, Bergedorfer Straße 106; Tel. 7214788
HH 90, Buxtehuder Straße 1b; Tel. 775353 + 772425
Fernreservierung in Deutschland·West zum Ortstarif: Tel. 0130 2211

Sixt/Budget

HH 1, Spaldingstraße 110; Tel. 232393
HH 62, Flughafen; Tel. 50752305
HH 70, Friedrich-Ebert-Damm 16A; Tel. 6939393
Fernreservierung in Deutschland·West zum Ortstarif: Tel. 0130 3366

topcar

HH 1, Gertrudenstraße 3 (im Parkhaus beim Thalia-Theater); Tel. 335998

Wucherpfennig

HH 50, Stresemannstraße 269; Tel. 431001

Weitere Adressen

Weitere Adressen von Autovermietern findet man im Branchentelefonbuch ('Gelbe Seiten') der Deutschen Bundespost Telekom für das Ortsnetz Hamburg unter den Rubriken “Autoverleih”, “Autoverleih mit Chauffeur” und “Autovermietung”.

Mitfahrvermittlung

Allgemein

Mit-Fahr-Zentrale
HH 1, Gotenstraße 19; Tel. 331914

Mitfahrzentrale Karl Mai
HH 13, Rutschbahn 3; Tel. 4140260 + 41402620

Mitfahrzentrale Altona
HH 50, Lobuschstraße 22; Tel. 391721

Für Frauen

Frauen-Mitfahr-Telefon
Tel. 233311 + 457800

Weitere Adressen

Weitere Adressen für Mitfahrgelegenheiten findet man im Branchentelefonbuch ('Gelbe Seiten') der Deutschen Bundespost Telekom für das Ortsnetz Hamburg unter der Rubrik "Mitfahrvermittlung".

Mitwohnvermittlung

→ Hotels

Museen

Hinweis

In der nachstehenden Liste sind alle Museen, Sammlungen, Dauerausstellungen und ähnliche Einrichtungen im Hamburger Stadtgebiet aufgeführt. Darüber hinaus findet man aber auch Hinweise auf besuchenswerte Museen in der näheren und ferneren Umgebung der Hansestadt.

Da viele Institutionen komplizierte und z. T. verwirrende offizielle Bezeichnungen haben, sind zusätzlich eingängige Verweisstichwörter eingeführt, die dem Benutzer die Erschließung des reichen Angebotes erleichtern.

Museumsliste

Abwasser-Sielmuseum
HH 36, Bei den St.-Pauli-Landungsbrücken 49
(im Pumpwerk Hafenstraße der Stadtentwässerung)
Besichtigung Mo.–Fr. nach Absprache (Tel. 38073371).
Kuriose Funde aus dem Abwasserkanalnetz

Ahrensburger Schloß → Sehenswürdigkeiten: Ahrensburg

Alstertalmuseum → Sehenswürdigkeiten: Alstertal

Alter Botanischer Garten → Sehenswürdigkeiten: Botanische Gärten

Altonaer Museum → Sehenswürdigkeiten: Altonaer Museum in Hamburg

Aquarien → Sehenswürdigkeiten: Hagenbecks Tierpark und Helgoland

Arbeitermuseum → Museum der Arbeit

Archäologisches Museum
→ Sehenswürdigkeiten: Hamburger Museum für Archäologie und die Geschichte Harburgs · Helms-Museum

Museumsliste (Fortsetzung)

Archäologischer Wanderpfad
⟶ Sehenswürdigkeiten: Hamburger Museum für Archäologie und die Geschichte Harburgs · Helms-Museum

Archive ⟶ Praktische Informationen: Bibliotheken und Archive

Assids Indio-Museum s. Museum Mana Kumaka · Assids Indio-Museum

Auswandererbüro, Historisches
⟶ Sehenswürdigkeiten: Museum für Hamburgische Geschichte

Automuseum Hillers
HH 1, Kurt-Schumacher-Allee 42
Öffnungszeiten: täglich 10.00–17.00 Uhr
Motorräder und Autos von 1903 bis zum Jaguar V 12; Sammlung von Kühlerfiguren und Markenemblemen.
Da alle Fahrzeuge restauriert und einsatzbereit sind, werden sie oft auf Veteranenrallyes gefahren oder an Film und Fernsehen vermietet.

Automuseum Hillers
W-2071 Tremsbüttel, Schloßstraße
Öffnungszeiten: April bis Oktober täglich 10.00–18.00 Uhr; November bis März So. und Fei. 12.00–17.00 Uhr
Motorräder und Autos (alle Fahrzeuge in fahrbereitem Zustand) von 1900 bis zum Mercedes 600 sowie Exponate zur Entwicklungsgeschichte des Automobils.

Barlach-Haus ⟶ Sehenswürdigkeiten: Jenischpark, Ernst-Barlach-Haus

Barlach-Museum ⟶ Sehenswürdigkeiten: Wedel, Ernst-Barlach-Museum

Baumhaus-Museum ⟶ Sehenswürdigkeiten: Stade, Museen

Bergedorfer Museum ⟶ Sehenswürdigkeiten: Bergedorf, Museum für Bergedorf und die Vierlande

Bergedorfer Schloß ⟶ Sehenswürdigkeiten: Bergedorf

Bismarck-Museum und Bismarck-Mausoleum
⟶ Sehenswürdigkeiten: Sachsenwald, Friedrichsruh

Bischofsburg ⟶ Sehenswürdigkeiten: Bischofsburg

Bossard-Kunsttempel
W-2112 Jesteburg (Lüneburger Heide), Bossardweg (zweigt vom Schierhornweg zwischen Jesteburg und Schierhorn in den Wald ab; von der Abzweigung noch 2 km).
Besuch bei Anwesenheit der Besitzerin, Frau Bossard, oder nach Vereinbarung (Tel. 04183 / 5112)
Originelles 'Gesamtkunstwerk' des Kunstgewerbelehrers Johann Michael Bossard (1875–1950): Ateliergebäude, zwei Tempel, zahlreiche Gemälde und Skulpturen

Botanische Gärten ⟶ Sehenswürdigkeiten: Botanische Gärten

Botanische Schausammlung
⟶ Sehenswürdigkeiten: Botanische Gärten, Alter Botanischer Garten

Brahms-Gedenkräume
⟶ Sehenswürdigkeiten: Peterstraße, Johannes-Brahms-Gedenkräume

Brahms-Gedenkstätte ⟶ Sehenswürdigkeiten: Musikhalle

Museumsliste
(Fortsetzung)

Brauereimuseum ⟶ Sehenswürdigkeiten: Lüneburg, Museen

Brillenmuseum s. Holographie- und Brillenmuseum

Buddelschiff-Museum ⟶ Sehenswürdigkeiten: Willkommhöft

Carl Hagenbecks Tierpark ⟶ Sehenswürdigkeiten: Hagenbecks Tierpark

Deichtorhallen ⟶ Sehenswürdigkeiten: Deichtorhallen

De Spieker ⟶ Sehenswürdigkeiten: Museumsdorf Volksdorf, De Spieker

Deutsches Maler- und Lackierer-Museum
⟶ Sehenswürdigkeiten: Vierlande und Marschlande, Billwerder

Deutsches Salzmuseum ⟶ Sehenswürdigkeiten: Lüneburg

Deutsches Spielemuseum
HH 1, Glockengießerwall 3
Öffnungszeiten: Fr. 14.00–20.00, Sa. und So. 11.00–12.00 Uhr
Einziges Spielemuseum in Deutschland (historische Spiele aus drei Jahrhunderten; Spiele von heute, mit denen gespielt werden kann).

Deutsches Vogelbauer-Museum
⟶ Sehenswürdigkeiten: Lüneburger Heide, Vogelpark Walsrode

Deutsches Zollmuseum (im Aufbau)
Eröffnung voraussichtlich 1992 im historischen Zollhaus 'Kornhausbrücke' (Speicherstadt)

Dokumentenhaus Neuengamme
⟶ Sehenswürdigkeiten: Vierlande und Marschlande, Neuengamme, KZ-Gedenkstätte Neuengamme

Dorfmuseen ⟶ Freilichtmuseen

Eidelstedter Heimatmuseum (im Eidelstedter Bürgerhaus)
HH 54, Elbgaustraße 12
Öffnungszeiten: Do. 15.00–18.00 Uhr
Entwicklung Eidelstedts vom Dorf zum Industriestadtteil

Eisenbahnmodellanlage
⟶ Sehenswürdigkeiten: Museum für Hamburgische Geschichte

Elbschiffahrtsmuseum ⟶ Sehenswürdigkeiten: Lauenburg (Elbe)

electrum · Museum der Elektrizität
⟶ Sehenswürdigkeiten: Barmbek, Museum der Elektrizität

Ernst-Barlach-Haus ⟶ Sehenswürdigkeiten: Jenischpark

Ernst-Barlach-Museum ⟶ Sehenswürdigkeiten: Wedel

Ernst-Thälmann-Gedenkstätte
⟶ Praktische Informationen: Gedenkstätten

Ethnologisches Museum ⟶ Sehenswürdigkeiten: Museum f. Völkerkunde

Flughafen-Modellschau ⟶ Sehenswürdigkeiten: Flughafen, Modellraum

Fotogalerien
⟶ Praktische Informationen: Kunstgalerien und Kunsthandlungen

Museumsliste (Fortsetzung)

Fotosammlung
⟶ Sehenswürdigkeiten: Museum für Kunst und Gewerbe

Freilichtmuseum am Kiekeberg
⟶ Sehenswürdigkeiten: Freilichtmuseum am Kiekeberg

Freilichtmuseum Stade ⟶ Sehenswürdigkeiten: Stade

Freilichtmuseum Vierlande
⟶ Sehenswürdigkeiten: Vierlande und Marschlande, Curslack, Vierländer Freilichtmuseum Rieck-Haus

Freilichtmuseum Volksdorf
⟶ Sehenswürdigkeiten: Museumsdorf Volksdorf

Freizeitpark
⟶ Sehenswürdigkeiten: Lüneburger Heide, Heide-Park Soltau

Friedrichsruh, Bismarck-Museum und Bismarck-Mausoleum
⟶ Sehenswürdigkeiten: Sachsenwald

Friseurmuseum ⟶ Sammlung Schwarzkopf

Galerien ⟶ Praktische Informationen: Kunstgalerien u. Kunsthandlungen

Garten der Schmetterlinge
⟶ Sehenswürdigkeiten: Sachsenwald, Friedrichsruh

Gedenkstätten ⟶ Praktische Informationen: Gedenkstätten

Geologisch-Paläontologisches Museum der Universität Hamburg
⟶ Sehenswürdigkeiten: Universitätsviertel, Geomatikum

Geschichtswerkstätten
⟶ Praktische Informationen: Geschichtswerkstätten

Grabmalmuseen
⟶ Sehenswürdigkeiten: Ohlsdorfer Friedhof und Öjendorfer Park, Hauptfriedhof Öjendorf

Großwildpark
⟶ Sehenswürdigkeiten: Lüneburger Heide, Serengeti-Großwildpark Hodenhagen

Haarpflegemuseum ⟶ Sammlung Schwarzkopf

Hagenbecks Tierpark ⟶ Sehenswürdigkeiten: Hagenbecks Tierpark

Hamburger Kunsthalle ⟶ Sehenswürdigkeiten: Kunsthalle

Hamburger Museum für Archäologie und die Geschichte Harburgs
⟶ Sehenswürdigkeiten: Hamburger Museum für Archäologie und die Geschichte Harburgs · Helms-Museum

Hamburger Stadtmuseum
⟶ Sehenswürdigkeiten: Museum für Hamburgische Geschichte

Hamburgische Geschichte, Museum für
⟶ Sehenswürdigkeiten: Museum für Hamburgische Geschichte

Hamburgisches Museum für Völkerkunde
⟶ Sehenswürdigkeiten: Museum für Völkerkunde

Museumsliste (Fortsetzung)

Hammaburg
⟶ Sehenswürdigkeiten: Hammaburg (Ausgrabungen) und Museum für Hamburgische Geschichte (Modell)

Harburger Museum
⟶ Sehenswürdigkeiten: Hamburger Museum für Archäologie und die Geschichte Harburgs

Heide-Park Soltau
⟶ Sehenswürdigkeiten: Lüneburger Heide

Heine-Haus ⟶ Sehenswürdigkeiten: Elbchaussee

Helms-Museum
⟶ Sehenswürdigkeiten: Hamburger Museum für Archäologie und die Geschichte Harburgs · Helms-Museum

Historisches Auswandererbüro (Historic Emigration Office)
⟶ Sehenswürdigkeiten: Museum für Hamburgische Geschichte

Historisches Museum der Stadt Hamburg
⟶ Sehenswürdigkeiten: Museum für Hamburgische Geschichte

Holographie- und Brillenmuseum (Optikgeschäft Fielmann)
HH 1, Mönckebergstraße 29

Indio-Museum ⟶ Museum Mana Kumaka · Assids Indio-Museum

Jenisch-Haus ⟶ Sehenswürdigkeiten: Jenischpark

Johannes-Brahms-Gedenkräume ⟶ Sehenswürdigkeiten: Peterstraße

Johannes-Brahms-Gedenkstätte ⟶ Sehenswürdigkeiten: Musikhalle

Kellinghusener Fayencen
W-2217 Kellinghusen, Brauerstraße 25
Öffnungszeiten: Mo.–Fr. 10.00–18.00, Sa. und So. 15.00–18.00 Uhr
Sammlung einheimischer Fayencen

Klingendes Museum (im Aufbau)
HH 36, Valentinskamp 42/43
Sammlung von Musikinstrumenten

Kosmetikmuseum ⟶ Sammlung Schwarzkopf

Krameramtsstuben ⟶ Sehenswürdigkeiten: Krameramtswohnungen

Kunstgalerien
⟶ Praktische Informationen: Kunstgalerien und Kunsthandlungen

Kunsthalle ⟶ Sehenswürdigkeiten: Kunsthalle

Kunsthaus ⟶ Sehenswürdigkeiten: Kunstinsel

Kunstverein in Hamburg ⟶ Sehenswürdigkeiten: Kunstinsel

KZ-Gedenkstätte Neuengamme
⟶ Sehenswürdigkeiten: Vierlande und Marschlande, Neuengamme

Lackierer-Museum
⟶ Sehenswürdigkeiten: Vierlande und Marschlande, Billwerder, Deutsches Maler- und Lackierer-Museum

Museumsliste (Fortsetzung)

Landesbildstelle s. Staatliche Landesbildstelle Hamburg

Luftwaffenmuseum → Sehenswürdigkeiten: Uetersen

Maler- und Lackierer-Museum
→ Sehenswürdigkeiten: Vierlande und Marschlande, Billwerder, Deutsches Maler- und Lackierer-Museum

Mana-Kumaka-Museum
→ Museum Mana Kumaka · Assids Indio-Museum

Michaelica-Ausstellung → Sehenswürdigkeiten: Michaeliskirche

Milchmuseum
→ Sehenswürdigkeiten: Wilhelmsburg, Museum der Elbinsel Wilhelmsburg

Mineralogisches Museum der Universität Hamburg
→ Sehenswürdigkeiten: Universitätsviertel

Modelleisenbahnanlage
→ Sehenswürdigkeiten: Museum für Hamburgische Geschichte

Montblanc-Museum (im Hause der Fa. Montblanc-Simplo)
HH 54, Hellgrundweg 100
Besichtigung nach Anmeldung (Tel. 840010)
Ständige Ausstellung alter Schreibgeräte sowie über die Geschichte der bekannten 'Montblanc'-Füllfederhalterfabrik

Müllmuseum → Praktische Informationen: Abwasser-Sielmuseum

Muschelmuseum
→ Sehenswürdigkeiten: Willkommhöft, Schulauer Fährhaus

Museum der Arbeit → Sehenswürdigkeiten: Barmbek

Museum der Elbinsel Wilhelmsburg
→ Sehenswürdigkeiten: Wilhelmsburg

Museum der Elektrizität → Sehenswürdigkeiten: Barmbek

Museum für Bergedorf und die Vierlande
→ Sehenswürdigkeiten: Bergedorf

Museum für das Fürstentum Lüneburg → Sehenswürdigkeiten: Lüneburg

Museum für die Geschichte Harburgs
→ Sehenswürdigkeiten: Hamburger Museum für Archäologie und die Geschichte Harburgs.

Museum für Hamburgische Geschichte
→ Sehenswürdigkeiten: Museum für Hamburgische Geschichte

Museum für Kunst und Gewerbe
→ Sehenswürdigkeiten: Museum für Kunst und Gewerbe

Museum für Völkerkunde → Sehenswürdigkeiten: Museum f. Völkerkunde

Museum Mana Kumaka · Assids Indio-Museum
HH 70, Kramerkoppel 24
Besichtigung und Führung nach Voranmeldung (Tel. 6560657)
Welt der südamerikanischen Indianer (Indios)

Museumsliste (Fortsetzung)

Museum Rade
⟶ Sehenswürdigkeiten: Museum Rade am Schloß Reinbek

Museumsdorf am Kiekeberg ⟶ Freilichtmuseum am Kiekeberg

Museumsdorf Stade ⟶ Sehenswürdigkeiten: Stade, Freilichtmuseum

Museumsdorf Volksdorf ⟶ Sehenswürdigkeiten: Museumsdorf Volksdorf

Museumseisenbahnen
⟶ Praktische Informationen, Museumseisenbahnen

Museumshafen Oevelgönne ⟶ Sehenswürdigkeiten: Övelgönne

Museumsschiff "Cap San Diego"
⟶ Sehenswürdigkeiten: Landungsbrücken

Museumsschiff "Rickmer Rickmers"
⟶ Sehenswürdigkeiten: Landungsbrücken

Musikinstrumentenmuseum s. Klingendes Museum

Neuer Botanischer Garten ⟶ Sehenswürdigkeiten: Botanische Gärten

Norddeutsches Landesmuseum
⟶ Sehenswürdigkeiten: Altonaer Museum in Hamburg

Oldtimer-Autos s. Automuseen Hillers

Oldtimer-Eisenbahnen
⟶ Praktische Informationen: Museumseisenbahnen

Oldtimer-Schiffe
⟶ Praktische Informationen: Museumsschiffe
⟶ Sehenswürdigkeiten: Övelgönne, Museumshafen Oevelgönne

Ostpreußisches Landesmuseum
⟶ Sehenswürdigkeiten: Lüneburg, Museen

Paläontologisches Museum
⟶ Sehenswürdigkeiten: Universitätsviertel, Geomatikum, Geologisch-Paläontologisches der Universität Hamburg

Panoptikum ⟶ Sehenswürdigkeiten: Reeperbahn

Photosammlung
⟶ Sehenswürdigkeiten: Museum für Kunst und Gewerbe

Planetarium ⟶ Sehenswürdigkeiten: Planetarium

Postmuseum ⟶ Sehenswürdigkeiten: Postmuseum

Puppenmuseum ⟶ Sehenswürdigkeiten: Blankenese

Reinbeker Schloß
⟶ Sehenswürdigkeiten: Museum Rade am Schloß Reinbek

Rieck-Haus
⟶ Sehenswürdigkeiten: Vierlande und Marschlande, Curslack, Vierländer Freilichtmuseum Rieck-Haus

Salzmuseum ⟶ Sehenswürdigkeiten: Lüneburg

Museumsliste (Fortsetzung)

Sammlung Schwarzkopf
zur Kulturgeschichte der Haar- und Schönheitspflege im barocken Herrenhaus Steinhorst von 1722
(Ausbildungszentrum der Hans Schwarzkopf GmbH)
W-2061 Steinhorst (Kreis Herzogtum Lauenburg), v. Wedderkopstr. 2–4
Besichtigung nur nach Voranmeldung (Tel. 04536 / 8422 oder in Hamburg Tel. 882401)
Entwicklung des Friseurhandwerkes; über tausend Utensilien und Dokumente aus vier Jahrtausenden

Sankt-Pauli-Museum ⟶ Sehenswürdigkeiten: Reeperbahn

Schaugewächshäuser ⟶ Sehenswürdigkeiten: Botanische Gärten

Schauraum Bischofsburg ⟶ Sehenswürdigkeiten: Bischofsburg

Schloß Ahrensburg ⟶ Sehenswürdigkeiten: Ahrensburg

Schloß Bergedorf ⟶ Sehenswürdigkeiten: Bergedorf

Schloß Reinbek
⟶ Sehenswürdigkeiten: Museum Rade am Schloß Reinbek

Schmetterlingsgarten
⟶ Sehenswürdigkeiten: Sachsenwald, Garten der Schmetterlinge Friedrichsruh

Schmetterlingspark
W-2110 Seppensen bei Buchholz in der Nordheide, Zum Mühlenteich 2
Öffnungszeiten: 1. April bis 31. Oktober täglich 9.30–17.30 Uhr
Freifliegende Schmetterlinge aus allen Teilen der Welt

Schwarzkopf-Sammlung ⟶ Sammlung Schwarzkopf

Schwedenspeicher-Museum ⟶ Sehenswürdigkeiten: Stade

Seewasseraquarium ⟶ Sehenswürdigkeiten: Helgoland

Serengeti-Großwildpark
⟶ Sehenswürdigkeiten: Lüneburger Heide, Serengeti-Großwildpark Hodenhagen

Sielmuseum ⟶ Praktische Informationen: Abwasser-Sielmuseum

Spieker, De ⟶ Sehenswürdigkeiten: Museumsdorf Volksdorf, De Spieker

Spielemuseum s. Deutsches Spielemuseum

Spielzeugmuseum (Dieter Kurth)
HH 36, Marktstraße 3 (Karolinenviertel)
Öffnungszeiten: Mo.–Fr. 12.00–18.00, Sa. 11.00–14.00 Uhr
Spielsachensammlung (bes. alte Modelleisenbahnwagen)

Staatliche Landesbildstelle Hamburg
HH 54, Kieler Straße 171
Öffnungszeit: Mo.–Fr. 8.00–16.00, Di. 8.00–20.00, Sa. 10.00–15.00 Uhr
Fotogalerie

Stadtmuseum
⟶ Sehenswürdigkeiten: Museum für Hamburgische Geschichte

Stadtteilarchive ⟶ Praktische Informationen: Geschichtswerkstätten

Museumsliste (Fortsetzung)

Sternwarte ⟶ Sehenswürdigkeiten: Bergedorf

St.-Pauli-Museum ⟶ Sehenswürdigkeiten: Reeperbahn

Tabakhistorische Sammlung Reemtsma
HH 52, Parkstraße 51
Besichtigung nur nach Voranmeldung (Tel. 8220542)
Rund 3000 Exponate aus der Geschichte des Tabakgenusses (u. a. Raucherutensilien der Indianer, aus Afrika und Asien)

Taxametermuseum
HH 13, Rothenbaumchausee 79
Öffnungszeiten: Mo.–Do. 8.00–16.00, Fr. 8.00–12.00 Uhr
(Voranmeldung ratsam: Tel. 448643)
Taxiuhren (Fahrpreiszähler) aus vielen Ländern seit der letzten Jahrhundertwende

Textilmuseum Neumünster
W-2350 Neumünster, Parkstraße 17
Besichtigung nach Voranmeldung (Tel. 04321 / 403316)
Geschichte der Tuchmacherei mit ältesten Stücken aus der Bronzezeit

Thälmann-Gedenkstätte
⟶ Praktische Informationen: Gedenkstätten, E.-Thälmann-Gedenkstätte

Theatersammlung der Universität Hamburg
⟶ Praktische Informationen: Bibliotheken und Archive

Vierländer Freilichtmuseum
⟶ Sehenswürdigkeiten: Vierlande und Marschlande, Curslack, Vierländer Freilichtmuseum Rieck-Haus

Vierländer Museum
⟶ Sehenswürdigkeiten: Bergedorf, Museum für Bergedorf und die Vierlande

Vogelbauer-Museum
⟶ Sehenswürdigkeiten: Lüneburger Heide, Vogelpark Walsrode

Vogelpark
⟶ Sehenswürdigkeiten: Lüneburger Heide, Vogelpark Walsrode

Völkerkundemuseum ⟶ Sehenswürdigkeiten: Museum für Volkerkunde

Wachsfigurenkabinett ⟶ Sehenswürdigkeiten: Reeperbahn, Panoptikum

Warenkundliche Schausammlung
⟶ Sehenswürdigkeiten: Botanische Gärten

Weinmuseum
⟶ Sehenswürdigkeiten: Nikolaikirchturm, Weinkeller unter St. Nikolai

Wildparks
⟶ Sehenswürdigkeiten: Harburg, Wildpark Harburger Berge
⟶ Sehenswürdigkeiten: Freilichtmuseum am Kiekeberg, Wildpark Harburger Berge
⟶ Sehenswürdigkeiten: Lüneburger Heide, Wildpark Lüneburger Heide

Wilhelmsburger Museum
⟶ Sehenswürdigkeiten: Wilhelmsburg, Museum der Elbinsel Wilhelmsbg.

Zollmuseum s. Deutsches Zollmuseum

Museen, Museumsliste (Fortsetzung)

Zoologischer Garten ⟶ Sehenswürdigkeiten: Hagenbecks Tierpark

Zoologisches Museum der Universität Hamburg
⟶ Sehenswürdigkeiten: Universitätsviertel

Museums-pädagogischer Dienst

Die Hamburger Kulturbehörde (HH 76, Hamburger Str. 45, Postfach 760688; Tel. 29188 2752) unterhält einen wohlorganisierten 'Museums-pädagogischen Dienst', der vor allem in der Zeit der Schulferien instruktive Sonderveranstaltungen in und mit den Museen arrangiert.

Museumseisenbahnen

Hinweis

Obwohl es im Hamburger Stadtgebiet mit Ausnahme der großen Eisenbahnmodellanlage im Museum für Hamburgische Geschichte (⟶ Sehenswürdigkeiten von A bis Z) weder eine eisenbahngeschichtliche Sammlung noch eine Museumseisenbahn gibt, so wird den Freunden historischer Eisenbahnen in der Umgebung der Hansestdt doch einiges geboten.
Die nachstehend aufgeführten Vereinseinrichtungen sind in der Regel während des Sommerhalbjahres an bestimmten Tagen (meist Wochenenden) in Betrieb.

Fahrpläne

Die Fahrpläne und nähere Informationen entnehme man dem "Kursbuch der deutschen Museums-Eisenbahnen", das alljährlich neu im Verlag Uhle & Kleimann (Pettenpohlstraße 17, Postfach 1543, W-4990 Lübbecke 1) erscheint.

Ausstellungen

Sammlung historischer Eisenbahnfahrzeuge im und am Lokschuppen Aumühle (⟶ Sehenswürdigkeiten: Sachsenwald, Aumühle).
Tage der offenen Tür zweimal jährlich im Frühjahr und Herbst; dann auch Ausstellungen über den Hamburger Nahverkehr (Endstation der S-Bahn-Linie S 21).

Sammlung historischer Eisenbahnfahrzeuge im ehemaligen Bahnbetriebswerk Wilhelmsburg (HH 93, Vogelhüttendeich 174).
Tage der offenen Tür jährlich im Herbst.

Historische Kleinbahnwagen
⟶ Sehenswürdigkeiten: Museumsdorf Volksdorf

Befahrene Strecken

Bergedorf – Geesthacht (– Krümmel)
(12,3 km; 1435 mm Spurweite, Dampflok)

Deinste – Lütjenkamp (südlich von Stade)
(1,2 km; 600 mm Spurweite, Dampflok)

Buxtehude – Harsefeld
(14,8 km; 1435 mm Spurweite, Triebwagen)

Lüneburg – Hützel – Bispingen – Luhegrund (41,3 km)
Winsen (Luhe) – Döhle – Lühegrund (46,3 km)
Lüneburg – Erbstorf – Scharnebeck – Neetze – Bleckede (26,0 km)
(alle drei 1435 mm Spurweite, Diesellok)

Soltau – Bispingen – Döhle
(30 km; 1435 mm Spurweite, Wismarer Schienenbus "Ameisenbär")

Museumshafen, Museumsschiffe

⟶ Museen

Musik

Wichtige Konzertstätten

Musikhalle (Großer und Kleiner Saal)
HH 36, Dammtorwall 46 / Karl-Muck-Platz; Tel. 346920

Congress Centrum Hamburg (CCH; Großer Saal)
HH 36, Dammtor / Marseiller Straße; Tel. 35690

Forum und Orchesterstudio der Hochschule für Musik und darstellende Kunst
HH 13, Harvestehuder Weg 12 (Eingang Milchstraße); Tel. 441950

Hamburger Konservatorium
HH 55, Sülldorfer Landstraße 196; Tel. 872087

Auditorium Maximum der Universität Hamburg
HH 13, Von-Melle-Park 8; Tel. 41234494

Norddeutscher Rundfunk (NDR; Sendesaal)
HH 13, Rothenbaumchaussee 132; Tel. 4130

Sporthalle Hamburg
HH 60, Krochmannstraße 55, Tel. 512751

Sachsenwald-Forum Reinbek
W-2057 Reinbek, Hamburger Straße 8; Tel. 72700322

Musik-Festival

→ Veranstaltungskalender: Schleswig-Holstein Musik Festival

Kirchenmusik

In zahlreichen Hamburger Kirchen, vor allem aber in den Hauptkirchen St. Petri, St. Jacobi und St. Michaelis, St. Katharinen und St. Nikolai werden regelmäßig Kirchenkonzerte veranstaltet.
Das Amt für Kirchenmusik (HH 76, Uhlandstr. 49; Tel. 2205131) veranstaltet in der Hauptkirche St. Petri jeweils mittwochs um 17.15 Uhr eine 'Stunde der Kirchenmusik'.
Die drei Orgeln der Hauptkirche St. Michaelis erklingen täglich zwischen 12.00 und 12.15 Uhr.

Oper

Hamburgische Staatsoper
HH 36, Dammtorstraße 28; Tel. 3155
Tageskasse: HH 36, Große Theaterstraße 35; Tel. 351721
Aufführungen im Hauptgebäude an der Dammtorstraße, auf der Studiobühne 'Opera stabile' an der nahen Büschstraße und in der ehem. Kampnagelfabrik (HH 60, Jarrestr. 20–24; Tel. 2791066)

Musical

Musik-Theater
HH 36, Reeperbahn 1 (Ecke Zirkusweg); Tel. 3196895

Neue Flora (seit Juni 1990 "Das PHANTOM der OPER")
HH 50, Stresemannstr. / Ecke Alsenstr. (S-Bahn-Station 'Holstenstraße')
Vorverkauf: Tel. 27075270

Musicalaufführungen zuweilen auch im Deutschen Schauspielhaus

Operettenhaus (seit April 1986 "CATS")
HH 36, Spielbudenplatz 1 (Reeperbahn)
Vorverkauf: Tel. 27075270

Jazz, Rock, Pop

→ Nachtleben

Musikkneipen

→ Nachtleben

Kommunikationszentren

→ dort

Musik (Fortsetzung)

Volkstümliche und Freilichtkonzerte

Zu nennen sind die klassischen Konzerte im Innenhof des Rathauses und die Klassischen Frühschoppen (So. ab 11.00 Uhr) an wechselnden Veranstaltungsorten, besonders in den Lokalen um den Großneumarkt; ferner auf dem Gebiet der leichten Musik die Stadtparkkonzerte und die Konzerte im Freizeitpark 'Planten un Blomen'.

Volksmusik

Finkwarder Speeldeel e.V.
HH 95 (Finkenwerder), Steendiek 35; Tel. 7426634

Volkstanz

Finkwarder Danzkring "Lünborger Siet"
HH 95 (Finkenwerder), Brack 30; Tel. 7434186

Musikalischer Veranstaltungskalender

Fernsprechansagedienst: Tel. 11515

Kartenvorverkauf

⟶ Vorverkaufsstellen

Nachtleben

Sperrstunde

Die Gaststätten in der Freien und Hansestadt Hamburg unterliegen an den Wochenenden, d.h. in den Nächten von Sonnabend (Samstag) auf Sonntag, keiner polizeilichen Sperrstunde; für alle übrigen Nächte ist sie auf 4.00 Uhr morgens festgesetzt.

St. Pauli

Nach wie vor ist St. Pauli mit Reeperbahn und Großer Freiheit Hamburgs Amüsierviertel Nummer eins; daneben hat sich aber hier in jüngster Zeit eine lebhafte Musik-, Theater- und Kulturszene entwickelt. Ferner kann man auf St. Pauli bis Mitternacht einkaufen und gut essen.

St. Georg

Darüber hinaus bietet auch die Gegend um den Steindamm im Stadtteil St. Georg Ähnliches.
Das Gebotene ist in den entsprechenden Kapiteln der 'Sehenswürdigkeiten von A bis Z' dieses Reiseführers umrissen.

Verhaltensregeln

Es empfiehlt sich, den nächtlichen Bummel in Gesellschaft und nicht ganz allein zu unternehmen.

Informationsbroschüre "St. Pauli Life"

Nützliche Informationen für einen Besuch der vielfältigen Attraktionen auf St. Pauli liefert die von der Interessengemeinschaft St. Pauli e.V., einem Berufsverband der hier ansässigen Wirtschafts- und Gewerbebetriebe (HH 11, Seewartenstr. 7, Tel. 316626; auch Vermittlung von St.-Pauli-Führungen) herausgegebene Broschüre "St. Pauli Life", die dort und auf der Davidwache (Spielbudenplatz 31 / Ecke Davidstraße) oder bei den Informationsbüros der Tourismus-Zentrale Hamburg (⟶ Auskunft) erhältlich ist.

Plakette "St. Pauli – o.k."

Viele Mitgliedsbetriebe der zuvor genannten Interessengemeinschaft haben in ihren Schaufenstern eine Plakette mit der Aufschrift "St. Pauli – o.k." befestigt. Bei diesen Betrieben kann man sicher sein, daß ein solides Preis-Leistungs-Verhältnis gewährleistet ist.

Im übrigen ist der Nepp auf St. Pauli gegenüber früheren Zeiten deutlich zurückgegangen; dennoch empfehlen sich Umsicht und Vorsicht. So nehme man in den Lokalen die Bestellung grundsätzlich selbst sowie vor allen Dingen nach der überall obligatorisch ausliegenden Angebotskarte vor und überlasse dies keinesfalls etwa einer Animierdame. Nachdem die Bedienung das Bestellte serviert hat, begleiche man die Rechnung sofort, selbst wenn man geneigt ist, noch weitere Bestellungen aufzugeben.

Hamburg bei Nacht

Allabendlich um 20.00 Uhr beginnt am Hauptbahnhof (Bushaltestelle am Nordausgang zur Kirchenallee) eine etwa dreistündige Bustour durch die Innenstadt (Besuch eines typischen Hamburger Abendlokals) und das Nachtleben von St. Pauli (Besuch eines Stimmungslokals).

Hamburg für Erwachsene

Ebenfalls allabendlich um 20.00 Uhr führt eine rund viereinhalbstündige Bustour vom Hauptbahnhof (Nordausgang zur Kirchenallee) über die Hotels Reichshof, Atlantic, Vier Jahreszeiten, Plaza und Inter·Continental nach St. Pauli, wo zunächst in einem Stimmungslokal an der Reeperbahn eingekehrt wird; anschließend folgt der Besuch einer Striptease- und Sex-Show in einem Nachtkabarett auf der Großen Freiheit.

Szene-Treffs

Wer es nicht unbedingt auf Erlebnisse in der Welt des Sex-Geschäftes abgesehen hat, findet im Hamburger Innenstadtbereich natürlich auch andere Abendunterhaltung, und zwar vielfältigster Art. Gewisse Schwerpunkte haben sich hier um den Großneumarkt, im weitreichenden Universitätsviertel, im schicken und doch gemütlichen Pöseldorf sowie vielerorts im Stadtteil Eppendorf gebildet. Ein Hauptmerkmal dieser 'Szene'-Treffpunkte sind die musikalischen Darbietungen.

Jazz, Blues, Folk, Rock, Pop, Szene

Batavia (Theaterschiff), Stockbrücke am Elbhafen Wedel
Baumann's Bierbar, HH 1, Kirchenallee 54
Bierdorf Pöseldorf, HH 13, Mittelweg 141
Birdland, HH 20, Gärtnerstraße 122
Blockhütte, HH 50, Große Freiheit 64
Brüggemeier, HH 20, Bismarckstraße 60
Café Kaputt, HH 60, Gertigstraße 32
Circle, HH 1, Klosterwall 23
Cotton Club (ältester Jazzclub am Ort), HH 11, Alter Steinweg 10
Dennis' Swing Club, HH 76, Papenhuder Straße 25
Dock's, HH 36, Spielbudenplatz 19
Fabrik, HH 50, Barnerstraße 36
Galerie, HH 65, Volksdorfer Weg 184
Gamasche, HH 36, Thielbek 3–5 (Ecke Brüderstraße)
Große Freiheit 36, HH 50, Große Freiheit 36
Grünspan, HH 36, Große Freiheit 58
Heatwave, HH 1, Danziger Straße 21
Intermezzo, HH 60, Ulmenstraße 19
Klimperkiste, HH 36, Esplanade 18
Knust, HH 1, Brandstwiete 2–4
La Paloma, HH 36, Ecke Gerhardstraße/Hans-Albers-Platz
Lavendel, HH 36, Peterstraße 36
Lehmitz, HH 36, Reeperbahn 22
Logo, HH 13, Grindelallee 5
Lütt Huus, HH 67, Eulenkrugstraße 82
Markthalle, HH 1, Klosterwall 9–21
Müller Lüdenscheidt, HH 20, Eppendorfer Landstraße 157
Onkel Pö's, HH 20, Henriettenweg 11
Rieckhof, HH 90 (Harburg), Rieckhoffstraße 12
SamBrasil, HH 36, Silbersackstraße 27
36, HH 50, Große Freiheit 11
Skyy, HH 36, Spielbudenplatz 16 b
Spectrum, HH 80 (Bergedorf), Lohbrügger Markt 5
Tropical Brasil, HH 50, Große Freiheit 11
Uhlenspieker, HH 11, Großneumarkt 6–8
Unit, HH 36, Talstraße 3
Werkstatt 3, HH 50, Nernstweg 32–34
Zum Auerhahn, HH 70, Walddörferstraße 290
Zur Rotbuche, HH 62, Tannenweg 4

Bars

Abel's, HH 76, Mühlendamm 54
Atlantic Bar (im gleichnam. Hotel), HH 1, An der Alster 72–79
Beverly Life Club, HH 13, Rothenbaumchaussee 185
Bourbon Street Bar (im Hotel Élysée), HH 13, Rothenbaumchaussee 10
Caesar's Palace, HH 36, Millerntorplatz 2
Clock Corner (im Crest Hotel), HH 60, Mexikoring 1
Galeonenbar (im SAS Hotel Hamburg Plaza), HH 36, Marseiller Straße 2

Bars (Fortsetzung)

Harry's New York Bar, Bleichenbrücke 9 (Passage Bleichenhof)
Miguel, HH 76, Winterhuder Weg 79
Noblesse (im Hotel Ramada Renaissance), HH 36, Große Bleichen
Old Fashion Bar, HH 20, Eppendorfer Weg 211
Rob's, HH 76, Mühlendamm 54
Simbari (im Hotel Vier Jahreszeiten), HH 36, Neuer Jungfernstieg 9–14

Diskotheken

after shave, HH 36, Spielbudenplatz 7
Bel Air, HH 36, Dammtordamm 1
Blauer Satellit (im SAS Hotel Hamburg Plaza), HH 36, Marseiller Straße 2
Cleopatra, HH 71, Bramfelder Chaussee 226
Club 88, HH 36, Reeperbahn 88
Dock's, HH 36, Spielbudenplatz 19
Front, HH 1, Heidenkampsweg 32
Gala, HH 13, Mittelweg 22
Große Freiheit 36, HH 50, Große Freiheit 36
Gossip, HH 13, Milchstraße 25
Insel, HH 36, Alsterufer 35
Madhouse, HH 36, Valentinskamp 46a
Mambo Jambo, HH 36, Marktstraße 140
Midlife, HH 52, Osdorfer Landstraße 20 (Flottbeker Mühle)
Off Line, HH 20, Eimsbütteler Chaussee 5
Prinzenbar, HH 36, Kastanienallee 20
Seventh Heaven, HH 1, Ballindamm 9
Stairways, HH 36, Neuer Pferdemarkt 4
The Castro, HH 36, Dammtordamm 1
Third World, HH 1, Heidenkampsweg 54
Top 10 Club, HH 36, Reeperbahn 136
Voilà, HH 76, Kiebitzhof, Aufgang C

Tanzlokale

Bahrenfelder Forsthaus, HH 50, von-Hutten-Straße 45
Caesar's Palace, HH 36, Millerntorplatz 2
Café Charly, HH 36, Am Hamburger Berg 29
Café Keese (Ball Paradox), HH 36, Reeperbahn 19–21
Fredie's Ballhaus, HH 20, Hellkamp 68
Jahreszeiten-Keller (im Hotel Vier Jahreszeiten), HH 36, Neuer Jungfernstieg 9–14
Lübscher Baum, HH 76, Lübecker Straße 133
Piano Bar (im Maritim Hotel Reichshof), HH 1, Kirchenallee 34–36
Tanz-Treff, HH 50, Große Bergstr. 178

Stimmungslokale

Das Herz von St. Pauli, HH 36, Spielbudenplatz 7
Fleetenkieker, HH 11, Börsenbrücke 10
Hamburger Veermaster, HH 36, Reeperbahn 162
Seepferdchen, HH 36, Hein-Hoyer-Straße 11

Sex-Shows

Black Market (Travestie), HH 60, Mühlenkamp 43
Club de Sade, HH 36, Erichstraße 41
Lady Lyn, HH 50, Große Freiheit 6
Pulverfaß (Travestie) & Crazy Boys, HH 1, Pulverteich 12
Regina, HH 50, Große Freiheit 4
Safari, HH 50, Große Freiheit 24
Salambo, HH 50, Große Freiheit 11
Sex World, HH1, Steindamm 26
Show-Center 66, HH 36, Reeperbahn 66
Tabu, HH 50, Große Freiheit 14
Tanga-Club, HH 50, Große Freiheit 27
Tutti-Frutti, HH 36, Reeperbahn 46

Kneipen

Adagio, HH 50, Max-Brauer-Allee 114
Alt Pöseldorfer Bierstuben, HH 13, Milchstraße 7
Cha Cha, HH 36, Dragonerstall 15

Nachtleben, Kneipen (Fortsetzung)

Buttstädt's, HH 13, Rothenbaumchaussee 183
di Gööle, HH 36, Brüderstraße 8
Factory, HH 20, Hoheluftchaussee 95
Filmhauskneipe, HH 50, Friedensallee 7
Frauenkneipe, HH 50, Stresemannstraße 60
Globetrotter, HH 50, Große Freiheit 23
Gretel und Alfons, HH 50, Große Freiheit 27
Hemingway, HH 36, Markusstraße 4
Herzog, HH 20, Eppendorfer Landstraße 31
Hopfensack, HH 11, Hopfensack 8
Köbes, HH 60, Schinkelstraße 2
Kutscherkneipe, HH 20, Lehmweg 58
LA, HH 36, Reeperbahn 90
Loft, HH 36, Große Bleichen 21 (Passage Galleria)
Loreley, HH 36, Detlev-Bremer-Straße 44
Meyer-Lansky's, HH 4, Pinnasberg 60
Pöseldorfer Kutscherkneipe, HH 13, Milchstraße 26
Rick's, HH 13, Johnsallee 62
Saitensprung, HH 11, Deichstraße 39
Schnatil, HH 13, Heinrich-Barth-Straße 17
Schramme No. 10, HH 20, Schrammsweg 10
Schwender's, HH 1, Großneumarkt 1
Sperl, HH 36, Wexstraße 30
Street Life, HH 36, Reeperbahn 124
Villon, HH 1, St. Georgs Kirchhof 1
Wellers Bierbar, HH 36, Reeperbahn 36
Zum Silbersack, HH 36, Silbersackstraße 9
Zwick am Mittelweg, HH 13, Mittelweg 121 b

Bierlokale — → Restaurants
Weinlokale — → Restaurants
Nachtrestaurants — → Restaurants

Nahverkehr

→ Verkehrsmittel

Notdienste

Notrufe

Polizei: Tel. 110
Feuerwehr, Erste Hilfe: Tel. 112
Ärztlicher Notdienst: Tel. 22 80 22
Zahnärztlicher Notdienst: Tel. 11500
Aids-Beratungs- und Informationsdienst: Tel. 24 88 24 88
Drogeninformation (20.00–9.30 Uhr): Tel. 2 80 32 04
Giftinformationszentrale: Tel. 63 85 33 45/6
Tierärztlicher Notdienst
(Sa. 12.00–24.00, So. 0.00–24.00 Uhr): Tel. 43 43 79
Anwaltlicher Notdienst (18.00–8.00 Uhr): Tel. 29 39 39
Umwelt-Telefon: Tel. 34 35 36
Frauen-Telefon: Tel. 6 52 77 11

Alphabetische Zusammenstellung der wichtigsten Notrufe s. S. 352

ZAB

Zentralambulanz für Betrunkene (ZAB)
HH 1, Brennerstraße 81; Tel. 24 88 25 10

Pannenhilfe (0.00–24.00 Uhr)

ACE-Pannenleitstelle: Tel. 19216
ADAC-Pannenhilfe: Tel. 19211
Falcks Rettungsdienst: Tel. 5 40 20 11

Öffentlicher Nahverkehr

⟶ Verkehrsmittel

Öffnungszeiten

⟶ Geschäftszeiten

Oldtimer

⟶ Museen
⟶ Museumseisenbahnen

Omnibusse

⟶ Verkehrsmittel

Pannenhilfe

⟶ Notdienste

Parkhäuser

Ratschlag

Vor der Einfahrt in ein Parkhaus informiere man sich über die (recht unterschiedlichen) Öffnungszeiten und versehe sich vor dem Verlassen mit ausreichend Hartgeld zur Entrichtung der Parkgebühr an den meist automatisierten Kassen.

Parkhäuser in der City (Passagenviertel vgl. Plan S. 207)

Bleichenhof, HH 36, Große Bleichen 35
Brandsende/Ferdinandstraße, HH 1, Ferdinandstraße 13–15
Cityhof, HH 1, Johanniswall
Drehbahn s. Oper
Ferdinandstraße s. Brandsende
Gertrudenstraße s. Rosenstraße
Große Reichenstraße, HH 11, Große Reichenstraße 21
Hanse-Viertel, HH 36, Hohe Bleichen 20–22
Hauptbahnhof, HH 1, Steintorwall
Katharinenkirche, HH 11, Neue Gröningerstraße 12
Kunsthalle, HH 1, Ferdinandstor 1
Lilienstraße, HH 1, Lilienstraße
Millerntor, HH 36, Zirkusweg
Neue ABC-Straße, HH 36, Neue ABC-Straße
Oper, HH 36, Drehbahn 15–23
Reeperbahn, HH 36, Spielbudenplatz 13
Rödingsmarkt, HH 11, Rödingsmarkt 14
Rosenstraße/Gertrudenstraße, HH 1, Gertrudenstraße 2–8

Parkhäuser der großen Warenhäuser

Die Warenhäuser Karstadt (Kleine Rosenstraße; zwei Parkhäuser), Kaufhof (Bugenhagenstraße), Horten (Lange Mühren) und Alsterhaus (Poststraße) verfügen über eigene Parkhäuser, die jedoch im Regelfall nur während der ⟶ Geschäftszeiten geöffnet sind.

Pensionen

→ Hotels: Hotel-Pensionen

Post, Telefon, Telegraf

Schalterstunden

Die Schalterstunden der Hamburger Postämter sind nicht einheitlich geregelt. Im City-Bereich haben die großen Postämter 1, 11 und 36 montags bis freitags durchgehend von 8.00 bis 18.00 Uhr (Spätschalter bis 19.00 Uhr), sonnabends von 8.00 bis 13.00 Uhr geöffnet. Ansonsten wird allgemein eine etwa zweistündige Mittagspause eingehalten; und sonnabends (samstags) ist im Regelfall um 12.00 Uhr Schalterschluß.

Postämter mit verlängerten Dienststunden

Postamt im Hauptbahnhof (Ausgang Kirchenallee); Tel. 2391233
Täglich von 6.00 bis 22.00 Uhr

Postamt im Flughafen; Tel. 59101334
Mo.–Sa. 7.00–21.00, So. 9.00–20.00 Uhr

Postamt am Bahnhof Harburg; Tel. 771190
Mo.–Fr. 8.00–20.00, So. 10.00–18.00 Uhr

Sehenswertes Postamt

Postamt 36 am Stephansplatz im Gebäude der ehem. Oberpostdirektion HH 36, Stephansplatz 3; Tel. 3571
→ Sehenswürdigkeiten von A bis Z: Postmuseum

Paketdienst

Postamt 2, HH 50, Kaltenkirchener Straße 1; Tel. 85580

Postsparkasse
Postgiro

Postsparkassenamt: HH 60 (City-Nord), Überseering 26; Tel. 63830
Postgiroamt (früher Postscheckamt): HH 11, Alter Wall 46; Tel. 36191
Schalterstunden: Mo.–Fr. 8.30–13.00 Uhr

Postleitzahlen

W-2000

Für die überwiegende Zahl der hansestädtischen Postzustellungsbereiche sowie für etliche Randgemeinden nördlich der Elbe (z. B. Wedel, Norderstedt, Barsbüttel u. a.) gilt die Postleitzahl W-2000.
Davon abweichend:

W-2050 für HH 80 (Bergedorf und Umgebung)
W-2100 für HH 90 (Harburg und Umgebung)
W-2101 für HH 96 (Cranz, Francop, Neuenfelde)
W-2102 für HH 93 (Wilhelmsburg)
W-2103 für HH 95 (Altenwerder, Finkenwerder, Waltershof)
W-2104 für HH 92 (Hausbruch, Neugraben, Fischbek)
W-2191 für die zu Hamburg gehörende Insel Neuwerk

Telefonnetzkennzahlen für den Selbstwählverkehr

Das Ortsnetz Hamburg der Deutschen Bundespost Telekom erreicht man
aus Deutschland · West mit der Vorwahlnummer 040
aus Deutschland · Ost mit der Vorwahlnummer 0640
aus Österreich mit der Vorwahlnummer 06040
aus der Schweiz und Liechtenstein mit der Vorwahlnummer ... 004940

Telefonbücher

Für die Freie und Hansestadt Hamburg sowie etliche angrenzende Städte und Gemeinden in Schleswig-Holstein und Niedersachsen gilt das Telefonbuch 8 (früher 2) = Amtliches Telefonbuch der Deutschen Bundespost Telekom (zwei Bände: A–K und L–Z), ergänzt durch das entsprechende, sehr informative Branchentelefonbuch ('Gelbe Seiten'; A–Z).

Telefonauskunft

Inland: Tel. 1188 · Ausland: Tel. 00118

Fernamt

Inland: Tel. 010 · Ausland: Tel. 0010

Post, Telefon, Telegraf (Fortsetzuung)

Telegraf

Auskunft: Fernmeldeamt 6, HH 36, Jungiusstraße 2; Tel. 3573301
Telegrammaufnahme in deutscher Sprache: Tel. 1131
Telegrammaufnahme in fremden Sprachen: Tel. 1133

Postinformation

Briefpost: Tel. 23951230/1/2/3
Luftpost: Tel. 59101301
Pakete: Tel. 85585555
Postgiro: Tel. 36192140/1
Postsparkasse: Tel. 63834
Telefax, Telex, Teletex: Tel. 3573301
Text- und Datenübermittlung: Tel. 3572551
Bildschirmtext: Tel. 68883434

Radio

→ Rundfunk und Fernsehen

Restaurants

Betriebszeiten

Im allgemeinen sind die Speisegaststätten in Hamburg zwischen 11.00 und 23.00 Uhr geöffnet, sie bleiben jedoch vielfach an einem Tag in der Woche geschlossen.
Um sicherzugehen, erkundige man sich nach den Öffnungszeiten direkt bei den einzelnen Restaurants (Rufnummern im Telefonbuch bzw. im Branchentelefonbuch zusammengefaßt unter dem Stichwort "Gaststätten").

Sperrstunde

→ Nachtleben

Auswahl und Gliederung

Bei der nachfolgenden großen Auswahl von Gaststätten ist eine Gliederung nach Sachgruppen (innerhalb dieser in alphabetischer Namensordnung) versucht, bei der sich allerdings Mehrfachnennungen und gewisse Überschneidungen nicht vermeiden ließen. So werden beispielsweise Fisch und andere Wassertiere (vgl. Graphik S. 278) oder typisch hamburgische Gerichte natürlich nicht ausschließlich in den unter den betreffenden Rubriken aufgeführten Restaurants serviert.

Speisegaststätten

Gourmettempel

*Haerlin (im Hotel Vier Jahreszeiten), HH 36, Neuer Jungfernstieg 9–14
*Landhaus Dill, HH 52, Elbchaussee 404
*Landhaus Scherrer, HH 50, Elbchaussee 130
*L'Auberge Française, HH 13, Rutschbahn 34
*Le Canard, HH 50, Elbchaussee 139 (Elbterrassen)

Feinschmeckerlokale

Avocado (Frischküche), HH 76, Kanalstraße 9
*Atlantic-Grill (im gleichnam. Hotel), HH 1, An der Alster 72–79
Barthelomäus, HH 50, Elbchaussee 94
*Benedikt, HH 60, Dorotheenstraße 182a
Brahmsstuben, HH 20, Ludolfstraße 43
Christo's, HH 60, Sierichstraße 46
*Cölln's Austern-, Caviar- und Hummerstuben
(gegr. 1833, seit 1900 im Keller; Fliesenbilder), HH 11, Brodschrangen 1
Eisenstein, HH 50, Friedensallee 5
Fontenay-Grill (Dachgarten auf dem Hotel Inter-Continental),
HH 36, Fontenay 10

Speisegaststätten, Feinschmecker-lokale (Fortsetzung)

*Gero's Yoyo, HH 13, Mittelweg 30
Gröninger Hubertus, HH 11, Ost-West-Straße 47 (Wildspezialitäten)
*Jacob, HH 52, Elbchaussee 401 (Elbterrasse)
*Jahreszeiten-Grill (im Hotel Vier Jahreszeiten), HH 36, Neuer Jungfernstieg 9–14
Kranzler-Grill (im CCH), HH 36, Dammtor / Marseiller Straße
*La Mer (im Hotel Prem; schöner Gartenhof), HH 1, An der Alster 9
Laxy's Restaurant, HH 80, Bergedorfer Straße 138
*Leopold, HH 50, Friedensallee 14–16
Le Paquebot (im Thalia-Theater), HH 1, Gerhart-Hauptmann-Platz 70
Marktplatz, HH 52, Nienstedtener Marktplatz 21
Mövenpick · Café des Artistes, HH 36, Große Bleichen 30 (Hanse-Viertel)
*Noblesse (im Hotel Ramada Renaissance), HH 36, Große Bleichen (beim Hanse-Viertel)
Peter Lembcke, HH 1, Holzdamm 49
W. Schümanns Austernkeller (*Jugendstileinrichtung, elf Séparées), HH 36, Jungfernstieg 34 (schmaler Zugang)
Süllberg-Restaurant, HH 55, Süllbergterrasse 2
Zum Lokstedter (Spez. Krabben, Muscheln, Schnecken), HH 54, Vogt-Wells-Straße 12 (am Siemersplatz)

Vegetarische Küche

Golden Temple, HH 20, Eppendorfer Baum 34
Vegetarisches Restaurant (älteste vegetarische Gaststätte überhaupt, gegr. 1892), HH 36, Alsterarkaden 11 a / Neuer Wall 13 (nach Brandschaden bis zur Wiederherstellung geschlossen)
Zorba the Buddha, HH 36, Karolinenstraße 7

Vollwertküche

Vollwertrestaurant Horizont, HH 50, Harkortstieg 4

Fischrestaurants

Aalkate im Hause der Gröninger Brauerei, HH 11, Ost-West-Straße 47
Alter Elbtunnel, HH 36, Bei den St.-Pauli-Landungsbrücken, Brücke 7
Alt-Hamburger Aalspeicher, HH 11, Deichstraße 43 (am Nikolaifleet)
Alt-Helgoländer Fischerstube, HH 36, St.-Pauli-Fischmarkt 3
Finkenwerder Elbblick, HH 95, Focksweg 42
*Fischereihafen-Restaurant (große Speisekarte), HH 50, Große Elbstr. 143
Fischerhaus, HH 36, St.-Pauli-Fischmarkt 14
Fischerstube, HH 36, Bei den St.-Pauli-Landungsbrücken, Brücke 3
Fischkajüte, HH 36, Bei den St.-Pauli-Landungsbrücken, Brücke 5
Fischrestaurant Hoppe, HH 52, Övelgönne 6
Gehrmann (Spez. Matjes), HH 70, Friedrich-Ebert-Damm 91
Landungsbrückenrestaurant (oben 'Hafenterrasse', unten 'Hafenteria'), HH 36, Bei den St.-Pauli-Landungsbrücken, Brücke 3
La Mouette, HH 50, Neumühlen 50
Loup de Mer, HH 36, Kohlhöfen 27
Nikolaikeller (Spez. Matjes und Schollen), HH 11, Cremon 36 (im Gewölbe des alten Tangermünder Zuckerspeichers)
Oevelgönner Fährhaus, HH 50, Neumühlen 53
Pantry, HH 36, Bei den St.-Pauli-Landungsbrücken, Brücke 9
Poseidon, HH 36, Karolinenstraße 1 (Ecke Feldstraße)
Schiffer-Börse (im Hotel Kronprinz), HH 1, Kirchenallee 46
Schifferhaus Blankenese, HH 55, Strandweg 20
*Sellmer, HH 20, Ludolfstraße 50
Stephanskeller, HH 36, Esplanade 31 (Ecke Stephansplatz)
Störtebeker, HH 36, Bernhard-Nocht-Straße 68
Überseebrücke, HH 11, Vorsetzen (Hafenrandpromenade)
Zum alten Lotsenhaus, HH 52, Övelgönne 13
Zum Bäcker, HH 55, Strandweg 65
Zum Bäcker mit Kajüte, HH 52, Övelgönne 38
Zum Pharisäer (Spez. Muscheln), HH 50, Große Elbstraße 6–8
Zum Wattenläuper, HH 60, Alsterdorfer Straße 9

Fischbratküchen

s. S. 332

Speisegaststätten (Fortsetzung)
Restaurants mit hamburgischer ('hanseatischer') und norddeutscher Küche

Ahrberg, HH 55 (Blankenese), Strandweg 33
Alt-Hamburger Bürgerhaus, HH 11, Deichstraße 37
(einst am Grimm; nur für angemeldete Gruppen, Tel. 373633)
Börsenbrücke, HH 11, Börsenbrücke 5
Calsow, HH 13, Rödingsmarkt 52
Chalet & Bürgerstuben (im Hotel Europäischer Hof), HH 1, Kirchenallee 45
Classic (im Maritim Hotel Reichshof), HH 1, Kirchenallee 34/36
*Deichgraf, HH 11, Deichstraße 23
*Friesenhof ('Hamborgher Kûcherie'; mittelalterl. Tafel mit Bänkelsang), HH 76, Hamburger Straße 1
Sonderveranstaltung: 'Störtebekers Seefahrergelage anno domini 1600' (vier Stunden auf der Elbe an Bord eines HADAG-Schiffes)
Friesenkeller, HH 36, Jungfernstieg 7 (Ecke Alsterarkaden)
Galeriestuben ('Zur alten Kramerstube'), HH 11, Krayenkamp 10
Hafen Hamburg (im gleichnam. Hotel), HH 11, Seewartenstraße 9
Hamburger Veermaster, HH 36, Reeperbahn 162
Hamburg-Restaurant (im Hotel Europäischer Hof), HH 1, Kirchenallee 45
Hanseaten-Börse, HH 11, Große Bleichen 52
Kanzelmeyer, HH 11, Englische Planke 8
Lütt Döns, HH 52, Reventlowstraße 64 a
*Mühlenkamper Fährhaus, HH 76, Hans-Henny-Jahnn-Weg 1
*Old Commercial Room (gegr. 1648; 'Captain's Table': Treffpunkt für Kapitäne aus aller Welt; Spez. Labskaus), HH 11, Englische Planke 10
Op'n Bulln, HH 50, Landungsbrücke Blankenese
Randel, HH 65, Poppenbüttler Landstraße 1
*Ratsweinkeller (Hanseatisches Restaurant von 1896), HH 11, Große Johannisstraße 2
Schiffchen, HH 50, Klopstockplatz 3
Schinkenkrug, HH 1, Steintorweg 1
St.-Pauli-Theater-Restaurant, HH 36, Spielbudenplatz 2a
To'n Peerstall, HH 52, Hochrad 69
Vierländer Kate (im Altonaer Museum), HH 50, Museumstraße 23
Vierländer Stuben (im SAS Plaza Hotel Hamburg), HH 36, Dammtor / Marseiller Straße
*Zum alten Rathaus, HH 11, Börsenbrücke 10 (im Hause der Patriotischen Gesellschaft)
Zum Brandanfang, HH 11, Deichstraße 25

Restaurants mit deutscher und internationaler Küche

Alsterpavillon (altbekanntes Café-Restaurant), HH 36, Jungfernstieg 54
*Amadeus (in der 'Insel'), HH 36, Alsterufer 35
Am Park, HH 25, Hammer Steindamm 108
Cottage, HH 1, Große Bäckerstraße 3
Die Pfanne, HH 13, Grindelberg 81
Gerresheim · Saseler Dorfkrug, HH 65, Saseler Chaussee 101
Hafen Hamburg (im gleichnam. Hotel), HH 11, Seewartenstraße 9
Hammer Park, HH 26, Hammer Hof 1
Hofrestaurant, HH 60, Alsterdorfer Straße 2 a
Intercity-Restaurants, HH 1, im Hauptbahnhof + HH 50, im Bahnhof Altona
Kleines Fährhaus, HH 13, Fährdamm 13
Klinker, HH 13, Schlankreye 69
Lord Nelson (im Hotel Holiday Inn), HH 76, Graumannsweg 10
Marktplatz, HH 52, Nienstedter Marktplatz 21
Mövenpick im Hanse-Viertel, HH 36, Große Bleichen 36
Mövenpick Spitaler Brücke (Vernimb), HH 1, Spitalerstraße 9
Nil, HH 36, Neuer Pferdemarkt 5
Nürnberger Bratwurstglöckle, HH 13, Grindelberg 7
Nürnberger Bratwurstherzle, HH 11, Brandstwiete 4
Orangerie (im Hotel Inter·Continental), HH 36, Fontenay 10
Pepper Moon, HH 36, Talstraße 29
Pilsener-Urquell-Stuben (im Hotel Bellevue), HH 1, An der Alster 14
St. Raphael (im gleichnam. Hotel), HH 1, Adenauerallee 41
Vienna, HH 36, Fettstraße 2

Speisegaststätten (Fortsetzung)
Gaststätten mit Hausmannskost

Alt-Berlin, HH 1, Schopenstehl 15
Anno 1750 (histor. Gasthof mit eigener Brauerei), HH 11, Ost-West-Str. 47
Arft, HH 1, Bugenhagenstraße 23
Besenbinderhof, HH 1, Besenbinderhof 57
Brahms-Ecke, HH 36, Peterstraße 49
Brodersen, HH 13, Rothenbaumchaussee 46
But'n Dammtor, HH 13, Mittelweg 27
Casablanca, HH 36, Talstraße 10–12
Destille (im Museum für Kunst und Gewerbe), HH 1, Steintorplatz 1
Dorfkrug, HH 76, Hofweg 77
factory, HH 20, Hoheluftchaussee 95
Feuerstein, HH 36, Neuer Pferdemarkt 34
Heppermann's Gasthaus, HH 20, Eppendorfer Weg 9
Kartoffelkeller, HH 11, Deichstraße 21 (Kartoffelspezialitäten)
Kartoffelstube, HH 90 (Harburg), Reeseberg 27
Kartoffelstuben (Zum Bäcker), HH 65, Herrenhausallee 9
Klopstock, HH 20, Eppendorfer Landstraße 165
La Minute, HH 1, Lilienstraße 36
Landhaus Walter, HH 60, Hindenburgstraße 2 (im Stadtpark)
Nienstedter Krug, HH 52, Nienstedter Marktplatz 15
Omas Bratkartoffelhus, HH 90 (Harburg), Großer Schippsee 34
Opitz, HH 76, Mundsburger Damm 17
Rauchfang, HH 55, Elbchaussee 573
Rexrodt (alte Metzgerei), HH 76, Papenhuder Straße 35
Rickmer Rickmers (Museumsschiff), HH 36, St.-Pauli-Landungsbrücken
Schmitz, HH 60, Maria-Louisen-Straße 3
Simrockstuben, HH 55, Simrockstraße 182
Theater-Keller (im Deutschen Schauspielhaus), HH 1, Kirchenallee 54
*Zum Wattkorn (im gleichnam. Hotel), HH 62, Tangstedter Landstraße 230
Zur Schlachterbürse (beliebter Treff), HH 36, Kampstraße 42

Steakhäuser

Barbecue (argentinisch), HH 60, Fuhlsbüttler Straße 390
Blockhouse, HH 1, Kirchenallee 50; HH 13, Grindelhof 73 + Mittelweg 122; HH 36, Gänsemarkt 50 (Passage); HH 52, Waitzstraße 1; HH 54, Alte Elbgaustraße 9; HH 60, Dorotheenstraße 57 + Fuhlsbüttler Straße 165; HH 65, Heegbarg 32; HH 67, Groten Hoff 12; HH 70, Schloßstraße 48; HH 80 (Bergedorf), Sachsentor 2; HH 90 (Harburg), Sand 8
Churrascaria Lambada (brasilianisch), HH 60, Sierichstraße 22
Churrasco (argentinisch), HH 1, Ferdinandstraße 61 + HH 76, Hofweg 94
Corcovado (brasilianisch), HH 1, Raboisen 54
Denver, HH 36, Neuer Wall 34 + HH 55, Dockenhudener Straße 34
Hopi, HH 36, Neuer Wall 30
John Johnson (Western Country Style), HH 1, Steindamm 43
La Estancia (argentinisch), HH 1, Hermannstraße 30
VIP, HH 50, Holstenstraße 3
Six Pence, HH 20, Eppendorfer Landstraße 80
Steak and fish, HH 36, Spielbudenplatz (bei der Davidwache)

Weinlokale

Bodega (im Hotel Élysée), HH 13, Rothenbaumchaussee 10
Bodega Nagel, HH 1, Kirchenallee 57
Brahmskeller, HH 13, Grindelhof 64–66 und HH 36, Große Bleichen (Passage Kaufmannshof)
C.C.F. Fischer ('Hamburgs weltoffener Weinkeller unter St. Nikolai'), HH 112, Hahntrapp 2
*Jacob, HH 52, Elbchaussee 401
Kleinhuis, HH 36, Fehlandstraße 26
Lehmitz, HH 20, Faberstraße 21
*Mövenpick-Weinkeller & Bistro à vin, HH 36, Große Bleichen 36 (Hanse-Viertel)
*Ratsweinkeller (Hanseatisches Restaurant von 1896), HH 11, Große Johannisstraße 2
Schoppenhauer, HH 11, Reimerstwiete 20–21

Weinlokale (Fortsetzung)

Schwender's, HH 11, Großneumarkt 1
Sperl, HH 36, Wexstraße 30 (Ecke Brüderstraße)
Uhlenhorster Weinstuben, HH 76, Papenhuder Straße 29
Villon, HH 11, St. Georgs Kirchhof 1
Wein-Galerie, HH 36, Jungfernstieg 26–30 (Passage Hamburger Hof)
Weinkrüger, HH 13, Milchstraße 3–4 + HH 55, Blankeneser Bahnhofstr. 4
Weinstube zum Blauen Engel, HH 20, Eppendorfer Landstraße 157
Weinstuben am Großneumarkt, HH 11, Großneumarkt 10

Stimmungslokale

⟶ Nachtleben

Bierlokale

Alt Pöseldorfer Bierstuben, HH 13, Milchstraße 7
Bayerische Botschaft, HH 13, Rentzelstraße 36
Bierdorf Pöseldorf, HH 13, Mittelweg 141
Bierstube 'Bei Max', HH 36, Colonnaden 9
BIT am Jungfernsteig, HH 36, Jungfernstieg 56
Brasserie (im Hotel Élysée), HH 13, Rothenbaumchaussee 10
Franziskaner, HH 36, Große Theaterstraße 10 / Colonnaden
Gröninger Braukeller (Dehn's Privatbrauerei), HH 11, Ost-West-Straße 47
Hinkelstein, HH 13, An der Verbindungsbahn 10
Kölsch- und Altbierhaus, HH 36, Valentinskamp 89
Legendär (ehem. Onkel Pö), HH 20, Lehmweg 44
Oswald, HH 13, Rothenbaumchaussee 115
Pickenpack, HH 6, Schulterblatt 3
Posemuckel, HH 36, Bleichenbrücke 10
Sam's Bierbar, HH 13, Milchstraße 19
Uhlenspieker, HH 11, Großneumarkt 8
Zum Weißbierbrauer Kuchelbauer (bayer. Spez.), HH 1, Kurze Mühren 6

Kneipen

⟶ Nachtleben

Spät- und Nachtrestaurants

*Atlantic-Mühle (im Atlantic Hotel Kempinski), HH 1, An der Alster 72–79
Gestern-&-Heute-Treff, HH 36, Kaiser-Wilhelm-Straße 55
*Gourmet-Station im Hauptbahnhof (Wandelhalle)
Haasy's, HH 11, Großer Burstah 46–48
Harry's New York Bar, HH 36, Bleichenbrücke 9 (Passage Bleichenhof)
Hopfensack, HH 11, Hopfensack 8
*Jahreszeiten-Keller (im Hotel Vier Jahreszeiten), HH 36, Neuer Jungfernstieg 9–14
Peppermoon, HH 36, Talstraße 29
Pony-Waldschänke, HH 56, Forst Klövensteen
Zur Schlachterbörse, HH 36, Kampstraße 42
Zwick am Mittelweg, HH 13, Mittelweg 121 b

Restaurants mit ausländischer Küche

Vorbemerkung

In Hamburg gibt es schätzungsweise 1200 Restaurants mit ausländischen Spezialitäten. Die nachfolgende Auswahl zeigt die große Vielfalt der verschiedenen Nationalküchen.

Afghanische Küche

Saidal, HH 13, Mittelweg 26 + HH 20, Schrammsweg 10

Arabische Küche

Al Casbah, HH 50, Bernadottestraße 18
A' Shamra, HH 13, Rentzelstraße 50
*Saliba (syrisch), HH 20, Osterstraße 10

Argentinische Küche

Barbecue, HH 60, Fuhlsbüttler Straße 388–390
El Argentino, HH 60, Dorotheenstraße 105
La Estancia, HH 1, Hermannstraße 30

Böhmische Küche

Goldenes Parg, HH 67, Eulenkrugstraße 19

Ausländische Küche (Fortsetzung)

Bolivian. Küche	Diablada, HH 20, Hellkamp 1
Brasilianische Küche	Churrascaria Lambada, HH 60, Sierichstraße 22 Corcovado (Churrascaria Brasil), HH 1, Raboisen 54
Bulgarische Küche	Sofia, HH 71, Haldesdorfer Straße 161 Rila, HH 76, Finkenau 1
Chinesische Küche (Auswahl aus über 120 chinesischen Restaurants)	China, HH 1, Kirchenallee 37 Happy Garden, HH 76, Hofweg 72 King Du, HH 36, Colonnaden 15 (Souterrain) Kow-Loon, HH 1, Gertrudenstraße 2 Lotosblüte, HH 20, Löwenstraße 22 Mandarin, HH 1, Steindamm 32 und HH 36, Zirkusweg 20 (Millerntorplatz) Man Wah, HH 36, Spielbudenplatz 18 Pak Sun Lam, HH 11, Ferdinandstraße 55–57 Peking-Ente, HH 11, Neß 1 Peking-Enten-Haus, HH 13, Rentzelstraße 48 Peking, HH 36, Lincolnstraße 10 Shin Shin (taiwanisch), HH 65, Saseler Chaussee 254 (im Hause Hein ten Hoff) Sommerpalast, HH 11, Brandstwiete 32 Sun Kwong, HH 36, Gänsemarkt 50 (Passage, 1. Stock) Tai-Pan, HH 60, Alsterdorfer Straße 303 (Ecke Hindenburgstraße) Tien Hsieng, HH 60, Dorotheenstraße 54 *Hsie Lin Men, HH 50, Nobistor 14 Tsien Yen, HH 52, Beselerstraße 21
Französische Küche	Belle Époque Brasserie, HH 36, Große Bleichen 35 (Passage Bleichenhof) Brasserie Flum (im Hotel Élysée), HH 13, Rothenbaumchaussee 10 Brasserie Miro (im Hotel Berlin), HH 26, Borgfelder Straße 1–9 Concorde (im Airport-Hotel), HH 62, Flughafenstraße 47 (auch ital. Küche) Dominique, HH 36, Karl-Muck-Platz 11 La Camargue, HH 52, Ebertallee 20 *La Fayette, HH 76, Zimmerstraße 30 *L'Auberge Française, HH 13, Rutschbahn 34 Le Château, HH 13, Milchstraße 19 Le Cyrano, HH 13, Schlüterstraße 86 Le Provençal, HH 60, Lattenkamp 8 Le Relais de France, HH 65, Poppenbütteler Chaussee 3 Le Restaurant du Parc, HH 80, Grasweg 70 (am Stadtpark) Le Paquebot (im Thalia-Theater), HH 1, Gerhart-Hauptmann-Platz 70 Maximilian, HH 20, Hoheluftchaussee 130
Griechische Küche	*Achilleon (der Grieche), HH 1, Speersort 1 (im Pressehaus) Bacchus, HH 60, Alsterdorfer Straße 86 Bei Dimitri, HH 20, Eppendorfer Weg 200 Calypso, HH 76, Hofweg 50 Dionysos, HH 50, Holstenstraße 73 Hellas, HH 61, Oldesloer Straße 50 Kreta, HH 13, Beim Schlump 1 Saki, HH 20, Eppendorfer Weg 210 Santorin, HH 60, Dorotheenstraße 65 Symposium, HH 60, Alsterdorfer Straße 274 Syrtaki, HH 76, Mozartstraße 27 Taverna Marathon, HH 52, Beselerstraße 19 + HH 54, Lokstedter Steindamm 42 Taverne Mykonos, HH 1, An der Alster 28 Taverne Tassos, HH 560, Griegstraße 110

Ausländische Küche (Fortsetzung)

Indische Küche

Bharati, HH 76, Mühlendamm 17
Calcutta-Stuben, HH 76, Papenhuder Straße 30
Gandhi' Bhojan, HH 20, Lindenallee 56
Hathi, HH 73, Bargteheider Straße 114 (B75)
India Gate, HH 50, Königstraße 5
Indra, HH 1, An der Alster 23
Jaipur (Indian Tandoori Restaurant), HH 76, Lerchenfeld 14
Jasmin, HH 36, Schäferkampsallee 50
Kashmir, HH 13, Rentzelstraße 54
Maharani (Muglai-Küche), HH 60, Dorotheenstraße 180
Nataraj, HH 1, Greifswalder Straße 60
Raja Jee, HH 13, Rentzelstraße 38
*Shalimar, HH 13, Dillstr. 16 (Ecke Rappstraße)
Shikara, HH 20, Eppendorfer Marktplatz 8
Tai Mahal, HH 36, Schulterblatt 88

Indonesische Küche

Indonesia-Restaurant, HH 73, Kriegkamp 2

Italienische Küche

Al campanile, HH 1, Spadenteich 1
*Anna e Sabastiano, HH 20, Lehmweg 30
Bologna, HH 60, Hudtwalckerstraße 37
Borsalino, HH 60, Barmbeker Straße 165
Cuneo, HH 36, Davidstraße 11
Dal Fabbro, HH 55, Blankeneser Bahnhofstraße 10
Dante, HH 65, An der Alsterschleife 3
Da Paolino, HH 36, Alsterufer 2
Difronte (klein), HH 36, Kampstraße 27
Don Camillo e Peppone, HH 71 (Bramfeld), Im Soll 50
Doriano, HH 13, Bundesstraße 30
Fellini, HH 36, Dammtorstraße 11
Fiorello, HH 36, Große Bleichen 35 (Bleichenhof)
Fra Diavolo, HH 60, Hudtwalckerstraße 16
Galatea (Alsterschiff), HH 1, Ballindamm 28
*Il Gabbiano, HH 20, Eppendorfer Landstraße 145
Il Quadro, HH 36, Neuer Wall 30 (im Campbell-Haus)
*Il Ristorante, HH 36, Große Bleichen 16 (Passage Hamburger Hof, OG)
La Piccola Grotta, HH 36, Kohlhöfen 2
La Tosca, HH 36, Gerhofstraße 8
La Vite, HH 13, Heimhuder Straße 5 (Souterrain)
L'Europeo, HH 52, Osdorfer Weg 27
Monte Bello, HH 50, Friedensallee 245
Osteria, HH 13, Badestraße 4
Piazza Romana (im Hotel Elysée), HH 13, Rothenbaumchaussee 10
Punto Rosso, HH 1, Gertrudenstraße 13
Ricci, HH 36, Gänsemarkt 45
Ristorante Al Pincio (römisch), HH 1, Schauenburgerstraße 59 (1. Stock)
Roma, HH 76, Hofweg 7
Romano, HH 20, Eppendorfer Weg 280
San Valentino, HH 60, Wiesenstraße 11
Tavola Calda, HH 36, Neuer Gänsemarkt (Passage)
Tre Fontane, HH 76, Mundsburger Damm 45
Victor's, HH 13, Grindelallee 65 (Ecke Rentzelstraße)

Japanische Küche

*Daitokai (Kikkoman), HH 13, Milchstraße 1
Daruma, HH 1, Stadtteich 1
Fuji, HH 76, Richardstraße 18
Kogetsu, HH 1, Gurlittstraße 11
*Matsumi (mit Sushi-Bar), HH 36, Colonnaden 96
Wan Yo (im Nippon Hotel Hamburg), HH 76, Hofweg 75
Yamato (mit Sushi-Bar), HH 1, Ernst-Merck-Straße 4

Ausländische Küche (Fortsetzung)

Jugoslawische Küche	Balkan-Grill, HH 60, Borgweg 11 Bei Marija, HH 1, Klosterwall 4 Jadran-Grill, HH 1, Kirchenallee 26
Koreanische Küche	Dong Myung, HH 36, Schulterblatt 58 Korea-Haus, HH 1, Lilienstraße 32 (Ecke Gertrudenkirchhof) Seoul, HH 36, Dammtordamm 1
Malaiische Küche	Jazmin, HH 67, Dorfwinkel 11
Mexikanische Küche	Som Brero's, HH 20, Curschmannstraße 9 Viva 'L Taco, HH 36, Glashüttenstraße 115
Mongolische Küche	Taipan (im Theater Neue Flora), HH 50, Stresemannstraße 161
Österreichische Küche	Bier- u. Speckhäus'l, HH 76, Schumannstraße 42
Persische Küche	Homa, HH 11, Bei den Mühren 91 (am Zollkanal) Pazgrad, HH 76, Hofweg 63
Polynesische Küche	Trader Vic's (im SAS Plaza Hotel Hamburg), HH 36, Marseiller Straße 2
Portugiesische Küche	A Barca, HH 54, Stresemannallee 64 A Portugalia, HH 36, Kleiner Schäferkamp 28 Galego, HH 11, Vorsetzen 70 (im Turm) Sagres, HH 11, Vorsetzen 42 Vasco da Gama, HH 1, Danziger Straße 21
Schweizer Küche	Luzerner Fondue-Stübli · Schweizer Buurestube, HH 76, Wandsbeker Chaussee 130
Skandinavische Küche	A Hereford Beefstouw (dänische Spez.), HH 1, Schopenstehl 32 Covent Garden (im Hotel Ambassador; dänische Spez.), HH 1, Heidenkampsweg 34 Danmark (im Hotel Falck), HH 54, Kieler Straße 333 Finnlandhaus-Restaurant, HH 36, Esplanade 41 (12. Stock) Gustav Adolf von Schweden (Smørrebrød-Buffet), HH 36, Große Bleichen 32 (Passage Hanse-Viertel) Kon-Tiki Grill (im Hotel Norge), HH 6, Schäferkampsallee 49 Royal Kopenhagen, HH 36, Esplanade 31 (1. Etage; Ecke Stephansplatz) Viking, HH 1, Depenau 3 (Chilehaus A)
Spanische Küche	Benedikt, HH 60, Dorotheenstraße 182 a Bodega Olé, HH 36, Schulterblatt 88 Don Juan (vormals Riper), HH 11, Große Reichenstraße 56 El Toro, HH 36, Kleiner Schäferkamp 21 Galicia, HH 36, Karolinenstraße 16 Tío Pepe, HH 36, Rothenbaumchaussee 109
Thailändische Küche	Baan Thai, HH 36, Gänsemarkt 50 (Passage; 1. Stock) Sala Thai, HH 1, Brandsende 6 Sukothai, HH 1, Dornbusch 4 Thai-Boran, HH 1, Kurt-Schumacher-Allee 10
Türkische Küche	Anadolu, HH 13, Grindelberg 3 + Johnsallee 64 Arkadasch, HH 13, Grindelhof 17 (Ecke Bornstraße) Atnall, HH 13, Rutschbahn 11 Bergama, HH 13, Rothenbaumchaussee 46 Yelken, HH 76, Winterhuder Weg 4
Vietnamesische Küche	Dong Nai, HH 20, Stellinger Weg 47

Aussichtsrestaurants

Panoramablick über Hamburg

Fernsehturm-Restaurant (Drehrestaurant auf 130 m Höhe im Heinrich-Hertz-Fernmeldeturm 'Tele-Michel'), HH 36, Lagerstraße 2–8

Alsterblick

Alsterpavillon (Café-Restaurant), HH 36, Jungfernstieg 54
Fontenay-Grill (Dachgarten Hotel Inter·Continental), HH 36, Fontenay 10
Finnlandhaus-Restaurant, HH 36, Esplanade 41 (12. Etage)
Galatea (Alsterschiff), HH 1, Ballindamm 28
Hansa-Steg-Café, HH 76, Schöne Aussicht 20 a
Da Paolino, HH 36, Alsterufer 2
Kleines Fährhaus, HH 13, Fährdamm 13

Hafenblick

Bavaria-Blick (auf dem Hochhaus der Bavaria-St.-Pauli-Brauerei), HH 36, Bernhard-Nocht-Straße 99
*Fischereihafen-Restaurant, HH 50 (Altona), Große Elbstraße 143
Fischrestaurant Hoppe, HH 52, Övelgönne 6 (beim Museumshafen)
Hafen Hamburg (im gleichnam. Hotel), HH 11, Seewartenstraße 9
Landungsbrückenrestaurant ('Hafenterrasse'), HH 36, Bei den St.-Pauli-Landungsbrücken, Brücke 3 (Obergeschoß)
Überseebrücke, HH 11, Vorsetzen (Hafenrandpromenade)

Elbblick

Am Leuchtturm, HH 55 (Blankenese), Strandweg 69
Finkenwerder Elbblick, HH 95, Focksweg 42
*Jacob, HH 52, Elbchaussee 401 (Lindenterrasse)
Kajüte, HH 52, Elbchaussee 328
*Landhaus Dill, HH 52, Elbchaussee 404
*Landhaus Scherrer, HH 50, Elbchaussee 130
*Le Canard, HH 50, Elbchaussee 139 (Elbterrassen)
Mignon (im Fährhaus Teufelsbrücke), HH 52, Elbchaussee 322
Op'n Bulln, HH 50, Landungsbrücke Blankenese
Sagebiels Fährhaus, HH 55, Blankeneser Hauptstraße 107
Schmetzer, HH 52, Elbchaussee 374
Schulauer Fährhaus ('Willkommhöft'), W-2000 Wedel, Parnaßstraße 29
Strandhof, HH 55 (Blankenese), Strandweg 27
Strandhotel-Restaurant, HH 55 (Blankenese), Strandweg 13
Süllberg-Restaurant, HH 55 (Blankenese), Süllbergsterrasse 2

Flughafenblick

Flughafenrestaurant, HH 63 (Fuhlsbüttel), im Flughafen Hamburg

Ausflugslokale

Nördlich der Elbe

Alte Mühle, HH 65 (Sasel), Alte Mühle 34
Bahrenfelder Forsthaus, HH 50, Von-Hutten-Straße 45
Forsthaus, W-2055 Friedrichsruh
*Fürst Bismarck Mühle, W-2055 Aumühle, Mühlenweg 3
Gasthaus zum Ortkathen, HH 80, Ochsenwerder Elbdeich 145
*Mellingburger Schleuse, HH 65 (Sasel), Mellingburgredder 1
*Pony-Waldschänke Forst Klövensteen, HH 56 (Rissen)
Reitstall Klövensteen (Spez. Hummer), W-2000 Schenefeld, Uetersener Weg
Waldhaus Reinbek, W-2057 Reinbek, Loddenallee 2
Wohldorfer Mühle, HH 65, Mühlenredder 38
Zollenspieker Fährhaus (an der Elbe), HH 80, Zollenspieker Hauptdeich 143
Zum Bäcker, HH 65, Herrenhausallee 9

Südlich der Elbe

Cranzer Hof, HH 96, Cranzer Hauptdeich 55
Estehof (gemütlicher Gasthof im Alten Land), W-2155 Jork, Estebrügge 87
Fährhaus Lühe Cohrs, W-2162 Steinkirchen-Lühe
Gasthof zum Kiekeberg, W-2107 Ehestorf (beim Freilichtmuseum)

Ausflugslokale (Fortsetzung)

Südlich der Elbe (Fortsetzung)

Hamburg-Blick im Berghotel Sennhütte, HH 92, Wulmsberg 12
Hanstedter Heideforelle, W-2116 Hanstedt, Ollsener Straße 63
Haus Meinsbur, W-2115 Jesteburg-Bendestorf, Gartenstraße 2
Hof Sudermühlen (am Naturschutzpark Lüneburger Heide), W-2115 Egestorf, Nordheide 1
Hollenstedter Hof, W-2114 Hollenstedt, Am Markt 1
Jesteburger Hof, W-2112 Jesteburg, Klecker Waldweg 1
*Josthof, W-2125 Salzhausen, Am Lindenberg 1
Kajüte, W-2107 Rosengarten, Alvesen bei Ehestorf, Am Rosengarten 4
Kleine Sennhütte, HH 92, Ehestorfer Heuweg 89
Landhaus Jesteburg, W-2112 Jesteburg, Am Alten Moor 2
Niedersachsen (Spez. Heidschnuckenbraten), W-2115 Jesteburg, Hauptstraße 60
Sellhorn, W-2116 Hanstedt, Winsener Straße 23
Zum Hundertjährigen (uriges Gasthaus in Hittfeld; Spez. Hausmannskost und 'Hittfelder Korn'), W-2105 Seevetal 1, Hamburger Straße 2
*Zur Heidschnucke, W-2116 Asendorf, Zum Auetal 14

Bistros · Imbißlokale · Delikatessen

Bistros

Abaton, HH 36, Grindelhof 14 a
Aurora von Kristiansund, HH 36, Erichstraße 10–14
*Bistro (im Landhaus Scherrer), HH 50, Elbchaussee 130
Bistro Canard, HH 20, Martinistraße 11
Brasserie Maxim, HH 36, Gänsemarkt 50 (Gänsemarktpassage)
Chez Jacques, HH 60, Gertigstraße 42
Domino, HH 1, Kirchenalle 19
*Flic-Flac, HH 55, Blankeneser Landstraße 29
Gurke, HH 13, Mittelweg 32
Il Giardino, HH 20, Ulmenstraße 19
Kleinhuis, HH 36, Fehlandtstraße 26
Le Monde, HH 11, Reimerstwiete 11
L'Exquisite, HH 36, Große Theaterstraße 43
*Petit Délice, HH 36, Große Bleichen 21 (Passage Galleria)
Petit Miro (im Hotel Berlin), HH 26, Borgfelder Straße 1–9
Raphael, HH 50, Präsident-Krahn-Straße 13
Robinson, HH 13, Rothenbaumchaussee 115
Strandhof, HH 55 (Blankenese), Strandweg 27
*Tafelhaus, HH 54, Holstenkamp 71
*Ventana, HH 13, Grindelhof 77
Vitell, HH 36, Wexstraße 38

Imbißlokale

Agnatus, HH 36, Colonnaden 41
Alstertor-Grill, HH 1, Alstertor 11
Börsengrill (Kasino der Handelskammer), HH 11, Adolphsplatz 1 (bis 15.00 Uhr)
'bon appetit', HH 1, Rathausstraße 4
Brücke, HH 13, Innocentiastraße 82
Dammtor-Behrens, HH 36, im Dammtorbahnhof
Gourmet-Galleria, HH 36, Große Bleichen 21 (in der Galleria)
*Gourmet-Station im Hauptbahnhof (Wandelhalle)
Stadtbäckerei, HH 36, Gänsemarkt 44 + HH 1, Mohlenhofstraße 4
The old spaghetti factory, HH 36, Poststraße 20 (Passage 'Neuer Gänsemarkt')
Zum Atoll (im Museum für Völkerkunde), HH 13, Rothenbaumchaussee 64

Fischbratküchen

Daniel Wischer (einfache Einrichtung der 50er Jahre, aber stets frischer Bratfisch), HH 1, Spitalerstraße 12 + Steinstraße 15 a

Delikatessen, Feinkostgeschäfte

J.W.M. Broders (kein Verzehr), HH 13, Mittelweg 172
*Cölln's Austern-, Caviar- und Hummerstuben, HH 11, Brodschrangen 1
Gino Garone, HH 50, Ruhrstraße 60
Dammtor-Behrens, HH 36, im Dammtorbahnhof
Feinkost Paulsen, HH 76, Hofweg 2–4
R. Horn, HH 36, Wexstraße 38
*Mario Ganzoni, HH 20, Eppendorfer Landstraße 61 (Klosterhof-Passage)
*Kruizenga, HH 60, Maria-Louisen-Straße 11–13
*La Fattoria, HH 13, Isestraße 16
Läufer (pikante Brötchen), HH 1, Lange Reihe 117
P.C. Meyer & Sohn · Delikatessen am Klosterstern (kein Verzehr), HH 20, Eppendorfer Baum 10
L.W.C. Michelsen, HH 36, Große Bleichen 10–14
Natur-Gourmet, HH 76, Papenhuder Straße 37
Schlemmer-Markt,
HH 1, Rathausmarkt 7 + HH 36, Große Bleichen (Passage Hanse-Viertel)
Schlemmermeyer (Spez. Wurst und Schinken), HH 36, in der Gänsemarkt-Passage
Struckmeyer (kein Verzehr), HH 60, Sierichstraße 33

Cafés und Konditoreien

⟶ dort

Rock & Pop

⟶ Nachtleben

Rundfunk und Fernsehen

Öffentlich-rechtliche Anstalten

Norddeutscher Rundfunk (NDR)
⟶ Sehenswürdigkeiten: Norddeutscher Rundfunk.
Zweites Deutsches Fernsehen (ZDF) ⟶ Sehenswürdigkeiten: Wandsbek

Privates Fernsehen

SAT.1 unterhält Studios in der Geschäftsstadt City Nord und produziert u.a. die zentrale Nachrichtensendung "SAT.1 Blick" sowie die regionale Nachmittagssendung "Wir in Hamburg" (Kanal 48).

RTLplus hat sein Landesstudio auf dem Gelände der Studio Hamburg GmbH in Hamburg-Wandsbek. Von ihm gehen Mo.–Fr. um 18.00 Uhr das Regionalprogramm "RTL-Nord live" sowie freitags um 18.30 Uhr "Klar Text" auf Sendung (Kanal 46).
Tele 5 betreibt sein Regionalstudio in Hamburg-Eimsbüttel. Es teilt sich seine Sendezeiten auf Kanal 46 mit RTLplus (s. Programmzeitschriften).

Privater Rundfunk

Radio Hamburg (RHH)
sendet in der Hansestadt mit einer Leistung von 80 kW auf 103,6 MHz (UKW) und unterhält ein Gläsernes Studio (HH 1, Speersort 10), wo die Moderatoren und Techniker bei der Arbeit beobachtet werden können.

Radio 107 (Alsterradio)
verbreitet seine Sendungen im Umkreis von ca. 35 km rings um den Hamburger Fernsehturm 'Tele-Michel' mit 160 W auf 106,8 MHz (UKW).

OK Radio
strahlt seine Sendungen in Hamburg mit einer Leistung von 100 W auf 95,0 MHz (UKW) aus.

Privater Rundfunk (Fortsetzung)

Offener Kanal
Der Offene Kanal ist in Hamburg auf Frequenz der 96,0 MHz (UKW) zu hören und bietet Interessierten die Möglichkeit, sich selbst zu produzieren und eigene Beitäge zu moderieren (Studioadresse: HH 50, Stresemannstr. 375; Tel. 898151.

Klassik Radio
sendet im Hamburger Raum rund um die Uhr klassische Musik, unterbrochen von Aktuellem aus Kultur, Wirtschaft und Politik auf 98,1 MHz (UKW).

Jazz Welle plus
strahlt in Hamburg täglich zwischen 6.00 und 22.00 Uhr auf 97,1 MHz (UKW) hauptsächlich Jazzmusik aus, bringt darüber hinaus aber auch moderne E-Musik, Literaturbeiträge, Interviews sowie lokale und regionale Kulturnachrichten.

Radio Schleswig-Holstein (RSH)
kommt aus dem Funkhaus Wittland in Kiel und strahlt über seine Sender Kaltenkirchen mit 20 kW auf 102,9 MHz und Lauenburg mit 1,5 kW auf 102,5 MHz (UKW) ins Stadtgebiet von Hamburg (RSH-Studio Hamburg: HH 11, Deichstr. 25).

Radio ffn
Funk & Fernsehen Nordwestdeutschland hat seinen Sitz in Isernhagen bei Hannover und strahlt sein Programm über die Sender Rosengarten mit 20 kW auf 100,6 MHz und Dannenberg mit 25 kW auf 102,7 MHz (UKW) auch nach Hamburg aus (ffn-Studio Hamburg: HH 36, Hohe Bleichen 21)

Seefunk

Die Stationen Norddeich-Radio, Elbe-Weser-Radio und Kiel-Radio dienen dem weltweiten Seefunkverkehr (Telefonie, Telegrafie, Fernschreiber) der Deutschen Bundespost Telekom. Die Abwicklung besorgt das Fernmeldeamt Hamburg 6.

Hans-Bredow-Institut für Rundfunk und Fernsehen

Der Funkpionier Hans Bredow (1879–1959) richtete den Seefunkdienst ein und war maßgeblich an der Schaffung des deutschen Rundfunks beteiligt. Das nach ihm benannte Universitätsinstitut (HH 13, Heimhuder Str. 21) hat seine Hauptaufgaben in Erforschung, Lehre, Dokumentation und Publikation der Rundfunk- und Fernsehgeschichte.

Saunaparks

→ Bäder

S-Bahn

→ Verkehrsmittel

Schwimmbäder

→ Bäder

Sex-Shows

→ Nachtleben

Shopping

Schwerpunkte

Während westlich vom Hauptbahnhof (Mönckebergstraße, Spitalerstraße) vor allem Warenhäuser und Einzelhandelsgeschäfte der gängigen Art zu finden sind, hat die Gegend um Jungfernstieg, Neuen Wall und Große Bleichen (⟶ Sehenswürdigkeiten: Passagen) überwiegend Spezialgeschäfte exklusiven Zuschnitts zu bieten. Als das am besten sortierte Hamburger Warenhaus gilt das 'Alsterhaus' (Hertie; Jungfernstieg 16–20).
Außerhalb des unmittelbaren Stadtzentrums, nördlich vom Dammtor, sind vor allem der Mittelweg mit Pöseldorf und der Milchstraße (für gehobene Ansprüche und entsprechend teuer), ferner die Stadtteile Eppendorf, Wandsbek und Altona zu nennen. Große, meist mehrstöckige und überdachte Einkaufszentren findet man u.a. in Altona, Barmbek, Bergedorf, Billstedt, Eidelstedt, Farmsen, Garstedt, Harburg, Osdorf, Poppenbüttel und Wandsbek.

Geschäftsadressen im Hamburger Branchenfernsprechbuch 'Gelbe Seiten'

Einkaufsführer

Eine sechsmal im Jahr erscheinende Broschüre "International Shopping Guide" gibt Einkaufstips.

Verkaufszeiten

⟶ Geschäftszeiten

Antiquitätenläden

⟶ Antiquitäten

Kunsthandlungen

⟶ Kunstgalerien und Kunsthandlungen

Andenken

⟶ Souvenirs

Mehrwertsteuer

Alle in Deutschland zum Verkauf angebotenen Waren unterliegen einer gesetzlichen Mehrwertsteuer (MwSt.) von 14% (Erhöhung geplant) auf den Rechnungsbetrag, die vom Käufer entrichtet werden muß und in den sog. Endpreisen enthalten ist.

Rückerstattung für Gäste aus Nicht-EG-Ländern

Für Besucher aus Österreich, der Schweiz und allen anderen Staaten, die nicht der Europäischen Gemeinschaft (EG) angehören, besteht jedoch die Möglichkeit, den zunächst entrichteten Mehrwertsteuerbetrag zurückerstattet zu bekommen. Da die hierzu auf dem Amtswege notwendigen Vorkehrungen recht umständlich sind, haben sich Privatfirmen dieser Aufgabe angenommen. Für den Raum Hamburg kann man sich diesbezüglich an die Tourismus-Zentrale Hamburg (⟶ Auskunft) oder an folgende Adressen wenden:
ETS Europ Tax Free Shopping ETS Deutschland GmbH, W-2400 Lübeck, Mengstraße 19 (Tel. 0451/160000).

Souvenirs

Abgesehen von den üblichen, in der Regel recht kitschigen und wenig wertvollen Andenken, wie sie heutzutage allenthalben angeboten werden, hat Hamburg doch einiges Besondere zu bieten:

Nautiquitäten

An erster Stelle stehen hier die sog. Nautiquitäten; das sind Dinge aus dem nautisch-maritimen Bereich, wie Schiffsmobiliar, Bordinstrumente und Ausrüstungsgegenstände verschiedenster Art. Wer hieran Interesse hat, wird in den Schaufenstern am Hafenrandstraßenzug vom Rödingsmarkt über Baumwall, Vorsetzen und Johannisbollwerk bis hin zu den St.-Pauli-Landungsbrücken eine reiche Auswahl finden. Kompasse, Glasenuhren, Schiffslaternen, Galionsfiguren, Schäkel und Tauwerk werden auch von Binnenländern ob der dekorativen Wirkung geschätzt.
Aus Segeltuch und Tauen gefertigte Gebrauchsgegenstände (Seesäcke, Beutel, Taschen, Hängematten u.v.a.) erfreuen sich allgemeiner Beliebtheit. Seesäcke, Beutel und maritime Kinderkleidung (Matrosenanzüge)

Nautiquitäten (Fortsetzung)

bekommt man z.B. im Maritim-Workshop (HH 36, Bei den St.-Pauli-Landungsbrücken 3a), Hängematten im Hängemattenladen (HH 50, Bei der Reitbahn 2) oder bei der Segelmacherei Karl Daedler (HH-Oststeinbek, Willinghusener Weg 2).
Seemännische Andenken gehobener Qualität und Preisklasse bietet u.a. Captain's Cabin (HH 36, Bei den St.-Pauli-Landungsbrücken 3).

Kleidungsstücke

Eine gute Adresse für Bootsausrüstung und Seglerkleidung ist Georg Hechelmann Nachf. (HH 11, Vorsetzen 42). Eine Prinz-Heinrich-Mütze oder eine Finkenwerder Buscherump (blau-weiß gestreiftes Arbeitshemd der Seefischer) sind praktische Mitbringsel mit folkloristischem Einschlag.

Schiffsmodelle, Buddelschiffe

Als beliebte Souvenirs gelten ferner handgearbeitete Schiffsmodelle und die sog. Buddelschiffe; das sind Schiffe in der Flasche (plattdeutsch 'Buddel'). Die größte Auswahl hat vermutlich 'Buddel-Bini' (Jochen Binikowski) im Stadtteil Eppendorf (HH 20, Lokstedter Weg 68), der auch ein Buddelschiff-Museum unterhält (⟶ Sehenswürdigkeiten: Willkommhöft). Sie sind aber auch in zahlreichen Läden im Bereich der Hafenmeile erhältlich.

Seekarten

Seekarten und nautische Fachliteratur in großer Auswahl findet man bei der spezialisierten Seekarten- und Buchhandlung Eckardt & Messtorff (HH 11, Rödingsmarkt 16) sowie bei der Seekartenhandlung Bade & Hornig (Deutsches Seekarten-Berichtigungsinstitut; HH 11, Stubbenhuk 10).

Kunst zum Thema "Hamburg"

Die Galerie Deichstraße (HH 11, Deichstr. 28; im Gebäude der Landeszentralbank) hat sich auf zeitgenössische Hamburg-Bilder spezialisiert. Hier zeigen viele Künstler ständig ihre neuesten Arbeiten (Ölbilder, Aquarelle, Radierungen).

Hamburgensien

Freunde alter Stadtansichten und Seestücke werden an den sog. Hamburgensien Gefallen finden, die in einschlägigen Buch- und Kunsthandlungen (⟶ Kunstgaleien und Kunsthandlungen) zahlreich angeboten werden.

Hummel

Zitronenjette

In vielen Varianten sind die Gestalten des Althamburger Wasserträgers 'Hummel', der Symbolfigur der Hansestadt, sowie der einst beliebten 'Zitronenjette' (⟶ Sehenswürdigkeiten: Großneumarkt) zu finden.

Miniaturen

In jüngster Zeit zunehmend anzutreffen sind von Künstlerhand geschaffene Miniaturen (Schiffe, kleine Häuser u.v.a.).

Exotisches

Auf St. Pauli gibt es einige Geschäfte, die sich auf Exotika spezialisiert haben, wie sie von Fahrensleuten aus aller Welt mitgebracht werden.
Ein skurriler Laden solcher Art ist 'Harry's Hafenbasar' (HH 36, Bernhard-Nocht-Str. 63; nahe der Bavaria-St.-Pauli-Brauerei). Die auf 2800 m² in zahlreichen Räumen auf mehreren Etagen verteilte Sammlung aller möglicher und unmöglicher Gegenstände mit Schwerpunkt 'überseeische Schnitzereien' ist gegen Eintrittsgeld zu besichtigen, das aber bei Einkauf vergütet wird.

Tätowierungen

⟶ dort

Zigarren

Traditionell von Hand gerollte Zigarren kann noch man bei J.A. Luhmann (HH 26, Caspar-Voght-Str. 86) erstehen.

Eßbares

Zu den eßbaren Souvenirs aus Hamburg gehören Hamburger Aalsuppe und Labskaus (in Dosen; z.B. in Paul Rauchs 'Old Commercial Room', HH 11, Englische Planke 10; gegenüber der Michaeliskirche), Räucheraal, Räucherlachs sowie Rumtopf (in Rum eingelegte Früchte) und 'Hamburger Speck' (Scheiben oder Würfel aus ganz weicher Bonbonmasse – Geleefrüchten oder Marshmallows vergleichbar).

Souvenir-Eldorado

Eine Fundgrube für Andenken aus Hamburg ist der ⟶ Fischmarkt.

Speisegaststätten

→ Restaurants

Speisen

→ Essen und Trinken

Spielbanken

In Hamburg

Spielbank Hamburg (Roulette, Baccara, Black Jack)
HH 36, Fontenay 10 (im Hotel Inter·Continental);
täglich 15.00–3.00 Uhr

Automatenspielbank Hamburg (Slot Machines, Mini-Roulette)
HH 1, Steindamm 1, und HH 70, Wandsbeker Marktstraße 42;
täglich 10.00–24.00 Uhr

Kasino Reeperbahn
(Black Jack, Glücksrad, Slot Maschines, Mini-Roulette)
HH 36, Reeperbahn 94–96; täglich 16.00–6.00 Uhr

In Hittfeld (10 km südlich vom Hamburger Stadtkern; A 1 oder A 7)

Spielbank Hittfeld (französisches und amerikanisches Roulette, Baccara, Black Jack, Quick Table; Automatenspiele)
W-2105 Seevetal 1 (Hittfeld), Kirchstraße 15 (in Krohwinkels Gasthaus);
täglich 14.00–3.00 Uhr

In Lübeck-Travemünde (gut 80 km nordöstlich; A 24/1/226)

Casino Travemünde (Roulette, Baccara, Black Jack; Automatensaal)
W-2400 Lübeck-Travemünde, Kaiserallee 2;
täglich 15.00–2.00 Uhr (Automatensaal ab 16.00 Uhr)

Sport

Weit über 1000 Sportvereine aller Sparten sind im Hamburger Sportbund (HSB) bzw. im Betriebssportverband von 1949 e.V. zusammengeschlossen. Es gibt kaum eine Sportart, die in Hamburg nicht betrieben wird. Über die wichtigsten gibt die nachstehende Übersicht Auskunft.

Bowling-Anlagen

HH 50 (Altona), Max-Brauer-Allee 174
HH 52 (Osdorf), Osdorfer Landstraße 119 (EEZ)
HH 53 (Osdorf), Bornheide 19
HH 76 (Barmbek), Wagnerstraße 2
HH 90 (Harburg), Lüneburger Tor 8
HH 92 (Neugraben), Cuxhavener Straße 344
W-2000 Norderstedt, Ulzburger Straße 310

Eislauf

Kunsteisbahnen (Winterhalbjahr) in den Großen Wallanlagen (Planten un Blomen), in Stellingen (HH 54, Hagenbeckstr. 124) und in der Eissporthalle Farmsen (HH 72, Berner Heerweg 151).

Fitneß

Fitneßcenter, meist mit Sauna, Pool und Sonnenbank verbunden, finden sich in verschiedenen Hamburger Stadtteilen (Adressen s. 'Gelbe Seiten').

Fußball

Hamburg besitzt zwei traditionsreiche Fußballvereine: den HSV (Hamburger Sport-Verein, gegr. 1887; wiederholt Deutscher Fußballmeister,

Fußball (Fortsetzung)

zuletzt 1983) und den FC St. Pauli. Wichtigste Spielstätte ist das Volksparkstadion an der Sylvesterallee im Stadtteil Bahrenfeld.

Golf

→ dort

Kegeln

Neben dem Fußball steht das Kegeln in der Publikumsgunst ganz oben an. Gekegelt wird in vereinseigenen Kegelsporthallen sowie auf unzähligen Kegelbahnen in Gaststätten.
Das Kegelsportzentrum 'Waterloo' (HH 50, Waterloostr. 9) besitzt 18 moderne Doppelkegelbahnen.

Pferdesport

Galopprennbahn in Horn, Derbyplatz (Spring-, Dressur- und Fahr-Derbys) in Klein Flottbek, Trabrennbahn in Bahrenfeld; rund 40 Reitschulen.
Auskunft: Landesverband der Reit- und Fahrvereine (HH 36, Neuer Wall 26; Tel. 366606)

Polo

Der Hamburger Polo-Club (HH 52, Jenischstr. 26; Tel. 820681) besitzt einen eigenen Poloplatz.

Radfahren

Auskunft erteilt der Radsport-Verband Hamburg (HH 61, Borsteler Chaussee 72, Tel. 5117252)

Rollsport

Rollschuhbahnen (Sommerhalbjahr) in den Großen Wallanlagen (Planten un Blomen), in Stellingen (HH 54, Hagenbeckstr. 124), in der Eissporthalle Farmsen (Mai bis Juli; HH 72, Berner Heerweg 151) und in Bergedorf (HH 80, Osterrade 53).
Rollerdiskos in Eppendorf (HH 80, Osterfeldstr. 34) und in Billstedt (HH 74, Billstedter Hauptstr. 7–15).
Skateboardzentrum in Lohbrügge (Bergedorf).

Schwimmen

Auskunft erteilt der Hamburger Schwimm-Verband (HH 36, Schäferkampsallee 1, Tel. 4121251).
Frei- und Hallenbäder → Bäder.

Squash

Es gibt in Hamburg etliche Squashzentren, deren Adressen man dem Branchentelefonbuch 'Gelbe Seiten' entnehmen kann.

Tennis

Hamburg ist Sitz des Deutschen Tennis-Bundes (DTB) und alljährlich Austragungsort der Internationalen Tennismeisterschaften von Deutschland. Der Wettbewerb wird im Tennisstadion vom 'Club an der Alster' am Rothenbaum (Zugang von der Hallerstraße) ausgetragen. Das Stadion bietet über 11000 Zuschauern Platz und verfügt über eine eigene Tiefgarage sowie eine zusätzliche Sporthalle mit drei Tennisplätzen im Obergeschoß (darunter ein Hockeyfeld). Sowohl im Stadtgebiet selbst als auch in der näheren und ferneren Umgebung steht eine große Zahl von meist clubeigenen Tennisplätzen zur Verfügung. Nähere Informationen gibt der Hamburger Tennis-Verband (HH 74, Derbyweg 20; Tel. 6512973).

Wandern

→ dort

Wassersport

An der Spitze der wassersportlichen Betätigungen steht der Bootssport (Segeln, Rudern, Kanu). Das beliebte Segelrevier auf der Außenalster ist wegen häufig einfallender Böen für Ungeübte nicht ganz problemlos. Private Motorboote sind auf der Alster nicht zugelassen. Es gibt rund 60 Segel- und Rudervereine (ältester deutscher Ruderklub ist 'Der Hamburger und Germania Ruder-Club', gegr. 1836), zahlreiche Ruder-, Segel- und Windsurfschulen sowie Bootsverleiher (Kanus, Segel-, Ruder- und Tretboote rings um die Außenalster; April–Oktober täglich 10.00–21.00 Uhr).
Auskunft: Allgemeiner Alster-Club · Ruder- und Regatta-Verband (HH 80, Allmöher Deich 35 a; Tel. 7375510); Hamburger Kanu-Verband (HH 80, Allmöher Deich 35 a; Tel. 7375560; Hamburger Segler-Verband (HH 52, Övelgönne 10; Tel. 8804424).

Sport (Fortsetzung) Windhundrennen

Das erste deutsche Windhundstadion befindet sich in der Nähe der U-Bahn-Station 'Trabrennbahn' (U 1; die 1911 angelegte Farmsener Trabrennbahn wurde 1976 stillgelegt). Alljährlich im August findet hier das Deutsche Derby für Windhunde (Whippets, Afghanen, Barsois und Greyhounds) statt.

Sporthalle

Mit äußerst vielseitigen Einrichtungen für eine breite Palette sportlicher Veranstaltungen ist die Sporthalle Hamburg in Alsterdorf (HH 60, Krochmannstr. 55) ausgestattet.

Information

Auskünfte über die Sportmöglichkeiten in und um Hamburg erhält man im Haus des Sports (HH 36, Schäferkampsallee 1; Tel. 41210), beim Sportamt Hamburg (HH 1, Johanniswall 4; Tel. 248628 50/1) oder beim Hamburger Sport-Service (HH 13, Grindelhof 48; Tel. 442511).

Sportnachrichten

Fernsprechansagedienst: Tel. 1163

Stadtbesichtigung

Auf eigene Faust → Besichtigungsprogramm

Organisierte Stadtrundfahrten

Täglich

Abfahrt täglich jeweils vom Hauptbahnhof/Nordseite (Kirchenallee; gegenüber dem Hotel "Europäischer Hof")
Auskunft und Buchung: Tel. 2271060.

Kleine Stadtrundfahrt (ca. 2 St.)

Fahrt rund um die Außenalster (Fotostop an der Schönen Aussicht in Uhlenhorst), vorbei am Rathaus, durch die Einkaufsstraßen der Innenstadt und das Kontorhausviertel; weiter zur Michaeliskirche und über die Reeperbahn zu den St.-Pauli-Landungsbrücken am Hafen (Stop); auf der Rückfahrt zum Hauptbahnhof werden die historischen Deichstraße und die Speicherstadt besucht.
April und Oktober: 11.00, 13.00, 15.00 Uhr · November bis März: 14.00 Uhr
Mai bis September: 9.00, 11.00, 12.00, 13.00, 15.00 und 16.00 Uhr

Große Stadtrundfahrt (ca. 2½ St.)

Fahrt wie 'Kleine Stadtrundfahrt' (s. oben) bis St.-Pauli-Landungsbrücken; von dort durch den Freihafen, über die Köhlbrandbrücke, vorüber am Containerzentrum, durch den Neuen Elbtunnel und über die Elbchaussee zurück zum Hauptbahnhof.
April bis Oktober: 10.00 und 14.00 Uhr · November bis März: 10.00 Uhr

Kombinierte Stadt- und Hafenrundfahrt (ca. 2½ St.)

Fahrt wie 'Kleine Stadtrundfahrt' (s. oben) bis St.-Pauli-Landungsbrücken; von dort mit Hafenschiff durch den Hafen und zurück zu den Landungsbrücken.
April und Oktober: 11.00, 13.00, 15.00 Uhr · November bis März: 14.00 Uhr
Mai bis September: 9.00, 11.00, 12.00, 13.00, 14.00 und 16.00 Uhr

Hamburg kompakt (ca. 1 St.)

Fahrt durch die Hamburger City und rings um die Außenalster.
Nur Mai bis September: 17.00 Uhr

Stadtrundfahrten mit der 'Hummelbahn'

Auch 'Inner-City' genannter Zug mit gummibereiften Aussichtswagen, die von einem Lokomobil durch die Straßen gezogen werden (ein Zug verkehrt in der Partnerstadt Dresden); Erklärungen in deutscher und englischer Sprache.
Abfahrt jeweils am Hauptbahnhof/Nordseite (Kirchenallee);
Auskunft und Buchung: Tel. 7928979.

Hummelbahn (Fortsetzung) Stadtrundfahrt mit Pfiff (ca. 90 Min.; Rollmops)	Fahrt vom Hauptbahnhof über die Lombardsbrücke und den Jungfernstieg zum Rathaus sowie weiter zur Michaeliskirche (Führung) und zu den Krameramtsstuben (Führung); von dort über die Reeperbahn zu den St.-Pauli-Landungsbrücken am Hafen (Unterbrechung für eine Hafenrundfahrt möglich); dann durch die Speicherstadt im Freihafen und zurück zum Hauptbahnhof. Mitte März bis Ende Oktober: täglich 10.00, 12.00, 14.00 und 16.00 Uhr November bis Mitte März: nur sonnabends (samstags) und sonntags
Hamburger Lichterfahrt (ca. 3 St.; Imbiß)	Fahrt vom Hauptbahnhof über die Lombardsbrücke und am rechten Ufer der Außenalster entlang zur Krugkoppelbrücke; von dort mit Alsterschiff zum Jungfernstieg, Spaziergang durch die Passagen zum Rathausmarkt; dann weiter mit der Hummelbahn durch die Speicherstadt im Freihafen und nach St. Pauli (Reeperbahn); von dort über den Großneumarkt zum Freizeit- und Gartenpark 'Planten un Blomen' (Wasserlichtorgelkonzert) und schließlich an der Musikhalle vorüber zurück zum Hauptbahnhof. Mai und Juni Fr. und Sa., Juli und August täglich 20.00 Uhr.

Hafenrundfahrten

Allgemeines	Die Reederei HADAG (HH 11, Rödingsmarkt 39, Tel. 37680024; Hafenschiffe) und verschiedene kleinere Schiffahrtsbetriebe (Barkassen) veranstalten das ganze Jahr über Hafenrundfahrten (mit sachkundigen Erklärungen). Sie beginnen und enden üblicherweise an den St.-Pauli-Landungsbrücken, wo die diversen Angebote angeschlagen sind bzw. von den Veranstaltern lauthals ausgerufen werden. Im folgenden sind die regelmäßig nach Fahrplan durchgeführten Hafenrundfahrten aufgelistet.
Große Hafenrundfahrt mit HADAG-Schiffen (ca. 1 St.)	Abfahrt alle 30 Minuten ab St.-Pauli-Landungsbrücken (Brücke 2); bei Bedarf zusätzliche Kurse. Restauration an Bord. Ende September bis Ende Oktober: Mo.–Sa. 9.30–16.00 Uhr, So. und Fei. 8.30–16.30 Uhr Ende März bis Ende September: Mo.–Sa. 9.00–18.00 Uhr, So. und Fei. 8.30–18.00 Uhr
Super-Hafenrundfahrt mit HADAG-Schiffen (ca. 1½ St.)	Abfahrt nur sonntags zwischen 8.00 und 14.00 Uhr zu jeder vollen Stunde von den St.-Pauli-Landungsbrücken (Brücke 7).
Große Hafenrundfahrt (ca. 1 St.)	Abfahrt nur sonntags (außer 28.12. bis 3.1.) zwischen 7.00 und 10.30 Uhr alle 30 Minuten vom St.-Pauli-Fischmarkt.
Alternative Hafenrundfahrt (ca. 2 St.)	Die Abteilung 'Jugend' des Landesbezirkes 'Nordmark' des Deutschen Gewerkschaftsbundes (DGB) veranstaltet alle vierzehn Tage samstags sog. alternative Hafenrundfahrten, auf denen die Arbeitsverhältnisse im Hafen an praktischen Beispielen vor Ort erklärt werden. Abfahrt beim Anker am Hafentor. Auskunft und Buchung beim Auto Club Europa (ACE; Tel. 241031)
Umwelt-Hafenrundfahrten	Von April bis November freitags um 17.00 Uhr (im Herbst um 16.00 Uhr) ab Anleger 'Vorsetzen' bei der U-Bahn-Station 'Baumwall'. Veranstalter: Förderkeis "Rettet die Elbe" (HH 50, Nernstweg 22) Nur nach telefonischer Anmeldung: Tel. 3930001
Bord- bzw. Riverboatparty im Hafen	Abfahrt von Mai bis Mitte Dezember (außer Juli) jeden Sonnabend (Samstag) um 20.00 Uhr von den St.-Pauli-Landungsbrücken (Brücke 2); mit Musik und Tanz, kaltem Buffet und Bier 'satt'. Auskunft und Buchung: Tel. 313687 oder 7222304
Hafenrundfahrt in englischer Sprache	Abfahrt von März bis November täglich um 11.15 Uhr von den St.-Pauli-Landungsbrücken (Brücke 1). Auskunft und Buchung: Tel. 564523

Alsterschiffahrt ('Alsterschippern'; nur von April bis Oktober)

Alster-Touristik

Nach Einstellung der Linienschiffahrt auf der Alster im Jahre 1984 veranstaltet die Alster-Touristik GmbH (ATG; HH 1, Alsteranleger Jungfernstieg; Tel. 34 11 41) während des Sommerhalbjahres (April bis Oktober) mit insgesamt 17 sog. Alsterdampfern (flache Motorschiffe) regelmäßige Besichtigungsfahrten (mit Erklärungen) auf der Alster, der Elbe sowie den zum Wasserstraßennetz gehörenden Fleeten und Kanälen.
Alle Fahrten beginnen und enden am Binnenalsteranleger 'Jungfernstieg'.

Alsterrundfahrt (ca. 50. Min.)

Fahrt über Binnenalster und Außenalster.
Abfahrten: täglich 10.00–18.00 Uhr alle 30 Minuten.

Alsterkreuzfahrt (ca. 2 St.)

Fahrt über neun Anlegestellen in ca. 50 Minuten bis zum Winterhuder Fährhaus (Teilstrecken möglich). Da das Schiff einen Zickzackkurs fährt, kann es von mehreren Anlegestellen an der Außenalster auch als Fähre genutzt werden (Rabenstraße – Mundsburger Brücke bzw. Uhlenhorster Fährhaus und Fährdamm – Uhlenhorster Fährhaus bzw. Mühlenkamp).
Abfahrten: täglich 10.50–18.10 Uhr alle 40 Minuten.

Anmerkung: Die Haltestellenbezeichnungen 'Uhlenhorster Fährhaus' bzw. 'Winterhuder Fährhaus' sind Traditionsnamen; die alten Fährhäuser bestehen seit langem nicht mehr.

Fleetfahrt (ca. 2 St.)

Fahrt von der Binnenalster durch Schleusen zur Elbe über die Fleete der City und entlang der Speicher im Freihafen.
Abfahrten: täglich 10.45, 13.45 und 16.15 Uhr.

Kanalfahrt (ca. 2 St.)

Fahrt über Binnenalster und Außenalster sowie durch stille malerische Kanäle, den Rondeelteich und den Stadtparksee.
Abfahrten: täglich 9.45, 12.15, 14.45 und 17.15 Uhr.

Brückenfahrt (ca. 3 St.)

Fahrt von der Binnenalster durch Schleusen und Fleete zur Elbe und ins Hafengebiet unter etwa einhundert Brücken hindurch.
Abfahrten: jeden Dienstag um 10.15 Uhr.

Vierlandefahrt (ca. 3 St. hin bzw. ca. 7 St. hin und zurück)

Fahrt von der Binnenalster durch die Alsterfleete (Schleusen), Binnenhafen, Zollkanal (Speicherstadt), Oberhafen und Norderelbe, dann durch die Tatenberger Schleuse und auf der Doven Elbe, einem toten Elbarm (Altwasser), durch die Vierlande und Marschlande nach Bergedorf.
Abfahrten: täglich außer Di. 10.15 Uhr; Rückfahrt vom Hafen Bergedorf um 14.00 Uhr oder mit der S-Bahn (S 21) ab Bahnhof Bergedorf.

Dämmertörn (ca. 2 St.)

Romantische Fahrt in der Dämmerung durch Hamburgs schönste Kanäle (Route wie 'Kanalfahrt', s. oben).
Abfahrten: täglich 20.00 Uhr.

Spezialprogramme

Happy Hamburg pauschal

Für einen Kurzaufenthalt bietet die Tourismus-Zentrale Hamburg preisgünstige Pauschalarrangements an. Sie gelten jeweils für zwei bis drei Nächte mit Verlängerungsmöglichkeit. Übernachtung zur Wahl in etwa 100 Hotels in sechs Preiskategorien von der Standard- bis zur Luxusklasse. Im Pauschalpreis inbegriffen sind Übernachtung im Doppelzimmer (Einbettzimmer mit Zuschlag) einschließlich Frühstück und das "Happy Hamburg Tikket" mit Gutscheinen für freien Eintritt in zwei der staatlichen Hamburger Museen und für eine Rathausführung, ferner für ermäßigte Stadt-, Hafen- und Alsterrundfahrten sowie diverse Ermäßigungen für weitere Besichtigungen.
Auskunft und Buchung bei den Auskunftsstellen der Tourismus-Zentrale Hamburg (⟶ Auskunft).

Stadtbesichtigung, Spezialprogramme (Fortsetzung) Informationsfahrten der Baubehörde

Die Hamburger Baubehörde führt auf verschiedenen Routen etwa dreistündige Besichtigungsfahrten durch, die unter dem Motto "Sieh Dir an, wie Hamburg baut" einen Überblick über das städtebauliche Geschehen in der Hansestadt (neue Bauvorhaben, Stadterneuerungsmaßnahmen, stadtgeschichtlich bedeutende Bauwerke und Plätze) bieten.
Abfahrten: von Mai bis Mitte Oktober jeden Sonnabend (Samstag) um 14.00 Uhr vom Mittelweg (Moorweide).
Auskunft und Buchung bei der Baubehörde (HH 36, Stadthausbrücke 8; Tel. 34913-2662).

Historische Stadtrundgänge

Der Museumspädagogische Dienst und das Museum der Arbeit bieten folgende Programme an: "Schuppen, Speicher und Kontore" (von der Deichstraße zur Speicherstadt) · "Mehr als nur ein Vergnügungsviertel" (St. Pauli als hafennahes Arbeiterwohngebiet) · "Vorzugsweise zu Gartenwohnungen bestimmt" (das Villenviertel Harvestehude/Rotherbaum) · "Das Schicksal der Frauen bei der Industrialisierung im 19. Jahrhundert".
Nähere Auskünfte erhält man beim Museum der Arbeit
(HH 60, Maurienstr. 19; Tel. 29842365).

Alternative Stadtrundfahrten

Der Landesjugendring veranstaltet im Regelfall einmal im Monat sog. alternative Stadtrundfahrten (jeweils 3–4 St.; ab ZOB) zu Stätten des antifaschistischen Widerstandes aus der Zeit der nationalsozialistischen Gewaltherrschaft (Route I: Hamburger Innenstadt · Route II: Schule am Bullenhuser Damm und ehem. KZ Neuengamme).
Nähere Auskünfte erteilt der Landesjugendring Hamburg (HH 11, Alfred-Wegener-Weg 3; Tel. 3195346).

Stattreisen

Ferner bieten die 'Stattreisen Hamburg' (HH 1, Lange Reihe 111; Telefon 245666) alternative Stadtbegehungen an (Mi. 15.00–18.00 Uhr; Fr. 16.00 bis 19.00 Uhr).

Ökologische Stadtrundfahrten

Die Forschungsstelle für Ökologie und Bildung führt Stadtrundfahrten zum Thema "Umweltschutz und Ökologie" durch, die im Regelfall nachmittags zwischen 14.00 und 18.00 Uhr stattfinden. Auskünfte erhält man unter der Telefonnummer 3906274.

Kunstwanderungen in und um Hamburg

Das Fachbüro für Bildungs- und Studienreisen 'Hamburger Studienfahrten' veranstaltet laufend von Fachleuten begleitete Kunstwanderungen in und um Hamburg, Führungen durch Hamburg und seine Museen sowie eintägige Exkursionen zu den großen Kulturdenkmälern Norddeutschlands. Nähere Auskünfte und Buchung beim
Reisebüro Hamburger Studienfahrten Karl Otto Wolf (HH 1, Mönckebergstr. 18, im Domhof, 5. Stock; Tel. 327653, Mo.–Fr. 14.00–18.00 Uhr).

Hamburg bei Nacht

→ Nachtleben

Hamburg für Erwachsene

→ Nachtleben

Stimmungs-, Szene- und Tanzlokale

→ Nachtleben

Tätowierungen

Tätowierkunst

Die Kunst des Tätowierens, ursprünglich im pazifischen Raum beheimatet, wurde von Seeleuten nach Europa gebracht. Entsprechend spezialisierte Ateliers für diese fragwürdige Art der Körperverzierung finden sich vor allem auf St. Pauli.

Danmark, HH 36, Kastanienallee 36
Götz (ehem. Hoffmann), HH 36, Hamburger Berg 8
Lutz & Schumacher, HH 36, Silbersackstraße 11
Sunset, HH 36, Hamburger Berg 9

Tätowierungen (Fortsetzung) Tätowierstudios auf St. Pauli

Taxi

Im September 1912 wurden in Hamburg als kleine Weltsensation die ersten Autorufsäulen aufgestellt, an denen man sich eine Kraftdroschke bestellen konnte. Die Rufsäulen bestehen in modernisierter Form noch heute (derzeit über 100), werden allerdings nun ausschließlich von den Taxifahrern selbst bedient. Auch das Unternehmen 'Autoruf GmbH'; das damals die Rufsäulen aus der Taufe hob, existiert nach wie vor (HH 13, Grindelhof 52).

Rufsäulen

Blitz-Taxi: Tel. 611061
das taxi: Tel. 611122 + 221122
Funktaxi Hamburg: Tel. 686868
Hansa-Taxi: Tel. 211211
Taxiruf: Tel. 19410
Taxi-Union: Tel. 3192411

Taxirufe für das Kerngebiet der Stadt

Frauen-Nacht-Auto: Tel. 7211800 + 7211880 — Frauentaxi
Tel. 4105458 — Behindertentaxi
Tel. 2102121 — Taxi für Gehörlose
Tel. 841111 — Tiertaxi
Tel. 230177 + 230255 — Lasttaxi
⟶ Flughafen: Geschäftsfliegerzentrum — Flugtaxi

Telefon, Telegraf

⟶ Post, Telefon, Telegraf

Theater

⟶ Fernsprechansagedienst: Tel. 11516 — Theaterprogramm

⟶ Vorverkaufsstellen — Theaterkarten

Staatstheater

Spielstätten

Deutsches Schauspielhaus
(mit Experimentierbühne im Malersaal)
HH 1, Kirchenallee 39; Tel. 248713

Hamburgische Staatsoper ⟶ Musik

Kampnagel · Internationale Kulturfabrik
HH 60, Jarrestraße 20–26; Tel. 2791066

Thalia-Theater
HH 1, Raboisen 67
(Gerhart-Hauptmann-Platz/Alstertor); Tel. 322666
Nebenbühne: TiK (Thalia in der Kunsthalle)
HH 1, Glockengießerwall 1; Tel. 323666

Privattheater

Spielstätten

Altonaer Theater
HH 50, Museumstraße 17; Tel. 391545/6

Congress Centrum Hamburg (CCH)
HH 36, Dammtor / Marseiller Straße; Tel. 35690

die kleine komödie
HH 36, Neuer Wall 54; Tel. 371314 + 367340

Ernst-Deutsch-Theater (urspr. 'Das Junge Theater')
HH 76, Ulmenau 25 (am U-Bahnhof 'Mundsburg'); Tel. 22701420

Hamburger Kammerspiele
HH 13, Hartungstraße 9; Tel. 414014

Harburger Theater (im Helms-Museum)
HH 90, Museumsplatz 2; Tel. 774646

Haus im Park (Körber-Stiftung)
HH 80 (Bergedorf), Gräpelweg 8; Tel. 7257020

Kleine Rampe: HH 71, Haldesdorfer Straße 83; Tel. 6411561

Komödie Winterhuder Fährhaus
HH 60, Hudtwalckerstraße 13; Tel. 474081;

Musiktheater, Operettenhaus und Neue Flora ⟶ Musik

Piccolotheater (angeblich 'kleinstes Theater der Welt')
HH 50, Juliusstraße 13 (im Fürsthof); Tel. 435348

Sachsenwald-Forum Reinbek & Schloß Reinbek
W-2057 Reinbek, Hamburger Str. 8; Tel. 72700320

Scala: HH 50, Große Brunnenstraße 63a; Tel. 394491

Theater an der Marschnerstraße (Laientheater)
HH 76, Marschnerstraße 46; Tel. 191554

Theater am Holstenwall
HH 36, Holstenwall 19; Tel. 313303

Theater im Zimmer
HH 13, Alsterchaussee 30; Tel. 446539 + 450968

Theater in der Basilika
HH 50, Borselstraße 16; Tel. 3904611

Theater IMAGO auf der Fleetinsel
HH 11, Admiralitätsstraße 71; Tel. 366663

Commedia: HH 36, Dammtorwall 46; Tel. 43975

Theatron: HH 36, Glashüttenstraße 115; Tel. 4397375

Theater Nah-Bei (Kulturhaus)
HH 92 (Hausbruch), Ehestorfer Heuweg 20; Tel. 7967222 + 7967810

Theater Wedel
W-2000 Wedel, Rosengarten 9; Tel. (04103) 5250

Das Schiff ('Hamburgs Kultur-Dampfer')
HH 11, Nikolaifleet, Anleger Holzbrücke 2; Tel. 364765

Theaterschiff

Ohnsorg-Theater
(Aufführungen nur in plattdeutscher Sprache)
HH 36, Große Bleichen 25; Tel. 35080321

Volkstheater

St.-Pauli-Theater
HH 36, Spielbudenplatz 29; Tel. 314344

Theater für Kinder
HH 50, Max-Brauer-Allee 76; Tel. 383538 + 383759 + 382959

Jugend- und Kindertheater

Klecks-Theater, HH 11, Alter Steinweg 43; Tel. 343500

Kinder- und Figurentheater Holzwurm
Pattenser Dorfstraße 4, W-2090 Winsen-Pattensen; Tel. (04173) 6188

Figuren- und Puppentheater

Hamburger Puppentheater (im Haus der Jugend Flachsland)
HH 60, Bramfelder Straße 9; Tel. 2984-2495

Puppenspiel e.V.
HH 13, Ellenbogen 12; Tel. 418647

The English Theatre of Hamburg
HH 76, Lerchenfeld 14; Tel. 225543

Englisches Theater

Scena Polska
HH 50, Bleicherstraße 50; Tel. 4392790

Polnisches Theater

Türkisches Theater Hamburg
HH 50, Hospitalstraße 109; Tel. 388949

Türkisches Theater

Café Gnosa
HH 1, Lange Reihe 93; Tel. 243034

Kabarett, Kleinkunst, Experiment

Café Stradiwadi
HH 13, Rentzelstraße 17; Tel. 453575

Das Schiff → Theaterschiff

Die Wendeltreppe (im 'Fleetenkieker';
nur jeden 2. und 4. Montag im Monat)
HH 11, Börsenbrücke 10; Tel. 367570 + 365617

Fools Garden
HH 13, Bornstraße 18; Tel. 456743

Kellertheater Hamburg
HH 36, Karl-Muck-Platz 1; Tel. 346838

Mon Marthe
HH 20, Tarpenbekstraße 65; Tel. 475402

monsun (Experimentierbühne)
HH 50, Friedensallee 20; Tel. 3903148

rendezvous (Peter Ahrweiler)
HH 36, Neuer Wall 54; Tel. 371314

Saitensprung (Brettlbühne)
HH 11, Deichstraße 47; Tel. 372607

Theater (Fortsetzung) Varieté	Hansa-Theater HH 1, Steindamm 17; Tel. 241414
	Schmidt · Theater, Kneipe, Varieté HH 36, Spielbudenplatz 19; Tel. 311231
	Schmidt's Tivoli HH 36, Spielbudenplatz 27/28; Tel. 311231
Travestie, Sex-Shows	⟶ Nachtleben
Oper, Operette, Musical	⟶ Musik
Kommunikations-zentren	⟶ dort
Filmtheater	⟶ Kino

Touristische Informationen

⟶ Auskunft

U-Bahn

⟶ Verkehrsmittel

Unterkunft

⟶ Camping, ⟶ Hotels, ⟶ Jugendherbergen

Veranstaltungskalender

Hinweis	In der nachstehenden Übersicht sind lediglich die in Hamburg und Umgebung alljährlich wiederkehrenden Veranstaltungen aufgeführt. Über das jeweils aktuelle Veranstaltungsprogramm informieren die Tageszeitungen, diverse Zeitschriften, Broschüren und Fernsprechansagedienste (⟶ Veranstaltungsprogramme) sowie die Tourismus-Zentrale Hamburg (⟶ Auskunft).
Kongreß- und Messeveranstaltungen ⟶ Messen	
März/April	Frühlingsdom: Volksfest auf dem Heiligengeistfeld
April/Mai	Hamburger Ballett-Tage: Hamburgische Staatoper Internationales Damen-Tennis-Turnier "Citizen Cup": Tennisstadion am Rothenbaum (Hallerstraße)
Mai	Hanse-Marathon: Langstreckenlauf mit internationaler Beteiligung Internationale Tennismeisterschaften von Deutschland ("German Open"): Tennisstadion am Rothenbaum (Hallerstraße) Hafengeburtstag (um den 7. Mai): Volksfest auf der Hafenmeile Japanisches Kirschblütenfest mit japanischem Großfeuerwerk auf der Alster (alle zwei Jahre Wahl einer Kirschblütenprinzessin)
Mai/Juni	Internationales Spring-, Dressur- und Fahr-Derby: Tournieranlage in Klein Flottbek Dschungelnächte in Carl Hagenbecks Tierpark

Hamburger Sommer: Theater-, Kunst-, Musik- und Sportveranstaltungen verschiedenster Art im gesamten Stadtgebiet	Veranstaltungen: Mai – September
Europäisches Low Budget Film Forum: Binnenalster (schwimmende Leinwand) und diverse Kinos	Juni
Derby-Woche in Hamburg-Horn: Rennbahn Horn	Juni/Juli
Schleswig-Holstein Musik Festival: Konzerte klassischer Musik in etlichen Städten Schleswig-Holsteins und in Hamburg Midsummer Jazz Festival: Fabrik	Juni – August
Karl-May-Spiele am Kalkberg in Bad Segeberg	Juni – September
Stuttgarter Weindorf auf dem Hamburger Rathausmarkt	Juli
Rathauskonzerte mit den Hamburger Symphonikern: Rathausinnenhof Serenaden im Lichthof des Museums für Hamburgische Geschichte Hummelfest oder Sommerdom: Volksfest auf dem Heiligengeistfeld Internationales Sommertheater-Festival: Kampnagel	Juli/August
Windhundrennen: Windhundstadion Farmsen	August
Alstervergnügen: Volksfest rund um die Binnenalster (Musik, Straßentheater, Sport, Umzüge, Feuerwerk u. v. a.)	August bis September
Holiday on Ice, internationale Eisrevue: Sporthalle in Alsterdorf	November
Winterdom: Volksfest auf dem Heiligengeistfeld Weihnachtsmarkt an der Petrikirche und auf dem Gerhart-Hauptmann-Platz	November/ Dezember
⟶ dort	Wasserlichtkonzert

Veranstaltungsprogramme

Tagespresse

Über das aktuelle Veranstaltungsprogramm in Hamburg und Umgebung berichten selbstredend alle hier erscheinenden Tageszeitungen. Erwähnung verdient vor allen das "Hamburger Abendblatt", das besonders in den Bereichen Freizeit und Unterhaltung mit zusätzlichen Sonderveröffentlichungen, Ratschlägen, Empfehlungen und Aktivitäten (Reisebüro) hervortritt.
Geschäftsstellen "Hamburger Abendblatt": HH 1, Mönckebergstraße 5 (Tel. 3473122) + HH 36, Dammtorstraße 1 (Tel. 3472518).

Informationsbroschüren

Die allmonatlich neu erscheinenden Broschüren "Hamburger Vorschau", "Hamburg-Führer" und "Wohin in Hamburg" sowie die Monatsbeilage des Hamburger Abendblattes "Stadtmagazin" unterrichten über Veranstaltungen aller Art, Museen und Ausstellungen, Theaterspielpläne, Kinoprogramme, Sehenswürdigkeiten, Gastronomie, Hotellerie, Ausflugstips und vieles andere.
Sie sind erhältlich bei den offiziellen Informationsstellen (⟶ Auskunft), in den Hotels, an Zeitungskiosken, in vielen Buch- und Zeitschriftenhandlungen sowie an den Theaterkassen.

Informationsschriften

An weiteren informativen, überwiegend thematisch spezialisierten Veranstaltungsprogrammen sind neben anderen zu nennen "Hamburg Pur · Das Programm der Stadt", "Hamburger Musikleben" und "Hamburg à la carte" (Restauranttips) sowie die eher der Alternativ- und Popszene zuneigenden Stadtzeitungen "Szene Hamburg", "Prinz" und "Oxmox".

Stadtzeitungen

Veranstaltungs-programme (Fortsetzung)	Veranstaltungsprogramm: Tel. 11515 Oper und Theater: Tel. 11516
Ansagedienste	Lichtspielhäuser ⟶ Kino

Verkehrsmittel (Öffentlicher Nahverkehr)

Hamburger Verkehrsverbund (HVV)

Der Hamburger Verkehrsverbund (HVV) ist ein 1967 erfolgter Zusammenschluß von mehreren Verkehrsunternehmen im Großraum Hamburg (im übrigen der erste Verbund dieser Art in Deutschland), deren Fahrpläne koordiniert wurden und die einen Gemeinschaftstarif entwickelt haben.

Das HVV-Verkehrsnetz geht weit über die Grenzen der Freien und Hansestadt Hamburg hinaus. Endpunkte sind die schleswig-hosteinischen Städte Kaltenkirchen (im Norden), Wedel (im Westen) und Lauenburg/Elbe (im Osten) sowie das niedersächsische Jork (im Westen) und Seevetal (im Süden). Der Verkehrsraum erstreckt sich alles über eine Gesamtfläche von 3000 km². Das Transportmittelangebot des Hamburger Verkehrsverbundes ist folgendermaßen gegliedert:

HVV auf der Schiene

Schnellbahnen: U-Bahn, S-Bahn, A-Bahn (Übersichtsplan ⟶ hintere Umschlaginnenseite dieses Reiseführers)

HVV auf der Straße

Autobusse: Stadt- und Regionalbusse, Eilbusse, Schnellbusse, Nachtbusse; Nachtbus- und Schnellbus-Taxi-Service (Mo.–Sa. ab 19.00 Uhr, sonn- und feiertags rund um die Uhr).

HVV auf dem Wasser

Hafen- und Elbschiffe der HADAG
(Alsterschiffe ⟶ Stadtbesichtigung, Alsterschiffahrt)

HVV-Mitgliedsbetriebe

Die folgenden acht Verkehrsbetriebe gehören zum Hamburger Verkehrsverbund:

HHA

Hamburger Hochbahn AG (HHA), HH 1, Steinstraße 20
Verkehrsmittel: U-Bahn und Autobusse

DB

Deutsche Bundesbahn (DB)
Bundesbahndirektion Hamburg, HH 50, Museumstraße 39
Verkehrsmittel: S-Bahn

AKN

Eisenbahn-Aktiengesellschaft Altona–Kaltenkirchen–Neumünster (AKN)
HH 74, Grusonstraße 74
Verkehrsmittel: Eisenbahn (A-Bahn)

VHH

Verkehrsbetriebe Hamburg-Holstein AG (VHH)
W-2050 Hamburg 80, Curslacker Neuer Deich 37
Verkehrsmittel: Autobusse

SN

Stadtwerke Norderstedt (SN; dem HVV nur assoziiert)
W-2000 Norderstedt, Heidbergstraße 101
Verkehrsmittel: Autobusse

PVG

Pinneberger Verkehrsgesellschaft mbH (PVG)
W-2000 Schenefeld, Osterbrooksweg 73
Verkehrsmittel: Autobusse

KVG

Kraftverkehr GmbH (KVG)
W-2160 Stade, Harburger Straße 96
Verkehrsmittel: Autobusse

HADAG

HADAG Seetouristik und Fährdienst AG
HH 36, St.-Pauli-Landungsbrücken (Brücke 4)
Verkehrsmittel: Schiffe

HVV-Daten

3299 km Linienlänge · 1930 km Streckenlänge · 216 Linien mit 2866 Haltestellen · 2747 Fahrzeuge · 12250 P+R-Stellplätze

HVV-Tarifsystem

Das vom Hamburger Verkehrsverbund (HVV) bediente Streckennetz ist mit Ausnahme einiger in die weitere Umgebung führender Linien zu einem Tarifgebiet – dem Großbereich Hamburg – zusammengefaßt, das ganz Hamburg und wichtige Umlandgemeinden wie Wedel, Pinneberg, Ahrensburg und Reinbek einschließt. Darüber hinaus sind auch noch eine Reihe von Orten im weiteren Umland von Hamburg in das Tarifnetz des HVV einbezogen; hierzu gehören u.a. Elmshorn, Barmstedt, Quickborn, Kaltenkirchen, Großhansdorf, Trittau, Geesthacht, Lauenburg/Elbe in Schleswig-Holstein sowie Seevetal und Jork (Altes Land) in Niedersachsen.

HVV-Einzelkarte

Innerhalb des Tarifgebietes Großbereich Hamburg gibt es nach Entfernung gestaffelte Nah- und Mittel-, für Fahrten darüber hinaus Gesamtbereichskarten. Für Kurzfahrten im Citybereich empfiehlt sich die besonders preisgünstige CC-Karte. Die Benutzung der 1. Klasse S-Bahn, von Schnell- und von Nachtbussen ist zuschlagspflichtig.

HVV-Tageskarte

Tageskarten berechtigen einen Erwachsenen und bis zu drei Kinder unter 12 Jahren im Großbereich Hamburg oder im HVV-Gesamtbereich am Kauftag Mo.–Fr. ab 9.00 Uhr, Sa. und So. ganztägig zu beliebig vielen Fahrten. Die Benutzung der 1. Klasse S-Bahn, von Schnell- und von Nachtbussen ist zuschlagspflichtig. Verkauf an allen Schnellbahnhaltestellen, an bestimmten Bushaltestellen und an den Schiffsanlegern, im übrigen Bereich durch die Busfahrer.

HVV-Familien-Gruppenkarte

Gültigkeitsbereich und Verkauf wie die Tageskarte, jedoch bis zu vier Erwachsenen und drei Kindern.

Drei-Tage-Karte

Gültigkeitsbereich und Verkauf wie die Tageskarte, jedoch für eine Person heute, morgen und übermorgen von 0.00 Uhr bis Betriebsschluß inkl. Nachtbus; Zuschlag bei Benutzung von 1. Klasse S-Bahn und Schnellbus.

Touristenkarte

Die Touristenkarten sind für einen oder mehrere Tage nach Wahl im Vorverkauf erhältlich. Mit ihr fahren ein Erwachsener und bis zu drei Kinder unter zwölf Jahren an den eingestempelten Tagen jeweils Mo.–Fr. ab 9.00 Uhr, Sa. und So. ganztägig im Großbereich Hamburg bzw. HVV-Gesamtbereich inkl. 1. Klasse S-Bahn, Schnell- und Nachtbus. Die Touristenkarten sind erhältlich bzw. können vorbestellt werden bei den Informationsstellen der Tourismus-Zentrale Hamburg (⟶ Auskunft).

Touristen-Gruppenkarte

Touristen-Gruppenkarten (Gültigkeit wie die Touristenkarte, jedoch Mindestabnahme fünf Karten) sind erhältlich oder bestellbar beim Kundenzentrum der Hamburger Hochbahn AG (HH 1, Steinstr. 27; Tel. 32104 2924).

HVV-Zeitkarten

Wochen- und Monatskarten ohne zeitliche Begrenzung sowie sog. CC-Karten und Seniorenkarten für die verkehrsschwachen Tageszeiten gibt es bei den HVV-Kundenbüros.

Fahrradmitnahme

Fahrräder können bei Lösung einer Fahrradkarte auf den Hafenfähren jederzeit, in den Zügen der S- und U-Bahn Mo.–Fr. zwischen 9.00 und 16.00 Uhr, Sa. und So. ganztägig mitgeführt werden.

Hamburg-Card

Die besonders preisgünstige 'Hamburg-Card' gewährt freie Fahrt mit fast allen öffentlichen Verkehrsmitteln, kostenlosen Eintritt in Museen und Ermäßigungen für Stadt-, Hafen- und Alsterrundfahrten sowie bei Besuchen der Museumsschiffe "Rickmer Rickmers" und "Cap San Diego". Sie ist erhältlich in den Informationsstellen der Tourismus-Zentrale Hamburg (⟶ Auskunft) und in dern HVV-Büros, ferner im Umland über die Fremdenverkehrsverbände.

Verkehrsmittel (Fortsetzung) HVV-Kundenbüros in der Innenstadt	Hauptbahnhof (Nordseite), Eingang Kirchenallee Täglich 7.00–21.00 Uhr HHA-Kundenzentrum, HH 1, Steinstraße 27 Mo., Di., Mi. und Fr. 9.00–16.45 Uhr, Do. 8.00–18.00 Uhr U-/S-Bahn-Knoten Jungfernstieg, Eingang Neuer Wall Mo.–Fr. 6.00–19.00 Uhr, Sa. 8.00–14.30 Uhr S-Bahn-Station Dammtorbahnhof Mo. und Fr. 6.00–19.00 Uhr; Di., Mi. und Do. 10.30–19.00 Uhr sowie an den beiden ersten und letzten Werktagen im Monat 6.00–19.00 Uhr
HVV-Fahrplan	Das umfassende HVV-Fahrplanbuch (mit allen Linienplänen) erscheint zweimal im Jahr und gilt jeweils von Ende Mai bis Ende September (Sommerfahrplan) bzw. von Ende September bis Ende Mai (Winterfahrplan).
HVV-Information	Auskünfte über die Fahrpläne, Fahrpreise und Sonderangebote des Hamburger Verkehrsverbundes erhält man täglich zwischen 7.00 und 20.00 Uhr unter der Telefonnummer 322911.
Taxi	⟶ dort
Mietwagen	⟶ dort
Fahrradverleih	⟶ dort
Bootsverleih	⟶ Sport, Wassersport

Vorverkaufsstellen

Theater- und Konzertkassen (Auswahl)	CCH-Konzertkasse am Messehaus HH 36, Jungiusstraße 13; Tel. 342025/6 Konzertkasse Gerdes HH 13, Rothenbaumchaussee 77; Tel. 453326 + 440298 Theaterkasse Alster (I. Petermann) HH 76, Wartenau 6; Tel. 2512266 + 2512270 Theaterkasse Altona (H.-W. Funke) HH 50, Neue Große Bergstraße, Pavillon 5a; Tel. 3806264 Theaterkasse Central HH 1, Gerhart-Hauptmann-Platz 48 (Landesbank-Galerie); Tel. 324312 und 337124 Theaterkasse Garlic HH 36, Hanse-Viertel; Tel. 342742 Theaterkasse Hansa Brand & Voss HH 80, Bergedorfer Straße 160; Tel. 7213634 Theaterkasse im Alsterhaus HH 36, Jungfernstieg 16; Tel. 352664 und 353553 Theaterkasse im Bieberhaus (O. Wichers) HH 1, Hachmannplatz 1; Tel. 2802848 und 247747 Theaterkasse in der Tourist-Information im Hanse-Viertel HH 36, Poststraße / Ecke Große Bleichen; Tel. 353565 (auch So. 11.00–19.00 Uhr geöffnet; Last-Minute-Kartenshop s. S. 351)

Vorverkaufsstellen (Fortsetzung)

Theaterkasse Karstadt
HH 76, Hamburger Straße 19; Tel. 2290939

Theaterkasse Kartenhaus
HH 6, Schanzenstraße 5; Tel. 435946
HH 60, Gertigstraße 4; Tel. 2701169

Theaterkasse E. Schumacher
HH 36, Colonnaden 37; Tel. 343044

Theater- und Konzertkasse Kurt Collien
HH 20, Eppendorfer Baum 23; Tel. 483390

Elektronisches Reservierungs-system

Hamburg war als erste Stadt in Deutschland für den Kartenverkauf seines gesamten Kultur- und Freizeitangebotes dem im Reisebürogewerbe verbreiteten, computergestützten Reservierungssystem 'START' angeschlossen. Verkaufsstellen, die mit 'START' arbeiten, können mit dem Codewort 'KART' bei Hamburger Veranstaltern, die ebenfalls über dieses System verfügen, Eintrittskarten direkt und praktisch ohne Verzug für interessierte Kunden abrufen.

Last-Minute-Kartenshop

Einen besonderen Service gibt es in der Tourist-Information im Hanse-Viertel (Eingang Poststraße / Große Bleichen). Hier findet täglich von 15.00 bis 18.30 Uhr im 'Last-Minute-Kartenshop' ein Restkartenverkauf für eine Reihe von Hamburger Theatern und Konzertveranstaltungen mit einer Ermäßigung von bis zu 50 % statt, wobei die freien Kapazitäten von den Veranstaltern mit dem elektronischen START/KART-System gemeldet werden.

Wandern

Wanderungen

Die nähere und weitere Umgebung von Hamburg bietet vielfältige Möglichkeiten zum Wandern. Regelmäßige Wanderungen veranstalten folgende Institutionen:

Wanderbewegung Norddeutschland e. V.
HH 11, Große Reichenstraße 27; Tel. 327323
(Informationsdienst Do. 16.00–18.30 Uhr)

Die Naturfreunde Verband für Touristik und Kultur
Landesverband Nordmark e. V.
HH 1, Böckmannstraße 4; Tel. 247858

Waldführungen

Robin Wood · Aktionsgemeinschaft für Natur und Umwelt e. V.
HH 50, Nernstweg 32; Tel. 3909556

Vogelkundliche Wanderungen

Deutscher Bund für Vogelschutz · Landesverband Hamburg e. V.
Naturschutzzentrum Hamburg, HH 60, Habichtstraße 125; Tel. 616662

Wasserlichtkonzert

Während des Sommerhalbjahres findet allabendlich im Garten- und Freizeitpark 'Planten un Blomen' (⟶ Sehenswürdigkeiten: Planten un Blomen) ein eindrucksvolles Wasserlichtkonzert statt.
Eine Wasserlichtorgel läßt aus dem Parksee vielfarbige Wasserfontänen mit Musikuntermalung aufsteigen.
Mai – August: täglich 22.00 Uhr, September: täglich 21.00 Uhr;
tagsüber (ohne Lichteffekte) 14.00, 16.00 und 18.00 Uhr.

Die wichtigsten Rufnummern auf einen Blick

Notrufe	Telefonnummern
– Aids-Telefon	24882488
– Anwaltlicher Notdienst	293939
– Ärztlicher Notdienst	228022
– Bisse, Stiche, Tollwut	31102209
– Drogeninformation	2803204
– Erste Hilfe	112
– Feuerwehr	112
– Frauen-Telefon	6527711
– Giftinformationszentrale	63853345/6
– Notarzt	112
– Pannenhilfe ACE	19216
– Pannenhilfe ADAC	19211
– Pannenhilfe Falck	5402011
– Polizei	110
– Rettung	112
– Tierärztlicher Notfalldienst	434379
– Umwelttelefon	343536
– Zahnärztlicher Notdienst	11500
– Zentralambulanz für Betrunkene (ZAB)	24882510
– Zentralruf der Autoversicherer	19213
Auskünfte	
– Alsterschiffahrt	341141
– Eisenbahn (DB)	19419
– Flugverkehr	5082557/8
– Kongreß- und Messe-Information	35690
– Nahverkehr (HVV)	322911
– Straßenzustand (NDR-Verkehrsstudio)	4132103
– Tourismus-Zentrale Hamburg	300510
– Tourist Information im Bieberhaus	30051245
– Tourist Information im Flughafen	30051240
– Tourist Information am Hafen	30051200
– Tourist Information im Hanse-Viertel	30051220
– Tourist Information im Hauptbahnhof	30051230
Taxi	211211
Telefondienste der Deutschen Bundespost · Telekom	
– Fernamt (Inland)	010
– Fernamt (Ausland)	0010
– Kinoprogramme	11511/2/3/4
– Kirchliche Nachrichten	1157
– Nachrichten	1165
– Oper- und Theaterspielplan	11516
– Seelsorge	11101/2
– Sportnachrichten	1163
– Straßenzustand	1169
– Sturmflutwarnung	11530
– Telefonauskunft (Inland)	1188
– Telefonauskunft (Ausland)	00118
– Telegrammaufnahme (in deutscher Sprache)	1131
– Telegrammaufnahme (in fremden Sprachen)	1133
– Veranstaltungen	11515
– Wasserstandsmeldungen	1158
– Wettervorhersage	1164
– Zeitansage	1191

Register

Verzeichnis der Karten, Pläne und graphischen Darstellungen im Reiseführer

Bildnachweis auf der letzten Buchseite

Bildnachweis

Baedeker-Archiv: S. 47
Baumgarten: S. 15, 16, 17, 27, 65 (oben), 72 (links), 86, 91 (rechts), 93 (oben), 95, 105 (links), 106, 110 (links), 117 (2×), 123, 126, 129 (links), 139, 141 (3×), 147 (links), 157 (3×), 158 (unten), 164 (3×), 166 (oben), 169 (links), 172 (unten 2×), 178 (links), 181 (rechts), 185, 194, 198, 205 (unten), 206, 208 (unten rechts), 212, 213, 218 (unten rechts), 222, 247
Borowski: S. 152, 158 (oben), 210, 239 (unten rechts)
Brandt: S. 221
Deutsche Airbus GmbH: S. 108
Deutsches Elektronen-Synchrotron: S. 97
Eisenschmid: S. 23 (oben links), 70 (unten), 110 (rechts), 177
Engelmann: S. 70 (oben), 73, 239 (oben)
Estorff: S. 39 (rechts)
Flughafen Hamburg GmbH: S. 112
Garten der Schmetterlinge Friedrichsruh (Reupert): S. 232
Gruner + Jahr (Höfermann): S. 21
Hagenbeck: S. 133
Hamburger Museum für Archäologie und die Geschichte Harburgs: S. 135 (2×)
Hamburgisches Museum für Völkerkunde: S. 191
Hamburg-Messe (Color Team Conventhaus): S. 88
Hamburg-Messe (Hanseatische Luftfoto GmbH): S. 23 (unten)
Hartz: S. 225 (oben rechts + unten), 227 (links)
Historia-Photo: S. 31 (Mitte), 33 (links + Mitte), 35 (links + Mitte), 37 (3×), 39 (links)
Lüneburg, Fremdenverkehrsamt: S. 171
Museum für Hamburgische Geschichte (Fischer-Daben): S. 181 (links), 184
Museum für Kunst und Gewerbe: S. 188 (links)
Neue Flora (Brinkhoff): S. 72 (rechts)
Schulze: S. 146, 147 (rechts)
Skupy: S. 19 (oben links + unten 2×), 104, 129 (rechts), 178 (rechts), 179 (rechts), 196 (rechts), 211, 225 (oben links), 229, 236 (links), 262
Soltau, Reise- und Verkehrsbüro am Böhmepark: S. 172 (oben 2×)
Sperber: S. 8, 19 (oben rechts), 23 (oben rechts), 60, 62 (oben), 67, 68 (2×), 74 (2×), 77, 79, 80, 83, 91 (links), 98, 99, 101 (2×), 105 (rechts), 109, 113, 115, 122, 127, 130, 132, 142 (2×), 148, 150 (2×), 155, 163, 166 (unten), 169 (rechts), 179 (links), 188 (rechts), 193, 196 (links), 201, 203, 205 (oben 2×), 208 (oben 2× + unten links), 215 (2×), 218 (oben + unten links), 220 (2×), 227 (rechts), 228 (2×), 230, 235, 236 (rechts), 238, 239 (unten links), 242, 243, 249 (2×), 251 (2×), 254, 256, 260
Stade, Verkehrsamt: S. 240
Tourismus-Zentrale Hamburg: S. 11, 62 (unten), 65 (unten), 90, 93 (unten)
Ullstein Bilderdienst: S. 31 (links + rechts), 33 (rechts), 35 (rechts), 39 (Mitte)